Die Welt ist rund, damit das Handeln die Richtung ändern kann. Kooperation, Beziehung und Verlässlichkeit bilden den Kern der gemeinschaftsgetragenen Selbstversorgung.

ARCHE NOAH

Auflage:
2021 2020 2019 2018
4 3 2 1

E-Mail: loewenzahn@studienverlag.at
Internet: www.loewenzahn.at

Umschlag- und Buchgestaltung sowie grafische Umsetzung:
Judith Hausmann, Eine Augenweide, www.eine-augenweide.com
Lektorat: **August Werner**, www.ecotype.de
Recherche-Assistenz: **Reinhard Prenn**
Zeichnungen: alle **Katharina Heistinger**, außer 201 und 289 **Stefan Emmelmann**

Bildnachweis

Allmenda Gemeinschaftsgarten Götzis: 125, 133; **Arche Noah:** 48, 264, 375u, 384r, 386, 387o, 387m, 392u, 394l, 394ro, 395m, 395u, 401, 403u, 404l, 406, 408u, 412lu, 412r; **Traude Banek:** 93, 238m; **Isabell Bayer/Karl Lueger:** 278, 283ol, 283or; **Berta Braun:** 275o; **Bundesarchiv Bild 183-M1015-316, Donath, Otto/CC-BY-SA:** 104; **Croce & Wir:** 136, 155lm, 155lu; **Deutsches Kleingärtnermuseum Leipzig:** 103; **Willi Ederle:** 91, 260r, 341r; **Die Erdlinge**: 131, 132; **Markus Gmeiner:** 180; **Edm Gotthard Privatarchiv:** 110, 112; **Alfred Grand:** 208m, 208u, 305l; **Peter Haase:** 267o; **Andrea Heistinger:** 20o, 22u, 24, 29, 30, 33, 34, 35o, 37, 38, 40m, 41, 44or, 46, 49u, 51, 52, 53, 57, 61, 63, 64, 65, 67, 69, 70, 74, 75, 76, 77, 79or, 79ul, 80, 81, 82, 84, 85, 89l, 89ro, 101, 117ur, 124, 127, 134, 135or, 135l, 139, 143, 144, 145, 146u, 147, 149, 150, 178, 179, 182, 186, 187, 189, 190, 191, 196, 198, 200, 202, 203, 204, 205, 207, 208o, 209, 211, 212, 213, 214, 217, 218, 219, 220r, 221, 223, 227, 228, 229, 231lu, 231r, 232lo, 232lu, 234ro, 234ru, 236, 237m, 240u, 241, 242, 244, 245, 249, 250, 255o, 256u, 260l, 261, 266r, 271, 274, 275u, 276o, 276u, 277, 279, 280, 281, 283m, 283u, 285, 287, 288, 290, 291, 292, 294, 295, 296, 297, 298, 299l, 299ro, 303, 304lo, 304r, 305r, 306, 307, 308, 309l, 310, 311lo, 311lm, 311ro, 311ru, 313, 314, 317, 319r, 320, 323, 326, 327, 328lo, 328ro, 332o, 332u, 333o, 333m, 334, 335, 336, 337, 338l, 339u, 340, 341l, 342u, 345, 346r, 349o, 354, 355, 356lu, 356r, 357, 361l, 362, 363, 364o, 366, 370, 371o, 371m, 375o, 375m, 376, 378, 382, 384l, 385, 392o, 394lu, 395o, 398, 399, 400, 402, 403o, 405u, 407lo, 407lu, 407ru, 409lo, 409lm, 409ro, 410, 411, 413l, 414m, 414u, 416l, 417, 418, 418, 420, 422, 423, 424l, 424ro, 425rm, 426o, 426m, 430o, 431l, 433, 434, 441, 444, 445u, 446, 447u, 448, 449u, 455u, 457ru, 459l, 460ro; **Lukas Heistinger:** 343l, 344o; **Uta Hill:** 87; **Ingolf & Annette Hofmann:** 251, 435, auch 436, 437, 438, 439; **Firma Hydrip:** 220l; **Lebensfeld Jaksch:** 266lu, 268 ; **Kartoffelkombinat:** 23, 174, 175, 177; **Ulli Klein/Meine kleine Farm:** 137, 138, 154, 155lo, 155r, 161, 162, 163, 164; **Andrea Kölzer:** 89rm, 89ru; **Simone König:** 123; **Gebhard Kofler:** 316, 430m, 453; **LoBauerInnen:** 128, 129; **Firma Morgentau**: 108, 119l; **Wolfgang Palme:** 232 ro, 232ru, 234lu, 240o, 304lu; **Rupert Pessl:** Titelbild, 11, 13, 15, 19, 20, 20u, 22o, 22m, 25, 26, 27, 28, 31, 32, 35m, 35u, 36, 39, 40o, 40u, 42, 44 ol, 44 ml, 44ul, 44ur, 45, 47, 49o, 50, 55, 56, 62, 68, 71, 72, 73, 79ol, 79ur, 105, 106, 107, 109, 113, 115, 116, 117o, 117ul, 121, 140, 141, 142, 146o, 148, 153, 167, 184, 185, 192, 193, 194, 195, 215, 216, 222, 225, 230, 231lo, 233, 234lo, 235, 237o, 237u, 238o, 238u, 239, 246, 247, 248, 254, 255u, 256o, 257, 258, 262, 265, 266lo, 276m, 300, 301, 302, 309r, 311lu, 312, 315, 318, 319l, 321, 322, 325, 328lu, 328ru, 330, 331, 332m, 333u, 339o, 339m, 342o, 343r, 344u, 346l, 347, 348l, 349m, 349u, 351, 352, 353, 359, 360, 361r, 364m, 364u, 365, 367, 368, 369, 372, 373, 374, 387u, 388, 390, 391, 395o, 396, 397, 405o, 405m, 408o, 412lo, 414o, 415, 416r, 421, 413r, 424ru, 425ro, 425ru, 426u, 430u, 431r, 432, 442, 443, 445o, 447o, 449o, 451, 452, 454, 455o, 457l, 457ro, 458, 459r, 460l, 460ru, 461; **Klaus Pichler:** 8; **Helmut Pirc:** 409lu; **Reinhard Prenn:** 14, 78, 119ul, 151, 152, 168, 169, 170, 171, 173, 338r, 371u; **Reinsaat:** 356lo; **Irmie Scheidl:** 95, 243, 270, 409ru; **Peer Schilperoord:** 348r; **Stadtgrün Bern:** 100o; **Staudengärtnerei Gaißmayer:** 424rm; **Martin Stenger:** 120; **Thomas Stephan:** 358; **Siegfried Tatschl:** 389, 407ru; **Gudrun Weinwurm:** 404r; **Christoph Wiesmayr/Klimabündnis Oberösterreich:** 135u; **Tina Wintersteiger:** 263, 267m, 267u, 273; **Zentralverband der Kleingärtner Österreichs**: 100u

Gedruckt auf umweltfreundlichem, chlor- und säurefrei gebleichtem Papier.

Bibliografische Information Der Deutschen Bibliothek
Die Deutsche Bibliothek verzeichnet diese Publikation in der Deutschen Nationalbibliografie; detaillierte bibliografische Daten sind im Internet über
<http://dnb.ddb.de> abrufbar.

ISBN 978-3-7066-2548-7

Andrea Heistinger
Arche Noah

Basiswissen Selbstversorgung aus Biogärten

Individuelle und gemeinschaftliche Wege und Möglichkeiten

löwenzahn

Inhalt

Danke

- an alle, die mich ermutigt haben, dieses Buch zu schreiben und dranzubleiben: Markus, Beate, Maria, Gebhard, Christian, Anita, Christina, Ute-Karin, Reinhild, Reinhard, Wolfgang und Heini
- an alle, die mir das ermöglicht haben: meiner Mutter, meinen Kindern, meiner Schwester, Bernadett, dem Verein Arche Noah und dem Löwenzahn Verlag
- an alle, die für das Buch recherchiert, ein Kapitel geschrieben, fotografiert und gezeichnet haben: Reinhard Prenn, Tina Wintersteiger und das Team von *bauteiler*, Rosemarie Zehetgruber, Johannes Maurer, Ingolf Hofmann, Rupert Pessl und Katharina Heistinger
- an alle, die ihr Wissen und ihre eigenen Erfahrungen zur Selbstversorgung für das Buch zur Verfügung gestellt haben. Danke für die vielen Gespräche, E-Mails und Begegnungen. Danke für eure Anbauanleitungen, Empfehlungen und Inspirationen. Danke, dass ihr euch Zeit genommen habt, mitten in der Sommerhitze und dem Trubel der Arbeit.
- insbesondere an alle, die ihre Erfahrungen für neue Formen der gemeinschaftsgetragenen Selbstversorgung für dieses Buch zur Verfügung gestellt haben: Peter Lassnig, Ulli Klein, Christian Hiss und Daniel Überall

Kommunizierte und dokumentierte Gartenerfahrungen sind die Basis für dieses Buch.

„Ich bin der Pfleger."
„Und ich die Ernterin."
(Martina und Robert Wenzl, Selbsternte-Gärtner, Wien)

Liebe Selbstversorger-Gärtnerinnen, liebe Selbstversorger-Gärtner!

Es ist mir eine besondere Freude, das Vorwort für dieses Buch von Andrea Heistinger zu verfassen – zumal dieses Werk die Reihe der in den letzten Jahren erschienenen ARCHE NOAH-Handbücher nun abrundet. „Basiswissen Selbstversorgung aus Biogärten" schafft eine neue Grundlage für die individuelle und für die gemeinschaftsgetragene Versorgung aus Biogärten.

Keine Selbstversorgung ohne Vielfalt

Der Verein ARCHE NOAH hat es sich in den letzten Jahren zur Aufgabe gemacht, selten gewordene Kulturpflanzenarten und Sortenraritäten wieder in Umlauf zu bringen. „Rettet die Vielfalt – esst sie auf!" Unter diesem Motto steht die Arbeit des Vereins. Dies ist nur möglich, wenn Menschen entweder selbst diese Pflanzen anbauen und nutzen oder verlässliche und tragfähige ökonomische wie soziale Beziehungen zu Gärtnerinnen und Gärtnern, Bäuerinnen und Bauern aufbauen und auf diese Weise ermöglichen, dass eine bunte Vielfalt an Gemüse-, Obst- und Kräutersorten erhalten wird.

Danke

Über vier Jahre hat Andrea Heistinger mit viel Ausdauer und Beharrlichkeit all die verschiedenen Aspekte des Themas zusammengetragen und verschriftlicht. Sorgfältige Recherchen, genaues Hinschauen und Hinterfragen, eigene Erfahrungen, dokumentiertes Erfahrungswissen versierter Praktikerinnen und Praktiker. Das sind die bewährten Zutaten der Bücher von Andrea Heistinger. Auch diesmal legt sie ein Werk vor, das einen hohen fachlichen Anspruch kombiniert mit einer großen Praxistauglichkeit sowie guter Lesbarkeit. Ich freue mich, dass wir diese Bücher als Verein ARCHE NOAH herausgeben dürfen und dass wir über ein großes Netzwerk von BiogärtnerInnen verfügen, die ihr Erfahrungswissen so freigiebig in diesem Buch mit anderen teilen.
Herzlichen Dank auch an den Löwenzahn Verlag für die kompetente Betreuung des Buches und für die verlässliche und gute Kooperation.

Neue Selbstversorgungs-Netzwerke

Im Vergleich zu den bisher erschienenen Standardwerken, in denen es um biologische Samengärtnerei, Gemüse-, Kräuter- und Obstanbau ging, umfasst das vorliegende Buch zahlreiche soziale und ökonomische Aspekte des Gärtnerns und der Landwirtschaft. Dass es gilt, Selbstversorgung gänzlich neu zu denken – und dieser Weg von vielen Menschen in den letzten Jahren bereits gegangen wurde –, zeigt dieses Buch auf eindrucksvolle Weise. Lassen Sie sich inspirieren, Jahr für Jahr ein Stück mehr zum Selbstversorger/zur Selbstversorgerin zu werden und eine Vielfalt an samenfesten Sorten anzubauen.

Beate Koller
ARCHE NOAH Geschäftsführerin

Wege zu mehr Selbstversorgung

Wenn Sie auf dem Weg zu mehr Selbstversorgung sind: Es geht nicht darum, dass Sie sich für die eine oder andere Variante entscheiden. Fangen Sie einfach an!

Wenn Sie einen Garten haben, schauen Sie, was hier alles Essbares wachsen könnte. Vielleicht pflanzen Sie ja „nur" einen Apfelbaum Ihrer Lieblingssorte, der aber in 10 Jahren so viel trägt, dass Sie sich dann damit beschäftigen dürfen, wie Sie die guten Äpfel lagern können. Wenn Sie keinen Garten haben: Gibt es in der Nähe eine Solidarische Landwirtschaft (CSA), in der noch Ernte-Anteile zu vergeben sind? Oder ein Selbsterntefeld? Viele der in diesem Buch beschriebenen Möglichkeiten, lassen sich ja auch sehr gut kombinieren:

Vielleicht schaut Ihre persönliche Selbstversorgung so aus, dass Sie alle Tee- und Gewürzkräuter, die Sie über ein Jahr benötigen, selbst im Garten oder auf der Terrasse ernten, dass Sie einem Obstbetrieb im Herbst die Menge an Äpfeln und Birnen, die Sie für die Einwinterung bauchen, abkaufen, und Sie 10.000.- Euro von Ihren Ersparnissen der Gründung einer Regionalwert AG zur Verfügung stellen, die damit vielleicht ein Bio-Catering für die Schule, in die Ihre Kinder oder Enkelkinder gehen, aufbauen kann. Vielleicht haben Sie die Möglichkeit, mit Freunden oder Ihrer Familie gemeinsam einen Obstgarten anzulegen oder einen Erdkeller zu errichten.

Vielleicht entscheiden Sie sich dafür, in Ihrer Gemeinde einen Gemeinschaftsgarten anzulegen, ein Nachbargrundstück für den Anbau von Gemüse zu nutzen und Getreide und andere landwirtschaftliche Produkte über eine Foodcoop zu beziehen. Sie sehen, es gibt nicht den einen, richtigen Weg zu mehr Selbstversorgung. Die Möglichkeiten sind fast unbegrenzt, lassen sich vielfältig kombinieren und laufend entstehen neue. Erfahren Sie auf den nächsten Seiten, welche Formen der Selbstversorgung es gibt und treffen Sie für sich und Ihre Lebenssituation die passende Entscheidung.

Andrea Heistinger

Meine Erfahrungen mit der Selbstversorgung

Über viele Jahre konnten wir uns zumindest über den Sommer gut mit Gemüse, frischem Obst und Kräutern aus dem Garten versorgen. Die Gartenarbeit im unmittelbar hinter unserem Haus liegenden Garten war mit dem Arbeitsalltag vereinbar. Während meines Studiums in der Stadt hatte ich mich jahrelang darauf gefreut, einen eigenen Garten zu haben, und plötzlich war er da. Es gab viele Erfolge, aber auch viele Rückschläge. Der extrem sandige Boden, kombiniert mit dem Wassermangel einer niederschlagsarmen Region, machten es in vielen Jahren zur Herausforderung, tatsächlich ertragreich Gemüse zu ernten. Immer noch beneide ich jene Gärtnerinnen und Gärtner, die auf guten Gartenböden, die mehr Wasser halten können, und in niederschlagsreicheren Gebieten gärtnern können. Wir hatten Jahre, in denen bereits Ende Juni der Brunnen austrocknete und wir dann – trotz wassersparender unterirdisch verlegter Bewässerung – einfach nicht bewässern konnten. Dass Gemüse ganz ohne Wasser gedeihen kann, ist ein Mythos. Das mag für Regionen mit hohem Grundwasserspiegel, tiefgründigen Böden oder/und ausreichenden Niederschlägen stimmen. Für Hanggärten in Trockenregionen treffen solche Aussagen niemals zu.

Nach dem Tod meines Mannes – wir hatten bis dahin den Garten gemeinsam bewirtschaftet – war für mich vieles, nicht nur das Gärtnern, anders. Zunächst dachte ich, dass mir das Gärtnern guttun würde, doch bald merkte ich, dass ich einfach nicht die Kraft dazu hatte. Gerade jenes Jahr war wieder ein Jahr extremer Trockenheit, das regelmäßige Versorgen der Beete mit Mulch und all die anderen Tätigkeiten waren mir einfach zu viel. Weit erholsamer war es für mich, spazieren zu gehen. Die Kinder und das Büro nahmen mich voll in Anspruch. Ich hatte eines nicht, das für Selbstversorger-Gärten ausschlaggebend ist: Zeit!

Gärtnern braucht immer Zeit, regelmäßig, und es muss in den Arbeits- und Alltag integrierbar sein. Wer Selbstversorgung ernst nimmt, muss nicht nur das eigene Leben darauf ausrichten können, sondern auch das der Familie, und sich entsprechende Netzwerke aufbauen. In einem Garten sind es häufig gerade die kleinen Handgriffe, die man immer wieder in Portionen erledigen kann und die dann zum Erfolg führen: Das Unkraut lässt sich am besten mit einer Pendelhacke in den Boden einarbeiten, solange es noch klein ist. Gurken und Tomaten wollen regelmäßig aufgebunden werden. Die Obstbäume müssen jährlich geschnitten werden. Wer seinen Garten über lange Zeit alleine lässt, muss dann mit ungleich größerem Aufwand rechnen, um wieder hinterherzukommen.

Für mich wäre es im Moment – selbständig und mit zwei kleinen Kindern – ein Ding der Unmöglichkeit, uns aus dem Garten zu versorgen. Nicht umsonst sind häufig die Gärten von Menschen, die in Pension sind, besonders ertragreich. Nicht nur, dass sie oft schon seit Jahrzehnten gärtnern – und so die vielen Handgriffe gut sitzen –, sie haben auch ausreichend Zeit, und können diese dem Garten widmen. Können etwa gleich am frühen Morgen in den Garten gehen, um Schnecken einzusammeln oder die Pflanzen zu gießen.

Ich bin sehr dankbar, dass es um mich herum Menschen gibt, die mich und meine Familie mit gutem Gemüse, Kartoffeln und Getreide versorgen. Regelmäßig bekomme ich eine Gemüselieferung von einer Freundin, die gemeinsam mit ihrem Mann viel mehr Gemüse anbaut, als sie selber brauchen.

Erntefrisches, geliefertes Herbstgemüse zur Einlagerung im eigenen Keller.

Blüten erfreuen jedes Mal, wenn man in den Garten geht. Und viele von ihnen ziehen Nützlinge an. Die „praktische Seite" der Schönheit.

Über dieses Buch

Dieses Buch ist für alle geschrieben, die ihren eigenen Garten oder eine Gemeinschaftsfläche vermehrt zum Anbau von Gemüse, Obst und Kräutern nutzen oder die eine gemeinschaftsgetragene Form von Selbstversorgung aufbauen wollen – vielleicht auch beides. In erster Linie ist es für all jene, die auf diesem Weg die ersten Schritte tun. Was braucht es, damit Selbstversorgung – die letztlich immer gemeinschaftlich ist – wirklich gelingen kann? Die vielen Initiativen zur Selbstversorgung, die in den letzten Jahren entstanden sind, zeigen, dass Selbstversorgung im 21. Jahrhundert – anders als dies noch vor wenigen Jahrzehnten gelebt wurde – kein Aussteigen, kein „Sich-zurück-Ziehen" auf einen Selbstversorger-Bauernhof bedeutet. Auf der einen Seite natürlich steigt man aus dem Kundenkreis der Lebensmittelindustrie aus, aber gleichzeitig verbindet man sich mehr mit der eigenen Region und den Menschen dort. Dazu gibt es verschiedene Wege: Eine Sache ist, den eigenen Garten für die Selbstversorgung mit Obst, Gemüse und Kräutern zu nutzen. Eine andere sind längerfristige Kooperationen und verlässliche Beziehungen mit Bäuerinnen und Bauern oder GärtnerInnen aus der Umgebung aufzubauen. Das kann ein Ernte-Anteil sein, den man fix pro Woche abnimmt, oder ein Teil der Ersparnisse, die man einer Bio-Gärtnerei – zum Beispiel zur Anschaffung eines Lagers oder eines Elektroautos für die Auslieferung – zur Verfügung stellt. Sei es in Form von Crowdfunding, als Einlage in einer Genossenschaft oder als Aktien-Anteil in einer Regionalwert AG, um die lokalen Liefer- und Verarbeitungsketten zwischen Betrieben und bis auf den eigenen Teller wieder neu aufzubauen.

1. Teil
Vorbereitung – Die alte bäuerliche Landwirtschaft und ihre Prinzipien / Selbstversorgung in Ernährungskennzahlen / Welche Form der Selbstversorgung passt zu mir? / Individuell anbauen / Gemeinsam anbauen

Selbstversorgung beginnt nicht mit dem Anbau und dem Verarbeiten von Gemüse und Obst, sondern mit dem Schaffen der entsprechenden sozialen und ökonomischen Rahmenbedingungen sowie den räumlichen Ressourcen. Im ersten Teil des Buches wird daher zunächst auf die vielfältigen Möglichkeiten eingegangen, sich mit wenigen oder mit vielen Menschen zusammenzuschließen, um ökologische, zu fairen Arbeitsbedingungen regional erzeugte Nahrung auf den Tisch zu bekommen. Die Möglichkeiten sind vielfältiger als man meinen mag. Anhand der vorgestellten Formen kann man auch einiges über die Erzeuger und Initiatoren erfahren, die mit viel Herzblut und Ausdauer zukunftsweisende Initiativen ins Leben gerufen haben. Zum Einstieg zeigt ein Blick zurück, dass die alte bäuerliche Ökonomie auf die Versorgung der Hausleute mit Essen, Wohnraum und Energie ausgerichtet war, was erst mit dem Einzug der industrialisierten Landwirtschaft an Bedeutung verlor. Das Kapitel leitet Prinzipien einer lokalen Versorgungswirtschaft ab und zeigt, wie diese Prinzipien auch gegenwärtig für eine moderne Versorgungswirtschaft Vorbild sein können.

Um welche Mengen geht es, wenn man Selbstversorgung ernsthaft in Angriff nimmt? Dann bedeutet Versorgung etwas anderes, als ein paar Tomaten am Balkon zu ernten. Was bedeutet „Versorgung" in Zahlen? Um dies zu erläutern, beschäftigt sich das nächste Kapitel (von der Ernährungswissenschafterin Rosemarie Zehetgruber) mit der Frage, wie viel Gemüse, Obst und Kräuter ein Mensch im Jahr isst – oder essen sollte, wenn man die Empfehlungen der Ernährungswissenschaften (weniger Fleisch und mehr Gemüse und Obst zu essen) ernst nimmt. Daraufhin wird aufgezeigt, welche Anbauflächen man braucht, um diese Mengen tatsächlich zu ernten. Da in der Umstellung auf biologischen Anbau die Erträge in der Regel niedriger sind und auch diese Umstellung häufig am Beginn steht, behandelt ein Kapitel die Frage, wie man einen Garten auf die biologische Wirschaftsweise umstellt.

Ein Selbst-Test zum Ankreuzen von Reinhard Prenn gibt zudem augenzwinkernd Auskunft, welche Form der Selbstversorgung für wen geeignet ist. Dieser soll in erster Linie vor dem Scheitern bewahren. Und speziell vor allzu hochtrabenden Zielen. Denn nicht selten haben unrealistische Ziele dazu geführt, dann doch wieder ausschließlich beim Gemüse aus dem Supermarkt zu landen.

Das Kapitel „Individuell anbauen" zeigt anschließend, wie man am besten startet, mit wie viel Zeit man rechnen muss, wenn man einen Nutzgarten bestellt, und vor welchen Herausforderungen Mann und Frau stehen, wenn Selbstversorgung gemeinsam mit den ersten Kindern ein Thema wird. Vor allem werden hier klassische Anfängerfehler beschrieben und gezeigt, wie man sie umschiffen kann. Das darauf folgende Kapitel „Den Selbstversorger-Garten planen" porträtiert Gärten von Menschen, die sich ganz oder teilweise aus ihren Gärten versorgen. Sie stehen exemplarisch für unterschiedliche Anbau-Systeme. Wohlwissend, dass kein Garten dem anderen gleicht und sich die tatsächlichen gewählten Wege oft Schritt für Schritt ergeben. Ins Gärtnern wächst man hinein, den eigenen Standort lernt man kennen, indem man ihn bebaut. Vieles zeigt sich erst im Tun. Mit einer gewissen Planungsgrundlage kann die Machbarkeit besser eingeschätzt werden und nicht zuletzt haben Pläne auch eine inspirierende Wirkung. Eine historisch bewährte Form des Nutzgartens ist der individuell bewirtschaftete Kleingarten. Ihm, seiner Geschichte und den Nutzungsmöglichkeiten zur Selbstversorgung ist ein Kapitel gewidmet.

In den letzten Jahren sind viele neue Formen der gemeinschaftlichen Selbstversorgung entstanden. Für viele ist es schlicht nicht möglich, einen eigenen Garten zu bewirtschaften: weil sie in der Stadt leben, weil sie keinen eigenen Garten haben und dieser auch nicht in Sicht ist, weil sie beruflich voll eingespannt sind, weil die Kinder klein sind, weil sie das Gärtnern nicht von zu Hause gelernt haben und das Gärtnern gerade zu Beginn viel Zeit braucht. Es gibt viele Gründe, warum es für einzelne nicht möglich sein kann, einen eigenen Garten zu bewirtschaften. Das Kapitel „Gemeinsam anbauen" stellt daher alte und neue Wege der gemeinschaftsgetragenen Selbstversorgung vor. Eine einfache Form ist, dass Bäuerinnen und Bauern ein Stück Land für Nachbarinnen und Nachbarn zur Verfügung stellen und so auch für sich wieder neue Beziehungsnetzwerke aufbauen. Eine strukturiertere Form der Kooperation zwischen Bäuerinnen und Bauern auf der einen Seite und Menschen, die ein Stück Land bewirtschaften wollen, ist das Konzept der Selbsternte (→ siehe Seite 106). Auch Kommunen wie die Stadt München organisieren diese Formen des Anbaus von Gemüse, die sich seit vielen Jahren bewähren.

Nach einem Kapitel zum Thema Gemeinschaftsgarten und gemeinsam organisierten Formen des Gemüse- und Obstanbaus, geht es ausführlich um neue Formen der gemeinschaftlichen Selbstversorgung, die in den letzten zehn Jahren entstanden sind: Foodcoops – auch Lebensmittelkooperativen genannt – sind selbst organisierte Einkaufsgemeinschaften, die Produkte direkt von Bäuerinnen und Bauern beziehen. Bei der Solidarischen Landwirtschaft (SOLAWI/CSA) nehmen Menschen fix einen bestimmten Anteil der Ernte ab, helfen teilweise bei Anbau und Ernte und eignen sich so auch Kenntnisse und Fähigkeiten des Gemüseanbaus an. Diese Form der Landwirtschaft/des Gartenbaus ermöglicht es, neue lokale Versorgungsgemeinschaften aufzubauen. Eine andere Form ist die Gründung einer Genossenschaft. Mit ihrem Einlage-Kapital und einem fixen monatlichen Ernte-Anteil finanzieren die Mitglieder einer Genossenschaft zum Beispiel den Aufbau ihrer eigenen Gärtnerei und bekommen dafür an 50 Wochen im Jahr eine Gemüsekiste geliefert. Auch Crowdfunding, das sich immer größerer Beliebtheit und wachsendem Erfolg erfreut, ist eine realistische Möglichkeit, die Versorgung einer Gemeinschaft sicherzustellen, gerade wenn es darum geht, außerplanmäßig größere Investitionen zu tätigen. Eine sehr weitreichende Form, wieder Verantwortung für die Art und Weise, wie Lebensmittel in der eigenen Region erzeugt werden können, zu übernehmen, ist das Konzept der Bürgeraktiengesellschaft, der Regionalwert AG. Auch dieses Konzept ist eine Form der Selbstversorgung, im Sinne einer Regionalwertökonomie, in der Menschen einen Teil ihres Kapitals Betrieben für den Aufbau einer ökologischen Lebensmittelversorgung zur Verfügung stellen.

2. Teil
Grundlagen – Ressourcen / Ausstattung und Lagerung

Im zweiten Teil werden die wesentlichen Grundlagen vermittelt, die zum Gärtnern unerlässlich sind. Dazu gehören einerseits immaterielle Grundlagen – gärtnerisches Basiswissen – und andererseits die materielle Ausstattung des Selbstversorger-Gartens. Der Boden ist in jedem Fall die Grundlage. Im Kapitel „Ressourcen" werden seine Zusammensetzung, Schichtung und Funktionen ausführlich beschrieben sowie die Frage beantwortet, wie man ihn am besten düngt, damit die Fruchtbarkeit des Bodens von Jahr zu Jahr steigt. Dabei sind auch die Themen Kompost, Gründüngung und das Mulchen von wesentlicher Bedeutung. Wasser ist eine weitere Grundlage des ertragssicheren Gärtnerns. Mit wie viel Wasser man rechnen muss und wie man Regenwasser „ernten" kann, wird ebenfalls erläutert. In den letzten Jahren sind Landwirtschaft und Gartenbau durch Wetterkapriolen vor besondere Herausforderungen gestellt und es gilt, möglichst rasch neue Kulturtechniken zu entwickeln, um mit diesen Herausforderungen einigermaßen umgehen zu lernen. In „Anbau in Zeiten des Klimawandels" sind diese Techniken aufgeführt.

Welche Gebäude, Einrichtung und Werkzeuge man benötigt, ist im Kapitel „Ausstattung und Lagerung" beschrieben. Die beste Ernte ist nichts wert, wenn sie nicht fachgerecht gelagert und haltbar gemacht wird. Ohne die aus der Erfahrung von vielen Generationen von GärtnerInnen entstandene Vorgehensweise, kann man sich nicht über das Jahr hindurch selbst versorgen. Deshalb werden Techniken, Hilfsmittel sowie Möglichkeiten und Grenzen der Lagerung – unterteilt in die Orte Garten, Küche und Haus – veranschaulicht. Dieses Kapitel entstand in enger Zusammenarbeit mit der Architektin Tina Wintersteiger und basiert auf ihrer umfassenden Recherche, die sie für dieses Buch durchgeführt hat.

3. Teil
Umsetzung – Gemüse, Obst und Kräuter anbauen / Bienen und Hühner halten

Der dritte Teil widmet sich schließlich der tatsächlichen schweißtreibenden Gartenarbeit und auch der Haltung von Hühnern und Bienen im Garten. Die Anbaukapitel beschreiben detailliert, welche Gemüse-, Obst- und Kräuterarten wir für einen ertragreichen Selbstversorger-Garten empfehlen und wie man eigene Jungpflanzen anzieht. In den meisten Selbstversorger-Gärten ist das besonders wichtig, weil gute Jungpflanzen über das Jahr vielerorts nicht verfügbar sind. Dabei wird ausführlich auf die Anlage von Beeten und der zu beachtenden Fruchtfolge eingegangen. Hier erfährt man auch, welche Pflanzen sich miteinander vertragen und wie man eine Fruchtfolge plant. Besonders interessant für Gärtner, die nicht jedes Jahr neu starten wollen, sind all jene Gemüsearten, die einmal gepflanzt und dann über viele Jahre hinweg beerntet werden können. Ihnen, sowie dem Anbau von Wintergemüse, ist jeweils ein eigenes Kapitel gewidmet. Es geht zum Beispiel nicht nur darum, wo im Garten überall Obst gepflanzt werden kann, sondern auch, was bei der Anlage eines Obstgartens grundsätzlich wichtig ist und wie eine geschickte Auswahl verschiedener Obstarten eine möglichst ganzjährige Versorgung mit frischem Obst gewährleisten kann. Zu jeder Art bzw. Sorte werden außerdem die beste Form sowie der richtige Zeitpunkt der Ernte beschrieben.

Gärten können sich auch gut eignen, um einen oder mehrere Bienenstöcke aufzustellen oder Hühner zu halten. Da sich viele Menschen für die Bienen- und Hühnerhaltung im Kleinen interessieren, haben wir jeweils die Grundlagen darüber im Kapitel „Tierhaltung" zusammengestellt. Gerade dabei ist es notwendig, sich vorab genau Gedanken zu machen, ob man die Tiere auch tagtäglich gut versorgen kann. Um diese Frage zu beantworten, werden die wesentlichen Aspekte der Haltung dieser sehr unterschiedlichen Tierarten und die am häufigsten auftretenden Probleme beschrieben.

Selbstversorgung mit frischen Lebensmitteln: Traum oder Wirklichkeit?

Wie können wir uns in einer arbeitsteiligen und städtischen Gesellschaft selbst versorgen?

Warum Selbstversorgung?

Dieses Buch ist für alle, die es „ernst" meinen, geschrieben. Für alle, die sich in der Familie oder in einer anderen Gemeinschaft mit Gemüse, Kräutern und Obst versorgen wollen. Für alle, die wissen oder ahnen, dass Selbstversorgung kein Projekt ist – das definitionsgemäß einen Anfang und ein Ende hat –, sondern ein Anfangen, ein Weitermachen, ein zwischendurch Scheitern und ein Dranbleiben. Dass Selbstversorgung gleichermaßen Arbeit wie Freude und unvergleichliche Geschmackfülle bedeutet, genauso wie weitgehende Unabhängigkeit von den unüberschaubaren Strukturen der globalen Lebensmittelversorgung und eine Abhängigkeit von Beziehungen zu anderen Menschen. Wer sich von den globalen Strukturen der Lebensmittelversorgung schrittweise unabhängiger machen will, muss vieles gezielt aufbauen: Das gilt für die Bodenfruchtbarkeit im Garten ebenso wie für den Aufbau von neuen Netzwerken der Selbstversorgung.

Sehnsucht Selbstversorgung

Für viele ist Selbstversorgung ein Schlagwort, ein Sehnsuchtsbegriff, eine Art Gegenentwurf zu einem Leben geworden, das sich zum Großteil und für die meisten von uns in geschlossenen Räumen, digitalen Arbeitswelten und im urbanen Umfeld abspielt. Unser Essen kommt mehr denn je aus anonymen Kontexten, trotz unzähliger Labels und aufwendiger Etikettierung sind weder die Produktionsbedingungen noch die Herkunft von Lebensmitteln nachvollziehbar, geschweige denn unmittelbar erfahrbar. So wird ein Garten, in dem zumindest ein Teil der Lebensmittel direkt angebaut und geerntet werden kann, für viele zum Symbol eines Gegenentwurfs zu einem überregulierten, durchgetakteten und allzu oft abgehetzten Leben.

Gleichzeitig lernen immer weniger Menschen zu Hause – von den Eltern oder Großeltern –, wie man ertragreich gärtnert, und müssen sich dann den Anbau von Gemüse und Obst Schritt für Schritt wieder selbst aneignen. Entgegen der weit verbreiteten Annahme oder vielmehr dem naiven Wunschdenken, dass man nur ein paar Pflanzen in die Erde stecken müsse und die dann einfach weiterwachsen würden, ist das ertragreiche Gärtnern nicht nur mit Aufwand, sondern auch mit Wissen und Können verbunden und braucht entsprechende soziale Netzwerke.

Erfahrungen sammeln

Einfach mal loszugärtnern, das geht eben gar nicht so einfach – außer man hat von Anfang an einen wirklich ertragreichen Gartenboden und kann sich dem Anbau mit der dafür nötigen Zeit widmen. Es besteht ein großer Unterschied zwischen ein paar frische Kräuter oder Tomaten ernten und darin, das eigene Leben und das der Familie tatsächlich an der Selbstversorgung auszurichten oder gar Bienen oder Hühner zu halten. Es ist ein Unterschied, ob man im Garten einige Kartoffeln erntet, oder ob man diese so anbauen (und auch lagern) kann, dass man sich verlässlich damit über das ganze Jahr versorgen kann. So erzählt etwa Kaspanaze Simma, Biobauer aus Andelsbuch in Vorarlberg, dass er und seine Frau gute 10 Jahre gebraucht haben, bis sie den Anbau der Kartoffeln soweit im Griff hatten, dass sie wirklich jedes Jahr von einem Ertrag ausgehen konnten, der ihren eigenen Bedarf deckt. Um Kartoffeln Jahr für Jahr und kalkulierbar erfolgreich zu ernten, braucht es einiges an Erfahrung: Welche Sorten wachsen gut bei mir? Wo bekomme ich verlässlich jedes Jahr gutes Pflanzgut her? Wie viel Dünger brauchen sie? Was tun gegen den Kartoffelkäfer? Und was gegen die Krautfäule? Wann und wie viel muss ich bewässern, wenn es nicht regnet? Und wenn all das erfolgreich beantwortet und die Knollen geerntet sind: Wo und wie lagere ich die Ernte? Die Fragen scheinen zu Beginn nicht enden zu wollen.

Und trotzdem: Gerade mit frischem Gemüse, Kräutern und Obst können relativ einfach eigene Netzwerke und eine selbstbestimmte Versorgung aufgebaut werden. Indem man einen Teil oder möglichst viel selber anbaut, schafft man eine qualitativ hochwertige und verlässliche Alternative zur anonymen Versorgung mit Lebensmitteln aus dem Supermarkt.

Abhängigkeiten umwandeln

Selbstversorgung aus dem Garten: Das heißt arbeiten und das heißt ernten. Das heißt unabhängig sein von einer Versorgung durch einen anonymen Markt, aber

Selbstversorgungs-Netzwerke aufzubauen heißt, viele bunte Geschmäcker auf den Teller zu bekommen.

Wie kultiviert man Land?

abhängig sein vom Zugang zu einem Stück Boden (im Idealfall einem Stück guten Boden), abhängig zu sein von den eigenen Fähigkeiten, vom Zugang zu Saatgut, vom Wetter und von Umwelteinflüssen und abhängig zu sein von Netzwerken, die Selbstversorgung ermöglichen. Eine Selbstversorgung, die nur aus einem individuellen Selbst heraus Bestand haben kann, gibt es nicht. Das ist so einfach, wie es für manche vielleicht auch enttäuschend ist. Viele Menschen, die Bienen halten, sind in den letzten Jahren im Spätherbst und Winter mit dem Bienensterben konfrontiert. Ein Phänomen, das wissenschaftlich nicht vollständig geklärt ist und vielleicht gerade deshalb für Beunruhigung sorgt. In jedem Fall zeigt es eine Abhängigkeit auf: Das Bie-

Wie wird Gartenerde fruchtbar?

Was brauchen Pflanzen, um ertragreich zu gedeihen?

Wenn Gäste kommen, reicht ein Gang in den Garten, um ein schnelles Ofengemüse-Gericht zuzubereiten.

nensterben wird in erster Linie auf den großflächigen Einsatz von Insektiziden und Pestiziden zurückgeführt und auf die großen blütenarmen Agrarlandschaften. Um erfolgreich Bienen zu halten, braucht es also nicht nur den eigenen Garten, sondern auch eine bienenfreundliche Landschaft rundherum (→ siehe Bienen halten, Seite 434).

Einen Garten zu bebauen und Vorräte anzulegen, scheint auf den ersten Blick anachronistisch. Denn gehen Mann und Frau durch die allzeit üppig gefüllten Supermärkte, stellt sich die Frage, wer sich denn die mühevolle und zeitintensive Arbeit des Anbaus, des Einlegens, des Trocknens und all der anderen vielen Handgriffe heute noch antun will. „Wozu das Ganze?", könnte man fragen. Gärtnern und die Ernte dann auch noch haltbar machen, ist viel Arbeit. Aus dieser Perspektive verwundert es auch nicht, dass im Laufe der „Wirtschaftswunderjahre" des vorigen Jahrhunderts viele das Selbsteingekochte nur allzu gerne gegen Fertigwaren aus dem Supermarkt eingetauscht haben. Wer einmal eine halbe Nacht lang hindurch Tomatensoße oder Konfitüre eingekocht hat, nachdem er oder sie die Kinder ins Bett gebracht hat und am nächsten Tag dann frühmorgens zu verschiedenen Besprechungsterminen musste, kann diese historische Entwicklung gut nachvollziehen und kann die Großmütter und Mütter, die sich damit nicht mehr die Hände und die Küche schmutzig machen wollten, auch gut verstehen. Doch für viele eingefleischte Selbstversorgerinnen und Selbstversorger hat das Gärtnern und das Vorräte-Anlegen Qualitäten, die den Vergleichsblick auf die vollen Supermarktregale geradezu überflüssig erscheinen lassen. Wer einmal den Unterschied zwischen mit Aroma- und Farbstoffen versetzter industrieller Massenware und schonend sowie ohne viele Zusatzstoffe eingekochten Fruchtaufstrichen, Pestos oder frisch geerntetem Chicorée-Salat geschmeckt hat, ist bereit, entweder selbst einigen Aufwand zu betreiben oder lokale Netzwerke der Selbstversorgung aufzubauen (→ siehe Zurück zur Gemeinschaft, Seite 28). Und sicher: Die Welt, in der das Vorräte-Anlegen auch misslingen darf – weil es eben auch das Warenangebot der Lebensmittelversorgung gibt – bietet gewisse Freiräume. Nämlich jene des Experimentierens, der langsamen Aneignung der verschiedenen Techniken und der dafür nötigen Ausstattung und des Aufbaus von Beziehungsnetzwerken, die dafür notwendig sind. Dass Selbstversorgung mit einem „Aussteigen" aus der Gesellschaft verbunden wäre, ist ein weit verbreiteter Mythos. Selbstversorgung braucht Wissensnetzwerke, braucht Menschen, die sich dabei gegenseitig unterstützen, braucht Städte, Dörfer und Landschaften, in denen Gärten und Äcker ebenso Platz haben wie Straßen oder Stellplätze für Autos. Braucht Arbeitsverhältnisse, die davon ausgehen, dass der Mensch nicht nur für die Lohnarbeit auf die Welt gekommen ist, braucht eine Arbeitsteilung, die der Produktion von Lebensmitteln Wertschätzung und entsprechenden monetären Wert entgegenbringt. Selbstversorgung heißt auch Selbstverortung, also den Raum um sich herum nutzen zu können. Sei es, um einen Nutzgarten anzulegen und zu bewirtschaften oder neue Netzwerke der Lebensmittelversorgung aufzubauen und zu pflegen.

Selbstversorgung versus Fremdversorgung

Global-historisch betrachtet leben wir in Mitteleuropa – sowie im Rest der industrialisierten Welt – in den letzten 50 Jahren in einer absoluten Ausnahmesituation, die so in der Geschichte der Menschheit einzigartig ist: Noch nie zuvor mussten Menschen so wenig darüber wissen, wie Kulturpflanzen und Nutztiere heranwachsen. Wir werden satt, ohne uns mit der Frage auseinanderzusetzen, wie das, was wir zum Essen brauchen, auf unsere Teller kommt. Wir werden satt, ohne selbst Getreide und Gemüse anzubauen, Tiere zu füttern, Beeren oder essbare Wildpflanzen zu sammeln. Wir werden sogar dann noch satt, wenn wir niemand kennen, der das kann und tut. Wir können uns den Versorgungsketten der globalen Food-Industrie anvertrauen. Die Frage ist „nur" noch, wie wir zum Supermarkt kommen und wann er geöffnet hat.

Diese Ausnahmesituation können wir als Luxus begreifen oder als absurd, als besondere Verantwortung oder als besondere Verantwortungslosigkeit. Wie auch immer wir sie wahrnehmen – ob als Fluch oder als Segen –, es ändert nichts daran, dass diese Unfähigkeit der Selbstversorgung – oder positiv formuliert, die Möglichkeit der Nicht-Selbstversorgung – eine globalhistorische Ausnahme ist. Eine Ausnahme, die voraussichtlich auch wieder ein Ende haben wird, über kurz oder lang. Kurz kann in ein paar Jahren bedeuten,

Wie geht Landwirtschaft? Woran erkennt man, dass die Tomate reif ist? Ernte-Einsatz der GenossenschafterInnen im gemeinsamen Glashaus unter der Anleitung des fachkundigen Gärtners.

Land, das einmal versiegelt ist, ist meist für immer für jede Form von Selbstversorgung verloren.

lang in den nächsten 20, 30, 40 oder 100 Jahren. Ein Prophet wäre, wer das genau voraussagen könnte. Was wir allerdings wissen, ist, dass Ausnahmen einen Anfang und ein Ende haben, und es scheint mehr als vernünftig zu sein, sich die Fähigkeiten der Selbstversorgung – individuell und kollektiv – Schritt für Schritt wieder anzueignen. Denn die ebenso individuellen wie kollektiven Lernprozesse dahin scheinen genauso groß zu sein wie die ökologischen Notwendigkeiten. Indikatoren gibt es mittlerweile viele. Dass die Lebensweise in der industrialisierten Welt nicht nachhaltig ist, ist Alltagswissen. Einer dieser Indikatoren ist der sogenannte „Welterschöpfungstag" (Earth Overshoot Day). Im Jahr 2017 fiel dieser auf den 2. August. Mit anderen Worten: Bis zum 2. August wurden weltweit so viele Ressourcen verbraucht, wie in einem Jahr nachwachsen können. Ab dem 3. August 2017 lebte die Menschheit auf Pump. Im Jahr 1987 fiel der Welterschöpfungstag noch auf den 19. Dezember – die in einem Jahr erzeugten und verbrauchten Ressourcen hielten sich noch ungefähr die Waage. Dabei gibt es weltweit sehr große Unterschiede im Ressourcenverbrauch: Gäbe es zum Beispiel einen „Deutschland-Erschöpfungstag", wären im Jahr 2017 bereits am 24. April alle Ressourcen verbraucht gewesen, der „Österreich-Erschöpfungstag" wäre laut den Berechnungen der NGO Global Footprint Network der 11. April 2017 gewesen. Eine der Hauptursachen dieser negativen Ressourcen-Bilanz ist die Versiegelung der Landschaft. Das bedeutet, dass rund um Dörfer und Städte die fruchtbarsten Flächen für Straßen- und Wohnungsbau verwendet werden (in Österreich rund 15 Hektar täglich!). Ein weiterer Grund ist unser extrem hoher Fleisch-Konsum, der in dieser Form nur möglich ist, weil für die Intensiv-Tierhaltung Futtermittel aus Ländern des Südens importiert werden (und diese Flächen dort zur Selbstversorgung mit Lebensmitteln fehlen). Auch große Mengen des hierzulande erzeugten Getreides landen nicht direkt als Brot auf unseren Tellern, sondern werden als Futtermittel in der Intensivtierhaltung verwendet oder vielmehr verschwendet. Zwei andere Kennzahlen: Industrielle Anbaumethoden schädigen in Europa immer noch die Ackerböden. Die EU-Kommission für Umwelt beziffert die Schäden an der Bodenfruchtbarkeit mit 390 Milliarden Euro jährlich – das sind umgerechnet 250 Euro pro Hektar und Jahr. Und: Im Moment liegt jeder dritte Hektar Ackerland für den EU-Konsum außerhalb der EU-Grenzen. Wir sind also derzeit massiv abhängig von Lebensmittelimporten von außerhalb der EU. Fakten wie diese gibt es unzählige, je nach Jahreszeit ist mal das eine, mal das andere Thema in den Medien und in unserem Bewusstsein. Ein Gremium aus über 400 Wissenschafterinnen und Wissenschaftern fasste – im Auftrag der Weltbank und der Vereinten Nationen – diese Fakten über die globale Landwirtschaft, ihre Geschichte und ihr Zukunftspotential zusammen und veröffentlichte die Endergebnisse im Jahr 2008 im so genannten Weltagrarbericht (www.weltagrarbericht.de). Ihre unmissverständliche Aussage: „Business as usual is no longer an option". Weiter wie bisher sei keine Option, so die gemeinsame Bilanz. Das Fachgremium war sich auch einig, dass eine Steigerung der Produktivität durch technologischen Fortschritt – auf den Landwirtschaft und Gartenbau in den letzten 50 Jahren gesetzt haben – an ihre Grenzen gelangt sei und dass es sowohl eine Stärkung der kleinbäuerlichen ökologischen Landwirtschaft wie auch standortspezifischer Anbaumethoden bedürfe, um die Zukunft der Lebensmittelversorgung zu sichern.

Christian Hiss, gelernter Demeter-Gärtner und Agrarökonom, fasst dies so zusammen: *„Die an sozialen und ökologischen Werten orientierte und regional kleinräumig organisierte Versorgung mit Nahrungsmitteln ist der Wirtschaftsbereich, der in naher Zukunft einen rasanten Aufschwung erleben wird."* Da er davon ausgeht, dass im 21. Jahrhundert nicht jede und jeder zum individuellen Selbstversorger werden kann, hat er gemeinsam mit anderen das Konzept der Regionalwert AG entwickelt und in die Tat umgesetzt (→ siehe Seite 182).

Regionalität leben

Die letzten Jahrzehnte waren in Mitteleuropa von einem massiven Rückgang der Landwirtschaft geprägt. In Österreich schlossen im Jahr 2017 sechs (!) Höfe pro Tag. Die landwirtschaftliche Gesamtfläche ist in Österreich zwischen 1999 und 2013 um fast 20 % zurückgegangen, die Zahl der landwirtschaftlichen und gärtnerischen Betriebe hat im gleichen Zeitraum um fast 25 % abgenommen. In zentrumsnahen Regionen wachsen die Speckgürtel um die Städte, in peripheren Regionen wird aufgeforstet. Auch das sind Zahlen und Dimensionen, die hinter der neuen Sehnsucht nach Selbstversorgung stecken. Während die einen nicht mehr von der Arbeit in der Landwirtschaft leben können, steigt die Sehnsucht der anderen nach frischen, regionalen Lebensmitteln. Die Situation scheint geradezu paradox.

Der Wunsch nach mehr Regionalität steht in einem krassen Gegensatz zur Realität. Die Region hat kaum mehr Bedeutung bei dem, was in den Einkaufskörben landet. Während Supermarktketten gerade mit den wenigen Produkten aus ihrem Sortiment, die aus der jeweiligen Region stammen, Werbung machen, stammt de facto nur ein kleiner Teil tatsächlich aus der Region, in der die Menschen einkaufen: So offenbarte eine im Jahr 2016 veröffentlichte Studie, die die Stadt Freiburg im Breisgau in Auftrag gegeben hatte, dass nur rund 8 % des Obstes und 13 % des Gemüses, das in Freiburg gegessen wird, aus der Region selbst stammen. Über alle Produktgruppen hinweg wurde ein Anteil von etwa 20 % errechnet. Eine erstaunlich geringe Quote für eine Region, in der eigentlich alles gedeihen würde, was die Menschen an Lebensmitteln brauchen. Zu einem ähnlichen Ergebnis kommt die Studie „Graz ernährt sich", die im Jahr 2017 publiziert wurde.

Die landwirtschaftliche Gesamtfläche ist in Österreich zwischen 1999 und 2013 um fast 20 % zurückgegangen, die Zahl der landwirtschaftlichen und gärtnerischen Betriebe hat im gleichen Zeitraum um fast 25 % abgenommen.

Selbstversorgung ist auch eine Frage der Flächenwidmung. Bei jeder Umwidmung in Bauland sollte ein bestimmter Prozentsatz der Fläche als Dauerkleingarten gewidmet werden.

Die Ergebnisse dieser Studien sind eindeutig: „Regionalität" kann man nicht einfach so im Supermarkt herstellen – was nicht heißt, dass die Lebensmittelketten nicht auch einen Beitrag dazu leisten können. Gelebte Regionalität bedeutet, in den einzelnen Regionen neue soziale Netzwerke der Selbstversorgung aufzubauen. Das ist gleichermaßen eine Frage der Flächenwidmung, wie der Frage, wie das Arbeiten in der Landwirtschaft für junge Menschen – und vor allem für Frauen – wieder attraktiv und lebenswert werden kann. Es ist auch eine Frage, wie Menschen, die gerne in der Landwirtschaft und im Gartenbau arbeiten, dazu die Möglichkeit bekommen. In die Landwirtschaft neu einzusteigen ist meist für viele – auch gut ausgebildete Menschen – derzeit schlicht aus dem Grund schwer möglich, weil ihnen dazu das nötige Geld fehlt. Grund und Boden zu erwerben, ist in vielen Regionen teuer. Seit der Wirtschaftskrise im Jahr 2008 sind die Preise nochmals extrem gestiegen. Gleichzeitig kann man die nötigen Investitionskosten, um einen Garten- oder gar Landwirtschaftsbetrieb aufzubauen, nicht mit den Einnahmen aus Landwirtschaft und Gartenbau zurückzahlen. Hier braucht es viele neue Ansätze, wie Menschen aus unterschiedlichen Berufen sich zusammenschließen können. Einige dieser Ansätze wie die Regionalwert AG oder die Genossenschaft Kartoffelkombinat werden in diesem Buch beschrieben.

Fruchtbares Gartenland erhalten

Für Gemeinden gibt es viele Möglichkeiten, um die Selbstversorgung aus Bio-Gärten zu stärken. Eine ganz konkrete ist die Flächenwidmung. Erfahrungen aus der Vergangenheit zeigen, dass es Flächen braucht, die tatsächlich als Gartenland (in Österreich und Deutschland ist das die Kategorie „Dauerkleingarten") gewidmet sind. Grünland wird viel schneller in Bauland umgewidmet. Bei Dauerkleingärten ist das nicht so einfach möglich (→ siehe Beispiel Ottensheim, Seite 101). Gerade aus diesem Grund gibt es diese Kategorie, weil für dieses Gartenland besondere gesetzliche Schutzmaßnahmen gelten. Es wäre für Gemeinden – und zwar unabhängig davon, ob es sich um eine kleine Gemeinde am Land oder eine Großstadt handelt – eine konkret umsetzbare Maßnahme, einen bestimmten Prozentsatz der Gemeindefläche oder eine bestimmte Fläche pro EinwohnerIn als Dauerkleingarten zu widmen. Ein Schritt dahin könnte sein, bei jeder Umwidmung von Grünland zu Bauland einen bestimmten Prozentsatz der Fläche als Dauerkleingarten-Land zu widmen.

Dies wäre auch eine wichtige Grundlage für viele Gemeinschaftsgärten, die in den letzten Jahren – gerade in Städten – entstanden sind: dass die Fläche dauerhaft abgesichert ist und es langfristige Pachtverträge gibt.

Selbstversorgung wieder neu lernen

Die meisten Menschen können sich gegenwärtig gar nicht vorstellen, wie Selbstversorgung funktionieren könnte, und es ist wohl tatsächlich so: Es braucht viele Ansätze und unterschiedliche Konzepte. Neue Techniken, die an Bewährtes – das vielerorts ganz oder beinahe in Vergessenheit geraten ist – anknüpfen und diese weiterentwickeln. Auch wenn es für viele von uns unvorstellbar scheint: Vor 50 Jahren mussten Menschen neu lernen, dass man Lebensmittel im Supermarkt kaufen kann! Innerhalb der letzten 50 Jahre ist dies für die allermeisten Menschen selbstverständlich geworden. Etwas anderes scheint für die allermeisten nicht vorstellbar – oder gar wünschenswert – zu sein. Paradoxerweise eint dies Menschen in der Stadt und auf dem Land, Banker und Bauern, Frauen und Männer, Jugendliche und RentnerInnen: Die Fähigkeit, sich und seine unmittelbare Gemeinschaft mit den Lebensmitteln, die wir täglich brauchen, versorgen

Selbsternte statt Supermarkt: Selbstversorgung kann man auch wieder lernen.

Selbst im Winter kann der Garten eine Gemüsequelle sein *(→ siehe Seite 301).*

zu können, ist so weit verkümmert, dass die meisten nicht mehr erkennen, ob eine Landschaft fruchtbar ist oder nicht; keine Reaktion mehr zeigen, wenn es im Frühling oder Sommer wochen- und monatelang nicht regnet, wenn Tiere zu zehntausenden in dunklen Ställen zusammengepfercht werden und das Fleisch dieser Tiere dann auf unseren Tellern landet. Der Landbau und das Halten von Nutztieren sind uns völlig fremd geworden. So fremd, dass wir sie als ferne, exotische Traumbilder neu zu inszenieren versuchen. Für viele ist die Idee der „Selbstversorgung" zu einem Wunschbild, zu einer Sehnsucht geworden, zu einem „Experiment" oder einem „Projekt". Vielleicht gespeist aus dem alten menschheitsgeschichtlichen Wissen, dass für sich sorgen zu können (gemeinsam mit anderen) eine der Urbedingungen unseres Menschseins ist. Unser Körper braucht Nahrung. Und zwar nicht irgendwelche, sondern nur die, die ihm guttut.

Vieles von dem, was uns sogenannte moderne Lebensmittel liefern, brauchen unsere Körper ganz und gar nicht: Zum Beispiel Weizen, der einen so hohen Glutengehalt hat, dass er mit Unverträglichkeiten (sprich Darmerkrankungen) reagiert; zum Beispiel Arsen im Reis oder Nitrat im Grundwasser und in den Meeren.

Wir könnten die gefüllten Regale, die Überfülle der verfügbaren Lebensmittel feiern. Doch nicht einmal das tun wir. Ein Erntedankfest im Supermarkt erschiene uns deplatziert. Warum eigentlich? Feiern kann man nur dann, wenn man wahrnimmt, dass es etwas zu feiern gibt. Einen Geburtstag, ein religiöses Fest oder eben Erntedank. Doch dazu müsste man wahrnehmen, dass diese Fülle, die uns täglich in den Regalen der Supermärkte angeboten wird, etwas Besonderes ist. Aber das tun wir nicht. Vermutlich hat dies auch damit zu tun, dass wir kollektiv um die Schattenseiten dieser Form der Fremdversorgung wissen: Es ist das völlige Ausgeliefert-Sein. Wie wir Kartoffeln selber anbauen, wissen wir ebenso wenig, wie wo der nächste Bauer ist, bei dem wir Getreide zum Brotbacken kaufen könnten. Die allermeisten haben auch nicht die Möglichkeit, Gemüse anzubauen, weil sie keinen eigenen, nutzbaren Garten, keinen fruchtbaren Boden haben.

Damit all die Gemüse und auch lagerfähigen Produkte im Supermarkt landen, braucht es lückenlose Lieferketten. Ein Supermarkt hat ja keine Lagerkapazität, die über das, was er in zwei, drei Tagen verkauft, hinausgeht. Doch scheinbar funktionieren die Lieferketten so reibungslos (und das ist eine Leistung!), dass uns nicht auffällt, dass unser Fremd-Versorgt-Sein auf tönernen Füßen steht. Die Straßen führen bis zum Supermarkt, der Tank ist gefüllt, die Regale sind es auch. Heini Staudinger, der bekannte Schuhproduzent aus dem Waldviertel, der sich seit vielen Jahren mit der Stärkung peripherer Regionen auseinandersetzt, formuliert das so: *„Der Supermarkt versorgt uns mit Gemüse bis zu dem Augenblick, wo er ein Geschäft macht. Der Garten versorgt uns auch danach noch weiter."*

Was brauchen Hühner, um Eier legen zu können? Und wie viel Eier legt ein Huhn im Jahr?

Bio-Gärten als Anfang und Ausweg

Egal, ob Sie sich mit richtigen Pflanzabständen bei Stangenbohnen beschäftigen, damit, wie man Kürbisse richtig lagert, oder mit der Frage, wie Sie mit Ihrem Finanzkapital einem landwirtschaftlichen Betrieb oder einer Gärtnerei ermöglichen können, professionell Bio-Gemüse anzubauen und zu lagern; egal, ob Sie mehr essbare Nutzpflanzen in Ihrem eigenen Garten anbauen, oder Bäuerinnen und Bauern aus unserer Umgebung ermöglichen, dies zu guten Bedingungen zu tun: Stets geht es um dasselbe: Die Versorgung mit gesunden, schmackhaften und bekömmlichen Lebensmitteln zu sichern. Das heißt, sie wieder unmittelbarer, überschaubarer zu machen und in konkreten Beziehungen zu gestalten.

Zurück zur Gemeinschaft

Die alte bäuerliche Welt funktionierte als innerhäusliche Versorgungsgemeinschaft mit konkreten, verbindlichen Austauschbeziehungen nach außen.

Auch wenn wir gegenwärtig in anderen Lebensformen und -gemeinschaften leben, die Selbstversorgung des 21. Jahrhunderts braucht in ihrer Gesamtheit wieder vielschichtige Versorgungsgemeinschaften und soziale Netzwerke: So sind in den letzten Jahren an vielen Orten – und miteinander gut vernetzt – viele neuere gemeinschaftsgetragene Formen der Selbstversorgung entstanden. Die meisten sind zunächst an einem konkreten Ort von einer Gruppe unterschiedlicher Menschen entwickelt und in die Tat umgesetzt worden. Andere Menschen haben an diesen konkreten Beispielen gelernt und sie dann – meist in adaptierter Form – in der eigenen Region umgesetzt und weiterentwickelt und an die eigenen Anforderungen und Gegebenheiten angepasst. So entstand etwa das Konzept der Selbsterntegärten in Wien und wird mittlerweile in vielen Städten in Deutschland – meist unter anderen Namen – praktiziert. Die gemeinschaftsgetragene Form der Landwirtschaft, in der sich Menschen Kosten und Ernte einer Gärtnerei oder eines landwirtschaftlichen Betriebes teilen, entstand zunächst am Buschberghof in Deutschland, gelangte von dort in die USA und hat hier wieder Menschen inspiriert, Betriebe nach diesem System in Österreich oder Frankreich aufzubauen. Diese Formen werden im Buch ebenso beschrieben wie die historischen Formen der Kleingärten und die Prinzipien der alten bäuerlichen Landwirtschaft, die auf die Versorgung der auf einem Hof lebenden Menschen mit Essen, Wohnraum und Energie ausgerichtet war. Aus diesen Prinzipien kann man viel für den Aufbau von neuen Strukturen der Selbstversorgung lernen, auch wenn es die alte Form der bäuerlichen Landwirtschaft in Europa nicht mehr gibt (→ siehe Seite 32).

Die Bedeutung von Sortenvielfalt in der Selbstversorgung

Ohne Sortenvielfalt ist ein Selbstversorger-Garten gar nicht denkbar. Doch Sortenvielfalt ist kein beliebiges Kriterium. Es geht nicht darum, rote, violette und weiße Tomatensorten anzubauen. Auch kann man nicht mit einer umso höheren oder sichereren Ernte rechnen, je mehr Tomatensorten man anbaut. Die Auswahl der einzelnen Sorten und die Anzahl der Pflanzen, die man pro Sorte setzt, orientiert sich an bestimmten Anbau- und Verarbeitungseigenschaften und an der Ertragssicherheit. Bei den einzelnen Porträts der Gemüse- und Obstarten sind die Sortenempfehlungen daher nach diesen Gesichtspunkten getroffen worden: Wir haben gezielt Sorten ausgewählt, die sich in Selbstversorger-Gärten bewährt haben.

Ein Vorbild ist auch hier die alte bäuerliche Landwirtschaft (→ siehe Seite 32). Im Selbstversorger-Garten haben die einzelnen Sorten jeweils ihren Sinn und ihre „Berechtigung": Wer sich über das Jahr mit Tomaten versorgen will, braucht Sorten, die früh reifen, und Sorten, die sich gut zum Verarbeiten und Konservieren eignen. Wer Kartoffeln für die Selbstversorgung anbaut, braucht Sorten, die sich für Teige eignen – also mehlig kochende Typen – und fest kochende Sorten – zum Beispiel für Salate. Doch viele Sorten sind sehr anfällig für die Krautfäule. Also baut man gerne widerstandsfähige Sorten an, auch wenn man dafür in Kauf nehmen muss, dass sie nicht so gut schmecken. Das gleiche gilt für Äpfel und Birnen: Im Selbstversorger-Garten braucht es frühreife Sorten und lagerfähige Sorten. Sorten, die sich zum frisch Essen eignen, und Sorten, die einen guten Saft oder Most ergeben. Viele SelbstversorgerInnen entwickeln über die Jahre ihr eigenes Sortiment an Gemüse-, Obst- und Kräutersorten, die sich in ihren Gärten bewährt haben. Viele bauen zum Beispiel bestimmte Bohnensorten jedes Jahr an und bauen dazu eine unbekannte Sorte neu an, um zu sehen, ob sie sich bewährt. Eine wichtige Möglichkeit, um Sorten an die Anbaubedingungen in der eigenen Region anzupassen, ist es, diese Sorten auch selbst zu vermehren (weiterführende Informationen zur Vermehrung → siehe Literatur, Seite 465, Handbuch Samengärtnerei).

Arten- und Sortenvielfalt sind kennzeichnend für Selbstversorger-Gärten.

Extrem wichtig für die Selbstversorgung ist die Artenvielfalt: Möglichst viele und unterschiedliche Kulturarten anzubauen, ermöglicht die vorhandene Fläche gut auszunutzen und zu unterschiedlichen Zeitpunkten zu ernten. Dabei gibt es große Unterschiede zwischen den einzelnen Regionen – vor allem in Abhängigkeit von der Höhenlage – was tatsächlich alles wachsen und reifen kann. So wurden in den letzten 200 Jahren Kartoffeln gerade im Berggebiet zu einem wichtigen Grundnahrungsmittel, weil sie eine kurze Kulturdauer haben und gleichzeitig gut lagerbar sind. Dasselbe gilt auch für andere, neuere Kulturpflanzen, die bereits als „traditionell" erlebt werden, wie den Kürbis. Die Erfahrungen vieler Menschen, die Beiträge zu diesem Buch geleistet haben, zeigen aber, dass es unzählige weitere Möglichkeiten gibt, Kulturarten auch in Regionen mit kürzerer Vegetationszeit ertragreich anzubauen.

Erfahrungen von Arche Noah-GärtnerInnen

„Als größten Vorteil, den man als Selbstversorgerin hat, empfinde ich die unglaubliche Vielfalt an Lebensmitteln. Rote-Beete-Blätter, Rhabarber-Blüten, Köpfe von Rosenkohl-Pflanzen, Gemüse-Malve, die Vielfalt an Kräutern – all das möchte ich nicht missen."
Traude Banek, Buxtehude

Samen sichern Zukunft

Samenfeste Sorten sind eine wichtige Grundlage für Selbstversorger-Gärten. Zu Beginn der 1990er Jahre war die zentrale Ursache für die Gründung des Vereins Arche Noah, dass samenfeste Sorten, die sich in den Gärten bewährt hatten, von den Zuchtfirmen nicht mehr angeboten wurden. Bäuerinnen und Bauern, Selbstversorger-Gärtnerinnen und -Gärtner schlossen sich damals zusammen, um einzelne Sorten in ihren Gärten zu vermehren und das Saatgut untereinander auszutauschen. Dies gelingt nur mit nachbaufähigen Sorten. Samenfeste Sorten können sich auch den verändernden Umweltbedingungen anpassen und sich weiterentwickeln. Auch darum sind sie so wichtig.

Vielerorts werden auch in den Hausgärten Hybrid-Sorten angebaut. Entweder weil samenfeste Sorten als Jungpflanzen bei lokalen Gärtnereien nicht erhältlich sind oder weil sie – häufig bei intensiver Pflege und Versorgung mit Dünger und Wasser – höhere Erträge liefern.

Die Auswahl der passenden Sorten ist im Selbstversorger-Garten entscheidend. Samenfeste Brokkoli bilden nicht so große „Rosen" wie Hybride, dafür ist aber auch der Strunk butterweich, sie treiben nach und können ein zweites Mal beerntet werden (z.B. ‚Calabrese').

Ein entscheidender Moment ist die Zukunftsfähigkeit einer Sorte, ihr Potential, Neues hervorzubringen, sich zum Beispiel an Trockenheit und Wassermangel anzupassen. Viele Gärtnerinnen und Gärtner haben die Erfahrung gemacht, dass Lokalsorten der Region bei Wetterextremen sicherere Erträge gebracht haben als so genannte Hochleistungssorten. So bringen die samenfesten Zwiebelsorten im Weinviertel zwar weniger Ertrag als Hybrid-Sorten, dafür aber auch in trockenen Jahren einen verlässlichen – wohingegen die Hybrid-Sorten total ausfallen. Die Vielfalt unserer Kulturpflanzen ist aus samenfesten Sorten entstanden, aus Sorten, die ihre Eigenschaften in einem kontinuierlichen, von Menschen gelenkten Erbstrom weitergeben und dadurch wandelbar und anpassungsfähig sind. Viele samenfeste Sorten haben weitere Vorteile gegenüber Hybriden: Hybrid-Sorten sind für einen Erwerbsgemüsebau, der an den Handel liefert, gezüchtet. Hier ist zum Beispiel die gleichzeitige Abreife des ganzen Brokkoli-Feldes ein wichtiges Kriterium: Das Feld wird einmal beerntet und die Brokkoli in den Liefer-LKW verladen. Im Selbstversorger-Garten ist es hingegen ein Vorteil, wenn nicht alle zehn Brokkoli-Pflanzen gleichzeitig erntereif sind. Schließlich möchte man nicht 10 Brokkoli an einem Tag aufessen.

Kraut gehört in der Vermehrung zu den zweijährigen Kulturen. Im ersten Jahr bildet es den Krautkopf. Für die Saatgutvermehrung wird dieser im Herbst samt Strunk und Wurzeln geerntet, überwintert, und im zweiten Jahr nochmals ausgepflanzt.

Die Prinzipien der bäuerlichen Landwirtschaft können ein Vorbild für moderne Selbstversorgung sein.

Vorbereitung

Die alte bäuerliche Landwirtschaft und ihre Prinzipien[1]

Auf der Suche nach Vorbildern für neue Formen der Selbstversorgung lohnt es sich, einen Blick in die Vergangenheit zu werfen. Nicht, um alte Modelle oder Lebensformen zu kopieren, sondern um von den „alten" Formen der bäuerlichen Selbstversorgung, die in vielerlei Varianten über Jahrhunderte Bestand hatten, zu lernen. Die alte bäuerliche Landwirtschaft gibt es nicht mehr. Doch es ist interessant und wegweisend, sich von den funktionalen Merkmalen – den inneren Gestaltungsprinzipien – der traditionellen bäuerlichen Selbstversorgungs-Landwirtschaft inspirieren zu lassen. Viele lassen sich in neuer Form und zeitgemäß umsetzen. Sie lehren, nach welchen sozialen, ökologischen und ökonomischen Prinzipien eine Selbstversorgung langfristig – heute würde man wohl sagen nachhaltig – funktionieren kann. Wer nach neuen Formen der gemeinschaftsgetragenen, aber auch der individuellen Selbstversorgung sucht, kann anhand dieser Prinzipien lernen, Irrwege zu vermeiden, einen guten sozialen Boden aufzubereiten und sich ein Stück weit gelassener und fokussierter ans Gärtnern zu machen.

Die Frage nach den wesentlichen Merkmalen der bäuerlichen Ökonomie ist für Menschen, die sich heute mit dem Thema Selbstversorgung beschäftigen möchten, aus vielen Gründen interessant und inspirierend: Sie zeigt, dass Selbstversorgung nicht mit dem Anbau und dem Verarbeiten von Gemüse und Obst beginnt, sondern mit der Schaffung der entsprechenden sozialen und ökonomischen Rahmenbedingungen und räumlichen Ressourcen.

1 Dieses Kapitel basiert auf den Ergebnissen eines Denk- und Diskussionsprojektes von Andrea Heistinger mit dem Demeter-Gärtner und Agrarökonomen Christian Hiss und dem Agrarpolitik-Wissenschafter Frieder Thomas zum Thema funktionale Merkmale der bäuerlichen Landwirtschaft als Grundlage für eine regionale Versorgungswirtschaft.

Kontinuität und Beständigkeit

Eine wichtige Grundlage der bäuerlichen Ökonomie war das Prinzip der Kontinuität und Beständigkeit. Eine Generation wirtschaftete relativ lange – häufig 30 bis 40 Jahre. Gleichzeitig gab es auf den Höfen geregelte Arbeitsbereiche. Mit anderen Worten: Die Menschen sammelten ein umfangreiches Erfahrungswissen an, das für die Durchführung der einzelnen Tätigkeiten notwendig war. Das Tun – an einem konkreten Ort zu einer konkreten Zeit – schulte den Blick und erweiterte stetig das Wissen über die lokalen Anbaubedingungen. Eine geregelte Arbeitsteilung sicherte, dass ein und dieselbe Person einzelne, aber im täglichen oder jahreszeitlichen Rhythmus wiederkehrende, Tätigkeiten verrichtete und sich so die unzähligen Handgriffe und das Wissen, was wann zu tun ist, verfestigen konnten. Die Durchführung einzelner Tätigkeiten musste nicht ständig neu erlernt werden. Wer alleine oder gemeinsam mit anderen einen Selbstversorger-Garten anlegt, ist gut beraten, entspannt an diese Sache heranzugehen: Zum einen kommt die Erfahrung erst durch das „Dranbleiben" über viele Jahre. Zum anderen muss meist auch erst eine gute und sinnvolle Arbeitsteilung ausgehandelt werden.

Auf den Höfen fehlten Zeit und auch Geld für Experimente. Das war Vorteil und Nachteil zugleich. Risiken wurden eher gescheut, neue Sorten oder Anbautechniken meist nur übernommen, wenn sie sich auf anderen Höfen bereits bewährt hatten. In der Praxis – auf den Äckern, im Stall – gab es daher ein großes Beharrungsvermögen. Praxiserfahrung in den bewährten Produktionssystemen und damit sichere Erträge waren wichtiger als Innovationen mit all ihren Risiken. Für neue Formen der Selbstversorgung ist auch diese Dimension wichtig: Welche Sorten und Anbautechniken bewähren sich im eigenen Kontext am besten? Welche sind Liebhabersorten, die für spezielle Speisen oder „Sonntagsgerichte" interessant sind? Von welchen Kulturarten muss man größere Mengen anbauen, weil sie im täglichen Speiseplan öfter vorkommen?

Boden und Tiere als wesentliches Kapital

Ökonomische Ziele einer Landwirtschaft waren vorrangig der Aufbau und die Weitergabe von Vermögen an die nächste Generation – zur Sicherung der Existenz der Familie. Dabei ging es nicht in erster Linie um Geld, sondern darum, eine bewirtschaftbare Hofeinheit aufzubauen und zu erhalten, ebenso Bodenfruchtbarkeit und einen gesunden Tierbestand. Auch diese Dimension ist für den Aufbau von individuellen wie gemeinschaftsgetragenen Formen der Selbstversorgung wichtig: Wie kann ein Garten so bewirtschaftet werden, dass er vielleicht sogar mit einer höheren Bodenfruchtbarkeit als zuvor an die nächste Generation von Gärtnerinnen und Gärtnern übergeben werden kann? Wie kann die langfristige Verfügung über Grund und Boden für die Gemeinschaft, die sich von dieser Fläche versorgt, gewährleistet werden?

Kapitalvermehrung heißt, den Boden fruchtbarer an die nächste Generation zu übergeben, als man ihn übernommen hat.

Wissen und Können entstehen aus dem Tun

Arbeitsteilung und wiederkehrende Tätigkeiten vertiefen das Wissen, und schulen die Wahrnehmung. Wer sich heute auf den Weg zur Selbstversorgung macht, fängt häufig „von vorne" an: Das Wissen, wie man Gärten anlegt, den Boden bestellt, was welche Pflanzen brauchen oder wann welche Gemüse und Früchte erntereif sind, kann man sich zwar auch aus Büchern aneignen. Letztlich entscheidet über den Erfolg aber die Kenntnis des eigenen Standortes und die Erfahrung, wie dieser am besten zu bewirtschaften ist. Erfahrungswissen eignet man sich am einfachsten durch Praxis an und das ist weitestgehend ein Wissen, das ohne Sprache auskommt. Wer sich erwartet, von null weg zu starten und gleich in einem üppigen und ertragreichen Garten aus dem Vollen schöpfen zu können, muss damit rechnen, enttäuscht zu werden. Vieles ist gar nicht so einfach in Worte zu fassen – die alte bäuerliche Arbeitswelt fand mit erstaunlich wenigen Worten ihr Auslangen. Für einzelne Tätigkeiten, die auf den Höfen nicht im wiederkehrenden Rhythmus verrichtet werden mussten, gab es im Dorf oder in der Gegend Menschen, die sich genau darauf spezialisiert hatten: etwa das Veredeln von Obstbäumen, in manchen Dörfern auch die Saatgutgewinnung oder die Anzucht von Jungpflanzen.

Erfahrungen von Arche Noah-GärtnerInnen

„Alle Menschen, die zu uns kommen, um hier zu lernen, haben ein Universitätsstudium abgeschlossen oder zumindest Matura/Abitur (meist auch dann ein paar Studienjahre schon hinter sich). Diese jungen Leute sind so durstig nach der Praxis und verstehen, dass sie diese nur in einer praktischen landwirtschaftlichen Ausbildung, wie wir sie anbieten, erlernen können. Natürlich sind Bücher wichtig, ich lese ständig etwas nach und bilde mich weiter, aber letztendlich würde ich jeder Person, die ein Leben als Bäuerin oder Selbstversorgerin anstrebt, empfehlen, ein paar Jahre auf einem bäuerlichen Betrieb mitzuarbeiten, um die Tausenden von Handgriffen zu erlernen, die in der täglichen Arbeit einfach sitzen und schnell gehen müssen."
Ulli Klein, CSA-Bäuerin, www.kleinefarm.org

Vorratshaltung ist essentiell

Sowohl was das Futter für die Tiere, als auch die über das Jahr hindurch benötigten Lebensmittel anbelangte, war die Lagerhaltung für das Funktionieren der bäuerlichen Ökonomie zentral. Die Bauweise der Höfe war darauf ausgerichtet, Lagerräume waren Räumlichkeiten von großer Bedeutung und die Einlagerung, Pflege und Kontrolle der Vorräte waren wichtige Tätigkeiten. Auch für die Zukunft der Selbstversorgung ist diese Dimension relevant und zwar unabhängig davon, ob es sich um ein Einfamilienhaus oder ein Mehrparteienhaus handelt. Auch wenn es für viele aus jetziger

Auf Selbsternteparzellen muss vieles für „die Neuen" auch schriftlich kommuniziert werden.

Perspektive anachronistisch wirken mag: Wenn bei Neubauten nicht die Garagen und Partykeller, sondern die Einkoch-Küchen und Lagerräumlichkeiten mitgeplant werden, ist alleine das schon ein großer Schritt in Richtung Selbstversorgung. Einige Wohnprojekte, die in den letzten Jahren entstanden sind, haben diesen Grundsatz berücksichtigt. Die Küchen der einzelnen Wohneinheiten sind kleiner ausgeführt, dafür gibt es eine große Gemeinschaftsküche, die als Gastroküche ausgestattet ist, und ebenso gemeinsame Lagerräume, in denen die Lieferungen der gemeinsam organisierten Lebensmittelkooperative lagern (siehe zum Beispiel www.pomali.at).

Bedarfsorientierte Produktion für ökonomische und soziale Einheit

Die Haus- und Hofgemeinschaft (das „Ganze Haus") war eine ökonomische und soziale Einheit von Produktion und Konsum. Auch wenn die Familie der Kern dieser Einheit war, zählten alle am Hof lebenden Menschen zur Haus- und Hofgemeinschaft, selbst Handwerker und Tagelöhner wurden in der Zeit, in der sie am Hof arbeiteten mit Wohnraum versorgt und mitverköstigt. Das Ziel dieser Gemeinschaft war die bedarfsorientierte Produktion. Die erwirtschafteten Produkte dienten fast ausschließlich der Versorgung der Hausgemeinschaft oder des lokalen sozialen Bezugssystems. Diese Selbstversorgung betraf nicht nur Lebensmittel, sondern auch Kleidung, Wohnung, Energie und andere Grundbedürfnisse. Ein begrenzter Teil der Erzeugnisse – beispielsweise Jungvieh, Kartoffeln oder Sonderkulturen – wurde für den Verkauf produziert. Der Verkauf sorgte für das Geld für den Zukauf von Betriebsmitteln, die nicht selbst erzeugt werden konnten. Somit war die Produktion für den Verkauf Teil der bäuerlichen Ökonomie, er diente zur Ergänzung der Selbstversorgungswirtschaft. Diese Frage ist für eine der neuen Selbstversorgungsformen relevant – zum Beispiel für CSA-Betriebe (Solidarische Landwirtschaften): Was tun mit Überschüssen, die in der Gemeinschaft der AnteilsnehmerInnen gerade nicht gebraucht werden? Eine Möglichkeit ist das Einkochen, eine andere ist die Vermarktung – sofern es dazu Möglichkeiten gibt. Vielerorts bieten Menschen das überschüssige Obst aus ihren Gärten – das ja rasch verarbeitet werden muss – einfach an, indem sie einige geerntete Früchte in einem Korb gut sichtbar an die Straße stellen. In Regionen, in denen diese Form von „Straßenverkauf" üblich ist, bleiben interessierte Menschen einfach stehen und holen sich zum Beispiel die Menge an Aprikosen, die sie zum Marmelade-Einkochen brauchen.

Was heißt bedarfsorientierte Produktion? Für wie viele Menschen soll angebaut und eingekocht werden?

Neue Selbstversorgungsstrukturen brauchen gute Planung.

Stabile und verlässliche Arbeits- und Sozialbeziehungen

Stabile und verlässliche Arbeits- und Sozialbeziehungen im Inneren sind ein zentrales Merkmal der bäuerlichen Landwirtschaft. Die Verlässlichkeit war in der alten bäuerlichen Wirtschaft in Form von strengen Hierarchien gewährleistet. Hierarchie hatte die Funktion eines existenzsichernden Stabilisierungsfaktors. Gerade in gemeinschaftsgetragenen Formen der Selbstversorgung geht es meistens nicht darum, in Form von Hierarchien die Arbeit zu organisieren. Verlässlichkeit und Regeln, die nicht ständig neu ausgehandelt werden müssen, sind aber für ein Funktionieren des Ganzen essentiell. Wenn Sie einen neuen Nutzgarten anlegen: Überlegen Sie, wann Sie mit Arbeitsspitzen rechnen

Viele Hände, schnelles Ende. Gerade bei Ernte-Arbeiten ist es hilfreich, wenn viele mithelfen.

müssen und ob Sie diese alleine bewältigen können. Falls nicht: Wer könnte Ihnen in diesen Zeiten verlässlich und am besten jedes Jahr helfen? Es macht keinen Sinn, jedes Jahr neu auf die Suche zu gehen, vielmehr sollten Sie mit Menschen zusammenarbeiten, die langfristig und auch gerne dabei sind. Und dafür vielleicht im Gegenzug einen Teil der Ernte bekommen oder den Garten oder das Haus während Ihres Urlaubs nutzen können. Möglichkeiten, Austauschbeziehungen neu auszuhandeln, gibt es viele.

Netzwerke und Außenbeziehungen sind überschaubar

Die Höfe waren nicht autark. Netzwerke und Beziehungen nach außen waren essentiell. Die Beziehungen und Abhängigkeiten nach außen waren unmittelbar, bekannt und damit überschaubar (Nachbarschaftshilfe war überlebenswichtig). Diese Beziehungen dienten zur sozialen und ökonomischen Risikominimierung und wurden vor allem bei Festen – wie zum Beispiel Hochzeiten – regelmäßig bekräftigt und erneuert. Auch für neue Formen der Selbstversorgung gilt: Selbstversorgung braucht verlässliche Netzwerke. Zum Beispiel, wenn es darum geht, wo man übers Jahr Jungpflanzen beziehen kann. Wer helfen kann, wenn es gilt, innerhalb weniger Tage die Ernte zu verarbeiten. Oder wer den Garten in Abwesenheitszeiten gießen kann.

Arbeits- und Lebensformen sind eng verflochten

Das Leben in der bäuerlichen Landwirtschaft war untrennbar mit der Arbeit verbunden, es wurde viel und handarbeitsintensiv gearbeitet. Da das Ziel darin bestand, alle „Hausleute" zu versorgen, ging es nicht darum, Arbeit wegzurationalisieren, sondern alle auf dem Hof lebenden Personen sinnvoll in die Arbeitsprozesse zu integrieren. Alle, die im sozialen System versorgt werden sollten, arbeiteten in einer ihnen möglichen Form. In diesem Sinne war bäuerliches Wirtschaften in Bezug auf den Einsatz von Ressourcen effizient und in Bezug auf den Faktor Arbeit integrierend und meistens handarbeits- und zeitintensiv. Der mitunter hohe Aufwand an Arbeitszeit war kein begrenzender Faktor für das Ziel, eine hohe Effizienz beim Einsatz der knappen Ressourcen Boden, Düngung, Rohstoffe etc. zu erreichen.

Erfahrungen von Arche Noah-GärtnerInnen

„Es war tatsächlich so, dass die Oma für den Gemüsegarten von Aussaat bis Ernte, das Brotbacken, die Hühner und Schweine, das Kochen, den Haushalt, die Kinder die Beerenernte, Obsternte, zuständig war. Und selbstverständlich durften wir Kinder immer helfen, Bohnen und Erbsen auslösen, Kornelkirschen und Zwetschgen, Äpfel und Birnen sammeln, Nüsse knacken, Holz holen, Ofen einheizen und nachlegen und Sauerkraut einstampfen – dabei halfen wir gerne. Papa und Opa waren auf den Feldern, Wiesen oder im Wald. Mama war überall dabei und immer erreichbar für uns. Sie hat gemolken, während die Männer die Tiere fütterten. Aber ich sah sie auch auf dem Feld, auf dem Traktor, mit Maschinen und beim Einkochen. Opa machte den Most. Ein großer Aufwand war das Heuen und Dreschen. Die hatten dann Vorrang und es blieben andere Arbeiten, zum Beispiel im Haushalt, einfach liegen."

Maria Hagmann

Kochen und Verarbeiten sind in der bäuerlichen Landwirtschaft zentrale und geschätzte Tätigkeiten.

Kochen und Verarbeiten als zentrale Tätigkeiten

Die Versorgung der Menschen des Haushaltes mit Essen war ein Hauptzweck des bäuerlichen Betriebs. Kochen und Essen waren unmittelbare Bestandteile des täglichen Betriebsablaufes. Es wurde zwangsläufig saisonal und regional gekocht und gegessen, denn das Speiseangebot hing stark von der geographischen Lage und der Jahreszeit ab. Aus dem Angebot der eigenen Wirtschaft schmackhafte Speisen zuzubereiten war eine zentrale Kompetenz des Bäuerlichen – in der Regel der Frauen. Die Kompetenzen der Frauen waren somit zentral für das Funktionieren der bäuerlichen Ökonomie. Viele Menschen, die neu zu gärtnern anfangen, lernen so auch das Kochen gänzlich neu. Zu welchen schmackhaften Gerichten lassen sich welche Gemüse und Früchte verarbeiten? Wie kann Gemüse in der täglichen Ernährung eine Hauptrolle spielen?

In der alten bäuerlichen Subsistenz-Landwirtschaft setzte man häufig auf bewährte Sorten.

Vielfalt war kein Selbstzweck. Neue Sorten oder Kulturtechniken wurden übernommen, wenn es im Gesamtkontext der Selbstversorgung sinnvoll war.

Wenig Fremdkapital nötig

Der bäuerliche Betrieb ging extensiv mit Finanzkapital um. Es gab wenig Bargeld. Das brachte auch eine weitgehende Unabhängigkeit von Märkten, ihren Rahmenbedingungen und Preisschwankungen mit sich. Das alte bäuerliche Wirtschaftssystem war daher ökonomisch relativ stabil. Es kam mit wenig Fremdkapital aus. Investitionen in die Zukunft wurden auf Basis von in der Vergangenheit erwirtschafteten Profiten getätigt (z. B. gute Weinernte oder Viehverkauf) und nicht mit Krediten.

Wer sich heute auf den Weg macht eine kleinere oder größere Struktur zur Selbstversorgung aufzubauen, braucht dazu zunächst Geld – und daher meist eine Lohnarbeit. Je sicherer die Selbstversorgung funktioniert, umso weniger Kapital von außen ist nötig. Für eine Selbstversorgung sind meist viel weniger Geräte notwendig, als in Gartencentern oder bei Küchenausstattern angeboten werden. Für den Aufbau von größeren Strukturen der Selbstversorgung ist anfangs viel Startkapital notwendig – vor allem dann, wenn auch das Land und die Gebäude neu gekauft werden müssen. Die alten bäuerlichen Familienbetriebe entstanden vor Jahrhunderten durch die sogenannte karolingische Hufenverfassung, in der verankert wurde, dass jeder bäuerlichen Familie so viel Land (das Huf) zugeteilt wurde, wie für die Lebenshaltung nötig war.

Wenn heute Betriebe neu aufgebaut werden, ist dafür viel Kapital notwendig – entweder in Form von Grund und Boden, der direkt eingebracht wird, oder in Form von Finanzkapital, um Grund und Boden und die nötigen Betriebsmittel zu kaufen (→ siehe Aufbau von Genossenschaften, Seite 176 & Regionalwert AGs, Seite 183)

Risiken und Abhängigkeiten sind kalkulierbar

Risiken und Abhängigkeiten waren bekannt, überschaubar und kalkulierbar. Die lokal recht eng umgrenzte bäuerliche Welt gewährleistete (mit der Ausnahme von unvorhersehbaren Naturkatastrophen) einen zyklisch-kontinuierlichen Ablauf der Tätigkeiten. Die Risiken des vertrauten Ursachen-Wirkungsgefüges waren überschaubar. Kontinuierliche und kalkulierbare Ertragsstabilität waren wichtiger als Höchsterträge.

Auch bei Innovationen existierte ein recht stabiles Gleichgewicht zwischen Bewahren und Verändern. Neuerungen fanden nur langsam statt und wurden vor allem dann übernommen, wenn sie andere Betriebe erfolgreich vorgeführt hatten und man sich diese „abschauen" konnte. Da bei der Weitergabe der Höfe die männliche Erbfolge galt, waren es vor allem die einheiratenden jungen Frauen, die Potentiale für Veränderungen in allen Belangen des landwirtschaftlichen Betriebes mitbrachten. Innovationen wurden progressiv als nützliche und integrierbare Bestandteile in den bewährten Wissens- und Erfahrungskanon aufgenommen.

Erfahrungen von Arche Noah-GärtnerInnen

„Wenn ich mit meiner Mutter (Gemüsebäuerin) so rede, dann hab ich das Gefühl, dass Arbeit nicht die Arbeit ist/war wie unsere ‚industrialisierte Formvorstellung von Arbeit.' Gewiss war es auch sehr harte Arbeit, aber diese war nicht sinnentleert. Bis zum Abend musste die Arbeit getan sein. Und wenn das Heu in der Scheune war, war die Arbeit erledigt, und es war gut. Auch das Verständnis von Urlaub gab es nicht, der Bezug zur Natur war täglich und immanent. Meine Eltern hatten keine Sehnsucht nach Urlaub (weite Reisen zu machen). Sie hatten das Paradies vor ihren Augen und sie behandelten es auch als solches. Sie waren Gärtner im Paradies. Sie waren die Leute, die nach ihren besten Absichten ihr Stück Land bewirtschafteten. Heutzutage scheint es kaum einen Bauern/Landwirt mehr zu geben, der nicht mehr von außen beeinflusst handelt oder handeln muss, bzw. gezwungen wird, in eine Richtung zu handeln – also sein Feld nach anderen Vorgaben zu bewirtschaften als er es eigentlich möchte."

Christoph Wiesmayr, Rurbanist-Architekt, Linz

Vielfalt minimiert Risiken

Die auf die Sicherung der eigenen Versorgung ausgerichtete bäuerliche Landwirtschaft war wenig risikofreudig. Angesichts von fehlenden Alternativen – wie Versicherungen, oder Zukauf vom Markt – mussten die Risiken geringgehalten werden. Die Vielfalt auf den Höfen, die notwendig war, um die unterschiedlichen Ansprüche an die Selbstversorgung zu befriedigen, war auch ein Beitrag zur Risikominderung und sicherte die Kreislaufwirtschaft. Eine Vielfalt an Kulturpflanzenarten- und zum Teil -sorten sowie Tierarten minderte das Risiko gravierender Ausfälle.

Fruchtbarkeit und Fortpflanzung von Nutzpflanzen und Nutztieren ist gesichert

Die Betriebe hatten einen offenen und dadurch eigenen Zugang zu den Reproduktionsquellen in der Pflanzen- und Tierzucht. Das heißt fruchtbare Vater- und Muttertiere bei den Nutztieren und häufig eigene samenfeste Sorten bei den Kulturpflanzen. Konkrete Austauschbe-

Selbstgewonnenes Saatgut ist eine Ressource, die unabhängig macht und an andere weitergegeben werden kann.

Nur Pflanzen können die Energie der Sonne „ernten" und in stoffliche Substanz umwandeln. Die unmittelbare Konsequenz dieses Prinzips ist es, biologisch zu wirtschaften.

ziehungen zu anderen Betrieben sicherten die Fruchtbarkeit – und damit Ertragssicherheit – der Nutztiere und Kulturpflanzen. Die Sortenvielfalt entstand auf den Höfen, die ihre Sorten per Auslese – direkt aus den auf den Äckern und in den Gärten angebauten Kulturpflanzen – weiterzüchteten. Nicht jeder Hof hatte alle Sorten und Rassen erhalten, Saatgut oder Zuchttiere wurden auch getauscht, männliche Zuchttiere (z.B. der Zuchtstier) oft gemeinsam gehalten.

Systemimmanente Energieversorgung

Der Hauptenergielieferant der alten bäuerlichen Landwirtschaft war die Sonne. Die auf den Äckern und Wiesen angebauten Kulturpflanzen wandelten diese Sonnenenergie in stoffliche Substanz um. Weitere Energiequellen waren die Arbeitskraft der Menschen und die Zugkraft der Tiere, die aber – technisch gesprochen – wiederum aus dem Abbau der energiereichen Pflanzensubstanz des Hofes entstanden.

Die unmittelbare Konsequenz dieses Prinzips ist es, biologisch zu wirtschaften. In der konventionellen Landwirtschaft werden Unmengen zusätzlicher Energie – von außerhalb – in Form von chemisch-synthetisch erzeugten Düngemitteln auf den Äckern eingebracht. Die Landwirtschaft ist kein Netto-Energieproduzent mehr, sondern wandelt eine Form von Energie in eine andere um. Gemessen am Verhältnis von Energie-Output zu Energie-Input bedeutet dies: pro geernteter Einheit Energie wird eine Einheit Energie in den Acker eingebracht. Das hat hauptsächlich damit zu tun, dass zur Herstellung von Kunstdüngern und Agrarchemikalien sehr viel Energie nötig ist. In der alten bäuerlichen Landwirtschaft – vor dem Einsatz fossiler Energie durch die Mechanisierung und Industrialisierung – war das Verhältnis von Input zu Output 1:9. Anders gesagt: Durch geschickte Kulturtechniken konnte eine Einheit aus Sonnenenergie und menschlicher Arbeitskraft in 9 Einheiten Ertrag umgesetzt werden.

Wiederkäuer als zentrale Bausteine der Hofökonomie

Die Landwirtschaft war eng mit der Haltung von Wiederkäuern verbunden. Erst sie machten die für den Menschen nicht direkt nutzbaren Pflanzen – das Grünland und damit große Gebiete, die sich – wie etwa Alpweiden – gar nicht für den Ackerbau eignen, für den Menschen nutzbar. Ihr Mist sicherte und erhöhte wiederum die Fruchtbarkeit der Äcker.

Die Grenzen der natürlichen, verfügbaren Ressourcen sind bekannt

Die natürlichen Ressourcen kamen in der Regel aus dem unmittelbaren regionalen Umfeld oder wurden selbst hergestellt: Wasser, Bodenfruchtbarkeit, Futter für die Zugtiere, Dünger, Haltung und Zucht der Zugtiere usw. Eine Übernutzung der heute sogenannten „öffentlichen Güter" hätte unmittelbare Auswirkungen auf den eigenen Haushalt und Betrieb gehabt, weil Schäden an der Natur nicht ohne weiteres durch den Zukauf von Betriebsmitteln (Dünger, Pflanzenschutzmittel, Saatgut usw.) kompensiert werden konnten.

Es bestand daher ein unmittelbares Eigeninteresse, die Ressourcen zu schützen. Ein erheblicher Umfang an Arbeit wurde zum Erhalt der Ressourcen aufgewendet. Im Idealfall wurden die Ressourcen so genutzt, dass sie nicht oder kaum verbraucht werden, auch wenn dies mit einem hohen Arbeitsaufwand verbunden war.

Kreislaufwirtschaft

Nahezu alle für das Fortbestehen notwendigen Ressourcen wie Energie, Saatgut und Vieh wurden innerhalb der Hofwirtschaft oder in geregelten und verlässlichen Austauschbeziehungen mit anderen Höfen eigenständig her- und sichergestellt. Abfälle gab es so gut wie keine, weil alle organische Substanz in irgendeiner Art im Betriebskreislauf wiederverwendet wurde.

Sparsamer Umgang mit Ressourcen

Bäuerliches Wirtschaften war sparsames Wirtschaften. Das hat unterschiedliche Gründe. Selten gab es Überschüsse: Allein aus dem Vorsorgeprinzip und zur Risikovermeidung wurden Vorräte angelegt und musste mit diesen sparsam umgegangen werden. Solange die Höfe kaum in den Markt integriert waren, waren auch die Möglichkeiten Ressourcen zuzukaufen – beispielsweise Dünger, Zugtiere oder Saatgut – begrenzt. Möglichst viel von dem, was in Betrieb und Haushalt an Abfällen oder Nebenprodukten anfiel, wurde wiederverwertet (als Dünger, Rohstoff, Tierfutter etc.). Um dies optimal umzusetzen, war ein komplexer Betriebsorganismus erforderlich, der einer in der Industrie üblichen Spezialisierung weitgehend entgegenstand.

Auch Saatgut (hier von Salat) wurde in den Netzwerken der bäuerlichen Landwirtschaft selbst gewonnen.

Die Haltung von Wiederkäuern war ein essentieller Baustein der bäuerlichen Ökonomie.

Geschorene Schafwolle aus der Nachbarschaft als Dünger und Mulch. Auch so lassen sich lokale Kreisläufe neu schließen.

Frisch aus dem Garten lassen sich die feinsten Gemüse-Gerichte auf den Tisch zaubern.

Selbstversorgung in Ernährungs-Kennzahlen

von Rosemarie Zehetgruber

Wer sich selbst versorgen will, muss erst einmal abschätzen, welche Mengen gebraucht werden. Wie viel Gemüse, Obst oder Kartoffeln werden in Ihrem Haushalt am Tag, pro Woche, welche in einem Jahr gegessen? Es ist gar nicht so leicht, den Bedarf richtig abzuschätzen. Welche Essgewohnheiten haben wir? Ernähren wir uns ausschließlich pflanzlich oder essen wir gemischt? VegetarierInnen und vegan lebende Personen haben einen höheren Mengenbedarf an Hülsenfrüchten, Nüssen und Saaten. Auch persönliche Vorlieben und Abneigungen spielen eine Rolle. Wer etwa Topinambur oder Fenchel nicht zum Lieblingsgemüse zählt, wird sie wenig oder gar nicht kultivieren. Andererseits kann gerade der Wunsch zur Selbstversorgung dazu führen, dass wir offener sind, bisher unbekannte Arten oder Sorten auszuprobieren: etwa, weil sie besonders ertragreich, winterfest oder gut lager- und konservierbar sind. Bekanntlich kommt der Geschmack ja oft erst mit der Gewohnheit. Oder anders ausgedrückt: Wer nie probiert, wird nie erfahren, ob es schmeckt.

Auch die Zeit, die für Anbau, Ernte und Zubereitung oder Haltbarmachung aufgewendet werden kann, hat einen Einfluss auf die Mengenplanung und auf die Auswahl der Kulturarten. Es gibt Obst- und Gemüsearten, die nur mit großem Zeitaufwand geerntet und verarbeitet werden können, und welche, die ruck zuck im Lager sind. Eine den eigenen Möglichkeiten angepasste Mischung ist die ideale Lösung.

Die in den Tabellen Seite 43 angeführten Mengen sind eine erste Hilfestellung für die Mengenabschätzung und damit für die Anbauplanung. Eine weitere wichtige Frage, die sich stellt, ist: Was bedeutet es für Sie, Selbstversorger zu sein? Wie hoch soll der Anteil des Selbstproduzierten wirklich sein, was und wie viel wird zugekauft oder eingetauscht? In der Mengenkalkulation gehen wir davon aus, dass alles aus eigener Erzeugung stammt. Wer regelmäßig auswärts isst, etwa in der Schule oder am Arbeitsplatz, braucht weniger Lebensmittel von daheim (oder einen kleineren CSA-Anteil (→ siehe Seite 136), eine kleinere Selbsternteparzelle (→ siehe Seite 108 etc.). Wer häufig Gäste bewirtet, braucht entsprechend mehr. Natürlich hat auch jede/r individuelle kulinarische Ansprüche und Vorlieben, die in die Mengenschätzung einfließen müssen. Wer abends lieber warme Suppen löffelt, anstatt kalt zu speisen, hat vermutlich einen höheren Bedarf an Wurzelgemüse, Tomaten oder Kürbissen. Wer im Winter gerne konservierte Paprika, Aubergine oder Tomate genießen möchte, braucht entsprechend mehr davon und kann dafür die saisonale Frisch- oder Lagerware für die kalte Jahreszeit reduzieren. Wer gerne Saft trinkt, braucht entsprechend mehr Obst.

Um den tatsächlichen Bedarf zu kennen, muss man einige Jahre ausprobieren, dokumentieren und reflektieren – kurz: eigene Erfahrungen sammeln.

Frisch oder verkocht: Gemüse kann in einer unüberschaubaren Vielfalt auf den Tisch kommen.

Begriffserklärungen: Verbrauch, Verzehr, Empfehlung

Der Lebensmittelverbrauch beschreibt diejenige Lebensmittelmenge, die der Bevölkerung zum Verbrauch innerhalb eines Jahres zur Verfügung steht. Er wird berechnet aus der Produktion im Inland und dem Import minus Export, Saatgut, Verluste, Futter, Verarbeitung und industrielle Verwertung. Die verbleibende Menge wird durch die Einwohnerzahl des Landes dividiert und ergibt den Pro-Kopf-Verbrauch pro Jahr. Diese Versorgungsbilanz ist natürlich nur ein Durchschnittswert, der den unterschiedlichen Verbrauch je nach Alter, Geschlecht, Essgewohnheiten oder Jahreszeit nicht berücksichtigt.

Ein Beispiel: Der Pro-Kopf-Verbrauch von Gemüse liegt in Österreich bei rund 110 kg pro Kopf und Jahr. Konsumerhebungen auf Haushaltsebene geben ein genaueres Bild vom tatsächlichen Verbrauch. Sie werden in regelmäßigen Abständen von der Statistik Austria durchgeführt. Allerdings kann dabei der Außer-Haus-Verzehr, also was im Gasthaus oder der Kantine gegessen wird, nicht berücksichtigt werden. Auch Schwund, Verderb oder die Verfütterung an Haustiere wird nicht erhoben. Die Verfügbarkeit an Gemüse im Haushalt liegt in Österreich pro Kopf und Tag bei rund 180 g, umgerechnet aufs Jahr sind das 65,7 kg/Kopf. Am genauesten sind individuelle Verzehrserhebungen. Diese Erhebungen sind natürlich sehr aufwändig, werden aber für verschiedene Bevölkerungsgruppen für die nationalen Ernährungsberichte durchgeführt. Laut dem zuletzt publizierten Ernährungsbericht in Österreich (2012) liegt der Gemüseverzehr (inkl. Hülsenfrüchte) bei 10–12-jährigen Kindern bei 78 g/Tag oder hochgerechnet 28,5 kg/Jahr, für Erwachsene (18–64 Jahre) liegen die Zahlen bei 171 g/Tag für Frauen und bei 144 g/Tag für Männer. Hochgerechnet auf Jahresmengen wären das rund 62 bzw. 53 kg/Jahr. Die Richtwerte für eine empfehlenswerte Verzehrsmenge werden wiederum aufgrund der Ergebnisse empirischer und klinischer Studien zur langfristigen Erhaltung der Gesundheit und Leistungsfähigkeit formuliert und etwa in Form der „Ernährungspyramide" kommuniziert. Der Richtwert für eine ideale Gemüseaufnahme liegt bei Erwachsenen bei rund 180 kg pro Kopf und Jahr. Diese Menge berücksichtigt noch keine Putz- oder Schälverluste.

Verwirrende Zahlenspiele! Um die Mengen als Selbstversorger zu kalkulieren ist es entscheidend, den eigenen Verbrauch zu reflektieren. Wie sieht der Ernährungsstil aus? Soll vorwiegend eigenversorgt werden, oder nehmen Haushaltsmitglieder auch regelmäßig Mahlzeiten außer Haus ein?

Referenzen für die Mengenempfehlungen

Basis der in den folgenden Tabellen kalkulierten Mengen sind die Richtwerte der Österreichischen und Deutschen Gesellschaft für Ernährung. Die empfohlenen Portionen und Gewichtsmengen der Österreichischen Ernährungspyramide beziehen sich auf erwachsene Menschen, die sich „gemischt" ernähren – also auch tierische Produkte verzehren. Für VegetarierInnen oder vegan lebende Menschen liegt die empfohlene Menge an pflanzlichen Lebensmittel entsprechend höher. Wer diese Empfehlungen berücksichtigt, ist optimal mit allen wichtigen Nährstoffen versorgt.

Der Mengenbedarf für Kinder wurde von den Empfehlungen des Forschungsinstituts für Kinderernährung Dortmund übernommen. Kinder im Vorschulalter brauchen entsprechend weniger, Kinder bzw. Jugendliche ab 13 Jahren haben aufgrund des enormen Wachstumsschubes in der Pubertät teilweise sogar einen höheren Nährstoffbedarf als Erwachsene. Für ältere Menschen können die Mengen für Erwachsene herangezogen werden. Mit den Jahren brauchen wir zwar weniger Energie, teilweise aber mehr Nährstoffe.

Die in der Tabelle genannten Bedarfsmengen dienen lediglich zur Orientierung.

Orientierung für die Mengenkalkulation für Obst, Gemüse, Hülsenfrüchte

Lebensmittel-gruppe	Portions-empfehlung	Richtwert/ Tag Erwachsene (Menge verzehrfertig in Gramm)	Richtwert/ Tag Vegetarier/ Vegane	Richtwert/ Tag Kinder (7–9 Jahre)	Richt-wert/Tag Kinder (10–12 Jahre)	Zuschlag für Schäl-, Putz-, Zubereitungsverluste (geschätzt)
Gemüse, inkl. Pilze	2 Portionen/Tag	400 g	450 g	220 g	250 g	ø 30 % – zwischen 0 % (z. B. Tomate) und 70 % (z. B. Saubohne)
Obst	2 Portionen/Tag	300 g	300 g	220 g	250 g	ø 20 % – zwischen nahezu 0 % (z. B. Beeren) und rund 25 % (z. B. Quitte)
Nüsse, Saaten	1 Portion/Tag	25 g	30–60 g	20 g	20 g	ø 60 % – zwischen rund 55 % (z. B. Walnüsse) und rund 70 % (z. B. Haselnüsse)
Salat	1 Portion/Tag	100 g	100 g	75 g	100 g	ø 25 % – zwischen 0 % (z. B. Gurke) und 30 % (z. B. Endivie)
Hülsenfrüchte (getrocknet)	1–2 Portionen/ Woche	170 g/Woche	280 g/Woche	140 g/Woche	140 g/ Woche	–

Quelle: eigene Zusammenstellung Rosemarie Zehetgruber

Orientierung für die Mengenkalkulation für stärkereiche Lebensmittel

Lebensmittel-gruppe	Portionsempfehlung	Portionsgröße Erwachsene	Portionsgröße Kinder (7–9 Jahre)	Zuschlag für Putz-, Lagerverluste (geschätzt)
Stärkereiche Lebens-mittel (Getreide, Kartoffel)	4 Portionen stärkereiche Lebensmittel/Tag z. B. 1 Portion Getreide/ Getreideerzeugnisse 2 Portionen Brot/Gebäck und 1 Portion Kartoffeln (Für Kinder und körperlich Arbeitende/sportlich Aktive werden 5 Portionen stärkereiche Lebensmittel empfohlen.)	1 Portion Getreide/ Mehl/Flocken: rund 5 -60 g 1 Portion Teigwaren (roh): rund 65–80 g 1 Portion Brot/ Gebäck: 50–70 g 1 Portion Kartoffeln: rund 250 g	1 Portion Getreide/ Mehl, Flocken: rund 45–50 g 1 Portion Teigwaren (roh): rund 60–70 g 1 Portion Brot/ Gebäck: 50–60 g 1 Portion Kartoffeln: 180–220 g	Getreide rund 15 % Kartoffeln rund 15 %

Quelle: eigene Zusammenstellung Rosemarie Zehetgruber

Putz- und Schälverluste einkalkulieren

Wer Gemüse oder Obst verarbeitet, weiß: nicht alles, was aus dem Garten in die Küche kommt, landet auch auf dem Teller. Die Empfehlungen der Ernährungsgesellschaften gehen von der verzehrfertigen Menge aus. Bevor Gemüse oder Obst zubereitet oder gegessen wird, muss es vorbereitet, das heißt gereinigt und geputzt, gegebenenfalls auch geschält werden. Sicher kann vieles davon weiterverarbeitet werden: Gemüseschalen und -abschnitte für Suppenansatz (Fond), Obstschalen für Tee etc. (→ siehe Die Selbstversorger-Küche, Seite 246). Dennoch sollte für die Berechnung der notwendigen Erntemenge ein Zuschlag für Putz- und Schälverluste, gegebenenfalls auch für Lagerverluste (→ siehe Ausstattung & Lagerung, Seite 228) kalkuliert werden. Übrigens: Auch die Mengenangaben in den meisten Kochbüchern beziehen sich auf „kochfertige", also bereits geputzte Zutaten.

Putz- und Schälverluste muss man auch beim Gemüse aus dem Garten „einplanen". Wobei sich aus den verholzten Spargel-Teilen zum Beispiel ein wunderbarer Spargelfond zubereiten lässt.

Was essen wir wovon?

Beim angeführten Mengenbedarf wird von der empfohlenen Menge ausgegangen, die oft sehr viel höher ist als der tatsächliche Durchschnittsverbrauch. Für viele Menschen hierzulande ist die Empfehlung „5 am Tag" (fünf Portionen Obst und Gemüse pro Tag), die von den Ernährungsgesellschaften seit vielen Jahren propagiert wird, praktisch nicht umsetzbar, wie Erhebungen belegen. In der traditionellen Esskultur spielt Gemüse allzu oft eine geringere Rolle, als der Gesundheit guttäte.

Ob als Salat oder verkocht: Gemüse sollte täglich auf den Tisch kommen.

Egal, ob aus dem eigenen Garten oder aus dem Topf. Gemüse schmeckt frisch am besten.

Gemüsequiche: Das Kochen braucht Zeit, doch sie lässt sich auch am Abend gut kalt essen.

Spinat ist viel besser als sein Ruf und schnell zubereitet.

Gemüse

Empfehlung pro Person

3 Portionen Gemüse (inkl. Salat) pro Tag.

Eine Portion entspricht einer Handvoll genussfertigem Gemüse. Für Erwachsene sind das rund 200 g Gemüse bzw. 70–100 g Salat. Drei Portionen pro Tag entspricht damit einem Tagesbedarf von gut einem halben Kilo genussfertigem Gemüse bzw. Salat.

Eine Kinderportion entspricht rund 110–170 g Gemüse.

Jahresbedarf pro Person

Erwachsene: rund 180 kg

Kinder: rund 125 kg

Gemüse gilt als besonders gesund und sollte daher regelmäßig in großer Menge – rund ein halbes Kilo pro Tag und Person – auf den Tisch kommen. Was macht Gemüse so wertvoll? Einerseits ist es die hohe Dichte an lebenswichtigen Inhaltsstoffen, wie Vitaminen und Mineralstoffen. Aber auch der hohe Gehalt an Ballaststoffen und sekundären Pflanzenstoffen machen Gemüse zu einer wichtigen Lebensmittelgruppe. Hinter der Bezeichnung „sekundäre Pflanzenstoffe" verbirgt sich eine Fülle von Substanzen, wie natürliche Farb-, Duft- und Aromastoffe, Abwehrstoffe gegen Schädlinge und Krankheiten sowie pflanzeneigene Enzyme und Wachstumsregulatoren. Sekundäre Pflanzenstoffe galten lange Zeit nicht als lebensnotwendig, wissenschaftliche Erkenntnisse der letzten Jahrzehnte zeigen aber, dass diese Substanzen für das körperliche und geistige Wohlbefinden unerlässlich sind. So stärken sie unter anderem das Immunsystem, wehren Zellveränderungen ab, regulieren Blutdruck, Cholesterin- und Blutzuckerspiegel und fördern die Verdauung. Mit einer pflanzenbetonten Ernährung nehmen wir mehr als 10.000 (!) verschiedene sekundäre Pflanzenstoffe auf. Ausschlaggebend für die besondere Schutzwirkung ist das Zusammenspiel all dieser natürlichen Inhaltsstoffe.

Jedes Gemüse ist anders in Farbe, Form, Konsistenz, Geschmack und damit eben auch in der Nährstoffzusammensetzung. Kohlgemüse etwa enthalten besonders hohe Mengen an Vitamin C, Folsäure, Kalzium und krebsvorbeugend wirkenden Glucosinolaten. Karotten sind reich an Beta-Carotinen, Tomaten an Lycopin, Spinat und Kohlgemüse enthalten Lutein und Zeaxanthin – alles Carotinoide, die antioxidativ wirken und Krebs- und Herz-Kreislauf-Erkrankungen vorbeugen können. Auch andere Farbstoffe, wie Betalaine in Roten Rüben oder Anthocyane in lila gefärbtem Gemüse wirken antioxidativ und cholesterinsenkend. Inulin in Schwarzwurzeln oder Topinambur unterstützt die Darmflora, Flavonoide – etwa in Sellerie, Zwiebeln und bestimmten Salaten – wirken krebsvorbeugend und immunstimulierend. Sulfide, wie das Allicin in Knoblauch und Zwicbel, wirken antimikrobiell. Die Liste ließe sich weiter fortsetzen. Abwechslung und Vielfalt im Garten und am Teller bringen eben nicht nur kulinarischen, sondern auch gesundheitlichen Nutzen. Dennoch kein Grund zur Sorge, wenn man einzelne Gemüsesorten nicht und andere dafür umso häufiger isst. Auch wenn die Vielfalt bei Gemüse und Obst nicht voll ausgenutzt wird: Bei drei Portionen Gemüse und zwei Portionen Obst am Tag ist die gesundheitsfördernde Wirkung enorm. Bleibt die Entscheidung: roh oder gekocht? Das ist vor allem eine Frage von Verträglichkeit und Vorlieben – und diese sind von Mensch zu Mensch unterschiedlich. Manche Nährstoffe sind hitzeempfindlich – ein Paradebeispiel ist das Vitamin C – und werden beim Garen reduziert (aber nicht völlig zerstört). Andere Inhaltsstoffe von Gemüse werden erst durch das Erhitzen für den Körper gut verfügbar, etwa das Lycopin in Tomaten.

Wie auch bei anderen Nutzpflanzen ist bei vielen Gemüsearten die genetische Vielfalt verlorengegangen. Die Selektion auf die ertragreichsten, lager- und transportfähigsten und „geschmacklich gefälligsten" Vertreter einer Linie führt dazu, dass heutige „Supermarktsorten" teilweise nicht mehr so viele verschiedene sekundäre Pflanzenstoffe enthalten wie alte Sorten. Auch die Anbaumethoden haben Einfluss auf Aroma, Geschmack und Inhaltsstoffe. Gemüse aus erdlosem Anbau kann bei Vergleichsverkostungen nicht mit Gemüse, das in der Erde wächst, mithalten. Bio-Gemüse punktet durch einen bis zu 30 % höheren Gehalt an sekundären Pflanzenstoffen, insgesamt mehr Trockensubstanz (weniger wässrig), und natürlich gibt es bei biologischem Gemüse keine Rückstände von Pestiziden oder anderen chemisch-synthetischen Spritzmitteln. Nicht zuletzt bietet frisch geerntetes, ausgereiftes Gemüse mehr Geschmack und auch höhere Vitamingehalte als unreif geerntete Transportware.

Kartoffel-Ofengemüse:: Ein feines und „einfaches" Essen.

Kartoffeln

Empfehlung pro Person

4 Portionen stärkereiche Lebensmittel/Tag, dazu zählen neben Getreide und Getreideprodukten (Flocken, Teigwaren, Brot, Gebäck) auch Kartoffeln.

Da – anders als bei Getreide – bei Kartoffeln der Wassergehalt sehr hoch ist, entspricht eine Portion Kartoffeln 200–250 g (ca. 3 mittelgroße Stück).

Jahresbedarf pro Person

(Annahme, dass rund 4–5 Mal/Woche Kartoffeln gegessen werden, z. B. als Salat, Suppe oder im Hauptgericht zu Mittag oder am Abend)

Erwachsene, Kinder: rund 60 kg

Sind Kartoffeln nicht ein Gemüse? Nicht wirklich. In der Ernährungsempfehlung zählen Kartoffeln zu den Stärkelieferanten. Das hat vor allem historische Gründe. Kartoffeln galten in Österreich lange Zeit als energie- und stärkeliefernde Grundnahrungsmittel.

In den 50er Jahren des vorigen Jahrhunderts wurden 110 kg Kartoffeln pro Kopf und Jahr verbraucht. Das hat sich mittlerweile gewaltig geändert. Heute liegt der Verbrauch bei knapp der Hälfte, und das wohl auch nur, weil Chips und Pommes dazu zählen.

Dennoch, Selbstversorger können von einem Bedarf von gut einem Kilogramm pro Person und Woche ausgehen, wenn sie gerne Kartoffeln essen und viel gekocht wird. Kartoffeln schmecken vorzüglich, sind in der Küche vielseitig zu verwenden und gelten als gesunde Sattmacher. Der Energiegehalt ist mit rund 70 Kilokalorien pro 100 g gering, die Sättigungswirkung bei gleicher Kalorienmenge aufgrund des Ballaststoffgehaltes und der spezifischen Aminosäure-Zusammensetzung dreimal so hoch wie etwa bei Weißbrot. Kartoffeln enthalten 15–20 % Stärke, die roh unverdaulich ist, gegart aber zu 90 % vom Körper aufgenommen wird. Das ist übrigens auch der Grund, warum Kartoffeln roh nicht in größerer Menge gegessen werden sollten. Der Eiweißgehalt ist mit 2 % zwar gering, die Eiweißqualität aufgrund des für ein Pflanzenprotein hohen Gehalts an der wichtigen Aminosäure Lysin aber außerordentlich hoch. Herausragend ist auch der Vitamingehalt, besonders die Vitamine der B-Gruppe und auch der hohe Gehalt an Vitamin C. Eine Portion Kartoffeln liefert nahezu den halben Tagesbedarf eines Erwachsenen an Vitamin C. Der hohe Kalium- und Magnesiumgehalt macht Kartoffeln zu einem idealen Lebensmittel für sportlich Aktive.

Neueste Forschungen beschäftigen sich mit sekundären Pflanzenstoffen in Kartoffeln. Vor allem die Carotinoide, z. B. das Lutein in den gelben Sorten oder die Anthocyane in rot- oder violettfleischigen Sorten, können als Antioxidantien Herz-Kreislauf-Erkrankungen und Krebs vorbeugen. Der Anthocyangehalt von violetten Kartoffeln ist ungefähr so hoch wie der von Erdbeeren, Himbeeren oder Preiselbeeren.

Direkt in und unter der Schale und ganz besonders in grünen oder gekeimten Kartoffeln sind schädliche Glykoalkaloide, vor allem Solanine, zu finden. Bei Aufnahme größerer Mengen kann es zu Kopfschmerzen, Erbrechen und Durchfall führen. Die richtige Lagerung ist bei Kartoffeln daher sehr wichtig.

Obst

Empfehlung pro Person

2 Portionen Obst pro Tag.

Eine Portion entspricht rund 125–150 g Früchten bzw. 200 ml Obstsaft. Eine Kinderportion entspricht rund 100–120 g Obst.

Jahresbedarf pro Person

Erwachsene: rund 110 kg

Kinder: rund 85 kg

Wie Gemüse ist auch Obst besonders reich an Vitaminen, Mineral- und Ballaststoffen und sekundären Pflanzenstoffen. Daneben sind noch die enthaltenen Zuckerarten und Fruchtsäuren für Geschmack und Gesundheitswert wesentlich. Verzehrserhebungen zeigen, dass sich die ÖsterreicherInnen eher mit dem süßen Obst anfreunden als mit Gemüse. Vor allem bei Kleinkindern wird in den Familien sehr auf ausreichende Versorgung geachtet. Je älter wir werden, desto geringer allerdings der Verzehr.

Die Zusammensetzung der Inhaltsstoffe variiert bei vielen Obstarten stark nach Sorte, Reifegrad und natürlich Sonnenscheindauer und -intensität, aber

Frisches Obst gibt es von Mai bis Oktober aus dem Garten. Kompott ist nur eine der vielen – aber besonders einfachen – Zubereitungsarten.

auch Baum- oder Strauchschnitt und Behangdichte spielen hier eine Rolle. In sonnenarmen Jahren werden etwa weniger Zucker oder Vitamine ausgebildet.

Traditionelle Sorten sind oftmals besonders geschmackvoll, was analytisch in zum Teil wesentlich höheren Gehalten an Zucker, Fruchtsäuren oder auch sekundären Pflanzenstoffen wie Phenolen nachweisbar ist. Umgekehrt ist für neuere Züchtungen die Abnahme mancher Inhaltsstoffe, wie etwa der Phenole, in Äpfeln belegt. Sie wurden gemeinsam mit herberen Geschmacksrichtungen herausgezüchtet. Dennoch sind neuere Sorten nicht automatisch gesundheitlich weniger wertvoll. So hat die neue Apfelsorte ‚Topaz' mit über 80 mg/100 g einen deutlich höheren Gehalt an Vitamin C als viele andere, auch traditionelle Sorten. Auch der Gehalt sekundärer Inhaltsstoffe kann durch Züchtung gesteigert werden, was zukünftig – da man nun den Gesundheitswert dieser Stoffgruppen kennt und schätzt – vermutlich auch häufiger der Fall sein wird.

Vitamine und viele sekundäre Pflanzenstoffe befinden sich vor allem in und direkt unter der Schale. Obst sollte daher am besten mit der Schale genossen werden. Quercetin etwa, ein Polyphenol, ist mit 14 mg/100 hauptsächlich in der Schale zu finden, der Gehalt im Fruchtfleisch liegt dagegen bei rund 0,2 mg/100 g. Interessant ist, dass ApfelallergikerInnen traditionelle Sorten oft gut vertragen. Warum, ist nicht abschließend geklärt. Man vermutet unter anderem, dass hier der hohe Gehalt an Phenolen eine Rolle spielt.

Für alle Obstarten gilt: vollreif und erntefrisch schmecken sie am besten.

Was für alle Obstarten gilt: Für das volle Aroma und den maximalen Gehalt an Inhaltsstoffen braucht es ausgereifte Früchte. Den unvergleichlichen Geschmack von richtig reifen Erdbeeren kennt jeder, da können Supermarktbeeren niemals mithalten. Reife Erdbeeren sind aber nicht nur geschmacklich unübertroffen, sondern auch besonders reich an Vitamin C und an Folsäure, einem Vitamin, das bei uns eher zu wenig aufgenommen wird. Reife schwarze Johannisbeeren sind nicht nur Spitzenlieferanten für Vitamin C, sondern wie die blaue Heidelbeere, Zwetschgen oder dunkle Kirschen auch reich an Anthocyanen, sekundären Pflanzenstoffen, die Herz-Kreislauf-Erkrankungen vorbeugen und antioxidativ wirken. Aprikose, Sanddorn und andere gelbe Früchte enthalten enorme Mengen an Beta-Carotin, der Vorstufe von Vitamin A. Schon zwei bis drei Aprikosen decken den Tagesbedarf! Holunder, Himbeeren oder Johannisbeeren sind sehr eisenreich, dank des ebenfalls enthaltenen Vitamin C ist das Eisen für den Körper auch gut verfügbar. Die Liste ließe sich fortsetzen, nicht umsonst werden viele Früchte als heimisches „Superfood" geführt. Was allerdings vielen Beeren, Stein- und Wildfrüchten ebenfalls gemein ist: Sie haben eine kurze Saison, sind empfindlich und nur sehr kurz haltbar. Gerade hier ist Selbstversorgung aus dem Garten natürlich ein Vorteil. In konservierter Form sind die Früchte das ganze Jahr über eine wertvolle Bereicherung des Speiseplans.

Hülsenfrüchte

Empfehlung pro Person

bei gemischter Ernährung:
1–2 Portionen/Woche
bei vegetarischer oder veganer Ernährung:
mind. 2 Portionen/Woche
Eine Portion entspricht rund 70–100 g (roh).

Jahresbedarf pro Person

Erwachsene: rund 9–10 kg
Kinder: rund 7,5 kg
Vegetarier/in, Vegane: rund 11 kg

Hülsenfrüchte, wie hier die Ackerbohne, waren über Jahrhunderte die wichtigste Eiweißquelle.

Aus ernährungswissenschaftlicher Perspektive zählen zu den Hülsenfrüchten: reife, getrocknete Samen von Bohnen, Erbsen, Linsen, Sojabohnen, Kichererbsen, Ackerbohnen und Süßlupinen. Nicht ausgereifte Hülsenfrüchte wie Grüne Bohnen (Fisolen), frische Erbsen, Zuckererbsenschoten, frische Ackerbohnen, grüne Sojabohnen oder die Sprossen von Hülsenfruchtsamen werden aufgrund ihrer Zusammensetzung zum Gemüse gezählt.

Laut Statistik Austria liegt der Pro-Kopf-Verbrauch von Hülsenfrüchten in Österreich aktuell bei einem halben Kilogramm pro Jahr. Das heißt, es kommt nur alle zwei Monate eine Mahlzeit mit Bohnen, Linsen oder Erbsen auf den Tisch. Dabei waren Bohnen und Linsen auch hierzulande einmal Grundnahrungsmittel. Ein Status, den diese Früchte völlig zu Unrecht eingebüßt haben, sind sie doch mit 20–24 % Eiweiß die proteinreichsten pflanzlichen Lebensmittel, zudem Spitzenlieferanten für Ballaststoffe und – mit Ausnahme von Sojabohne und Lupine – ausgesprochen fettarm (nur 1–2 %). Hülsenfrüchte bestehen zu 40–45 % aus Kohlenhydraten, die roh zwar unverdaulich, gegart aber zu 90 % vom Körper aufgenommen werden können. Der hohe Anteil an Ballaststoffen fördert die Verdauung, vermindert die körpereigene Cholesterinproduktion und verzögert den Blutzuckeranstieg nach dem Essen. Aufgrund dieses positiven Effektes werden in der Diabetesprävention und -therapie sogar vier Portionen Hülsenfrüchte pro Woche empfohlen.

Ballaststoffe sind Bestandteile pflanzlicher Lebensmittel, die vom menschlichen Enzymsystem nicht abgebaut werden können, also nicht verdaut werden. Sie gelangen in den Dickdarm und werden dort von den Darmbakterien zersetzt. Dies kann im ungeübten Darm zu mitunter ziemlich starker Gasbildung führen. Die gute Nachricht: Die Darmflora gewöhnt sich daran. Das heißt, ein häufigerer Verzehr verringert die blähende Wirkung. Gewürze wie Kümmel, Ingwer, Fenchel, Koriander, Majoran, Rosmarin, Bohnenkraut und Thymian, aber auch das Wegschütten vom Einweichwasser machen Hülsenfruchtgerichte leichter verdaulich.

Pilze

Für den Verzehr von Pilzen gibt es nicht wirklich eine Mengenempfehlung. Pilze sind jedoch sehr wertvolle Lebensmittel, die besonders in der sonnenarmen Jahreszeit in der Diätetik und bei veganer Ernährung eine wichtige Rolle spielen.

Viele Speisepilze wie der Austernseitling lassen sich auch im Garten anbauen.

Gegessen werden Austernseitling, Braunkappe, Buchenrasling, Champignon, Pfifferling, Judasohr, Kräuterseitling, Maipilz, Maronenröhrling, Morchel, Reizker, Samtfußrübling, Schopftintling, Shiitakepilz, Steinpilz, Stockschwämmchen, Trüffel und viele mehr. Zuchtpilze aus Keller oder Garten können je nach Standort das ganze Jahr über beerntet und frisch genossen werden. Die Sammelsaison für Wildpilze beginnt im April mit den Morcheln und endet im November mit Steinpilzen.

Für die Ernährung ist vor allem der hohe Gehalt an Vitamin D in Pilzen bedeutend. Dieses Vitamin kommt in nennenswerter Menge sonst vor allem in tierischen Lebensmitteln wie Fisch, Ei oder in manchen Käsesorten vor. Im Gegensatz zu anderen Vitaminen kann Vitamin D im Körper durch Sonnenlichtbestrahlung der Haut aus Vorstufen auch selbst gebildet werden. Im Winterhalbjahr reicht die Sonne in unseren Breiten aber nicht aus, und wir müssen das Vitamin zusätzlich über die Nahrung aufnehmen. Pilze sollten daher besonders in der sonnenarmen Jahreszeit öfter auf den Teller kommen. Auch für kranke Menschen, die das Zimmer nicht verlassen können, stellen Pilze eine wichtige Vitamin D-Quelle dar.

Pilze sind eine ganz eigene Spezies, sie zählen nicht zu den Pflanzen, aber auch nicht zu den Tieren. Die zelluläre Besonderheit der Pilze zeigt sich auch im Nährwert. Die Zellwände der meisten Pilze bestehen nämlich nicht aus Cellulose wie bei Pflanzen, sondern aus Chitin, das sonst nur bei Gliedertieren und Insekten vorkommt. Chitin ist allerdings unverdaulich, daher liegen Pilze empfindlichen Personen oft schwer im Magen. Pilze enthalten weiters 1,5–3 % Eiweiß, 4–6 % Kohlenhydrate und so gut wie kein Fett. Sie haben übrigens einen besonders würzigen Geschmack, weil sie von Natur aus Glutamate enthalten.

Aufgrund ihrer Zusammensetzung – viel Wasser, etwas Kohlenhydrate und Eiweiß – sind Pilze leicht verderblich. Das ist auch der Grund, warum früher vermutet wurde, dass aufgewärmte Pilzspeisen giftig wirken. Diese „Regel" stammt aber aus der Zeit vor der Erfindung des Kühlschranks. Bei guter Kühlung und raschem Erhitzen ist das Aufwärmen von Pilzgerichten kein Problem.

Kräuter

Die Ernährungswissenschaft empfiehlt die Verwendung von Kräutern vor allem zur Reduktion der Salzaufnahme. Wir neigen dazu, zu viel zu salzen. Wer mit Gewürzkräutern kocht, verwendet automatisch weniger Salz, weil das Gericht so schon aromatisch ist. Doch nicht nur aus geschmacklichen Gründen sind Kräuter eine wertvolle Bereicherung. Obwohl Kräuter nur in kleiner Menge verwendet werden, können sie den Nährstoffgehalt von Getränken und Speisen enorm aufwerten.

Fleisch und Wurst sind bekanntermaßen gute Eisenlieferanten. Doch kaum einer weiß, dass ein Schnittlauchbrot fast genauso viel Eisen wie ein Wurstbrot

Frische Kräuter machen jedes Gericht aromatisch und geschmackvoll.

Viele Blattkräuter wie Rucola oder Fenchel kann man unter jeden Salat mischen.

enthält. Eine Portion Couscous-Salat mit Minze und Petersilie bietet sogar noch mehr. Und eine Portion Brennnesselpesto liefert die gleiche Menge Eisen wie ein Hühnerschnitzel.

„Kräuter" ist ein Sammelbegriff: Küchenkräuter nennt man Kräuter, die für die Verwendung als Gewürz und Küchenzutat gedacht sind, Wildkräuter stammen aus Wildsammlung. Kräuter mit einem Gehalt an ätherischen Ölen über 0,1 % nennt man auch Duftkräuter. Kräuter mit medizinisch wirksamen Inhaltsstoffen bezeichnet man als Heilkräuter. In der Praxis gibt es fließende Übergänge, Duftkräuter kommen nicht nur in Seifen, sondern als Zutat in Gerichte, und so manches „Wildkraut" wird längst auch im Garten kultiviert.

Eine ausreichende Versorgung mit Nüssen aus dem eigenen Garten ist vielerorts nicht einfach.

Nüsse und Saaten

Empfehlung pro Person
bei gemischter Ernährung: 25 g/Tag
bei vegetarischer oder veganer Ernährung: 30–60 g/Tag

Jahresbedarf pro Person (ungeschält)
Erwachsene: rund 15 kg
Kinder: rund 12 kg
Vegetarier/in, Vegane: rund 18–25 kg

Neben den echten Nüssen (Walnüsse, Haselnüsse, Bucheckern) werden im Küchen-Sprachgebrauch auch Mandeln, Erdmandeln, Edelkastanien und Ölsaaten (Speisemohn, Speisemohn, Sonnenblumenkerne, Kürbiskerne, Hanfsamen, Leinsamen, Leindotter) aufgrund der ähnlichen Zusammensetzung zu dieser Gruppe gezählt.

Nüsse und Saaten sind generell sehr nährstoffreich, immerhin wächst aus ihnen eine neue Pflanze – und dies braucht Kraft. All die verschiedenen Arten haben eine ganz spezifische Zusammensetzung an Inhaltsstoffen. Gemeinsam ist ihnen ein hoher Gehalt an einfach und mehrfach ungesättigten Fettsäuren, Ballaststoffen, Mineralstoffen, Vitaminen und sekundären Pflanzenstoffen. Nüsse und Ölsaaten enthalten 10–20 % Eiweiß. Auch ein bemerkenswert hoher Kalzium- und Eisengehalt machen sie zu einem wertvollen Bestandteil einer vegetarischen bzw. veganen Ernährung. Walnüsse, Leinsamen, Hanfsamen und die aus ihnen gewonnenen Öle sollten aufgrund der enthaltenen Omega-3-Fettsäuren regelmäßig verzehrt werden. Bei Unverträglichkeit von Laktose ist „Nussmilch" eine gute Alternative.

Der regelmäßige Genuss von Nüssen hat klinischen Studien zufolge vielfältige gesundheitsfördernde Wirkungen: Nüsse hemmen Entzündungen, senken die Cholesterin- und Triglyceridwerte, verringern das Risiko für Diabetes mellitus Typ 2 und Herz-Kreislauf-Erkrankungen.

Aufgrund des hohen gesundheitlichen Potenzials von Nüssen und Saaten wird empfohlen, täglich „eine Handvoll" zu verzehren. Diese Erkenntnis ist ziemlich neu, daher sind Nüsse in alten Empfehlungen auch nicht separat angeführt. Die Deutsche Gesellschaft für Ernährung empfiehlt 25 g pro Tag, derzeit werden bei uns im Schnitt aber nur rund 2 g pro Tag konsumiert. Für die USA, wo schon seit längerem Forschungen zum gesundheitlichen Wert von Nüssen vorliegen, empfiehlt die US Food and Drug Administration sogar eine tägliche Aufnahme von 42,5 g. Für VegetarierInnen bzw. Vegane wird ein erhöhter Konsum von 30–60 g pro Tag als empfehlenswert angesehen.

Ganze Nüsse sind aufgrund der Erstickungsgefahr für Kleinkinder ungeeignet, gemahlene Nüsse sind kein Problem.

Wie viel Gemüse kann ich im Garten ernten? Bei guter Platzausnutzung und Erfahrung sind mindestens 3 kg pro m² möglich.

Wie groß sollen die Anbauflächen sein?

Die Frage nach der Größe eines Gemüsebeets oder Ackers ist eine relativ häufig gestellte. Letztlich hängt die tatsächliche mögliche Erntemenge von verschiedenen Faktoren ab. Ein Schlüsselfaktor ist die Erfahrung. Ein geübter Gärtner oder eine geübte Gärtnerin kann mit viel weniger Aufwand einen guten Ertrag erzielen – auch weil die Erfahrung lehrt, wie der Platz gut ausgenutzt werden kann. Der zweite Schlüsselfaktor ist die Bodenfruchtbarkeit. Handelt es sich um einen ertragreichen guten Gartenboden oder um einen eher kargen Boden? Auf einem guten und bewässerbaren Gartenland kann ein erfahrener Gärtner oder eine geübte Gärtnerin mit einem Ertrag von ca. 3 Kilogramm Gemüse pro Quadratmeter rechnen.

Die große Kunst des biologischen Gärtnerns ist es, regelmäßige und verlässliche Erträge zu ergärtnern. Für eine gute und kontinuierliche Versorgung ist es wichtig zu wissen, welche Standard-Gemüse es gibt, die man auf jeden Fall braucht. In vielen Selbstversorger-Gärten sind dies Karotten und Kartoffeln, die Basis-Gemüseversorgung für den Winter. Es lohnt sich, diese Kulturen besonders gut zu pflegen. Doch umgekehrt gilt: Je vielfältiger die angebaute Gemüse-Palette, umso größer ist die Wahrscheinlichkeit, dass das Jahr einem Gemüse besonders behagt und man hier eine größere Menge als gewohnt ernten kann. Denn die Erntemengen bei jeder Gemüseart schwanken jährlich – je nach herrschenden Witterungsverhältnissen: Es gibt Jahre, in denen man von allen Kulturarten reichlich ernten kann, und Trockenjahre, die insgesamt weniger Ertrag bringen oder ein Hagel die Ernte erheblich reduziert. Oder Jahre, in denen es im Sommer schwül und feucht ist und im Garten zahlreiche Pilzkrankheiten auftreten können. Doch eine Regel gilt fast immer: Die einzelnen Gemüsearten gedeihen in den unterschiedlichen Jahren unterschiedlich gut. Während der Witterungsverlauf eine große Zwiebelernte ermöglicht (feuchtes Wetter in der Wachstumsphase und trockenes Wetter in der Abreife), kann das Jahr den Bohnen gar nicht behagen. Die Sommersalate können ausfallen, weil es trocken und heiß ist und sie vorzeitig in Blüte gehen. Bestimmte Schädlinge treten in einem Jahr intensiver und in einem anderen Jahr wieder kaum auf. Wühlmäuse können in einem Jahr größeren Schaden anrichten, während in anderen Jahren die Katzen die Mäuse-Kolonie gut im Griff haben.

Erwartbare Erntemengen

Eine Studie aus Deutschland hat – im Auftrag der Regionalwert AG Freiburg – den statistischen Pro-Kopf-Verbrauch an Gemüse und Kartoffeln und Obst umgerechnet in einen Flächenbedarf pro Kopf bei ökologischer Wirtschaftsweise. Die Ergebnisse sind erstaunlich: Für den statistischen Jahresverbrauch in Deutschland pro Kopf und Nase von 60 kg Gemüse sind rund 20 m² und für den statistischen Pro-Kopf-Verbrauch von 65 kg Kartoffeln eine Fläche von 32 m² nötig, für den Jahresverbrauch von 47 kg Obst 34 m². Diese Zahlen ergeben sich rein aus der länderspezifischen Verbrauchstatistik und variieren von Land zu Land. So werden laut offizieller Statistik in Österreich 110 kg Gemüse, 50 kg Kartoffeln und 80 kg Obst verbraucht. Herr und Frau Schweizer essen 83 kg Gemüse (der Verbrauch ist in den letzten Jahren um 25 % gestiegen), rund 47 kg Kartoffeln und 115 kg Obst pro Kopf und Jahr.

Ein anderer Weg, sich den notwendigen Erntemengen (und damit dem Flächenbedarf) für eine Selbstversorgung zu nähern, ist es, die ernährungswissenschaftlich empfohlene Pro-Kopf-Verzehrsmenge (→ siehe Selbstversorgung in Ernährungs-Kennzahlen, Seite 41) als Basis heranzuziehen. Diese geht davon aus, dass wir viel mehr Gemüse und viel weniger Fleisch als derzeit üblich essen sollten. Hierbei ergeben sich weitaus größere Erntemengen und nötige Anbauflächen: Für empfohlene 110 kg Obst pro Erwachsenem (rund 0,3 kg pro Tag) benötigt man dann rund 80 m² sowie für die empfohlene Menge von 180 kg Gemüse (ca. 0,5 kg Gemüse pro Tag) fast 60 m² sowie für 60 kg Kartoffeln 30 m². Dies wären dann für einen 4-Personen-Haushalt eine Obst-Anbaufläche von 320 m² und eine Gemüse-Anbaufläche von 300 m². In Summe ergibt sich eine Fläche von 620 m².

Im Biogarten tragen nicht alle Kulturen jedes Jahr gleich viel. Doch meist gibt es eine Kulturart, die in diesem Jahr besonders viel Ertrag bringt.

Umrechnungsschlüssel m²:kg

Kulturart	Verhältnis von Fläche (m²) zu Ertrag (kg)
Gemüse	1:3
Obst	1:1,4
Kartoffel	1:2

Tabelle: Verhältnis von Fläche zu Ertrag. Quelle: eigene Berechnung

Der deutsche Gartenarchitekt und Sozialreformer Leberecht Migge (1881–1935) hielt die Selbstversorgung für die Grundbedingung einer Stadt der Zukunft und beschreibt, dass man in Kleingärten auf 400 m² ca. 1.000 kg Gemüse, 170 kg Frühkartoffeln und 300 kg Obst ernten kann. Selbst wenn man 20 % abzieht – die im Durchschnitt im Bio-Anbau weniger als im konventionellen Landbau geerntet werden –, ist die Menge erstaunlich hoch. In der älteren deutschsprachigen Gartenliteratur wird von einem Flächenbedarf pro Kopf von 170 m² für eine Ganzjahresversorgung mit Gemüse und Kartoffeln – im konventionellen Anbau – ausgegangen (Bier 1920). Diese historischen Zahlen spiegeln den zu jener Zeit wesentlich niedrigeren Verbrauch an Gemüse wider. Margarete und Jakobus

	Jährlicher Pro-Kopf-Verbrauch in Deutschland*	Flächenbedarf*	Empfehlung Pro-Kopf-Verzehr Rosemarie Zehetgruber	Flächenbedarf für den empfohlenen Pro-Kopf-Verzehr
Gemüse	60 kg	20 m²	180 kg	60 m²
Kartoffel	65 kg	32 m²	60 kg	30 m²
Obst	47 kg	34 m²	110 kg	80 m²

Tabelle: Gegenüberstellung Flächenbedarf nach statistischem Pro-Kopf-Verbrauch und Empfehlungen der Ernährungswissenschaften.
** Quelle: Wakamiya 2010*

Langerhorst geben in ihrem Buch „Mischkultur und naturgemäße Bodenpflege" für den biologischen Anbau von Gemüse (im von ihnen entwickelten System der Reihen-Mischkultur) einen Ertrag von 450–500 kg Gemüse auf 150 m² an (Langerhorst 1986). Laut den Empfehlungen der Ernährungswissenschaft mit einem Jahresbedarf von rund 180 kg Gemüse für einen Erwachsenen und rund 125 kg für ein Kind ergibt das eine Gemüse-Erntemenge für knapp drei Erwachsene oder zwei Erwachsene und ein Kind, wenn man 150 m² Gemüsebeet bewirtschaftet. Dieselben Erntemengen – nämlich 3 kg Gemüse pro m² Beet – beschreiben Ehrenfried Pfeiffer und Erika Riese in ihrem erstmals im Jahr 1940 erschienenen Buch „Der erfreuliche Pflanzgarten". Zusammengefasst lässt sich also sagen: Bei gärtnerischer Nutzung und langjährigem erfahrenen Anbau lassen sich 3 kg Gemüse pro m² ernten. Diese Erträge lassen sich noch steigern, wenn zusätzlich mit dem – damals noch nicht praktizierten – Überwinterungsanbau von Gemüse gearbeitet wird. Die folgende Tabelle zeigt die möglichen Erträge für einzelne Kulturarten. Diese Erträge sind langjährige Erfahrungswerte aus unserer Praxis und aus Angaben aus der Literatur für den biologischen Gemüsebau.

Durchschnittlicher Ertrag verschiedener Gemüsekulturen im Biogarten

Kulturart	Ertrag in kg pro m²	Bemerkungen
Ampfer	0,5–2,5	Gemüseampfer am ertragreichsten
Artischocke	2–4	Zusätzlich im Herbst beerntbar sind die Blattstiele
Asia-Salate	1–5	Größter Ertrag bei Ernte ausgewachsener Pflanzen
Buschbohne	12,5–20	Große Sortenunterschiede im Ertrag
Endivien-Salat	2,5–3,5	Wächst besonders einfach im Herbst, Sorten mit grobem Blatt gut lagerbar
Feuerbohne	1,5–5	Geerntet als Trockenbohne
Gartenmelde	0,5–1,5	Über einen langen Zeitraum beerntbar
Karotten	3–7	Lagerkarotten am ertragreichsten
Kartoffel	1,5–3	Jährlich auf einem neuen Platz und feldresistente Sorten oder neues Pflanzgut anbauen
Knollenfenchel	1,3–2	Treibt nach dem Schnitt zahlreiche kleine Nebenknollen
Knollensellerie	2–3	Benötigt regelmäßige Wasserversorgung
Kohlrabi	2–5	Lager- und Strunkkohlrabi am ertragreichsten, Frühkohlrabi bildet kleinere Knollen
Mangold	1,5–3	Blattmangold ertragreicher als Stielmangold
Neuseeländerspinat	4–5	Über einen langen Zeitraum beerntbar
Palerbsen	1–3	Gute Vorfrucht auf Endivienbeeten, dadurch gute Beetausnutzung
Paprika	2–10	Hohe Erträge nur im warmen Weinbauklima und bei guten Bewässerungsmöglichkeiten
Pastinake	3–4	Ideales Wintergemüse, wenn kein Winterlager vorhanden, da frostfest
Radieschen	1–2	Gute Vorfrucht, dadurch höherer Ertrag von einzelnen Beeten
Rettich	0,8–4	Winterrettich am ertragreichsten
Rote Bete	2,5–4	Höchster Ertrag bei Lagerrüben, aber auch als kleinere Rüben laufend beerntbar
Salat	2,5–4	Höchstertrag bei Kopfsalaten, Baby-Leaf aus Aussaat ist aber schneller schnittreif
Spargel	0,3–0,5	Unkompliziertes und mehrjährig beerntbares Gemüse
Spinat	1,2–3	Sehr gute Vor- und Zwischenfrucht, dadurch höherer Ertrag von einzelnen Beeten
Stangenbohne	11–15	Frischgewicht Hülsen
Weißkohl	2,5–7	Lagerkohl am ertragreichsten
Wurzelpetersilie	1,5–3	Blätter können ebenfalls genutzt werden; nur sparsam, damit sie schöne Wurzeln ausbilden kann.
Zuckererbsen	2–3,5	Gute Vorfrucht für Endivien, dadurch gute Beetausnutzung
Zwiebeln	3–4	Höchsterträge bei feuchtem Frühjahrswetter und trockenem Frühsommer

Tabelle: Durchschnittlicher Ertrag verschiedener Gemüsekulturen pro m² im Biogarten. Quelle: eigene Zusammenstellung.

In den meisten Regionen tragen nur Freilandpaprika – außerhalb des Gewächshauses – auch verlässlich.

In Böden mit hohem Humusgehalt wachsen Pflanzen gesünder und ertragreicher.

Auf biologische Wirtschaftsweise umstellen

Viele Hausgärten – allerdings bei weitem nicht alle – werden biologisch bewirtschaftet. Und viele Neo-Gärtnerinnen und -Gärtner übernehmen auch Flächen, die vorher konventionell bewirtschaftet wurden. Sei es der Garten des Großvaters oder der Großmutter, die von der Kraft des Kunstdüngers überzeugt waren oder mit diversen Pflanzenschutzmitteln nur allzu großzügig umgegangen sind. Oder man hat die Möglichkeit, einen Gemüseacker auf einem Feld anzulegen, dass über Jahre mit Mais in Monokultur bebaut wurde.

Wer seinen Garten auf biologische Wirtschaftsweise umstellen möchte, muss in den ersten Jahren mit mehr Aufwand und weniger Ertrag rechnen, als dies in den weiteren Jahren – wenn sich Bodenleben und Humusgehalt gut entwickelt haben – der Fall sein wird. In einem belebten, humusreichen Boden regulieren sich viele Krankheiten und Schädlinge von selbst, da hier unzählige „Gegenspieler" vorhanden sind: Nützlinge, die Schadinsekten als Nahrungsquelle entdeckt und verspeist haben, bevor sie einen Schaden anrichten können. Oder eine gesunde Flora an Mikroorganismen, die schädliche Pilzsporen gar nicht erst zu den Wurzeln der Pflanzen vordringen oder ins Blatt eindringen lassen. Auch der Nährstoff-Umsatz und damit die Nährstoff-Versorgung ist in einem belebten Boden bei weitem besser als auf einem Boden, der kein Bodenleben enthält, das die Nährstoffe ständig für die Pflanzen aufschließt. Die Biomasse im Boden kann auch Wasser – und damit darin bereits gelöste Nährstoffe – viel besser im Boden halten als humusarme Böden. Humusreiche Böden können zudem besser Wasser speichern, die Pflanzen wachsen zügiger und überstehen Trockenperioden leichter. Humus kann bis zum

20-fachen seines Eigengewichts an Wasser halten. Das gilt natürlich auch für Regenwasser, während dieses auf konventionellen Böden mit geringem Humusgehalt – die häufig auch noch verdichtet sind – abrinnt und auch Bodenpartikel und Nährstoffe mitnimmt. Böden, die über lange Jahre biologisch bewirtschaftet werden, haben nicht nur einen höheren Humusgehalt, die organische Biomasse dringt auch tiefer in den Boden ein, was wiederum die Ausbildung eines stärkeren Wurzelsystems der Pflanzen fördert. Grundsätzlich haben biologisch gedüngte Pflanzen ein ausgeprägteres Wurzelsystem und sind damit auch widerstandsfähiger gegen Trockenheit. In trockenen Jahren ist der Ertrag im Bio-Anbau höher als im konventionellen Anbau. Der Biolandbau verbraucht im Durchschnitt um 45 % weniger Energie und ist damit weit energieeffizienter als konventionelle Anbausysteme. Das Ertragsniveau der biologisch angebauten Kulturen ist im Ackerbau um ca. 20 % geringer gegenüber mineralisch gedüngten Kulturen – bei einem um 65 % geringeren Einsatz an mineralischem Stickstoff, einer um 40 % geringeren Zufuhr von Phosphor und einer um 45 % geringeren Kaliumzufuhr. Bezogen auf die Fläche benötigen biologisch angebaute Kulturen um 30–50 % weniger Energie – wenn man die Energie, die zur Herstellung von Dünger und Pestiziden notwendig ist, miteinrechnet. Bezieht man dies auf den geringeren Ertrag des Bio-Anbaus, ist der im Bio-Anbau notwendige Energie-Aufwand pro Ertragseinheit um fast 20 % geringer. Diese Zahlen stammen aus einem wissenschaftlichen Vergleichsanbau zwischen biologischer und konventioneller Wirtschaftsweise, bei dem viele Daten seit dem Jahr 1978 verglichen werden (weitere Ergebnisse siehe www.fibl.org). Die größten Ertragsunterschiede wurden bei Kartoffeln festgestellt, allerdings zeigt sich auch hier, dass die Ertragsunterschiede umso geringer werden, je länger der Boden biologisch bewirtschaftet wird: Während in den ersten 30 Jahren die Erträge um fast 40 % geringer waren, waren sie in den Jahren danach nur ca. 22 % geringer.

Weiterführende Literatur:

- Rodale Institute www.rodaleinstitute.org
- Forschungsinstitut für biologischen Landbau www.fibl.org

Bio-Böden haben einen höheren Humus-Gehalt und dies fördert das Wachstum der Pflanzen.

Im biologischen Landbau sind die Erträge im Durchschnitt um 20 %, der Energie-Einsatz um 45 % geringer als im konventionellen Anbau.

Manche lernen das biologische Gärtnern von Kindesbeinen an. Andere fangen später neu damit an.

Welche Form der Selbstversorgung passt zu mir? Der Selbst-Test

von Reinhard Prenn

Selbstversorgung – als Idee und Wunschvorstellung genial und ideal, in der Umsetzung eine echte Herausforderung. Um von der Gartenlust nicht schnell in den Selbstversorgungsfrust zu geraten, sollte man sich vor dem Losstarten ein paar essentielle Fragen stellen und sich einen realistischen Überblick über die eigenen Rahmenbedingungen und Voraussetzungen verschaffen. Finden Sie daher mit diesem Selbst-Test heraus, in welchem Ausmaß und in welcher Form Selbstversorgung für Sie passend sein könnte.

Dieser Selbst-Test ist kein zertifizierter psychologisch-agrarischer Test mit wissenschaftlich verbindlichem Ergebnis, sondern eine aus umfangreicher Praxiserfahrung abgeleitete, hoffentlich auch für Sie brauchbare Orientierungshilfe zur realistischen Selbsteinschätzung.

Ehrlich antworten und nicht schummeln sind Voraussetzung für eine durch und durch seriöse Prognose. Und so viel sei schon verraten: Wer zum Schummeln neigt, wird mit der Selbstversorgung vermutlich scheitern – denn dort gibt es den Erfolg im Sinne einer regelmäßigen und tatsächlich versorgenden Ernte nur mit ehrlicher, handfester, ausdauernder und immer wieder schweißtreibender Arbeit.

Bitte kreuzen Sie an, welche Punkte auf Sie zutreffen bzw. welchen Sie zustimmen.

Meine sozialen Rahmenbedingungen

- ◯ **A.1.** Ich bin Single und möchte Selbstversorgung für mich alleine betreiben.
- ◯ **A.2.** Ich lebe in einer Paarbeziehung ohne kleine Kinder.
- ◯ **A.3.** Ich bin FreiberuflerIn oder RentnerIn mit viel freier Zeiteinteilung.
- ◯ **A.4.** Wir haben ein oder mehrere Kinder unter 10 Jahren.
- ◯ **A.5.** Ich bin alleinerziehend mit ein oder mehreren schulpflichtigen Kindern.
- ◯ **A.6.** Ich lebe in der Stadt und habe ein Wochenendhaus mit Garten.
- ◯ **A.7.** Ich lebe in der Stadt und möchte mir einen Garten in der Umgebung suchen.
- ◯ **A.8.** Ich habe ein Haus mit Garten (Anbaufläche über 500 m^2).
- ◯ **A.9.** Ich bin begeistert von der Idee der Selbstversorgung, meine Familie findet meine Marmeladen toll, hat am Garten aber wenig bis kein Interesse.
- ◯ **A.10.** Wir möchten Selbstversorgung als Familienprojekt starten und dabei unseren kleinen Kindern die Natur näherbringen.
- ◯ **A.11.** Wir möchten als Familie/Paar Selbstversorgung betreiben und ergänzen uns in Garten und Küche gut.
- ◯ **A.12.** Auch in der Urlaubzeit ist immer jemand da, der sich um den Garten kümmert.
- ◯ **A.13.** Ich bin voll berufstätig und möchte mich an den Wochenenden intensiv mit dem Garten und der Selbstversorgung daraus beschäftigen.
- ◯ **A.14.** Ich ernähre mich mit ausgewogener Mischkost und esse auch regelmäßig Fleisch.
- ◯ **A.15.** Ich ernähre mich überwiegend vegetarisch, möchte aber auf Milchprodukte oder gelegentlich Fisch oder Fleisch nicht verzichten.
- ◯ **A.16.** Ich ernähre mich rein vegetarisch.
- ◯ **A.17.** Ich ernähre mich rein vegan.
- ◯ **A.18.** Ich tüftle und experimentiere gern und mache am liebsten eigene Erfahrungen.
- ◯ **A.19.** Ich tausche mich gern mit anderen aus und nehme von ihnen gärtnerischen Rat an.

◯ **A.20.** Ich habe gute Kontakte zu gärtnerisch erfahrenen Personen, an die ich mich mit Fragen wenden kann.

◯ **A.21.** In meiner Nähe (15–30 Minuten von meinem Wohn- oder Arbeitsplatz) gibt es eine Selbsterntemöglichkeit.

◯ **A.22.** In meiner Umgebung gibt es eine Lebensmittelkooperative (Foodcoop), an der ich mich beteiligen könnte.

◯ **A.23.** In meinem Umkreis (20 km) gibt es eine CSA-Entnahmestelle (Solidarische Landwirtschaft), an der ich mich beteiligen könnte.

Meine Kompetenzen

◯ **B.1.** Ich verfüge über reiches gärtnerisches Wissen und Erfahrung.

◯ **B.2.** Ich habe schon ein wenig gärtnerische Erfahrung.

◯ **B.3.** Ich kenne den Boden meines Gartens und weiß genau, was ich gut darauf anbauen kann und was besser nicht.

◯ **B.4.** Meine Gartenerde ist schön braun, und wenn ich genug gieße, wird meine Ernte sicher gut werden.

◯ **B.5.** Ein bisschen Ahnung und Erfahrung mit meinem Boden habe ich schon, will mich aber noch genauer damit beschäftigen.

◯ **B.6.** Mit dem Thema Fruchtfolge bin ich bestens vertraut.

◯ **B.7.** Unter richtiger Fruchtfolge verstehe ich, welches Obst und Gemüse man in welcher Reihenfolge essen sollte.

◯ **B.8.** Ich habe Erfahrung mit der Aussaat und Anzucht von Jungpflanzen.

◯ **B.9.** Wenn ich viel gieße, wird mein Gemüse sicher groß.

◯ **B.10.** Ich habe Erfahrung mit dem Verarbeiten und Konservieren von Obst und Gemüse.

◯ **B.11.** Ich kenne mich mit der richtigen Aufbewahrung und Lagerung von Obst und Gemüse gut aus.

◯ **B.12.** Ich habe zahlreiche Bücher zum Thema Garten.

◯ **B.13.** Ich war als Kind z. B. mit meinen Großeltern im Garten, wenn sie gegärtnert haben, ich selbst fange aber neu mit dem Gemüseanbau an.

Meine Ressourcen

◯ **C.1.** Ich verfüge über eine Anbaufläche von max. 100 m^2.

◯ **C.2.** Ich verfüge über eine Anbaufläche von über 100 m^2.

◯ **C.3.** Ich verfüge über eine Anbaufläche von 400 m^2 oder mehr.

◯ **C.4.** Ich besitze alle notwendigen Gartengeräte.

◯ **C.5.** Meine Küche ist eher klein (Kochnische oder weniger als 6 m^2).

◯ **C.6.** Meine Küche ist eine durchschnittliche Haushaltsküche.

◯ **C.7.** Meine Küche ist geräumig, hat eine große Spüle und bietet viel Arbeitsflächen.

◯ **C.8.** Ich verfüge über einen geeigneten Lager- und Aufbewahrungsraum oder Lagerkeller im Haus.

◯ **C.9.** Ich besitze die notwendige Ausstattung zum Verarbeiten und Konservieren von Obst und Gemüse.

◯ **C.10.** Ich habe einen (Erd)keller, der zur Lagerung von Gemüse geeignet ist.

◯ **C.11.** Ich habe einen Kleingarten zur Verfügung.

◯ **C.12.** Ich bin Mitglied in einer Lebensmittelkooperative (Foodcoop).

◯ **C.13.** Ich bin Mitglied einer Solidarischen Landwirtschaft (CSA).

◯ **C.14.** Ich habe eine Selbsternteparzelle gepachtet.

◯ **C.15.** Ich bin (auch mehrstündige) körperliche Arbeit gewohnt und habe keine gröberen Gelenk- oder Bandscheibenprobleme.

◯ **C.16.** Ich bin eher ungeduldig und an raschen Ergebnissen orientiert.

◯ **C.17.** Ich bin eher der ausdauernde Typ und lasse mich von Misserfolgen nicht entmutigen.

Die Punkteauswertung des Selbst-Tests

A.1. 1	B.1. 10	C.1. 2
A.2. 3	B.2. 5	C.2. 3
A.3. 7	B.3. 7	C.3. 5
A.4. 1	B.4. 0	C.4. 2
A.5. 1	B.5. 3	C.5. 1
A.6. 3	B.6. 5	C.6. 3
A.7. 1	B.7. 0	C.7. 5
A.8. 7	B.8. 7	C.8. 5
A.9. 2	B.9. 0	C.9. 3
A.10. 5	B.10. 7	C.10. 5
A.11. 7	B.11. 7	C.11. 5
A.12. 5	B.12. 1	C.12. 5
A.13. 3	B.13. 1	C.13. 7
A.14. 3		C.14. 7
A.15. 5		C.15. 2
A.16. 7		C.16. 0
A.17. 2		C.17. 3
A.18. 1		
A.19. 3		
A.20. 3		
A.21. 2		
A.22. 2		
A.23. 2		
Summe:	Summe:	Summe:

Gesamtpunkte:

Welcher Selbstversorger-Typ bin ich?

0–29 Punkte

Oje! Besser, ich checke einmal, welche regionalen Bezugsquellen mir zur Verfügung stehen und versorge mich fürs Erste ab Hof, auf Bauernmärkten oder beteilige mich an einer Lebensmittelkooperative (Foodcoop). Hier kann ich verschiedene Gemüse kennenlernen und lernen, wie man sie zubereitet und einkocht. Mit guter Unterstützung fange ich auf kleiner Flamme mit dem Gärtnern an. Für den Anfang reicht ein Gemüsebeet von maximal 20 m². Mit dem Pflanzen von mehrjährigen Obstbäumen lasse ich mir jedenfalls noch Zeit.

Maximaler Selbstversorgungsgrad aus dem Garten: 0–20 %

30–49 Punkte

Hmmm. Ich habe noch einen weiten Weg zur umfassenden Selbstversorgung und muss mir erst noch vieles aneignen. Für eine erfolgreiche Selbstversorgung sollte ich vielleicht mein Leben etwas umgestalten und mich mit ein paar Gleichgesinnten zusammentun, um bei einem Selbsternte-Gemeinschaftsprojekt oder einer kulanten CSA Erfahrungen zu sammeln.

Maximaler Selbstversorgungsgrad aus dem Garten: 20–40 %

50–79 Punkte

Weitermachen, dranbleiben! Mit ein paar Nachjustierungen, Geduld und realistischen Erwartungen werde ich reichlich Freude und Früchte aus meiner Selbstversorgung ernten.

Maximaler Selbstversorgungsgrad aus dem Garten: 40–60 %

80–100 Punkte

Yesss! Ich habe die besten Voraussetzungen, um erfolgreich Selbstversorgung in umfangreichem Ausmaß betreiben zu können. Warum mache ich das nicht schon längst? Jetzt aber los …

Maximaler Selbstversorgungsgrad aus dem Garten: 60–80 %

Mehr als 100 Punkte

Mist! Wozu habe ich dieses Buch gekauft und es nicht selbst geschrieben? Vermutlich ernten Sie viel zu viel, um das alles selbst aufzuessen und versorgen auch noch Ihre Kinder, Nachbarn, Freundinnen und Co. mit Ihren Ernteüberschüssen.

Maximaler Selbstversorgungsgrad aus dem Garten: 100–150 %

So kann individuelle Selbstversorgung aussehen: Aus Hochbeeten und Hügelbeet ernten Bella Bayer und ihr Mann die Hälfte der täglichen Gemüseversorgung. Die zweite Hälfte beziehen sie von Bäuerinnen und Bauern aus der Umgebung *(→ siehe Beispiel Seite 83 und 84)**.*

Selbstversorgung ist ein Lernprozess, der immer wieder durch die Ernte köstlicher Früchte belohnt wird.

Individuell anbauen

Sie wollen lernen, Gemüse, Obst und Kräuter anzubauen? Dann hören Sie auf zu lesen und gehen am besten ab sofort bei einer erfahrenen Hausgärtnerin oder einem erfahrenen Hausgärtner in die Lehre. Oder Sie machen ein mindestens dreimonatiges Praktikum in einer Bio-Gärtnerei. Oder gleich eine richtige Gärtner-Lehre. Oder Sie pachten eine Selbsternteparzelle oder werden Mitglied in einer Solidarischen Landwirtschaft und arbeiten dort tageweise mit. Sie sehen: Gärtnern kann man nicht beim Lesen lernen. Aber Bücher können neue Möglichkeiten und Wege aufzeigen, inspirieren und konkrete Fragen beantworten. In den ständig wachsenden Netzwerken jener Menschen, für die in den letzten Jahren die Nah- oder Selbstversorgung mit frischen Lebensmitteln Teil ihres Lebens geworden ist, wurden auch Handbücher zu wichtigen Ressourcen.

Wie lernt man das biologische Gärtnern?

Gärtnern lernt man am besten, indem man: gärtnert und über viele Jahre dranbleibt. Die Fragen, die sich aus dem eigenen Tun ergeben, sind die konkretesten, die unmittelbarsten, die direkt mit dem eigenen Garten, direkt mit den angebauten Sorten oder den Witterungsbedingungen zu tun haben. Nicht zuletzt sind es jene Fragen, deren Antworten am längsten im Gedächtnis bleiben – denn wer mag/wer kann schon ein ganzes Gartenbuch auswendig lernen und wozu?

Gute Antworten werden direkt umgesetzt und erprobt, in die Erde eingegärtnert, in den eigenen Erfahrungsschatz integriert und – und das ist eine der ganz besonderen Eigenschaften der Bio-Gartenbewegung – sehr freizügig an andere weitergegeben. Die zentrale Frage ist dann „nur" noch, an wen man sich mit seinen Fragen wendet. Die einen haben gleich mehrere Möglichkeiten zur Auswahl, die anderen befragen das Internet, und wieder andere schlagen in einem

Wer von klein auf immer wieder beim Gärtnern dabei ist, kann es sich auch nach Jahrzehnten leichter aneignen.

guten Gartenbuch nach. Die zahlreichen Bücher zum Anbau von Gemüse, Obst und Kräutern, die wir in den letzten Jahren schrieben, haben da schon viele gute Dienste geleistet, wie mir immer wieder versichert wird. Das freut mich. Denn eine meiner Leitfragen beim Schreiben ist genau die Frage, was die Menschen, die eine Kulturart anbauen, über sie wissen müssen, welche Angaben wirklich wichtig sind, um den nächsten gärtnerischen Schritt tun zu können.

Eine der bewährtesten Möglichkeiten ist Menschen zu fragen, die möglichst in der Nähe und schon möglichst lange biologisch gärtnern. Nicht, dass man nicht auch von konventionellen Gärtnerinnen und Gärtnern etwas lernen könnte. Zum Beispiel, wann in einer Region mit den ersten oder den letzten Frösten zu rechnen ist, mit wie viel Niederschlag man wann rechnen kann oder welche Apfel- oder Birnensorten hier gut gedeihen. Doch wie man einen guten Kompost zubereitet oder wo man in der Nähe gute Biodünger bekommt, welche samenfesten Sorten oder welche Gründüngungen sich im Garten gut bewähren, das sind Fragen, auf die man sich – meist – nur bei biologischen Gärtnerinnen und Gärtnern Antworten holen kann. Genauso, wie man die Frage, wer in der Nähe biologisch-dynamische Präparate erzeugt, auch nur bei biologisch-dynamischen Gärtnerinnen oder Gärtnern klären kann.

Alltagswissen wieder neu aneignen

Bis in die 1960er und 1970er Jahre war es für viele Menschen selbstverständlich, zumindest einen Teil des Gemüses und/oder des Obstes für den Eigenbedarf selbst anzubauen. Rund um das eigene Einfamilienhaus nutzte man den Grund zum Anbau von Gemüse. Ich erinnere mich zum Beispiel an den großen Garten vis-à-vis des Hauses meiner Großmutter in Schwanenstadt in Oberösterreich. Der nachbarliche Garten war ein einziger großer Gemüsegarten. Heute ist er mit Rasen eingesät. Auch die vielen Schrebergärten und Kleingartensiedlungen in und um die Städte wurden zum Anbau von Gemüse und Obst genutzt – was theoretisch sogar noch heute eine Nutzungsbedingung ist. Doch beim Gang durch diese Gartenanlagen fällt auf, dass eher private Swimmingpools als Gartenbeete verbreitet sind. Hin und wieder wachsen seit einigen Jahren in neu errichteten Hochbeeten einige Kräuter oder die eine oder andere Gemüsepflanze. Als Selbstversorgung kann man das wohl nicht bezeichnen.

Durch Mithelfen bei erfahrenen Bio-Gärtnern lernt man selbst am meisten. Zum Beispiel, wie man Minitunnels für die Wintergemüseernte aufstellt.

Bis ein Garten reiche Ernte trägt, sind viele Schritte notwendig. Da heißt es dranbleiben, dranbleiben, dranbleiben. Und aus allen Rückschlägen immer wieder neu lernen.

Solange der Anbau von mehr oder weniger Obst und Gemüse etwas Selbstverständliches war, haben die meisten Menschen dazu keine eigene Ausbildung absolviert, vermutlich hatten sie das eine oder andere kleine Gartenbuch in ihrer Bibliothek. Viele der Bücher, in denen der Anbau von Gemüse und Obst beschrieben sind, erschienen ab den 1940er Jahren bis Ende der 1970er Jahre in sehr hohen Auflagen. Doch das Wissen zum Anbau von Gemüse, Obst und Kräutern ist in erster Linie Erfahrungswissen. Eben weil die Standortbedingungen von Ort zu Ort so verschieden sind, weil es oft kleinräumige Unterschiede sind, die über einen Erfolg oder Misserfolg entscheiden. Trotzdem kann man das Gärtnern lernen. Trotzdem zahlt es sich aus, anzufangen. Und: dranzubleiben. So erzählt etwa Conny Schuchardt, die auf einem halben Hektar Land für ihre vierköpfige Familie Gemüse und Obst auf 800 m Seehöhe im Allgäu anbaut: *„Als ich angefangen habe, habe ich gedacht, ‚jetzt hab ich's und nächstes Jahr geht es auch wieder so' – bei den Bienen zum Beispiel, aber auch im Garten. Und im nächsten Jahr war dann alles komplett anders. Wo heute die Zwiebeln wachsen, ist dann im nächsten Jahr gar nichts – es will einfach nicht. Oder die Bienen gedeihen, und im nächsten Jahr gedeihen sie nicht. Die Natur ist mein Lehrer, sie zwingt mich, mich permanent mit ihr auseinanderzusetzen, hineinzuhorchen, mich weiterzubilden, wach zu bleiben."* Wach bleiben heißt auch, genau zu beobachten. Nicht nur, wenn etwas nicht geklappt hat, sondern auch, wenn etwas geklappt hat. Was war der Grund, dass die Karotten heuer so gut gediehen sind? War es die Sorte, die besonders gut ist? Oder ist der Boden auf dem Acker, wo ich sie angebaut habe, besonders gut geeignet? Oder war das Wetter besonders passend für die Karotten? Nicht auf alle Fragen bekommt man – sofort oder überhaupt – eine Antwort. Das ist vielleicht eine der grundlegendsten Unterschiede zu unserem gewohnten rationalen Denken von Ursache und Wirkung: Vieles können wir uns mit der Zeit erklären. Und das ist auch gut so, weil wir unser Handeln dann gezielt verändern und anpassen können. Wenn wir jahrelang in bewährter Weise die Karotten immer Anfang April ausgesät haben, weil da der Boden von der Winterfeuchte schon gut abgetrocknet war, kann es sein, dass es im achten Jahr plötzlich wichtig und richtig ist, die Karotten bereits Mitte März anzubauen – weil der Schnee schon geschmolzen ist und einige Sonnentage dafür gesorgt haben, dass der Boden oberflächlich bereits gut abgetrocknet ist. Das ist letztlich, was das einfache – und doch große – Wort Erfahrung ausmacht. Der biologisch-dynamische Bauer und Getreidezüchter Hans Gahleitner erzählte mir, dass es im Mühlviertel Jahre geben kann, wo an einem einzigen Tag die Verhältnisse für die Aussaat des Getreides wirklich passen. Das macht auch verständlich, warum Gärtnerinnen und Gärtner, bei denen die Pflanzen gut gedeihen, meist sehr sesshafte Wesen sind. Die Witterungsverhältnisse und den Boden kann ich nur dann gut beobachten, wenn ich auch da bin. Dominik Dax hat vor einigen Jahren begonnen, als CSA-Gärtner Gemüse anzubauen. In einer traditionellen Gemüsebauregion in Oberösterreich. So hat er in seiner Nachbarschaft viele erfahrene Gemüsegärtner, die er um Rat fragen kann. Dominik erzählt: *„Die alten Gemüsebauern waren alle kooperationsbereit und haben gesagt: ‚Die ersten fünf Jahre weißt du sowieso nicht, was du tust. Mittlerweile* *glaub ich es. Aber der Wissenszuwachs vom ersten auf das zweite Jahr war enorm, dann lernt man langsamer dazu."* Fünf Jahre, bis man überhaupt einmal weiß, was man tut! Das scheint unglaublich lange für jemanden, der voller Euphorie mit dem Gärtnern anfängt, der sich Dutzende Samenpäckchen besorgt oder unzählige Jungpflanzen, ein teures Hochbeet oder ausgefeiltes Gartenwerkzeug. Fünf Jahre dranbleiben, fünf Jahre nicht den Mut verlieren und weitermachen. Die gute Nachricht an dieser Stelle: Wer erst einmal einen Blick und einen geübten Daumen für Pflanzen bekommen hat, verlernt das auch nie wieder. So wie man das Fahrradfahren oder Schwimmen auch nicht mehr verlernt. Wer das Gärtnern einmal tatsächlich beherrscht, kann von Jahr zu Jahr mit weniger Aufwand losstarten. Und viele, die heute zu den erfahrensten Bio-GärtnerInnen des Landes zählen, haben auch einmal so angefangen. So ist die biologisch-dynamische Gemüsezüchterin Reinhild Frech-Emmelmann eigentlich gelernte Keramikerin. Begonnen hat sie mit dem Anbau von Gemüse für die Selbstversorgung, heute baut sie in ihrem Betrieb Dutzende Gemüsesorten an, vermehrt Sorten und züchtet neue. Auch Peter Lassnig von der Gärtnerei Ochsenherz – der heute gemeinsam mit dem Team der Gärtnerei fast 400 Menschen mit Gemüsevielfalt versorgt – hat als „ungelernter" Gärtner angefangen und erzählt: *„Ich hatte anfangs keine Ahnung vom Gärtnern: Wann sät man Karotten oder Salat? Wie bereitet man Beete vor? Mein erster Fehler war, dass ich im Winter zwar viel geplant, im Frühling dann aber zu lange gewartet habe. Da war der Boden schon steinhart, weil die Winterfeuchtigkeit weg war."*

Bei Bio-Gärtnereien mithelfen

Wie also lernt man das biologische Gärtnern? Ein sehr guter Weg ist, den Kontakt zu einem aufgeschlossenen Bio-Gärtner oder einer Bio-Gärtnerin zu suchen und einfach regelmäßig mitzugärtnern. So erzählt die Bio-Gärtnerin Margit Lamm: *„Am meisten Zeit, um Fragen zu beantworten, habe ich, wenn jemand mit mir mitarbeitet. Wenn man zwei Stunden jätet oder Feldsalat erntet, kann ich viel erzählen. Wichtig ist, dass die Leute Fragen stellen, weil ich ja nicht weiß, was sie wissen. Das ist dann ein guter Austausch: Mithelfen gegen Wissensweitergabe. Heuer sind einige zu uns über die ganze Saison gekommen. Immer nur für 2–3 Stunden, am Abend nach der Arbeit, aber regelmäßig, einmal in der Woche. Da bekommen sie die Arbeit über die Saison gut mit, und uns ist auch geholfen. Das ist ein guter Weg."*

Meine Erfahrung ist, dass sich gerade ältere Bäuerinnen – die oft auch erfahrene HausgärtnerInnen sind – freuen, wenn sich jemand für ihre Arbeit interessiert und sie nach ihren Gartenerfahrungen fragt – und sie auf diese Weise auch eine Unterstützung und Gesellschaft bei der Gartenarbeit haben. Auch Margit Lamm empfiehlt dies und erzählt: *„Viele ältere Bäuerinnen sind so in ihrer Welt, dass sie gar nicht mitbekommen, dass sich die Jungen jetzt wieder fürs Gärtnern interessieren, die muss man aktiv ansprechen."*

Erfahrene GärtnerInnen können sich stundenlang über das Gärtnern unterhalten.

Erfahrungen von Arche Noah-GärtnerInnen

„1996 habe ich begonnen, ein wenig Gemüse und Obst selbst zu ziehen. Seit 1999 bin ich Arche Noah-Mitglied. Jetzt sind wir Selbstversorger. Es war ein langer Weg, ich hatte und habe immer noch viel zu lernen – aus Schaden, aus Erfahrung, aus Lektüre und aus vielen Kontakten zu Arche Noah-Mitgliedern. Ich bin Hausgärtnerin und wir bewirtschaften auf 1 m Seehöhe 2500 m² Land im Moor zur Selbstversorgung mit Gemüse und Obst. Wir arbeiten ohne Spritzmittel, dafür mit Gemüsenetzen. Hauptproblem im Moor: Das Unkraut wächst in einem Monat einen Meter hoch – ein dicker Teppich. Wir müssen daher fast alles vorziehen."

Traude Banek, Buxtehude,
Arche Noah-Mentorin

„Mein Opa war ein großartiger Gärtner, der sein ganzes Rentnerleben bei jedem Wetter im Garten verbracht hat. Als kleines Mädchen habe ich täglich Zeit mit ihm verbracht und in seiner Nähe im Garten gespielt. Obwohl ich nie ein eigenes Beet hatte, habe ich wohl vieles mit dem Zuschauen aufgenommen. Zahlreiche Namen von alten Apfelbäumen sind einfach in meinem Gedächtnis gespeichert. Natürlich gab es hier zum Düngen nur Kompost und Mist von den Hühnern. Die Liebe zu Pflanzen, Tieren und Bäumen war bei mir schon immer vorhanden. Dazu kommt, dass ich eine alte Leseratte bin, die ohne ein Buch abends nicht einschlafen kann. Mit der Zeit habe ich eine ordentliche Bibliothek zusammengesammelt und sehr viel über Pflanzen und Garten gelesen. Vor ca. 40 Jahren haben wir in einem alten Reihenhaus gewohnt, da war auch ein winziger Garten dabei. Gerade zu dieser Zeit habe ich in einer Reformhauszeitschrift das erste Mal über Mischkultur gelesen. Weil der Garten so klein war, fand ich das ganz passend und habe damit angefangen. Ich habe mir dann eine Mischkulturscheibe zugelegt, da kann man sehr schön sehen, welche Pflanzen zusammenpassen. Als wir dann 1983 gebaut haben, habe ich schon hinter dem Erdhaufen ein wenig Spinat und Radieschen und Salat angepflanzt, und kaum waren wir so weit, habe ich meinen Mann tüchtig genervt, bis ich meinen Gemüsegarten hatte. Auf den Kopf habe ich mich gestellt, weil ich alte Apfelsorten wollte – und das gab es damals kaum. Schließlich habe ich über einen Bekannten meine ersten drei Apfelbäume, eine ‚Rote Sternrenette' eine ‚Goldparmäne' und einen ‚Rheinischen Bohnapfel', bekommen. Die habe ich heute noch."

Annegret Hottner, Arche Noah-Mentorin

Vorüberlegungen

Wenn sich die Frage nach dem Start stellt, ist die Verfügbarkeit von einem Stückchen Garten vermutlich schon geklärt. Die wichtigste Regel ist, dass man am besten klein anfängt und dann Jahr für Jahr größer wird. Fangen Sie mit 8–10 Gemüsearten an und überlegen Sie, was diese brauchen, um gut wachsen zu können. Setzen Sie raschtragende Obstgehölze (wie zum Beispiel Brombeeren, Himbeeren, Kiwi oder Kornelkirsche) und beobachten Sie, was die Pflanzen brauchen, um kräftig und ertragreich zu wachsen. Verzichten Sie anfangs auf große Anbauflächen und investieren Sie besser Zeit, einen Komposthaufen anzulegen, um bald guten, eigenen Dünger zur Hand zu haben. Oder legen Sie ein Hügelbeet an, auf dem auch Starkzehrer wie Tomaten sofort gut mit Nährstoffen versorgt sind. Wenn Ihr Garten einen stark tonigen oder sandigen Boden hat, bauen Sie auf möglichst vielen Flächen eine Gründüngung an, bevor Sie mit dem Bepflanzen beginnen. Das ist zwar anfangs aufwändig, lohnt sich aber sofort, weil die Pflanzen im aufbereiteten Boden viel besser wachsen können.

Für diese Selbstversorger-Kulturen sind zu Beginn einige Fragen zu klären – wenn Sie das einmal intus haben, werden Sie gar nicht mehr darüber nachdenken:

- Welche Sorten passen in mein Klima?
- Wo bekomme ich passende Jungpflanzen her? Oder ziehe ich die Jungpflanzen selber vor? Was brauche ich dann dafür und habe ich die notwen-

dige Ausstattung? (→ siehe Ausstattung & Lagerung, Seite 228) Wann muss die Kultur ausgesät werden und ab wann darf sie ins Freie? (→ siehe Gemüse, Jungpflanzenanzucht, Seite 228)

- Wo bekomme ich passende und gute Obstpflanzen? (→ siehe Service, Bezugsadressen, Seite 463)
- Wie viel Dünger braucht die Kultur und woher bekomme ich diesen? (→ siehe Ressourcen, Dünger, Seite 192)
- Wann kann ich die Pflanze setzen, und kann ich auf dem Beet vorher noch Gründüngungspflanzen aussäen oder eventuell andere frosttolerante Gemüse?
- Was sind die richtigen Pflanzabstände für diese Kulturart?
- Wann ist die Kultur erntereif und wie lange kann ich sie beernten? Wann räumt sie das Beet, und kann ich danach noch eine zweite Kulturart auf diesem Beet anbauen?
- Wie lagere ich meine Ernte? (→ siehe Ausstattung & Lagerung, Seite 288)

Wer einen Obstgarten anlegen will, wird vermutlich anfangs Unterstützung brauchen. Viele Baumschulen bieten Beratung an. Hier geht es nicht um die Frage der richtigen Sorte, sondern auch um die richtige Unterlage – die dann die Baumgröße und damit auch die richtigen Pflanzabstände bestimmt (→ siehe Obst, Obstgarten planen, Seite 375).

Wie will ich mein Gemüse pflanzen: in Reih und Glied oder im „bunten" Durcheinander? Wie so oft im Leben gilt auch hier: Einfach anfangen und Schritt für Schritt erweitern.

Abwarten und Tee oder Kaffee trinken. Gerade am Anfang ist das Beobachten der Pflanzen und der unterschiedlichen Wachstumsbedingungen im Garten genauso wichtig wie das Einfach-Drauflosgärtnern.

Klassische Anfängerfehler

Die Jungpflanzen viel zu früh vorziehen Viele AnfängerInnen starten schon im Januar und Februar mit der Aussaat von Tomaten und Co. Stehen die Pflanzen dann auch noch über einem Heizkörper, ist das Scheitern fast schon vorgegeben.

Zu dichte Pflanzung oder Aussaat Wenn im Frühling der Boden noch völlig unbewachsen ist, können sich viele nicht vorstellen, dass eine Pflanze rasch viel Platz beanspruchen wird, und Pflanzen zu dicht stehen. Die Angaben zu den Pflanzabständen bei den Kulturanleitungen sollten daher eingehalten werden. Einfache Mittel sind anfangs besonders hilfreich: zum Beispiel Schnüre oder Latten, auf denen man gängige Pflanzabstände mit farbigen Klebestreifen markiert.

Zu frühe Aussaat oder Pflanzung Kaum sind die ersten warmen Frühlingstage da, halten es viele nicht mehr aus und beginnen mit der Jungpflanzenanzucht auf der Fensterbank. Wird zu früh angebaut, reicht das Tageslicht noch nicht aus, die Pflanzen werden lang und dünn und kommen schon schlapp in den Garten. Die idealen Zeiten für die Aussaat sind in den einzelnen Kapiteln angegeben. Auch wer Tomaten und andere Wärmliebende zu früh auspflanzt, kann Schiffbruch erleiden. Immer bis Mitte Mai warten und dann erst pflanzen, egal, wie warm oder heiß es vorher war.

Zu späte Aussaaten Wer mit der Aussaat von Spinat, Ackerbohne, Karotte & Co. zu lange wartet, hat oft nur bescheidenen Erfolg. Wurzelgemüse muss so früh wie möglich in den Boden, damit die Samen im noch winterfeuchten Boden zügig keimen können. (→ siehe Seite 340)

Jede Pflanze retten Oft wird auch zu dicht gepflanzt, weil man meint, jede Pflanze setzen zu müssen oder viele unterschiedliche Sorten ausprobieren möchte. Die in den Kulturanleitungen angegebenen Abstände einhalten und keinesfalls zu alte („überständige") Jungpflanzen setzen. (→ siehe Gemüse anbauen, Jungpflanzenanzucht, Seite 288)

Nicht genau genug beobachten Zugegeben, das ist besonders schwierig! Gerade am Anfang weiß man ja noch gar nicht, was man alles beachten soll. Doch wer dranbleibt, entwickelt mit der Zeit ein Gespür für seinen Garten und lernt zu sehen, ob die Pflanze gerade Wasser oder eine Nachdüngung braucht oder der Boden gelockert werden will.

Zu viel auf einmal wollen Viele fangen mit einer viel zu großen Anzahl unterschiedlicher Gemüse an. Besser ist es, anfangs nur mit 8–10 Gemüsearten zu starten und dann Jahr für Jahr ein paar dazuzunehmen. Für alle, die von der Vielfalt der Gemüse begeistert sind, ist das am Anfang besonders schwierig!

Eine zu große Fläche angehen Auch hier gilt: Weniger ist mehr. Wer noch keine oder wenig Ahnung hat, sollte mit 20–50 m² Gemüsebeet starten. Das reicht völlig, um den Boden und die Anbaubedingungen im Garten gut kennenzulernen.

Zu früh aufgeben Gerade für alle, die neu anfangen, gilt: Man lernt aus nichts so viel wie aus dem Scheitern. Wichtig ist, zu überlegen – oder erfahrene GärtnerInnen zu fragen –, was die Ursache sein könnte, dass etwas nicht funktioniert hat. Also aktiv aus den Fehlern zu lernen und weiterzumachen. Und: Manchmal können Erfolg und Misserfolg sehr nahe beieinanderliegen. Mit jedem Versuch rückt der Erfolg näher!

Zu viel durcheinander Wer noch keine Erfahrung mit dem Anbau von Gemüsen und Kräutern hat, ist gut beraten, am Anfang nicht zu wild durcheinander zu pflanzen. Viele Gemüse und Kräuter haben ganz unterschiedliche Wachstumsbedingungen. Über die Jahre lernt man einzuschätzen, welche Pflanzen miteinander oder nacheinander gut gedeihen. Am Anfang ist es einfacher, Gemüse auf einzelnen Beeten oder in gezielten Mischkulturen anzubauen.

Zu komplizierte Pläne Sich einen Plan zu machen, ist immer gut. Allerdings kommt es oft anders, als man denkt, und Fruchtfolgen sowie Mischkulturen müssen den eigenen Anbaubedingungen angepasst werden. Die Anbaubedingungen, die der eigene Garten bietet, sind ja anfangs meist nicht bekannt. Daher ist Planen das halbe Leben – und Improvisieren und Experimentieren

Üppige Spinaternte Anfang Mai. Der Spinat wurde Mitte März gesät, das Beet kann gleich nochmal genutzt werden.

die andere Hälfte. Ein Schema für eine einfache Fruchtfolge findet sich auf Seite 286.

Gar keinen Plan Wer sich anfangs gar nicht überlegt, auf welches Beet welche Pflanze kommt, stößt auf Schwierigkeiten, und muss dann eventuell Pflanzen zusammensetzen, die sich gegenseitig im Wuchs hemmen. Bei Gemüse ist das noch nicht so schlimm, weil man ja jährlich neu anbaut. Will man einen ganzen Garten neu anlegen, ist eine gut durchdachte vorhergehende Planung und grobe Einteilung hingegen sehr wichtig. Ebenso, wenn es darum geht, einen bestehenden Garten neu zu strukturieren. (→ siehe Selbstversorger-Garten planen, Seite 75, Obstgarten planen Seite 375)

Zu viel gießen und düngen Mehr als ein Anfängerfehler. Viele Pflanzenkrankheiten hängen damit zusammen, dass die Pflanzen zu stark gedüngt wurden. Auch viele Schädlinge treten dann erst auf. So ist ein starker Blattlausbefall ein sicheres Zeichen für Überdüngung mit Stickstoff.

Zu wenig gießen und düngen Viele Menschen, die besonders ambitioniert biologisch gärtnern wollen, unterschätzen, dass Gemüse oder auch frisch gesetzte Obstbäume gegossen werden müssen und vor allem das rasch wachsende Gemüse auch gedüngt werden muss.

Zu viel oder zu früh gemulcht Mulch ist im Biogarten besonders wichtig, daher gehen wir immer wieder darauf ein. Man kann auch dies übertreiben. Vor allem im Frühling darf noch nicht zu früh gemulcht werden. (→ siehe Ressourcen, Mulch, Seite 209) Erst dann mulchen, wenn sich der Boden ausreichend erwärmt hat. Sonst bewirkt die Mulchschicht genau das Gegenteil: Sie hält die Kälte im Boden.

Zu viel auf einmal Wer anfängt, ist besser beraten, nicht gleich die ganze Fläche, die zur Verfügung steht, zu bebauen. Auch wenn eine größere Anbaufläche bereits angelegt ist, zahlt es sich aus, kleiner anzufangen und den Rest mit einer Gründüngung zu bepflanzen. Erst nach und nach merkt man, wie viel Zeit man fürs Gärtnern im Alltag zur Verfügung hat, wie viel Gießwasser tatsächlich zur Verfügung steht oder zu welcher Jahreszeit man dem Garten kürzere oder längere Abwesenheits-Zeiten zumuten kann.

Obstbäume pflanzen, aber nicht wissen, wie sie geschnitten werden Fast alle Obstbäume müssen regelmäßig und richtig geschnitten werden. Wer das nicht kann, besucht einen Obstbaumschnittkurs oder engagiert Fachleute (→ siehe Service, Bezugsadressen, Seite 463). Sonst war das Pflanzen der Bäume (fast) vergeblich.

Erfahrungen von Arche Noah-GärtnerInnen

Auch der Körper muss lernen

„Wenn ich den ganzen Tag im Garten arbeite, merke ich es am Abend. Aber manche, die bei uns Praktikum machen, können schon nach zwei Stunden nicht mehr – wenngleich sie viel jünger sind als ich. Der Körper muss auch lernen, die körperliche Arbeit will gelernt sein. Manche kommen einmal und dann nie wieder – und der Traum von Bio-Landwirtschaft ist erledigt. Das hat auch seinen Sinn. Die Leute sagen, dass sie sich die Arbeit anders vorgestellt haben, und manche haben schon nach ein paar Stunden bei uns einen realistischen Blick, was sie wirklich können und wollen. Vor kurzem hat eine Frau einen Tag bei mir mitgearbeitet, dann war sie einen Monat lang krank. Da war sie wieder froh, dass sie ihren Beruf hat."

Margit Mayr-Lamm, www.fairleben.at

Schritte zu mehr Selbstversorgung wollen gelernt sein.

Bei erfahrenen Gärtnern sitzt jeder Handgriff.

Wie viel Zeit braucht Selbstversorgung?

Diese Frage ist gar nicht so einfach zu beantworten. Doch einige Prinzipien lassen sich sehr wohl beschreiben: Grundsätzlich gilt, wie bei allen Tätigkeiten: Je geübter ein Gärtner oder eine Gärtnerin ist, umso zügiger gehen die Arbeiten von der Hand, umso geübter ist auch der Blick, wann was zu säen oder erntereif ist. Umso vertrauter ist der Boden, umso klarer ist über die Jahre auch geworden, welche Sorten sich im eigenen Garten am besten bewährt haben oder welche Kulturarten im eigenen Garten doch nicht gut gedeihen. Im Frühling und im Sommer fallen im Gemüsegarten die meisten Arbeiten an. Doch wer sich auch über den Winter mit eigenem Gemüse und Obst versorgen will, muss Zeit fürs Verarbeiten und Einlagern einrechnen. Lager müssen ebenso kontrolliert und gepflegt werden. Wer sein winterfestes Gemüse über den Winter im Beet/auf dem Acker lassen will, muss rechtzeitig Minitunnels über dem Wintergemüse errichten. Auch das braucht Zeit, und bei herbstlichen Temperaturen macht die Gartenarbeit manchmal nicht mehr so viel Spaß wie bei den ersten Sonnenstrahlen im Frühling.

Wie viel Zeit der Garten letztlich braucht, ist maßgeblich davon abhängig, wie geübt man oder frau ist. Zu Beginn ist der Zeitaufwand zwei- bis dreimal so hoch. Alfred Bier gibt in seinem aus dem Jahr 1924 stammenden Büchlein „Lohnende Gemüsezucht" an, dass ein geübter Kleingärtner 200–300 m² Gemüseland und einen ähnlich großen Obstgarten bearbeiten kann, wenn er in der Gartensaison ca. zwei Stunden pro Tag im Garten arbeitet. Wer wenig Übung hat und die einzelnen Tätigkeiten erst lernt, muss entsprechend mehr Zeit veranschlagen.

Der Aufwand im Gemüsegarten ist nicht das ganze Jahr hindurch gleich hoch. Im Frühling und im Sommer fallen die meisten Arbeiten an. Im Frühling wollen die Beete gelockert werden, die Jungpflanzen herangezogen, es wird gesät und gepflanzt. Wer einen ca. 100 m² großen Gemüsegarten bepflanzt, muss im Frühjahr mit einem Zeitaufwand von einem halben bis ganzen Tag pro Woche rechnen. Wenn einmal alles bepflanzt ist (je nach Lage ab Ende Mai bis Mitte Juni, nimmt der Zeitaufwand stark ab). Im Herbst gilt es, die Gartenschätze zu ernten und – vom Zeitaufwand her nicht zu unterschätzen – zu verarbeiten. Das eine oder andere Obst ist auch schon im Mai und Juli reif, zum Beispiel Erdbeeren, Kirschen und Aprikosen. Die Hauptsaison fürs Einkochen von Tomaten und Paprika sind die Monate September und Oktober. Vor den ersten strengeren Frösten müssen dann einige Gemüse abgeerntet sein, die Kartoffeln, Sellerie, Erdmandeln und Oca kommen aus dem Boden und ins Lager. Nicht zu unterschätzen ist der Zeitaufwand für ein Lager. Selbst wenn dies im Winter meist „nebenbei" erfolgt – wenn man Gemüse und Obst aus dem Lager holt – muss man dies miteinrechnen. Das Lager muss regelmäßig kontrolliert und gelüftet werden, nach der Lagersaison muss der Sand ausgetauscht oder an der Sonne desinfiziert werden. Auch das Errichten der Erdmieten braucht Zeit. Viele Gemüse können noch stehen bleiben und müssen erst vor tieferen Frösten geerntet werden. Und manche Wurzelgemüse können über den Winter auch im Beet bleiben (→ zur Frostfestigkeit verschiedener Gemüsesorten siehe Seite 303). Wer neu mit dem Gärtnern beginnt und keinen Garten übernehmen kann, der bereits eine gewisse Grundausstattung aufweist, muss auch Zeit (oder Geld) einrechnen, um die Grundausstattung des Gartens zu planen und zu errichten. Auch hier gilt: Am besten macht man das Schritt für Schritt: Zuerst den Standort und die eigenen Fähigkeiten einschätzen lernen und dann entscheiden, was man wirklich braucht, wie groß das Frühbeet sein muss/soll, oder ob man wirklich viel Geld in ein Gewächshaus investiert.

Besonders viel Zeit beansprucht aber in jedem Fall die Bewässerung eines Gemüsegartens im Frühling und Sommer. Abhilfe schafft eine automatische Bewässerung oder eine Mulchschicht (die auch aus anderen Gründen empfehlenswert ist).

Der richtige Zeitpunkt

Eine der wichtigsten „Tätigkeiten" im Garten ist das Nichtstun – das Beobachten der Pflanzen: Wachsen sie zügig oder brauchen sie eine Nachdüngung? Ist der Boden locker? Ist die Mulchschicht noch dick genug? Sind Wühlmausgänge im Garten? Wie groß ist das Unkraut bei den Karotten? Gehören Triebe aufgebunden? Wer regelmäßig durch seinen Garten spaziert, wird dort oder da mit vielen kleinen Handgriffen viel erledigen oder sehen, was angepackt gehört: Ein kleiner Befall mit Spinnmilben im Gewächshaus ist noch gut in den Griff zu bekommen – je weiter er fortgeschritten ist, umso schwieriger wird es. Unkraut lässt sich, sobald es nur wenige Zentimeter hoch ist, gut mit einer Pendelhacke in den Boden einarbeiten und rasch entfernen. Wenn es das Gemüse einmal halb überwachsen hat, wird es schwierig bis unmöglich, das Unkraut zu jäten – ohne die Kulturpflanzen zu beschädigen.

Ein Gartentagebuch führen

Nichts ist so wertvoll wie die eigenen Erfahrungen. Neben der Planung einer guten Fruchtfolge (→ siehe Seite 285) ist es auch sinnvoll, zu notieren, wann man welches Gemüse gesät hat. Viele verwenden dazu einen einfachen Gartenkalender. Das eigene Gedächtnis täuscht oft, aber mit Hilfe kleiner Notizen kann man über die Jahre die Erfahrungen vergleichen. Ein gutes Gartentagebuch muss nicht aufwändig sein – wichtig ist, zu notieren, wann man welche Sorte ausgesät hat, Notizen zur Fruchtfolge auf den einzelnen Beeten und auch Extrem-Wetter-Ereignisse (wie Hagel oder der erste Regen nach einer langen Trockenheit).

Eine kleine Queckenpflanze ist relativ leicht entfernt. Wartet man zu, kann sie sich mit ihren Ausläufern innerhalb weniger Wochen rasch vermehren.

Erfahrungen von Arche Noah-GärtnerInnen

Rechtzeitig ernten

„Ein Nachbar bittet um Haselnüsse. Ich sage ihm, dass er gerade noch rechtzeitig kommt, heute Nacht werden die letzten abfallen, das sind mindestens 2 kg. Er solle doch einfach morgen Vormittag aufs Land kommen und die Nüsse einsammeln, wir lassen sie alle für ihn liegen. Zwei Wochen (!) später erscheint er mit einem großen Korb auf dem Land und will Haselnüsse einsammeln. Das Gras unter der Haselnuss ist in dieser Zeit kräftig gewachsen, Rabenkrähen, Eichhörnchen, Ratten und Mäuse waren satt und zufrieden. Unnötig zu sagen, dass er keine einzige Haselnuss gefunden hat."

Traude Banek, Buxtehude

Selbstversorgung mit der Familie

Mit dem Gärtnern zu beginnen, einen Garten zu planen, das ist schon alleine nicht einfach. Doch wer glaubt, dass es zu zweit jedenfalls einfacher ist, der irrt. Noch viel schwieriger kann es allerdings sein, wenn sich Menschen gemeinsam auf den Weg der Selbstversorgung machen – und noch keine Erfahrung mitbringen. Denn dann muss man sich zu zweit abstimmen – eine Herausforderung für jede Paarbeziehung, wie viele, die sich für Selbstversorgung als „Aussteigerprojekt" entschieden haben, berichten. So erzählt einer meiner Interviewpartner für dieses Buch, der sich vor vielen Jahren gemeinsam mit seiner Frau ein altes Bauernhaus im Südburgenland gekauft hatte: *„Das erste Jahr war ein Katastrophenjahr! Wir haben von unserem Nachbarn 3000 m² umpflügen lassen. Zuerst haben* *wir alles bepflanzt und dann waren wir zwei Wochen Verwandte besuchen, und als wir zurückgekommen sind, war alles voller Unkraut. Neben den Renovierungsarbeiten am Haus und den Kindern waren wir komplett überfordert. Der Rausch der Euphorie, das passiert mehreren. Jetzt würde ich mit einem 40 m² großen Garten anfangen."* Er beschreibt, dass er und seine Frau ganz unterschiedliche Ideen und Konzepte im Kopf hatten, wie z. B. ein Gemüseacker angelegt werden solle. Während er das Gemüse gerne in Reihen anbauen wollte, war es für seine Frau am schönsten, wenn es möglichst bunt durchmischt gepflanzt war. Alleine diese Aushandlungsprozesse brauchen Zeit und bieten viel Konfliktpotential. Erfahrungen sammelt man dann am besten, wenn man für ein Stück des Gartens die Verantwortung übernimmt. Zum Beispiel für eine Kulturart von der Aussaat bis zur Ernte, *„Das Sich-Einfühlen braucht Zeit. Wie schaut die Pflanze aus? Was muss ich mit dem Boden tun?"*, meint er rückblickend. Und auch wenn man erkannt hat, was zu tun ist, ist nicht unbedingt gesagt, dass man dann auch Zeit dafür hat – wenn gleichzeitig das Haus hergerichtet werden muss oder die Kinder Zeit brauchen. So meint er: *„Es ist umso frustrierender, wenn man wüsste, was man tun sollte, aber dafür keine Zeit hat."*

Selbst erfahrene Gärtnerinnen und Gärtner erzählen, dass sie oft versucht hätten das eine oder andere Gemüse zu kultivieren, aber immer wieder gescheitert sind und es schließlich gelassen hätten. So erzählte mir eine ältere Bäuerin in Südtirol, die über Jahrzehnte viele verschiedene Gemüse im Garten und am Acker angebaut hatte, dass sie irgendwann beschloss, keinen Knoblauch mehr anzubauen: *„Wir sind halt nicht im Knoblauchland"*, meinte sie lachend. Auch Traude Banek, Arche Noah-Gärtnerin in Norddeutschland erzählt: *„Wir sind absolute Selbstversorger bei Obst und Gemüse – mit einer einzigen Ausnahme: Speisezwiebeln. Ich habe mir damit viel Mühe gegeben, vieles ausprobiert und musste am Ende einsehen, dass Zwiebeln und Moorboden einfach nicht zusammenpassen. Aber damit muss sich wohl jeder Gemüsegärtner abfinden, dass irgendeine Kulturart mit den gebotenen Bedingungen einfach nicht zurechtkommt."* Auch das ist ein Erfahrungswert, der das Gärtnern erleichtern kann – sich auf jene Kulturarten zu konzentrieren, die gut gedeihen.

Lust und Frust des Gemüse-Essen-Lernens

Für viele wird die Selbstversorgung mit frischem Gemüse und Obst ein Lebensthema gemeinsam mit den ersten Kindern. Sei es, dass man den Kindern erlebbar machen möchte, dass Gemüse und Obst nicht im Supermarkt wachsen. Sei es, dass man mit den Kindern gemeinsam gärtnern möchte. Sei es, dass man selbst bewusster ans Essen herangeht. Eine große Portion Gelassenheit gehört dazu, wenn die Kinder dann die frische Ernte aus dem eigenen Garten – zunächst – verschmähen. Das ist eine Erfahrung, die viele Neo-Selbstversorger und -Selbstversorgerinnen eint.

Viel, unterschiedliches – und nicht zerkochtes – Gemüse zu essen, hat in unserer „bodenständigen" Küche keine Tradition. Wer sich auf den Weg zu mehr Selbstversorgung macht, für den ändern sich meistens auch die Essgewohnheiten. Oder umgekehrt: Für viele ist der Punkt, an dem sie sich entscheiden, mehr Gemüse und Obst und weniger Milchprodukte und Fleisch

Nein, diesen Spargel ess' ich nicht.

zu essen, der Punkt, an dem sie sich umschauen, wie und wo sie zu frischem Gemüse möglichst rund ums Jahr kommen. Und dann einen Gemüsegarten anlegen oder Mitglied in einer Solidarischen Landwirtschaft (CSA) werden. Zahlreiche Gemüse, die zum Beispiel CSA-Betriebe anbieten, sind vielen Menschen unbekannt. Neue Geschmacksrichtungen und Zubereitungsweisen kommen auf den Teller. Hannelore Walter vom Hawaruhof in Kirchberg am Wagram erzählt über neue Ernte-AnteilsnehmerInnen: *„Es gibt Leute, die sind Fertiggericht-Esser gewesen, die müssen sich umstellen. Sie fragen viel nach, wie sie dieses oder jenes Gemüse zubereiten sollen. Eigentlich müssten wir ständig Kochkurse anbieten."*

So ähnlich ist das auch bei Kindern. Bis zum zweiten Lebensjahr sind – die meisten – Kinder recht offen und kosten neugierig, was man ihnen anbietet. Ab dem zweiten Lebensjahr ändert sich das häufig. So erzählt die Selbstversorgerin Marie-Theres Bosse: *„Wenn die Kinder woanders sind, können wir endlich Rote Rüben und Auberginen kochen. Oft denk ich mir: ‚Jetzt haben wir so viel Gutes für euch angebaut und ihr wollt es nicht.' Es wird immer schwieriger, je älter die Kinder werden: Als Baby hat Findus begeistert auf Stangensellerie herumgekaut, den würde er jetzt nicht einmal anschauen."*

Ein kleiner Trost mag sein, dass Kinder durchaus unterschiedliche Geschmacksvorlieben haben: Während die eine den frischen Spargel verschmäht, kann der andere gar nicht genug davon haben. Während die einen Kinder Rote Rüben partout nicht essen, schnabulieren die anderen die geschnittenen Roten Rüben schon vom Küchen-Schneidebrett weg, ehe sie in den Kochtopf kommen. Bei meinen Kindern habe ich oft und oft die Erfahrung gemacht, dass sie gekochtes Gemüse nicht essen, während dasselbe Gemüse roh flugs verspeist ist: So zählen frische Karotten, fein geschnittener Stangensellerie oder geschnittener Fenchel zu ihren Lieblingsgemüsen. Doch wenn sie gekocht – im Auflauf oder gar als Suppe püriert – auf den Tisch kommen, ernte ich ein verächtliches Naserümpfen, und die Speisen bleiben unberührt.

Die Ernährungswissenschafterin Rosemarie Zehetgruber beruhigt: Es sei ganz normal, dass Kinder zwischen dem zweiten und dem fünften Lebensjahr Unbekanntes oder weniger Vertrautes erst einmal ablehnen.

„Ich soll diesen Spargel essen?"

„Aber der ist doch aus unserem Garten!"

Die Moralpredigt vom gesunden, frischen Gemüse nützt genau gar nichts. Irgendwann greifen Kinder gerne zu, wenn sie das Gemüseessen vorgelebt bekommen.

In dieser Lebensphase stehen sie grundsätzlich allem skeptisch gegenüber, was für sie neu ist. *„Kinder in diesem Alter sind neophob, also gegenüber neuen Lebensmitteln misstrauisch"*, erklärt Rosemarie Zehetgruber und begründet: *„Das ist überlebenswichtig für Kinder, damit sie nicht einfach alles in den Mund stecken."* Kinder lernen durch das ständige Beobachten ihrer Bezugspersonen, was essbar ist. Bei Saison-Gemüse wie

Spargel – der ja meistens im Jahr nur zwei, drei Mal auf den Tisch kommt – kann es da durchaus länger dauern, bis es schmeckt. Wichtig ist, einfach selbst weiterhin Gemüse zu essen und mit einer Selbstverständlichkeit auf den Tisch zu stellen. *„Genussvoll und echt vorleben, das ist das Wichtigste"*, meint sie. *„Natürlich ist es nicht lustig, wenn man aufwendig kocht und die Kinder wollen ein Butterbrot."* Dennoch, man sollte es gelassen nehmen und den Kindern nicht sagen: *„Iss mehr Gemüse, weil das ist so gesund."*

Je mehr und je öfter man unterschiedliche Gemüse auf den Tisch bringt, umso selbstverständlicher greifen Kinder zu. Oder auch nicht. Denn jede/r hat einen eigenen Geschmack, und man darf es auch Kindern zugestehen, dass sie zum Beispiel Auberginen nicht essen wollen. Rosemarie Zehetgruber meint, dass das Im-Alltag-viel-Gemüse-Essen für Kinder aber wichtig sei. Wir alle, nicht nur Kinder, lernen durch ständige Wiederholung. Wenn Kinder sehen, dass jeden Tag Salat am Tisch steht oder dass die Erwachsenen, die mit ihnen am Tisch sitzen, selbstverständlich Gemüse essen, lernen sie: „Das gehört zu uns, das gehört zu mir." Die Psychologie nennt das den Mere-Exposure-Effekt: Alleine durch die Wiederholung werden Dinge mit der Zeit vertraut und dadurch positiv beurteilt. Daher: Nicht den Fehler machen, die Dinge, die Kinder nicht essen wollen, nicht mehr zu kochen. Denn damit nimmt man ihnen auch die Chance, dass sie irgendwann einfach – vielleicht in einem unbeobachteten Moment – von selbst zugreifen. *„Vieles muss man öfters kosten, bis man es mag"*, meint dazu Rosemarie Zehetgruber, *„das geht uns allen so. Und wenn die Kinder das eine oder andere Gemüse nicht essen, geht die Welt auch nicht unter."* Wichtig ist auch, die Kinder beim Essen nicht krampfhaft zu beobachten, nach dem Motto „Isst er das jetzt oder doch nicht". Auch hier gilt für Kinder dasselbe wie für Erwachsene: Essen ist etwas Intimes. Niemand lässt sich beim Essen gerne in den Mund schauen und überwachen, welche und wie viele Bissen genau dorthin wandern. Und: Geschmäcker sind verschieden. Manche Menschen – Erwachsene wie Kinder – sind von Natur aus neugieriger, andere zurückhaltender. Vermutlich kann sich jeder an Phasen in der eigenen Essbiografie erinnern, in dem einen das eine oder andere Gemüse einfach nicht geschmeckt hat.

Der wöchentliche Ernte-Anteil wird abgeholt ...

... und die ersten Früchte werden gleich verspeist.

Nach dem achten Lebensjahr sind Kinder wieder offener, beobachtet Rosemarie Zehetgruber in ihrer Arbeit mit Kindern und Jugendlichen. Und sie lernen viel auswärts, orientieren sich an anderen Kindern. Häufig sind sie dann etwa in der Schule, im Hort oder zu Hause bei Freunden viel offener dafür, etwas Neues kennenzulernen, als zu Hause. Hier haben Gemeinschaftsgärten einen entscheidenden Vorteil gegenüber dem eigenen Hausgarten. Denn hier treffen Kinder auch auf andere Kinder. Oder sie sind mit dabei, wenn der wöchentliche Ernte-Anteil am CSA-Betrieb abgeholt wird. So sagt ein Ernte-Anteilsnehmer vom Hawaruhof: *„Meine Kinder essen jetzt mehr Gemüse, plötzlich macht es ihnen Spaß."*

Wo wird in Ihrem Garten der Paprika am besten wachsen?

Den Selbstversorger-Garten planen

Dieses Kapitel geht auf ein paar Planungsgrundlagen ein, die einen wichtigen Hinweis darauf geben, auf welche Faktoren zu achten ist. Einen Selbstversorger-Garten ganz neu anzulegen, ist nämlich eine Herausforderung und eine Planungsaufgabe. Gleichzeitig bietet sich auch die Möglichkeit, den Garten wirklich an den eigenen Möglichkeiten und Vorlieben auszurichten. Ideal ist es, beim Bau eines neuen Hauses auch gleich die Anlage des Gartens mitzuplanen. Leider ist das selten der Fall, da BaumeisterInnen und ArchitektInnen dafür nicht geschult sind. Da lohnt es sich, vor der Planung des neuen Heims selbst einige Nachforschungen und Überlegungen anzustellen: Selbstversorgung braucht auch andere Wohnhäuser **(→ siehe Ausstattung & Lagerung, Das Selbstversorger-Haus, Seite 255)** **als eine Versorgung durch Supermärkte.**

Auch wer einen bestehenden Garten in einen Nutzgarten umwandeln will, plant am besten vorab, bevor er Bäume pflanzt oder Hochbeete kauft. Es lohnt, sich von Menschen beraten zu lassen, die biologisch gärtnern können. Wer sein Gelände noch gar nicht kennt, geht es am besten zu verschiedenen Jahreszeiten ab und schaut, wo die windgeschütztesten Lagen und wo die sonnigsten sind. Ideal ist es, wenn man bereits ein Haus mit einem Obstgarten und Gemüsebeeten, die bereits seit vielen Jahren biologisch bewirtschaftet wurden, übernehmen kann.

Gut planen und dann wachsen lassen

Wenn man die richtigen Leute zum richtigen Zeitpunkt zu Rate zieht, kann man sich auch noch viele Jahre später Kosten und Aufwand sparen. Bei vielen HausbesitzerInnen haben GartenarchitektInnen keinen guten Ruf. Das ist schade. Denn vielerorts sind frisch gebackene HausbesitzerInnen mit der Anlage eines Gartens zunächst überfordert. Wird vor der Anlage eines Gartens noch ein Gartengestalter oder eine Gartenarchitektin, die auch Bescheid weiß, wie man einen Selbstversorger-Garten anlegt, zu Rate gezogen, kann dies auf längere Sicht kostengünstiger sein, also frisch drauf los zu gärtnern. Noch besser: Man zieht sie zu Rate, wenn das Haus geplant wird. Gute GartenarchitektInnen stellen die richtigen Fragen und schlagen schöne und alltagspraktische Lösungen vor. Bevor man einfach drauflospflanzt, braucht ein Garten ein Konzept, wie man ihn gestalten will. Fragen wie diese können hilfreich sein: Wo können überall essbare Pflanzen gesetzt werden? Wo soll es blühen? Und zu welcher Jahreszeit? Wo wollen wir ungestört sitzen? Wo soll Rasen oder Wiese wachsen? Haben wir genug Wasser, um den Rasen zu gießen oder verwenden wir das Wasser für die Gemüse- und Obstpflanzen? Wie können wir das Regenwasser auffangen und sammeln? Wo wollen wir schattenspendende Bäume? Wo legen wir am besten die Gemüsebeete an oder wollen wir doch lieber eines oder mehrere Hochbeete? Es ist nicht wichtig, dass man alles gleich umsetzt. Einen guten Plan kann man auch Stück für Stück verwirklichen. Doch sollte ein Garten so angelegt sein, dass Jahre später keine aufwändigen Rodungsaktionen notwendig sind. Oder gerade da, wo der beste sonnigste Platz für ein Gemüsebeet wäre, inzwischen der Fahrrad-Schuppen steht.

Hinweise zum Hausbau

In den letzten Jahren wird meistens auf Baustellen mit dem Mutterboden recht achtlos umgegangen. Das war nicht immer so. Noch in den 1960er Jahren, wo viele gemeinsam mit ihrem eigenen Haus auch ihren eigenen Nutzgarten angelegt haben, gab man den Mutterboden sorgsam auf die Seite und brachte ihn dann wieder auf (übrigens wurde sogar beim Bau der Westautobahn der Humus sorgfältig auf die Seite gelegt und dann auf den Straßenböschungen wieder aufgebracht). Auf den meisten Baustellen bietet sich ein anderes Bild: Oft wird bei der Errichtung eines Hauses der Mutterboden auf einen Haufen geschoben, der dann lange offen liegt, der Boden mit den schweren Maschinen verdichtet und dann wieder 10 cm Mutterboden darübergeschüttet. Auf solchen Böden kann man kein Gemüse anbauen. Daher: Wenn Sie ein neues Haus errichten, lassen Sie die obersten 20 cm des Bodens – manchmal sind es auch mehr – nicht vom Grundstück wegbringen, sondern auf einen Haufen aufschichten. Dieser darf dann nicht über längere Zeit offen liegen – denn dann keimen Unmengen von Unkräutern, deren Samen man dann über viele Jahre in der Erde hat. Begrünen sie den Haufen so rasch wie möglich mit einer Gründüngungsmischung. (→ siehe Ressourcen, Gründüngung, Seite 212) Je nachdem wie lange der Haufen liegt, eignen sich entweder einjährige abfrierende Pflanzen (Phazelia, Sonnenblume, Buchweizen) oder mehrjährige Mischungen aus Getreide und Leguminosen. Nachdem das Haus dann fertig gebaut ist, können Sie diese Erde wieder am Grundstück verteilen oder als Grundlage für einen Gemüsegarten verwenden. Der Garten darf in jedem Fall erst angelegt werden, wenn die letzte Baumaschine und der letzte Handwerker das Grundstück verlassen haben. Oft werden aus lauter (verständlicher) Vorfreude bereits die ersten Pflanzen gesetzt, bevor die Bauarbeiten beendet sind. Nur allzu oft werden die frisch gesetzten Bäume, Sträucher oder Stauden dann arg in Mitleidenschaft gezogen oder müssen neu gepflanzt werden. Gehen Sie davon aus, dass Bauarbeiter weder Zeit haben, auf die Pflanzen zu achten, noch erfahrene Gärtner sind.

Wie Sie mit Ihrem Boden während der Baustellen-Phase umgehen, ist die Basis für Ihren üppigen und ertragreichen Garten.

Das Haus als Rankfläche

Am Haus selbst können Bäume als Spaliere gezogen werden. Wählen Sie dafür allerdings nicht die Südseite des Hauses, hier sind die Bäume besonders spätfrostgefährdet – am besten ist die Ostseite eines Hauses geeignet. In Weinbauregionen und Obstbaulagen gedeiht

Ein oder zwei Weinstöcke können leicht am Haus gepflanzt werden.

Aprikosen können in vielen Lagen an der Ostseite eines Hauses als Spalier gezogen werden. Die Hausfarbe ist idealerweise weiß.

Unter einem Nussbaum wächst zwar kein Gemüse, dafür schafft er feine, schattige Sitzplätze.

Wein, den man dem Haus entlang oder auf einer Pergola ziehen kann. Auch Kiwis sind rasch wachsende Rankpflanzen, die eine Pergola beschatten können. Sie gedeihen dann prächtig, wenn sie gut mit Dünger versorgt werden und regelmäßig gegossen werden. Alle Spalierbäume, Wein und Kiwi müssen jährlich geschnitten werden. Wein, den man für Speisetrauben anbaut, braucht weniger Wärme als Weinstöcke, deren Trauben zu Wein verarbeitet werden. Setzen Sie robuste PIWI-Sorten, die relativ widerstandsfähig gegen Pilzkrankheiten sind und nicht gespritzt werden müssen und wählen Sie eine frühreife Sorte. Ein oder zwei Weinstöcke können leicht am Haus gepflanzt werden und tragen viele Trauben, die frisch gegessen oder zu Gelee und Saft verarbeitet werden können. Kiwis gedeihen besonders gut im Traufenbereich von Dachflächen. Besonders robust sind Mini-Kiwis (*Actinidia arguta*), die bis 800 m Höhe angebaut werden können und die bis -30 °C frostfest sind. Von einer Pflanze kann man zwischen 10–30 kg ernten, wenn sie gut befruchtet wurden (auch bei selbstfruchtbaren Sorten eine männliche Pflanze setzen).

Lebende Zäune – Nutzpflanzen als Abgrenzung

Vor allem an windexponierten Lagen ist es wichtig, Hecken als Windbremse zu pflanzen. Hecken verbessern das Kleinklima in einem Garten sehr. Sie halten kalte Winde ab und reduzieren die Verdunstung. Die Pflanzen transpirieren weniger Wasser über die Blätter und müssen weniger gegossen werden. Vor allem in der Hauptwindrichtung bremsen Sträucher den Wind. Da der kühlende Wind abgehalten wird, sind die Temperaturen innerhalb der Hecke um einige Grad höher – was besonders im Frühling und im Herbst wichtig ist, um die Gartensaison zu verlängern. Ein Richtwert ist, dass eine 1 m hohe Hecke 10 m Land schützt. Viele Hausgärten im verbauten Gebiet sind bereits gut vor austrocknenden Winden geschützt. In ausgesetzten Lagen ist die Anlage von Hecken besonders wichtig. Die alte Gartenbauliteratur gibt eine Wachstumssteigerung von 40–50 % an. Manche Kulturarten gedeihen nur, wenn man durch die Anlage von Hecken (oder auch wärmespeichernden Mauern) ein Kleinklima für sie schafft. Eine Hecke kann auch mehrere Gärten oder eine Siedlung gemeinsam einfassen. Eine niedere Beerenhecke

Lattenzaun, dahinter ein Rankgerüst für eine hochwachsende Brombeere.

Obststräucher können als essbare Hecke gepflanzt werden: hier Mispel und Kornelkirsche.

Kornelkirschen sind gute Heckenpflanzen, sie sind sehr gut schnittverträglich.

kann gegen das Nachbargrundstück, gegen die Straße oder einen Weg abgrenzen. Eine gut schnittverträgliche Nutzpflanze ist die Kornelkirsche. Auch Haselnuss kann als Heckenpflanze gesetzt werden, ebenso die Weiße Maulbeere und die Essbare Ölweide (→ siehe Tabelle). Gut in Form zu halten sind Hainbuchenhecken, die auch sehr schmal gezogen werden können. Auch viele nicht rankende Beerenarten eignen sich gut für schmale Beete entlang eines Zaunes. Ebenso die Mispel.

Einige gut schnittverträgliche Nutzpflanzen für Hecken

Kulturart	Standort	Hinweis
Weiße Maulbeere (*Morus alba*)	Sonnig bis schattig	sehr gut schnittverträglich (im zeitigen Frühjahr schneiden), junge Pflanzen brauchen Winterschutz
Essbare Ölweide (*Eleagnus* ssp.)	Sonnig bis halbschattig	Frostfest bis -23oC, mindestens zwei Pflanzen setzen
Haselnuss	sonnig bis halbschattig	Brauchen 2–2,5 m Platz, um sich gut zu entwickeln
Kornelkirsche (*Cornus mas*)	sonnig bis halbschattig	Im Trockengebiet nur, wenn bewässert werden kann.

Tabelle: Schnittverträgliche Hecken-Pflanzen

Zäune

Es gibt eine Fülle von verschiedenen Möglichkeiten, den eigenen Garten ein- und abzugrenzen. Während der Obstgarten nicht unbedingt eingezäunt sein muss, muss es ein Gemüsegarten jedenfalls sein – nicht nur, wenn man selbst Hühner hält. Entweder man umzäunt den ganzen Garten – wie weithin üblich. Oder nur den Gemüsegarten. Beides ist möglich. Zäune halten Hühner genauso ab, wie die Hunde der Nachbarn. Idealerweise sind sie so gestaltet, dass sie auch gleich als Rankgerüste genutzt werden können. Ein Zaun für einen Gemüsegarten ist mit 120 cm ausreichend hoch. Ein Gemüsegarten, der in der freien Feldflur liegt, muss zum Schutz vor Rehen und Fasanen höher eingezäunt sein. Manche Gärtnerin berichtet, dass Rehe auch noch ihren 180 cm hohen Zaun locker überspringen.

Der Zaun als Rankgerüst: Manche rankende Gemüsepflanzen (Kürbis, Stangenbohnen, Chayote) und Himbeeren und Brombeeren können Zäune gut als Rankgerüst nutzen. Unmittelbar hinter dem Gartenzaun kann auch ein separates höheres Rankgerüst für

Jeder Gemüsegarten braucht einen Zaun. Hier ein einfacher und kostengünstiger Staketenzaun.

Hier rankt eine Chayote am Maschendrahtzaun.

Temporäre Zäune lassen sich auch improvisieren: 3 Spanndrähte und geschnittene Äste.

Hier kann hinter der Hangbefestigungsmauer üppig Wilder Rucola geerntet werden. Er sät sich selbst aus.

Beeren errichtet werden. Setzt man Brombeeren zum Zaun, wählt man am besten stachellose, rankende Sorten (zum Beispiel ‚Jumbo'). An höheren Zäunen kann auch die Mini-Kiwi entlang gezogen werden. Dazu die Seitenäste den Zaun entlang ziehen (und nicht den Haupttast), da diese besonders gut Früchte ansetzen, wenn sie waagrecht gezogen werden.

Wo kann überall im Garten Gemüse wachsen?

Der wichtigste Platz, um im Garten Gemüse anzubauen sind die Gemüsebeete. Doch auch auf so manch anderen Stellen im Garten kann Gemüse gepflanzt werden. Ein Klassiker ist der Komposthaufen, der sich als guter Pflanzplatz – wenn der Kompost halbverrottet ist – für Kürbisse eignet. Dazu werden die Pflanzen allerdings nicht auf den Komposthaufen, sondern an den Fuß des Komposthaufens gesetzt. Kürbisse können auch entlang von Zäunen und Hecken gut wachsen. In verwachsenen Hecken ist es dann im Herbst häufig recht überraschend, wie viele Früchte von einer Pflanze geerntet werden können. Auch einzelnstehende Obstbäume oder Sträucher eignen sich, um in ihr Laubdach kleinfruchtige Kürbissorten wachsen zu lassen. In warmen Regionen sind dafür auch Chayote sehr gut geeignet.

Viele Gemüse und Kräuter suchen sich im Garten auch selbst die Plätze aus, an denen sie sich wohlfühlen, wenn man sie in Samen gehen lässt. Eine besonders anspruchslose Pflanze, die das ganze Gartenjahr hindurch regelmäßig beerntet werden kann, ist der Wilde Rucola, der sogar auf Schotterdecken oder felsigen Standorten wächst.

Gemüse wächst nur auf sonnigen Standorten ertragreich.

Von einem 60–100 m² großen Gemüsegarten erntet man genug für eine teilweise Selbstversorgung. Das Lagergemüse kann man zum Beispiel auch in einem Gemeinschaftsgarten anbauen.

Den Platz für den Gemüsegarten auswählen

Wer einen Gemüsegarten neu anlegt, sollte sich eingehend mit dem Grundstück auseinandersetzten. Gemüse mag keine (allzu) windigen Lagen. Staulagen allerdings auch nicht. Das richtige Maß macht es also aus. Kurz gesagt: Das Gemüse gedeiht in einer warmen, sonnenexponierten, aber windgeschützten Lage mit tiefgründigem Boden am besten. Der Spaten sollte leicht in den Boden eindringen können. Wenn Sie in einem bestehenden Garten den optimalen Platz fürs Gemüsebeet suchen: Gehen Sie die in Frage kommenden Stellen ab und graben Sie mit dem Spaten ein 20–30 cm tiefes Loch. Sie werden feststellen, dass der Boden nicht überall gleich ist. Dort, wo die Erde am dunkelsten ist, haben Sie die besten Voraussetzungen für Ihren neuen Gemüsegarten. Wenn Sie den Spaten nirgends gut in den Boden stechen können: Nicht verzagen: Sie können den Boden aufbereiten und Hügel- oder Hochbeete anlegen (→ siehe Seite 274).

Himmelsrichtung

Der Gemüsegarten braucht eine sonnige Lage. Wenn man die Wahl hat: Gemüse gedeiht dort am besten, wo bereits die Morgensonne hinkommt. Ein Gewächshaus (Kalthaus) muss auf jeden Fall besonnt sein, um die Sonne als natürliche Licht- und Wärmequelle nutzen zu können.

Wie groß soll der Gemüsegarten sein?

Wenn Sie pro Jahr für zwei Erwachsene und zwei Kinder so viel Gemüse ernten wollen, dass Sie sich zu 100 % aus diesem Garten versorgen können, müssen Sie ca. 600 Kilo Gemüse pro Jahr ernten. Dafür brauchen Sie eine Fläche von ca. 200 m². In den ersten Jahren – wenn die Bodenfruchtbarkeit noch nicht so hoch ist wie in einem langjährig bewirtschafteten Garten – werden Sie diese Mengen noch nicht ernten. In Hügel- und Hochbeeten können Sie auch größere Mengen ernten, dafür ist auch mehr Aufwand nötig – sowohl in der Anschaffung wie auch über die Jahre (Neubefüllung). Wenn Sie erstmals Gemüse anbauen: Fangen Sie kleiner an und sammeln Sie erste Erfahrungen. Dafür sind 40–50 m² schon ein guter Start, auch auf 20 m² Gemüsefläche oder einem Hochbeet kann man schon viel lernen und einiges frisches ernten. Wenn Sie sich rasch mit frischem Bio-Gemüse aus Ihrer Region versorgen möchten: Übernehmen Sie einen Ernte-Anteil in einer Solidarischen Landwirtschaft (CSA) oder schauen Sie, ob es eine Lebensmittelkooperative (Foodcoop) in Ihrer Nähe gibt. Vielleicht ist auch Ihre Nachbarin eine leidenschaftliche Gärtnerin, die gerne mit Ihnen Gemüse eintauscht.

Wo kann überall im Garten Obst wachsen?

Man muss nicht gleich einen neuen Obstgarten anlegen; der eine oder andere Obstbaum oder -strauch lässt sich in jedem Garten pflanzen. In etwas größeren Gärten hat vielleicht eine Haselnusshecke oder eine Hecke aus Kornelkirschen Platz. Diese eignet sich – wie auch das Winterobst Mispel – sehr gut als Sichtschutzhecke. Auch Himbeeren und einige Brombeersorten lassen sich hervorragend an Zäunen entlang ziehen. Dem Thema Obstgarten ist ein eigenes Kapitel gewidmet, in dem alle weiteren Details zur Standortwahl, Planung, Pflege etc. zu finden sind (→ siehe Obstanbau für die Selbstversorgung Seite 375).

Wo Obstbäume pflanzen?

Ein Baum würde unter Umständen einen Garten zu stark beschatten; wenn er aber so gestellt wird, dass sein Schatten den Weg oder den Kompost oder gar eine Laube deckt, dann hat er hier einen guten Platz. Viele Beeren und Rhabarber können unter Bäumen gut gedeihen (→ siehe Seite 385).

Kräuter im Garten

Tee- und Gewürzkräuter lassen sich auf vielen unterschiedlichen Standorten im Garten anbauen. Egal, ob Sie mediterrane Kräuter oder Minzen lieben. Die unterschiedlichsten Kräuter lassen sich schon auf kleinen Flächen ertragreich beernten (→ siehe Seite 420).

Im Schatten der einzelnen Hochstamm-Obstbäume gedeihen Himbeeren und Brombeeren oder auch Johannisbeeren. Für Gemüsebeete sind diese Flächen nicht geeignet.

*Viele Teekräuter sind auch wunderschöne Blumen. Hier die gut trockenheitsverträgliche Wilde Bergamotte (*Monarda fistulosa*).*

Gemüsebeete südseitig, Obstbäume im Norden pflanzen.

Beispiele für individuelle Selbstversorger-Gärten

Einen Nutzgarten kann man auf ganz unterschiedliche Weise anlegen. Je nach Größe des Gartens – der zur Verfügung stehenden Fläche – und je nach zeitlichen und/oder finanziellen Möglichkeiten kann die Anbaufläche für das Gemüse unterschiedlich groß und können Gärten ganz unterschiedlich gestaltet sein. Dieses Kapitel porträtiert sechs verschiedene Gärten oder Anbauflächen von erfahrenen Selbstversorgerinnen und Selbstversorgern, die zwei bis zehn Personen entweder nur im Sommer oder das ganze Jahr über mit Gemüse, Obst und Kräutern versorgen. Im Anschluss daran finden Sie ein historisches Beispiel für die Anlage eines produktiven Nutzgartens. Kein Garten gleicht dem anderen, genauso wie kein(e) GärtnerIn der/dem anderen. Einzelne Elemente aus diesen Gärten und Plänen können als Inspirationsquellen dienen und Möglichkeiten aufzeigen, die sich auch im eigenen Garten umsetzen lassen. Nie darf man einen anderen Garten aber 1:1 als Vorlage für den eigenen heranziehen. Dafür sind die Standortbedingungen jeweils zu individuell und unterschiedlich.

Anfang Juni wächst das Gemüse auf den Beeten üppig.

Dasselbe Beet Ende Oktober.

Gemüse aus Hoch- und Hügelbeeten

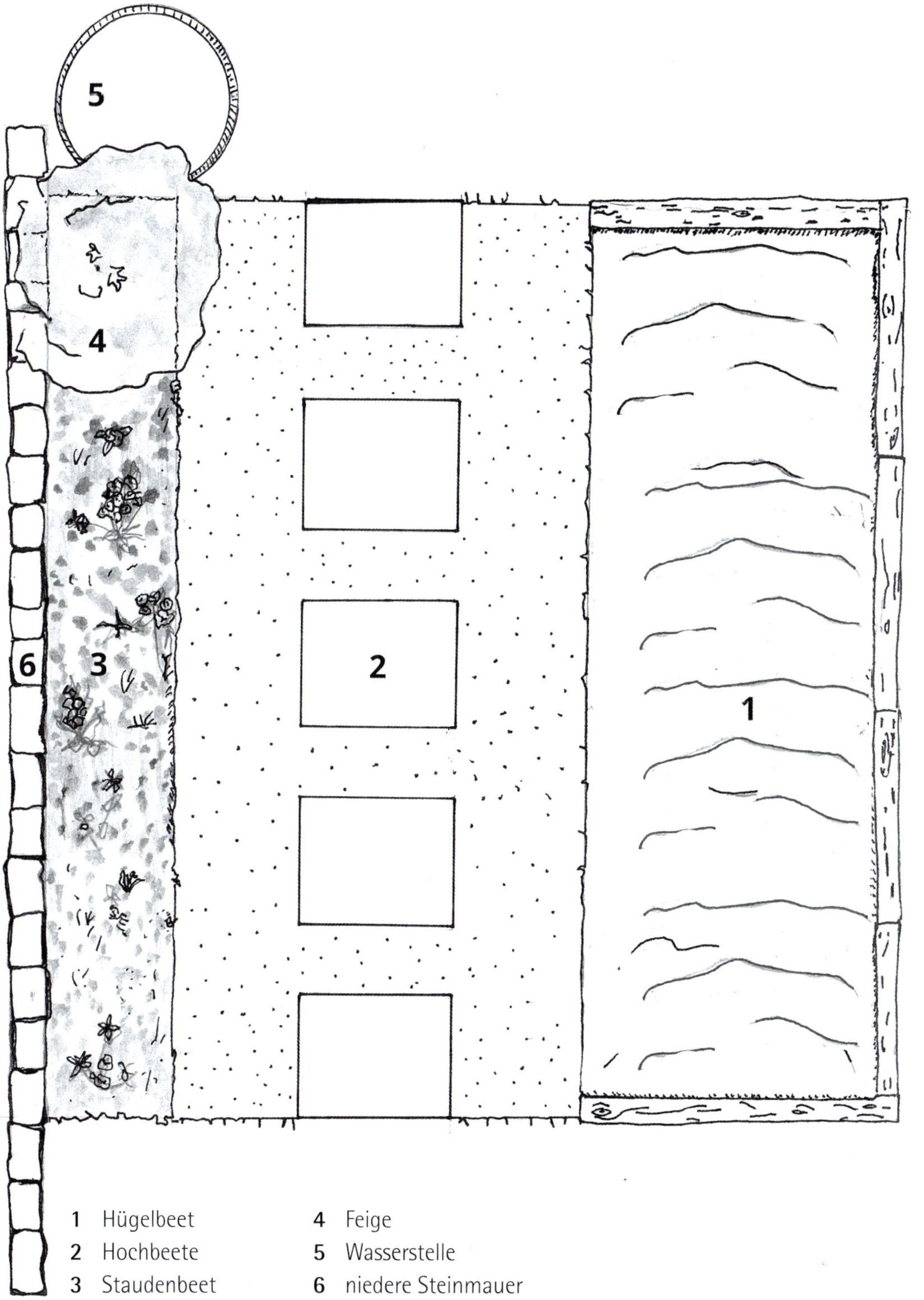

1 Hügelbeet
2 Hochbeete
3 Staudenbeet
4 Feige
5 Wasserstelle
6 niedere Steinmauer

Das Hügelbeet ist 7 m lang und 2,5 m breit. Hier und in den unterschiedlich hohen Hochbeeten wachsen von Anfang Mai bis in den Spätherbst hinein Gemüse und Kräuter. Das Hügelbeet ist mit einer Eisenschiene (links) und Lärchenholzpfosten (rechts) eingefasst, da das Gelände dahinter abfällt.

Den ca. 5.000 m² großen, verwilderten Garten haben die Gartenarchitektin Isabella Bayer und der gelernte Gärtner und Erlebnispädagoge Karl Lueger vor über 15 Jahren aus dem Dornröschenschlaf geholt und neu gestaltet. Im Rahmen von Veranstaltungen kann der private Schaugarten in Hartberg in der Oststeiermark auch besichtigt werden (www.bellabayer.at). Der Garten ist kein reiner Nutzgarten, sondern beherbergt eine Magnolien, Funkien- und Tagliliensammlung: *„Wir haben etwa die Hälfte des Gemüses und Obstes, das wir beide essen aus unserem eigenen Garten"*, erzählt Isabell Bayer, *„die andere Hälfte, vor allem das Wintergemüse, kaufen wir bei Bio-Bauern am Wochenmarkt in Hartberg ein. Das ergänzt sich gut. Hier bekommen wir feinstes, erntefrisches Gemüse. Außerdem haben wir keine geeigneten Räumlichkeiten für die Vorratshaltung und sind im Winterhalbjahr viel und gerne unterwegs."* Isabell Bayer weist auch darauf hin, dass die Versorgung mit Gemüse auch eine Frage des Preis-Leistungs-Verhältnisses sei. Bevor sie für die Einlagerung von Gemüse und Obst einen Erdkeller um die 10.000 Euro baue, kaufe sie lieber beim Bio-Bauern im Ort ein und fördere so die regionale Landwirtschaft. Das Gemüse, das sie selbst anbauen, wächst auf einem Hügelbeet (→ siehe Seite 276) und in fünf Hochbeeten. Für die Tomaten gibt es zusätzlich ein eigenes Tomatenhaus, konstruiert aus frischen Bambusstangen, die auch aus der eigenen Ernte stammen (→ siehe Tomatenhaus, Seite 329). Die gesamte Anbaufläche für das Gemüse ist ca. 60 m² groß. Die Hochbeete und das Hügelbeet werden alle 3–4 Jahre neu befüllt. An Schnittmaterialien fällt dafür im Garten genug an. Ein Teil der Ernte aus wird auch verarbeitet: Basilikum und Walnüsse zu Pesto; Mispeln, Quitten und Kornelkirschen zu Gelee. Außerdem gibt es eigenen Honig und Apfel-Quittensaft. Die Früchte des ‚Ilzer-Rosenapfels' lassen sie gemeinsam mit den Birnenquitten in einer Lohnpresserei der Nachbargemeinde entsaften. Isabell Bayer meint, dass das überhaupt eines der effizientesten Produkte aus ihrem Garten sei: Von 5 großen Bäumen ernten sie ca. 500 Kilo jährlich, was etwa 400 l Apfelsaft ergibt bei 10 Stunden Arbeit: Einsammeln der Äpfel, zur Presse führen und Mithelfen beim Abfüllen.

Die verschieden hohen Hochbeete können einfach zerlegt und neu befüllt werden.

Ein Mittagessen im März aus dem Garten: Basilikum-Walnuss-Pesto und frischer Feldsalat.

Im Garten wächst auch ein Bambus-Hain. Hier werden die Stangen für die Tomatenhäuser geerntet. *(→ siehe Seite 329)*

Die Pfosten des Staketenzauns sind ca. 2 Meter hoch und mit Spanndrähten verbunden. Hier wachsen Kiwis und Beeren.

Ein vielfältiger Nutzgarten

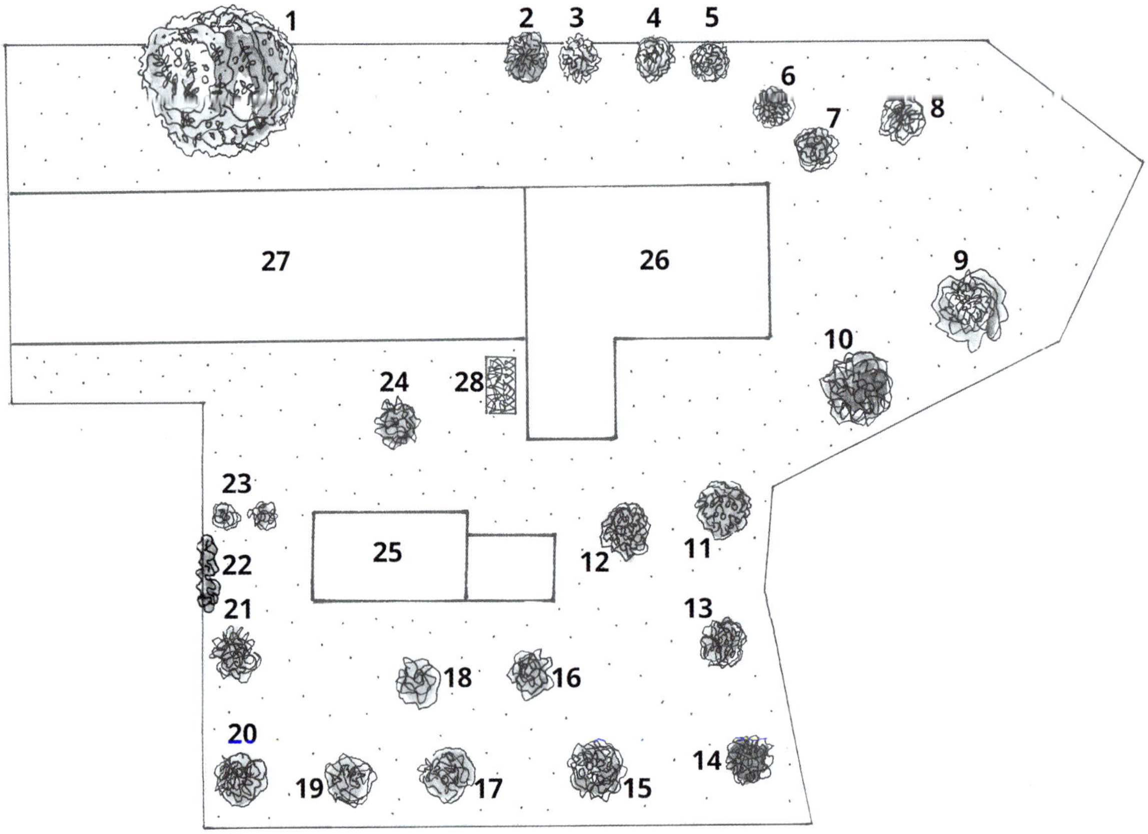

1 Walnussbaum
2 Mirabelle von Pillnitz
3 Quitte ‚Cydora Robusta' (Busch)
4 Apfel ‚Rote Sternrenette'
5 Apfel ‚Grüner Boskoop'
6 Wilde Zwetschge
7 Birne ‚Williams' (Halbstamm)
8 Birne ‚Großer Katzenkopf' (Halbstamm)
9 Birne ‚Carmen' (Halbstamm)
10 Apfel ‚Florina' (Busch)
11 Sauerkirsche ‚Morina' (Busch)
12 Apfel ‚Jonathan Watson'
13 Süßkirsche
14 Apfel ‚Winterglockenapfel'
15 Apfel ‚Jakob Fischer' und ‚Klarapfel'
16 Quitte ‚Rohköstler' (Busch)
17 Apfel ‚Brettacher' (Halbstamm)
18 Apfel ‚Goldrenette von Blenkheim'
19 Apfel ‚Sämling von Alkmene'
20 Haselnuss
21 Apfel ‚Piros' Busch
22 2 Brombeeren
23 2 Rote Johannisbeeren
24 Hauszwetschge
25 Gemüsebeete
26 Wohnhaus
27 Schuppen
28 Kompost

Die Gemüsebeete sind ca. 50 m², der ganze Garten 1.200 m² groß. Im Garten wachsen 20 Obstbäume, Beerenobst und Haselnusssträucher. Im Keller unter dem Schuppen können Kartoffeln und Äpfel für den Winter eingelagert werden.

Der Gemüsegarten versorgt zwei Personen und Freunde.

Vor fünf Jahren ist Uta Hill in Haus (ein ehemaliger Bauernhof mit Zimmerei) und Garten eingezogen. Sie ist voll berufstätig. Das Gemüse aus der eigenen Ernte reicht im Sommer für zwei Personen, von der üppigen Ernte einiger Gemüse werden Geschwister und FreundInnen mitversorgt. Das Grundstück liegt in Bayerisch Schwaben auf ca. 450 m Höhe in der Nähe der Donau. Spätfröste gibt es regelmäßig bis Ende Mai. Der Boden ist ein fruchtbarer ehemaliger Bachgrund. Der Gemüsegarten war bereits angelegt: Die Gemüsebeete sind das einstige Fundament eines Taubenstalles und eines Gewächshauses. Unten sind Betonbrocken als Drainage, oben drauf hatte der vorhergehende Gartenbesitzer sehr gute, aber schwere Gartenerde aufgebracht, die laufend mit Kompost, gehäckseltem Laub, Stroh, Pferdemistkompost aufgebessert und gelockert wird. Da die Gemüsebeete sehr stark mit Ackerwinde verunkrautet waren, wird mit einer Mulchfolie gearbeitet. Gärtnern hat sie nicht neu gelernt, sondern *„war irgendwie immer schon in der Familie meiner Mutter üblich"*, erzählt Uta Hill: *„...mit Schrebergarten, Bahn-Garten (mein Ur-Ur-Opa war Lokführer). Zur Selbstversorgung haben sie nach dem Krieg kleine Ecken zugeteilt bekommen. Auch meine Eltern haben, als sie neu gebaut haben, einen Gemüsegarten angelegt."* Die alten Obstbäume hat sie von einem Pomologen bestimmen lassen, viele Sorten hat sie neu gepflanzt. In einem guten Obstjahr erntet sie bis zu 750 kg Äpfel, die zum Teil zu Saft verpresst und zum Teil in – mit Zeitung ausgelegten Euro-Kunststoffgitterboxen im Keller unter dem Stadel gelagert werden. Der Walnussbaum trägt jährlich einige Körbe mit Nüssen.

Ein Nutzgarten in einer Siedler-Siedlung

1 Wohnhaus
2 Waschküche, Lagerräume
3 Walnussbaum (Hochstamm)
4 Apfel ‚Riesenboiken' (Halbstamm)
5 Apfel ‚Ontario'
6 verschiedene Johannisbeeren & Jostabeeren
7 Apfel Berlepsch
8 Apfel Boskoop
9 Kirsche (Hochstamm)
10 Pfirsich ‚Kernechter vom Vorgebirge'
11 Klarapfel (Busch)
12 Birne ‚Gräfin von Paris' (Halbstamm)
13 Wildkirsche
14 Quitte ‚Bereczki'
15 Apfel ‚Topaz' und ‚Rheinische Schafnase' (Busch)
16 Holunder
17 Birne Hochstamm N.N.
18 Birne Halbstamm N.N.
19 Hühnerauslauf
20 Apfel ‚Ontario' (Busch)
21 Zwetschge
22 Birne (Halbstamm) N.N.
23 Apfel (Halbstamm), N.N.
24 Rhabarber
25 Gemüsebeete
26 Glashäuser
27 verschiedene Stachelbeeren
28 Sommer- und Herbsthimbeeren
29 Brombeeren
30 Kornelkirsche ‚Schönbrunner Gourmetdirndel'
31 Tisch für die Anzucht und zum Pikieren
32 Erdbeeren
33 Wilde Kirsche
34 Haselnuss-Busch
35 Kompostplatz
36 Holunder
37 Heidelbeeren
38 Hecke (Flieder & Kirschlorbeer)
39 Holunder

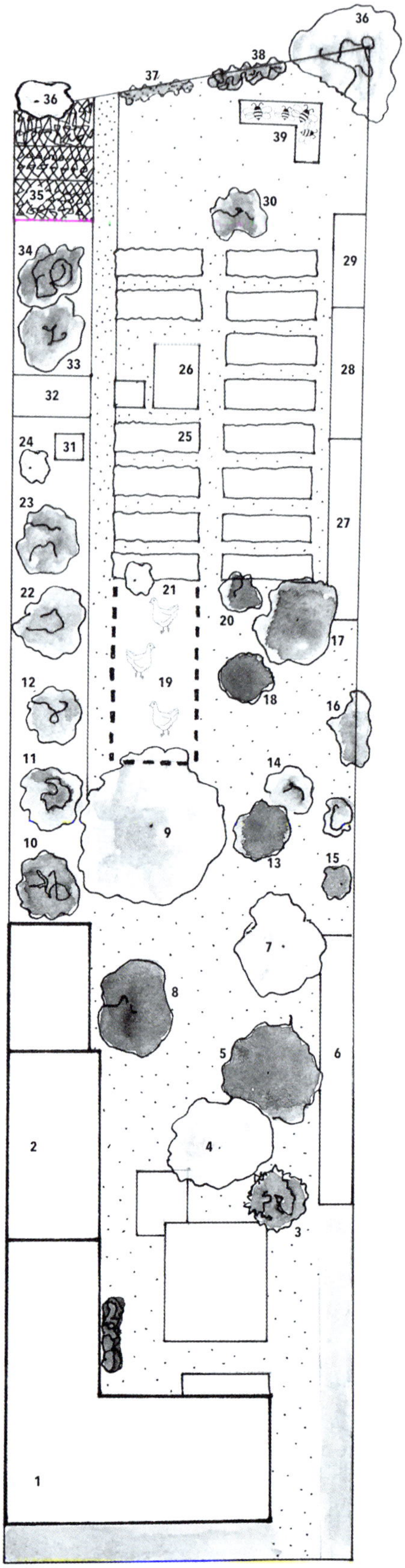

Der intensiv genutzte Selbstversorger-Garten ist ca. 1.400 m² groß (77 m lang und 18 m breit). Neben und unter den vielen Nutzbäumen wachsen Rosen und andere Blumen.

Andrea Kölzer und Matthias Kurowski leben seit 25 Jahren in der Erlenfeldsiedlung in Kassel. Die Siedlung wurde in den 1930er Jahren angelegt. Die Grundstruktur des Gartens ist noch jene, die der Leiter des Kasseler Stadtgartenamtes Rudolf Stier entwickelt hatte. „Die dort wohnhaften Familien sollten in die Lage versetzt werden, ihren Eigenbedarf an Obst und Gemüse zu erwirtschaften, aber nicht als ErwerbsgärtnerInnen für den Markt produzieren, schreibt Andrea Kölzer, die sich in ihrer Dissertation mit der Siedlung auseinandergesetzt hat. Daneben sollte die Kleintierhaltung auf der Parzelle möglich sein (Hühner, Gänse, Enten, Kaninchen, Ziegen, Schafe und Schweine), somit auch der Futteranbau, der auf Zupachtland geplant war. Er entwickelte ein Grundmuster für die Gartenplanung und die Bepflanzung: Schnur- und Spindelbüsche und Beerensträucher grenzen die Parzellen gegeneinander ab, der Kleinvieh-Stall und der Hühnerauslauf grenzen gleich an das Wohnhaus. Der Großteil der Gartenfläche sollte der intensiven gärtnerischen Nutzung dienen: Obst-, Gemüse- und Kartoffelanbau. Im Gartenplan ebenso vorgesehen waren Plätze für Mist und Kompost, sowie Mistkästen, die die Erntezeit verlängern. Als Andrea Kölzer und Matthias Kurowski den Garten übernahmen, waren nicht mehr so viele Beete angelegt, Jahr für Jahr haben sie Beete umgegraben und auch wieder Hühner eingeführt. Der Gluckenstall war zuvor eine Hundehütte und der Hühnerauslauf ein Hundezwinger. „*Wir leben zu zweit und haben, bis auf Kartoffeln, einiges Wurzelgemüse und Zwiebeln, alles Gemüse, Obst und Honig selbst*", erzählt die Gärtnerin und Freiraumplanerin Andrea Kölzer. Einige Obstbäume stammen noch aus der Gründerzeit des Gartens, die meisten der Obstbäume und Sträucher haben sie gepflanzt. Auf ca. 180 m² wird Gemüse angebaut. Die Beete werden in einer ausgeklügelten Fruchtfolge bepflanzt. (→ siehe Gemüse anbauen, Fruchtfolge, Seite 285).

Grünkohl-Ernte Mitte Dezember.

Kürbisse sind unterschiedlich lange lagerfähig. *(→ Tabelle Seite 335)*

Auch der Mangold kann noch beerntet werden. Das Beet geht mit einer Mulchschicht aus Laub durch den Winter.

Der Keller ist trocken genug, um hier Einmachgläser und Kürbisse zu lagern.

Ein Bauernhof, der zum Selbstversorgerhof wurde

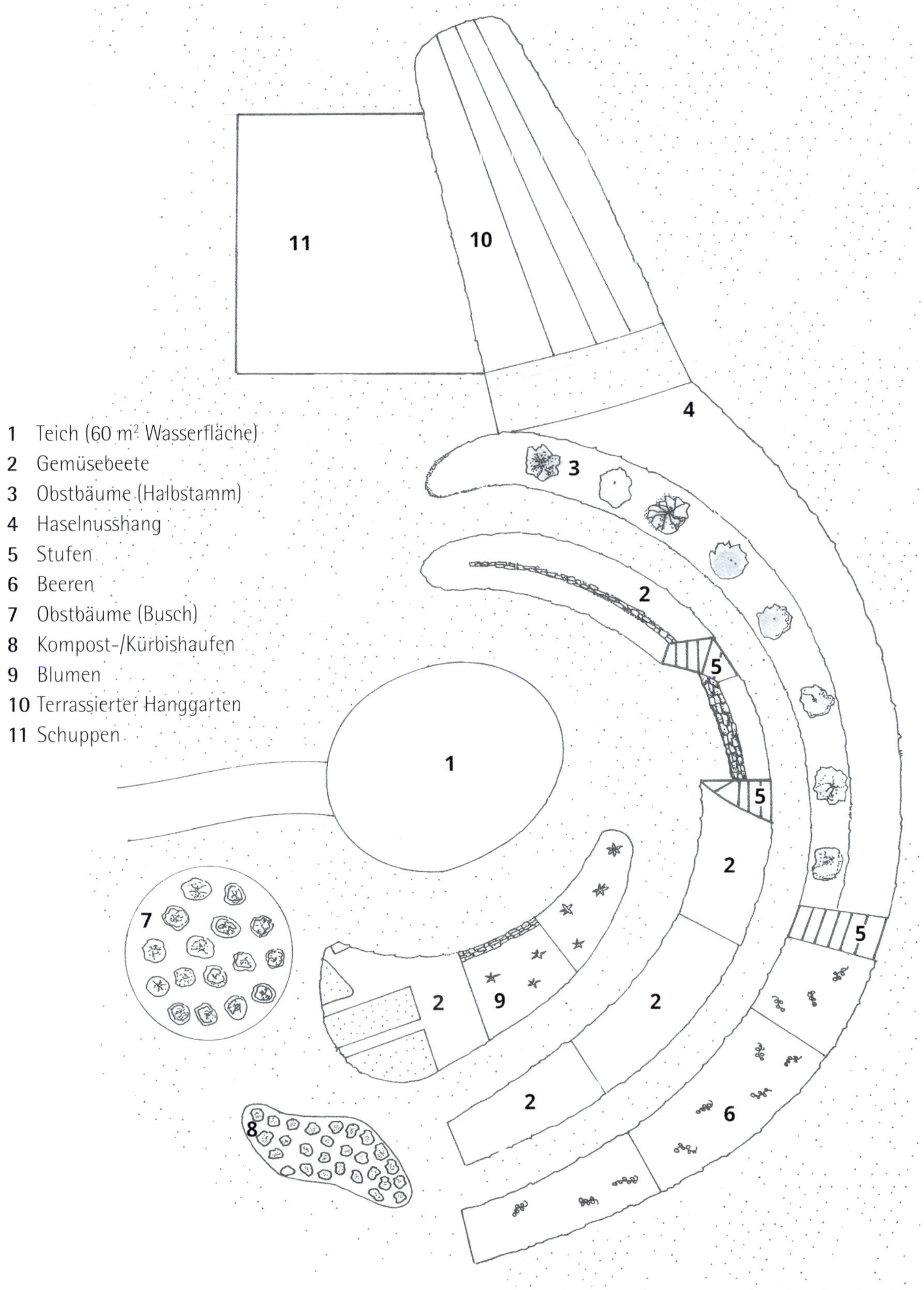

Gemüse wächst in der „Sonnenfalle“ und im terrassierten Hanggarten. Die „Sonnenfalle“ ist eine windgeschützte Anlage mit einem Durchmesser von 35 m. Die ca. 60 m² große Teichfläche reflektiert und bündelt das Sonnenlicht.

Lisa Hartmann und Willi Ederle gestalten einen ehemaligen Viehbetrieb in ein Mehr-Generationen-Wohnprojekt um. Ziel ist, dass sich die Menschen, die dann auf dem Hof wohnen werden, mit Gemüse und Obst übers Jahr selbst versorgen können. Der Hof liegt im Allgäu auf 740 m ü. NN. Die Gemüseanbauflächen sind bereits auf eine größere Gemeinschaft ausgerichtet und werden seit 2017 gemeinsam mit anderen Menschen, die sich dafür auch mitversorgen können, bebaut. Das ehemalige Hochsilo (im Stallgebäude) hat sich als Winterlager für Obst bewährt. Willi Ederle hat in den letzten Jahren gute Erfahrungen mit der Überwinterung von Karotten im Freiland (unter einem dicken Vlies) gemacht. Die neu ausgepflanzte Streuobstwiese – und die am Spalier gepflanzten Birnbäume – tragen zwar noch nicht, doch kann Obst aus der Verwandtschaft eingelagert werden. Da die Lage sehr windig ist, haben die beiden eine "Sonnenfalle" angelegt. In die Beete wurde auch die Humusschicht eingearbeitet, die bei der Errichtung des vor 15 Jahren erbauten Mutterkuhstalles angefallen ist. Der Großteil des Gemüses wächst hier. Insgesamt wächst Gemüse auf ca. 360 m^2. Auch ein neu angelegter Hausgarten und weitere Anbauflächen werden bebaut (Kürbisse und Melonen am Kompost, Tomaten in einem Erdgraben unter dem nach Süden ausgerichteten Dachvorsprung des Stallgebäudes und weiteres Gemüse in einem terrassierten Hanggarten). Zurzeit könnten sie mindestens 4 Personen über das ganze Jahr mit Gemüse, Kartoffeln und Kräutern versorgen.

Diese Karotten haben den Winter im Freien überstanden.

Geschützt unter Minitunnels (aus Weidenstangen und einem 60 g starken Vlies) ...

Gemüse-Lagerversuche im ehemaligen Kuhstall.

... und einer lang anhaltenden Schneedecke.

Ein Selbstversorgungsfeld im Moor

1 Geschlagener Brunnen
2 Obstflächen mit Edelkastanie, Nussbaum, Sauer- und Süßkirschen, Früh- und Lageräpfeln, Hauszwetschgen, Kriechen-Pflaumen (Kriecherl) und Pflaumen, Birnen, Quitten und Aprikosen
3 Beerenflächen mit Himbeeren, Brombeeren, Heidelbeeren, Aronie, Johannisbeeren und Stachelbeeren
4 Anbauflächen für Gemüse und Kartoffel (jährlicher Wechsel)
5 Rhabarber
6 Dauerkulturen Erdbeeren und Spargel
7 erhöhtes Land für Gemüse und Kräuter, die Nässe nicht gut vertragen
8 Schuppen
9 Kompost mit Kürbis
10 Fliederhecke
11 Folientunnel
12 Gemüse-Dauer-Kulturen
13 Wein und Maulbeere
14 Hütte mit Sitzbank
15 Haselnüsse
16 Entwässerungsgraben
17 Weg

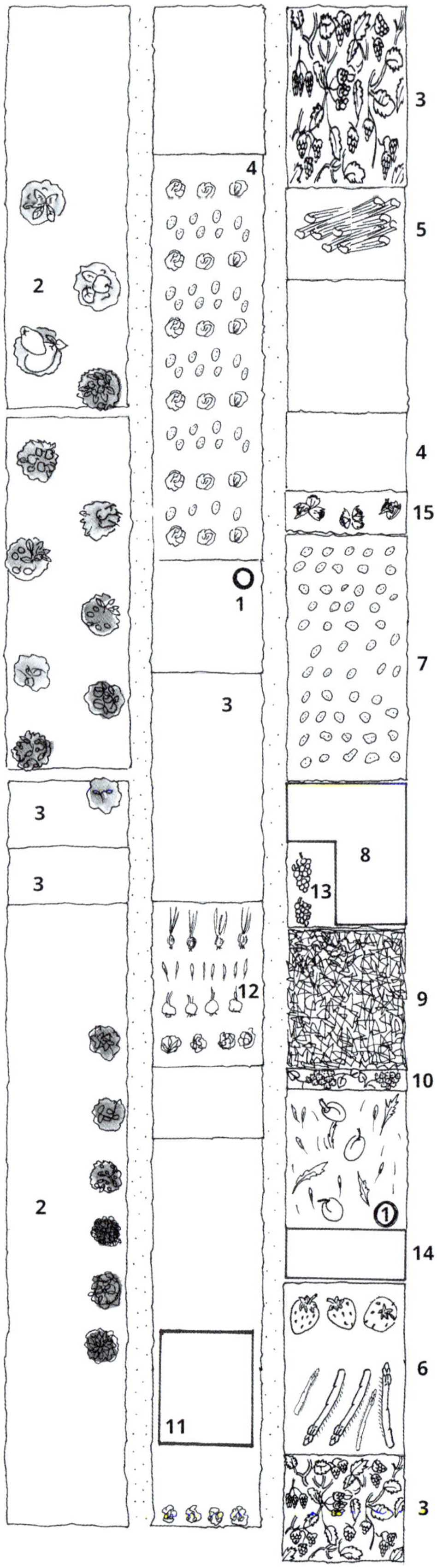

Das 110 m lange und fast 30 m breite Stück Land liegt im Moor und ist von einem Entwässerungsgraben durchzogen.

Traude Banek bewirtschaftet gemeinsam mit ihrem Mann 2.500 m^2 Eigenland, davon etwa 1/3 Streuobstwiese mit 25 Obstbäumen und 1/3 Gemüseland, aufgeteilt in zehn verschieden große Beete, in denen rund 200 verschiedene Gemüse- und Kartoffelsorten wachsen. Das letzte Drittel sind Beerensträucher, Rhabarber, Erdbeeren, winterharte Kräuter, Wege, Rangierflächen und Unterstellmöglichkeiten. Das 110 m lange und fast 30 m breite Grundstück wird von drei Entwässerungsgräben durchzogen und ist mit einem 1,80 m hohen Zaun begrenzt. Als Windbremse sind immer wieder Sträucher gepflanzt: Haselnuss und Flieder. Das Land liegt 15 Fahrminuten von der Wohnung entfernt, eine Tierhaltung ist daher nicht möglich. Und: Die Anfahrt muss sich lohnen, meint Traude Banek: "*Mal eine kurze Regenpause zu nutzen, ist nicht möglich und wenn wir auf dem Land von einem Regenguss überrascht werden gibt es nur eines – weiterarbeiten.*" Außerdem müssen alle Arbeitsgeräte erst ausgeräumt und nach der Arbeit wieder weggeschlossen werden. Diese Entfernung ist für Traude Banek der größte Nachteil an ihrem Land. In Summe fällt dadurch eine Stunde "Rüstzeit" pro Tag an. *Traude Banek: "Wir sind absolute Selbstversorger bei Obst und Gemüse – mit einer einzigen Ausnahme: Speisezwiebel. Ich habe mir damit viel Mühe gegeben, vieles ausprobiert und musste am Ende einsehen, dass Zwiebel und Moorboden einfach nicht zusammenpassen. Aber damit muss sich wohl jeder Gemüsegärtner abfinden, dass irgendeine Kulturart mit den gebotenen Bedingungen einfach nicht zurechtkommt. Unser Land hat genau die richtige Größe, um uns das ganze Jahr über zu versorgen. Wir sind zwar nur zwei Personen, aber die ganze Familie, alle Freunde und Nachbarn wissen, dass wir Obst und Gemüse ohne Spritzmittel haben und erwarten ganz selbstverständlich, dass für sie auch einiges abfällt."*

Im Frühling werden die Gemüsebeete mit einer Agria-Fräse gefräst.

Gemüse wächst geschützt unter einem Kulturschutznetz.

Als Schutz vor Rehen und Fasanen sind die Gemüsebeete nochmals eingezäunt.

Reiche Ernte im September.

Gemüsebeete und Obstbäume, dazwischen ein Entwässerungsgraben.

900 m² Gemüse zur Vermehrung und zur Selbstversorgung

1 Kompost
2 Garten-Gerätehaus
3 Feigenbaum
4 Blumen
5 Frühbeet für Melonen
6 Spargel
7 Beete, 120 cm breit (mit Holzbrettern unterteilt)
8 Torbogen-Spalier
9 Spalier
10 Randbeete für mehrjährige Gemüse und Kräuter
11 Hang-Beete mit 40 cm hohen Brettern gestützt
12 Erdbeeren
13 Frühbeet für Jungpflanzen
14 Wasseranschluss

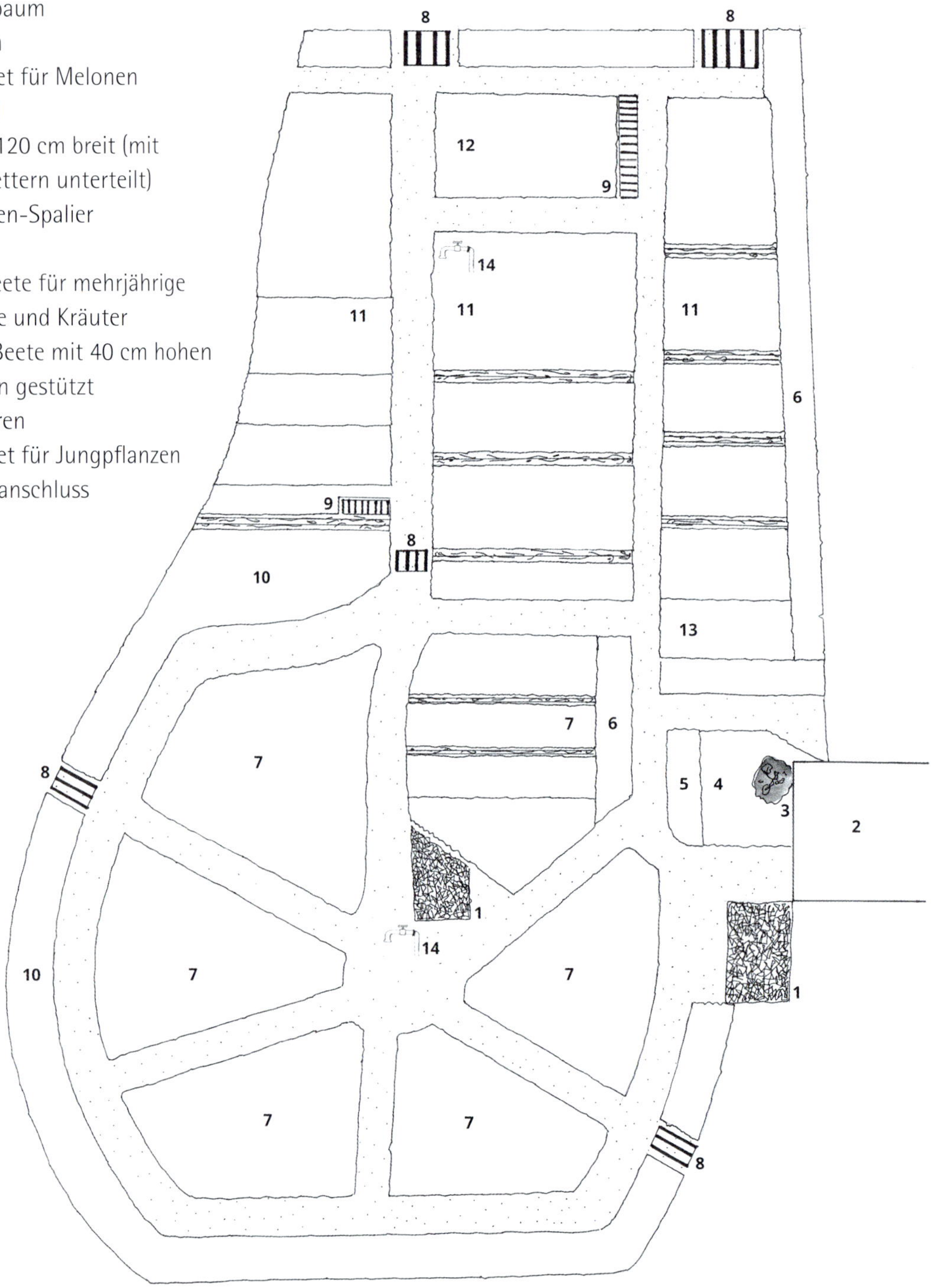

Der 450 m² große Gemüsegarten liegt mitten im Garten und ist eingezäunt.

Der Garten von Irmie Scheidl liegt in der Oststeiermark. Hier wächst viel mehr Gemüse, als Irmie und die Familien ihrer Kinder essen können. Denn von den meisten Gemüsen erntet Irmie Scheidl Saatgut von Arche-Noah-Sorten. Damit die guten Eigenschaften der Sorten erhalten oder sogar verbessert werden können, ist es notwendig, größere Bestände der Sorten anzubauen. Der fast 1 Hektar (ha) große Garten ist als großer Schaugarten gestaltet: Viele Schulklassen, aber auch BäuerInnengruppen besuchen ab Mitte Mai den Garten (www.naturgarten-scheidl.at). Irmgard Scheidl kultiviert Gemüse auf 900 m² Anbaufläche. Die Hälfte ist ein Gemüseacker, die andere Hälfte der Gemüsegärten. Dieser ist eingezäunt, damit Hühner und Enten nicht in den Gemüsegarten gelangen können. Sie dürfen im Gelände außerhalb frei herumlaufen und verhindern, dass Schnecken von den umliegenden Flächen in den Gemüsegarten einwandern. Obst ist über die ganze Fläche verteilt, 40 alte Apfelbäume und 30 neu gepflanzte werden beerntet, das Obst zu Saft verpresst und im neu errichteten Erdkeller eingelagert. Die beiden Gemüsegärten sind Hanggärten. Damit die Erde in den Beeten bleibt, sind die einzelnen Beete mit kleinen Brettern voneinander abgegrenzt, sodass sich eine flache Terrassierung ergibt. An den Eingängen zum Garten stehen fixe Spaliere (→ siehe Seite 243), die abwechselnd mit Bohnen, Kürbissen oder anderem rankenden Gemüse bepflanzt werden.

Im Garten wachsen auch viele Samenträger und Blumen.

Die Gemüsebeete liegen im geneigten Gelände und werden mit 40 cm hohen Brettern voneinander abgegrenzt, damit die Erde nicht abgeschwemmt werden kann.

Die Wege sind mit Rindenhäcksel bestreut und 120 cm breit – so kann man auch mit einer Schubkarre gut fahren.

Historischer Selbstversorger-Garten

1 Wohnhaus
2 Hühnerauslauf
3 Süßkirsche (Hochstamm)
4 Wirtschaftshof
5 Wasch- und Futterküche und Stall für 1 Schwein, 1 Ziege und Hühner
6 Kompostplatz
7 Apfel (Hochstamm)
8 Hecke
9 Birne (Halbstamm)
10 Rasen
11 Blumenbeet
12 Apfel (Hochstamm)
13 Hainbuchenhecke
14 Sauerkirsche (Hochstamm)
15 Beerenobst
16 Obstbäume (Spindeln)
17 Anzuchtbeete
18 Gewürzkräuter
19 Erdbeeren und Tomaten
20 Himbeerhecke
21 Beet: Wurzelgemüse, Erbsen und Bohnen
22 Beet: Kohl, Salat u. a.
23 Beet: Futterpflanzen
24 Beet: Frühkartoffeln
25 Renekloden (Hochstamm)
26 Pflaumen (Hochstamm)
27 Beerenobst
28 Haselnusshecke

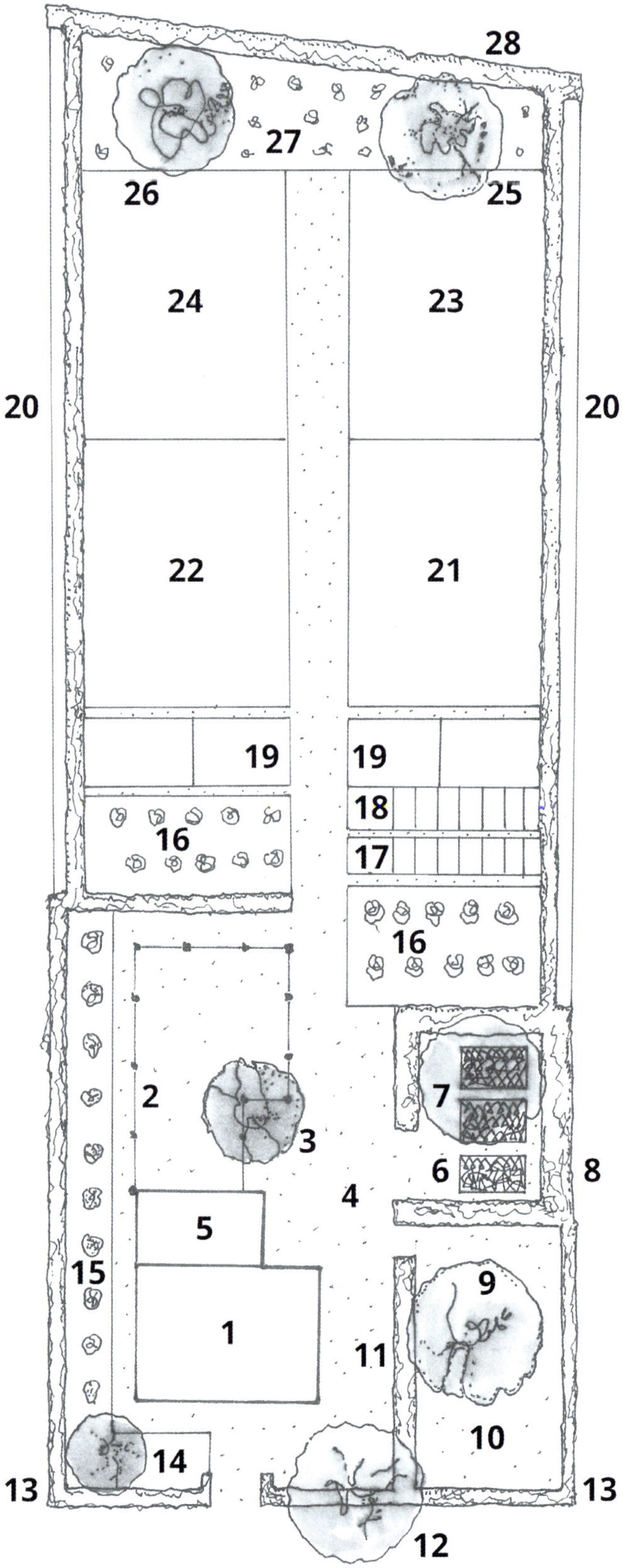

Ein „Gartenwirtschaftsplan" aus dem Jahr 1932.

Die Kleingartenbewegung fand in den Zwischenkriegsjahren einen bislang unerreichten Höhepunkt. Sowohl was ihre flächen- und mitgliedermäßige Ausdehnung betrifft als auch die Erntemengen. Das umfassende Erfahrungs- und Planungswissen, das in dieser Zeit entstand, sowie die hervorragenden Organisationsstrukturen der Kleingartenbewegung, wurden nach der Machtergreifung der Nationalsozialisten politisch und auch in deren Publikationen vereinnahmt und unter staatliche Kontrolle gebracht. Die Gartenpläne und die dazugehörigen Tabellen und Zahlen spiegeln heute noch auf anschauliche Weise den hohen kleingärtnerischen Kompetenzstand aus der ersten Hälfte des 20. Jahrhunderts wieder.

Der Gartenwirtschaftsplan aus dem Jahr 1932 zeigt, wie ein 20 m breites und ca. 60 m langes Grundstück so genutzt werden kann, um eine fünfköpfige Familie mit Gemüse, Frühkartoffeln, Obst und Eiern zu versorgen – und auch noch einen Teil des Futters für ein Schwein und eine Ziege anzubauen. Die Fläche ist im vorderen Teil eingerahmt von einer Hainbuchenhecke – die durch Schnitt gut in Form gehalten werden kann – und im hinteren Teil von einer Himbeerhecke. Die genaue Aufteilung der Flächen zeigt die nebenstehende Tabelle. Auch die genaue Anzahl der benötigten Pflanzen wurde im Buch, dem der Plan entnommen ist („Anlage und Technik des Kleingartens"), zusammengestellt. Die Kosten für diese Pflanzen wären gegenwärtig rund 5.500 Euro. Genaue Aufstellungen sagen auch, was man auf dieser Fläche an Gemüse und Obst (im vollertragsfähigen Alter der Bäume) ernten kann. Gedüngt wird in erster Linier mit selbst hergestelltem Kompost (der aus dem anfallenden Stalldünger, den Haus- und Gartenabfällen und dem Inhalt des Torfstreuklosetts hergestellt wird). Die Gemüsebeete sind in Reihenkultur bepflanzt, jedes Beet wird mit einer Vorfrucht, einer Hauptfrucht und einer Nachfrucht bepflanzt. Pflücksalat und ein Teil Kopfsalat ist als Hühnerfutter bestimmt (→ siehe die jeweiligen Tabellen).

Die Flächenverteilung

Bezeichnung	Fläche (1.184 m²)
Haus und Stallgebäude	70 m²
Hofflächen	97 m²
Hühnerauslauf	64 m²
Kompostplatz	36 m²
Wege	84 m²
Vorgarten – Pflanzfläche und Sitzplatz	45 m²
Gemüseanbauflächen	202 m²
Kartoffeln	132 m²
Futterpflanzen	92 m²
Heckenpflanzen	34 m²
Obst	328 m²

Tabelle: Flächenaufteilung im Selbstversorger-Garten aus dem Jahr 1932

Erforderliches Pflanzenmaterial und Samenbedarf

Anzahl	Art
2	Apfel (Hochstamm)
1	Zwetschgen (Hochstamm)
1	Süßkirsche (Hochstamm)
1	Renekloden (Hochstamm)
1	Sauerkirsche (Hochstamm)
11	Birnen (Spindeln)
10	Apfel (Spindeln)
13	Stachelbeer-Büsche
21	Johannisbeer-Büsche
78	Himbeeren
18	Haselnuss
490	Weißbuchen (Jungpflanzen)
2	Brombeeren
560	Erdbeeren
10	Rhabarber
13	Decksträucher in Sorten
	Stauden und Rosen u. a.
	Gemüsepflanzen und Samen
190,33 Reichsmark (heutiger Wert ca. 1.300,– Euro)	Gesamtkosten ohne Arbeitsgeräte, Düngemittel etc.

Tabelle: Erforderliches Pflanzenmaterial und Samenbedarf

Zusammenfassung des Gemüseertrages

Gemüsesorte	Anbaufläche m²	Erntezeit	Erntemenge von 10 m²	
			in kg	in Stückzahl
Rübstiel	24	Mai	20	
Früher Blumenkohl	12	Juli		54 Köpfe
Speiseblätterkohl	18	November	13	
Früher Kopfsalat	6,5	Juni		160 Köpfe
Kopfsalat	9	Juni		160 Köpfe
Kopfsalat	6,5	August		160 Köpfe
Kopfsalat	2,5	Mai		160 Köpfe
Kopfsalat	14	Oktober		160 Köpfe
Eissalat	7	April		160 Köpfe
Pflücksalat	50	Mai	10	
Herbstrüben	11,5	November	40	
Radieschen und Pflücksalat	2	Mai		500 Stück
Pflücksalat	7	Mai	10	
Radieschen und Pflücksalat und Sommerrettich	2,6	Juni		500 Stück
Radieschen und Pflücksalat	2,5	Oktober		500 Stück
Spinat	32,5	April	16	
Spinat	43,5	Oktober	16	
Frühkohlrabi	4,5	Juni		140 Stück
Spätkohl	6,5	Oktober	70	
Frühkohl	22,5	September	40	
Sellerie	8	September		80 Stück
Lauch	3,5	Oktober		190 Stück
Frühkarotten	8,5	Juni	24	
Karotten	6,5	Oktober	24	
Petersilie	2,5	November		
Freilandgurken	2,5	August	23	
Steckzwiebeln	9,5	September	25	
Früherbsen	5	Juni	8	
Erbsen	12	Juli	8	
Spätwirsing	2,50	November	40	
Mairüben	4,5	Mai	40	
Buschbohnen	4,5	Juli	13	
Buschbohnen	14,5	August	13	
Buschbohnen	7	September	13	
Feldsalat	4,5	Oktober	12	
Endiviensalat	33	November		100 Köpfe
Spätkartoffeln	50	Oktober	20	
Frühkartoffeln	60	Juli	20	
Feldsalat	27,5	Winter bis Frühjahr	12	
Winterrettich	8,5	Oktober	30	

Gemüsesorte	Anbaufläche m^2	Erntezeit	Erntemenge von 10 m^2	
			in kg	in Stückzahl
Schwarzwurzeln	4,5	November	18	
Rote Rüben	4,5	September	50	
Rotkohl	2,5	Oktober	70	
Futtermöhren	21,5	September	40	
Rosenkohl	16	Dezember	6	
Tomaten	7	Aug. - Okt.	15	

Tabelle: Zusammenfassung des Gemüseertrags

Ertrag der Obstpflanzungen

Anzahl	Art	kg
1	Apfel (Hochstamm)	30
1	Zwetschge (Hochstamm)	20
1	Süßkirsche (Hochstamm)	30
1	Reneklode (Busch)	10
1	Sauerkirsche (Busch)	10
11	Birnen (Spindeln)	38
10	Äpfel (Spindeln)	35
13	Stachelbeer-Büsche	45
21	Johannisbeer-Büsche	73
78	Himbeeren	19
18	Haselnuss-Büsche	31
2	Brombeeren	5
560	Erdbeeren	56

Tabelle: Ertrag der Obstpflanzungen

Quelle: Anlage und Technik des Kleingartens, Planung – Wirtschaftlichkeit – Geräte – Bewässerung. Autorenkollektiv. Deutsches Verlagshaus Bong & Co., Berlin 1932.

Kleingarten

Kleingärten könnten intensiv als Selbstversorger-Gärten genutzt werden. Vielerorts werden sie das auch. Wer allerdings heutzutage zum Beispiel durch eine der Wiener Kleingartenanlagen wandert, kann diesen ursprünglichen Zweck solcher seit über 200 Jahren existierenden Anlagen kaum noch erkennen: Hier sind viele Kleingarten-Hütten zu stattlichen Ganzjahresbehausungen umgebaut worden und wo früher Gemüsebeete lagen, stehen heute Swimmingpools. Menschen, die auf der Suche nach einem Garten sind, in dem sie tatsächlich gärtnern können, müssen mittlerweile auf andere Flächen und Formen des Gärtnerns ausweichen. Trotzdem dürfen Kleingärten in einem Buch über mögliche Formen der Selbstversorgung nicht fehlen, zumal in der Geschichte der (nicht-bäuerlichen) Selbstversorgung den Kleingärten eine zentrale Rolle zukommt und die Kleingartenvereine sehr gut organisiert sind. Die Geschichte – oder besser gesagt die Geschichten – der Kleingärten sind vielfältig und wandelhaft. Wie ertragreich Kleingärten sein können, zeigt auch die Geschichte der Kleingärten in der ehemaligen DDR.

In der Schweiz heißen Kleingärten Familiengärten und werden vielerorts intensiv gärtnerisch genutzt. Hier: Familiengartenareal Ladewandgut Bern, Familiengartenverein Bern Südwest.

Kleingartenanlage im Jahr 2017 in Wien. Gemüsebeete sucht man hier vergebens (Kleingartenanlage Heustadlwasser).

Inbegriff von Spießbürgertum?

Ein Kleingarten ist ein – meist abgegrenztes – Stück Land innerhalb einer Kleingartenanlage mit mehreren Einzelgärten. Die Fläche eines einzelnen Gartens ist auf maximal 400 m^2 begrenzt. In den vergangenen Jahrzehnten galten Kleingärten zunehmend als Inbegriff von Spießbürgertum und die Menschen, die dort in der Regel anzutreffen waren, gehörten – wie immer sie auch tatsächlich gesinnt waren – meist der älteren Generation an.

Das Interesse, einen Kleingarten zu nutzen ist in den letzten Jahren deutlich gestiegen. Familien mit Kindern, Studierende, gestresste FreiberuflerInnen, ManagerInnen – gartenambitionierte StädterInnen aller Richtungen – streben verstärkt in die Kleingärten. Und viele der Neo-KleingärtnerInnen nutzen ihren Garten auch wieder zur Selbstversorgung. Kleingärten sind in Deutschland und Österreich in der Flächenwidmung als „Dauerkleingarten" ausgewiesen. Diese Form der Widmung bewahrt sie in vielen Gemeinden mit hohem Baudruck auch davor, in Bauland umgewandelt zu werden.

Nutzgarten oder Mini-Einfamilienhaus im Grünen?

In Deutschland sind gegenwärtig 947.137 Kleingartenpächter im Bundesverband Deutscher Gartenfreunde organisiert. Rund 14.000 Vereine bewirtschaften eine Gesamtfläche von 46.000 ha und die durchschnittliche Nutzfläche eines Kleingartens liegt bei 370 m^2. Insgesamt nutzen in Deutschland rund 5 Millionen Menschen einen Kleingarten. Ähnlich hoch ist der Anteil in Polen. In Österreich gibt es gegenwärtig an die 40.000 Kleingartenpächter, denen eine Gesamtfläche von 1.000 ha zur Verfügung steht – der durchschnittliche Kleingarten in Österreich ist mit 250 m^2 kleiner als in Deutschland. Mit den 23.000 Pächtern der Schweizer „Familiengärten" gibt es also allein im deutschsprachigen Raum über 1 Million Mitglieder in Kleingartenverbänden.

Kleingartenanlagen werden gegenwärtig gänzlich unterschiedlich genutzt: Als Mini-Einfamilienhäuser – in denen ganzjährig gewohnt werden kann – oder im ursprünglichen Sinn als Kleingärten zur Selbstversorgung.

Während zurzeit zum Beispiel in Wien die Versorgung mit Wohnraum im Vordergrund steht, gedeihen in den Gartenanlagen vieler Schweizer Großstädte üppige Beete zur Selbstversorgung.

Wie komme ich zu einem Kleingarten?

Ob Wien, Berlin oder London – wer einen Kleingarten zur Selbstversorgung möchte, muss zumeist auf einer Warteliste Platz nehmen. Ansprechpartner sind die lokal zuständigen Vereinsleitungen. Wer sich in Österreich für einen Kleingarten interessiert, bewirbt sich persönlich und besucht die ausgeschriebene Sprechstunde des jeweiligen Vereins. Gibt es eine freiwerdende Parzelle, begutachtet ein(e) vom Verband gelistete(r) SchatzmeisterIn die vom Vorpächter zur Weitergabe angebotene und meist mit einem Gartenhäuschen ausgestattete Parzelle. Eine entsprechende Ablösesumme wird festgesetzt und der neue Pächter übernimmt. Die Beträge reichen dabei von einigen wenigen Tausend bis hin zu 300.000 Euro je nach Bebauungsgrad, Lage und Widmung. Jedoch nehmen manche Vereine – aufgrund von bereits überlangen Wartelisten – keine Anmeldungen mehr entgegen. Allein in Wien gibt es aktuell rund 5.000 gelistete InteressentInnen. Ähnlich ist die Situation in Berlin. Bei der Kleingartenanlage in Tempelhof erfolgt die Bewerbung über einen Online-Fragebogen. Eine Abschätzkommission legt auch hier den Entschädigungsbeitrag fest. Dieser liegt im Durchschnitt bei 7.500 Euro.

Um der in den letzten Jahren deutlich steigenden Nachfrage nach echten Gartenanbauflächen gerecht werden zu können, bietet der Zentralverband der Kleingärtner Österreichs seit dem Jahr 2011 „Öko-Erntelandparzellen" nach dem Konzept der Selbsterntegärten (→ siehe Seite 106) in Wien Leopoldau an. Aktuell sind es 260 Parzellen, die von Familien mit Kindern, Studierenden, RentnerInnen und geflüchteten Menschen gepachtet werden. Die Parzellen werden vom Zentralverband der Kleingärtner betreut, der auch eine gute Infrastruktur (Wasser-Entnahmestellen, Gemeinschaftshütten für die Aufbewahrung von Werkzeug, Toiletten) zur Verfügung stellt. Es gibt reine Gemüseparzellen und Parzellen, die zusätzlich mit „Naschland" (Himbeer-, Brombeer- und Johannisbeersträucher, Erdbeeren und Kräuter) bepflanzt und als Dauerkulturen angelegt sind. Die Parzellen werden biologisch bewirtschaftet.

Kleingärten mitten in der Stadt: Ottensheim in Oberösterreich

Otttensheim ist eine Gemeinde in der Nähe von Linz mit rund 5.000 EinwohnerInnen. Seit dem Jahr 1924 gibt es hier zwei Kleingartenanlagen, die bis heute durchgehend bewirtschaftet wurden. In den letzten Jahren zeigte sich, dass gerade diese Flächen auch einen Freiraum für neue Initiativen bieten. So engagierten sich im Rahmen des Projektes „Kostbare Landschaften" viele Menschen aus dem Ort, lernten das Veredeln von Obstbäumen, legten hier eine eigene Baumschule an, um die alten, 10 ha großen Streuobstwiesen der Gemeinden wieder zu verjüngen und legten auf zwei Parzellen der Kleingartenanlage einen Gemeinschafts-Permakulturgarten an (www.kostbare-landschaften.net).

Es sind durchschnittlich bis zu 130 OttensheimerInnen, die in den beiden Anlagen 154 Kleingärten bewirtschaften. Die Anlage „Hochgatter" bietet auf rund 8.000 m² Platz für 100 Gärten, von denen ca. 75 % mit einer Hütte ausgestattet sind, während auf der kleineren 4.000 m² Anlage weder Hütten noch Zäune

Im Rahmen des Projektes „Kostbare Landschaften" wurden 530 Bäume alter Sorten für die 10 ha große Streuobst-Wiese der Gemeinde auf Sämlinge veredelt.

Die Kleingartenanlage „Hochgatter" liegt zentral im Ortsgebiet. Hier wird auf eigenen Parzellen – und doch im Verband mit den anderen GärtnerInnen – gegärtnert. Die Anlage ist 4.000 m² groß, eine Parzelle 70–80 m². Das Land ist als Dauergartenland gewidmet.

gestattet sind. Die Wasserversorgung erfolgt über das Ortsnetz. Strom zum Mähen kann über ein Benzin-Aggregat gewonnen werden. Die Gärten dienen auch als Bienenweide für die Bienenstöcke eines Imkers. Die Gärten stehen ausschließlich den Ottensheimer BürgerInnen zur Verfügung und sind zumeist alle verpachtet. Auch hier ist die Nachfrage in den letzten Jahren gestiegen, erzählt Herr Lehner, der seit 25 Jahren Obmann des Vereins ist. Vor zehn Jahren gab es einmal ein größeres „Loch" – die alte Generation der KleingärtnerInnen war weggestorben und es gab keine Nachfolger. Seit ein paar Jahren interessieren sich wieder vermehrt junge Menschen für die Selbstversorgung und pachten eine Parzelle (→ Porträt Gemeinschaftsgarten Ottensheim, siehe Seite 134).

Familiengärten in der Schweiz

Der Schweizer Familiengärtnerverband wurde 1925 als gesamtschweizerischer Dachverband gegründet und 1974 in Regionalorganisationen aufgeteilt.

Die ca. 400 Kleingartenanlagen werden von den Städten und Gemeinden dauerhaft zur Verfügung gestellt, von rund 23.000 Genossenschaft-Pächtern bewirtschaftet und auch gerne von Menschen, die neu in die Schweiz gezogen sind genutzt. So haben die „Familiengärten" auch eine integrative Bedeutung. Umwidmungen zu reinen Wohnsiedlungen, Rollrasen und die Errichtung von Swimmingpools sind hier undenkbar. Strikte Gartenordnungen (z. B. bezüglich einer maximalen Dachfläche von 24 m²) sorgen für die Erhaltung der Gärten als Selbstversorgungs-Refugium und Erholungsraum.

Zur Entstehungsgeschichte der Kleingärten

Im frühindustriellen Europa herrschte bei weiten Teilen der Bevölkerung drückende Not und Armut. Lag der landwirtschaftliche Bevölkerungsanteil in den österreichischen Ländern im Jahr 1790 noch bei knapp 80 %, drehte sich im folgenden Jahrhundert das Verhältnis von landwirtschaftlicher und städtischer Bevölkerung vollständig um. Dazu kam ein noch nie dagewesenes Bevölkerungswachstum. Das ausgehende 18. Jahrhundert war von den Napoleonischen Kriegen geprägt. Von den wirtschaftlichen Folgen mit hohen Lebensmittelpreisen profitierten zwar die Bauern, bei all jenen, die nicht über eigenen Grund verfügten verschärfte sich jedoch die Armut. Die Dramatik dieser Auswirkungen traf die Ballungszentren genauso wie kleinere Gemeinden. Vor diesem Hintergrund entstanden die ersten Gärten, die man als Kleingärten bezeichnen kann. Ende des 18. Jahrhunderts in der Stadt Kappeln im heutigen Schleswig-Holstein: Um Obdachlosigkeit und Hungersnot zu lindern, stellte der Gutsherr Landgraf Carl von Hessen zunächst 32 Bauplätze mit dem dazugehörigen Gartenland zur Verfügung, etwas später entstanden Gärten zur Selbstversorgung für BürgerInnen der Gemeinde. Carl von Hessen stellte 100 Gärten zur Verfügung, die in Erbpacht weitergegeben werden konnten. Unter den Pächtern dieser Gärten finden sich Lehrer genauso wie Schmiede oder Kapitäne. Im Jahr 1814 folgte die Gründung des ersten Kleingartenvereins. In den folgenden Jahren entstanden in vielen Städten solche Anlagen. Zum Beispiel stellte in Kiel die „Gesellschaft der freiwilligen Armenfreunde" Parzellen gegen einen günstigen Pachtzins zur Verfügung. 1832 entstand die erste Gartenanlage in Leipzig, wo 1864 der erste „Schreberverein" gegründet wurde. Im Jahr 1865 wurde im Leipziger Johannapark der „Schreberplatz" eröffnet, eine Wiese zum Turnen und Spielen für Kinder (heute würde man sagen: ein öffentlicher Spielplatz). Ein Lehrer legte am Rand des Parks ein paar Beete an, um den Kindern das Gärtnern beizubringen (heute würde man das Schulgarten-Unterricht nennen). Der Überlieferung zufolge waren aber eher die Mütter der Kinder an den Beeten interessiert, die sie als „Familienbeete" nutzten. Als diese Beete schließlich umzäunt wurden, entstanden die ersten „Schrebergärten". Auch heute ist Leipzig mit 6,2 Kleingärten pro 100 LeipzigerInnen die mit Abstand kleingartenreichste Stadt Deutschlands.

Seit Mitte des 19. Jahrhunderts expandierte die Kleingartenbewegung vor allem in und um die großen Städte. Um die Jahrhundertwende waren die zunehmend stark industrialisierten Ballungszentren mit ihrem rasanten Bevölkerungszuzug nicht mehr in der Lage, ausreichenden Wohnraum sicherzustellen. Neben der eher (klein)bürgerlichen Gartenbewegung entstanden nun – mehr in der Tradition der Armengärten – Arbeitergärten, mit denen die zum Teil katastrophale Versorgungslage verbessert werden sollte. Allein in Berlin gab es um 1900 rund 40.000 Pflanzer, die überwiegend Kartoffeln und Grobgemüse (wie Wurzelgemüse und Kohl) anbauten. Die Flächen dafür wurden von privater Hand, der Kirche oder als brachliegendes Bauverwaltungsland der Städte in der Regel zwischen drei und sechs Jahren zur Verfügung gestellt. Die Arbeitergärten waren klar strukturiert und streng geregelt. Mit diesem straff durchorganisierten System sollte die Not der Arbeiterfamilien gelindert werden; Erholung und Gartenidylle standen hier nicht im Vordergrund. Während und nach dem ersten Weltkrieg spielten Kleingärten eine zentrale Rolle für die Versorgung der Menschen in den Städten. Wie leistungsstark die intensive Nutzung der weit fortgeschrittenen Berliner Kleingartenanlagen war, zeigte sich auch daran, dass die Berliner im Jahr 1919 – also selbst in der größten Versorgungsnot – in der Lage waren, Lebensmittel nach Wien zu senden.

Kleingärten als Massenphänomen der Zwischenkriegszeit

Der Zeitraum der von Wirtschaftskrise und Massenarbeitslosigkeit geprägten 1920er-Jahre markiert auch die Phase der bis heute größten Expansion von Kleingartenanlagen im deutschsprachigen Europa. Nach dem Ende des Ersten Weltkriegs war die Versorgungslage in und um Wien (wie in allen Großstädten dieser Zeit) dramatisch. Viele Menschen begannen, wo immer möglich Gemüse- und Kartoffeln anzubauen und legten „illegal" Kleingärten an.

Wie stürmisch die Expansion der Kleingartenanlagen vor sich ging, zeigt sich an folgenden Zahlen: 1914 gab es in Wien gerade einmal 500 Kleingärten auf einer Fläche von 0,15 km². 1921 waren es bereits 30.000 auf einer Fläche von 9 km².

Die Eisenbahnergärten

Guerrilla-Gardening am Arbeitsplatz – so könnte man den Beginn der Geschichte der Eisenbahnergärten charakterisieren. Die Einkommen der Eisenbahner waren

Mitte des 19. Jahrhunderts in Leipzig: „Familienbeete" entstehen. Quelle „Deutsches Kleingärtnermuseum Leipzig".

zwar sicher, aber gering. Die Landstreifen entlang der Schienen und um die Bahnhöfe, Schrankenwärterhäuschen, das wilde Gelände abseits der Verladerampen wurden zunächst zu geduldeten, später legalisierten Selbstversorgungsflächen.

Diese „Gärten" dienten den oft kinderreichen wie notleidenden Eisenbahnerfamilien neben Obst- und Gemüseanbau auch zur Kleintierhaltung. Im Jahr 1933 begannen auch innerhalb der Deutschen Reichsbahn die „Gleichschaltungen" und sämtliche Kleingartenorganisationen wurden intensiv genutzter Bestandteil der NS-Ernährungspläne. Die Produktivität der Reichsbahn-Landwirte wurde derart gesteigert, dass sie sogar Betriebsküchen mit Gemüse und Obst versorgen konnten.

Heute verfügen die Österreichischen Bundesbahnen über insgesamt 900 ha landwirtschaftlich und gärtnerisch nutzbare Flächen. Diese Gärten stehen aktiven und pensionierten Bediensteten der ÖBB zur Verfügung. In 155 Zweigvereinen organisiert nutzen zurzeit etwa 13.500 Pächter dieses Angebot. Im Vordergrund stehen heute Freizeit im Grünen und Erholung, die Selbstversorgung aus dem Garten spielt eine untergeordnete und oft gar keine Rolle mehr.

Kleingärten in der DDR

In den ersten Jahren der DDR galten die Kleingärtner der Parteiführung als eher suspekt und waren bestenfalls geduldet. Doch für die Bewältigung der zunehmenden Versorgungsschwierigkeiten ab den 1960er Jahren wurden die produktiven Kleingärten immer wichtiger. Ab 1968 wird Kleingärtnern mit der Sendung „Du und dein Kleingarten" sogar ein Quotenhit im DDR-Fernsehen. 1976 beschließt die SED die Förderung der Kleingärten und ein Jahr später entstanden zahlreiche neue Kleingartenanlagen mit der klaren Perspektive, dass diese für den Obst- und Gemüsebau genutzt werden sollten. Die Parole lautete: *„100 kg Obst auf 100 m² Kleingartenland"*. Die Kleingärten erwiesen sich sogar als weitaus produktiver als die staatliche Planwirtschaft. Ab Anfang der 1980er Jahre begann die systematische Nutzung der Kleingartenanlagen – eigene staatliche Ankaufstellen für die über den Eigenbedarf hinaus produzierten Früchte aus den Kleingärten wurden eingerichtet. Genaue jährliche Ernteberichte mussten erstellt werden. Wer nicht lieferte, wurde bei der Zuteilung anderer benötigter oder begehrter Produkte nicht berücksichtigt. Die Gartenfrüchte hatten somit Währungscharakter in einem Warentauschsystem. Von den 13 Millionen erwachsenen DDR-BürgerInnen waren im Jahr 1989 über 1,2 Millionen Kleingärtner, die auf 37.000 ha 855.000 Parzellen bewirtschafteten. Im gleichen Jahr verschwand dann die DDR – ihre Kleingärten aber sind geblieben.

Gemüseanbau vor dem Brandenburger Tor im Jahr 1947.

Kontakte und weiterführende Literatur

- www.kleingarten-museum.de
- www.kleingaertner.at
- www.kleingarten-bund.de
- www.familiengaertner.ch

Selbstversorgung schafft eine lebensfrohe Ästhetik des Augenblicks.

Selbsternte-Parzellen über den Dächern Wiens (www.natuerlichwild.at).

Gemeinsam anbauen

Selbsterntegarten

Wer den Begriff Selbsterntegarten das erste Mal hört, mag sich wundern: Denn wer sonst soll ernten, als der Gärtner oder die Gärtnerin? Das Konzept der Selbsternte entstand als eine Form der Direktvermarktung, bei der nicht Bäuerinnen und Bauern ernten und das Gemüse verkaufen, sondern die KonsumentInnen selbst zu GärtnerInnen werden: Landwirtschaftliche Betriebe vermieten eine kleinere oder größere, bereits zum Großteil bepflanzte Gemüseparzelle für eine Gartensaison, auf der landlose Gärtnerinnen und Gärtner gärtnern können. Das in Österreich Ende der 1980er Jahre entstandene Konzept ist mittlerweile auch in Deutschland und der Schweiz verbreitet – hier meist unter den Bezeichnungen Saisongärten, Krautgärten oder Mietgärten.

Individuell und kollektiv

Das besondere der Selbsternte ist, dass die Bodenpflege von den Bäuerinnen und Bauern übernommen wird und diese zu Saisonstart eine bereits mit unterschiedlichen Gemüsekulturen bestückte Gartenparzelle an die einzelnen Gärtnerinnen und Gärtner übergeben. Diese können also einfach losgärtnern und „ersparen" sich die intensive Arbeit der Bodenvorbereitung und Kompostbereitung im Herbst und im Frühjahr.

Ende der 1980er Jahre entstand das Konzept der Selbsternte als Form der Direktvermarktung in Österreich: Eine Gruppe von Verbrauchern suchte eine Möglichkeit, sich selbstbestimmt mit frischem Gemüse zu versorgen. Gemeinsam mit dem Wiener Biobauern Rudolf Hascha und der Wiener Umweltberaterin Regine Bruno entwickelten sie das Konzept Selbsternte®. Gerade in den letzten Jahren gibt es eine wachsende Zahl an Anbietern in verschiedenen Städten in Österreich und Deutschland, die eine erstaunliche Vielfalt an unterschiedlichen Formen entwickelt haben. Hinter

Die einzelnen Parzellen sind mit einfachen Schnüren abgetrennt.

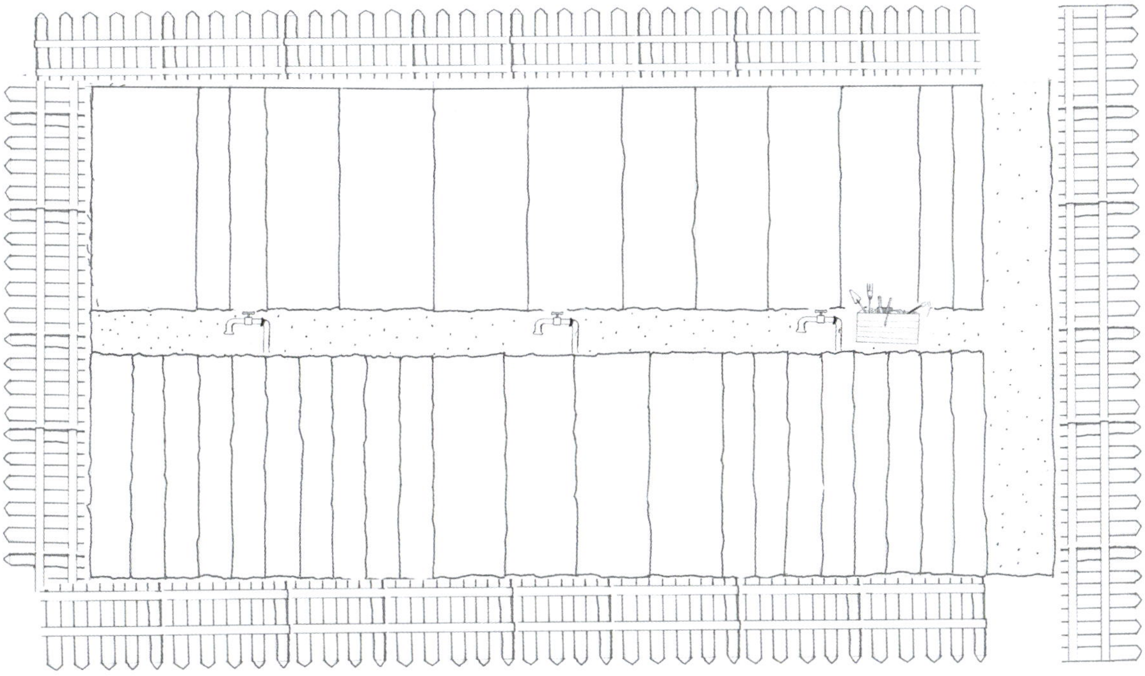

Die gesamte Gartenfläche ist in einzelne Parzellen unterteilt, die jeweils von einem Pächter/einer Pächterin oder einer Familie gemeinsam bewirtschaftet werden.

Die Anbieter der Selbsternte-Parzellen bereiten den Boden auf, hier werden Dämme für das Wurzelgemüse gezogen.

Selbsternte, wie sie heute an bereits zahlreichen Standorten angeboten wird, steht entweder ein Bio-Betrieb oder ein Einzelunternehmen, das landwirtschaftliche Flächen pachtet und in Form einzelner Parzellen an die Gärtnerinnen und Gärtner weitervermietet. Einige der Selbsternte-Bio-Betriebe haben auch einen Hofladen, bei dem man sich nach der Pflege der Parzellen mit weiteren Lebensmitteln versorgen kann (→ siehe Porträt Hofgut Oberfeld in Darmstadt, Seite 120).

Die Selbsternte hat übrigens nichts mit Plantagen zum Selber-Pflücken zu tun. Bei diesen – zumeist sind es Erdbeer- oder Blumenfelder – erntet man tatsächlich nur und bezahlt dafür einen fixen Kilo- oder Stückpreis. Hingegen bezahlt man beim Konzept der Selbsterntegärten eine Miete für die Parzelle, unabhängig davon, wie viele Kilo Gemüse man dann tatsächlich erntet.

Die Selbsternteflächen werden bereits mit einer Grundausstattung an Gemüsen und Kräutern an die einzelnen Gärtnerinnen und Gärtner übergeben. Die dazu vereinbarten Regeln und Verpflichtungen sind verschieden und sollten vor der Entscheidung, Selbsternte betreiben zu wollen, genau angesehen werden.

Die fachliche Betreuung der Gärtnerinnen und Gärtner ist auf den verschiedenen Betrieben unterschiedlich organisiert. Einige Betriebe vermitteln gärtnerische Grundkenntnisse, halten „Garten-Sprechstunden" ab oder bieten kostenlose Workshops an, versenden regelmäßige Newsletter mit Gartentipps, organisieren Gartenvorträge, beraten beim gemeinsamen ersten Pflanztag – dem Auftakt der Saison – oder bei gemeinsamen Festen. Dabei ist stets ein großes Thema: Wie verarbeite ich die große Ernte? So lernen viele gemeinsam mit dem ertragreichen Gemüse-Gärtnern auch das Zubereiten neuer Gemüse-Gerichte oder wie man einen Teil der Ernte konservieren kann. Eine Gruppe von SaisongärtnerInnen aus Darmstadt hat dazu ein eigenes Kochbuch verfasst, das nach Ernte-Monaten gegliedert ist (www.saisongarten.org).

Genau genommen ein Stück Acker

Selbsternte-Parzellen bieten im Vergleich zu einem Hausgarten Vor- und Nachteile: Ein großer Nachteil sind die Distanzen, die zwischen Wohnort, Arbeitsplatz und Parzelle zurückgelegt und im Wochenablauf organisiert werden müssen. Für viele ist es ein großer Vorteil, dass das Gartenjahr erst Mitte Mai startet und der Boden (inklusive Dünger) und die Beete bereits vorbereitet sind. Es ist also „alles startklar", die aufwändigen Vorbereitungen haben bereits die Bäuerinnen und Bauern erledigt. Die Verpächter von Selbsternteparzellen stellen eine Grundausstattung an Gerätschaft, Werkzeug und Gießkannen zur Verfügung. Rund ein Viertel der Fläche bleibt meist unbepflanzt, hier kann man selbst noch die eigenen Lieblings- oder Experimentiersorten anbauen.

Jeder für sich und doch in Gemeinschaft

Ein großer Vorteil der Selbsternte-Parzellen ist, dass man zwar seine Selbsternte-Parzelle alleine – oder als Paar, als Team, als Familie – bewirtschaftet, aber dies inmitten von anderen gärtnernden Menschen tut. Während der eigene Gemüsegarten meist Rückzug bedeutet, schaffen Selbsterntegärten Begegnungszonen. Viele erleben das als Bereicherung. Vor allem, weil hier ganz unterschiedliche Menschen gärtnern. Man kommt ins Gespräch und kann sich über konkrete gärtnerische Fragen direkt austauschen: etwa über empfehlenswerte und leicht zu kultivierende Tee- und Gewürzkräuter oder warum auf dem einen Beet der Spinat so schön gewachsen ist und auf dem anderen die Karotte. Auch wenn man sonst vielleicht wenig gemeinsame Interessen und ganz andere Lebensumstände hat, das Gärtnern verbindet und schafft eine gemeinsame Sprache. So ist auch eine „Urlaubsvertretung" rasch organisiert, und meist gärtnern erfahrene GärtnerInnen neben Garten-Neulingen und geben gerne ihr Wissen oder einen überschüssigen Teil der Ernte „über den Gartenzaun" weiter.

Mögliche Erntemengen aus einem Selbsterntegarten

Je nach Anbieter und Region liegen die Preise für ein Jahr Selbsternte bei maximal 160 Euro für eine Singleparzelle und 300 Euro für eine Familie. Dafür lassen sich genug Salat, Gemüse und Kräuter ernten, um damit 6 Monate, bei guter Lagerung oder Konservierung auch gerne 8 Monate, leben zu können. Gemüse und Kräuter aus dem Bio-Supermarkt kosten da ganz leicht das Fünffache. Auf einer 60 m² großen Parzelle kann man – in einem guten Jahr und bei guter gärtnerischer Pflege – mit einem Ertrag von 150 kg (und mehr) Gemüse rechnen. Die wenigsten dokumentieren genau, wann sie von welchem Gemüse wie viel geerntet haben. Eine Ausnahme ist der erfahrene Gärtner Edmund Gotthard. Er hat uns für dieses Buch seine umfangreiche Dokumentation der Ernte aus seiner Selbsternte-Parzelle zur Verfügung gestellt (→ siehe Seite 110). Auch Kirsten Förster ist eine erfahrene Selbsterntegärtnerin. Seit 12 Jahren gärtnert sie auf diese Art und Weise und berichtet von ihrer 40 m² Parzelle als „Wundertüte", aus der – je nach Wetterverlauf – jedes Jahr etwas anderes herauskommt. Bei aller gärtnerischen Erfahrung bleiben Schwankungen beim Ertrag die Norm, erzählt sie, und dass sie während der Erntephase durchschnittlich die Hälfte ihres Gemüsebedarfs aus der Selbsternte abdecken könne. Eine Gärtnerin, deren Parzelle 54 m² groß ist, erzählt, dass sie außer Kohl – der im Garten sehr viel Platz braucht – fast kein Gemüse kauft und ihren Drei-Personen-Haushalt mit dem frischen und eingefrorenen Gemüse versorgt. Sie ist Softwaretechnikerin und meint: *„Die Arbeit im Garten, das ist das Einzige, wo ich die Zeit vergesse. Es gibt nichts, wobei ich mich so erholen kann, ich könnte alle Parzellen pflegen."*

Erntefrischer Mangold verpackt für den Transport nach Hause.

Mitte August ist von Mangold bis Tomate vieles erntereif.

Vollernte aus der Selbsternte-Parzelle (Mitte August).

Das Garten-Erntebuch von Edmund Gotthard

Herr Gotthard ist Rentner und seit über 30 Jahren erfahrener Selbstversorgungs-Gärtner. Er lebt im südlichen Wiener Gemeindebezirk Liesing in einer Wohnung mit Balkon. Seine 68 m² große Selbsternte-Parzelle auf der Anlage St. Gabriel bei Mödling bewirtschaftet er erst seit dem Jahr 2016. In diesem Jahr hat er von Mai bis zur Abernte Anfang November genau Buch geführt, welche Gemüse und Kräuter er wann geerntet hat. Seine Aufzeichnungen hat er uns für dieses Buch zur Verfügung gestellt.

Ertragreiches Gärtnern ist Erfahrungssache und gelingt auf einer Selbsternte-Parzelle besonders gut.

Datum	Ernte
29.05.	15 Rettiche, 15 Radieschen, ca. 100 g Mangold
31.05.	8 Rettiche, 7 Radieschen, ca. 400 g Mangold und Spinat
01.06.	4 Salatköpfe,15 Radieschen und Rettiche, 2 Bund Liebstöckel
03.06.	1 Salat, 1/2 kg Spinat und Mangold, 1 Tüte Pfefferminze
08.06.	2 Salatköpfe, Radieschen, Rettiche
11.06.	4 Salatköpfe, 3 Kohlrabi, Rettiche, Radieschen
19.06.	2 Salatköpfe, 2 Kohlrabi
21.06.	2 kg Mangold, 4 Salatköpfe
23.06.	2 Salatköpfe
26.06.	4 Salatköpfe, 2 Kohlrabi
28.06.	3 Salatköpfe, 1 Bund Liebstöckel
04.07.	5 Salatköpfe,1 Zucchini, Rucola
05.07.	3 Salatköpfe, 1 Zucchini
07.07.	2 Fenchel, 3 Salate, 2 große rote Kohlrabi, Bohnenkraut, 1 Cocktailtomate
08.07.	1 Tomate, 1 Paprika gelb, Grüne Bohnen (Fisolen)
09.07.	ca. 2 kg Mangold, 1 Tomate
11.07.	1 Bund Liebstöckel, 3 Paprika, 1 Cocktailtomate, 1 Bund Schnittlauch
12.07.	2 Zucchini
15.07.	3 Butterhäuptel, 3 Grazer Krauthäuptel
16.07.	1 Krautkopf, 1 Zucchini,1 Bund Dille
20.07.	3 Grazer Krauthäuptel, 1 Pflücksalat, 8 Cocktailtomaten, 3 Karotten, 2 Rettiche, 4 Radieschen, Basilikum, Schnittlauch, Bohnenkraut
22.07.	1 Krautkopf, 5 große + 7 kleine Tomaten, 2 grüne + 1 gelbe Paprika, 3 Salatköpfe, 1 Bund Liebstöckel
24.07.	1 Zucchini, 1 Gurke, 3 Salatköpfe, 3 Zwiebeln, 1 Bund Schnittlauch, 2 Kohlrabi
26.07.	Tomaten: 3 große, 2 kleine, 7 Cocktailtomaten, 3 Paprika (gelb u. grün)
28.07.	2 Zucchini, 4 Salatgurken, 3 Salatköpfe, 6 Kartoffeln, 1 Krautkopf, je 1 Bund Basilikum und Oregano
29.07	3 Paprika, 4 große Tomaten, 16 Cocktailtomaten
31.07.	10 große Tomaten, ca.15 Cocktailtomaten, 3 Gurken, 1 Zucchini, 1 Bund Majoran

Datum	Ernte
01.08.	3 Zucchini, 3 Häuptel Schnittsalat, 6 Zwiebeln, 1 großer Sack Mangold, je 1 Bund Schnittlauch und Bohnenkraut, 6 Karotten
05.08.	4 große + ca. 15 kleine Tomaten, 4 Paprika, 1 Zucchini, 2 Krautköpfe
08.08.	3 große +12 kleine Tomaten, 3 Paprika, 3 Salatgurken, 1 Zucchini,15 Grüne Bohnen
11.08.	4 große + ca. 15 kleine Tomaten, 2 Paprika, 1 Krautkopf, 1 Kürbis, 1 kleine Zucchini, 3 Gurken, je 1 Bund Bohnenkraut, Thymian, Schnittlauch, Petersilie und Salbei
12.08.	1 Zucchini, 4 Gurken, Rucola
13.08.	3 große Tomaten ca. 12 Cocktailtomaten, 3 Paprika, 1 großer Bund Petersilie
14.08.	20 Tomaten
16.08.	4 große + 9 mittlere Tomaten, ca. 25 Cocktailtomaten, 3 Paprika
18.08.	6 Ochsenherztomaten, 5 große Tomaten + ca. 13 Cocktailtomaten, 3 Paprika, 1 Zucchini, 1 Kohlrabi, 3 Zwiebeln, 2 Radieschen, 3 große Rote Rüben, 0,7 kg Gelbe Bohnen
22.08.	Tomaten: 1 große Tomate + ca. 12 Cocktailtomaten, 1 Paprika gelb, je 1 Bund Schnittlauch, Petersilie und Majoran
23.08.	3 Rote Rüben, 1 kg Tomaten, 5 Paprika, 2 mittlere Zucchini, 1 Sellerieknolle, 4 riesengroße Karotten (Länge. ca. 15–20 cm!), 1/2 kg Grüne Bohnen, 1/2 kg Mangold, je 1 Bund Liebstöckel, Thymian, Bohnenkraut, 1 großer Eichblattsalat, 1 gelber Hokkaidokürbis
24.08.	ca. 1 kg Tomaten, 2 grüne Paprika, 2 gelbe Karotten + 3 orange Karotten
25.08.	ca. 1 1/2 kg Tomaten (3 großen Tomaten und ca. 25 Cocktailtomaten), 1 Eichblattsalat
28.08.	1 großer Bund Liebstöckel, ca. 1 1/2 kg Tomaten, 2 Zucchini, ca. 1/2 kg Grüne Bohnen, je 1 Bund Salbei, Thymian, Majoran
01.09.	ca. 2 kg Tomaten, 3 Paprika, 4 Karotten, 1 Knollensellerie, 3 Rote Rüben
02.09.	ca. 4 kg Tomaten, 3 grüne Paprika + 3 Zucchini, 1 Sellerie, ca. 1/2 kg Grüne Bohnen, Liebstöckel + Schnittlauch, Petersilie, 2 Gurken, 2 Salatköpfe
06.–16.09.	8 kg Tomaten, 10 Salatköpfe, 3 kg Grüne Bohnen, 2 Krautköpfe, Zucchini, Gurken, Karotten, 2 kg Rote Rüben, div. Kleinzeug
18.09.	1 1/2 kg Tomaten, 3 Paprika, 1 Krautkopf
19/20.09.	3,2 kg Grüne Bohnen, Tomaten, Paprika
21.09.	0,4 kg Tomaten, 2 Gurken
24.09.	4 Kürbisse, 2 Zucchini, 3 kleine Krautköpfe, 2 kg Tomaten, 1/2 kg Grüne Bohnen
26.09.	2 kg Tomaten, 3 Paprika, 3 Zucchini, 8 Karotten, 1 Krautkopf, 1 Radicchio, 1/2 kg Grüne Bohnen
03.10.	2 kg Tomaten, Karotten, Rote Rüben, Salat, Grüne Bohnen
05.10.	2 kg Tomaten, Paprika, 2 Radicchio, 3 Zuckerhut (Zichorie), ca. 2 kg Karotten, 1 kg Rote Rüben, 3 Sellerie, 1 1/2 kg Grüne Bohnen, je ein Bund Schnittlauch, Bohnenkraut, Basilikum
08.10.	ca. 5 kg Tomaten + 3 Paprika, ca. 1/2 kg Kartoffeln, 16 Zwiebeln, 1 Riesenbund Petersilie
10.10.	2 Zuckerhut (Zichorie)
17.10.	1 Zuckerhut (Zichorie)
22.10.	ca. 2 kg Tomaten, 3 kleine Kürbisse, 3/4 kg Grüne Bohnen, je 1 Bund Schnittlauch, Salbei, Majoran, Oregano, Bohnenkraut, Basilikum, 2 Kohlrabi
24.10.	7 gelbe Karotten, 7 mittelgroße Rote Rüben, je 1 Bund Schnittlauch und Salbei
27.10.	12 Karotten, 12 Rote Rüben, 2 große Pastinaken, 1 Radicchio, 1 Zuckerhut (Zichorie), 2 Petersilienwurzeln mit Kraut, Liebstöckel
28.10.	1 großer Bund Schnittlauch, Petersilienwurzel
Abernte vom 31.10.–03.11.	4 kg Tomaten (reife + grüne), ca. 2 kg Karotten, 5 Lauch, 1 Zuckerhut (Zichorie), 7 Radicchio, 1 Sack Mangold, 5 große Petersilienstöcke

Auf der 68 m² großen Parzelle hat Herr Gotthard 51 kg Tomaten, 14 kg Rote Rüben, 13 kg Grüne Bohnen, 12 kg Karotten und vieles mehr geerntet … (→ siehe Tabellen unten).

Umgerechnet in Erntemengen pro Kulturart hat Herr Gotthard im Zeitraum vom 29. Mai bis 3. November 2016 folgende Mengen von seiner 68 m^2 großen Selbsternte-Parzelle geerntet:

Gemüse	Menge
Tomaten	51 kg
Rote Rüben	14 kg
Grüne Bohnen	13 kg
Karotten	12 kg
Mangold	7 kg
Kartoffeln	1 kg
Spinat	0,6 kg
Krautköpfe	19 Stück
Hokkaidokürbisse	9 Stück
Zucchini	36 Stück
Rettich	40 Stück
Gurken	22 Stück
Zwiebeln	28 Stück
Kohlrabi	14 Stück
Radieschen	53 Stück
Cocktailtomaten	125 Stück

Gemüse	Menge
Sellerie	9 Stück
Lauch	5 Stück
Petersilienwurzeln	10 Stück
Fenchel	2 Stück
Pastinaken	2 Stück
Paprika	73 Stück
Salate	90 Stück

Kräuter	Bund
Petersilie	13
Schnittlauch	11
Liebstöckel	9
Bohnenkraut	8
Basilikum	4
Majoran	4
Salbei	4
Thymian	3
Oregano	2
Dill	1
Pfefferminze	1

Kräuter lassen sich auf den kleinen Parzellen reichlich anbauen. Hier die feine Teepflanze Drachenkopf (Dracocephalum moldavica).

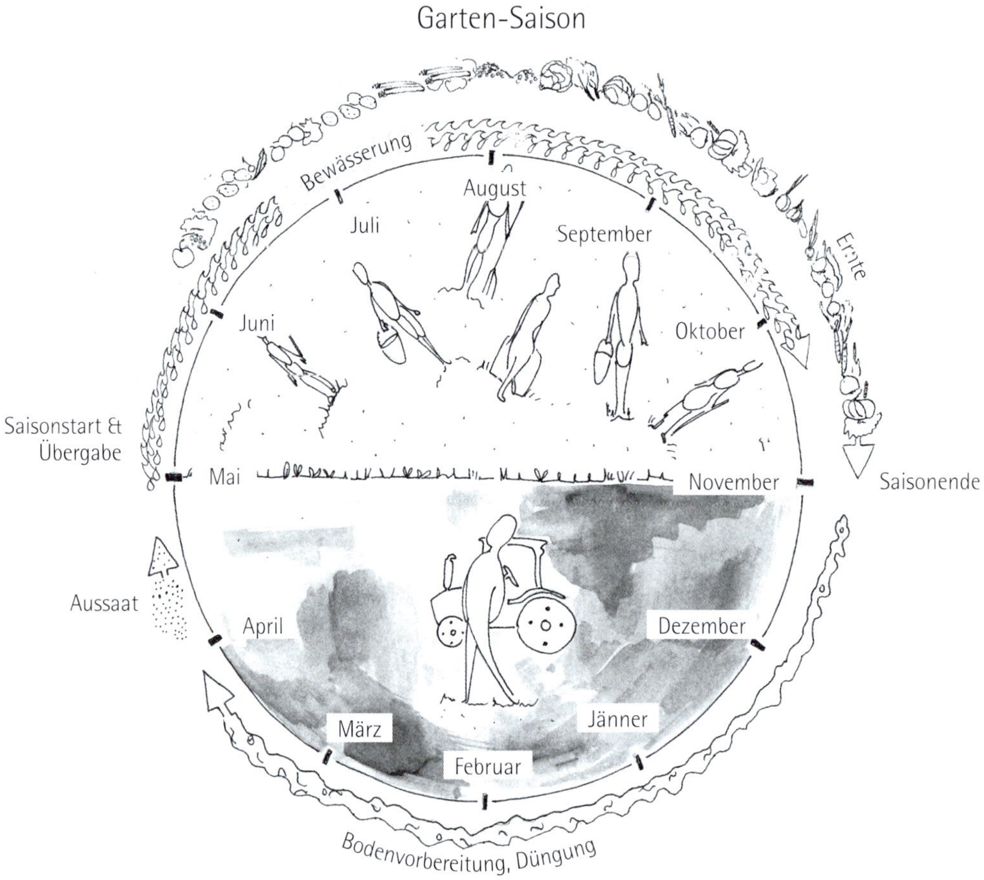

Der Jahresverlauf im Selbsternte-Garten.

Das Selbsternte-Gartenjahr

Das Selbsternte-Gartenjahr beginnt mit der Übergabe der jeweiligen Parzelle an die GärtnerInnen. Saisonstart ist meist im Laufe des Mai, Saisonende im Oktober oder November. Das Selbsternte-Gartenjahr ist damit ziemlich genau ein halbes Jahr lang. Wenn die Parzelle übergeben wird, haben die BäuerInnen – oder BetreiberInnen – den Boden aufbereitet, gedüngt und viele verschiedene Kulturen bereits ausgesät. So ist das Gartenjahr aufgeteilt zwischen Winterhalbjahr – in dem die Fläche als Acker von den Anbietern bewirtschaftet wird – und dem Sommerhalbjahr, in dem die Fläche in kleine Gartenparzellen unterteilt ist, die von den einzelnen MieterInnen gepflegt und beerntet werden.

Die Aussaat erfolgt so, dass unterschiedliche Gemüse in langen Reihen ausgesät werden (→ siehe Foto, Seite 119). Diese langen Reihen werden dann vor der Übergabe mit Schnüren in die Parzellen eingeteilt. Auf manchen Standorten sind einzelne Kulturen – wie zum Beispiel Spinat oder Salate – bei der Übergabe bereits erntereif. Auf der noch freien Fläche können weitere Pflanzen nach Lust und Laune dazugesetzt werden.

Die meisten Gemüse reifen nach und nach – oder können wie Mangold bis zum Ende der Saison immer wieder beerntet werden. Dort, wo Platz frei wird, kann nachgesät oder nachgepflanzt werden (→ siehe Tabellen, Seite 118).

Bevor die Parzelle am Ende des Gartenjahres wieder zurückgegeben wird, müssen alle Rankgerüste und sonstigen Utensilien, die man über die Saison hier gelagert hat, wieder entfernt und – sofern es sich um die eigenen Utensilien handelt – wieder mit nach Hause genommen werden.

Unterschiede der einzelnen Anbieter

Es gibt Selbsternteanlagen mit automatischer – vom Anbieter gesteuerter – Bewässerung, andere bieten ein Urlaubs-Gießservice an. Bei den meisten sind die Gärtnerinnen und Gärtner selbst für eine ausreichende Bewässerung verantwortlich. Das ist für das Gemüse ein Vorteil, denn dann wird punktgenau – und nicht mit dem Beregner über alle Kulturen hinweg gegossen. So kann direkt im Wurzelbereich bewässert werden und die Blätter bleiben trocken – und damit auch gesünder.

An manchen Standorten gibt es einen gemeinsamen Kompostplatz, an anderen muss alles, was ausgejätet wird – und nicht als Mulchmaterial Verwendung finden kann –, entsorgt werden. Manche bieten eine Infrastruktur wie WC an, andere nicht.

Die meisten Selbsternte-Gärten sind zertifizierte Bio-Flächen, daher dürfen auch von den MietgärtnerInnen ausschließlich biologische Dünge- und Pflanzenstärkungsmittel sowie biologisches Saat- und Pflanzgut verwendet werden. Viele Anbieter ziehen selbst Jungpflanzen von Kulturpflanzen vor, die sich für das Zeitfenster und das Platzangebot der Selbsterntegärten besonders gut eignen. Vorgespräche mit bereits erfahrenen SelbsternterInnen einer Anlage sind durchaus empfehlenswert.

Passt das Konzept Selbsternte für mich?

Wenn Sie in der Woche zwischen 2–4 Stunden Zeit zum Gärtnern haben und 1–2 Mal pro Woche zur Selbsternte-Parzelle fahren können, dann dürfte das Konzept der Selbsternte für Sie gut passen. Vor allem, wenn Sie gerne mit frischem Gemüse kochen, sich und Ihre Familie mit frischem Gemüse versorgen wollen und bereit sind, Zeit, Geduld und Durchhaltevermögen aufzubringen, sich von kleinen Misserfolgen nicht demotivieren lassen und das Gärtnern zum festen Bestandteil Ihres Lebens machen wollen – auch wenn Sie keinen eigenen Garten haben. Und: Wenn Sie in der Nähe eines Selbsternte-Gartens wohnen oder dieser für Sie gut öffentlich oder mit dem Rad erreichbar ist. Dann sind Sie hier richtig! Ob Selbsternte gelingt und zu einem erfolgreichen Selbstversorgungskonzept werden kann, hängt von den persönlichen Möglichkeiten und Voraussetzungen und der richtigen Einschätzung des tatsächlichen Aufwandes ab. Wenn Sie sich nicht sicher sind, können Sie es einfach ausprobieren. Sie verpflichten sich nur für ein Jahr und nicht für das ganze Leben. Hier ein paar Szenarien, die unserer Erfahrung nach eher gegen die Miete einer Selbsternte-Parzelle sprechen:

- Sie arbeiten mehr als 40 Stunden in der Woche, betreiben in der verbleibenden Freizeit Sport oder gehen anderen Hobbys nach.

Rankgerüste oder Tomatendächer werden individuell errichtet.

In kleinen wetterfesten und verschließbaren Boxen werden Gärtner-Utensilien aufbewahrt.

Viele kommen mit dem Fahrrad.

- Sie wohnen in der Stadt und haben gelesen, dass es in einem 42 km entfernten Ort eine Selbsterntemöglichkeit gibt. Sie haben keinen Garten und möchten das ausprobieren.
- Sie arbeiten halbtags, sind alleinerziehend mit noch kleinen Kindern. Die Kinder können tratschen und spielen, während Sie als entspannenden Ausgleich die Gartenarbeit erledigen.
- Sie haben zwar noch nie gegärtnert, aber so schwierig kann das ja nicht sein. Mit der Selbsternte möchten Sie sich und Ihre Familie über das

Gießkannen und Werkzeug werden zur Verfügung gestellt.

Mehrere zentrale Wasserstellen und Schläuche ...

... stehen zum Bewässern bereit.

ganze Jahr ausschließlich mit selbstgeerntetem eigenem Biogemüse versorgen.

Wenn eines der Szenarien Ihrer derzeitigen Lebenssituation oder Ihrer Wunschvorstellung entspricht, ist das Konzept der Selbsternte für Sie vermutlich weniger passend. Schauen Sie sich doch in Ihrer näheren Umgebung nach einer → Lebensmittelkooperative oder einer → Solidarischen Landwirtschaft oder biologisch wirtschaftenden GärtnerInnen um, wo sie regelmäßig mitgärtnern können. Wenn Sie nicht in einem der allerorts verfügbaren Supermärkte Bioprodukte einkaufen möchten oder Ihnen manches zu teuer ist, suchen Sie am besten nach Ab-Hof-Adressen, Wochenmärkten oder einem Gemüse-Kistl, das Ihnen frei Haus geliefert wird. Sie ersparen sich eine Menge Enttäuschungen und unnötige Kosten. Sicher ließe sich diese Typologisierung noch fortsetzen, aber Sie haben schon gemerkt, „wo der Hund begraben liegt". Selbsternte ist ein lockender und einladender Begriff, der den Fokus auf das Ziel lenkt, nämlich die Ernte: Doch der Weg dorthin bedeutet – wie immer beim Selbstversorgungs-Gärtnern: Arbeit – Selbstpflanzen, Selbstgießen, Selbstjäten und schließlich und endlich das Selbsternten. Dem folgen das Selbstputzen des Gemüses, das Selbstlagern, das Selbsteinkochen, das Selbstzubereiten und – endlich – das Selbstessen. Selbsternte braucht – wie jede Form der Selbstversorgung – Zeit, und zwar immer dann, wenn der Garten es braucht, und nicht dann, wenn wir sie gerade erübrigen können.

Was erwartet mich im Selbsterntegarten?

Selbst wer zum ersten Mal einen Gemüsegarten betritt, braucht sich nicht zu fürchten. Denn in der Regel stehen jedem Selbsterntenneuling erfahrene Gartenprofis zur Seite. Der Boden ist bereits bearbeitet und zum Großteil bepflanzt, das weitere Aussäen und Einsetzen der bereits vorgezogenen Jungpflanzen erfolgt meist unter fachkundiger Anleitung. Auch für die laufende Betreuung und Beratung steht zumindest eine kompetente Auskunftsperson zur Verfügung – sei es jemand vom Team der Verpächter oder benachbarte, erfahrene Parzellen-GärtnerInnen. Nutzen Sie das Angebot des zur Verfügung gestellten Werkzeugs und sammeln Sie praktische Erfahrungen, bevor Sie sich teure Gartenaccessoires zulegen, die sich dann nur zu oft als nicht praktikabel erweisen.

Halten Sie sich an die Empfehlungen der AnbieterInnen, besonders, was die Auswahl der Sorten, den Pflanzabstand und nötige Pflegearbeiten anbelangt. Denn die BetreiberInnen der Anlagen sorgen grundsätzlich dafür, dass es sich um eine standort- und bodentaugliche Auswahl handelt. Die Entscheidung, welche Kulturarten ausgesät werden, liegt immer bei den AnbieterInnen, mitunter können aber auch Wünsche für die kommende Saison eingebracht werden.

Das Tomatendach ist auch der Aufbewahrungsort für die Gartenschuhe.

Der Hokkaidokürbis ist der beliebteste Speisekürbis für Selbsternte-Parzellen.

Wer mit den Gartenschuhen nach Hause geht, kann die Erde noch abstreifen.

Spinat ist bei der Übergabe der Parzellen in den meisten Jahren bereits erntereif.

Darauf sollten Sie bei der Anpachtung einer Selbsternte-Parzelle achten

Wenn Sie sich nach gründlicher Recherche der verschiedenen Selbstversorgungsmöglichkeiten in Ihrer Umgebung für das Modell der Selbsternte entschieden haben, klären Sie vor dem Pachten einer Parzelle folgende Fragen:

Anfahrtsweg Ist die angebotene Selbsterntefläche nah genug an meiner Wohn- oder Arbeitsadresse oder liegt sie sogar auf dem Weg dazwischen? Je kürzer und unkomplizierter die Anfahrt, desto besser.

Zeit Wie viel und wie regelmäßig habe ich Zeit, um meine Parzelle zu betreuen? Viele Selbsternteanbieter stellen verschiedene Parzellengrößen zur Auswahl. Entscheiden Sie sich für eine Fläche, die sich mit Ihrem Zeitbudget in Einklang bringen lässt und beginnen Sie im Zweifel mit der kleineren Variante.

Arbeitsteilung Welche Arbeiten werden vom Anbieter erledigt und was muss ich auf jeden Fall selbst beitragen? Alle Selbsternteanbieter haben ein fest vorgegebenes Leistungspaket und klare Bestimmungen über Rechte und Pflichten der Pächter. Zumeist erfahren Sie das alles auf deren Homepage. Lesen Sie den Vertrag genau, damit Sie sich über den Ablauf der Gartensaison im Klaren sind.

Werkzeuge Muss ich mir eigene Gartenwerkzeuge anschaffen oder werden diese zur Verfügung gestellt? Und wenn ja, welche?

Bewässerung Bin ausschließlich ich selbst für das Gießen der Pflanzen zuständig? Gibt es eine automatische Bewässerung? Wird ein Gießservice während der Urlaubszeit angeboten?

Weitere Angebote Gibt es spezielle Kursangebote, Workshops, Sprechstunden, Gartenfeste, Informationsveranstaltungen oder Unterlagen zum Thema Gärtnern? Viele Selbsternte-Betreiber bieten nicht nur auf ihren Webseiten Informationen, auch auf Facebook gibt es immer mehr Gruppen zum Austausch von gärtnerischen Erfolgen und Tipps.

Die Pflanzen-Grundausstattung

Die Angebote der Selbsternteanbieter umfassen im Durchschnitt zwischen 20 und 30 verschiedene Gemüse- und Kräuterarten. In der Palette finden sich zumeist folgende Arten: Tomaten, Paprika, Buschbohnen, Spinat, Dill, Gurken, Zucchini, Markerbsen, Zuckererbsen, Mangold, Wurzel- und Blattpetersilie, Karotten, Zwiebeln, Lauch, Rote Rüben, Pastinaken, Radieschen, Eiszapfen, Kopfsalate und Pflücksalate, Kohlrabi, Sellerie, Süßkartoffeln, Zuckermais, Herbstrübe, Knoblauch, Petersilienwurzel, Chioggia-Rübe, Kartoffeln, Kürbissorten, Brokkoli, Eissalat, Kraut, Blumenkohl, Stangensellerie.

Beerenfrüchte und Kartoffeln werden eher selten angeboten, wenn dann in eigenen Parzellen.

Kulturarten, die nachgesät werden können

Wer auf allen freiwerdenden, bereits abgeernteten Flächen nachsät oder nachpflanzt, kann den Ertrag seiner Parzelle deutlich erhöhen: So kann über die Saison um bis zu 40 % mehr Gemüse geerntet werden. Je nachdem, wann ein Teil der Fläche frei wird, kann eine Kulturart mit kürzerer oder längerer Reifezeit nachgesät oder nachgepflanzt werden. Besonders empfehlenswert ist die Nachsaat von verschiedenen Salaten und anderen Blattgemüsen, die dann sicher noch bis zum Ende der Saison als frische Salate beerntet werden können. Für einige Vorschläge, welche Kulturarten als Folgesaaten/Folgepflanzungen jedenfalls ausgesät und bis Ende Oktober beerntet werden können. (→ siehe die folgenden Tabellen und Salaternte im Herbst, Seite 312 und 313)

Folgesaaten in der Selbsternte-Parzelle

Kulturart	Aussaat von bis	Bemerkungen
Petersilie	bis Anfang Juli	
Blatt-Koriander	ab August bis September	
Gartenkresse	bis Anfang September	
Salat-Mischsaaten ‚Misticanza'	bis Anfang September	
Buschbohnen	bis Anfang Juli	nicht nach Erbsen
Feldsalat	Mitte Juli bis Mitte September	
Rucola	bis September	
Sommerportulak	bis August	
Radieschen	bis September	
Winterrettich	bis August	
Rote Rübe	bis Mitte Juli	runde Sorten wie ‚Rote Kugel'
Herbstrüben/Mairüben	ab Juli bis August	

Folgepflanzungen in der Selbsternte-Parzelle

Kulturart	Pflanzen bis	
Endiviensalat	bis Ende Juli	grobblättrige Sorten ‚Escariol', ‚Bubikopf' frostunempfindlich
Kopfsalat	bis Ende Juli	im Sommer nur schosstolerante Sorten wie ‚Till', ‚Grazer Krauthäuptel', ‚Maravilla de Verano'
Knollenfenchel	bis Mitte August	
Kohlrüben	bis Mitte Juli	
Pak Choi	Juli bis Ende September	
Kohlrabi	bis Mitte August	

Quelle: eigene Zusammenstellung

Porträts von Selbsternte-Anbietern

Die Quereinsteigerin: Renate Weber

Renate Weber betreibt seit 2014 drei Selbsternteprojekte in Wien und Mödling. 2004 begann sie auf einer bei Regine Bruno gemieteten Selbsternte-Parzelle zu gärtnern. Ohne landwirtschaftlichen Hintergrund stieg sie in dieses Themenfeld ein, begeisterte sich und war in Folge jahrelange Mitarbeiterin bei der Selbsterntepionierin. 2014 übernahm sie als ihre Nachfolgerin zwei Selbsternteflächen. Seither betreibt sie diese Projekte mit wachsendem Erfolg. Ihr Ziel für die Zukunft ist, mehr Wissen und Erfahrung über Ganzjahresgemüse zu sammeln, um so mit Anbau und Ernte im Folientunnel eine saisonal durchgängige Selbsternte bei ihren Projekten zu ermöglichen. Renate Weber verzichtet bei ihren drei Anlagen auf automatische Bewässerung, und zwar nicht, um Investitionskosten zu sparen, sondern aus gärtnerisch qualitativen Gründen. Nur beim händischen Gießen wird zur richtigen Zeit und mit der jeweils richtigen Menge bewässert und somit eine optimale Versorgung der Pflanzen gewährleistet. Großen Wert legt Renate Weber auch auf die Beratung und Betreuung ihrer „Gartenklienten". Jede Saison kommen rund ein Drittel neue InteressentInnen dazu, von denen etwa *„die Hälfte noch nie etwas anderes Pflanzliches als einen Philodendron [eine Zimmerpflanze] berührt hat."* Deshalb ist eine gute Einführung für die meisten Neulinge von großer Bedeutung. Der jüngste begeisterte Selbsternter ist übrigens Schüler und gerade 13 Jahre alt! Ihm ist besonders wichtig, dass er alles selber macht. www.natuerlichwild.at

Renate Weber betreibt drei Selbsternte-Flächen in Wien und Mödling.

Ein Erwerbsgemüsebauer teilt sein Wissen: Die Morgentaugärten in Linz

Die Firma Morgentau baut seit 30 Jahren Bio-Gemüse an. Seit dem Jahr 2015 stellen sie ihr Wissen auch Menschen zur Verfügung, die selbst biologisch Gemüse anbauen wollen: In 5 Städten in Oberösterreich bieten sie an 11 Standorten (auf gepachteten Flächen) Mietgärten an. Wichtig für die Auswahl der Flächen ist eine möglichst zentrale Lage und eine größtmögliche Nähe zu den öffentlichen Verkehrsmitteln. Ende März/ Anfang April werden kälteresistente Gemüsearten – Karotten, Pastinaken, Radieschen und Zuckererbsen – gesät. Zwischen Mitte und Ende April gibt es einen Übergabetag, an dem gemeinsam mit den MietgärtnerInnen Kopfsalat, Zwiebeln, Buschbohnen, Lauch, Rote Rüben und Zuckermais gesät und gepflanzt werden. Ein weiterer gemeinsamer Pflanztag für die wärmeliebenden Kulturen wird zwischen Mitte und Ende Mai angeboten. Die mittlerweile 400 Selbsternte-

Erster gemeinsamer Pflanztag bei der Übergabe.

Mitte Mai – es wächst!

GärtnerInnen leben meist in der Nähe der Anlagen und sind zwischen 17 und 83 Jahren alt, der Großteil sind „WiederholungstäterInnen", die seit Beginn jedes Jahr wiederkommen. Es werden drei unterschiedlich große Parzellen angeboten: Die kleinste Einheit sind 20 m² – von denen sich ca. 50 kg Biogemüse ernten lassen – die größte 60 m², was einer Ernte von ca. 150 kg entspricht. Zusätzlich zur Standard-Variante gibt es eine Premium-Variante, bei der zum Nachpflanzen und Nachsäen passende Jungpflanzen und Saatgut zur Verfügung gestellt werden. Gedüngt wird über Flächenkompostierung und Gründüngung. www.morgentaugaerten.at

Eine Stadt organisiert Platz zum Gärtnern: Die Münchner Krautgärten

Die Erhaltung der Grüngürtel und der lokalen Landwirtschaft sowie ein Angebot für die immer größer werdende Nachfrage der Bevölkerung nach Selbstversorgung aus eigener gärtnerischer Tätigkeit zu schaffen, sind Ziele der Stadtentwicklung in München. Bereits im Jahr 1999 wurde daher begonnen, in Kooperation mit Landwirten und durch Gründungen von Gartengemeinschaften (in Form von GbRs), Selbsternteprojekte zu entwickeln. Die Nachfrage nach Parzellen in den bisher 21 Krautgartenstandorten ist ungebrochen: 2015 wurden 1.384 Parzellen auf insgesamt 6 ha Fläche bewirtschaftet. Angeboten werden Parzellen in zwei Größen zu 30 oder 60 m².

Am Ende der Gartensaison wird bei den Krautgärten Tabula rasa gemacht. Nicht nur die Parzellen werden abgeräumt, es gibt auch keine langfristigen Pachtverträge und Dauerpächter. Alle Interessierten können (wieder) eine Anmeldung ausfüllen. Da die Nachfrage ungebrochen hoch ist, plant die Stadt München, weitere Standorte zu entwickeln. www.muenchen.de

1.000 Menschen in den Gärten: Das Hofgut Oberfeld in Darmstadt

von Jens Müller Cuendet, Saisongarten Hofgut Oberfeld

Einzug gehalten haben die Saisongärten auf dem Hofgut Oberfeld im Jahr 2009. Mittlerweile werden rund 300 Parzellen à 80 m² angelegt, einige davon geteilt. So sind von Mai bis Anfang Dezember rund 1.000 Menschen auf unseren Feldern am Gärtnern. Die GärtnerInnen – von Studierenden über Familien bis zu Hochbetagten – lieben daran die Möglichkeit, eigenes Gemüse zu ernten, den Kontakt zur Erde und Natur. Insbesondere fühlen sich viele Menschen durch die Begleitung der wachsenden Pflanzen regelrecht belebt. Viele sind mit dem Projekt sehr eng verbunden. Es entstand ein Kochbuch, und inzwischen gibt es regelmäßige Koch-Events draußen auf dem Feld. Wir säen Gemüsereihen über die ganze Länge des Feldes und trennen senkrecht dazu die Parzellen ab. Die Gartenzäune sind lebendige aus Sonnenblumen, Lein, Ölrettich, Bienenweide oder Klee. Die Saisongärten sind eine wunderbare Möglichkeit, Vielfalt zu schaffen. Beinahe jede Reihe ist ein anderes Gemüse, so wachsen ca. 30 Arten, von der Kartoffel über Schwarzwurzeln bis zur Blumenmischung. Wir bauen ausschließlich samenfeste Sorten an und haben durch den unmittelbaren Kontakt zu den Menschen auch die Möglichkeit, darüber zu informieren. Unsere eigene Tätigkeit verlagert sich vom Anbau im April zur Beratung über E-Mail-Newsletter und vor Ort eher zu einer Pflege des Sozialen. Die Saisongärten sind eine wunderbare Möglichkeit, Menschen, die den Kontakt zu Landwirtschaft und Gartenbau nicht mehr haben, auf neue Art mit dem Gärtnern in Verbindung zu bringen. Das wird nach unseren Erfahrungen insbesondere im städtischen Raum dankbar aufgenommen. www.landwirtschaft-oberfeld.de und www.saisongarten.org

Die Saisongärten am Hofgut Oberfeld in Darmstadt.

Das Standard-Sortiment der Selbsternte-Gärten kann mit Kräutern und Blumen ergänzt werden. Im Bild: Gewürzkraut Perilla und Scheinmohn.

Gemeinsam anbauen, gemeinsam ernten und gemeinsam neue Strukturen der Selbstversorgung schaffen.

Gemeinschaftsgärten

Für viele, die sonst keine Möglichkeit haben, Gemüse anzubauen, sind Gemeinschaftsgärten Flächen, die zusätzlich zur Selbstversorgung mit Gemüse, Kräutern und Obst vieles ermöglichen: Begegnung mit (noch) fremden Menschen, Zeit und Bewegung unter freiem Himmel oder ein Ankommen in einer neuen Heimat.

Wenn ein Gemeinschaftsgarten einen hohen Selbstversorgungsgrad der einzelnen Mitglieder ermöglichen soll, ist dazu Arbeit und Wissen nötig und auch die Voraussetzungen dafür – guter Boden, ausreichend Wasser – müssen geschaffen werden. Es geht genauso darum, wie Arbeit und Verantwortung untereinander aufgeteilt werden, wie darum, einen guten sozialen Boden für die gemeinschaftliche Selbstversorgung zu schaffen: um Kommunikation und Gruppendynamik. So kommen in Gemeinschaftsgärten die großen Fragen unserer Zeit zum Ausdruck: Wie kann Arbeit und Verantwortung für ein gemeinsames Ganzes gut untereinander aufgeteilt werden? Wie viel Individualität und wie viel Kollektivität braucht ein gutes Zusammenleben? Was liegt dazwischen? Wo braucht es Grenzen? Und wo Verbindendes?

Die Antworten auf diese Fragen fallen unterschiedlich aus: So bewirtschaften in manchen Gemeinschaftsgärten die einzelnen Gärtnerinnen und Gärtner jeweils eigene Parzellen. Bei anderen gibt es Gemeinschaftsbeete neben individuell bebauten Beeten. Manche GemeinschaftsgärtnerInnen bestellen und bearbeiten alle Flächen gemeinsam oder holen sich (bezahlte) Unterstützung von professionellen Bio-GärtnerInnen (→ siehe Beispiel Verein „Erdling", Seite 131). Und in manchen Gemeinschaftsgärten bepflanzt eine Gruppe von Menschen gemeinsam einen Teil des Gartens nach ihren (gärtnerischen) Vorlieben. Gemeinschaftsgärten haben somit gegenüber Privatgärten viele anbautechnische Vorteile.

Vorteile von Gemeinschaftsgärten

- Auf größeren Flächen hat man weniger Schneckenprobleme als auf kleinen.
- Auf größeren Beeten gedeiht das Gemüse besser.
- Es ist leichter eine gute Fruchtfolge einzuhalten.
- Man muss nicht immer da sein und kann sich die Arbeit besser aufteilen.
- Aufteilung der Ernte: In einem kleinen Garten kann man den eigenen Bedarf nur schwer dosieren, bei den größeren Ernten der Gemeinschaftsgärten kann man die Ernte besser aufteilen.
- In einem größeren Folientunnel ist das Arbeiten angenehmer als in einem kleinen, stickigen.

Gartenbau oder Landwirtschaft?

Die Grenzen zwischen Gemeinschaftsgärten und gemeinschaftsgetragener Landwirtschaft sind fließend (→ siehe Solidarische Landwirtschaft, Seite 136 und Genossenschaft, Seite 174). Viele Initiativen, die sich dem Anbau von Gemüse und Obst widmen, sehen sich selbst – in Abgrenzung zu den vielen Gemeinschaftsgärten, bei denen die tatsächliche Selbstversorgung nicht im Vordergrund steht – nicht als Gemeinschaftsgärten, sondern als neue Formen von Landwirtschaft und Gartenbau. Und tatsächlich: Viele der hier entstehenden Bewirtschaftungs-, Anbau und Finanzierungsmethoden können auch inspirierend für Bäuerinnen und Bauern sein. Zumal das gemeinschaftliche Gärtnern Netzwerke schafft, in denen Menschen miteinander in ein gemeinsames Tun kommen und aus ihren unterschiedlichen Perspektiven und Erfahrungshintergründen neue Ideen entstehen. Das Potential, neue Konzepte entstehen zu lassen, scheint genau so groß zu sein wie das Potential des „Scheiterns". Wobei das Scheitern ein weites Feld ist. Denn gerade dort, wo Pflanzen nicht gut ertragreich wachsen, kann man auch besonders viel lernen. Umgekehrt sind Gemeinschaftsgärten gerade dort besonders ertragreich, wo erfahrene GärtnerInnen gut eingebunden sind und sie einen Gemeinschaftsgarten mittragen. Hier können noch unerfahrene GärtnerInnen rasch von erfahrenen lernen. Dieses Kapitel beschäftigt sich letztlich mit der Frage, was es braucht, damit auch in Gemeinschaftsgärten ertragreich geerntet werden kann.

Gemeinschaftsgärten als neue Formen der Aneignung und Mitgestaltung

In den letzten 10 Jahren sind in Städten und auf dem Land viele Orte des gemeinsamen Gärtnerns entstanden. Bei den meisten Gemeinschaftsgärten stehen nicht der Ertrag und damit die Selbstversorgung im Vordergrund und doch schafft das gemeinsame kultivieren von Gemüse und Kräutern im (halb) öffentlichen Raum eine große Wirkung: Die Idee der Gemeinschaftsgärten geht auf die so genannten „Community Gardens" zurück, die seit den 1970er Jahren zunächst in New York entstanden waren. Auf brachliegenden Flächen gründeten sich damals erste gemeinschaftlich getragene Projekte im Stadtteil, die nicht nur neue grüne Freiräume mitten im bebauten und urbanen Umfeld schufen, sondern zu einer Revitalisierung und Aktivierung des gesamten Stadtteils führten. In Deutschland gibt es seit den 2000er Jahren immer mehr Gemeinschaftsgärten. Diese oft sehr kleinen Gemeinschaftsgärten schaffen Frei- und Begegnungsräume, beleben Stadtteile und die Nachbarschaft und haben auch eine wichtige Rolle des Ankommens für migrierte oder geflüchtete Menschen, um Kontakte zu anderen Menschen knüpfen zu können und Vertrauen in das Leben im neuen Land schöpfen zu können. „*Wurzeln schlagen in der Fremde*", nennt die Soziologin Christa Müller dies. Sie ist Geschäftsführerin der gemeinnützigen Stiftung anstiftung (www.anstiftung.de), die seit vielen Jahren urbane Gemeinschaftsgärten bei der Gründung berät. In ihrem Urban-Gardening-Manifest weisen 150 Gemeinschaftsgärten auf die Bedeutung der urbanen Gärten als konsumfreie Orte im öffentlichen Raum hin. Mittlerweile haben viele Stadtverwaltungen in Europa diese wichtige soziale Rolle von Stadtteilgärten erkannt. Viele Gemeindeverwaltungen setzen mittlerweile selbst Aktivitäten, publizieren Broschüren, stellen Land zur Verfügung oder ermöglichen eine Wasserversorgung. Die urbanen GärtnerInnen haben in den letzten Jahren viele vernachlässigte Stadtteile wiederbelebt und zu lebenswerten Orten in der Stadt gemacht. Was noch ausständig ist, dass in den vielen wachsenden Städten die Planung von Gärten aktiv in die Stadt-Erweiterungsplanung aufgenommen wird (→ siehe Seite 26). Denn es ist eine Sache, auf einem zugepflasterten Innenhof ein paar Tröge aufzustellen und eine andere, urbane Selbstversorgung aktiv in der Stadtplanung mitzudenken.

Gemeinsam ertragreich gärtnern

Gemeinsam zu gärtnern hat viele Vorteile. Gärtnern ist handarbeitsintensiv. Je mehr Menschen mit dabei sind, umso rascher ist eine Fläche vorbereitet, das Unkraut gejätet, die Kartoffeln geerntet. Umso mehr Budget gibt es auch, um gemeinsam notwendige Geräte anzuschaffen – die in Privatgärten meistens ja ohnehin nicht voll ausgenutzt werden. Damit das Gärtnern auch ertragreich ist, müssen einige Voraussetzungen erfüllt sein.

Die Größe Die Gemüseanbaufläche pro Person sollte mindestens 30 m^2 groß. Für eine möglichst vollständige Selbstversorgung ca. 60 m^2 (→ siehe Seite 53). Viele Selbstversorgungs-Initiativen starten mit einer Größe von ca. 3.000 m^2

Gärtnerisches Know-how Einzelne oder im Idealfall mehrere in der Gruppe besitzen Know-how im Gemüsebau. Gemeinschaftsgärten, die ertragreich gärtnern, haben mindestens einen langjährig

Die GemeinschaftsgärtnerInnen im Permatop in Lustenau, Vorarlberg, gärtnern in schneckensicheren Rahmenbeeten.

erfahrenen oder gelernten Gärtner oder Biobauern in ihrer Gruppe.

Guter Boden Der Boden ist ein guter Mutterboden oder es kann in Rahmenbeeten oder Hügelbeeten gegärtnert werden.

Wasser Viele Gemeinschaftsgärten arbeiten mit Wassertanks, die sie über einen Wasseranschluss aus der Nachbarschaft auffüllen können. Der Nachteil der Wassertanks ist, dass sie bei größeren Flächen und Trockenperioden rasch leer sind. Wer einen eigenen Brunnen schlagen kann, hat stetig Wasser und nur einmalige Investitionskosten

Entscheidungen: Alleine oder gemeinsam?

Bei der Anbauplanung und auch bei der Durchführung der einzelnen Pflegearbeiten sind viele Entscheidungen zu treffen: Manche Entscheidungen können in der Ruhe winterlicher Abende zum Beispiel im Rahmen von Plenar-Versammlungen getroffen werden (Wie groß sollen die Anbauflächen der einzelnen Kultur-Arten sein? Welche Sorten sollen angebaut werden? Wo soll welches Saatgut bestellt werden? Usw.). Viele gärtnerische Fragen müssen unmittelbar und im Alltag beantwortet werden. Bei diesen Fragen ist eine Abstimmung in der Gruppe schwierig: Im Sinne eines gärtnerischen Erfolgs ist es oft notwendig, rasch zu handeln und nicht vier Wochen bis zur nächsten Plenarsitzung der ganzen Gruppe verstreichen zu lassen. Zum Beispiel müssen Kartoffelkäfer so früh als möglich abgeklaubt werden, in Trockenzeiten muss bewässert werden und erntereifes Gemüse muss rasch geerntet werden.

Mulchen oder nicht mulchen? Die Tomaten ausgeizen oder nicht ausgeizen? Gerade wenn Menschen neu zu gärtnern anfangen, wird vieles intensiv diskutiert.

Temporäres Nutzungsrecht Viele Gemeinschaftsgärten haben nur ein temporäres Nutzungsrecht oder zeitlich befristete Verträge mit den GrundeigentümerInnen. Das ist eine ihrer größten Nachteile. Denn so ist der Anbau von mehrjährigen Pflanzen meistens nicht möglich und häufig muss gerade dann, wenn nach zwei, drei Jahren die ersten Anfangshürden überwunden sind, wieder eine neue Fläche gesucht werden.

Gruppendynamik / Koordination der Gruppe Gemeinschaftsgärten brauchen eine oder einen Verantwortlichen, der das übernimmt und bei dem die Fäden zusammenlaufen. Das muss nicht immer dieselbe Person sein. Je größer die Anzahl der Mitglieder, umso wichtiger ist diese Rolle und kann dann auch einen Umfang annehmen, der über die Ehrenamtlichkeit hinausgeht. Vor allem, wenn viel Abstimmungsaufwand nach außen (z. B. Pachtverträge, Bau-Genehmigungen von Infrastruktur usw.) nötig ist.

Abstimmung in der Gruppe Die Arbeitsaufteilung und die Abstimmung in der Gruppe sind für viele eine Herausforderung. Sie funktioniert umso besser, je klarer das gemeinsame Ziel ist und je klarer es ist, was wann zu tun ist und wie viel Arbeit anfallen wird (wann es zum Beispiel wirklich wichtig ist, zu bewässern oder nachzupflanzen).

Fluktuation In den meisten Gemeinschaftsgärten gibt es immer wieder einen mehr oder weniger großen Wechsel: Je kleiner die Gruppen sind und je besser das Team eingespielt ist, umso konstanter bleibt die Gruppe. Die Fluktuation reicht meist von 10–40 %. Daher ist eine Öffentlichkeitsarbeit (in kleinerem Ausmaß) stets wichtig, um wieder neue GärtnerInnen zu gewinnen.

Aufteilung der Ernte Wie die Ernte aufgeteilt wird, ist eine Frage, die gut geklärt werden muss. Bei vielen Gemeinschaftsgärten gibt es einen Überschuss von Sommergemüse.

Arbeitseinteilung Die Arbeit kann unterschiedlich eingeteilt werden. In manchen Gärten gibt es Arbeitstage (z. B. Mittwochabend und Samstagnachmittag.) Zu diesen Zeiten kann man annehmen, dass jemand anderes auch da ist und man gemeinsam arbeiten kann. Oder einzelne übernehmen die Verantwortung für bestimmte Kulturen.

Konflikte Zahlreiche Gemeinschaftsgärtner berichten von Konflikten zwischen erfahrenen und unerfahrenen GärtnerInnen. Für viele GemeinschaftsgärtnerInnen ist der Garten eine Gegenwelt zur durchgetakteten Arbeitswelt, viele wollen sich das Gärtnern auch selbst erarbeiten und Methoden und Kulturtechniken ausprobieren, von denen sie in Internetblogs oder Zeitschriften gelesen haben. Am Anfang eines Gärtnerlebens ist es meist auch noch nicht klar, wann man im Garten wirklich da sein muss, vielen Neo-GärtnerInnen wächst anfangs das Unkraut über den Kopf. Für geübte GärtnerInnen ist es da anfangs schwer zuzuschauen, ohne sich einzubringen, wenn man nicht um Rat gefragt wird. Je klarer ein Gemeinschaftsgarten auf das Ziel der Selbstversorgung ausgerichtet ist, umso höher wird die gärtnerische Kompetenz auch geschätzt und die, die lernen wollen, orientieren sich an den Erfahrenen und lassen sich von ihnen anleiten. Simone König, die einen Gemeinschaftsgarten in Götzis (→ siehe Seite 133) mit aufgebaut hat, bringt das so auf den Punkt: *„Jemand, der da ist und der sagt, wir machen das jetzt und wir machen das jetzt genau so, ist hilfreich."*

Schneckenzäune sind bei Gemeinschaftsgärten besonders wichtig. Weil ja meistens niemand direkt daneben wohnt und täglich Schnecken einsammeln kann. Vor allem bei Flächen, die direkt zwischen Wiesen liegen. Am besten eignen sich (mobile) Stecksysteme (verzinktes Blech mit einem Winkel oben).

Schneckenzäune bewähren sich in Gemeinschaftsgärten besonders.

Beetweiser Anbau In Gemeinschaftsgärten bewährt es sich, Gemüse beetweise und nicht in Mischkultur anzubauen. Mischkultur ist schwieriger zu beernten und bei Reinkultur eines Gemüses ist leichter zu kommunizieren: "Jetzt werden die Karotten geerntet." Oder: „Jetzt ernten wir das Krautfeld."

Bio-Anbau Wenn ein Gemeinschaftsgarten eine Fläche eines zertifizierten Bio-Betriebes nutzen kann, gelten auch hier alle Vorgaben der Bio-Landwirtschaft. Es gibt eine Aufzeichnungspflicht für die Bio-Kontrolle (z. B. Belege/Rechnungen, dass Saatgut und Jungpflanzen biologisch sind, kein Einsatz von leichtlöslichen Mineraldüngern, chemisch-synthetischen Pflanzenschutzmitteln etc.). Diese Vorgaben müssen genau mit dem Biobauern bzw. der Biobäuerin abgestimmt und von allen eingehalten werden, sonst wird dem Betrieb die Bioförderung aberkannt – und der Gemeinschaftsgarten muss sich eine neue Fläche suchen.

✱ Erfahrungen von Gemeinschafts-GärtnerInnen

„Ein Gemeinschaftsgarten ist ein großes Lernfeld – einerseits Bio-Gemüsebau: Was funktioniert? Was funktioniert nicht? Was muss man zu welcher Zeit pflanzen? Wie geht man mit Schädlingen um? Andererseits als Gruppe: Was findet man für Kommunikationswege? Wie geht man miteinander um? Wie kommt man sinnvoll zu Entscheidungen? Wie teilt man die Ernte auf? Die Leute, die dabei sind und dabeibleiben, interessieren sich für beides."

Simone König, Gemeinschaftsgärtnerin, Lustenau

„Wir sind sechs Gärtnerlnnen und Gärtner und bauen gemeinsam auf ca. 300 m² Gemüse an. Am Anfang war die Abstimmung für mich ein wenig gewöhnungsbedürftig. Ist auf dem Beet schon etwas angebaut oder nicht? Aber zu meiner Überraschung funktioniert das sehr gut und das gemeinsame Gärtnern ist irrsinnig nett."

Bernhard Ungericht, Gemeinschaftsgärtner, Graz

Checkliste zur Gründung eines Gemeinschaftsgartens

Land/Anbaufläche

- Wie viel Fläche benötigt die Gruppe?
- Kann jemand aus der Gruppe die Fläche zur Verfügung stellen?
- Für welchen Zeitraum bzw. für wie viele Jahre ist diese sichergestellt? Vorsicht, wenn die Fläche nur für wenige Jahre gemietet werden kann!
- Vorgeschichte der Fläche

Netzwerkaufbau

- Wer hat welche Ressourcen, Möglichkeiten und Kompetenzen, ein Netzwerk aufzubauen (Kontakte zur Gemeinde, möglichen Grundverpächtern, Medien)?
- Welche möglichst unterschiedlichen Kontakte zu Menschen, die möglichst in der Nähe wohnen oder arbeiten können angesprochen werden? Wer hat Kontakte zu welchen Gruppen und Netzwerken in der Nähe, im Stadtviertel (Vom Chor bis zur Anschlagtafel im Kindergarten, von Facebook-Gruppen aus Nachbarschaftsnetzwerken bis zu privaten E-Mail-Verteilern, von städtischer Gebietsbetreuung bis zu lokalen Einkaufsgemeinschaften).

Wissen und Erfahrung

- Wer sind die künftigen Gärtnerinnen und Gärtner? Haben sie bereits Erfahrung im Gemüseanbau oder in der Neuanlage einer Gemüsebaufläche? In der Herstellung der notwendigen Infrastruktur (Bewässerung, Strom für die Wasserpumpe etc.)?
- Sind die erfahrenen Gemüsegärtner bereit, ihr Wissen an Einsteiger weiterzugeben und wie gehen sie mit anfänglichen Misserfolgen um? Kann eventuell ein erfahrener Bio-Gärtner für eine bestimmte Stundenzahl im Jahr von der Gruppe finanziert werden?
- Welche Fähigkeiten und Kompetenzen gibt es bereits in der Gemeinschaft (Moderation in Krisensituationen, Kommunikationsfähigkeit mit Behörden, Zeichnen eines Einreichplans für ein Folienhaus, Schweißen von Rankgerüsten, Bau von Sitzmöbeln aus Paletten etc.) und welche Kompetenzen fehlen noch?
- Budget
- Erstellen des Budgets. Wie werden die Fixkosten (Pacht/Strom- und Wasserkosten, Werkzeuge) auf alle aufgeteilt? Welche variablen Kosten fallen an (zum Beispiel Kosten für Wasserpumpe, Bewässerungsschläuche, Materialkosten für Rankgerüste).
- Decken die Mitgliedsbeiträge diese Kosten? Wer könnte eine Vorfinanzierung oder Anschubfinanzierung übernehmen?
- Ist Crowdfunding (→ siehe Seite 178) eine geeignete Möglichkeit, um die benötigte Infrastruktur zu schaffen?

Werkzeug

- Welches Werkzeug ist notwendig (→ siehe Seite 228).
- Wer hat welches Werkzeug? Welches muss neu angeschafft werden?
- Wo kann das Werkzeug gelagert werden?

Jungpflanzen

- Kann ein/e der GärtnerInnen zu Hause vorziehen?
- Gibt es die Möglichkeit, ein kleines Gewächshaus zu errichten?
- Gibt es BiobäuerInnen oder BiogärtnerInnen in der Nähe, bei denen die Jungpflanzen bezogen werden können (auch für Sommer- und Herbstpflanzungen)?

Pflegemaßnahmen/Arbeitsorganisation

- Gibt es gemeinsame Arbeitstage?
- Wie wird kommuniziert, bei welchem Beet welche Pflegemaßnahmen und Gießdienste erforderlich sind?
- Können diese alleine bzw. von einzelnen Mitgliedern verrichtet werden oder sind diese zu „sensibel" für Unerfahrene? (Zum Beispiel muss man keimende Karotten als solche erkennen und nicht als Unkraut ausrupfen.)

Bewässerung

- Wo kann das Wasser entnommen werden?
- Muss/Kann ein Brunnen geschlagen werden?
- Muss eine Wasserpumpe angeschafft werden?

- Soll/Kann eine Tröpfchenbewässerung angeschafft werden?
- Wie werden die Gießdienste eingeteilt?

Ernte

- Wie wird die Ernte untereinander aufgeteilt?
- Was geschieht mit Überschüssen? Gibt es eine Einkochküche, um diese gemeinsam zu verarbeiten?
- Wann kann welches Beet beerntet werden?

Kommunikation

- Wie kann die Gruppe gut untereinander kommunizieren? (Gemeinsame Arbeitstage; Markierungen im Beet wie z. B. verschiedenfärbige Fahnen für Gießen, Unkraut jäten, Ernten; Notizbuch in verschließbarem und regensicherem Briefkasten, E-Mail-Newsletter, Facebook- oder WhatsApp-Gruppe etc.)

Versorgungszeitraum

- Über welchen Zeitraum ist eine Ernte mit den bestehenden Ressourcen möglich? Ist ein Winteranbau möglich, kann ein Minitunnel errichtet werden? (→ siehe Seite 306)

Eine der vielen Fragen bei der Gründung eines Gemeinschaftsgartens: Kann jemand aus der Gartengruppe Jungpflanzen zu Hause vorziehen?

Beispiele für gemeinschaftsgetragene Landwirtschaft

Die LoBauerInnen: Community Made Agriculture (CMA)

Gärtnern lernt man, indem man gärtnert. Und zwar am besten gemeinsam. Das könnte das Motto des 2012 in Wien neu entstandenen Konzepts der Community Made Agriculture (CMA) sein. Menschen mit und ohne gärtnerische Erfahrung schließen sich zusammen, gründen gemeinsam – als Verein – einen neuen landwirtschaftlichen Betrieb (mit eigener Betriebsnummer), pachten eine – stadtnah gelegene – landwirtschaftliche Fläche und bauen Gemüse, Kräuter, Kartoffeln und Beerenobst an. Bei einer CMA wird die Landwirtschaft von einem Verein selbst geführt, ohne professionelle Bäuerinnen und Bauern.

Bei den LoBauerinnen wird in Einzelbeeten und in Gemeinschaftsbeeten gegärtnert.

Anders als bei der Selbsternte gibt es keine Einzelparzellen, sondern die Anbaupläne werden gemeinsam erstellt, eine Arbeitsteilung vereinbart und die Ernte unter den Mitgliedern aufgeteilt. Anders als bei der Solidarischen Landwirtschaft (CSA) erzeugen nicht hauptberufliche GärtnerInnen das Gemüse, sondern die Mitwirkenden bauen in gemeinschaftlicher Arbeitsteilung selbst an und übernehmen die Verantwortung für einzelne Kulturen. So gibt es bei den „LoBauerInnen" – der ersten CMA Wiens – eine „Kartoffelministerin" und einen „Spargelminister". Die einzelnen „Minister" sind nicht dafür zuständig, bei der jeweiligen Kultur alle Arbeiten zu übernehmen, sondern den Überblick zu bewahren, was zu tun ist. Gegenwärtig ist die Anbaufläche der Gruppe ca. 3.800 m² groß, auf ca. 2.600 m² wird Gemüse oder Gründüngung angebaut. Der Rest entfällt auf Freiflächen wie Rasen, Wiese, Begegnungszonen und Wege. Die Fläche soll etwas verkleinert werden, weil sich auch die Gruppe etwas verkleinert hat und damit alles gut bearbeitbar bleibt. Drei Viertel der Fläche sind Gemeinschaftsfläche, die mit den oben beschriebenen Zuständigkeiten bearbeitet werden. Ein Viertel der Fläche beherbergt sogenannte „Experimentierparzellen", auf denen unter individueller Betreuung und Verantwortung neue Sorten und Anbaumethoden getestet werden. Was wiederum dem Wissensstand aller Vereinsmitglieder zugutekommt. Einmal im Jahr wird ein Anbauplan erarbeitet, der die Aufteilung der Fläche festlegt. Nach vier Jahren hat sich in der Gruppe ein Konzept der Mitarbeit- und Erntestruktur herausgebildet: Es gibt die „kulturverantwortlichen Minister". Bei ihnen ist auch der Grad der Selbstversorgung am höchsten. Dann gibt es die Gruppe der GärtnerInnen, die regelmäßig zum Arbeiten kommen, aber keine planende Verantwortung haben. Sie haben auch Vorrang bei der Ernte. Die dritte Gruppe

Viele Hände, schnelles Ende. Das gilt auch bei der Ernte.

umfasst jene, die gelegentlich kommen und ab und zu ernten. Alle aktiven Mitglieder bekommen im Herbst Parzellen „zugeteilt", die sie von Hand umgraben. Die vierte Gruppe sind rein fördernde Mitglieder, die Gemüse-Überschüsse bekommen. In Summe sind so rund 40 Menschen eingebunden, wobei gärtnerisch aktive Mitglieder sehr willkommen sind.

Überschüsse der Jungpflanzenanzucht und aus der Gemüseernte werden im mit anderen Initiativen der „Kleinen Stadtfarm" betriebenen Bauernladen und an verschiedene Lebensmittelkooperativen (Foodcoops) in Wien verkauft. Der Anspruch der CMA ist nicht, dass sich alle Mitglieder „von 0 auf 100" mit eigenem Gemüse versorgen können, sondern dass sie Schritt für Schritt, Jahr für Jahr, lernen, wie das geht. Und dabei lernen, wie man Arbeit und Verantwortung teilt. So entsteht eine neue Organisationsform, in der ausgehandelt wird, was jeder einbringt und entsprechend an Gemüse mit nach Hause nimmt. Die erste CMA gründete Nikolai Ritter im Jahr 2012 gemeinsam mit anderen engagierten Menschen aus einer Foodcoop heraus: die LoBauerInnen. Nikolai Ritter meint zum Konzept der CMA: *„CMA ist so intensiv wie eine Schule. Wir können vielleicht die Selbstversorgung noch nicht so gut, aber wir können in der Wissensbildung sehr viel anbieten. Am Anfang hatten 10 % ein Gemüsebau-Grundwissen, jetzt nach 5 Jahren sind es schon 85 %, die von Anfang an dabei waren."*

Planungsbeispiele für den Gemüseanbau in einem landwirtschaftlichen Gemeinschaftsgarten

1 Kompost
2 Einzelbeete
3 Brache
4 Erdbeeren
5 Kräuterbeet
6 Himbeeren
7 Experimentierparzelle
8 Topinambur
9 Kürbis & Gurken
10 Gründüngung
11 Tomaten & Zwiebel
12 Rote Rübe
13 Fenchel
14 Zuckererbsen
15 Melone & Physalis
16 gemeinsamer Sitzplatz & Wassertanks
17 Buschbohnen
18 Stangenbohnen
19 Süßkartoffel
20 Lauch
21 Erdbeeren (Hügelbeet)
22 Tomaten und Weißkraut
23 Mangold
24 Sellerie & Schwarzer Rettich
25 Radieschen, Kohl & Salat
26 Wintersteckzwiebel
27 + 28 Zwiebeln & Karotten
29 Indianerbeet (Mais, Kürbis, Stangenbohnen)
30 Gurken & Rotkohl
31 Gurken & Rotkohl
32 Mangold
33 Zucchini
34 Salat & Paprika
31 Blumenkohl & Brokkoli
32 Auberginen
37 Kartoffeln
38 Rettich/Pastinake
39 Beeren

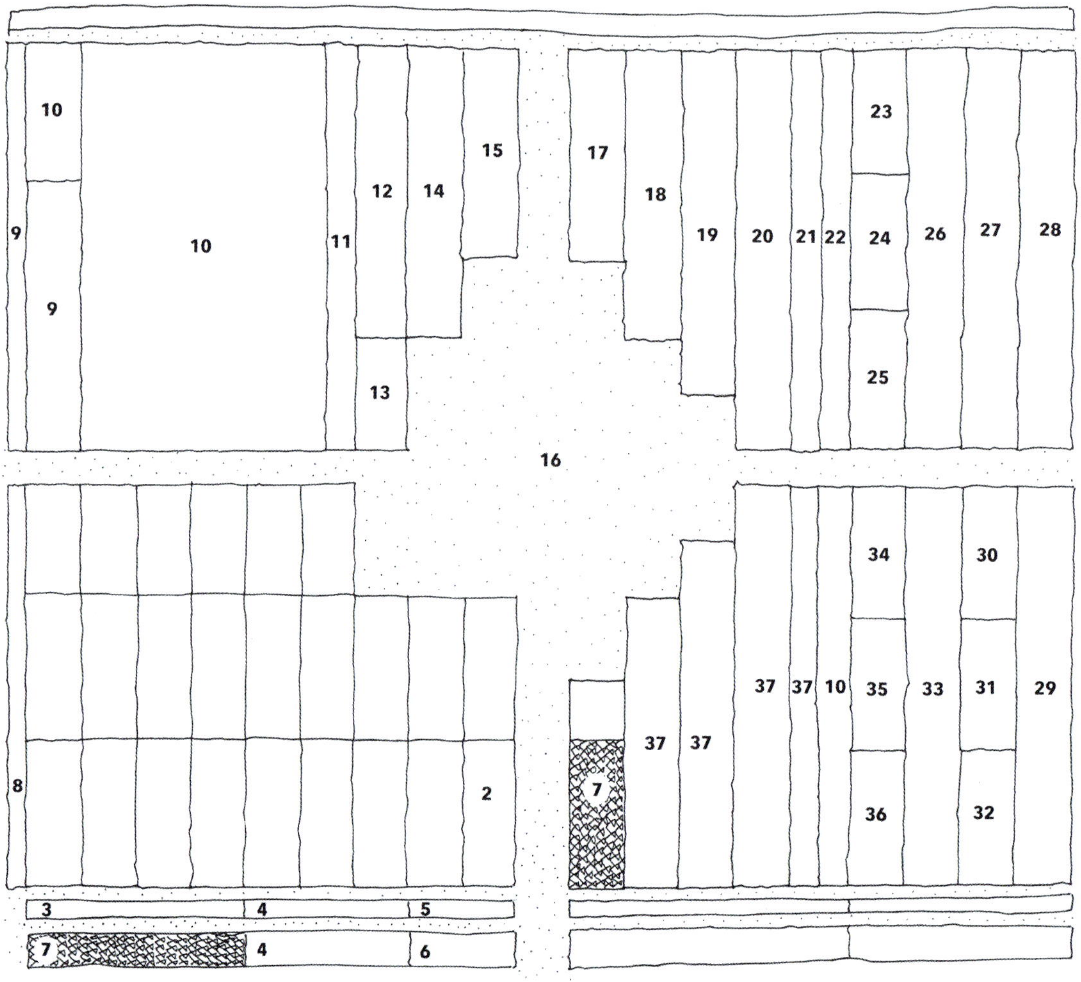

Der Anbauplan der LoBauerInnen aus dem Jahr 2017. Die Fläche ist ca. 3.000 m² groß.

Gemeinsamer Gemüsebau kann sehr ertragreich sein.

Die Erdlinge – Gemeinsam ertragreich gärtnern

Fünf zur gemeinschaftlichen Ernährungssouveränität fest entschlossene Menschen gründeten im Jahr 2013 den „Erdling – Verein für kooperative Landwirtschaft". „*Wir wollten keine Foodcoop gründen, sondern wirklich unsere Lebensmittel selbst nach dem Vorbild der gemeinschaftlichen Landwirtschaft anbauen und allen Mitgliedern des Vereins die Chance geben, dabei selbst mitzuwirken.*", beschreibt Antonia Osberger die Ausgangsidee.

Der Weg zu dem heute über 3 ha verfügenden Gemeinschaftsprojekt war zu Beginn steinig. Ein Jahr lang dauerte die Suche nach geeigneten Flächen für ihren geplanten gemeinschaftlichen Gemüseanbau und einen Profi-Gärtner, der den Erdlingen Starthilfe und kontinuierliche Betreuung bieten konnte. Über persönliche Kontakte sowie Zeitungsinserate und Infoveranstaltungen wurde gesucht und Mitglieder für die Idee geworben. Das Schwierigste war, an (guten) Boden zu kommen. Entweder wurde eine überhöhte Pacht verlangt oder erst gar nicht verpachtet, weil die Skepsis einem noch unbekannten Konzept gegenüber zu groß war. Allzu wählerisch konnte man also nicht sein. Die aktuell gepachteten Flächen gelten alle nicht als wirklich ideal für den Gemüseanbau. Doch mit der Erfahrung von Erdling-Gärtner Michael Limmer, der auch wesentlich am Aufbau der gärtnerischen Infrastruktur beteiligt war, können die Erdlinge vier Jahre nach Projektstart reichlich, vielfältig und kontinuierlich ernten. „*Michael war ein großer Glücksfall für uns – ohne ihn wäre es nicht gegangen*" ist Antonia Osberger, Geschäftsleiterin und Mitgründerin der Erdlinge, fest überzeugt.

„*Michael hat nicht nur die Ausbildung in der biologisch-dynamischen Landwirtschaft, sondern auch eine sehr reiche Erfahrung. Seit 1982 war er an verschiedenen Orten im Gartenbau-und in der Landwirtschaft tätig und hat auch CSA-Erfahrung. Auf ein Zeitungsinserat ist er zu einer unserer Veranstaltungen gekommen und hat uns dann Workshops angeboten. Jetzt arbeitet er hauptsächlich für uns.*"

Die Laufzeiten der einzelnen Pachtverträge betragen je nach Standort zwischen 5 und 15 Jahren, alle mit Option auf Verlängerung. Die Erdlinge erwirtschaften ihre Lebensmittel heute in einem Mehrflächensystem,

GärtnerInnen auf dem Weg zur Arbeit.

das auf 5 Orte verteilt ist. Das bringt Vorteile, wie ein Risiko-Splitting bei Schädlingen oder Unwetter aber auch den Nachteil zahlreicher Kilometer per Auto und Bahn, die über das Jahr anfallen. Direkt in Salzburg-Aigen stehen 6.500 m^2 für Gemüse und an den Salzachseen eine Obstwiese mit 4.000 m^2 zur Verfügung. Im rund 30 km entfernten Oberndorf baut der Verein auf einem ha Gemüse an und bewirtschaftet eine 5.000 m^2 große Streuobstwiese. Im dort nahegelegenen Maria Bühel sind es nochmals 1.000 m^2 für Gemüseanbau. Auch Beerensträucher werden kultiviert. Ein weiterer Standort liegt in Form einer 4.500 m^2 großen Obstbaumallee in Oberhofen beim Irrsee.

Diese insgesamt rund 3 ha großen Flächen werden heute von insgesamt 75 Mitgliedern bewirtschaftet und genutzt. Wovon rund 60 echte Ernte-TeilerInnen mit regelmäßiger Arbeitsbeteiligung am Feld sind und ca. 15 Fördermitglieder, die mit ihren Kompetenzen (Imker, Grafiker, Web-Designer, Schlosser usw.) Sachleistungen einbringen oder einfach spenden.

Die Fluktuation spielt hier natürlich, wie bei vielen ähnlichen Initiativen, auch eine Rolle. Etwa 20–40 % waren es pro Gartenjahr. Das lag zum einen an der falschen Einschätzung des zeitlichen Aufwandes, aber auch den gestiegenen Mitgliedsbeiträgen, die anfänglich mit 35 Euro pro Jahr viel zu niedrig angesetzt wurden. Heute zahlt man bei den Erdlingen für einen Ernte-Anteil monatlich 69 Euro Mitgliedsbeitrag. Dazu sollten durchschnittlich zumindest 6–8 Stunden Arbeit pro Monat in den Gärten eingebracht werden. Die braucht es auch, wollen die Erdlinge ihre langfristige Vision einer 100-prozentigen Selbstversorgung mit Gemüse und Obst aller Mitglieder in den nächsten Jahren erreichen. Für einige engagierte und im Konservieren und Lagern erfahrene Erdlinge ist das bereits erreicht, die meisten anderen können sich zu etwa 50 % mit Gemüse selbst versorgen. Welchen Tipp würde Antonia Osberger NeugründerInnen, die um Rat fragen, geben? *„Auf jeden Fall den Mitgliedsbeitrag von Beginn an realistisch ansetzen – das erspart unnötige Verstimmungen und hebt auch die Wertschätzung der (ehrenamtlich) geleisteten Arbeit der Verantwortlichen."* www.erdling.at

Der Gemeinschaftsgarten in Götzis (Allmenda-Gemeinschaftsgarten)

Im Gemeinschaftsgarten im Vorarlberger Götzis gärtnern 14 Menschen auf zwei verschiedenen Anbauflächen. Auf der mit einem Schneckenzaun eingezäunten, 300 m² großen Gemüsefläche wachsen Salate, Erbsen, Kohlgemüse, Buschtomaten, Lauch und anderes Gemüse. Auf dem 700 m² großen Feldstück werden 4 Zeilen Kartoffeln, 4 Zeilen Karotten und 4 Zeilen Rote Rüben angebaut. Für die Einlagerung des Lagergemüses kann der Kühlraum eines Biobetriebes genutzt werden. Überschüsse aus der Gemüseernte werden in der Küche einer sozialtherapeutischen Einrichtung verkocht, die dafür im Frühling Jungpflanzen für den Garten anzieht. Die Gruppe wird von Simone König koordiniert, die Anbauplanung macht ein Biogärtner, der auch dafür zuständig ist, dass zum Beispiel alle zwei Wochen ein neuer Satz Salat angebaut wird. Er stellt auch viele professionelle Geräte (etwa eine Handsäge) zur Verfügung. Insgesamt sind die Flächen sehr ertragreich. Das nächste Projekt der Gruppe ist ein Folientunnel, dafür muss noch ein Grund gesucht werden.

Bei der Kartoffelernte kommt auch der Traktor eines benachbarten Bauern zum Einsatz.

Die 300 m² große Fläche ist fertig vorbereitet.

Auch die Pflanzen warten darauf, gesetzt zu werden.

Kostbare Landschaft Ottensheim – ein öffentliches Projekt fördert die Selbstversorgung einer Gemeinde

Für drei Jahre war das Projekt „Kostbare Landschaften Ottensheim" konzipiert und als es im Oktober 2016 endete und zur Weiterbetreuung an verschiedene Verein aus der Gemeinde übergeben wurde, waren einige neue Anbauflächen entstanden und alte revitalisiert worden. Mehrere Stationen wurden in einem lebendigen Prozess zwischen Bevölkerung, Gemeindeverwaltung, der Dorf- und Stadtentwicklung und dem Land Oberösterreich entwickelt. Beratend begleitet wurde das Projekt vom Klimabündnis Oberösterreich und dem Projektleiter Christoph Wiesmayr. Es wurde von Beginn an ganz klar kommuniziert, dass keine Gemeinde-Betreuungskosten für die entstandenen Gärten aufgewendet werden können und dass die BürgerInnen und Vereine die Verantwortung haben, ihren Gestaltungsraum selbst in die Hand zu nehmen. „*Dies ist uns auch zu 99 % geglückt*", erzählt Christoph Wiesmayr: „*Mir ging es wirklich um die Idee der Mitgestaltung und das macht nur Sinn, wenn die Leute selbstbestimmt mit ihren Rechten und Pflichten ihre Umgebung mitgestalten können und nicht erst wieder der Bauhof der Gemeinde oder das Gartenamt einspringen muss, weil jemand dann doch keine Lust hat, das Unkraut zu zupfen.*"

Ottensheim verfügt mit 10 ha über die größte zusammenhängende Streuobstwiese der Region. Sie ist parzelliert und gehört 68 EigentümerInnen. Viele Bäume waren vergreist, weil sie jahrelang nicht gepflegt und geschnitten wurden. In mehreren gut besuchten Seminaren wurden Wissen und Praxis des Bepflanzens, Pflegens, Erhaltens und Nutzens der Streuobstwiese vermittelt. Ein Pomologe zeigte, wie man die alten Bäume durch Verjüngungsschnitte wieder in den Ertrag bringen und gesund halten kann. Die TeilnehmerInnen der vom Projekt organisierten Workshops lernten auch Techniken der Obstbaumveredelung. Dabei entstand ein Vermehrungsgarten für mehrere hundert junge Obstbäume. Dieser dient nun als „Gendatenbank" zur Vermehrung und Sicherung der Ottensheimer Streuobstwiese. In einem weiteren Seminar zeigte der Permakultur-Experte Andreas Holzer, wie man Hügel-,

In dieser Kleingartenanlage sind die einzelnen Beete nicht durch Zäune voneinander abgegrenzt.

Viele Bäume der Streuobstwiese waren vergreist und jahrelang nicht mehr gepflegt.

Die Streuobstwiesen-Baumschule ist zugleich eine regionale Genbank: 458 Bäume dutzender Sorten wurden veredelt.

Hoch- und Niederbeete errichtet. Auch an anderen Standorten wurden öffentliche Flächen in Ottensheim im Rahmen des Projektes zu essbaren Freiräumen: Auf zwei Flächen wurden Beerensträucher gepflanzt. Ein Naschgarten entstand etwa auf dem Schulgelände der Neuen Mittelschule. Hier wurde heimisches Beerenobst (Stachelbeere, Johannisbeere, Jostabeere, Heidelbeere, Brombeere und Himbeere) gemeinsam mit den SchülerInnen gepflanzt.

http://www.kostbare-landschaften.net

Informationen zur Gründung eines Gemeinschaftsgartens

- Bodenbündnis Oberösterreich: http://www.bodenbuendnis.or.at/aktuelles/leitfaden-zur-gruendung-von-gemeinschaftsgaerten
- https://anstiftung.de/urbane-gaerten/praxisseiten-urbane-gaerten

Info-Kiosk des Projekts „Kostbare Landschaft". Holzbau mit Stampflehm- und Cordwood-Technik. Planung: Christoph Wiesmayr. Umsetzung: Zimmerei Johann Unterwalcher, gemeinsam mit engagierten BürgerInnen aus Ottensheim und AsylwerberInnen.

Gemeinschaftsgärten-Initiativen brauchen engagierte Koordinatoren. In Ottensheim war dies der Rurbanist-Architekt Christoph Wiesmayr.

Im neu entstandenen Permakulturgarten bewahrt eine „Sitzbank" das Werkzeug auf und die Landschaft vor Verhüttelung.

Frisch geerntet und in die Abholstelle geliefert: Die Gemüseversorgung für 100 Ernte-AnteilsnehmerInnen der „Kleinen Farm" in Graz.

Solidarische Landwirtschaft (CSA)

Während vielerorts – mehr oder weniger – kleine Landwirtschaften nach wie vor ihre Tore schließen, entstanden in den letzten Jahren an einigen Orten neue Betriebe, die als Solidarische Landwirtschaft geführt werden. Wer berufstätig ist, aber gerne und regelmäßig kocht und einkocht, für den ist die Selbstversorgung im Rahmen eines CSA-Projekts ein idealer Weg der Selbstversorgung mit erntefrischen biologischen Gemüsen, Kräutern und anderen Lebensmitteln. Das eingängige Kürzel CSA steht für Community Supported Agriculture, hierzulande eher unter der Bezeichnung Solidarische Landwirtschaft (SOLAWI) bekannt. Eine Gruppe von Menschen nimmt die Erzeugnisse einer Gärtnerei bzw. eines landwirtschaftlichen Betriebs verbindlich ab und deckt mit diesen fixen Beiträgen die Ausgaben der Betriebsführung – und sichert damit ein faires Einkommen für die Menschen, die das Gemüse und andere Produkte erzeugen. So kann der Fortbestand eines kleineren Betriebs gesichert sein, der nun nicht mehr „marktgerecht" oder „wettbewerbsfähig" produzieren muss. Sowohl für GärtnerInnen wie auch für KonsumentInnen bietet das Konzept viele Vorteile: Mit einer funktionierenden CSA kann auch ein Betrieb mit einer kleinen Fläche (1–2 ha) ausreichendes Einkommen erwirtschaften. Durch die vielfältige Anbauplanung ist es möglich, dutzende bis einige hundert Menschen über einen langen Zeitraum mit frischem Gemüse, Obst und Kräutern zu versorgen – manche CSA-Betriebe schaffen sogar eine Ganzjahresversorgung. Das funktioniert sonst nur mit einem eigenen Hausgarten – vorausgesetzt, man hat die dafür nötige Ausstattung sowie Zeit und das notwendige Wissen, um diesen zu bestellen und zu beernten (→ siehe Selbst-Test, Seite 58). CSAs wirtschaften biologisch.

Eine Solidarische Landwirtschaft ist beides: Ein Wirtschaftsmodell und eine zeitgemäße Form der Arbeitsteilung. Die Kosten für das Betreiben eines landwirtschaftlichen Hofes bzw. einer Gärtnerei werden auf eine Gemeinschaft von KonsumentInnen aufgeteilt. Diese werden so zu Ernte-TeilerInnen und erhalten im Gegenzug ihren Anteil der hergestellten Lebensmittel. Die persönliche Beziehung zu den Menschen, die die Lebensmittel herstellen, und der Kontakt zum Hof und zur Erde, in der die Ernte wächst, ist für viele das, was eine CSA ausmacht. Die Gemeinschaft und Vernetzung zwischen Betrieb und den Ernte-TeilerInnen entsteht auch durch gemeinsame Veranstaltungen und in der Möglichkeit mitzuarbeiten. Entscheidend für den langfristigen Erfolg einer CSA ist, dass jeder Hof bzw. jede Gärtnerei – abhängig von den Mitgliedern der CSA, der Vorlieben, Stärken und Kenntnisse der BetriebsleiterInnen, der Größe und der Möglichkeiten des Betriebs – ein individuelles Konzept entwickelt.

Als Wirtschaftsgemeinschaft kann sich ein CSA-Betrieb aus den Zwängen des profitorientierten Marktgeschehens – das der Landwirtschaft so gar nicht gerecht wird und zur Aufgabe vieler kleiner Gärtnereien und kleinbäuerlicher Betriebe geführt hat – herauslösen und auch mit einer sehr vielfältigen und handarbeitsintensiven Form der Landwirtschaft bestehen. Dies ist abgesehen von der individuellen Selbstversorgung eine der wenigen Möglichkeiten, um die Erzeugung von frischem Bio-Gemüse in einer großen Vielfalt und über einen Großteil des Jahres zu ermöglichen. Die Übernahme der Produktionskosten befreit Bäuerinnen und Bauern vom Zwang der anonymen, rein mengenbezogenen Produktion, und sie können ihr Wissen, ihre Erfahrung und ihre Ressourcen auf die qualitative Versorgung ihrer Mitglieder konzentrieren. Die Produktionsrisiken – die sonst die Bäuerinnen und Bauern alleine tragen – werden auf KonsumentInnen und ProduzentInnen aufgeteilt. Diese Finanzierungsart schafft auch in kleineren und mittleren Betrieben neue Arbeitsplätze in der Landwirtschaft. Das gemeinschaftsgetragene Selbstversorgungskonzept einer CSA darf deshalb als besonders zukunftsträchtig angesehen werden, weil durch viele kleinere CSAs eine markt- und gesellschaftsrelevante (Selbst-)Versorgungsgröße in einer Region erreicht werden kann. Die lokale Ernährungssouveränität schafft eine konkrete Alternative zur globalisierten Lebensmittelindustrie, deren ökologische, ökonomische und soziale Nachteile wir immer stärker zu spüren bekommen. So versorgen etwa im Schweizer Kanton Genf dutzende

Vielfalts-Gemüse-Anbau ist handarbeitsintensiv. Die Mithilfe der Mitglieder ist willkommen.

Ernte-Anteile im Frühsommer.

Ernte-Anteile im Hochsommer.

Frisches Gemüse durch Vertragslandwirtschaft.

kleinere CSAs 2.500 bis 3.000 Haushalte. Erfahrungen aus Kalifornien zeigen, dass die großen CSAs mit 500 bis 1.000 Mitgliedern den CSA-Charakter verlieren und mehr einem Abobox-System entsprechen. Neben Familien oder Einzelpersonen können auch ganze Hausgemeinschaften oder auch Firmen, Gasthäuser oder Catering-Betriebe Mitglieder einer CSA werden.

Eine CSA-Gärtnerei oder CSA-Landwirtschaft aufzubauen, ist eine Herausforderung. Eine wesentliche Stärke der CSA-Bewegung ist, dass Ressourcen wie Planungsmaterialien oder Beispielverträge sowie konkrete Erfahrungen untereinander ausgetauscht und weitergegeben werden. Diese Open-Source-Kultur gehört zum Selbstverständnis der meisten CSA-ProtagonistInnen und ist ein wesentlicher Baustein, um die Gründung und erfolgreiche Etablierung von CSA-Betrieben an vielen Orten – unabhängig und doch vernetzt – zu ermöglichen.

Geschichte der Vertragslandwirtschaft

Wie vieles, was sich erfolgreich verbreitet, hat auch die CSA-Landwirtschaft mehrere Mütter und Väter. In den letzten 35 bis 40 Jahren entstanden in Japan und Europa unterschiedliche Initiativen, zum Teil voneinander unabhängig, zum Teil voneinander inspiriert. So gibt es auch verschiedene Versionen der Geschichtsschreibung. Stets ging und geht es aber um die zwei Kernideen: die Landwirtschaft aus den Zwängen der industriellen Produktion zu befreien und biologische und frische Lebensmittel für eine Gruppe von Menschen zu erzeugen, die im Gegenzug ökonomische Verantwortung für einen oder mehrere Betriebe übernehmen.

In den 1960er Jahren entstand im Camphill Village in Copake, New York – einer Gemeinschaft für die Betreuung von Menschen mit Behinderung – eine neue Form der Landwirtschaft als Basis für neue wirtschaftliche und soziale Formen des Zusammenlebens und der Einbindung der Landwirtschaft in die Gesellschaft. Ausgangspunkt dafür war Rudolf Steiners Idee des Assoziativen Wirtschaftens. Diese Idee wurde zuerst an einigen Höfen in Europa verwirklicht: Der biologisch-dynamische Buschberghof in Norddeutschland wird mit und für eine Wirtschaftsgemeinschaft geführt – ca. 95 Haushalte (bzw. 300 Menschen) tragen die Kosten des Betriebes über einen Jahresbeitrag und erhalten im Gegenzug eine vollständige Grundversorgung mit Obst, Gemüse, Brot, Fleisch und Milchprodukten.

In der französischen Schweiz entstand vor 40 Jahren die Vertragslandwirtschaft „Les Jardins de Cocagne". Gegenwärtig ist nirgends in der Schweiz die Solidarische Landwirtschaft so verbreitet wie im Kanton Genf. Gegenwärtig versorgen hier über 24 Projekte in Form der Vertragslandwirtschaft ihre Mitglieder mit Gemüse, Obst, aber auch Brot, Öl, Teigwaren und vielen weiteren Lebensmitteln.

Aus Europa gelangte das Konzept wieder in die USA. Ab den 1980er Jahren entstanden an der Ostküste, ab den 1990er Jahren an der Westküste zahlreiche CSA-Gärtnereien. Gegenwärtig gibt es in den USA über 15.000 CSAs. Die meisten sind kleine, in der Nähe von Städten gelegene Familienbetriebe, die zwischen 1,2 und 2 ha bewirtschaften. An der University of California, Santa Cruz wird ein eigener Ausbildungslehrgang für den biologischen Anbau im Rahmen eines CSA-Gemüsebetriebes angeboten.

Ein Ursprung der CSA-Bewegung liegt in Japan: Hier entstanden in den 1970er Jahren die ersten „Teikei"-Projekte. Hausfrauen, die über den massiven Einsatz und die Gesundheitswirkungen von Agrarchemikalien besorgt waren und eine Versorgung mit frischen biologischen Lebensmitteln sicherstellen wollten, schlossen fixe Partnerschaften mit Biobauern.

Viele CSA-Betriebe ziehen ihre Jungpflanzen selbst.

Bei vielen CSAs gibt es Gemüseraritäten, die sonst am Markt nicht erhältlich sind. Hier: Okraschoten.

Stärken der Solidarischen Landwirtschaft

Die Liste der Vorteile für Anteilnehmer an einer Solidarischen Landwirtschaft (CSA) ist lang. Wie aus der folgenden (sicherlich noch erweiterbaren) Auflistung ersichtlich wird, gründen die Nutzen für die Mitglieder einer CSA sowohl in einer Vielzahl ökonomischer und ökologischer, aber auch ethischer Beweggründe:

- Große Abdeckung des eigenen Selbstversorgungsgrades mit frischem, weil regionalem und saisonalem und ungewohnt wohlschmeckendem Obst und Gemüse.
- Viel weniger Gemüse landet auf dem Müll, als im Handel üblich: Die gesamte Ernte wird aufgeteilt – auch „Unter- und Übergrößen". Gemüse, die nicht den handelsüblichen Kriterien entsprechen, werden nicht aussortiert: zum Beispiel Karotten oder Kohlrabi, die kleiner sind als die marktüblichen Sortierungen (Was vor allem für Menschen im Single-Haushalt auch ein Vorteil sein kann!).
- Keine oder nur minimale Mehrkosten im Vergleich zur Versorgung mit Bioprodukten aus dem Großhandel bei
- gleichzeitiger 100-prozentiger regionaler Wertschöpfung, die wiederum eine
- hohe Umweltverträglichkeit durch kurze und überschaubare Transportwege bedeutet.
- Beteiligung an der Schaffung regionaler Arbeitsplätze in der Landwirtschaft.
- Erhaltung von regionalem Anbau- und Sortenwissen sowie lokalen Obst- und Gemüsesorten.
- Die Möglichkeit, gemeinsam mit anderen zu gärtnern und von ausgebildeten und erfahrenen GärtnerInnen zu lernen.
- Einzelne kleinbäuerliche Betriebe oder Gärtnereien können aus dem Teufelskreislauf von „wachsen oder weichen" aussteigen.
- Gesichertes Einkommen für die GärtnerInnen, das über den üblichen Kollektivlöhnen liegt.
- Aufbau und Pflege von neuen Partnerschaften zwischen Menschen aus der Landwirtschaft und Menschen außerhalb der Landwirtschaft.

Frisch gewaschener Sellerie, bereit für die Verteilung. Das Grün bleibt dran: Der Sellerie wird von den Mitgliedern gleich verspeist; die Blätter sind ein feines Suppengrün. Möglichst alles verwenden: Auch das ist ein Grundsatz der CSA.

Bereit zur Verteilung ...

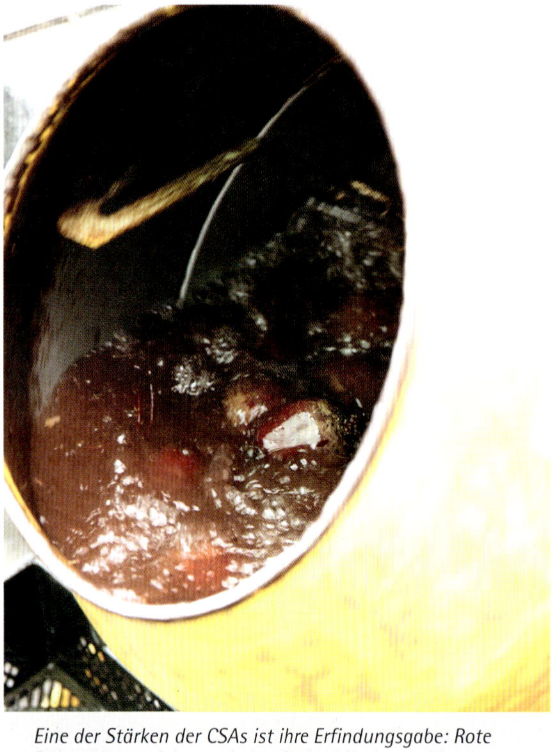

Eine der Stärken der CSAs ist ihre Erfindungsgabe: Rote Rüben lassen sich wunderbar in der Mischmaschine waschen.

... und aufgeteilt auf Ernte-Anteile.

Herausforderungen einer Solidarischen Landwirtschaft

Wie eingangs schon beschrieben, ist eine CSA eine Nutzen- aber auch Risikogemeinschaft. Das bedeutet, dass das landwirtschaftliche Risiko von immer wieder möglichen und tatsächlich stattfindenden (!) Ernteausfällen nicht – wie in der herkömmlichen Landwirtschaft – der Produzent alleine trägt, sondern von allen CSA-Beteiligten gemeinsam getragen wird. Und: Ernteausfälle – zum Beispiel wegen ungewöhnlicher Trockenheit im Sommer, unerwarteten Kahlfrösten im Winter, Hagelstürmen oder Spätfrösten im Frühling – kommen tatsächlich vor. Auch kann es zu unerwarteten Arbeitsspitzen kommen, die dann dazu führen, dass die Pflege einer Kultur gerade in dem Moment zurückgestellt werden muss, obwohl sie eigentlich notwendig wäre. Stark abfedernd wirkt sich hier aus, dass die CSA nicht auf wenige Sorten und Produkte spezialisiert ist, sondern eine möglichst große Vielfalt an unterschiedlichen Kulturen angebaut wird. So geriet die Ernte der Lagerkarotten im Jahr 2017 in der Gärtnerei Ochsenherz ungewöhnlich gering – weil zu der Zeit, in der man die händischen Jätarbeiten verrichten hätte müssen, gerade so viel Dringenderes zu erledigen war. Dafür war die Kartoffelernte ungewöhnlich hoch, und auch alle anderen Wurzel- und Rübengemüse, die die Basis der Winterversorgung sind, haben sich gut entwickelt.

Für viele AnteilsnehmerInnen ist es zwar in der Theorie nachvollziehbar, sich das Risiko der Ernte zu teilen. In der Praxis zeigt sich dann doch, dass es zum Beispiel nach starker Sommertrockenheit, die zu viel weniger Ertrag als in üppigen Vorjahren führt, einige Mitglieder wieder aussteigen. Auch ist es für viele eine willkommene Abwechslung, bei schönem Wetter am Feld mitzuhelfen. Suchen die GärtnerInnen aber zum Beispiel bei kaltem Wetter im November Mithilfe, um die Wintertunnel aufzubauen, kann das schon eine Herausforderung sein. Denn auch die Arbeit in der Kälte will ausgehalten werden.

Das Schleppen von Kisten ist auch eine Herausforderung.

Die Gründung einer Solidarischen Landwirtschaft

Wer eine CSA gründen möchte, steht vor einer Fülle von Herausforderungen und Fragen. Wie groß muss/soll die Anbaufläche insgesamt sein? Wie viele Menschen können von dieser Fläche versorgt werden und über welchen Zeitraum? Wie muss die genaue Anbauplanung aussehen, damit die Ernte-AnteilsnehmerInnen über die gesamte Zeit mit einer abwechslungsreichen Gemüsepalette versorgt werden können (→ siehe Anbauplanung einer CSA, Seite 156). Das A & O der Gründung einer Solidarischen Landwirtschaft sind der Aufbau und die Pflege eines sozialen Netzwerkes. Egal, ob man eine CSA-Gärtnerei gründet oder seinen landwirtschaftlichen Betrieb auf eine Vertragslandwirtschaft umstellt: Zu Beginn muss eine Vision stehen, eine Idee, die zu einer gemeinsamen Idee werden kann, unter deren Dach sich eine Gruppe von Menschen zusammenfindet und die Idee weiterentwickelt, mitträgt und schließlich auch umsetzen kann. Der Aufbau und die Pflege dieses sozialen Netzwerkes braucht Zeit, Engagement und viel Kommunikation. Meist wird die Gründung einer CSA schon von einer Gruppe von Menschen mitgetragen, die auch später PartnerInnen des Betriebes sind, fixe Ernte-Anteile abnehmen und so den Betrieb der Gärtnerei mittragen und mitfinanzieren. Als Rechtsform wird meist ein Verein gewählt, bei dem die Ernte-AnteilsnehmerInnen Mitglied sind. In der Schweiz ist auch die Organisationsform als Genossenschaft üblich.

Bei der Gründung einer CSA gibt es zwei Stolpersteine: So ist eine CSA keine „Lösung", wenn man im Betrieb zu wenig Kapazitäten hat, um die anfallenden Arbeiten auf mehrere Schultern zu verteilen. Die Arbeit der Gärtnerinnen und Gärtner einer CSA gestaltet sich ganz anders als in einem klassischen Erwerbsgemüsebetrieb, aber sie wird nicht weniger. Auch für überschuldete Betriebe ist eine CSA keine Lösung – nach dem Motto „Die Fixeinnahmen des Betriebes kommen

Genaue Abstimmung der einzelnen Arbeiten ist bei vielen Tätigkeiten in großen Teams notwendig: Die To-do-Liste der GELA Ochsenherz Anfang August.

nun von den KundInnen". Für Menschen, die sich nicht vorstellen können, mit den KonsumentInnen abzustimmen, was und wie sie anbauen, ist das System vermutlich nicht geeignet. Auch wenn die gärtnerischen/betrieblichen Entscheidungen bei den GärtnerInnen bzw. LandwirtInnen liegen, ist es die Kernidee der CSA, dass über Anbauweisen, Möglichkeiten und Notwendigkeiten und Grenzen des Gartenbaus in der Gruppe informiert wird und so neue Perspektiven für den Betrieb entstehen können. In funktionierenden CSAs ist das eine Bereicherung, die die klassischen Grenzen zwischen Produzierenden und Konsumierenden aufhebt und eine gemeinsame Wissensbasis und Wertehaltung schafft.

Wer eine CSA gründen möchte, braucht ein gutes Finanzkonzept. Ein wesentlicher Bestandteil einer CSA ist, dass dieses transparent an die Ernte-AnteilsnehmerInnen kommuniziert wird. Diese Offenheit liegt nicht allen, und vor allem für Gärtnerinnen und Gärtner, die zuvor anders gewirtschaftet haben – und ihre Produkte über einen Bauernmarkt oder den Großhandel vermarktet haben –, ist das Offenlegen der Budgets ein Lernprozess und ein Prozess der Vertrauensbildung.

Es gibt zwei unterschiedliche Herangehensweisen bei der Gründung einer CSA: Entweder eine Gruppe von Menschen – meist eine aktive Verbraucherinitiative – sucht einen oder mehrere Betriebe, an denen sie sich in Form einer CSA beteiligen kann und die sie quasi mit der Produktion von frischen, regionalen und biologischen Lebensmitteln „beauftragen". Oder umgekehrt: Ein Betrieb sucht Menschen, die in das Konzept einsteigen und es mittragen wollen. Beide Herangehensweisen haben typische Stärken und typische Stolpersteine, die im Folgenden beschrieben werden. Jedenfalls ist die CSA eine Form einer Vertragslandwirtschaft, in der die KonsumentInnen ihren Anteil der Ernte vertraglich vereinbart finanzieren – den Gesamtbetrag am Beginn des Jahres oder die monatlichen Anteile – und dann über den vereinbarten Zeitraum mit Gemüse, Obst (oder auch anderen Produkten) versorgt werden. Die Gemeinschaft der Ernte-AnteilsnehmerInnen unterstützt dadurch vor allem kleinere Betriebe. So kann die Solidarische Landwirtschaft auch eine Möglichkeit sein, dass neue, kleinere Betriebe überhaupt entstehen können.

Die gesamte Ernte wird durch die Anzahl der Mitglieder geteilt. Fällt die Ernte größer aus, ist jeder Ernteteil größer, fällt die Ernte kleiner aus – etwa aufgrund von langanhaltender Trockenheit, langen Regenperioden oder Hagel – ist jeder Ernte-Anteil kleiner. Damit übernehmen die „Nicht-BäuerInnen" einen Teil des Risikos der Produktion, das üblicherweise alleine auf den Schultern der Bäuerinnen und Bauern lastet. Diese nehmen im Gegenzug die Verantwortung auf ihre Schultern, die Gruppe der Ernte-AnteilsnehmerInnen über eine bestimmte Zeitspanne mit Lebensmitteln zu versorgen (auch diesen Druck darf man nicht unterschätzen, schließlich haben sie die Versorgung vertraglich zugesichert).

Mit wie vielen Ernte-Anteilen starten?

Das kalifornische Center for Agroecology & Sustainable Food Systems (CASFS) schlägt als Ausgangspunkt vor, mit 20 Anteilen pro acre (= 0,4 ha) zu starten. Dominik Dax von Bio-Austria geht in der Beratung davon aus, dass eine Vollerwerbs-CSA ab einer Größenordnung von 50 Kisten pro Woche möglich ist. Die Kooperationsstelle für Solidarische Landwirtschaft in Zürich empfiehlt als Mindestgröße für eine Gemüse-CSA (die gärtnerisch bebaut wird) 0,7 ha und eine 70-%-Stelle (= 32 Wochenarbeitsstunden), um das Gemüse für 70 bis 100 Personen anzubauen. In der CSA-Gärtnerei (= ca. 400 Menschen) bauen 12 Teilzeit-GärtnerInnen (= 8 Vollzeitstellen) das Gemüse für 280 Ernte-Anteile an (→ siehe auch Anzahl der möglichen Ernte-Anteile, Seite 158).

Freie Entnahme oder fixe Gemüsekiste

Zwei Systeme haben sich entwickelt, um die Ernte auf die Mitglieder einer CSA aufzuteilen: Entweder, die Ernte wird auf fixe Kisten aufgeteilt, die dann an bestimmten Tagen ab Hof abgeholt werden können. Oder die Kisten werden zu fixierten Abholstellen (Depots) – meist in den nahen Städten – geliefert. Bei der freien Entnahme werden die Gemüsearten nicht gemischt, sondern separat – ähnlich wie bei einem Marktstand – aufgestellt. Jede/r Ernte-AnteilsnehmerIn nimmt sich dann das Gemüse, das er oder sie in dieser Woche braucht. Bei den Gemüsearten, von denen es nicht so viel gibt, schreiben die GärtnerInnen dazu, wie viel ein Anteil ausmacht (zum Beispiel die Stückzahl oder eine Mengenangabe in Gramm). Für manche mag es erstaunlich sein, aber mit dieser Form der Verteilung haben viele CSAs sehr gute Erfahrungen gemacht: Die Ernte-AnteilsnehmerInnen können das Gemüse nehmen, das ihnen besonders schmeckt oder das sie gerade brauchen. Trotzdem ist genug für alle da, viele bieten dann am Ende des Tages noch einen freien Verkauf für Nicht-Mitglieder an.

Freie Entnahme für die CSA-Mitglieder der Gärtnerei Ochsenherz am Wiener Naschmarkt.

Jede(r) nimmt sich, was sie/er in dieser Woche in der eigenen Küche baucht.

Wer da war, hakt ab, dass er sein Gemüse schon geholt hat.

Erfahrungen von CSA-GärtnerInnen

„Für 100 Mitglieder eine CSA zu starten, davor würde ich jedem abraten, wenn man keine Erfahrung hat. Ich würde klein starten. Möglichst effizient zu arbeiten, ist eine Herausforderung, dazu braucht es viel Erfahrung. Mein Bild ist, dass eine erfahrene Person 30 Ernte-Anteile schafft. Natürlich wird es effizienter, wenn die CSA größer ist. Es ist leichter, wenn 8 Personen 240 Ernte-Anteile anbauen als eine Person 30. Damit eine Person von der Landwirtschaft gut leben kann, müssen Lohnkosten von mindestens 30.000 Euro gedeckt sein. Die Beitragshöhe für einen Ernte-Anteil muss sich in einer Größenordnung von 1.300 Euro bewegen, wenn man sich nicht ausbeuten will. 100 Euro pro Monat für eine Lebensmittelversorgung und eine andere Form von Landwirtschaft auszugeben, das muss drin sein. Außer man will, dass alles den Bach runtergeht. Das ist im städtischen Raum nicht schwer, im ländlichen Raum schon. Auf dem Land hat das Gemüse nicht den Stellenwert."

Peter Lassnig, CSA-Gärtnerei Ochsenherz

„Die lückenlose Versorgung ist extrem schwierig! Das gut abzufedern, da braucht man Erfahrung, das schafft man nicht aus der Theorie heraus! Da muss man selber Erfahrung gewinnen. Zum Beispiel: Was ist eigentlich im Juni fertig, hab ich da mehr als drei Sachen? Im ersten Jahr habe ich bei den Abo-Kisten mit zugekauftem Gemüse ausgeglichen. Ich wusste, ich schaffe es im ersten Jahr nicht. Ich bin am Boden der Realität angekommen, aber ich hatte es vorher geahnt und habe den Leuten auch gesagt, dass ich da lernen muss!"

Dominik Dax, CSA-Gärtner und Berater bei Bio-Austria

„Von ernteaufwändigem Gemüse – wie etwa Malabarspinat [Indischer Spinat] – bauen wir weniger an. Dafür bauen wir zum Beispiel mehr Tomaten an, davon können wir fast nicht genug haben."

Peter Lassnig, Gärtner bei der GELA-Ochsenherz, Gänserndorf, Niederösterreich

„Wir teilen die Ernte auf 35 Anteile auf und liefern über 50 Wochen. Da haben wir für Ernte und Lagerung die passenden Kapazitäten. Wir haben auch reine Winter-Anteile, die sind teurer, weil der Anbau im Winter viel aufwändiger ist."

Rudi Hoheneder, CSA-Gärtner, Hawaruhof, Kirchberg am Wagram, Niederösterreich

„Wir versorgen über 36 Wochen von Ende März bis Mitte Dezember. Als junge Familie haben wir dadurch eine kleine Auszeit im Winter, und die Ernte-AnteilsnehmerInnen freuen sich dann schon auf das frische Gemüse im Frühjahr."

Ulli und Scott Klein, CSA KLEINeFARM, Steiermark

Checkliste zur Gründung einer CSA

- **Gemeinsames Ziel** Was ist die gemeinsame Vision der Beteiligten? Was eint sie? Welche Vision kann nach außen kommuniziert werden, um weitere potentielle Mitglieder anzusprechen? (Aufbau und Erhalt einer kleinbäuerlichen Landwirtschaft, Sicherstellung der Erzeugung und des Bezugs von frischem und regionalem Biogemüse, Ernährungssouveränität, Aufbau und Erhaltung von Bodenfruchtbarkeit etc.)
- **Wissen und Erfahrung** Sind die künftigen GärtnerInnen der CSA? Haben sie bereits Erfahrung im Aufbau einer CSA, in der Anbau- und Ernteplanung, der Zusammenstellung der Kisten, der Budgetplanung?
- **Netzwerkaufbau** Wer hat die Ressourcen, Möglichkeiten und Kompetenzen, ein CSA-Netzwerk aufzubauen? Kontakt zu KundInnen – den zukünftigen Ernte-AnteilsnehmerInnen und Kommunikation untereinander? (Newsletter, eventuell Webseite, Organisation von Hoffesten/Erntefesten, Arbeitseinsätzen etc.)
- **Verteilungssystem** Abholung ab Hof und oder den Verteilungsstellen/Depots – wie viele und wo?
- **Versorgungszeitraum** Über wie viele Wochen können und sollen die Ernte-AnteilsnehmerInnen beliefert und versorgt werden? Ist ein Winteranbau möglich?
- **Budget** Erstellen des Budgets (Beispiel siehe www.makecsa.org).
- **Arbeitsorganisation** Wer erntet, teilt auf Kisten auf und verteilt das Gemüse?
- **Anbaufläche und Zeitraum** Wie viel Fläche wird benötigt und ist diese vorhanden? Eine häufig in Stadterweiterungsgebieten relevante Frage: Für welchen Zeitraum, also für wie viele Jahre ist diese sichergestellt?

Bei der freien Entnahme des Gemüses wird auf den nächsten Hof-Aktionstag hingewiesen.

Kann ich da auch gärtnern? Aktionstage und Co.

Erfahrene HausgärtnerInnen wissen, dass der Anbau, die Ernte und die Verarbeitung von Gemüse viel Arbeit ist. Viele, die einen eigenen Garten bewirtschaftet haben, kommen in Lebenssituationen, die das nicht mehr ermöglichen – sei es, weil sie an einen neuen Ort ohne Garten übersiedeln, dass sie in einer neuen Lebensphase keine Zeit mehr fürs Gärtnern haben, die eigenen Kräfte schwinden oder sich Familiensituationen so ändern, dass eine für die Bewirtschaftung des eigenen Hausgartens eingespielte Arbeitsteilung nicht mehr möglich ist. Gerade für erfahrene Ex-HausgärtnerInnen kann die Beteiligung an einer CSA eine gute Möglichkeit sein, trotzdem – in neuem Kontext, mit anderen Menschen – weitergärtnern zu können und sich so einbringen zu können, wie es den geänderten Möglichkeiten entspricht. Mitglieder, die auf den Betrieben regelmäßig mitarbeiten, sind die größte Unterstützung – da eben auch das Gärtnern gelernt werden muss – und bekommen mit der Zeit gemeinsam mit dem gärtnerischen Know-how viele Einblicke in gärtnerische Zusammenhänge, was eines der Kernanliegen der solidarischen Landwirtschaft ist. Viele CSA-Gärtnereien wünschen sich, dass die Menschen, die sie mit Gemüse versorgen, auch mitgärtnern – gerade weil der Anbau so arbeitsintensiv ist. Auch die wöchentliche Verteilung auf die einzelnen Kisten ist viel Arbeit, bei der Mitglieder häufig mit anpacken.

Der CSA-Betrieb Gärtnerei Ochsenherz (→ siehe Porträt, Seite 153) vergibt jedes Jahr 10 Ernte-Anteile gegen Mitarbeit. Ein Ernte-Anteil wird dabei in 26 Tage umgerechnet. Auch eine Aufteilung zwischen Mitarbeit und Bezahlung ist möglich. Diese Form der Mitarbeit nehmen viele Studierende in Anspruch, die lernen wollen, wie man Gemüse anbaut und wie eine CSA organisiert wird. Bei der regionalen Gartenkooperative ortoloco im Zürcher Limmattal übernehmen die Mitglieder der Genossenschaft sogar ca. zwei Drittel der Arbeit, die sie unbezahlt leisten. Wer bei ortoloco ein Gemüseabo bezieht, verpflichtet sich für ein kleines Gemüseabo jährlich 10 und für ein großes Gemüseabo jährlich 20 Tage mitzuarbeiten: Unter der Anleitung von fest angestellten GärtnerInnen wird so auf 1,4 ha Gemüse angebaut, geerntet und auf die einzelnen Taschen und Kisten verteilt (www.ortoloco.ch). Auch die Schweizer Hofgenossenschaft Birchhof in Oberwil-Lieli baut Gemüse für die Versorgung ihrer ca. 70 GenossenschafterInnen über 50 Wochen im Jahr an: Das Gemüse wird – je nach Haushaltsgröße – in kleinen, mittleren und großen Taschen zusammengestellt. Das Abo kann man auch hier nur beziehen, wenn man Mitglied in der Genossenschaft wird, und bereits bei der Auswahl der Abo-Form entscheidet man sich, ob man lieber weniger zahlt und mitarbeitet oder mehr zahlt und nicht mitarbeitet. So „kostet" die kleinste Abo-Größe 850 Franken pro Jahr und 16 Stunden Mitarbeit oder zusätzlich 320 Franken pro Jahr, wenn man nicht mitarbeiten kann oder will (www.visionbirchhof.ch). Während manche CSAs diese Form von Verrechnung ablehnen, weil es eher dem Charakter einer Kunden- als einer Genossenschaftsbeziehung entspricht, wählen andere diesen Weg, um einen fairen Preis – für die sonst zumeist unterbezahlten landwirtschaftlichen Arbeiten – gemeinsam festzulegen.

Ernte-Arbeiten und das Unkraut-Jäten sind handarbeitsintensiv.

Doch nicht alle Tätigkeiten eignen sich, um von – engagierten, aber ungelernten – Menschen übernommen zu werden. Biologischer Gemüsebau ist zwar handarbeitsintensiv, braucht aber auch viel Know-how. Daher ist es wichtig, dass die Mithelfenden gut angeleitet werden und dass sie gezielt zu bestimmten Arbeiten zugezogen werden: etwa beim Pflanzen einer Hecke oder von Obstbäumen, dem Aufstellen eines Folientunnels, Umräum- oder Umzugsaktionen, beim Topfen von mehrjährigen Kräutern, dem Pikieren von Jungpflanzen oder dem Jäten von verunkrauteten Feldern, bei Aussaat-Arbeiten oder dem Abdecken von Kulturen mit Vlies. Aber auch manche Kulturen lassen sich gut beernten: etwa die handarbeitsintensive Ernte von Erdmandeln oder das Abernten der Kürbisse im Herbst. Viele CSAs organisieren die Mitarbeit in Form von Hof-Aktionstagen – zum Beispiel einmal im Monat –, die gezielt bei der Gemüse-Verteilung oder per E-Mail kommuniziert werden. Diese finden meist an den Wochenenden statt, und dabei spielt nicht nur die Arbeit eine Rolle. Beim gegenseitigen Kennenlernen werden Kochrezepte genauso wie andere Erfahrungen ausgetauscht.

„Manche kommen gerne mit ihren Kindern", erzählt Monika Mühr, die die Aktionstage in der Gärtnerei Ochsenherz organisiert. „Sie gehen dann halt auch dazwischen spazieren oder helfen beim Kochen mit, andere packen viel mit an, sodass wirklich was weitergeht."

Das Verarbeiten und Einkochen der Ernte für den Winter wird in vielen CSA-Betrieben gemeinsam mit den Mitgliedern gemacht.

Auch CSA-Betriebe brauchen eine einfache, aber praktikable Maschinen-Ausstattung.

Weitere Tätigkeiten, die sich gut für die Mitarbeit der Mitglieder eignen, sind Einkochaktionen: etwa das handarbeitsintensive Verarbeiten von Paprika zu eingelegtem Gemüse, das Einkochen von Tomaten zu Soße, das Verarbeiten von Basilikum zu Pesto, das Einschneiden von Kraut zu Sauerkraut oder das Einkochen von Marmeladen und Chutneys. Auch hier gilt: Einer übernimmt als Koch oder Köchin die Gesamtverantwortung, die anderen arbeiten zu.

Ausstattung einer CSA-Landwirtschaft

Neben der Anbaufläche, Gewächshäusern oder Folientunnel und den Lagerräumen für Geräte und Maschinen benötigt eine CSA auch einige typische Ausstattungen und Infrastruktur.

- ein Gewächshaus zum Vorziehen der Jungpflanzen
- Ausstattung für die Anzucht von Jungpflanzen
- Kisten für den Transport und die einzelnen Ernte-Anteile (diese werden manchmal auch in Papier-Taschen aufgeteilt)
- ein Raum, der sich als Abpack- und Verteilungsraum eignet
- ein trockenes Lager
- Kühlräume
- eine Waschstation zum Waschen von Gemüse
- meist ein Gemeinschaftsraum, in dem gekocht werden kann oder Besprechungen stattfinden können

Umfang und Art der Ausstattung ist aber letztlich von der Größe der CSA abhängig. So braucht man vermutlich erst ab 50 Ernte-Anteilen ein Setzgerät.

Beispiel einer fix zusammengestellten Ernte-Anteilskiste (Hof Ochsenherz) in der Hauptsaison:

1 Lauch, Kartoffeln, Rote Rüben (das Blattgrün kann wie Mangold verwendet werden), Zuckermais, Gurken, Brokkoli, Tomaten, frische Kräuter: 1 Bund Rosmarin, 1 Bund Shiso (Perilla).

Der Durchschnittswert beträgt im Jahr 2017: 660 Euro für die kleine Kiste (1–2 Personen). Der tatsächliche finanzielle Mitgliedsbeitrag kann je nach den eigenen Möglichkeiten abweichen.

Beispiel eines Landwirtschaftlichen Ernte-Anteils (Kattendorfer Hof)

Ein Ernte-Anteil entspricht dem, was auf der Fläche von 2.500 m² unseres Hofes an Nahrungsmitteln entsteht. Dieser Anteil entspricht ungefähr der Menge an Nahrungsmitteln, die ein erwachsener Mensch benötigt – inklusive Fleisch- und Milchprodukten. Jeder Haushalt kann selbst entscheiden, wie viele Anteile gebraucht werden, Teilmengen sind gegebenenfalls möglich. Der Kattendorfer Hof kann ca. 450 Ernte-Anteile verteilen.

Dieser Ernte-Anteil ermöglicht die durchschnittliche wöchentliche Entnahme folgender Mengen:

- 1,5–3 kg Gemüse nach Jahreszeit
- zusätzlich Kräuter und Salat (beides nach Jahreszeit)
- 1 kg Kartoffeln
- Fleisch und Wurst von Schwein und Rind, meist 0,7 kg
- Milchprodukte der Hofkäserei aus insgesamt 8,75 l Milch (z. B. 1 l Milch; 0,5 kg Joghurt; 0,25 kg Quark; 0,6 kg Käse)
- Der Monatsbeitrag für einen Ernte-Anteil beträgt zurzeit 182 Euro (Stand Februar 2017).

(Quelle: http://kattendorfer-hof.de/solidarische-landwirtschaft/ernteanteil-mitglied-werden)

Vereinbarungen zwischen den AnbauerInnen und den Ernte-AnteilsnehmerInnen

Punkte, die eine Vereinbarung enthalten sollte:

- Nennung der Initiative und der Person, zwischen denen die Vereinbarung geschlossen wird (mit Anschrift, Telefonnummer, E-Mail)
- gemeinsame Motivation und Ziele, ggf. Vision
- Anbaumethoden
- Übernahme der Kosten der Landwirtschaft durch die Mitglieder
- gemeinsames Tragen des Risikos bei Ernteausfällen
- Beschreibung des Sortiments (Gemüse, Milch, Eier, Fleisch, Brot, Honig etc.)
- evtl. Beispielliefermenge im Anhang
- Art und Weise der Verteilung unter den Mitgliedern
- Höhe des Jahresbudgets und Höhe eines Anteils
- Art des Anteils und der Zahlungsweise
- Bemessung der Anteile für Kinder
- Beginn der Mitgliedschaft
- Laufzeit
- Regelung der Mitarbeit
- Regeln für Kündigung bzw. Ausscheiden aus der CSA

(Quelle: Mustermappe Solidarische Landwirtschaft, www.solawi.de)

OpenOlitor – eine Administrations-Software für CSA-Initiativen

Die Verwaltung einer CSA kann eine arbeitsintensive Herausforderung sein. Viele Initiativen haben „selbstgestrickte" Verwaltungs-Softwares entwickelt. Seit 2017 gibt es die von Schweizer CSA-Initiativen lancierte Software OpenOlitor, eine mehrsprachige OpenSource-Webplattform, die CSA-Initiativen ein zuverlässiges und effizientes Administrations-Tool zur Verfügung stellt. Ein internationales Team arbeitet derzeit an der Anpassung von OpenOlitor für andere europäische Länder.

Alle NutzerInnen der Software sowie alle, die supporten und die Software entwickeln, schließen sich im gleichnamigen Verein zusammen und entscheiden gemeinsam über die weitere Entwicklung der Software. Die NutzerInnen finanzieren auch den Unterhalt und die Weiterentwicklung von OpenOlitor im Sinne eines „Community Supported Programming". Betrieb und Support werden vorzugsweise in Betriebs- und Supportvereinen oder -gruppen organisiert. OpenOlitor wird unter der Lizenz GPL V3 veröffentlicht und umfasst die folgenden Funktionen: Mitglieder- und Personenverwaltung, Abonnement- bzw. Körbeverwaltung, Lieferplanung und Ernteverteilung, Verwaltung von Arbeitseinsätzen, Zusatzabonnements und Zusatzbestellungen, Produkte und Preise, Abwesenheiten, Bestellungen und Lieferungen, Erstellen von Rechnungen und Auswertungen, Erfassen von Zahlungseingängen sowie Versand von Serienbriefen und Mails.

Kontakt und weitere Informationen:
www.openolitor.org, info@openolitor.ch

Die Ernte aufzuteilen, ist eine logistische Herausforderung.

Erfahrungen von CSA-GärtnerInnen

„Während ich tausende Samen in Pikierschalen gesät habe, hatte ich viel Zeit über deine Frage nachzudenken und darüber, was mir als gemeinschaftsgetragener Bäuerin wichtig ist. Und ich glaube, am wichtigsten ist die Hoffnung, dass der Weg der gemeinschaftsgetragenen Landwirtschaft ein Weg heraus aus der kapitalistisch geprägten landwirtschaftlichen Entwicklung der letzten Jahrzehnte sein könnte. Ich sage Hoffnung, weil wir noch lange nicht am Ziel sind und da noch viel Entwicklungsarbeit drinsteckt. Diese Arbeit können uns nicht AktivistInnen oder TheoretikerInnen abnehmen, diese Entwicklung muss von der Bauernschaft ausgehen, die gemeinsam mit ihren Hofgemeinschaften diesen Weg aktiv gehen muss, untereinander im Austausch ist und den kooperativen Gedanken in allen Aspekten lebt. Rudolf Steiner hat das einst assoziatives Wirtschaften genannt. Das beruht darauf, dass Menschen sich dafür entscheiden, einer Bäuerin ihr Vertrauen und einem Hof die Unterstützung zu geben, um eine Art von Landwirtschaft zu fördern, die sonst nicht bestehen kann und aus der wiederum so viel mehr entsteht, als nur irgendein landwirtschaftliches Produkt. CSA ist keine neue Direktvermarktungsstrategie, aber kann zu einer solchen verkümmern, wenn wir es zulassen. In Japan heißt die gemeinschaftsgetragene Landwirtschaft ‚Teikei', was so viel bedeutet wie ‚Essen mit dem Gesicht des Bauern darauf.' Für mich klingt das sehr stimmig, denn es ist diese persönliche Beziehung – nicht nur zu uns BäuerInnen, sondern auch zu einem ganz bestimmten Stückchen Erde, in der die verteilte Ernte wächst, die das große Potential zur Veränderung in sich trägt."

Ulli Klein, CSA-Bäuerin KLEINeFARM, Steiermark

Die meisten CSA-Betriebe ziehen ihre Jungpflanzen selbst.

Beispiele für Solidarische Landwirtschaft

Im Kleinen Großes entstehen lassen – Solidarische Landwirtschaft am Hawaruhof

Hannelore Walter und Rudolf Hoheneder gründeten gemeinsam im Jahr 1996 den Hawaruhof. Im Jahr 2012 wirkte Rudolf bei einem EU-Projekt über CSA mit. Daraus entstand die Idee, den biologisch-dynamischen Betrieb auf Solidarische Landwirtschaft umzustellen. 2014 übersiedelten die beiden nach Kirchberg am Wagram, wo sie als CSA-Betrieb momentan 18.000 m^2 bewirtschaften. Das Weinbauklima, die Dammkultur nach Julian Turiel und ihre unermüdliche Gabe, Neues zu entwickeln sind die Säulen der besonderen Qualität der Produkte vom Hawaruhof. Auf zugekaufte organische Dünger wird verzichtet, das anfallende organische Material wird auf den Dämmen belassen und leicht eingearbeitet. *„Unser Ziel ist, möglichst ohne Verschwendung von wertvollen Ressourcen wertvolles, schmackhaftes Gemüse zu erzeugen."* Aktuell sind 30 Ernte-Anteile an der Kirchberger CSA beteiligt, die auch mit frisch geerntetem Wintergemüse versorgt werden: Familien genauso wie einzelne Personen. Zwei Ernte-Anteile gehen an ein Restaurant im Ort. Der Hawaruhof bietet auch einen – aus mehreren Modulen bestehenden – CSA-Lehrgang für den Anbau von Gemüse auf Dämmen an, ebenso Kurse zur Zubereitung von fermentiertem Einschneidegemüse – eine ihrer Spezialitäten.

Rudi Hoheneder gibt sein Erfahrungswissen zum Anbau von Gemüse auf Dämmen auch in Praxis-Kursen weiter.

Über 100 Sorten von 40 verschiedenen Gemüsearten erhalten die 30 Hawaruhof-Mitglieder.

Fermentiertes Einschneidegemüse – eine Spezialität des Hawaruhofs

Und so wird's gemacht:

- Das Gemüse waschen und bürsten.
- Gemüse auf Einlegegröße schneiden oder reiben (je nach Ausstattung des Haushalts).
- Mit Salz und Gewürzen bestreuen und etwas durchkneten.
- Schichtweise in Gläser füllen und pressen.
- Um die richtige Gärung einzuleiten, ist es von Vorteil, Michsäurebakterien (z. B. Brottrunk*) in das Glas zu gießen.
- Mit Krautblättern abdecken, damit das zerkleinerte Gemüse nicht auftreibt.
- Glas (vor allem das Gewinde innen und außen) gründlich reinigen und den Deckel fest verschließen.
- Das Glas auf einen Teller stellen. Bei Zimmertemperatur kommt die Gärung bald in Gang.
- Nach ca. einer Woche das Glas in einen kühlen Raum mit etwa 15 °C bringen.
- Der Fermentations-Prozess dauert sechs Wochen. Wenn er abgeschlossen ist, ist das fermentierte Gemüse lange haltbar.

* Aus Natursauerteig gebackenes Brot wird mit frischem Wasser versetzt und etwa sechs Monate lang nicht-alkoholisch vergoren. Nach Abschluss des Gärprozesses wird die Flüssigkeit (der Brottrunk) gefiltert und abgefüllt. Brottrunk ist im Reformhaus oder Bioladen erhältlich.

Erntefrischen Topinambur ...

... mit der Gemüsebürste reinigen, ...

... vorschneiden, ...

... auf Einlegegröße zerkleinern und salzen, ...

... schichtweise pressen und ...

... mit Wacholder und Lorbeer würzen.

Mit Krautblättern abdecken, reinigen ...

... und verschließen.

Die Lagerfähigkeit unserer Gemüsegläser liegt, wenn man sie kühl (15 °C oder weniger) aufbewahrt, sicher über einem Jahr. Wie immer bei guten Nahrungsmitteln ist die Ausgangsqualität der Produkte entscheidend. Der Zuckeranteil ist bei den Gemüsen ein guter Gradmesser. Bei den auf unserer speziellen Dammkultur angebauten Gemüsen ist der Brix-Wert, der die Höhe des Zuckergrades angibt – ähnlich wie bei den Weintrauben –, signifikant höher, erzählt Rudolf Hoheneder. Und Hannelore Walter ergänzt: „Das Tolle an diesen Produkten ist, dass durch die verschiedenen Gemüsesorten und die Mischungen, die wir bisher erprobt haben, immer neue und überraschende Geruchs- und Geschmacksnuancen entstehen. Oft ist es richtig exotisch, was sich an unterschiedlichen Aromen offenbart! Das kennt man beim Essen von Gemüse so nicht. Es ist eine richtige Duft- und Geschmacksexpedition, auf die man sich da begibt."

Topinambur in Fermentiergläsern.

Hannelore Walter: „Jedes Mal, wenn ich in den Keller geh, erfreu ich mich an den wunderschönen Farben in den Gläsern. Pflanzenfarben anschauen, das nährt die Seele."

Kontakt:
HAWARUHOF
Rudolf Hoheneder
www.hawaruhof.at
rudolf.hoheneder@gmx.at

GELA Ochsenherz

Die GELA Ochsenherz ist die erste CSA in Österreich. Der Betrieb in Gänserndorf liegt im erweiterten Speckgürtel von Wien. Der Betrieb musste bereits zweimal auf neue Flächen wechseln und einmal auch die gesamte Betriebs-Infrastruktur umsiedeln. Ohne die tatkräftige und finanzielle Mithilfe des Trägervereins wäre dies nicht möglich gewesen. Die Gärtnerei versorgt ca. 400 Menschen wöchentlich mit frischem Gemüse und Kräutern. Geerntet wird zweimal pro Woche. 10 Ernte-Anteile werden auch gegen Mitarbeit vergeben (= 26 Tage Mitarbeit). So sind bei der arbeitsintensiven Ernte, dem Waschen und Verteilen des Gemüses auch die Ernte-AnteilsnehmerInnen eingebunden. Für ihren Anteil an der Ernte bezahlen sie einen nach ihren Möglichkeiten selbstgewählten Beitrag (über, gleich oder unter den Durchschnittskosten) an den Verein. Dieser finanziert damit die Aufwendungen der Landwirtschaft des Gärtnerhofs. Versorgt werden sie ganzjährig über die „Freie Entnahme" sowie über 26 Wochen mit fixen Ernte-Anteils-Kisten. Eine Besonderheit der GELA Ochsenherz ist die umfangreiche, im Internet abrufbare Rezeptsammlung, die großteils von Lilli Henzl stammt. Die leidenschaftliche Gemüseköchin – die auch ein vegetarisches Kochstudio betreibt (www.essenz.at) – arbeitet im Gärtnerteam und weiß so genau, welches Gemüse gerade geerntet wird. Jede Woche liegt ein passendes Rezept der Ernte-Anteils-Kiste bei.
www.ochsenherz.at

Container am Feld dienen als Büro und Gemeinschaftsraum.

Lufternte …

In der einfachen, aber effizienten Gemeinschaftsküche wird täglich gekocht.

… letztlich gut gelandet.

Neues entwickeln und Boden für noch Unbekanntes schaffen – Die KLEINeFARM in St. Nikolai im Sausal

von Ulli und Scott Klein

Die „Kleine Farm" ist ein landwirtschaftlicher Gemüsebaubetrieb in der Südwest-Steiermark. Ulli und Scott Klein haben ihn im Jahr 2012 gegründet. Gemeinsam mit dem Betrieb ist auch eine CSA-Gemeinschaft gewachsen. Die gelernte Juristin Ulli Klein ist in der Steiermark in einer Selbstversorger-Familie aufgewachsen und hat in Kalifornien nicht nur ihren Mann Scott – der hier eine Naturschule geleitet hat – kennengelernt, sondern auch das Konzept der Community Supported Agriculture (CSA): Im Rahmen ihrer theoretischen und praktischen Ausbildung für den Anbau von Bio-Gemüse am Center for Agroecology and Sustainable Foodsystems der Universität von Kalifornien in Santa Cruz.

Paprika- und Chiliverkostung für die Mitglieder.

Freie Entnahme am Markt in Graz.

Über die Jahre hat sich die richtige Form und die richtige Größe ihres CSA-Betriebes herauskristallisiert – kein ganz einfacher Prozess, wie Ulli Klein beschreibt. Im ersten Jahr verkauften sie Gemüse, Kräuter und Blumen noch in Graz am Markt und bauten nur einen kleinen Teil (15 Anteile) für die neu gegründete CSA-Gemeinschaft an. *„Doch wir haben schnell gesehen, dass wir ganz in die kooperative Wirtschaftsweise wollen"*, erzählt Ulli Klein. Im zweiten Jahr wurde auf 50 Anteile aufgestockt und schließlich auf 150. Nach weiteren zwei Jahren wurde klar, dass das für die Anbaufläche (2 ha Gemüsefläche und 1 ha Ackerfläche) zu viel ist und die Anteile wieder auf ca. 90 reduziert. Dieser Prozess – in dem es auch darum geht, wie gärtnerische Arbeit „richtig" bewertet werden kann und wie viel ein Anteil entsprechend kostet – wurde stets in intensiven und offenen Diskussionen der AnteilsnehmerInnen mitgetragen. Eine Gruppe von Menschen aus Graz hat das Konzept von Anfang an philosophisch und politisch mitgetragen. Der Kleinen Farm geht es nicht „nur" um den Anbau von biologischem Gemüse, sondern auch um die Erhaltung und Vermehrung von samenfesten Sorten und um Bildungsarbeit. *„Ich habe gemerkt, dass die meisten Sorten, die im biologischen Erwerbsgemüsebau angebaut werden, Hybridsorten sind. Das ist eine ausgehöhlte Sache, auf der einen Seite kämpft man für die Erhaltung der Sortenvielfalt, aber auf der anderen Seite können die Erwerbsgärtner nicht mit samenfesten Sorten arbeiten und die Züchtung ist immer mehr in der Hand von Konzernen. Das war eine Herausforderung für mich, hier auf ganz konkreter Ebene etwas entgegenzusetzen"*, erzählt Ulli Klein. Das CSA-Konzept schafft den Freiraum für die Erhaltung der Sorten, genauso wie den Freiraum für Menschen, den biologischen Anbau von Gemüse zu lernen – in Form von zwei Lehrstellen und zwei Praktikumsstellen. Das Ziel ist, dass diese mit der Zeit auch die Fähigkeiten entwickeln und das Wissen erwerben, um im Anschluss daran selbst einen Betrieb aufzubauen. Jede zweite Woche werden am Hof auch Seminare angeboten zu verschiedenen landwirtschaftlichen

Themen, aber auch zur Artenvielfalt und Lebensweise von Schmetterlingen, Vögeln oder Nützlingen, da es wichtig sei „Ökosysteme als Ganzes zu sehen". Zu den Seminaren kommen viele AnteilsnehmerInnen der CSA genauso wie Menschen aus dem Ort. Dabei geht es auch um die Vermittlung von Zusammenhängen, in denen gesunde Lebensmittel wachsen können, diese zu verstehen und insgesamt die Arbeit der Bäuerinnen und Bauern neu wertschätzen zu lernen. Anders gesagt, geht es bei der täglichen Arbeit nie „nur" um die Ernte, sondern immer auch um das noch Unbekannte, das dabei entstehen kann. Auf den Punkt bringt das der Leitgedanke der Kleinen Farm, der vom Schottischen Schriftstellers Robert Louis Stevenson stammt: „Beurteile den Tag nicht nach der Ernte, die du einbringst, sondern nach den Samen, die du gesät hast."
www.kleinefarm.org

Hoffest und gemeinsames Essen.

In zwei Gewächshäusern und im Freiland wächst das Gemüse der CSA KLEINeFARM in der Südsteiermark.

Freie Entnahme für die Ernte-TeilerInnen der Kleinen Farm: Es ist genug für alle da.

Planungsbeispiele für den Gemüseanbau in einer Solidarischen Landwirtschaft

In der Praxis sind für die genaue Anbauplanung viele Punkte zu berücksichtigen. Auch bleibt ein Anbauplan nie fix, sondern entwickelt sich von Jahr zu Jahr weiter: Fruchtfolge, Platz für Gründüngungen, der Nährstoffbedarf der einzelnen Kulturen fließen ebenso mit ein wie der Platzbedarf der einzelnen Kulturen und die Frage, welche Kulturarten hintereinander auf einer Fläche angebaut werden können.

Betriebe, die bereits über viele Jahre eine große Vielfalt an unterschiedlichen Kulturen angebaut haben, können von ihrer bisherigen Planungserfahrung ausgehen und darauf aufbauen.

Der CSA-Betrieb von Ulli und Scott Klein in der Steiermark hat für seine Auszubildenden eine Übung entwickelt, um die Anbauplanung zu erklären und zu ermitteln, wie viel man wovon anbaut, wie oft man eine Kulturart pro Saison anbauen muss und wie hoch der Saatgut- und der Platzbedarf der einzelnen Kulturen ist. In den meisten CSAs werden mindestens 8 bis über 15 Gemüsearten pro Anteil und Woche verteilt. Die unten beschriebene Planungsübung geht von der Annahme aus, dass es nur vier Gemüsekulturen sind, um das Prinzip besser veranschaulichen zu können.

Die Gründung einer CSA erfordert entweder die entsprechende Erfahrung, wie viel von welcher Gemüseart man wann im Jahr anbauen muss, um eine kontinuierliche Versorgung zu gewährleisten, oder eine sehr genaue Planung. Schließlich kann – anders als etwa bei einem Hausgarten – das Gemüse für 30, 40 oder gar 100 Menschen nicht einfach im Bio-Laden gekauft werden, wenn etwas schiefgehen sollte. In einer CSA wird der Gemüsebau von erfahrenen GärtnerInnen übernommen, die viele fachliche Fragen des Gemüsebaus bereits gut einschätzen können. Doch auch für erfahrene GärtnerInnen ist die genaue Planung eine Herausforderung, da Anbau und Ernte nach anderen Kriterien erfolgen als für die Vermarktung auf Bauernmärkten oder die Produktion für Bioläden. Auch wenn sich über die Jahre der Anbauplan weiterentwickelt und den eigenen Anforderungen anpasst: Für den Start einer CSA ist es sehr hilfreich, auf die Erfahrungen anderer Höfe zurückgreifen zu können. Dazu hat Tobias Hartkemeyer vom CSA-Hof Pente in Deutschland ein grobes Planungsinstrument entwickelt. Unter der Plattform www.makecsa.org kann eine Excel-Liste heruntergeladen werden, die einen ersten Anhaltspunkt bietet, wie viele Menschen von welcher Fläche versorgt werden können und wie sich diese Fläche auf verschiedene Gemüse- und Obstkulturen aufteilen kann. Ausgangspunkt sind die statistischen Verbrauchszahlen der einzelnen Kulturen in Deutschland. Da CSA-Mitglieder im Schnitt mehr Gemüse und weniger Fleisch essen, werden die Angaben aus dem bundesweiten Durchschnitt mit einem „Gemüse- und Obstfaktor" multipliziert, der diesen Mehrbedarf widerspiegelt. Ein Schätzungsvorschlag ist der Faktor 2. So wird im bundesdeutschen Durchschnitt ca. 60 kg Gemüse pro Kopf verbraucht (inklusive Lagerverluste). Die Ernährungswissenschafterin Rosemarie Zehetgruber (→ siehe Kapitel Ernährungs-Kennzahlen, Seite 41) geht – den Empfehlungen der Ernährungswissenschaft folgend – von fast der doppelten Menge aus, die ein Erwachsener an Obst und Gemüse im Jahr isst (180 kg Gemüse, 110 kg Obst). Nur bei den Kartoffeln geht sie von der gleichen Menge aus (ca. 60 kg).

Die wachsende CSA-Community in Deutschland, Österreich und der Schweiz stellt für die Planung einer CSA umfassende Unterlagen im Internet zur Verfügung (→ siehe Links, Seite 167). Die Kooperationsstelle für Solidarische Landwirtschaft in der Schweiz bietet eigene CSA-Lehrgänge an. Umfassende Unterlagen für die genaue Anbauplanung, Ernte und Zusammenstellung des wöchentlichen Ernte-Anteils stellt auch das Center for Agroecology & Sustainable Food Systems der University of California in Santa Cruz (CASFS) online zur Verfügung. Diese Unterlagen sind – in für Mitteleuropa adaptierter Form – in dieses Kapitel eingeflossen. Ebenso Erfahrungen von CSA-GärtnerInnen aus Österreich und Deutschland.

Kennzahlen für die Flächenplanung einer CSA

Mitgliederzahl (M)	Geplante Mitgliedergesamtzahl eingeben:	1
Gemüse- & Obstfaktor (GF)	CSA Mitglieder essen im Schnitt mehr Gemüse und weniger Fleisch. Der Faktor des höheren Gemüseverzehrs kann hier als Schätzung gewählt werden (**Kartoffeln und Tomaten ausgenommen) Schätzungsvorschlag = 2	2
Fruchtfolgefaktor (FR)	Zur Erhaltung und Entwicklung der Bodenfruchtbarkeit ist eine Fruchtfolge notwendig. Das bedeutet, dass im Laufe der Jahre auch Kleegras oder Getreide auf den Gemüseflächen angebaut wird. Vorschlag = Faktor 2,5	2,5

	A	B	C	D	E
Gemüse	Pro Kopfverbrauch ø BRD kg/Jahr*	Pro Kopfverbrauch bei CSA Mitgliedern (AxGF)	ø Ertrag kg/m²	Flächenbedarf pro Person ø BRD*	Benötigte Fläche für den Anbau (DxFRxGFxM)**
Blumenkohl	1,0 kg	2,0 kg	1,8 kg	0,6 m²	3,0 m²
Brokkoli	0,5 kg	1,0 kg	1,2 kg	0,4 m²	2,0 m²
Buschbohnen	1,8 kg	3,6 kg	0,5 kg	3,6 m²	18,0 m²
Chinakohl	0,3 kg	0,6 kg	4,0 kg	0,1 m²	0,4 m²
Endivie	0,1 kg	0,3 kg	4,0 kg	0,1 m²	0,3 m²
Feldsalat	0,1 kg	0,3 kg	1,0 kg	0,1 m²	0,7 m²
Gurken	6,3 kg	12,6 kg	15,0 kg	0,4 m²	2,1 m²
Hokkaido	5,0 kg	10,0 kg	2,5 kg	9,0 m²	45,0 m²
Kartoffel	64,0 kg	64,0 kg	4,8 kg	32,4 m²	81,0 m²
Kohlrabi	0,5 kg	1,1 kg	2,0 kg	0,2 m²	0,9 m²
Lauch	1,1 kg	2,2 kg	3,0 kg	0,5 m²	2,3 m²
Möhren	3,7 kg	7,4 kg	2,5 kg	0,8 m²	3,9 m²
Paprika	2,3 kg	4,6 kg	8,0 kg	0,3 m²	1,5 m²
Radies	0,5 kg	1,0 kg	2,5 kg	0,2 m²	1,0 m²
Rettich	0,3 kg	0,5 kg	2,9 kg	0,1 m²	0,5 m²
Rhabarber	0,1 kg	0,2 kg	2,2 kg	0,1 m²	0,3 m²
Rosenkohl	0,4 kg	0,9 kg	1,3 kg	0,3 m²	1,7 m²
Rotkohl	1,1 kg	2,2 kg	5,2 kg	0,2 m²	1,0 m²
Salate	2,2 kg	4,4 kg	2,6 kg	0,9 m²	4,3 m²
Sellerie	0,7 kg	1,4 kg	4,0 kg	0,2 m²	0,9 m²
Spinat	1,1 kg	2,2 kg	2,5 kg	0,4 m²	2,2 m²
Tomate	22,4 kg	44,8 kg	15,0 kg	1,5 m²	3,8 m²
Weißkohl	2,1 kg	4,2 kg	6,6 kg	0,3 m²	1,6 m²
Wirsing	0,3 kg	0,5 kg	3,1 kg	0,1 m²	0,4 m²
Zucchini	0,5 kg	1,1 kg	3,5 kg	0,2 m²	0,8 m²
Zwiebel	6,8 kg	13,6 kg	3,3 kg	2,1 m²	10,5 m²
Obst					
Äpfel	34,3 kg	68,6 kg	1,8 kg	19,0 m²	95,0 m²
Birnen	3,4 kg	6,8 kg	5,8 kg	1,6 m²	8,0 m²
Brom/Heidel/Preiselbeere	1,7 kg	3,4 kg	3,8 kg	3,3 m²	16,5 m²
Erdbeeren	3,3 kg	6,6 kg	2,8 kg	4,4 m²	22,0 m²
Johannis/Stachel/Himbeere	1,2 kg	2,4 kg	6,8 kg	1,6 m²	8,0 m²
Kirschen	2,3 kg	4,6 kg	4,8 kg	2,8 m²	14,0 m²
Pflaumen, Zwetschgen	0,8 kg	1,5 kg	7,8 kg	0,7 m²	3,3 m²
Gesamt	**172,2 kg**			**88,2 m²**	**356,1 m²**

**Datenquelle: BMELV (Hrsg.) (2009): Statistisches Jahrbuch für Ernährung, Landwirtschaft und Forsten 2008; Atsuko Wakamiya (2010): Flächenbedarf für den Nahrungsmittelkonsum in Deutschland. Regionalwert AG, Eichstetten. Quelle: makecsa.org*

Den Anbau der Vielfalt planen

Eine Gruppe von Menschen mit Gemüse und Salaten das ganze Jahr über zu versorgen, ist eine Herausforderung. Vor der Anbauplanung geht es darum, ein gutes Sortiment an unterschiedlichen Gemüsen zusammenzustellen und zu überlegen, wie viele Beete man mit welcher Kultur bepflanzen möchte. Eine wichtige Planungseinheit ist die Beetgröße. Diese wird am besten einheitlich gewählt. Peter Lassnig, erfahren in der Anbauplanung einer CSA, empfiehlt, bei der Planung ein möglichst einfaches Gerüst zu wählen. Und als Erstes den Anbau jener Kulturen zu planen, die sein müssen: Salate, Karotten, Tomaten und – wenn sie auch angebaut werden sollen – Kartoffeln. Als Nächstes jene Kulturen, die einem persönlich wichtig sind und die besondere Raritäten sind, die man sonst nicht so leicht bekommt (zum Beispiel Zuckerwurzel oder Schwarzwurzel). Und dann von Jahr zu Jahr die Planung weiterentwickeln. Die nebenstehende Tabelle zeigt die Aufteilung der 340 Beete in der Gärtnerei Ochsenherz auf die verschiedenen Gemüsegruppen. Ein Beet ist in der Gärtnerei Ochsenherz 100 m lang und 1,50 m breit. So sind zum Beispiel 12 % der Beete mit Salat bepflanzt, alleine 24 Beete mit Lactuca-Salaten. Karotten und Kartoffeln werden in einer Gruppe zusammengefasst, sie werden auf 18 % der Beete angebaut. Auf 400 Beeten werden Kartoffeln, auf 20 Beeten Karotten angebaut.

Anzahl der möglichen Ernte-Anteile

Die Anzahl der möglichen Ernte-Anteile hängt von der Anzahl der MitarbeiterInnen und Mithelfenden, der Größe und der Fruchtbarkeit des verfügbaren Landes ab, von der Fruchtfolge und dem Anteil der Gründüngungen und von der Bewirtschaftungsform. Wird mit einem Traktor gearbeitet (wie zum Beispiel auf allen Betrieben, die das Gemüse auf Dämmen anbauen), werden größere Flächen benötigt als bei einer gärtnerischen Anbauweise, die mit Handgeräten arbeitet.

Die zu erwartende durchschnittliche Ertragsmenge geteilt durch den anzunehmenden Pro-Kopf-Verbrauch ergibt die maximale Zahl der AnteilsnehmerInnen.

Die minimale Zahl der AnteilsnehmerInnen wird durch die Kostendeckungsschwelle definiert. Das heißt: Wie viele AnteilnehmerInnen an einer CSA braucht es, um bei einem bestimmten monatlichen Kostenbeitrag die anfallenden finanziellen und materiellen Aufwendungen abzudecken und den fortlaufenden Betrieb sicherzustellen?

Aufteilung der Anbaufläche auf einzelne Gemüsegruppen

Anteil an der Fläche	Gemüse-Gruppe	Einzelne Gemüse
12 %	Blattsalate	Endivien-Salate
		Feldsalate
		Lactuca-Salate
		Zichorien und Radicchio,
15 %	Blattgemüse	Chinakohl, Pak Choi, Senfkohl, Tatsoi etc.
		Kraut, Wirsing etc.
		Spinat, Mangold, Rucola
15 %	Blatt-Spross-Blüten-Gemüse	Brokkoli, Blumenkohl, Romanesco
		Diverse Kohlgewächse (inkl. Überwinterung)
		Kohlrabi
		Puntarelle, Spargelsalat
		Fenchel
10 %	Zwiebelgemüse	Knoblauch
		Lauch
		Zwiebeln und Bundzwiebeln
17 %	Fruchtgemüse	Auberginen, Paprika, Chilis (Freiland)
		Tomaten (Tunnel und Freiland)
		Kürbis, Zucchini, Gurke, Melone
		Grüne Bohnen, Zuckerschoten
		Zuckermais
18 %	Kartoffeln & Karotten	Kartoffeln
		Karotten
11 %	Wurzelgemüse	Sellerie, Pastinaken, Wurzelpetersilie
		Rote Rüben
		Radi, Rettich, Stoppelrübe, Steckrübe
		div. Wurzeln (Haferwurzel, Zuckerwurzel etc.)
2 %	Kräuter	Kräuter einjährig
		Kräuter mehrjährig

Aufteilung der Anbaufläche auf die einzelnen Gemüsegruppen in der GELA Ochsenherz

Beispiel für einen Gemüse-Erntekalender einer CSA (GELA Ochsenherz)

	JAN	FEB	MÄR	APR	MAI	JUN	JUL	AUG	SEP	OKT	NOV	DEZ
Salate												
div. Salate			▐	█	█	█	█	█	█	█	█	
Radicchios etc.										█	█	█
Zuckerhut	█	█								█	█	█
Catalogna								█	█	█		
Asia-Salate	█	█	▌							▐	█	█
Winterportulak	█	█	█									
Feldsalat/Vogerlsalat	█	█	█									█
Rucola									▐	█	█	█
Blatt-Spross-Blüte												
Brokkoli					▐	█				▐	█	▌
Sprouting Brokkoli			▐	█								
Blumenkohl						█					█	
Romanesco				█	▌							
Kraut	█	▌				▐	▌		▐	█	█	█
Wirsing											█	█
Grünkohl	█	█	▌								▐	█
Schwarzkohl										█	█	█
Chinakohl										▐	█	█
Pak Choi										▐	█	█
Tatsoi	█	█	▌							▐	█	█
Mangold					█	█	█	█	█	█		
Spinat		▐	█							█	█	█
Kohlrabi				█							█	█
Rosenkohl/Sprossenkohl	█	█	█									
Fenchel					█	█	█	█	█	█		
Stangensellerie								█	█	█	█	█
Puntarelle										█	█	▌
Spargelsalat				█	█							
Cardy	█										█	█
Grünspargel				▐	█							
Rhabarber				▐	█							
Lauchzwiebel			▐	█	█							
Zwiebel	█	█	▌			█	█	█	█	█	█	█
Knoblauch	█	█				█	█	█	█	█	█	█
Lauch	█	█	█	▌				█	█	█	█	█
Zuckermais						▐	█					
Wurzelgemüse												
div. Karotten	█	█				▐	█	█	█	█	█	█
Gelbe Rüben	█	█						█	█	█	█	█
Pastinaken	█	█	▌							▐	█	█
Wurzelpetersilie	█	█								█	█	█

	JAN	FEB	MÄR	APR	MAI	JUN	JUL	AUG	SEP	OKT	NOV	DEZ
Sellerie	■	■	■						■	■	■	■
Rote Rüben	■	■	▌		■	■	■	■	■	■	■	■
Radieschen			▐	■	■							
Stoppelrüben, etc.										▐	■	■
div. Rettiche	■	■								▐	■	■
Schwarzwurzel	■	■	■								■	■
Haferwurzel	■	■	▌								■	■
Zuckerwurzel	■	■	▌									■
Klettenwurzel	■	▌								▐	■	■
Steckrüben	■										▐	■
Frühkartoffel						▐	■					
Lagerkartoffel	■	■	■					■	■	■	■	■
Erdmandel										▐	■	▌
Fruchtgemüse												
Tomaten						▐	■	■	■	▌		
Paprika							▐	■	■	■		
Pfefferoni, Chilli							▐	■	■	■	▌	
Auberginen/Melanzani						▐	■	■	■	▌		
Okra							■	■	■			
Zuckerschoten				▐	■	▌						
Grüne Bohnen							▐	■	■	▌		
Gurken						■	■	■	■			
Zucchini						■	■	■	■			
Kürbisse									■	■	■	■
Obst												
Honigmelonen									■			
Wassermelonen								▐	■			
Andenbeeren										■	■	
Erdbeeren					▐	▌						

Der Gemüsekalender der Gärtnerei Ochsenherz zeigt an, in welchen Monaten welches Gemüse geerntet werden soll. Dies ist die Basis für die Anbauplanung.

Der satzweise Anbau – ein Spezifikum der CSA-Anbauplanung

Ein genauer Anbauplan ist das Herzstück eines gut funktionierenden CSA-Betriebes und die Basis für die Beerntung der wöchentlichen Gemüserationen über die gesamte Erntesaison. Die meisten CSAs bauen eine große Arten- und Sortenanzahl an Gemüsen durch die ganze Saison an. Ein großer Unterschied – sowohl zum Anbau im Hausgarten wie auch zum Erwerbsgemüsebau – ist der Anbau einer Gemüseart in mehreren Folgesaaten oder Folgesätzen. Dieser sogenannte „satzweise" Anbau ist notwendig, um die AnteilsnehmerInnen über die Saison mit unterschiedlichen Gemüsen für die Küche – vom Salat (verschiedene Arten, die als frisches Grün gegessen werden) über Spinate (verschiedene Blattgemüse, die gekocht gegessen werden), frische Kräuter, Wurzelgemüse, Fruchtgemüse, Kartoffeln und Winterkürbis – zu versorgen. Der Anbauplan einer CSA ist notwendig, um möglichst genaue Ernteziele für die vielen unterschiedlichen Gemüse festlegen zu können.

Viele Gemüse werden alle zwei Wochen nachgesät/nachgepflanzt: Das bedeutet, dass der erste Satz über zwei Wochen beerntet wird. Bis der nächste Satz reif ist, sollte der vorhergehende Satz abgeerntet sein. Viele Gemüse werden bitter, übergroß oder gehen in Blüte, wenn sie überreif werden.

Für den satzweisen Anbau ist die genaue Zeitplanung besonders wichtig: So hat man einen Überblick, wann welche Arbeiten anfallen, bis wann Saatgut oder Jungpflanzen bestellt sein müssen oder wann Mithilfe nötig ist. Diese Anbautage können dann auch gut mit den Erntetagen abgewechselt werden, und man hat so bereits einen guten und übersichtlichen Plan für die in einer Woche anfallenden Arbeiten.

Hilfreich ist, Anbaupläne groß auszudrucken und für alle MitarbeiterInnen und MithelferInnen im Betrieb gut sichtbar aufzuhängen. Notwendige Änderungen können direkt handschriftlich eingetragen werden.

Eine gute Möglichkeit ist auch, Excel-Listen zu erstellen, aus denen zum Beispiel ersichtlich ist, in welcher Kalenderwoche von welcher Kulturart wie viele Pflanzen vorgezogen werden müssen.

Auf vielen CSA-Betrieben werden die Gemüse zu einem Zeitpunkt dann am selben Tag auf einem Beet oder in einer Reihe blockweise angebaut: Man sät oder pflanzt alle Gemüsearten gleichzeitig aus. Durch diesen blockweisen Anbau können sowohl Unkrautbearbeitung wie auch Bewässerung leichter durchgeführt werden.

Die Erstellung des Anbauplanes ist ein schrittweiser Prozess, in den verschiedene Gesichtspunkte einfließen. Zwei Blickwinkel sind essentiell: Das Festlegen, wann und über welchen Zeitraum welche Gemüse geliefert werden sollen. Dieser CSA-Erntekalender ist zudem ein wichtiges Tool für die Kommunikation mit Ernte-AnteilsnehmerInnen. Er zeigt, wann sie mit welchem erntefrischen Gemüse rechnen können. Mit dieser Übersicht können auch neue Mitglieder für die Saison gewonnen werden (→ siehe Beispiel des CSA-Erntekalenders der GELA Ochsenherz, Seite 160).

CSAs entwickeln über die Jahre ihre eigenen Anbaupläne, die Form der Bewirtschaftung, in die die Beschaffenheit und das Ertragsniveau des Bodens, das Klima, die Ernährungsgewohnheiten und Vorlieben der Mitglieder einfließen – also die eigenen Erfahrungen der vergangenen Jahre. Die meisten CSA-Betriebe bauen die Gemüse auf Beeten – manche auch auf Dämmen – an. Es erleichtert die Bearbeitung und vor allem die Beerntung, wenn nur eine Kultur pro Beet angebaut wird.

Salat und andere Gemüse müssen satzweise angebaut werden, um eine kontinuierliche Versorgung zu gewährleisten.

Kürbisernte am CSA-Betrieb KLEINeFARM.

Lagergemüse

Gemüse, die eingelagert werden sollen, werden nur einmal angebaut und beerntet. Bei CSA-Betrieben, die bis in den Herbst beliefern, werden diese Gemüse im Herbst geerntet und direkt an die Mitglieder verteilt. CSA-Betriebe, die eine ganzjährige Versorgung anbieten können, lagern am Betrieb und liefern das Lagergemüse dann mit den wöchentlichen Ernte-Anteilen im Winter.

Vorgehensweise bei der Ernte-Planung

Man berechnet den Anbauplan „von hinten nach vorne“: Man geht von der notwendigen Erntemenge einer Kulturart in einem bestimmten Erntefenster aus. Am leichtesten fällt die Planung, wenn aus den Vorjahren bereits Ernteaufzeichnungen der verschiedenen Kulturarten vorhanden sind.

Wann soll von welchem Gemüse wie viel geerntet werden? Daraus errechnen sich alle anderen Angaben und leiten sich alle weiteren Entscheidungen ab:

- die Pflanzzeitpunkte/Aussaatzeitpunkte
- die Anzahl der Pflanzen pro Satz
- die Auswahl der Sorten pro Satz
- die Anzahl der Samen/Jungpflanzen pro Satz

Planungsbeispiel

Für das Planungsbeispiel nehmen wir vereinfacht an, dass

- für eine gemeinschaftsgetragene Landwirtschaft produziert wird, die 40 Mitglieder hat, und dass diese über ein halbes Jahr – also 26 Wochen – mit Gemüse versorgt werden. Geerntet wird zweimal in der Woche – jeweils montags und donnerstags – für jeweils die Hälfte der Anteile.
- in den Ernte-Anteils-Kisten jeweils nur vier verschiedene Gemüsearten enthalten sind – jeweils eine aus den unten beschriebenen Kategorien.
- die Beete auf dem Feld 1,50 m breit und 30 m lang sind. Der Abstand zwischen den Pflanzen ist unterschiedlich und abhängig von der angebauten Gemüseart. Manche Beete haben nur eine Reihe, andere drei bis fünf Reihen. Die korrekten Pflanzabstände finden sich bei der Beschreibung der einzelnen Kapitel (beim Damm-Gemüsebau wird enger gepflanzt als angegeben).

Die vier Gemüse-Kategorien

1	Lagerfähiges Gemüse ein Satz und einmalige Ernte (Direktsaat oder Vorkultur)	Kartoffel, Knoblauch, Zwiebel, Winterkürbis, Trockenbohnen, Lagerkraut
2	Nicht lagerfähiges Gemüse ein oder wenige Sätze/mehrere Ernten (Direktsaat oder Vorkultur)	Erdbeeren, Zucchini, Gurken, Paprika, Mangold, Grünkohl, Tomaten
3	mehrere Sätze/mehrere Ernten, meist Vorkultur	Salat, Brokkoli, Kohl, Kohlrabi, Lauch, Fenchel etc.
4	mehrere Sätze/mehrere Ernten – meist Direktsaat	Karotte, Rote Rübe, Spinat, Koriander, Dill, Radieschen, Rucola, Asiasalat, Bohnen, Mais

Quelle: Center for Agroecology & Sustainable Food Systems (casfs.ucsc.edu)

Kürbisernte für 100 Ernte-Anteile.

Wie viel Pflanzen müssen wann angebaut und ausgesät werden, damit eine durchgängige Versorgung gewährleistet ist?

Das Ernteziel für ein Gemüse errechnen

Gemüsearten können entweder nach Stückzahl weitergegeben oder gewogen werden. Während beispielsweise Kraut am Markt meist nach Gewicht verkauft wird, ist es vielleicht nützlicher für die Planung eines CSA-Anbaus, wenn man von einer Stückzahl als Kalkulationseinheit ausgeht. Allgemein ist es einfacher, den Anbau von Pflanzen zu berechnen, die in Stück abgeben werden. Gemüse, die in Kilo abgegeben werden, sind schwieriger zu kalkulieren (zum Beispiel 20 kg Brokkoli pro Woche). Die tatsächliche Erntemenge hängt sehr von der Witterung ab, da muss man eine gewisse Schwankungsbreite akzeptieren. Für die Planung ist es aber doch sinnvoll, ein Ernteziel zu definieren.

Gemüse, die nach Stückzahl kalkuliert werden können	Salat, Kraut, Kürbis, Knoblauch, Gurken
Gemüse, die nach Kilo kalkuliert werden können	Bohnen, Zwiebeln, Kartoffeln
Gemüse, die nach Hohlmaßen (z. B. eine Tasse) kalkuliert werden können	grüne Salatmischungen (geschnittene Salate, „Mixed Greens"), Gurkenraritäten, kleine Tomaten und andere kleine Früchte

Quelle: Center for Agroecology & Sustainable Food Systems (casfs.ucsc.edu)

Anbauplanung Vorkultur

Planungsbeispiel von Ulli Klein, www.kleinefarm.org

Beispiel Kopfsalat: Es soll pro Ernte-Anteil ein Salatkopf pro Woche über 30 Wochen geliefert werden:

1) Gesamtzahl der Pflanzen über die gesamte Erntedauer ermitteln

- 1 Salat x 40 Anteile = 40 Salatköpfe/Woche
- Um Feldverluste, Wühlmausschäden, Jätfehler und andere Einflüsse mitzuplanen, wird um 25 % mehr angebaut = 40 x 1,25 = 50 Salatköpfe/Woche
- Erntesaison 30 Wochen: 50 x 30 = 1.500 Pflanzen

2) Gesamtzahl der Pflanzen pro Aussaatzeitpunkt ermitteln

- Im Durchschnitt kann man Salat über zwei Wochen ernten (länger im Frühjahr und Herbst, kürzer im Hochsommer). Es ist sinnvoll, verschiedene Sorten anzubauen – je nach Aussaatzeitpunkt und weil sie in der Wachstumslänge voneinander abweichen.
- 50 Salatköpfe pro Woche, die über 2 Wochen beerntet werden: 2 Wochen x 50 Pflanzen = 100 Pflanzen pro Aussaattermin
- plus 25 % für etwaige Ausfälle in der Vorkultur: 100 x 1,25 = 125 (werden die Salate direkt gesät, kann dieser Schritt entfallen)
- Bei Vorkultur: Werden diese 125 Pflanzen zum Beispiel in 144er Quickpots (Anzuchtschalen) gezogen, kann auch aufgerundet werden.

3) Gesamtzahl der Aussaaten („Sätze") berechnen

- Wann ist das erste und wann das letzte Erntedatum? Aus der Anzahl der Wochen dividiert durch 2 ergibt sich die Anzahl der Sätze.
- Wird zum Beispiel das erste Mal Mitte Mai und das letzte Mal Mitte November geerntet, sind dies 26 Erntewochen. Daher muss 13 Mal gesät werden.

4) Die genauen Tage für die Aussaaten während der Saison berechnen

- Wie lange dauert es durchschnittlich von der Aussaat bis zur Ernte?

- Salat benötigt im Frühjahr und im Herbst abhängig von der Sorte 40–50 Tage von der Auspflanzung bis zur Ernte, im Sommer ca. 30 Tage. Genaue Angaben für die einzelnen Sorten findet man in den Saatgutkatalogen.
- Für Gemüse, das man selber vorzieht, muss man ca. 30 Tage dazurechnen. Im Frühjahr dauert auch das länger (bis 38 Tage), im Sommer kürzer (bis 22 Tage). Manche Gemüse brauchen mehr, andere weniger Tage. So benötigen Tomaten 50–60 Tage, Paprika bis zu 90 Tage.
- Damit der erste Salat Mitte Mai geerntet werden kann, sollte Mitte März das erste Mal gesät werden. Da im Frühjahr die Anzucht länger dauert, rechnet man 5 zusätzliche Tage dazu, bis zum 10. März. Im Frühjahr dauert es länger, bis der Salat die Erntereife erreicht, deshalb rechnet man weitere 5 bis 8 Tage dazu: Der erste Aussaattermin ist also der 2. März.
- Alle 14 Tage wird nun ausgesät. Um es in der Praxis zu erleichtern: immer Anfang und Mitte des Monats.
- Im Herbst kann Salat im Weinbauklima der Südsteiermark das letzte Mal um den 15. August ausgepflanzt werden. Die letzten Sätze müssen also zusammengezählt um den 15. Juli gesät werden.

5) Anzahl und Kosten des Saatguts berechnen

- Wie viele Pflanzen werden pro Saison benötigt? Wie viele Samen sät man pro Zelle in den Quickpot aus?
- Für den Salat in unserem Beispiel benötigen wir 144 Pflanzen pro Aussaat. Multipliziert mit 13 Aussaaten ergibt dies 1.872 Pflanzen. Da bei der Aussaat von Salatsamen oft 2 Samen reinfallen (außer das Saatgut ist pilliert), rundet man auf 2.500 Samen.
- Die genauen Kosten können nun mit einem Saatgutkatalog ermittelt werden. Da Saatgut meist nicht in Stück, sondern nach Gewicht verkauft wird, wird mit dem Tausendkorngewicht die richtige Menge ermittelt. Salat bleibt einige Jahre keimfähig, es können also auch größere Mengen für die Folgejahre bestellt werden.

Anbauplanung Direktsaat

Planungsbeispiel von Ulli Klein, www.kleinefarm.org

Beispiel Karotten: Es soll pro Ernte-Anteil ein Bund Karotten pro Woche geliefert werden, ein Bund besteht aus 10 vermarktungsfähigen Karotten. Daher müssen pro Woche 400 vermarktungsfähige Karotten beerntet werden.

- Während der Anbausaison werden Karotten zum Beispiel in 3 Sätzen gesät und dann laufend beerntet. Dividiert man 25 Verteilwochen durch 3, wird ein Satz über 8,3 Wochen beerntet.
- 8,3 Wochen x 400 Karotten pro Woche ergibt 3.333 Karotten, die pro Satz benötigt werden. Man kalkuliert wieder einen Sicherheitspuffer von 25 % ein: 3.333 x 1,25 = 4.166 Karotten/Satz (gerundet 4.200).
- Karotten werden direkt gesät und danach auf 30 Karotten pro Laufmeter vereinzelt. Davon sind ca. 20 Karotten pro Laufmeter vermarktungsfähig.
- 4.200 dividiert durch 20 Karotten/Laufmeter = 210 Reihenmeter.
- Karotten für die Frischernte im Frühjahr und im Sommer werden in 4 Reihen pro Beet gesät = 210 dividiert durch 4 = 52,5 m Beetlänge.
- Karotten für den Herbst und für das Winterlager werden in 3 Reihen pro Beet gesät = 210 dividiert durch 3 = 70 m Beetlänge.
- Auch Karotten brauchen im Frühjahr etwas länger als im Sommer. Bundkarotten brauchen

Ein Karottenbund besteht aus 10 vermarktungsfähigen Karotten. Wie viele müssen angebaut werden, um 400 Karotten zu ernten?

60–90 Tage bis zur Ernte. Bei einer Aussaat Mitte März kann man je nach Sorte und Witterungsverlauf mit einem Erntebeginn Anfang bis Mitte Juni rechnen. Der zweite Satz wird Mitte Mai, der dritte Anfang Juni ausgesät.

- Mit unserer Handsämaschine säen wir durchschnittlich 50–60 Karotten/m. Nicht alle Samen keimen und später wird auf 30 Karotten/m vereinzelt.
- Unsere Beete sind 1,50 m breit und 30 m lang. Wenn wir 4 Reihen pro Beet säen, brauchen wir folgende Menge Saatgut: 4 Reihen x 30 m x 60 Karotten/m = 7.200 Karottensamen pro Satz. Mal 3 Sätze = 21.600 Samen.
- Bei kleinen Samen runden wir großzügig auf, in diesem Fall auf 30.000 Samen, die wir bestellen. Für Direktsaaten ist es immer gut, extra Saatgut lagernd zu haben, um rasch nachzusäen, falls das nötig ist.

Die zu erwartende Erntemenge richtig einschätzen

- Nicht immer gelingt die Kalkulation so leicht wie im vorher genannten Beispiel. Einige Betriebe berichten, dass für sie gerade Wurzelgemüse mengenmäßig unplanbar ist. Wenn genügend Fläche zur Verfügung steht, kann dies durch eine größere Fläche ausgeglichen werden.
- In Summe ist es wichtig, dass pro Woche ausreichend Gemüse zur Verfügung steht. Minderernten eines Gemüses können mit Mehrernten eines anderen Gemüses ausgeglichen werden. Eine bewährte Möglichkeit ist, von einer guten Ernte auszugehen, aber Flexibilität einzuplanen, falls eine Kultur ausfällt. Das bedeutet, dass der Ernte-Anteil mit einer anderen Kultur aufgefüllt werden kann.
- Am einfachsten ist die Erntemenge bei Kulturarten einzuschätzen, bei denen die ganze Pflanze beerntet wird (ein Krautkopf, ein Salatkopf, eine Fenchelknolle).
- Bei Fruchtgemüse ist der Ertrag schwieriger zu schätzen: Manche können nur über einen kurzen Zeitraum beerntet werden (wie zum Beispiel die meisten Sorten, bei denen Grüne Bohnen geerntet werden), bevor sie an Qualität verlieren. Andere, wie Tomaten oder Paprika, können über 6 Wochen und länger beerntet werden. Bei wieder anderen, wie Kürbissen, kann von einer durchschnittlichen Fruchtanzahl pro Pflanze ausgegangen werden.
- Wenn Gemüse öfter beerntet werden, fördert dies den Fruchtansatz und die Qualität.
- Bund-Kräuter und Gemüse, das im Bund abgegeben wird (Bund Karotten, Bund Rote Rüben): Hier kann eine Ernteeinheit auf die Reihen umgerechnet werden. So können beispielsweise von einem Laufmeter Kerbel 6–8 Bund geerntet werden.
- Grundsätzlich gilt: Je genauer die Erntemengen über die Jahre dokumentiert werden, umso genauer kann geplant werden.

Weitere Überlegungen für die Anbauplanung

- Welche Geräte stehen für die Erstbearbeitung, Aussaat und Kultivierung zur Verfügung?
- Wie hoch ist der Platzbedarf für die einzelnen Kulturen (→ Fachliteratur wie zum Beispiel das „Handbuch Bio-Gemüse" oder Angabe in Saatgutkatalogen)?
- Wie groß ist die Fläche, wie wird sie eingeteilt, wie lang sind die Beete?
- Werden Jungpflanzen gekauft oder am Betrieb vorkultiviert? Welches Anzuchtsystem steht zur Verfügung (Quickpots, Erdwürfel etc.)?
- Welche Sorten werden angebaut und haben diese unterschiedliche Reifezeiten?
- Muss die Kultur vereinzelt werden? Wie wird das gemacht und ist das zeitlich möglich?
- Müssen die Kulturen zum Schutz vor Schädlingen mit einem Kulturschutzgitter oder im Frühling oder Herbst mit einem Vlies abgedeckt werden?

Weitere Überlegungen für die Sortimentszusammenstellung

- Wie viele Gemüsearten sollen pro Woche in die Kisten? Viele CSA-Betriebe gehen von einer Anzahl von ca. 10 Gemüsearten (inkl. Kräutern und Salat) pro Woche aus.
- Die folgende Tabelle schlägt Erntemengen pro Kulturart und Woche vor. Je nach tatsächlich anfallenden Erntemengen kann die Zusammenstellung auch anders erfolgen – zum Beispiel

wenn viel mehr oder viel weniger als erwartet geerntet werden konnte.

- Für die meisten Ernte-AnteilsnehmerInnen sind geschmacklich gute und hochwertige „Standardgemüse" wie Karotten, Kartoffeln, Zwiebeln (oder Lauch) besonders wichtig. Das gilt auch für Gurken. Raritäten wie Zitronengurken werden gerne als Zusatz angenommen, trotzdem sind geschmacklich gute Standardgurken willkommen. Dominik Dax von Bio-Austria empfiehlt beispielsweise ein Verhältnis von 80 % „normalen" Gurken zu 20 % Raritäten.
- Viele Betriebe bauen auch Beeren an. Die Klassiker sind Erdbeeren und Himbeeren. Diese können dann von den Mitgliedern zum Beispiel an Arbeitseinsatz-Tagen selbst beerntet werden.
- Bei Sommerfrüchten – Tomaten, Einlegegurken, Auberginen oder Pesto-Kräutern –, die verarbeitet und eingekocht werden müssen, bewährt es sich, die Mitglieder einige Tage vorab zu informieren, dass nun größere Mengen reif sind und wann diese beerntet und bereitgestellt werden. So können sich die Mitglieder die Zeit einteilen, um Sugo oder Pesto einzukochen – und sich noch rechtzeitig mit der notwendigen Ausstattung (große Töpfe, Gläser, Gewürze) versorgen.

Erntemengen pro Kulturart (Vorschläge) für einen wöchentlichen Ernte-Anteil einer Anteilskiste

Kultur	Vorschlag UCSC für großen Familienanteil	Vorschlag für kleinen Familienanteil (z. B. wenn viel auswärts gegessen wird)
Basilikum	1–2 Pflanzen oder 1–2 Bund	1 Bund
Gartenbohnen (Fisolen)	1/2 kg	1/2 kg
Rote Rüben	5–6 Bund	5–6/Bund
Brokkoli	2–3 Stämme	2–3 Stämme
Bundzwiebeln	12–14/Bund	8–10/Bund
Kohl	2 kleine oder 1 großer	2 kleine oder 1 großer
Karotten	10/Bund	6–10/Bund
Mangold	12 Blätter/Bund	8–10 Blätter/Bund
Koriander	1 großer Bund	1 großer Bund
Mais	3 Kolben	2 Kolben
Gurken	je nach Größe 2–4	je nach Größe 2–4
Dill	1 großer Bund	1 großer Bund
Auberginen	je nach Größe 2–4	je nach Größe 2–4
Fenchel	2 Stück	2 Stück
Knoblauch	1–2 Knollen	1–2 Knollen
Grünkohl, Palmkohl	12–16 Blätter/Bund	8–10 Blätter/Bund
Kohlrabi	4 kleine oder 1–2 große	2 kleine oder 1 großer
Lauch	1–2 Stück	1–2 Stück
Salat	1 Kopf	1 Kopf
Melone	2 kleine oder 1 große	2 kleine oder 1 große
Zwiebel	2 Stück	2 Stück
Paprika	4 Stück	4 Stück
Chili	4 Stück	4 Stück
Kartoffel	1–2 kg	1 kg
Kürbis	2 kleine oder 1 großer	2 kleine oder 1 großer
Radieschen	6–8/Bund	6–8/Bund
Schnittsalat (Mixed Greens)	1/4 –1/2 kg	150–250 g
Spinat	1/2–1 kg	300–500 g
Tomaten	2 kg	2 kg
Wassermelone	2 kleine oder 1 große	1 Stück
Zucchini	2–4 Stück	2–4 Stück

Vorschlag Erntemengen pro Ernte-Anteil/Woche (Quelle: leicht verändert nach CASFS)

Erfahrungen von CSA-GärtnerInnen

„Meine Erfahrung ist, dass es gar nicht so wichtig ist, das bunteste aller Sortimente zu haben. Auch wenn Superraritäten Interesse erzeugen, das Wichtigste sind die Standard-Gemüse. Die Leute freuen sich, wenn eine Kiwano drinnen ist, aber wenn es regelmäßig Blumenkohl gibt, freuen sie sich viel mehr. Die tollsten Raritäten können Karotten und Kartoffeln nicht ersetzen. Raritäten sind ein Zusatz und kein Ersatz für die bekannten Gemüsearten. Im ersten Jahr habe ich fast nur Gurken-Raritäten angebaut, und die Leute wussten nicht, was sie damit anfangen sollen."

Dominik Dax, CSA-Gärtner und Berater bei Bio-Austria

„Wenn ich keine Topinambur für die freie Entnahme mithabe, fällt das vielen nicht auf. Auch mit Bittersalaten können viele nichts anfangen. Aber eine gute Kartoffel, das brauchen die Leute immer."

Rudi Hoheneder, CSA-Gärtner, Hawaruhof, Kirchberg am Wagram, Niederösterreich

„Ich habe immer mehr den Eindruck, dass es wichtig ist, auch Zeiten zu haben, in denen man spürt, dass es knapp ist. Im Winter und im Frühjahr darf es knapper sein. Im Sommer muss es Überfluss geben. Wir haben letzte Woche über 500 kg Tomaten über die Freie Entnahme verteilt, da ist kaum etwas übergeblieben. Viele kochen auch ihr eigenes Sugo ein."

Peter Lassnig, CSA-Gärtner der GELA Ochsenherz, Gänserndorf, Niederösterreich

Im Sommer gibt es Tomaten im Überfluss.

Literatur

- Bettina Dyttrich, Giorgio Hösli 2015: Gemeinsam auf dem Acker. Solidarische Landwirtschaft in der Schweiz, Rotpunktverlag, Zürich.
- Elizabeth Henderson, Robyn Van En 2007: Sharing the Harvest. A Citizen's Guide to Community Supported Agriculture, Chelsea Green Publishing Company, White River Junction, Vermont.

Links und Ressourcen

- Netzwerk Solidarische Landwirtschaft in Deutschland: www.solidarische-landwirtschaft.org
- Kooperationsstelle für Solidarische Landwirtschaft Schweiz: www.solawi.ch
- Anbauplanung und weitere Ressourcen: www.makecsa.org
- Umfassende Planungsunterlagen: „Center for Agroecology & Sustainable Food Systems" der University of California Santa Cruz: http://casfs.ucsc.edu
- The International Network for Community Supported Agriculture: www.urgenci.net

„Ein gutes Leben für alle": einer der handlungsleitenden Gedanken der Foodcoop Krekoodel in Krems.

Lebensmittelkooperative (Foodcoop)

Eine Lebensmittelkooperative (Foodcoop) ist ein Zusammenschluss von Einzelpersonen und Haushalten, die selbstorganisiert Lebensmittel direkt bei Bauern, Gärtnereien oder Imkern aus der jeweiligen Region beziehen. In den letzten Jahren sind in Österreich – vor allem in Städten, aber auch in einigen Landgemeinden – Foodcoops entstanden. Im Jahr 2017 gab es in Österreich mindestens 70 Foodcoops mit je 30 bis 100 Mitgliedern. Die Lebensmittelkooperative dient dazu, frische, regionale und biologische Lebensmittel beziehen zu können. Da Foodcoops selbstverwaltet sind, sind ihre Gründung, aber auch der laufende Betrieb mit einem kontinuierlichen Arbeitsaufwand für die Mitglieder verbunden. Bei einer guten Vernetzung und regelmäßigen Belieferung durch verschiedene Produzenten kann durch eine Foodcoop ein großer Teil der Lebensmittelversorgung jenseits des Supermarktes organisiert werden. Für die Produzenten ist die Belieferung einer Foodcoop in der Regel dann interessant, wenn sie bereits direktvermarkten, regelmäßig größere Bestellungen eingehen – die bedeutend größer sind als die Bestellungen einzelner Haushalte – und damit auch eine gewisse Planungssicherheit und die Absetzbarkeit größerer Mengen gewährleistet ist.

(Vor-)Geschichte der Foodcoops

Nicht alles war schon einmal da. Aber vieles hat in der Vergangenheit einen Vorläufer. Das trifft auch auf die seit rund 10 Jahren entstehenden Lebensmittelkooperativen zu. Waren es einst meist politisch motivierte Konsumgenossenschaften, die mit großen Mengen und eigenen Handelsstrukturen größere Anteile der Bevölkerung versorgten, sind es heute eher kleinstrukturierte private Initiativen, die sich für regional und saisonal geprägte Ernährungssouveränität engagieren. So waren es auch hauptsächlich Studierende in Wien, die 2007 in Österreich eine erste Foodcoop gründeten.

In der Struktur und vor allem der Größendimension sind sie von den historischen Genossenschaften weit entfernt. Das gilt jedenfalls für österreichische und generell europäische Verhältnisse. In Österreich handelt

Ob Eier, Gemüse, Fleisch- oder Milchprodukte: Verschiedene ProduzentInnen können eine Foodcoop beliefern. Die Mitglieder der Foodcoop übernehmen die Verteilung.

es sich bei Lebensmittelkooperativen um kleinere, meist basisdemokratisch, jedenfalls gemeinnützige, selbstorganisierte Vereine, die nicht nur das Ziel haben, sich selbst mit biologischen und frischen Lebensmitteln zu versorgen, sondern auch die regionale biologische Landwirtschaft zu unterstützen.

Anders in den USA oder in Japan: Hier versorgen Foodcoops Tausende, manche (wie der in Japan im Jahr 1965 gegründete „Seikatsu Club") bis zu Hunderttausende Mitglieder. Sie sind als gewinnorientierte Betriebe mit mehreren MitarbeiterInnen organisiert und erwirtschaften Umsätze in Millionenhöhe.

Was ist und wie entsteht eine Lebensmittelkooperative überhaupt?

Eine Foodcoop ist eine „Lebensmittel-Einkaufsgemeinschaft" – ein Zusammenschluss von Privatpersonen, die selbstorganisiert biologische Produkte direkt von lokalen Produzenten (Bauernhöfen, Gärtnereien, Imkern, Weinbauern etc.) beziehen. Meist dient ein gemeinsames Lager als Umschlagplatz für die gewünschten und verfügbaren Produkte.

Die Entstehungsgeschichte einer Lebensmittelkooperative beginnt immer mit der Initiative einer oder mehrerer Privatpersonen, die folgende Motive und Interessen verbinden:

- Direktbezug von frischen oder verarbeiteten Lebensmitteln bei den jeweiligen regionalen Produzenten. Damit verbunden sind Kenntnis über Herkunft, Produktionsbedingungen und (Bio-)Qualität der Produkte.
- Förderung der lokalen BäuerInnen und handwerklichen LebensmittelproduzentInnen, die ihre Produkte zu fairen Preisen absetzen können. Die Wertschöpfung bleibt in der Region.
- Kurze, umweltschonende Transportwege und Vermeidung von überflüssigen Verpackungsmaterialien.
- Der Bezug von frischen, geschmacklich und gesundheitlich hochstehenden, saisonalen Produkten.
- Darüber hinaus bietet eine Lebensmittelkooperative aber auch noch ein nicht zu unterschätzendes soziales Potential, nämlich die Möglichkeit, mit ähnlich orientierten Menschen in Kontakt zu kommen und das Gefühl der Zugehörigkeit in einer überschaubaren Wertegemeinschaft zu erleben.
- Ökonomische (Profit-)Motive hingegen stehen meist im Hintergrund oder sind gar nicht vorhanden. Denn es kann durchaus der Fall sein, dass die Kosten – rechnet man Mitgliedsbeiträge und auch die ehrenamtlich eingebrachte Zeit mit ein – über denen der herkömmlichen Lebensmittelbeschaffung aus dem Supermarkt liegen.

Formen von Foodcoops

Die einfachste Form einer Foodcoop ist eine Bestell-Foodcoop. Diese verfügt über kein gemeinsames Lager, die bestellten Lebensmittel werden einfach zum Beispiel in der Wohnung eines Mitglieds angeliefert und am selben Tag von den Mitgliedern abgeholt. Die meisten Foodcoops sind hingegen als Lager-Foodcoop organisiert. Lagerfähige Produkte wie Saft oder verarbeitetes Gemüse können von den Produzenten im Voraus und in größeren Einheiten bestellt werden, und sowohl die Anlieferung wie auch die Abholung werden so gestaltet, wie es für die einzelnen Personen gut in den (Arbeits-)Alltag passt.

Eine funktionierende Foodcoop ist vor allem eine Frage der gemeinschaftlichen Organisation.

Anforderungen an das Lager

Das Lager sollte für die Mitglieder und ebenso für die ProduzentInnen gut für die Anlieferung erreichbar sein und möglichst zentral liegen. Die Lagerräumlichkeiten müssen trocken und kühl und mit Strom- und Wasseranschluss ausgestattet sein. Außerdem sollten sie möglichst über Sanitäranlagen verfügen und idealerweise ausreichend groß sein, um auch die regelmäßig notwendigen Organisationstreffen hier abhalten zu können.

Weitere notwendige Infrastruktur

Ein wesentliches Organisationstool einer Foodcoop ist eine gute Software. Diese Software-Plattformen vereinen Aufgaben, die zentral ausgeführt werden müssen – wie die Erstellung des Sortiments, die Buchhaltung oder die Gesamtbestellung – mit den dezentralen Aufgaben – die Verteilung auf die einzelnen Besteller und die Detailabrechnung. So minimieren diese neu entwickelten Software-Plattformen den (ehrenamtlichen) Verwaltungsaufwand durch die Mitglieder und bewahren wohl viele Foodcoops vor einem Scheitern, denn auf die Dauer ist der kontinuierlich anfallende Aufwand händisch ausgefüllter Listen enorm. Im deutschsprachigen Raum sind im Wesentlichen zwei verschiedene Softwareprogramme in Verwendung: die in Berlin entwickelte Software „Foodsoft" und die vom oberösterreichischen Software-Entwickler Mario Rothauer konzipierte Open-Source Software „FoodCoopShop". Die wesentlichste Erleichterung, die diese Programme bieten, ist, dass alle Besteller ihre Bestellungen online von zu Hause aus aufgeben können und wöchentlich vollautomatisch E-Mails mit einer übersichtlichen Liste der Bestellungen (PDF) an die Hersteller versendet werden. ProduzentInnen können direkt die verfügbaren Produkte und Preise eingeben. Die Abwicklung der Bezahlung erfolgt über ein bargeldloses Guthabensystem. Das System erinnert per E-Mail daran, wenn das Guthaben aufgebraucht ist und wieder aufgeladen werden muss. Der FoodCoopShop erstellt monatlich Rechnungen im Namen der Hersteller und versendet sie an diese. In diesen Rechnungen wird direkt an die bestellenden Mitglieder fakturiert.

Ablauf und Organisation

Bei jeder Foodcoop fallen geringe Overhead-Kosten an: Lagermiete, Kosten für Wasser und Strom oder auch die Anschaffung von Möbeln und Geräten (Waage, Vorratsbehälter) bzw. Reparaturen. Diese werden über einen monatlichen Mitgliedsbeitrag abgedeckt.

Die meisten Foodcoops bestellen wöchentlich bei ihren Lieferanten. Es gibt aber auch Foodcoops – etwa

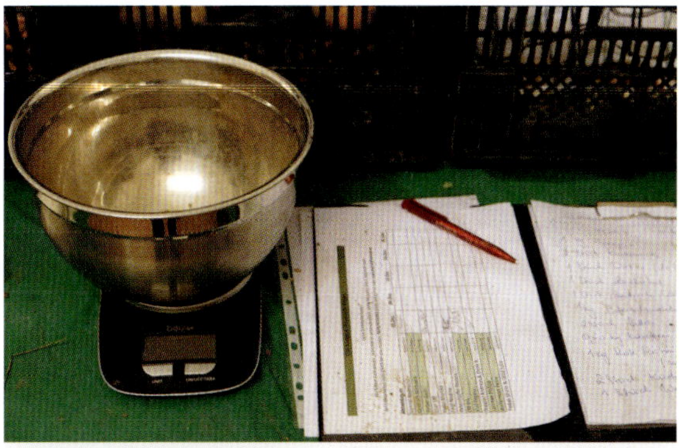

Eine kleine Waage ist ein zentrales Utensil einer Lebensmittelkooperative.

die Zürcher Foodcoop-Genossenschaft comedor –, die alle drei Monate bestellen, um den Lager- und Verwaltungsaufwand so gering wie möglich zu halten. Die wöchentliche Organisation richtet sich meist nach folgendem Schema: Bis Montag oder Dienstag Mitternacht werden die Bestellungen der Mitglieder gesammelt. Am Mittwoch in der Nacht werden die Bestelllisten an die ProduzentInnen verschickt. Am Freitag werden die Produkte geliefert. Die gelieferte Ware wird dann von den Mitgliedern der Foodcoop auf die einzelnen Bestellungen aufgeteilt und kann anschließend von den anderen Mitgliedern abgeholt werden.

Foodcoops aus der Sicht der ProduzentInnen

Für die ProduzentInnen kann die Belieferung mit Vorteilen verbunden sein. Die meisten Betriebe, die Foodcoops beliefern, hatten bereits vorher eine funktionierende Direktvermarktung. Der größte Vorteil für die Produzenten ist, dass die Foodcoop die Bestellungen von mehreren Personen und Haushalten bündelt. Durch Gruppenbestellung verringert sich der Arbeits- und Zeitaufwand für die Vorbereitung der bestellten Waren, auch Verpackungsmaterial wird eingespart. Für einige Produzenten ist die Lieferlogistik eine Herausforderung, da sie an bestimmten Wochentagen anliefern müssen. Manche Foodcoops holen die Lieferungen auch direkt bei den ProduzentInnen ab. Andere wiederum vereinfachen die Anlieferung, indem sie den ProduzentInnen einen Schlüssel für das Lager zur Verfügung stellen und so keine konkreten Übernahmezeiten vereinbart werden müssen. Ein offizielles Bio-Zertifikat ist für viele Foodcoops keine strikte Voraussetzung. Von welchen ProduzentInnen eine Foodcoop ihre Lebensmittel bezieht, wird bei Gemeinschaftstreffen entschieden.

Da es ein zentrales Anliegen der Mitglieder ist, die lokale bäuerliche Produktion von Lebensmitteln zu unterstützen, sind die Anforderungen an die Produktqualität besser an eine kleinbäuerliche Produktion angepasst – Gemüse wird zum Teil ungewaschen entgegengenommen, die Einheitlichkeit im äußeren Erscheinungsbild spielt keine Rolle, es werden auch kleinere Äpfel oder größere Karotten als im Handel üblich angenommen. Frische, Sortenvielfalt und Geschmack sind für die meisten Foodcoops von größerer Bedeutung als eine sonst im Handel wichtige korrekte Produktkennzeichnung und Etikettierung. So können die ProduzentInnen eine höhere Wertschöpfung erzielen. Durch den persönlichen Kontakt ist auch eine faire Preisgestaltung möglich, anders als im Handel gibt es keinen Preisdruck – die Preise werden in der Regel von den bäuerlichen ProduzentInnen festgelegt. Da direkt die bestellte Menge geliefert wird, gibt es keinen Schwund, und gut funktionierende Foodcoops gewährleisten eine gute Planbarkeit. Viele Mitglieder von Foodcoops sind auch bereit, auf den Höfen bei Arbeitsspitzen mitzuhelfen. Der Anteil der Foodcoops am Betriebseinkommen der einzelnen ProduzentInnen ist in der Regel sehr gering, jedoch helfen Foodcoops die Entscheidungsfreiheit der Betriebe auszubauen, was Lieferkonditionen und die Festlegung der Preise anbelangt.

Checkliste zur Gründung einer Lebensmittelkooperative (Foodcoop)

Schritt 1

Interessentenkreis erkunden

Verbreiten Sie die Absicht einer Foodcoop-Gründung in Ihrem (regionalen) Verteiler, nutzen Sie dazu alle verfügbaren Medien von E-Mail, Social Media und Mundpropaganda, senden Sie Links und Infos zum Thema und fragen das Interesse an einer Beteiligung ab. Grundsätzlich sollten alle ein gemeinsames Ziel verfolgen und ähnliche Interessen haben.

Schritt 2

Informieren, motivieren

Veranstalten Sie z. B. einen Infoabend und informieren Sie interessierte Menschen persönlich. Laden Sie dazu erfolgreiche und bereits erfahrene Mitglieder anderer Lebensmittelkooperativen ein.

Schritt 3

Gründen und organisieren

Sobald Sie genügend Start-Interessenten gewonnen haben (10–20 Mitglieder), sind wichtige Organisationsschritte jetzt: Die Planung der Infrastruktur (→ Anforderungen an das Lager, siehe Seite 170), die Gründung eines Vereins und damit verbunden das Ausarbeiten der Statuten und Regeln, eine funktionierende Aufgabenteilung, die Suche nach ProduzentInnen, die Anschaffung eines effizienten Liefer- und Bezahlsystems (→ Software). Kontakte zu Biobauern und BiobäuerInnen erfragt man am besten bei bereits bestehenden Foodcoops, spricht Direktvermarkter aus der Region an oder kontaktiert die Bioverbände. Um konkret herauszufinden, ob ein Produzent Interesse und die Möglichkeit hat, die Foodcoop zu beliefern, sind immer persönliche Gespräche notwendig, meist ist ein Besuch auf dem Betrieb empfehlenswert. Jetzt sind Sie in der Anfangs- und Entstehungsphase, die sich durchaus über einige Monate hinziehen kann.

Schritt 4

Durchstarten

Sind erst einmal genügend ProduzentInnen und Mitglieder an Bord, geht es mit der Foodcoop richtig los. Jetzt sind Aufgabenteilung, Verlässlichkeit und Erfahrungen sammeln an der Tagesordnung. Die Foodcoop soll verträglich wachsen – weitere ProduzentInnen und Mitglieder können sich beteiligen.

Mögliche Stolpersteine

Die finanzielle Startsituation

Da es sich bei der Neugründung einer Foodcoop anfänglich meist um eine kleine Gruppe von Mitgliedern handelt, ist die Finanzierung der Lagerkosten und möglicherweise die Anschaffung von Kühlgeräten ein Problem. Hier kann am einfachsten durch private Kleinkredite, sprich durch die Einzahlung einiger Hundert Euro durch die GründerInnen, Abhilfe geschaffen werden. In einigen Bundesländern Österreichs gibt es auch Förderungen und Startkapital.

Gruppendynamik

Das unterschiedliche Ausmaß von persönlichem Engagement innerhalb der Foodcoop kann zu Spannungen unter den Mitgliedern führen. Die individuellen zeitlichen Ressourcen der Mitglieder können sehr unterschiedlich sein und die daher ungleich geleistete (für alle ehrenamtliche) Arbeit sorgt womöglich für Unzufriedenheit bei den „Mehrleistern". Eine realistische Selbsteinschätzung und klare Vereinbarungen (= Erwartungshaltungen) zu Beginn können dem entgegenwirken.

Selbsteinschätzung und räumliche Distanz

Ein Hauptgrund für Mitgliederfluktuation bei Foodcoops ist die falsche Selbsteinschätzung seiner zeitlichen Möglichkeiten und der Bereitschaft zur ehrenamtlichen Mitarbeit. Kommt dann noch größere räumliche Distanz hinzu (mehr als 20 km), können Mitglieder schnell in eine Satellitenrolle geraten und auch die soziale Anbindung zu den anderen verlieren (→ Gruppendynamik). Die realistische Einschätzung des zeitlichen Aufwandes und der Gegencheck mit den eigenen Ressourcen sind ein hilfreicher Ansatz zur Frustvermeidung und bewahren vor dem baldigen Wieder-Ausstieg.

Links und weiterführende Literatur

- www.foodcoops.at
- www.foodcoops.de
- http://foodcoopedia.de.fcoop.org
- www.gemeinschaften.ch
- Ulrike Jaklin (2013): KleinbäuerInnen und die Foodcoop D'Speis (Wien). Gründe für die Teilnahme an einem alternativen Lebensmittelnetzwerk. Unveröffentlichte Diplomarbeit an der Universität für Bodenkultur, Wien.
- Dominik Dax (2017): Das Handbuch zum Gründen und Betreiben von Foodcoops (Gratis Download unter: www.bio-austria.at/aaz).
- Sense.Lab e.V. (Hrsg.) 2009: Fair. Bio. Selbstbestimmt – das Handbuch zur Gründung einer Food-Coop.

Porträt: Die Foodcoop Krekoodel in Krems

Die Foodcoop Krekoodel ist seit Ende 2015 aktiv, zählt ein Jahr nach der Gründung fast 40 Mitglieder und erzielt nach dieser Zeit eine regionale Wertschöpfung von 30.000–35.000 Euro jährlich, bei steigender Tendenz. Eine Querschnittbefragung unter den Mitgliedern ergab, dass sich der Anteil der Gesamtversorgung an Lebensmitteln durch die Foodcoop zwischen 30 und 70 % bewegt. Die realistische Obergrenze wird von den meisten bei 50 % Versorgung angesehen, außer die Foodcoop ist Mitglied bei einer Solidarischen Landwirtschaft (→ siehe Seite 136). Einer der Gründungsmitglieder ist Philip Lammer, der während seiner Studienzeit in Wien bereits bei der Gründung einer anderen Foodcoop („D'Speis") Erfahrung gesammelt hatte. Nachdem er mit seiner Familie in eine kleine Landgemeinde gezogen war, wollte er die gewohnte Qualität der Versorgung für sich und seine Familie wiederherstellen. Philipp erzählt, dass der Gründungsprozess intensiv und lang war: Nach einem Jahr konnte die Foodcoop tatsächlich starten – ein gemeinnütziger Verein war gegründet, die einzelnen Aufgabenbereiche waren definiert und vergeben. Die Mitglieder trafen sich alle sechs Wochen zu einer Plenarsitzung, dazwischen waren die einzelnen Arbeitskreise aktiv. Der Arbeitskreis „Produkte" begab sich auf die Suche nach lokalen ProduzentInnen, organisierte den Einkauf und veranstaltete sogenannte „Speisereisen" zu den ProduzentInnen, die dann gemeinsam besucht wurden, um sich von der Qualität und der Herstellung der Produkte zu überzeugen. Der Arbeitskreis „Gewölbe" ist für das Lager zuständig, checkt die Richtigkeit der Lieferungen und erstellt die Liste für die Mitglieder. Der Arbeitskreis „Finanzen" scannt die Lieferscheine ein und erstellt mithilfe einer Software die externe und interne Abrechnung. Der Arbeitskreis „Öffentlichkeitsarbeit" schließlich ist für Mitgliederwerbung und Pressearbeit zuständig. Er organisiert zum Beispiel einen Tag der offenen Tür.

Anlassbezogen kann für spezielle Projekte noch ein temporärer Arbeitskreis aktiv werden, der sich nach getaner Arbeit wieder auflöst. Der durchschnittliche Aufwand für diese ehrenamtlichen Tätigkeiten beziffert Philipp mit ca. 6 Stunden pro Monat. Die Foodcoop hat einen kleinen Gewölbekeller mit Büroraum bei der Pfarrei in Krems angemietet, der aktuell von 20 ProduzentInnen beliefert wird. Die einzelnen Mitglieder zahlen 10 Euro monatlich, um die Fixkosten zu decken. Die Mitglieder können bis Montagabend ihre Bestellungen aufgeben. Die LieferantInnen bringen die Produkte bis spätestens Freitagvormittag ein, die vom Arbeitskreis „Gewölbe" gecheckt und vorbereitet werden. Ab 11 Uhr können die Mitglieder ihre Bestellung abholen. Es gibt keine beschränkten Öffnungszeiten, weil die Foodcoop ein Schlüsselcodesystem hat und alle jederzeit ihre Bestellung abholen können. Wer abholt, trägt sich in die vorbereitete Liste ein und nimmt seine Bestellung mit.

Für Philipp Lammer sind Foodcoops ein anhaltender und stabiler Trend. Er meint, dass Foodcoops noch keine breitere gesellschaftliche Relevanz hätten, da sie eine relativ junge Form der Selbstversorgung seien. Für wichtig hält er aber ihren Bildungs- und Informationsaspekt.

Das Lager der Foodcoop Krems.

Gemüselieferung an die Foodcoop.

200 Jahre nach Wilhelm Raiffeisen beleben Menschen in der Stadt die Idee der landwirtschaftlichen Genossenschaft neu.

Genossenschaft

Die Organisations- und Rechtsform der Genossenschaft ist in der Landwirtschaft nicht neu und weit verbreitet. Doch auch für neue Initiativen, die eine gemeinwohlbasierte Ökonomie aufbauen wollen, kann sich diese Form eignen. Ein im Jahr 2012 gegründetes Beispiel ist das Münchner Kartoffelkombinat. Die Genossenschaftsmitglieder sind zugleich EigentümerInnen und KundInnen der Genossenschaft. Was für österreichische Ohren etwas sperrig klingt, ist keine neue Kartoffelschälmaschine, sondern ein handfestes Kollektiv-Experiment, wie eine gemeinwohlorientierte Struktur für eine regionale und saisonale Versorgung mit biologischen Lebensmitteln in einer Stadt aufgebaut und betrieben werden kann. Kaum gegründet, versorgt die Münchner Genossenschaft 1.100 Mitglieder über 50 Wochen im Jahr mit Bio-Gemüse. Dieses wird zum Großteil von angestellten GärtnerInnen angebaut, der Vertrieb wird ebenfalls ehrenamtlich von Mitgliedern der Genossenschaft übernommen, die sich auch bei vielen inhaltlichen Fragen oder zum Beispiel der Planung einer neuen Lagerhalle einbringen. Das Ziel des Kartoffelkombinats ist gleichzeitig auch der Weg: Denn beim Aufbau der neuen Strukturen tauchen unweigerlich Hindernisse auf, die gemeinsam gemeistert werden müssen.

Ein Modell neu beleben

Mitte des 19. Jahrhunderts hatten ArbeiterInnen der Baumwollindustrie die erste Genossenschaft Europas gegründet: Eine Konsum-Genossenschaft. Damals ging es darum, gemeinsam – und damit günstiger – Grundnahrungsmittel wie Mehl, Zucker oder Butter einkaufen zu können. 170 Jahre später geht es nicht um eine Preisfrage, sondern um den Aufbau einer – von den Strukturen und Regeln der industriellen Produktion unabhängigen – Grundversorgung mit biologischen, regionalen und saisonalen Lebensmitteln in der Stadt. Darum, das Ernte-Risiko untereinander aufzuteilen. Darum, die mittlerweile in der Stadt hundertprozentige Trennung zwischen Produktion und Konsum zumindest zu verflüssigen. Darum neue, überschaubare Strukturen aufzubauen, die eine persönliche und vertrauensvolle Zusammenarbeit ermöglichen. „*Nur die Selbsthil-*

fe aus eigener Kraft und eigener Verantwortung ist die Grundlage einer gesunden Entwicklung", schrieb einer der Gründerväter des Genossenschaftswesens – der Landbürgermeister Friedrich Wilhelm Raiffeisen in seinen 1866 erschienenen Buch. Ehrenamtliche und unentgeltliche Arbeit sah er für eine Genossenschaft als unabdingbar an. Bei vielen der bestehenden Genossenschaften scheint dieser Leitgedanke mittlerweile in Vergessenheit geraten zu sein. Hingegen hat ehrenamtliche Arbeit im Kartoffelkombinat eine große Bedeutung: Menschen bringen sich ein und gestalten ihre unmittelbare Umwelt, ihre ökonomischen, wie ihre ökologischen und sozialen Lebensbedingungen neu. Im April 2012 startete das Kartoffelkombinat „*mit 0 Euro und 0 Mitgliedern*", erzählt Daniel Überall, einer der beiden Geschäftsführer. Im Mai wurden die ersten Gemüsekisten – in der ersten Phase in Kooperation mit einem Bio-Gärtner – an die Mitglieder ausgeliefert. Im fünften Jahr nach der Gründung kaufte die Genossenschaft eine eigene Gärtnerei. Dieser Schritt machte auch eine Eigenkapitalerhöhung notwendig. An dieser beteiligten sich rund der Mitglieder, die im Durchschnitt 1.900 Euro eingelegten. So verfügt die Genossenschaft nun über 7 ha eigenes Land und 11 ha Pachtland. Das Kartoffelkombinat bietet zwei Formen der Mitgliedschaft: Eine mit und eine ohne Ernte-Anteil. Eine Mitgliedschaft in der Genossenschaft ist ab einer Kapitalbeteiligung von 150 Euro möglich.

Anders als bei einer Solidarischen Landwirtschaft (→ siehe Seite 136), versteht sich das Kartoffelkombinat als vergemeinschaftetes Unternehmen, in dem die Mitglieder gemeinsam ein alternatives Wirtschaftssystem erproben. Eines ihrer Ziele ist, dass die GärtnerInnen, die in der Genossenschaft angestellt sind, auch faire Löhne ausbezahlt bekommen und von ihrer Arbeit leben können. Die Löhne, die die Genossenschaft ausbezahlt liegen weit über den in der Landwirtschaft üblichen Kollektivlöhnen, sodass die Menschen, die hier arbeiten auch im Großraum München – mit seinen hohen Wohnungskosten – leben und arbeiten können. Und auch die Arbeit und das Wissen, das für den regionalen und saisonalen Anbau von Bio-Gemüse nötig ist, bekommen so einen neuen Wert. Zurzeit arbeiten 22 MitarbeiterInnen im Kartoffelkombinat, das entspricht 10 Vollzeitarbeitsplätzen. Gemeinsam mit den ehrenamtlich tätigen Mitgliedern der Genossenschaft versorgen sie 1.100 Haushalte (ca. 2.500 Menschen) mit wöchentlichen Gemüsekisten. Die Verteilung der Gemüsekisten organisiert ein Fahrerteam, das die Kisten an Verteilerstellen (private Garagen, private Haushalte, Nachbarschaftstreffpunkte, Gartenhäuschen) ausliefert.

Fast alle MitarbeiterInnen des Kartoffelkombinats sind Quereinsteiger, die zuvor in anderen Berufen gearbeitet haben und sich das Know-how zum Anbau von Bio-Gemüse durch Ausbildungen und zur Aufbau der Genossenschaft direkt über das Tun angeeignet haben.

Von Solidarischen Landwirtschaften unterscheidet das Kartoffelkombinat zudem, dass sie Gemüse nicht

Was wächst im April alles im Gewächshaus? Wie viele Haushalte kann man damit versorgen? Diese und andere Antworten bekommen die Mitglieder bei einer Besichtigung „ihres" Gewächshauses.

Viele junge Familien sind Mitglied im Kartoffelkombinat.

nur selbst produzieren, sondern auch bei Partnerbetrieben zukaufen. Wichtig ist der Genossenschaft aber die gemeinsame und kooperative Planung mit den anderen Betrieben und auch deren betriebliche Möglichkeiten zu berücksichtigen.

Die GenossInnen garantieren durch ihre Mitgliedschaft im Kartoffelkombinat die Abnahme aller erzeugten Lebensmittel und übernehmen die damit entstehenden Kosten wie Saatgut, Löhne, Logistik, etc. im Voraus. Die Kalkulationsbasis für die Ernte- und den Arbeitsaufwand sind, dass jeder Haushalt 46 Ernte-Anteile pro Jahr geliefert bekommt (4 x pro Jahr kann man die Kiste abbestellen, wenn man zum Beispiel im Urlaub ist). Ein Ernte-Anteil kostet 68 Euro/Monat – es gibt auch kleinere Ernte-Anteile für Single-Haushalte und Maxi-Anteile für größere Haushalte. Für den Aufbau der neuen Strukturen – die durch den Kauf des eigenen Betriebs nötig wurden – kam im Jahr 2017 noch eine „Aufbau-Umlage" von 8 Euro/Monat dazu.

Warum sie die Rechtsform einer Genossenschaft gewählt haben? Daniel Überall meint dazu: *„Sobald man eine Anbauplanung macht, eine bestimmte Menge produziert und Angestellte hat, braucht es eine belastbare Struktur. Das können ein Verein oder ein Einzelunternehmer, der persönlich haftet, nicht übernehmen."* Heute liegen die Herausforderungen des Kartoffelkombinats woanders: Etwa die richtigen Anbaumengen zu planen oder eine richtig dimensionierte Lagerhalle zu bauen, die in den nächsten zwei Jahren errichtet sein soll. *„Wir sind zu groß für kleine Lösungen und zu klein für große Lösungen"*, beschreibt dies Daniel Überall. Die Dimensionen und die Bauart der Lagerhallen der professionellen Landwirtschaft haben sich in den letzten Jahrzehnten so verändert, dass sie nur noch für in die industrielle Lebensmittelversorgung eingebundene Betriebe interessant sind. Gleichzeitig sind die Systeme für die Selbstversorgung aus dem Hausgarten – wie sie auch in diesem Buch vorgestellt werden – zu klein, um damit über 1.000 Haushalte zu versorgen. So entstehen in der Zusammenarbeit, die die Genossenschaft ermöglicht auch neue Produkte und Produktionsformen. Die Genossenschaft ist eine Form, in die viele Menschen ihr Know-how einbringen, wodurch vielschichtige Innovationen in die biologische Selbstversorger-Landwirtschaft Einzug halten.
www.kartoffelkombinat.de

Die Rechtsform Genossenschaft

Die Genossenschaft ist eine „juristische Person mit eigener Rechtspersönlichkeit", eine Rechtsform für Firmen mit Firmenbucheintrag und Körperschaftsteuer-Pflicht.

Eine Genossenschaft besteht aus drei Organen

- Vorstand,
- Aufsichtsrat,
- und der Generalversammlung, welche von den Mitgliedern gebildet wird.

Um eine Genossenschaft zu gründen, braucht es

- eine Satzung,
- in Österreich mindestens 2 Genossenschafter, in Deutschland 7,
- einen gewerblichen Geschäftsführer (= Vorstand),
- die Aufnahme in einen Revisionsverband, der die Wirtschaftsprüfung durchführt (in Österreich zum Beispiel den neuen Genossenschaftsverband www.rueckenwind.coop),
- kein Mindestkapital (anders als bei der GmbH oder der Aktiengesellschaft).

Charakteristika der Genossenschaft

- Satzungsautonomie
- demokratisches Führungsprinzip bzw. Kopfstimmrecht (satzungsmäßig gestaltbar)
- einfacher Ein- und Austritt von Mitgliedern, einfache Übertragbarkeit des Geschäftsanteils, einfache Kapitalzuführung
- Grundsätzlich können Genossenschaftsanteile (anders als zum Beispiel Aktien) gekündigt werden und müssen dann nach einer Sperrfrist (von mindestens einem Jahr) ausbezahlt werden. Gerade der Aufbau von gärtnerischen bzw. landwirtschaftlichen Strukturen braucht aber eine mehrjährige Anlaufzeit. Kündigen viele Genossenschaftsmitglieder auf einmal ihren Anteil, kann die Aufbauarbeit und damit auch die Tragfähigkeit gefährdet sein. In der Satzung können Sicherheitsklauseln eingefügt werden.

Auf Festen wird gemeinsam gekocht, …

…und gezeigt, was man aus Gemüse alles machen kann.

Dieses Elektroauto des Vorarlberger Vetterhofes wurde über „Krautfunding" von den KundInnen vorfinanziert, die dafür mit Gemüse beliefert werden.

Crowdfunding

Crowdfunding kann eine gute Möglichkeit sein, um neue Strukturen einer gemeinschaftsgetragenen Selbstversorgung aufzubauen. In den letzten Jahren haben sich verschiedene Konzepte entwickelt. Bei einem kauft man die Einkäufe von mehreren Jahren auf einmal („Gutschein-Kauf"), andere Systeme sammeln Spenden für ein konkretes Projekt, für die es kleine symbolische „Dankeschöns" gibt. Manche Betriebe sprechen ihre KundInnen direkt an, um dem Betrieb eine größere oder kleinere Summe Geld zu leihen und ihm so zu ermöglichen, beispielsweise eine Lagerhalle zu bauen. Das Geld wird dann häufig in Form von Warengutscheinen („Genuss-Scheinen") wieder an den Kunden „zurückbezahlt". Andere nutzen eine der mittlerweile zahlreichen Crowdfunding-Plattformen. Nicht jede Form des Crowdfunding ist für jeden Zweck und jede Situation geeignet. Dieses Kapitel bietet einen Überblick über die verschiedenen Formen und beschreibt aktuelle Erfahrungen aus Gartenbau und Landwirtschaft. Durchschnittlich liegt der Anteil der Ausgaben für Lebensmittel in Österreich derzeit bei (nur) 11 %. Wenn jede/r diesen Anteil seines Sparguthabens in den Aufbau von regionalen Selbstversorgungsstrukturen stecken würde, wäre das schon ein enormes Potential.

Wie können neue Selbstversorgungsstrukturen aufgebaut werden? Ein Weg ist, sich selbst einen Garten zuzulegen, das Selbstversorgungs-Gärtnern zu lernen und einen Teil seines Lebens der Erzeugung von Lebensmitteln zu widmen. Eine andere Möglichkeit ist, stabile Beziehungen zu Bäuerinnen und Bauern aufzubauen und/oder Menschen finanziell zu unterstützen, die gerade dabei sind, einen gärtnerischen oder landwirtschaftlichen Betrieb in der Region zu gründen oder einen bestehenden Betrieb auf die Versorgung einer Gruppe von Menschen auszurichten. Auch dafür braucht es Umbauten und damit Investitionen. In keiner Branche braucht es so viel Investitionskapital wie in der Landwirtschaft und ist es gleichzeitig schwierig, von den Erträgen der erzeugten Produkte wieder einen Kredit zurückzahlen zu können. Andererseits gibt es immer mehr Menschen, die zwar nicht selbst Gemüse und Obst anbauen können oder wollen, aber bereit sind, einen fixen Betrag ihres monatlichen Budgets für einen Betrieb zur Verfügung zu stellen, wenn sie im Gegenzug mit biologischen und regionalen Lebensmitteln versorgt werden. Eine Möglichkeit ist die Solidarische Landwirtschaft (→ siehe Seite 136). Eine langfristig nachhaltige Möglichkeit ist Crowdinvesting, also der gemeinsame Aufbau einer Genossenschaft oder einer Bürgeraktiengesellschaft (→ siehe Seiten 174 und 182).

Für bestehende landwirtschaftliche Betriebe oder Gärtnereinen kann Crowdfunding interessant sein, um betriebliche Investitionen zu meistern. Etwa für einen direktvermarktenden Betrieb der Bau einer Lagerhalle

– um auch im Winter die Kundinnen und Kunden mit Gemüse versorgen zu können. Oder die Anschaffung eines Elektroautos, um die wöchentlichen Gemüse- oder Obstkisten ausliefern zu können. Crowdfunding ist für Betriebe ein guter Weg, um Kunden zu binden, also langfristige Beziehungen aufzubauen. Für Betriebe ist Crowdfunding gleichzeitig auch eine kleine und kostengünstige „Marktforschung", um zu erfahren, ob es Menschen gibt, die sich für ein neues Produkt oder eine neue Produktionsweise auch interessieren.

Umgekehrt ermöglicht Crowdfunding Menschen, die wissen wollen, wo ihre Lebensmittel herkommen, ihr Geld so zu investieren, dass sie davon im wahrsten Sinne des Wortes leben können. Sie beteiligen sich am Aufbau neuer Strukturen der lokalen Selbstversorgung und werden gleichzeitig mit frischem Gemüse und guten biologischen Lebensmitteln versorgt.

Die verschiedenen Formen

Klassisches Crowdfunding / Crowdsponsoring

Das klassische Crowdfunding ist genau genommen ein Spendensystem, es wird über eine Internetplattform abgewickelt. Man spendet einen Betrag für ein konkretes Projekt (zum Beispiel für den Bau eines Rolltunnels, die Anschaffung eines Gerätes, Schaffung von Infrastruktur), den man selbst festlegt. Wichtig ist, dass das Projekt sehr genau beschrieben ist, im Idealfall gibt es Fotos oder sogar ein Video. Dieses erstellen auch manche Plattformen im Rahmen ihrer Abwicklung des Projektes (zum Beispiel die Genossenschaft für Gemeinwohl zu dem Crowdfunding-Projekt für einen Rolltunnel). Beim klassischen Crowdfunding gibt es ein kleines „Dankeschön". Der gesamte Projektbetrag wird zerteilt in Teilbeträge von 10 bis mehrere hundert Euro. Jeden Teilbetrag kann man extra zeichnen. Entsprechend sind die Gegenleistungen sehr klein und eher symbolisch. Zum Beispiel Samenpäckchen, eine Gemüsekiste, ein Erdbeertag am Feld, ein Tagesworkshop zum Konservieren von Lebensmitteln oder Gutscheine eines Sponsors, der die Projektidee unterstützt. Beim klassischen Crowdfunding ist eine Plattform zwischengeschaltet, die im Netz diesen „Spendenaufruf" abwickelt. Die Abwicklung selbst ist zunächst relativ anonym. Nur, wenn das Projekt zustande kommt, werden die persönlichen Daten der UnterstützerInnen an die ProjektinitiatorInnen übermittelt. Es gibt (zunächst) keine Form der direkten Begegnung. Die ProjektunterstützerInnen geben keine prinzipielle Zusage, sondern überweisen gleich den von ihnen gewählten Betrag. Der von der Plattform beauftragte Finanzdienstleister verwaltet in der Zwischenzeit die eingelangten Gelder treuhändisch. Die Akquirierungszeit beträgt in der Regel ca. zwei Monate und kann meist auch verlängert werden.

Kleinere bis mittelgroße Beträge (bis zu ca. 20.000 Euro) lassen sich über ein klassisches Crowdfunding relativ gut finanzieren – zum Beispiel für einen Rolltunnel oder Geräte.

Varianten Es gibt zwei Grundmodelle. Erstens die Alles-oder-nichts-Methode: Nur wenn das Finanzierungsziel erreicht ist, findet die Umsetzung statt. Ist das Ziel nicht erreicht, kommt das Projekt nicht zustande. Ansonsten werden die bereits gespendeten Beträge von der Internetplattform wieder zurücküberwiesen. Die zweite Möglichkeit ist, Meilensteine zu definieren und das Ziel stufenweise zu erreichen. Dann wird bei Erreichen der ersten Stufe das Geld bereits ausgeschüttet und die Akquirierungszeit läuft weiter.

Für welchen Anlass? Crowdfunding eignet sich für Start-ups, die neue ausgefallene Ideen umsetzen wollen (neue Produkte/Projektinitiativen) und noch keinen eigenen KundInnenkreis haben. Auch kann so Marktforschung betrieben werden, um zu testen, ob ein neues Produkt bzw. eine neue Initiative auf Interesse stößt.

Plattformen Österreich: Genossenschaft für Gemeinwohl (Crowdfunding für Gemeinwohl-Projekte mit eigenen Leitlinien), Deutschland: ecocrowd (ausschließlich für nachhaltige Projekte, betrieben von der deutschen Umweltstiftung [der größten Bürgerstiftung Deutschlands] mit eigenen Leitlinien), Startnext (größte branchenübergreifende Plattform).

Das Gemüse wächst auf Dämmen. Der spezielle Turiell-Pflug wurde durch Genuss-Scheine finanziert.

Plattformsuche: www.crowdfunding.de

Gebühren Die Abwicklung über eine Plattform ist mit Gebühren verbunden. Manche Anbieter vereinen die Finanzdienstleistung und die Bewerbung (zum Beispiel die Genossenschaft für Gemeinwohl). Je nach Anbieter und Abwicklungsform sind mit 4–10 % der Kosten für die Internetplattform zu rechnen. Manche Anbieter verrechnen nur für die Finanzdienstleistung einen fixen Prozentsatz, die Gebühr für die Crowdfunding-Aktion bestimmt der Kunde.

Zu bedenken Crowdfunding über eine Internetplattform ist zwar mit wenig Aufwand verbunden, doch darf dieser auch nicht unterschätzt werden. Die meisten Plattformen empfehlen eher weniger als mehr Dankeschöns anzubieten. Denn diese müssen auch organisiert werden und das kann sehr arbeitsintensiv sein, bzw. wenn man Workshops anbietet, ist auch das ein Arbeits- und Zeitaufwand, der in der Zukunft anfallen wird. Anders als zum Beispiel bei einer Finanzierung über eine landwirtschaftliche Förderung können in der Regel auch gebrauchte Gegenstände angeschafft werden und Eigenleistungen des Projektträgers abgerechnet werden, daher sind die Projektkosten insgesamt günstiger und die Abwicklung ist meist einfacher, bzw. können die meisten landwirtschaftlichen Förderungen nur von landwirtschaftlichen Betrieben und nicht von Vereinen, deren Mitglieder eine Selbstversorgungs-Infrastruktur aufbauen wollen, eingereicht werden.

Crowdfunding für gemeinsame Landwirtschaft

Der Salzburger Verein „Erdling" (→ siehe Seite 131) hat für seine gemeinschaftsgetragene Landwirtschaft ein Crowdfunding über die Internetplattform startnext abgewickelt. Ziel war eine Ausweitung der nötigen Infrastruktur zu finanzieren: Eine Erweiterung des Folienhauses (8.000 Euro), Entwässerungsgräben auf einer Anbaufläche (ca. 2.500 Euro), das Schlagen eines Brunnens (ca. 3.000 Euro) und die Anschaffung einer Handfräse (ca. 2.500 Euro) sowie die Aufstockung des Handwerkzeugs (ca. 750 Euro). Ziel der Aktion war auch, neue Mitglieder zu finden, den Bekanntheitsgrad des Vereins in der Region zu steigern und auch in anderen Regionen Menschen zu inspirieren und den Anbau ihrer Lebensmittel wieder ein Stück weit selbst in die Hand zu nehmen. Die benötigte Summe wurde erreicht, die meisten UnterstützerInnen kamen aus der Region. Besonders beliebt als Dankeschön waren Gemüsekisten. Antonia Osberger, die Geschäftsführerin des Vereins fasst ihre Erfahrungen so zusammen: *„Wichtig waren vor allem die Dankeschöns mit kleineren Summen, die besonders schnell weggingen. Vor allem, da wir dafür nette Produkte von befreundeten*

Firmen anbieten konnten – etwa Hanfprodukte oder Frühstücksgutscheine."

Crowdlending/Genuss-Scheine

Crowdlending haben in den letzten Jahren einige landwirtschaftliche Betrieben in Österreich als Finanzierungsform für kleinere oder größere Anschaffungen gewählt. So hat der biologische Saatzuchtbetrieb ReinSaat im Waldviertel den Bau einer großen Produktionshalle für Saatgutreinigung, Abfüllung, Lagerung und Versand damit finanziert. Oder der Vorarlberger Vetterhof die Anschaffung eines besonders bodenschonenden Pflugsystems, ein Elektroauto und zuletzt eine Lagerhalle für das Wintergemüse.

Die UnterstützerInnen geben über einen fixen Zeitraum einen Kredit. Das Geld erhalten sie entweder verzinst (zum Beispiel 2 % pro Jahr) als Geld zurück oder – dann in der Regel höher verzinst (zum Beispiel 5 % pro Jahr) – in Form von jährlich ausgestellten Warengutscheinen. Das System wird daher auch als „Genuss-Scheine" bezeichnet: Für einen Genuss-Schein von 500 Euro bekommt man dann jährlich einen Gutschein mit einem Warenwert von 105 Euro (Insgesamt 525 Euro). So können Menschen, die ohnehin bei dem Betrieb regelmäßig einkaufen, die Anschaffung neuer Investitionen ermöglichen. Für die Bäuerinnen und Bauern hat diese Form des Genuss-Scheins den Vorteil, dass sie langfristige Beziehungen zu ihren KundInnen aufbauen können. Umgekehrt identifizieren sich diese mit dem Betrieb stärker, das gemeinsam finanzierte Projekt wird zu „ihrem" Projekt. Diese Form des gemeinschaftsgetragenen Kredits ist in Österreich seit dem Jahr 2015 über das „Alternative Finanzierungsgesetz" geregelt. Dieses System wird auch als Crowdkredit, Lending-Based-CF oder Peer-To-Peer-Kredit bezeichnet und ist ein fremdkapitalfinanziertes Alternativmodell zum klassischen Bankkredit.

Für welchen Anlass? Für bestehende Betriebe, die direkt ihre KundInnen ansprechen können. In Deutschland ist die Investitionssumme bis maximal 100.000 Euro begrenzt, in Österreich mit 250.000 Euro, darüber besteht die sogenannte „Prospektpflicht". Diese Form des Crowdfundingwird generell für Selbständige, Privatpersonen sowie kleine bis mittelständische Unternehmen empfohlen.

Kosten Rechts- und Beratungskosten für die Vertragserstellung.

Zu bedenken Xaver Diermayr, Betriebs- und Landwirt, der das Konzept der Genussrechte auf Naturalienbasis entwickelt hat, empfiehlt, dass eine sinnvolle Beteiligungshöhe je AnlegerIn jener Betrag ist, der pro Jahr in Naturalien konsumiert wird. Wichtig ist auch, dass ein Betrieb, der sich für ein Genuss-Schein-Modell entscheidet, die Buchhaltung gut im Griff hat und auch noch genügend Gemüse zum Verkaufen hat, damit der Cash-Flow für weitere anfallende Ausgaben vorhanden ist. Dieses Modell ist wie ein Kredit – der auch zurückbezahlt werden muss.

Genuss-Scheine am Vorarlberger Vetterhof

Simon Vetter konnte bereits dreimal über ein Genuss-Schein-Modell verschiedene Investitionen für den Betrieb tätigen. Beim letzten „Krautfunding" beteiligten sich rund 100 Menschen mit Beträgen zwischen 250 Euro und 5.000 Euro und ermöglichten so den Bau der notwendigen Lagerhalle. Simon Vetter: *„Wir haben damit eine super Erfahrung gemacht. Die neue Halle ist quasi ihr Ding und wir haben so auch neue KundInnen gewonnen."* Das Akquirieren des notwendigen Betrages sei für sie relativ wenig Aufwand gewesen – vor allem, nachdem die Medien gut darüber berichtet hätten. Für die Ausarbeitung des Vertrags hätten sie einen Rechtsanwalt beauftragt. Vertragsvorlagen von Seiten der offiziellen Standesvertretung oder eine Steuer- und Rechtsberatung gäbe es bislang keine. Simon Vetter meint, dass es wichtig wäre, die eigenen Netzwerke sowie auch Bio-Verbände, lokale Tourismusverbände und andere Akteure wie die Gemeinde, den Naturschutzbund oder den Alpenverein miteinzubeziehen. Auch einige Gastronomie-Betriebe haben sich an den Genuss-Scheinen beteiligt & würden auch damit Werbung machen, dass sie die Bio-Landwirtschaft in der Region unterstützen. Die Abwicklung der Gutscheine sei aber ein wichtiges Thema. Wichtig sei eine Methode zu finden, bei der man weiß, wer noch welches Guthaben hat. Am Vetterhof wurde dafür eine eigene Software entwickelt. Denn für diese Frage gibt es (noch) keine fertigen Lösungen und auch die Bio-Verbände haben noch Nachholbedarf zu erkennen, dass die Frage der richtigen Software für Bio-Betriebe wesentlich ist. www.vetterhof.at

In der Regionalwert AG gehören das Land und das Inventar den AktionärInnen gemeinsam.

Die Regionalwert AG

Das Konzept der Regionalwert AG ist zugleich die einfachste und komplexeste Form der Selbstversorgung. Einfach, weil Sie dazu keinen Garten brauchen, keine „eigene" Anbaufläche. Komplex, weil es eine umfassende Form der Vernetzung und eine komplexe Rechtsform ist: Menschen (meistens aus der Stadt) investieren einen Teil ihres ersparten Vermögens in das Umfeld ihrer Stadt und ermöglichen damit die Erhaltung und Neugründung von Betrieben der ökologischen Land- und Regionalwirtschaft. Sie halten ihre Anteile dauerhaft und teilen sich Risiken und Erfolg mit den Bäuerinnen und Bauern, den Einzelhändlern und den Verarbeitern von Lebensmitteln. Diese Betriebe arbeiten jeweils unternehmerisch selbständig, doch ihre Mitgesellschafter sind nicht mehr nur Familienmitglieder, sondern eben auch StädterInnen. Das Land und das Inventar der Betriebe gehören allen zusammen. Die Regionalwert AG organisiert damit systematisch die Mitverantwortung der KonsumentInnen an der Produktion ihrer Nahrungsmittel. Ein Beispiel: BürgerInnen der Region kaufen 100 Aktien einer Regionalwert AG zu 500 Euro pro Stück. Mit dem Betrag in Höhe von 50.000 Euro beteiligt sich die Regionalwert AG nach eingehender Prüfung an einem antragstellenden Partnerbetrieb. Das Geld wird vom Partnerbetrieb in die Errichtung eines Folientunnels und eines Lagers investiert.

Regionen den Wert der Selbstversorgung zurückgeben

Das Konzept der Regionalwert AG entstand in einer Gruppe rund um den Gärtnermeister und Master of Social Banking Christian Hiss. Die Frage nach der Zukunft der Landwirtschaft in der Region stand zentral im Raum als eine Gruppe von Menschen, die in der Stadt Freiburg leben – Fachleute verschiedener Disziplinen, sowie Bäuerinnen und Bauern aus dem Umland der Stadt – in den Jahren 2003 bis 2006 im Rahmen einer Veranstaltungsreihe die Situation der Versorgung mit Lebensmitteln näher beleuchtete. Die Gruppe kam zur Auffassung, dass eine Entwicklung im Gange sei, die zu sozioökonomischen Verlusten und Risiken auf den Höfen, aber auch in der gesamten regionalen Land- und Ernährungswirtschaft führt. Viele dieser Risiken und Verluste sind beim Einkauf von Lebensmitteln auf den ersten Blick gar nicht zu erkennen und existieren zurzeit nur im Verborgenen. Etwa der rasche Rückgang der Anzahl der Höfe, die Ausräumung der Kulturlandschaft, der Verlust an Bodenfruchtbarkeit, die Erosion an genetischen Ressourcen bei Kulturpflanzen und Nutztieren, sowie der Verlust an Erfahrungswissen zu

Landwirtschaft und Gartenbau. Aus der Analyse heraus wurde nach Konzepten gesucht, die der Entwicklung eine Alternative geben könnten. Zwei zentrale Themen kristallisierten sich heraus: *lokale Ernährungssouveränität* und *Regionalökonomie*. Beide signalisieren eine deutliche Abgrenzung zur Praxis der Weltmarktorientierung der Landwirtschaft. Im Herbst 2006 wurde dann als konkret praktische Konsequenz auf die vorangegangene Debatte, die Regionalwert AG Bürgeraktiengesellschaft in der Region Freiburg gegründet. Im Jahr 2017 waren bereits über 700 BürgerInnen an der Freiburger Regionalwert AG beteiligt. Ein Anteil kostet 500 Euro, fast 7.000 Anteile sind bereits verkauft. Mit dem in die Regionalwert AG eingelegten Kapital konnten mittlerweile 15 Betriebe der ökologischen Ernährungswirtschaft in der Region neu gegründet und 7 weitere mit Wachstumskapital ausgestattet werden. 3,5 Millionen Euro Finanzkapital sind so in die regionale ökologische Land- und Ernährungswirtschaft geflossen und können dort ihre ökonomische Wirkung entfalten. Mittlerweile gibt es Regionalwert AGs in Hamburg, München, im Rheinland und in Berlin.

Die regionale Selbstversorgung stärken

Seit einigen Jahren fehlen die Begriffe aus „regionalem Anbau" oder „Aus der Region" in kaum einer Werbung. Laut Umfragen hat „regional" mittlerweile „bio" als Kaufmotiv bei den Konsumenten abgelöst. Doch im Moment sind die Begriffe von Seiten der Anbieter meist nicht mehr als eine Werbephrase und bei den KonsumentInnen oft ein Beruhigungsmittel für die latent vorhandene Unruhe, dass in der Lebensmittelversorgung etwas schief läuft. Und tatsächlich: Der Wunsch nach mehr Regionalität steht in krassem Gegensatz zur Realität. Die Region hat kaum mehr Bedeutung bei der Versorgung mit Lebensmitteln. Eine Studie der Stadt Freiburg aus dem Jahr 2016 offenbarte, dass nur rund 8 % des Obstes und 13 % des Gemüses, das in Freiburg gegessen wird, aus der Region stammen. Über alle Produktgruppen hinweg wurde ein Anteil von etwa 20 % errechnet. Eine erstaunlich geringe Quote für eine Region, in der eigentlich alles gedeiht, was die Menschen an Lebensmitteln brauchen. Zu einem ähnlichen Ergebnis kommt die Studie „Graz ernährt sich", die 2017 publiziert wurde. Christian Hiss meint dazu: *„Lokale Ernährungssouveränität ist ein ökonomisches Wohlstandsziel und kein ethisches Wohlfühlparadigma. Regionen können ihre BürgerInnen ernähren, dann sollte sie es auch tun."*

Selbstversorgung heißt Arbeitsteilung und Zusammenarbeit

Alles was zur Ernährungswirtschaft dazu gehört, wird in einer Regionalwert AG unternehmerisch aufgegriffen und in das Netzwerk aufgenommen. Der Obstbauer liefert sein Bio-Obst in die Regionalwert-Biomärkte, an die Bio-Höfe und den Haus- und Bürolieferdienst des Netzwerkes in Freiburg. Die Trokimanufaktur trocknet das überschüssige Obst und Gemüse zu hochwertigen und haltbaren Spezialitäten. Die Regionalwert-Bio-Manufaktur verarbeitet Gemüse und Obst zu Soßen, Suppen, Marmeladen und Mus. Alle Betriebe, die mit dem Kapital der Bürger der Region finanziert sind, arbeiten mehr oder weniger zusammen und bilden ein praktisches Netzwerk. Jeder wirtschaftet in seinem Betrieb auf eigene Rechnung und doch bilden sie zusammen eine Wertschöpfungskette. So sind auch neue Arbeits- und Ausbildungsplätze in der Land- und in der Lebensmittelwirtschaft entstanden, wird mehr landwirtschaftliche Nutzfläche ökologisch bewirtschaftet, werden wieder mehr samenfeste Kulturpflanzensorten angebaut, erhalten auch kleinere Betriebe Zugang in den Einzelhandel, werden Transportwege kürzer, entstanden ein Catering-Unternehmen, das Kinder im Kindergarten und Schulen mit gesundem biologischem Mittagessen versorgt.

Neue Betriebe gründen

Ein zentrales Anliegen der Regionalwert AG ist es, jungen Menschen, die nicht in der Landwirtschaft aufgewachsen sind und keinen Hof geerbt haben, zu helfen, sich in der Landwirtschaft selbständig zu machen. Laufend entstehen neue Betriebe, denn Gründer und solche die es werden wollen, gibt es viele. Christian Hiss ist überzeugt: „Es ist ein weit verbreiteter Mythos, dass sich niemand mehr in der Landwirtschaft selbständig machen oder darin arbeiten will. Es sind die Bedingungen der Finanzierung im Bereich der Land- und Ernährungswirtschaft, die es Existenzgründern schwermachen. Es fehlt nicht an unternehmerischer Initiative, es fehlt auch nicht an Geld im Allgemeinen, es fehlt an einer Kultur des Ermöglichens".

Gewinn und Verlust haben hier eine andere Bedeutung

Wie passen eine Aktiengesellschaft und die regionale ökologische Landwirtschaft zusammen? Diese Frage stellen sich zunächst viele Menschen. Christian Hiss dazu: „Die Kombination von Profitmaximierung und Regionalökonomie ist nur deshalb überraschend, weil wir uns schon längst daran gewöhnt haben, dass mit der vielfältigen und kleinräumigen Landwirtschaft in der Region kein finanzieller Gewinn zu machen ist und ökologische und soziale Werte scheinbar nichts mit richtiger Ökonomie und Profit zu tun haben. Doch das entspringt nur einem kurzsichtigen Blick."

Die Bürgeraktiengesellschaft ist eine nicht börsennotierte Aktiengesellschaft, die Aktien sind so genannte vinkulierte Namensaktien, das heißt sie sind auf eine Person ausgestellt. Aktien können nicht gekündigt (aber weiterverkauft) werden. Damit ist sichergestellt, dass das Kapital erhalten bleibt. So können gärtnerische landwirtschaftliche Betriebe langfristig aufgebaut werden. Der Wiederverkauf muss vom Aufsichtsrat genehmigt werden.

Menschen, die Anteile an der Regionalwert AG zeichnen, beteiligen sich bewusst am jährlichen Gewinn- und Verlust der Betriebe. Sie wissen, dass ein neu gepflanzter Apfelbaum erst im vierten Jahr beginnt eine richtige Ernte zu tragen und dann über Jahre Erträge und Gewinne erwirtschaftet werden können. Sie wissen auch, dass die Sicherung ihrer Versorgung mit gesunden oder überhaupt mit biologischen Nahrungsmitteln schon ein Gewinn (also ein Kapitalertrag an sich) ist, ganz unabhängig davon, was dabei an Geldzins herauskommt. So wird jährlich neben der vorgeschriebenen monetären Bilanz auch ein ökologischer und sozialer Bericht für die Aktionärinnen und Aktionäre erstellt, in dem anhand von 70 Indikatoren die ökologische und soziale Wirkung des eingesetzten Kapitals reflektiert wird.

In einer Regionalwert AG wird nicht nur die Ernte, sondern auch das finanzielle Risiko geteilt.

Faire Arbeitsbedingungen für Menschen, die in der Landwirtschaft tätig sind, sind Ziel einer Regionalwert AG.

Neue Netzwerke zwischen Stadt und Land kennzeichnen das Konzept der Regionalwert AG.

Pflanzen können nur ertragreich wachsen, wenn der Boden locker und gut durchwurzelbar ist.

Grundlagen

Ressourcen

Boden

Die obersten 10–30 cm des Bodens sind die sogenannte Humusschicht, der Mutterboden. Durch biologisches Gärtnern nehmen die Humusgehalte von Jahr zu Jahr kontinuierlich zu, der Gartenboden wird fruchtbarer, leichter zu bewirtschaften und die Erträge steigen. Die Fruchtbarkeit des Bodens ist die Basis jeder Form der Selbstversorgung. Einen Blick für fruchtbare Böden bekommt man nur beim Gärtnern. Die Theorie kann helfen den Boden dafür aufzubereiten. Bevor man startet, ist es jedoch wichtig, die Bodenart zu kennen. Die Bodenart kann man sich in der Regel nicht aussuchen, sie ist vom Standort abhängig: Je nachdem, welchen Boden wir vor uns haben, müssen wir die gärtnerischen Pflegearbeiten im Garten ausrichten. Die Bodenart bezeichnet die Korngrößen des Mineralbodens und sagt bereits sehr viel über die gärtnerischen Eigenschaften des Bodens aus. Wer in Hochbeeten gärtnert oder an Orten mit versiegelter Oberfläche, muss Mutterboden erst herbeischaffen. Dabei ist sicherzustellen, dass der Boden nicht mit Schadstoffen kontaminiert ist.

Fruchtbarkeit von Böden wahrnehmen lernen

Wie wichtig die Fruchtbarkeit der Böden für ein gesundes und ertragreiches Pflanzenwachstum aber tatsächlich ist, und wovon es abhängt, ob der Boden belebt ist oder nicht, erlebt man erst, wenn man einen eigenen Garten hat. Ob ein Boden fruchtbar und belebt ist, sieht man an den Pflanzen, die hier wachsen: wenn die Pflanzen gesund (!) und ertragreich wachsen, ist auch der Boden belebt und fruchtbar. Wahrnehmen zu lernen, ob auf einem Boden Pflanzen gut wachsen können, ist ein Prozess. Zentral dafür ist, immer das Bild im Kopf zu haben, dass wir nur dann gute Gärtnerinnen und Gärtner sind, wenn wir Pflanzen als Ganzes wahrnehmen, also nicht nur den Teil, den wir auch sehen können. Man muss sich immer fragen, ob eine Pflanze an diesem Standort, in diesem Boden gut Wurzeln schlagen und ein weitverzweigtes Wurzelsystem ausprägen kann. Letztlich ist der Boden ein eigenes Universum. Bislang sind nur rund 10 % der Boden-Mikroorganismen wissenschaftlich bekannt. Nehmen

Sie so oft Sie können und wo auch immer Sie hinkommen – im Garten, im Wald, beim Wandern – eine Hand voll Boden in die Hand und schauen und fühlen Sie:

- Wie fühlt er sich an? Tropfnass, feucht oder trocken? Das Bodenleben braucht Luft und Wasser. Ist der Boden tropfnass, stirbt das Bodenleben genauso ab, wie wenn der Boden staubtrocken ist.
- Welche Farbe hat der Boden? Je dunkler er ist, umso mehr → Huminstoffe enthält er.
- Sind feine Pflanzen-Haarwurzeln im Boden?
- Hat er eine Krümelstruktur?
- Wie riecht der Boden? Riecht er leicht nach Waldboden?

Bodenarten und ihre Eigenschaften

Unter der Bodenart versteht man die Größe der Mineralkörner. Boden besteht aus dem „Grobboden" und dem „Feinboden". Als Grobboden bezeichnet die Bodenkunde Steine, die größer als 2 mm sind. Der Feinboden besteht aus drei Korngrößen: Sand (Teile mit einer Größe von 0,06–2 mm), Schluff (2–63 Mikrometer [µm]) und Ton (< 2 µm). Boden besteht meist aus einem Gemisch dieser verschiedenen kleinsten Bodenteilchen. Zwischen diesen Teilen befindet sich Humus, der den Boden lockermacht und als Nährstoffspeicher dient.

Kennt man ungefähr das Verhältnis von Sand, Schluff und Ton zueinander, können verschiedene Bodeneigenschaften abgeleitet werden. Mithilfe der Fingerprobe kann so die Bodenart bestimmt werden.

Wie erkenne ich, welche Bodenart ich habe?

Die genaue wissenschaftliche Klassifikation der Bodenart ist sehr kompliziert. Die Übergänge zwischen den einzelnen Bodenarten sind fließend. Für den Hausgebrauch reicht diese Einteilung: Die Bodenart kann man relativ leicht mit einer **Fingerprobe** einschätzen: Dazu ein etwa Walnuss großes Stückchen Boden (wenn der Boden sehr trocken ist, mit Wasser anfeuchten) etwas durchkneten und dann zwischen den Handtellern rasch zu einem bleistiftdicken Zylinder ausrollen.

Rolle nicht ausrollbar und zerbröselt stark; Sandkörner sind sicht- und fühlbar, die Rolle lässt sich nicht zu einer ganz dünnen Rolle (ca. 4 mm) formen → **Sandboden.**

Was fruchtbarer Boden ist, lernt man am besten direkt beim Gärtnern.

Wie fühlt sich der Boden an? Wie riecht er? Die Fruchtbarkeit von Böden wahrzunehmen, kann man lernen.

Rechts: toniger Boden, links: lehmiger Sand.

Die Rolle zerbröselt, aber lässt sich einigermaßen formen; kleine glitzernde Partikel (toniges Material) sind sichtbar → **lehmiger Sandboden.**

Die Rolle zerbröselt nicht; zwischen den Fingern ist deutlich Sand zu spüren → **sandiger Lehmboden.**

Die Rolle lässt sich feiner als 4 mm ausrollen; Sand ist nicht oder kaum fühlbar; Gleitflächen, die beim Ausrollen in den Handinnenflächen entstanden sind, glänzen → **Tonboden.**

Bodenart und gärtnerische Eigenschaften

Eigenschaften	Boden mit hohem Sandanteil	Lehmboden	Boden mit hohem Tonanteil
Porenweite	groß	nimmt eine Mittelstellung ein	klein
Luftgehalt in Vol.-%	30–40		0–15
Durchlüftung	intensiv		schlecht
Wasserführung	gut		schlecht
Wasserhaltevermögen	gering		hoch
Nährstoffhaltevermögen	gering		hoch
Absorptionsvermögen	gering		hoch
Erwärmung	gut		schlecht
Durchwurzelbarkeit	gut		schlecht
Bearbeitbarkeit	leicht		schwer

Quelle: eigene Zusammenstellung

Leichter Sandboden

Sandböden lassen Wasser sehr gut durchrieseln, sind gut durchlüftet und lassen sich leicht bearbeiten. Sandböden erwärmen sich im Frühling sehr rasch. Allerdings trocknen sie auch leicht aus, können Wasser nicht gut halten und Nährstoffe werden leicht ausgewaschen. Daher ist bei Sandböden die sogenannte „Lebendverbauung" besonders wichtig: Durch das Einarbeiten von Kompost und kompostiertem Mist werden über 2–3 Jahrzehnte auch aus Sandböden gute Gartenböden. Wesentlich rascher geht es, wenn konsequent eine Mulchschicht aus Heu aufgebracht wird, der Boden im Frühling und Sommer alle 2–3 Wochen mit Regenwurm-Komposttee belebt wird (→ siehe Seite 207) und einmalig Pflanzenkohle (1 kg/m²) eingebracht wird (→ siehe Böden rasch fruchtbar machen, Seite 190)

Eignung: Für Gemüse und Obst gut geeignet, wenn die kontinuierliche Wasserversorgung sichergestellt ist. Besonders wichtig: Regelmäßige Kompostgaben und Mulchen.

Mittelschwerer Lehmboden

Lehmböden bestehen aus einer Mischung der verschiedenen Korngrößen Sand, Schluff und Ton. Sie sind ideal für das Gärtnern. Sie können Wasser und Nährstoffe gut halten, erwärmen sich aber auch relativ rasch. Durch den Sandanteil sind sie relativ locker und können von den Pflanzen gut durchwurzelt werden. Mittelschwere Lehmböden gehören zu den fruchtbarsten Böden.

Eignung: Für Gemüse und Obst optimal geeignet.

Schwere Tonböden

Tonböden müssen besonders sorgsam kultiviert werden. Sie neigen stets zu Verdichtungen und damit zu einer schlechten Durchlüftung des Bodens. Sie dürfen nie austrocknen. Man kann in diese Böden etwas gewaschenen Maurersand oder Quarzsand einarbeiten. Gründüngungen, die den Boden durchwurzeln, auflockern und beschatten, sind besonders wichtig.

Eignung: Für Gemüse geeignet, wenn der Boden alle paar Jahre gewendet (Pflug/Spaten) oder gefräst wird. Problematisch für viele Obstarten, da der Gasaustausch erschwert ist. Pflanzlöcher besonders vorbereiten (→ Seite 390). Am besten gedeihen auf solchen schweren Böden Apfel, Kornelkirsche, Haselnuss und Zwetschge.

Zusammensetzung des Bodens

Nicht nur die Größe der Gesteinspartikel charakterisiert den Boden. Ein guter Gartenboden besteht zu 50 % aus Luft und zu 50 % aus Wasser (!). Die andere Hälfte des Bodenvolumens besteht zu 95 % aus mineralischer Substanz und zu idealerweise mindestens 5 % organischer Substanz. Diese organische Substanz besteht

Bierverkostung einmal anders: Vergleich unterschiedlicher Gartenböden. Je länger das Wasser trüb bleibt und je mehr aufschwimmt, desto besser: Denn umso mehr Humus enthält der Boden.

Links: Boden aus einem neu angelegten Garten eines Reihenhauses. Rechts: Humusreicher Gartenboden aus einem seit vielen Jahrzehnten biologisch bewirtschafteten Garten.

wiederum zu 85 % aus Humus, zu 10 % aus lebenden Pflanzenwurzeln und zu 5 % aus verschiedenen Organismen. Der Großteil der Bodenorganismen sind kleinste Lebewesen, die nur unter dem Mikroskop sichtbar werden: 80 % machen Pilze, Algen, Bakterien und Aktinomyzeten aus. 12 % sollten Regenwürmer und 8 % weitere Bodentiere sein.

Humus – organische Substanz

Den Großteil der organischen Substanz macht der Humusgehalt aus. Dieser ist entscheidend für die Bodenfruchtbarkeit. Ein hoher Humusgehalt nimmt Feuchtigkeit auf wie ein Schwamm und gibt sie langsam an die Pflanzen wieder ab. Er wirkt auch Auswaschungen und Erosion entgegen, ist dunkel gefärbt und erwärmt sich dadurch rascher (deswegen können humusreiche Böden im Frühjahr zeitiger bearbeitet werden). Der Humusanteil wird durch konsequentes biologisches Gärtnern von Jahr zu Jahr gesteigert: Durch Gründüngung, Einbringen von Kompost und Mulchen.

Als Humus werden alle abgestorbenen Reste von Pflanzen und Tieren zusammengefasst: abgestorbene Blätter, Zweige und Wurzeln, abgestorbene Pilze und Bakterien. Diese dienen wiederum als Futter für lebendige Mikroorganismen, Regenwürmer und andere Tiere im Boden, die sie zu einfacheren chemischen Verbindungen zersetzen und in Huminstoffe umwandeln (die wiederum humusreiche Böden dunkel färben). Diese Huminstoffe können wie Tonminerale die Nährstoffe in einer pflanzenverfügbaren Form binden. Im Idealfall beträgt der Humus-Anteil in einem Gartenboden 6–10 %, mindestens sollte er bei 4 % liegen. Diese relativ kleine Menge verändert den Boden entscheidend. Wichtig ist aber vor allem, dass der Anteil von Jahr zu Jahr zunimmt.

Humusreiche Böden speichern mehr und länger Wasser, was insbesondere bei längeren Trockenheiten im Sommer höhere – und vor allem sichere – Erträge ermöglicht. Daher können biologisch bewirtschaftete Böden erwiesenermaßen in den obersten 15 cm wesentlich mehr Wasser enthalten und Pflanzen daher wesentlich besser gedeihen. In den Hitzesommern der Jahre 2015 und 2017 konnte man dies europaweit beobachten.

Hortisol

Die deutsche Bodensystematik kennt einen eigenen Bodentypus: den Gartenboden Hortisol. Es ist der einzige Bodentypus, der von Menschenhand geschaffen ist. Hortisole kommen in der „freien", vom Menschen unbeeinflussten Natur nicht vor, sondern entstanden im – für Geologen – kurzen Zeitraum von 200 bis 300 Jahren. Echte Hortisole sind wegen ihres hohen Humusgehalts dunkelbraun bis fast schwarz gefärbt. Sie haben einen mehr als 40 cm mächtigen Humus-Horizont, der durch die tiefgründige gärtnerische Bodenbearbeitung und durch die intensive Humus-

Dieser Boden zeigt ein gutes Krümelgefüge.

zufuhr entstanden ist. Echte Hortisole sind allerdings sehr selten und nur dort zu finden, wo lange durchgehend biologisch gewirtschaftet wurde – zum Beispiel in Pfarr- oder Klostergärten.

Auch innerhalb weniger Jahre kann man den Humusgehalt des Bodens extrem stark verbessern.

Krümelgefüge

Das Lieblingsgefüge der Gärtner ist das sogenannte „Krümelgefüge". Es entsteht durch die intensive Tätigkeit der Bodenlebewesen – allen voran des Regenwurms – und zwar unabhängig von der Bodenart; man spricht auch von „Lebendverbauung". Diese Böden haben eine gute Krümelstruktur und können leicht bearbeitet werden. Sie sind nicht – etwa durch schwere Maschinen – verdichtet und enthalten viel Wasser und Luft. Eine Unzahl an Bodenorganismen hält die Bodenteilchen zusammen und stabilisiert sie. Besonders wichtig für die Nährstoffspeicherung sind Tonminerale – winzig kleine Teilchen, an die sich im Bodenwasser gelöste Nährstoffe anlagern können. So werden diese Nährstoffe nicht ins Grundwasser ausgewaschen und können von den Pflanzen aufgenommen werden.

Böden rasch fruchtbar machen

Seit drei Jahren baut der Gemüsegärtner Tristan Toé auf einem der kargsten Böden im Waldviertel Gemüse an: Die Böden sind seicht und sandig. Die Bauern und Bäuerinnen aus der Umgebung kommen und staunen, was hier alles wächst. Auf einem Stück Land, von dem man sagt, dass hier immer die ärmsten Bauern wohnten, weil das Land so karg und unfruchtbar sei. So ähnlich muss es vor 150 Jahren den Wiener Gärtnern gegangen sein, die staunten, welche Erträge die damals neu eingewanderten bulgarischen Gemüsegärtner auf Flächen erzielten, die bis dahin als nicht gemüsebaufähig gegolten hatten. Tristan ist gelernter Bio-Gärtner. Gemeinsam mit seiner Frau Jahwezi Graf wandelt er eine Fläche von einem Hektar gerade in einen CSA-Betrieb um. Nur im ersten Jahr – beim Umbruch einer neuen Fläche ist der Pflug im Einsatz. Im ersten Jahr baut Tristan auf einer neuen Fläche Kartoffeln an. Im zweiten Jahr folgt dann erstmals Gemüse. Jedes Jahr wird mit 15–20 cm Heu gemulcht und die frisch gesetzten Pflanzen sowie danach alle zwei Wochen mit Wurmtee, der das Bodenleben aktiviert, gespritzt (→ siehe Seite 207). Im dritten Jahr bringt Tristan auf jede Fläche einmalig eine Mischung aus Kuhmist und Pflanzenkohle aus (für 1.000 m^2 8 m^3 Mist und 1.000 kg Pflanzenkohle) aus. Vorher mache das keinen Sinn, meint Tristan: *„Der Boden muss schon aktiv sein, zuerst müssen Mikroorganismen da sein, die das Futter verwerten können."* Tristan arbeitet mit biologisch-dynamischen Präparaten. Er baut das Gemüse auf leicht erhöhten Beeten an (ca. 20 cm), die jeweils 70–80 cm breit sind. Die Gemüse werden in Erdpress-Würfeln vorgezogen (→ siehe Seite 297). Dadurch haben sie einen Wachstumsvorsprung von 2–3 Wochen im Vergleich zu gesäten Pflanzen und können direkt in die Kulturen, die noch beerntet werden, gesetzt werden (zum Beispiel Asia-Salate, Spinat oder Feldsalat zwischen Paprika-Pflanzen, die dann vorsichtig herausgeschnitten – und nicht ausgerissen – werden. Die Fülle an verschiedenen Gemüsearten und -sorten und die ausgeklügelten Mischkultursysteme ermöglichen eine reiche Ernte. Durch die Kombination von erhöhten Beeten und Mulch ist der Boden besonders produktiv: Das Heu schützt den Boden vor Trockenheit und der Damm vor zu viel Wasser. So ist der Boden sowohl bei langanhaltender Trockenheit wie auch bei Starkregen geschützt. (Kurse zum Bodenaufbau und CSA-Ernte-Anteile: www.biosain.at).

Tristan zeigt, wie tief der Mutterboden ist, bevor das Gestein anfängt.

Die Böden sind bis an die Oberfläche durchwurzelt, weil der Heumulch den Boden feucht hält.

Im Frühjahr werden 15–20 cm Heu aufgebracht. Hier wächst bereits Anfang August die zweite Kultur.

Die Beete sind 70–80 cm breit. Tristan: „Ich habe aufgehört zu denken, ich mache es so, weil es praktisch ist, die Beete sind so breit, dass ich gut drübersteigen kann".

Die Paprika (‚Antalya Dan') tragen reichlich.

Guter Kompost belebt den Boden und düngt die Pflanzen.

Dünger

Wer ernten will, muss düngen. Ob und wie viel gedüngt werden soll, hängt vom Nährstoffbedarf der Pflanzen und vom Nährstoffgehalt des Bodens ab.

Der beste Bio-Dünger ist guter Kompost, im Idealfall stellt man diesen selbst her. Daher ist dem Kompost ein eigenes Kapitel gewidmet. Er versorgt die Pflanzen mit Nährstoffen und baut die Bodenfruchtbarkeit auf. Denn im biologischen Landbau geht es nicht nur darum, direkt die Pflanzen zu düngen, sondern einen vitalen „Boden-Pflanzen-Organismus" zu schaffen und Dauerhumus aufzubauen. Zusätzlich zum Kompost sind Mulchen und Gründüngung wichtige Düngungsmaßnahmen im Biogarten. In vielen Biogärten bewährt sich auch das Herstellen von Silage oder Bokashi (→ siehe Seite 196). Wer Haustiere hält, sollte deren Mist kompostieren, bevor er als Dünger verwendet wird. Während des Gartenjahres geben Pflanzenjauchen oder Regenwurm-Humustee den Pflanzen einen Wachstumsschub und aktivieren das Bodenleben.

Wer zu gärtnern beginnt und anfangs zu wenig eigenen Kompost hat, sodass er oder sie diesen zukaufen muss, muss auf gute Qualität achten. Biologische Handelsdünger werden nur ergänzend eingesetzt und sind meist nur bei Starkzehrern wirklich notwendig.

Lockern und Wärmestrahlen einfangen statt düngen

Düngen und richtige Bodenbearbeitung gehören zusammen. Bevor der Boden mit Kompost versorgt wird, wird er tief gelockert: am besten mit einer Grabegabel (→ siehe Seite 235). Nur ein ausreichend gelockerter Boden hat ein aktives Bodenleben.

Gärtnerinnen und Gärtner können die natürlichen Nährstoffquellen im Boden auch durch regelmäßiges, oberflächliches Hacken oder „Scheren" aktivieren: In humusreichen Böden werden dabei vor allem in den Monaten Juni bis Oktober große Mengen an pflanzenverfügbarem Stickstoff freigesetzt. Doch auch im Frühjahr kann das Lockern des Bodens hilfreich sein – vor allem in Kälteperioden. Im Frühling können die Tagestemperaturen schon auf 20 °C und mehr steigen. Der Boden ist aber noch kühl und damit wachsen die frisch gesetzten Jungpflanzen nur langsam. Ein Auflockern des Bodens bringt die wärmere Luft in den Boden und beschleunigt so das Pflanzenwachstum. Auch das Auflegen eines Vlieses beschleunigt zu

Kompost wird auf die gelockerten Beete aufgebracht und mit dem Rechen oberflächlich in den Boden eingearbeitet.

Auch Lockern „düngt" den Boden.

Eine Vliesabdeckung beschleunigt das Pflanzenwachstum.

dieser Jahreszeit das Pflanzenwachstum. Zusätzlich wird durch das Hacken auch Wasser besser im Boden gehalten. Hacken ist also Gießen und Düngen in einem Arbeitsgang.

Wie viel Dünger brauchen Pflanzen?

Kulturpflanzen benötigen unterschiedlich viele Nährstoffe. Die verbreitete Einteilung in Schwachzehrer, Mittelzehrer und Starkzehrer sagt aus, wie viel Stickstoff eine Kulturpflanze bis zur Reife benötigt. Die Wüchsigkeit der Kulturpflanzen hängt von einer guten Bodenstruktur und im Wesentlichen von der Stickstoffversorgung in den entscheidenden vegetativen Phasen ab. Wesentlich häufiger als ein Stickstoffmangel ist allerdings das Gegenteil: eine Stickstoff-Überversorgung. Stickstoff-Überschuss bewirkt ein schwammiges Pflanzengewebe, eine hohe Krankheits- und Schädlingsanfälligkeit sowie eine schlechte Lagerfähigkeit von Wintergemüse.

Starkzehrer	Endivien, Kohlarten, Sellerie, Tomaten, Gurken, Zuckermais, Lauch, Rhabarber, Kürbis, Zucchini, Kartoffel, Spargel, Artischocke, Cardy (Spanische Artischocke), Melone
Mittelzehrer	Salat, Neuseeländer Spinat, Mangold, Kohlrabi, Chinakohl, Pastinake, Rettich, Steckrübe, Herbstrübe, Rote Rübe, Fenchel, Schwarzwurzel, Zwiebel, Knoblauch, Karotten, Kartoffeln, Kopfsalat, Schnittlauch, Erdbeeren
Schwach-zehrer	Feldsalat, Winterportulak, Rucola, Kresse, Rübstiel, Radieschen, Petersilie, Bohnen, Erbsen, Kräuter

Nährstoffbedarf der Gemüsekulturen bezogen auf den Stickstoffbedarf

Mist

Am besten wird Mist in einer Kompostmiete (→ siehe Seite 205) mit Grünabfällen aus dem Garten gemeinsam kompostiert. Die einzige Ausnahme ist das Mistbeet, hier wird Pferdemist unterhalb der Erdschicht, in der das Gemüse wurzelt, eingebracht. Gut kompostierter Stallmist ist bester Dünger für den Garten – er lockert den Boden und trägt zur Humusbildung bei. Für viele Gärtnerinnen und Gärtner ist es nicht so leicht, an Mist zu kommen. Wer jedoch selbst Tiere hält oder Nachbarn hat, die vielleicht sogar froh sind, wenn sie etwas Mist abgeben können, kann Hühner-, Pferde-, Rinder-, Ziegen- oder Schafmist auch zum Düngen verwenden. Da Mist für einen guten Verrottungsprozess zu viel Stickstoff und zu wenig Kohlenstoff enthält hat, muss Stroh, Laub, Sägemehl oder ein anderes stickstoffarmes Material zugegeben werden (→ siehe Seite 203).

Schafwolle

Schafwolle hat in den letzten Jahren als Biodünger an Bedeutung gewonnen. Sie hat einen hohen Stickstoff-Anteil (10–12 %), enthält aber auch 4–6 % Kalium und etwas Phosphor sowie Spurenelemente. Schafe müssen geschoren werden und da der Wollpreis so niedrig ist, zahlt sich die aufwändige Verarbeitung zu Kleidung und Decken kaum aus. Schafwolle eignet sich als Dünger für Kartoffeln, Bäume und Gemüsekulturen, die als Jungpflanzen gesetzt werden. Schafwolle ist oft sogar regional verfügbar. Ein großer zusätzlicher Vorteil der Schafwolle ist, dass sie auch Wasser speichern kann.

Organische Handelsdünger

Wenn Sie (noch) keinen Dünger selber herstellen können, gibt es mittlerweile eine unglaubliche Anzahl an unterschiedlichen „biologischen" Düngemitteln, die man kaufen kann. Dazu ein wichtiger Hinweis: Die Herstellung von Düngemitteln (übrigens auch die von Erden und Substraten) ist in der EU-Bio-Verordnung nicht geregelt. Das hat dazu geführt, dass in den letzten Jahren auf den meisten in Gartencentern angebotenen Düngerpackungen „bio" steht, obwohl der darin verpackte Dünger nicht bio-zertifiziert ist. Nur Dünger, auf denen der Vermerk „zugelassen im ökologischen Landbau" angebracht ist, entsprechen der EU-Verordnung für den biologischen Landbau und dürfen dort auch eingesetzt werden. Aber selbst das heißt noch nicht, dass sie tatsächlich aus biologischer Produktion stammen! Wer sicher sein will, dass der Dünger, den er kaufen möchte, im biologischen Landbau zugelassen ist und auch den strengeren Kriterien des Bio-Verbandes Bio Austria entspricht, kann dies online unter www.infoxgen.com prüfen. Denn selbst wenn ein Düngemittel im ökologischen Landbau laut EU-Verordnung zugelassen ist, zahlt es sich aus, genauer hinzuschauen:

Schafwolle ist ein hochwertiger und oft regional verfügbarer Biodünger.

In jedes Pflanzloch kommt eine Handvoll Schafwolle.

Wo kommen die Ausgangsmaterialen her, sind sie tierischer (Schlachtabfälle) oder pflanzlicher Herkunft und in welchen Produktionsprozessen sind sie entstanden? So sind Hornspäne ein reiner Stickstoffdünger, der aus Hörnern und Klauen von Rindern und Schafen aus der industriellen Tierhaltung gewonnen wird, die meist aus Brasilien und Pakistan stammen.

Pflanzenjauchen

Pflanzenjauchen können Kompost nicht ersetzen, sondern sind eine pflanzenstärkende Nachdüngung für Starkzehrer und Mittelzehrer und alle Pflanzen, die auf (noch) kargen Böden wachsen müssen. Pflanzenjauchen enthalten (in geringer Konzentration) die wichtigsten Nährstoffe sowie wachstumsfördernde Enzyme, Vitamine und Hormone in für die Pflanzen leicht aufnehmbarer Form. Einer der Pioniere für Pflanzenjauchen ist der Steirische Bio-Gemüsebauberater Arthur Schnitzer. Pflanzenjauchen sind nicht nötig, wenn sich die Pflanzen aufgrund eines optimalen Bodengefüges und eines günstigen Witterungsverlaufs optimal entwickeln. Sobald die Pflanzen leiden – etwa durch Hagel, Trockenheit oder Kälteperioden – können Pflanzenjauchen rasch die Nährstoffversorgung im Boden aktivieren.

Verwendung Die noch junge Pflanzenjauche kann man zum Stärken der Jungpflanzen verwenden: Dazu die Jungpflanzen vor dem Auspflanzen kurz in die Jauche stellen. Junge – noch gärende – Brennnessel-Jauche kann auch zur Abwehr von Blattläusen 1 zu 50 verdünnt direkt auf Pflanzen gesprüht werden. Wenn die Kräuter schließlich vollständig verjaucht sind – die Brühe ist dann dunkelbraun – darf man sie nicht mehr direkt auf Pflanzen aufbringen. Das würde die Blätter verätzen, außer man verdünnt ganz stark (1 zu 50). Fertige Jauche gießt man mit einer Gießkanne auf den Boden rund um die Pflanzen in einer Verdünnung von 1 zu 20. Fertige Pflanzenjauchen können gelagert werden und sollten nur bei bewölktem Himmel ausgebracht werden. Bei schwachem Pflanzenwachstum wird wöchentlich Jauche ausgebracht, sonst alle 14 Tage.

Bewährte Jauchepflanzen Brennnessel, Ackerschachtelhalm, Beinwell und Wermut, aber auch Knoblauch, Zwiebel, Löwenzahn und Tomatenkraut kann man zu flüssigem Dünger verarbeiten. Die ideale

Die fertige Jauche verdünnt verwenden, im Verhältnis 1:20. Das bringt die Nährstoffversorgung nach Wachstumsstockungen wieder in Schwung. Handschuhe tragen!

Pflanze ist die Brennnessel - sie hat sowohl eine starke Dünger- als auch eine schädlingsvertreibende Wirkung. Sie bringt – bei warmen Temperaturen im Sommer – die Stickstoffnachlieferung aus dem Boden wieder in Schwung und kann daher einen richtigen Wachstumsschub bewirken. Beinwell wirkt etwas langsamer, kann aber aus diesem Grund sehr gut mit Brennnesseln gemischt werden. Beinwelljauche enthält besonders viel Kalium, was die Widerstandskraft der Pflanzen gegen Trockenheit und ihre Standfestigkeit erhöht. Ackerschachtelhalm stärkt die Zellwände und somit die Widerstandskraft der Pflanzen gegen stechend-saugende Schädlinge und Pilzkrankheiten.

Zubereitung Man benötigt ein Gefäß aus Holz, Keramik oder Kunststoff (kein Metall). Zur Bereitung der Jauche die Pflanzen in kaltem Wasser einweichen. Am besten eignet sich dazu Regenwasser. Faustregel: 1 kg frische oder 150 Gramm getrocknete Pflanzen (oder deren Pulver) auf 10 Liter Wasser. Die Pflanzen mit einer Gartenschere zerkleinern, so können die Blätter leichter von den Mikroorganismen aufgeschlossen werden. Das Gefäß maximal bis 10 cm unter den Gefäßrand befüllen und mit einem Deckel oder einem Gitter zudecken (aber keinesfalls luftdicht verschließen). Die Kräuter vergären nun – und zwar abhängig von der Temperatur. Der Gärprozess setzt nach ein bis zwei Tagen ein, deutlich erkennbar am Schäumen der Jauche. Täglich mit einem Holzstab kräftig umrühren. Zuerst trübt sich die Flüssigkeit, allmählich nimmt sie eine dunkelbraune Farbe an. Wenn die Jauche nicht mehr schäumt, ist dies das Zeichen, dass sie fertig vergoren und reif für die Ausbringung ist (nach 10 bis 20 Tagen). Im Hochsommer ist eine Pflanzenjauche schneller fertig als im Frühjahr. Im Verlauf der Gärung entwickelt die Pflanzenjauche einen starken Geruch. Sie riecht allerdings nur dann, wenn sie bewegt oder ausgebracht wird. Der Geruch ist nur schwer von den Händen abzuwaschen (Handschuhe tragen). Allerdings lassen sich die entstehenden Gerüche gut mit Gesteinsmehl binden: Man setzt ein paar Hände voll Tonmehl, Bentonit oder „Urgesteinsmehl" zu. Keinesfalls sollte ein Jauchefass direkt neben der Eingangstüre, auf einer Terrasse, auf einem Balkon oder in einem Hinterhof aufgestellt werden. Wer keinen eigenen Garten hat, kann Brennnessel, Löwenzahn und Beinwell wild sammeln. Nicht neben stark befahrenen Straßen sammeln, auch dürfen die Pflanzen nicht mit Hundekot verunreinigt sein. Vor der Anwendung die Jauche sieben.

Silage/Bokashi

Seit einigen Jahren experimentieren viele Gärtnerinnen und Gärtner mit Bokashi –einer aus Japan stammenden Methode, Gras, aber auch Küchenreste zu fermentieren. Diese Art der Fermentation hat mit dem Kompostieren nichts zu tun, sondern funktioniert wie die milchsaure Vergärung von zum Beispiel Sauerkraut oder Silage – nämlich unter Luftabschluss. Bei der Silage von Gras oder der Fermentation von Gemüse zu Sauerkraut gehen die natürlich vorhandenen Milchsäurebakterien ans Werk. Bei der Fermentation mit gekauften sogenannten „Effektiven Mikroorganismen" (EM) sind auch andere Mikroorganismen an der Zersetzung der organischen Abfälle beteiligt - laut Angaben der Hersteller sind dies zusätzlich auch Photosynthesebakterien und Hefen. Für die Verwandlung zu Bokashi sind aber in erster Linie die Milchsäurebakterien verantwortlich. Wer die eigenen Küchenabfälle nicht verkompostieren will, kann diese Reste auch in geschlossenen Gefäßen fermentieren und – damit die Fermentation in Schwung kommt –, Brottrunk oder Sauerkrautsaft zugeben. Nach ca. zwei Monaten Durchfermentierung bei einer optimalen Temperatur von 20 °C ist die Silage fertig und riecht dann angenehm und leicht süßlich. Das nun von den Bakterien aufgeschlossene und „vorverdaute" Endprodukt wird nun entweder in Rinnen

Küchenabfälle können in einem luftdicht verschlossenen Kübel zu Bokashi verarbeitet werden.

in den Boden eingearbeitet (→ siehe Tipp von Margit Mayr-Lamm, Seite 198), oberflächlich im Frühjahr in den Boden eingearbeitet oder einem Kompostierungsprozess zugeführt (→ siehe Tipp von Franco Baumeler). Diese „vorverdauten" Abfälle können von Regenwürmern und anderen Organismen – sei es im Beet oder im Komposthaufen – dann sehr gut weiter aufgeschlossen und umgewandelt werden. Fermentieren kann man zum Beispiel Küchenabfälle, aber auch Grasschnitt. Während die Fermentation von Gemüseresten aus der Küche relativ einfach ist, ist für eine Fermentation von Grasschnitt etwas Muskelkraft von Nöten.

Grassilage oder Silage von Unkräutern

Damit der Silage-Prozess gut in Schwung kommt, dürfen keine Erdreste an den Gräsern oder Unkräutern kleben. Das Gras darf nicht zu jung sein, sondern muss schon etwas Struktur haben und ca. 25–30 cm hoch sein. Den Grasschnitt etwas anwelken lassen und dann in einen Behälter geben, den man luftdicht abschließen kann. Das kann eine mit Teichfolie ausgeschlagene Kiste oder ein Fass sein. Jedenfalls muss gut verdichtet werden. Gras muss lagenweise zum Beispiel mit einem Vorschlaghammer bearbeitet werden, damit die Zellen aufplatzen und die Luft verdrängt wird. Unkräuter vermischt man am besten mit etwas Kleie oder Getreidereste, die bereits mit Milchsäurebakterien (Brottrunk, Sauerkrautsaft) oder EM beimpft wurden (→ siehe Tipp von Franco Baumeler). Noch keimfähige Unkrautsamen werden bei der Silage genauso abgebaut wie Wurzelausläufer von Quecken oder Ackerwinden. Die Silage muss leicht feucht sein. Wenn der Silage-Prozess gut in Schwung gekommen ist, riecht sie nach ca. drei Wochen angenehm aromatisch. Die Grassilage kann als Dünger leicht in den Boden eingearbeitet werden.

Tipps von Arche Noah-GärtnerInnen

Der Einsatz von Bokashi im Arche Noah-Schaugarten

„Im Schaugarten nutzen wir Bokashi, um Quecken-, Ackerwinden-, Löwenzahnwurzeln, Giersch oder sehr potente Samenträger, die bei der Beetpflege anfallen, an ihrer weiteren Verbreitung sicher zu hindern. Dazu befüllen wir eine Kiste – die innen mit Teichfolie ausgelegt ist – mit den möglichst von Erde befreiten Pflanzen. Vor einem Jahr haben wir Kleie und Spelz nach einer Rezeptur mit EM in blauen Fässern angesetzt. Diese Bokashi-Mischung wird nun in der Kiste unter die Wurzelunkräuter gemischt. Da die Fermentation nur unter Luftausschluss stattfindet, gilt es in der Folge durch Stampfen, Abdecken und Beschweren mit Steinen die Luft herauszubringen. Die fertig fermentierte Mischung wird nach ca. 2 Monaten, wenn alles angenehm nach Silage riecht, auf unseren Kompostmieten weiterkompostiert. Letztes Jahr haben wir eine 2-cm-Schicht Bokashi auf die Beete verteilt, dann gleich mit der Kreiselegge eingearbeitet und nach zwei Wochen bepflanzt. Heute tummeln sich auf diesen Beeten mehr Würmer als auf anderen Beeten. Gut wäre nach dem Einarbeiten des Bokashi auf die Beete noch eine MyPex-Folie aufzulegen. Das vereinfacht das Jäten, da es unter der Folie feuchter ist und die Würmer bis an die Oberfläche arbeiten können."

Franco Baumeler, Schaugartenleiter der Arche Noah in Schiltern

Der Einsatz von Bokashi im Tomatenhaus

„Wir haben über die letzten Jahre sehr gute Erfahrungen gemacht, im Frühling in unserem Tomatenhaus Bokashi einzuarbeiten. Über den Winter sammeln wir alle Küchenabfälle in luftdicht verschließbaren Kübeln, die wir auf der Terrasse lagern. Die Gemüsereste werden lagenweise mit Effektiven Mikroorganismen besprüht. Ungefähr im Februar arbeiten wir diese anfermentierten Reste in Rinnen in den Boden ein und decken mit MyPex-Folie ab, da das Gewächshaus auch der Anzucht von Jungpflanzen dient. Wenn wir die Folie Ende April entfernen, tummeln sich Unmengen von Regenwürmern im Boden. Obwohl wir seit Jahren in diesem Haus Tomaten anbauen, haben wir keine gröberen Probleme mit Pflanzenkrankheiten, was wir darauf zurückführen, dass durch das Eingraben der fermentierten Gemüsereste und das intensive Bodenleben auch eine Bodensanierung stattfindet und Krankheitskeime abgetötet werden."

Margit Mayr-Lamm, Allhaming

In einer geschlossenen Kiste findet die Umwandlung von Wurzelunkräutern zu Düngern statt.

Dazu die Wurzelunkräuter mit etwas mit EM versetzter Kleie oder Getreideresten vermengen und...

... unter Luftabschluss fermentieren.

Welcher Biodünger ist für welchen Anlass?

Biodünger	„Vorteile"	„Nachteile"
Flächenkompost (Mulchen)	• weniger Arbeits- und Gießaufwand • bedeckt den Boden und schützt vor Verdunstung. • Erosionsschutz • Nährt die Bodenlebewesen und baut Dauerhumus auf.	• Bringt nur langsam Nährstoffe in den Boden ein. • Der Düngeeffekt ist abhängig vom Nährstoffgehalt des Ausgangsmaterials. • im Frühjahr langsame Bodenerwärmung (daher erst ab Mai mulchen)
Hausgartenkompost	• Größere Mengen an „Gartenabfällen" können gut in Biodünger verwandelt werden. • Unkrautsamen werden bei richtiger Durchführung gründlich abgetötet. • Geschlossene Kreisläufe zwischen Haus und Garten sind leicht herstellbar.	• Unterschiedliche Ausgangsmaterialien müssen gleichzeitig in ausreichender Menge verfügbar sein und gemischt werden. • Dauer: mindestens 12 Wochen (je nach Jahreszeit auch länger) • Komposthaufen müssen gewendet und gewartet werden. • Sollte umgesetzt werden, damit es zu einer Heißrotte kommt. • braucht ausreichend Platz • Garten unbedingt notwendig • manchmal Probleme mit Nachbarinnen und Nachbarn
Bokashi/Silage	• Gut, um Wurzelunkräuter oder samentragende Unkräuter zu Dünger zu verarbeiten. • Ziehen Regenwürmer und andere Bodenlebewesen an.	• nicht für verholzte Pflanzen(teile) • Für größere Mengen/Flächen braucht es größere luftdicht verschließbare Gefäße.
Gründüngung	• zusätzlich zur Düngerwirkung positiver Einfluss auf Nützlinge und Bestäuber-Insekten • verbessert die Bodenstruktur • mobilisiert Nährstoffe aus dem Unterboden • schützt vor Nährstoffauswaschung, über den Winter vor Bodenerosion • Bunt blühende Beete – auch wenn sonst nichts mehr im Garten blüht – ziehen Nützlinge und viele Insekten an.	• Eventuell sind die Pflanzen im Frühjahr bereits sehr groß, dann ist das Entfernen arbeitsaufwändig. • Manche Pflanzen säen sich rasch aus, wenn sie zu lange stehen (z. B. Buchweizen).
Pflanzenjauche	• rasch verfügbare Nährstoffe für die Nachdüngung ab Juni • aktiviert die Nährstoff-Nachlieferung im Sommer	• Geruchsentwicklung, wenn nicht Steinmehle zugegeben werden • geringe Düngerwirkung
Komposttee	• aktiviert, immunisiert und belebt den Boden und die Pflanze • bringt Huminsäuren, Enzyme und Botenstoffe in den Boden ein • sowohl auf Blatt als auch Boden einsetzbar, kein Geruch, keine Flecken auf den Blättern • nach wenigen Stunden einsatzbereit • kann schon auf Jungpflanzen ausgebracht werden	• kann nicht gelagert werden, muss immer frisch angefertigt werden • geringe Düngerwirkung

Quelle: eigene Zusammenstellung

Ein guter Kompostplatz liegt im Halbschatten und am Weg in den Garten.

Kompost

Gerade für einen Selbstversorger-Garten ist das Kompostieren wichtig: Guter Kompost düngt nicht nur die Pflanzen, sondern verwandelt erst den Boden in gutes Gartenland, zudem stärkt er die Pflanzen und aktiviert das Bodenleben. Richtiges Kompostieren verwandelt alles, was im Garten und in der Küche an organischem „Abfall" anfällt in fruchtbare Ausgangsstoffe des Gärtnerns. So ist guter Kompost das Herzstück eines Bio-Gartens.

Kompostieren braucht etwas Wissen und Zeit. Je nach Region muss Kompost im Sommer – wie auch das Gemüse – bewässert werden. In Regionen mit viel Niederschlägen muss der Kompost umgekehrt vor zu viel Regen oder Schnee geschützt werden. Denn die Verrottung funktioniert nur, wenn zwei wichtige Umsetzungselemente im richtigen Maß vorhanden sind: Wasser und Luft. Dann können viele Milliarden an Lebewesen (Bakterien, Pilze und der zentrale Akteur, der Kompostwurm) Laub, Küchenabfälle, Rasenschnitt und was der Garten sonst noch an organischem Ausgangsmaterial zu bieten hat, in besten Dünger umwandeln.

Richtig kompostieren

Guter Kompost entsteht nur, wenn der Komposthaufen im richtigen Mischungsverhältnis „aufgesetzt" wird (→ siehe Seite 203). Kompostmieten werden meist in größeren Gärten angelegt, in denen mehr Material anfällt. In kleineren Gärten ist man mit Kompostbehältern besser beraten. Es gibt zwei Jahreszeiten, die sich zum Ansetzen eines neuen Kompostes besonders eignen: der Herbst und der Frühling. Im Herbst, wenn der Garten geräumt wird, fallen alle möglichen Materialien an, die gleich verwendet werden können. Idealer Zeitpunkt ist noch vor dem Wintereinbruch, also meistens im Laufe des Oktobers. Am besten hat man zwei bis drei Kompostbehälter. Einen verwendet man als Sammelbehälter. Frische Küchenabfälle bestäubt man gleich mit Gesteinsmehl, fertigem Kompost oder mischt zerkleinertes, kohlenstoffreiches Material (Holzspäne, trockenes Laub unter. Alle kohlenstoffreichen Gartenabfälle (Strauchschnitt, Laub) müssen nicht gleich in den Sammelbehälter, sie gehen nicht in einen Rotteprozess über. Ist der Sammelbehälter voll, wird der Kompost im zweiten Behälter aufgesetzt. Während dann in diesem Behälter der Rotteprozess im Gang ist, kann man den ersten wieder als Sammelbehälter verwenden.

Der richtige Kompostplatz

Ein guter Kompost kann nur auf einem geeigneten Kompostplatz heranreifen. Er sollte eben und gut zugänglich sein. Ideal ist ein Platz, an dem man auf dem Weg in den Garten immer vorbeikommt. Im Hausgarten gehört der Kompostplatz in die Nähe der Gemüsebeete auf einen gewachsenen Mutterboden. So können Bakterien, Pilze und Kompostwürmer, die den Rotteprozess bewerkstelligen, möglichst rasch einwandern; aus dem gleichen Grund sollte man den Platz auch nicht jährlich wechseln. Wer mit Kompostgittern arbeitet, kann den Boden mit – durchlöcherten – Ziegelsteinen befestigen, damit der Kompostbehälter gut steht. Der Platz sollte vor allem im Winter besonnt sein. Im Sommer ist der Halbschatten kleiner Sträucher und Bäume ideal. Ein Standort im Schatten großer Bäume ist nicht empfehlenswert. Eine Ausnahme sind regenarme Regionen, wo unter Bäumen die Luftfeuchtigkeit höher ist und somit der Haufen nicht so rasch austrocknet.

Was kann kompostiert werden?

Grundsätzlich kann alles, was in einem Biogarten und in der Küche anfällt, auch kompostiert werden. Je unterschiedlicher die Materialien sind, umso besser: grünes (reich an Stickstoff) und braunes (reich an Kohlenstoff), trockenes und feuchtes Material sollte gut vermischt werden (→ siehe Zeichnung unten). Auch alle Küchenabfälle können kompostiert werden. Damit diese keine Tiere anlocken, werden sie gleich mit Erde, altem Kompost, Grünmasse oder auch Urgesteinsmehl bestreut (das hält übrigens auch die eigenen Hunde oder die der Nachbarn davon ab, ständig im Kompost zu wühlen). Holz und alle Äste, die stärker als daumendick sind, müssen vor dem Kompostieren zerkleinert werden, da sie sonst schwer verrotten. Entweder mit einem Häcksler oder mit von Hand auf einem Hackstock mit einer Axt zerkleinern. Auch ein scharfer Spaten kann beim Zerkleinern gute Dienste leisten. Bei allen verholzten, strohigen Ausgangsmaterialien ist

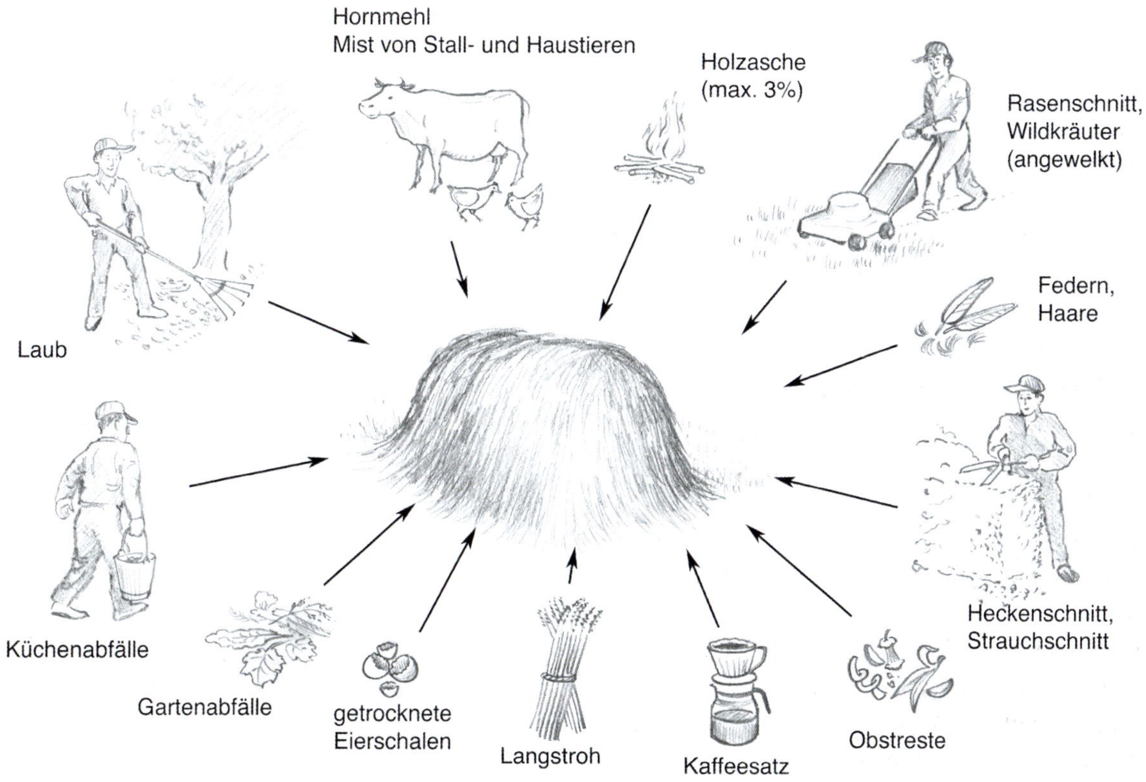

Alle organischen Reste aus dem Garten und der Küche können kompostiert und wieder zu Dünger werden.

Guter Kompost entsteht nur aus unterschiedlichen Ausgangsmaterialien.

Laub von Obstbäumen ist ein idealer Ausgangsstoff für die Kompostierung …

… und wird schichtweise eingebracht.

Wie Schnee wird etwas Gesteinsmehl, Biolit oder Bentonit auf jede Schicht gestreut.

Halb verrotteter Kompost – oder die Siebreste vom alten Kompost – dienen als Starter.

das Zerkleinern besonders wichtig, da die mechanisch zerkleinerten Pflanzen besser von den Mikroorganismen zersetzt werden können. Alle grünen Pflanzenteile werden nicht weiter zerkleinert, da sie sonst zu dicht zusammenkleben und zu faulen beginnen. Grasschnitt lässt man am besten anwelken oder arbeitet ihn nur in dünnen Schichten in den Haufen ein.

Wollen Sie auch Materialien aus anderen Gärten kompostieren, vergewissern Sie sich, dass die Materialien nicht mit Fungiziden, Herbiziden oder anderen chemisch-synthetischen Spritzmitteln behandelt wurden. Hier haben einige Gärtner schon üble Erfahrungen gemacht. Manche Inhaltsstoffe – vor allem von Rasenunkrautvertilgungsmitteln – werden im Kompost nicht abgebaut und wirken dann im Garten wachstumshemmend auf das Gemüse (genaueres im Internet unter dem Stichwort „Clopyralid").

Das richtige Mischungsverhältnis

Eine gute Kompost-Ausgangsmischung enthält mindestes ein Viertel holzige – am besten zerkleinerte – Materialien. Wer diese nicht mit einer Axt oder Gartensäge händisch zerkleinern will, braucht dafür einen Garten-Häcksler. Für die Kompostierung ideal ist ein Verhältnis von 20 bis 30 Teilen Kohlenstoff (C) zu 1 Teil Stickstoff (N) in den Ausgangsmaterialien. Das engste Verhältnis unter den Gartenmaterialien hat Rasenschnitt (10 bis 15 zu 1), das weiteste Holz (bis 400 zu 1). Einen sehr guten Ausgangsgehalt haben Küchenabfälle und Mist von Pflanzenfressern. 10 % Gartenerde zur Bildung der Ton-Humus Komplexe untermischen. Keinesfalls gehört auf den Kompost Kot von Hunden oder Katzen. Auch nicht auf den Kompost gehören Unkräuter, die bereits Samen tragen. Auch Wurzelunkräuter wie Quecke, Giersch oder Ackerwinde gehören nicht auf den Kompost. Diese Unkräuter lässt man entweder in der Sonne trocknen, bevor sie auf den Kompost kommen, oder man gibt sie in die kommunale Biotonne, verjaucht die Pflanzen (→ Pflanzenjauche, Seite 195) oder vergärt sie (→ Silage/Bokashi, Seite 196).

Kompostzusätze und Impfmaterial

Damit die pflanzlichen und tierischen Ausgangsstoffe gut verrotten können, werden noch folgende Zusätze beigefügt:

Kompoststarter Der beste Kompoststarter sind die groben Reste, die beim Aussieben des letzten Komposthaufens angefallen sind. Wer diese noch nicht zur Verfügung hat, bittet eine/n Bio-GärtnerIn um ein bis zwei Kübel als „Starthilfe".

Halb verrotteter Kompost eines älteren Haufens Zur Übertragung der Pilz- und Bakterienkulturen ist älterer Kompost hilfreich. Diese Beimpfung ist vergleichbar mit dem Sauerteig beim Brotbacken. Auch hier: Wer noch keinen eigenen Kompost hat, erbittet etwas Startmaterial bei Kompost-Nachbarn.

Gesteinsmehle oder Tonmehle Sie unterstützen die Bildung stabiler Ton-Humus-Komplexe und regulieren den pH-Wert (Zum Beispiel Biolit oder Bentonit).

Die Kamille ist eines der biologisch-dynamischen Präparate.

Die Gesteins- oder Tonmehle haben eine sehr große Oberfläche, binden Feuchtigkeit und Geruch, fördern die nützliche Bakterienflora und bringen Mineralien und Spurenelemente ein. Ist die eigene Gartenerde tonhaltig, erfüllt auch diese ihren Zweck. Besonders hochwertig ist Biolit, das jenes für die Festigkeit des Pflanzengewebes besonders wichtige Silizium enthält.

Biologisch-dynamische Präparate Löwenzahn, Schafgarbe, Brennnessel, Eichenrinde, Kamille und Baldrian kommen in homöopathischer Dosis in der biologisch-dynamischen Wirtschaftsweise zum Einsatz und lenken die Kompostierung. Wer die Präparate nicht selbst herstellen kann, wendet sich an nationale oder regionale Demeter-Verbände, wo die Präparate ebenso erhältlich sind.

Humofix, Biplantol-Kompost oder ähnliche Präparate: Humofix und Biplantol sind ebenfalls aus Kräutern gewonnene Präparate. Humofix wird in kleinen Briefchen von der BenediktinerInnenabtei Fulda verschickt und dann selbst angerührt. Auch von Biplantol-Kompost sind kleine Mengen ausreichend. Kräuterpräparate erhöhen – besonders in Verbindung mit Gesteinsmehlen – die Lebenstätigkeit des Kompostes.

Kompostieren in Kompostbehältern

Kompostbehälter sind vor allem für kleinere Gärten empfehlenswert. Viele der im Handel angebotenen Komposter sind aber nicht für eine gute Kompostierung geeignet. Bei der Auswahl ist zu beachten, dass der Kompostbehälter erstens gut luftdurchlässig ist und zweitens leicht geöffnet werden kann. Es gibt zwei verschiedene Bauweisen von Kompostern, die wir empfehlen. Die günstigste Variante sind runde oder viereckige Gitter. Diese ummantelt man am besten mit einem Kompostvlies. Diese UV-stabilen Geotextile sind atmungsaktiv, aber lassen Starkregen außen abfließen. Ein Kompostvlies bekommt man auch in kleineren Abmessungen, es hält viele Jahre lang. Sie werden außen am Gitter befestigt (mit Kabelbindern oder reißfesten Schnüren). So kann der Kompost nicht austrocknen und bleibt trotzdem belüftet. Eine zweite Bauweise, die sich bewährt hat, sind Komposter, in denen die Seitenbretter schräg montiert sind. Ein Kompost soll oben abgedeckt sein, damit der Regen nicht Stickstoff und Kali auswaschen kann. Sonst bleibt nur Phosphor im Kompost, der – wenn er über viele Jahre im Garten in zu hohen Konzentrationen ausgebracht wird – dazu führt, dass Stickstoff und Kalium im Boden fixiert werden und nicht mehr pflanzenverfügbar sind.

Ein Gitterkomposter. Dieser wird zum Umsetzen des Materials einfach geöffnet, an einem neuen Platz aufgestellt und neu befüllt.

Kompostvlies ist viele Jahre lang verwendbar.

Die richtige Größe

Ein Komposthaufen muss mindestens ein Volumen von einem Kubikmeter haben, damit der Rotteprozess gut in Gang kommt. Die Kompostierung läuft dann am besten, wenn der Komposthaufen oder der Sammelbehälter nicht zu groß ist. Denn dann wird man meist dazu verleitet, lange zu warten, bis man den Komposthaufen richtig aufschichtet, sodass der Rotteprozess in Gang kommt. Am einfachsten kann man die Größe bei Kompostgittern regulieren: Fällt weniger Material an, steckt man sie einfach enger zusammen. Das hat den Vorteil, dass man auch gezwungen ist, den Haufen richtig aufzusetzen. Das Gitter muss so eng zusammengesteckt sein, dass es mindestens einmal im Jahr – besser zweimal – voll wird und man „gezwungen" ist, den Haufen neu aufzusetzen.

Aufsetzen von Kompost im Kompostbehälter

Ist das Gitter voll, öffnet man es und stellt es auf einem neuen Platz auf. Dann kann man die Ausgangsmaterialen für eine gute Kompostierung im richtigen Verhältnis mischen. Sind die Materialien zu feucht (wenn der Kompost triefnass ist), muss man trockene Materialen unterarbeiten. Ist er zu trocken (wenn es raschelt), muss man feuchtere Materialen wie Grünschnitt einarbeiten.

Geschlossene Kompostbehälter

Diese sind nur eingeschränkt empfehlenswert. Meistens werden sie wie Abfallbehälter verwendet. Und nach dem Motto „Aus den Augen, aus dem Sinn", kommt es meistens entweder zu Fäulnisprozessen, oder es ist zu trocken und findet gar keine Verrottung statt. Grundsätzlich können diese Systeme ähnlich wie eine Wurmkiste verwendet werden. Dazu muss aber sichergestellt sein, dass auch Kompostwürmer einwandern können oder gezielt eingesetzt werden – und es muss ausreichend warm sein, dass diese auch aktiv sind und fressen (Temperaturen zwischen 15 °C und 30 °C). Ohne aktive Kompostwürmer funktioniert eine Kompostierung in geschlossenen Behältern nicht! Wer sichergehen will, kauft eine Kompostwurm-Startpopulation oder holt sich Würmer vom Nachbar-Komposthaufen (jedoch keinesfalls Regenwürmer aus dem Gartenboden nehmen).

Kompostieren in einer Kompostmiete

Eine ideal große Kompostmiete hat eine Grundbreite von 120–150 cm und eine Höhe von 100–120 cm. Als unterste Schicht wird grobstängeliges Material aufgeschichtet. Sonnenblumenstängel, Maisstängel oder Strauchschnitt sorgen dafür, dass auch von unten Luft in den Haufen kommen kann. Die oben angeführten Ausgangsmaterialien werden in dünnen Schichten aufgebracht oder vorab gemischt. Zwischen die Schichten kommen jeweils Gesteinsmehl (oder Bentonit bzw. Biolit), Mist, Erde und etwas Impfmaterial. Wer keinen Mist von eigenen Kleintieren oder einem benachbarten Bauernhof zur Verfügung hat, kann auch etwas Hornspäne oder Hornmehl einarbeiten. Wichtig ist, dass die einzelnen Schichten nur locker aufgebracht werden – nie verdichten oder gar mit den Füßen stampfen! Wenn eine Höhe von 100–120 cm erreicht ist, wird der Haufen abgedeckt. Als Abdeckmaterialien eignen sich nicht zu grobstängelige Stauden, Stroh oder auch abgeschnittene Ziergräser. Diese werden so aufgebracht, dass der ganze Haufen eingehüllt ist und Regen abrinnen kann. Auch ein alter Teppich leistet gute Dienste oder ein Kompostvlies (→ siehe Seite 204).

Diese „Haut" soll auch das Sonnenlicht abschirmen, denn die Rotte ist an die Dunkelheit gebunden. Die Umwandlung von Pflanzen in Erde ist ein organischer Prozess, eng verwandt mit dem Verdauungsprozess. Ein Organismus muss nach außen abgeschlossen sein. Auch der Komposthaufen oder der Komposter braucht einen Abschluss. Die Abdeckung schützt vor Wind – damit der Kompost nicht austrocknet –, lässt aber Luft hinein. Der Kompost braucht diese Haut, da sonst die obersten 5 cm zu einer harten Schicht verkrusten und wertvolles Kompostmaterial verlorengeht.

Eine Kompostmiete kann in Schichten aufgebaut werden, am besten, wenn viel Material im Garten anfällt.

Ist der Kompost zu trocken, muss er bewässert werden.

Solange die Temperatur nach dem Umsetzen auf 60 °C steigt, wäre es ideal, jede Woche umzusetzen.

Kompost umsetzen

Wenn der Kompost perfekt werden soll, muss Heißrottekompost umgesetzt werden. Nur so wird der Kompost homogen und die Kompostierung rasch abgeschlossen. Wie oft soll umgesetzt werden? Solange die Temperatur nach dem Umsetzen auf 60 °C ansteigt, wäre es ideal, ihn jede Woche umzusetzen. Dies wird in der Praxis aber von den wenigsten wirklich durchgeführt.

Der Vorteil ist jedoch, dass so der Feuchtigkeitsgehalt kontrolliert werden kann und wirklich eine gleichmäßige Erhitzung des Kompostes stattfindet. Unkrautsämereien werden ab Temperaturen von 55 °C abgetötet, Sporen von Krankheitserregern erst bei Temperaturen von über 70 °C. Geübte und kräftige Gärtnerinnen und Gärtner setzen einen Kubikmeter Kompost in 15–30 Minuten um. Der Trick ist, keine langen und sperrigen Teile im Kompost zu haben, dann ist das Umsetzen wirklich einfach. Wer einen Schnellkompost braucht, muss diesen umsetzen, um die Rotteprozesse zu beschleunigen.

Wann ist der Kompost fertig?

Ob ein Kompost gebrauchsfertig ist oder nicht, hängt vom Verwendungszweck ab. Starkzehrer wie Tomaten oder Kürbisse können auch halbfertigen Kompost nutzen. Ein gutes Zeichen ist, dass keine Kompostwürmer mehr zu sehen sind. Reifer Kompost ist braun-schwarz, locker, riecht nach Walderde und weist eine stabile Krümelstruktur auf. Unter optimalen Bedingungen – also von Frühling bis in den Herbst, denn im Winter kann keine Umsetzung stattfinden – ist der Kompost nach ca. vier Monaten reif. Enthielt die Mischung einen hohen Anteil an holzigem Material, dauert es länger, insgesamt kann die Umsetzung der Materialien bis zu einem Jahr dauern. Eine Beimpfung mit biologisch-dynamischen Präparaten beschleunigt die Verrottung, ebenso das regelmäßige Umsetzen.

Unreifer Kompost

Starkzehrer können auch unreifen Kompost nutzen. Wurde zum Beispiel im Herbst eine Kompostmiete aufgesetzt, kann der Kompost im Mai bereits zum Düngen von Kartoffeln, Kürbissen oder Tomaten verwendet werden. Wer sich nicht sicher ist, ob der Kompost reif ist, macht den einfachen Kressetest: Etwas Kompost in eine Schale geben und Kressesamen flach säen. Wachsen diese zügig und sind die Pflanzen grün, ist der Kompost reif. Keimen die Samen verzögert, sind vergilbt und deformiert, ist der Kompost noch nicht reif.

Das Ausbringen des Kompostes

Kompost wird ausgebracht, sobald sich der Boden im Frühling leicht erwärmt hat. Die Menge richtet sich nach der Kulturart, die angebaut werden soll. Kompost hat die beste Wirkung, wenn man ihn auf den Boden gibt und leicht einarbeitet – zum Beispiel mit einem Sauzahn oder einem Rechen – oder Mulch darüber gibt. Man sollte ihn in jedem Fall nicht einfach an der Oberfläche liegen lassen, da die mikrobiologischen Organismen im Kompost durch das UV-Licht geschädigt werden. Nur wer Rasen düngen will, muss diesen einfach – so fein wie möglich – auf der Oberfläche aufbringen. Die benötigte Menge ist abhängig von der Kulturart, die angebaut wird (→ siehe Tabelle unten und jeweilige Nutzpflanze in Gemüse/Obst/Kräuter anbauen). Ebenso falsch ist es, Kompost zu vergraben (zum Beispiel bei der Baumpflanzung). In unteren, sauerstoffarmen Bodenschichten fehlen jene aeroben Bakterien und Pilze, die den Kompost in den Boden-Humus-Komplex einbauen. ,

Kulturart	Kompost kg/m²	Kompost l/m²	Wurmhumus l/m²
Schwachzehrer	1–2	3–5	0,2–0,5
Mittelzehrer	2–3	5–7	0,5–1
Starkzehrer	3–5	8–12	1–2
Obstbäume	2–3	5–7	0,5–1
Blumenbeete	1–2	3–5	0,2–0,5
Rasen	1–2	3–5	0,2–0,5

Jährliche Kompostgaben bei verschiedenen Kulturarten, Quelle: eigene Zusammenstellung, ergänzt nach Arthur Schnitzer

	Stickstoff	Phosphor (P_2O_5)	Kalium (K_2O)	Magnesium
Kompost	15	10	30	6
Wurmhumus	100	80	150	200

Mittlere Nährstoffgehalte in einem gefüllten Eimer in Gramm pro zehn Liter, Quelle: Bodenuntersuchungen Labor Werner Jans, Informationsblatt

Der Komposthaufen als Pflanzplatz

Wer keinen geschlossenen Behälter hat, kann Starkzehrer wie Tomaten oder Kürbisse auch am Fuße des Komposthaufens setzen, aber nicht in den Komposthaufen direkt.

Kompost für den Blumentopf

Beim Gemüsegärtnern in geschlossenen Gefäßen wird auch bei Starkzehrern wie Tomaten reifer Kompost keinesfalls pur verwendet (maximal 30 % reifer Kompost), sondern mit Gartenerde oder anderen Substraten vermischt. Auch Zimmerpflanzen kann man mit Kompostgaben wieder aufpeppen, idealerweise mischt man noch etwas Gesteinsmehl unter. Die obersten Zentimeter der alten Blumentopferde abkratzen und mit reifem Kompost auffüllen. Dies belebt die Erde, stärkt die Widerstandskraft der Pflanzen und diese müssen nicht jährlich umgetopft werden.

Schnellkompost

Wer ausreichend Material gesammelt hat, kann – in warmen Regionen – im Februar/März auch noch einen → Schnellkompost aufsetzen, der dann bis Mai – wenn viele wärmeliebende Starkzehrer gesetzt werden können – gebrauchsfertig ist. Dazu müssen die Materialien in einem idealen Mischungsverhältnis und möglichst gut zerkleinert (Häcksler) aufgesetzt werden. Wichtig ist auch die Zugabe von → Kompoststartern. Notwendig für den raschen Kompostierungsprozess ist auch, den Haufen öfters umzusetzen – jedes Mal, wenn die Temperaturen wieder über 60 °C gestiegen sind, wird wieder neu umgesetzt.

Regenwurmhumus (Wurmkompost)

Wer keinen Platz im Garten für einen Kompost hat, oder keine Zeit, den Kompost richtig zu pflegen, sollte mindestens eine kleine Wurmkompostierung betreiben. Schon alleine aus dem Grund, um im Sommer regelmäßig (alle 2–3 Wochen) Komposttee ausbringen zu können. Alle weichen Materialien – vom Küchenabfall bis zum Rasenschnitt – können an die Kompostwürmer verfüttert werden. Eine Wurmkompostkiste braucht nicht viel Platz. Unter +5 °C gehen die Würmer in Winterruhe und fressen nicht mehr, unter -2 °C erfrieren sie. Davor muss die Kiste in jedem Fall frostfrei (zum Beispiel in einem Keller) aufgestellt oder gut verpackt werden (→ Für die Wurmkompostierung siehe ausführlich das Buch „Bio-Dünger selber machen").

Komposttee

Ein sehr einfach und günstig herzustellender Dünger ist Komposttee. Komposttee ist ein Kaltwasserauszug aus festem Kompost oder Regenwurmhumus. Komposttee wirkt bereits bei keimenden Pflanzen und Jungpflanzen wachstumsstärkend, kann aber bei allen Pflanzen angewandt werden. Er stärkt die Pflanzen direkt und indirekt. Direkt, indem die in ihm enthaltenen Mikroorganismen vor Schaderregern schützen. Und indirekt, indem die Mikroorganismen das vorhandene Bodenleben aktivieren und frisches einbringen, Nährstoffe im Boden mobilisieren und das Immunsystem der Pflanzen aktivieren. In den letzten Jahren haben zahlreiche Studien die Wirkung von Komposttee belegt. Komposttee alleine kann Pflanzen aber nicht ausreichend mit Nährstoffen versorgen, er wird zusätzlich zu Wurm-

Auch wem die Kompostierung zu aufwändig ist: Für eine Wurmkiste ist überall Platz. Grüne unverholzte Abfälle...

... verwandeln die Kompostwürmer hier in feinsten Bio-Dünger, ...

... der drei- bis fünfmal mehr Nährstoffe als normaler Kompost enthält.

Die Flüssigkeit aus der Wurmkiste kann 1:5 verdünnt als Pflanzenstärkungsmittel verwendet werden oder noch stärker verdünnt als Bodenaktivator.

Für die Zubereitung von Komposttee ein halbes Kilo reifen Kompost in 5 Liter kaltes Wasser einrühren ...

... und 2 bis 3 Stunden ziehen lassen, dabei immer wieder kräftig umrühren.

humus, Kompost oder einer organischen Düngung aufgebracht. Bereits die Römer kannten und nutzten Komposttee, um Pflanzen zu stärken und gesund zu halten. Während des Extraktionsvorganges werden Mikroorganismen, Nährstoffe und pflanzenstärkende Substanzen in eine flüssige Form gebracht. Dazu lässt man den Kompost üblicherweise zwischen zwölf und 24 Stunden ziehen. Man kann Komposttee selbst herstellen, dazu verwendet man entweder hochwertigen, reifen Kompost oder Regenwurmhumus.

Verwendung Regelmäßig – alle zwei Wochen – ausgebracht, belebt Komposttee den Boden langfristig und nachhaltig, kräftigt die Wurzeln und mobilisiert Nährstoffe im Boden für die Pflanze (Phosphor, Kalium u. a.). Die Pflanzen wachsen gesund und können auch Stress (zum Beispiel langanhaltende Kälteperioden oder Trockenheit) besser überstehen.

Zubereitung: Ein halbes Kilo reifen Kompost in 5 Liter Wasser einrühren (idealerweise Regenwasser oder Wasser aus einem Biotop; gechlortes Leitungswasser vorher 24 Stunden stehen lassen). Dieser darf dann maximal zwei bis drei Stunden im Wasser sein. Rühren Sie die Mischung ordentlich auf. Je öfter Sie in den nächsten Stunden umrühren (mehrmals pro Stunde), desto länger können Sie den Tee ziehen lassen. Einmal noch aufrühren und absetzen lassen. Die klare Flüssigkeit in einen Pumpzerstäuber geben und 1:5 verdünnt auf die Blätter sprühen. Den Bodensatz auf die Erde um die Pflanzen aufbringen. Komposttee muss gleich nach der Zubereitung ausgebracht werden und kann nicht gelagert werden.

Kompost kaufen

Wer (noch) keinen eigenen Kompost herstellen kann, muss beim Kauf genau prüfen, welche Qualitätsklasse dieser hat. Viele Gemeinden oder Gemeindeverbände haben eigene Kompostwerke und geben Kompost sogar kostenlos ab. Allerding ist hier meist besondere Vorsicht geboten, es geht eher um Abfallentsorgung als um die Herstellung fruchtbarer Erde. Für den Einsatz in der biologischen Landwirtschaft sind Komposte nur dann erlaubt, wenn sie der Güteklasse A+ entsprechen. Auf jeden Fall ist es wichtig, sich den Kompost anzusehen, bevor Sie ihn kaufen: Nehmen Sie ihn nur, wenn er eine dunkelbraune Farbe hat, nach frischer Walderde riecht und keine Kunststoff- und Glasteile enthält. Wenn Sie nicht sicher sind, lassen Sie sich besser einen Kompost von einem der mittlerweile zahlreichen Kompostwerke liefern, die hochwertigen und geprüften Kompost aus Ausgangsstoffen der biologischen Landwirtschaft herstellen.

Gemulchte Flächen bleiben feucht und können von den Pflanzen gut durchwurzelt werden.

Mulch

Mulchen bezeichnet das Abdecken des Bodens mit organischen oder mineralischen Materialien. Im Gemüsebeet wird mit organischen Materialen, am besten Gras oder Heu, gemulcht. Denn diese werden im belebten Boden direkt von den Bodenlebewesen eingearbeitet und düngen so auch gleichzeitig den Boden. Mulchen ist eine Art Flächenkompostierung, bei der vor allem der Dauerhumus aufgebaut wird. Im Sommer eignet sich Grasschnitt besonders gut, im Herbst und Winter kann man das abgefallene Laub sinnvoll verwerten. Mineralische Materialien (wie Ziegelsplitt, Bims oder Lava) eignen sich nur für mediterrane Kräuter.

Vorbild des Mulchens ist der Kreislauf in der Natur: Blätter und andere Pflanzenteile fallen zu Boden, verrotten und werden von unzähligen Bodenlebewesen in die Streuschicht des Bodens eingearbeitet. Boden unter Laubbäumen ist daher stets locker und krümelig.

Mulchen im Spätfrühling und Sommer

Gras ist ein ausgezeichnetes Mulchmaterial. Es hat ein sehr günstiges Verhältnis von Kohlen- (C) zu Stickstoff (N) und daher eine gut düngende Wirkung. Zudem kann es in den meisten Gärten leicht „beerntet" werden, da der Rasen oder die Wiese ohnehin regelmäßig geschnitten wird. Wichtig ist, dass das Gras geschnitten wird, bevor es Samen ansetzt – sonst bringt man mit dem Mulch auch Unkraut ins Beet. Auch weichblättrige Pflanzen wie Brennnessel und Beinwell eignen sich gut als Mulchmaterial. Alle braunen Materialien wie Stroh oder Flachsschäben sind für den Gemüsegarten nicht geeignet, da sie dem Boden beim Verrotten Stickstoff entziehen, der dann den Pflanzen fehlt.

Wirkungen des Mulchens

- langfristiger Aufbau der Bodenfruchtbarkeit
- Schutz vor der Sonne, hält die Feuchtigkeit im Boden
- Die Bodenlebewesen können bis zur Bodenoberfläche aktiv sein und sind vor der Sonneneinstrahlung geschützt.
- Temperaturausgleich für Boden und Pflanzen, besonders im Hochsommer
- reduziert den Gießaufwand
- erleichtert die Arbeit – Gemulchte Böden sind viel rascher wieder gelockert, wenn die Mulchschicht entfernt wird und die nächsten Pflanzen gesetzt werden sollen.
- Schutz vor Bodenerosion – Ein gemulchter Boden kann nicht vom Wind verweht werden. Speziell in Hanglagen wird auch bei Starkregen kaum Erde weggeschwemmt.
- Der Boden wird nicht verschlemmt, bleibt offen und wird durch einen Regen nicht verdichtet – und muss daher nicht wieder händisch gelockert werden.

Richtig mulchen

Böden dürfen erst gemulcht haben, nachdem die Frühlingswärme in den Boden eingedrungen ist. Daher bringt man – je nach Lage, Bodenart und Witterung – die erste Mulchschicht Ende April bis Ende Mai auf. Insbesondere schwere Böden dürfen nicht zu früh gemulcht werden. Frisches Gras bringt man nur dünn auf – so, dass der Boden nicht mehr zu sehen ist. Heu wird in einer dicken Schicht von 15–20 cm aufgetragen. In trockenen Regionen ist Mulchen besonders wichtig. Allerdings kann der Effekt auch ins Gegenteil kippen: Wenn der Boden staubtrocken ist und es regnet nicht wirklich stark (nicht mehr als 5 mm/m²), dringt der Regen nicht in den Boden ein, sondern befeuchtet nur die Mulchschicht und verdunstet von hier wieder. Daher: Bevor ein ergiebiger Regen angesagt ist, den Boden leicht befeuchten.

Mulchschicht über den Winter

Hat man im Herbst einen guten, reifen Kompost, kann man den (gesiebten) Kompost in kleinen Mengen (ein bis zwei Liter pro Quadratmeter) auf die abgeräumten und leicht mit dem Sauzahn gelockerten Beete ausbringen. Im reifen Kompost sind 95 % des Stickstoffes organisch gebunden und können daher nicht ausgewaschen werden. Der Kompost wird in eine idealerweise 10–20 cm dicke Laubmulchschicht (kein Nusslaub) eingemischt. Wer weniger Laub zur Verfügung hat, kann auch eine dünnere Schicht aufbringen – besser als der unbedeckte Boden ist es allemal. Eine dicke Schicht muss mit einem Netz (zum Beispiel einem Vogelschutznetz, das man an den Ecken mit Stecken oder Steinen fixiert → siehe Skizze), oder einigen schweren unbelaubten Ästen abgedeckt werden. Auch die wasserdurchlässige MyPex-Folie ist möglich – allerdings fühlen sich unter dieser auch die Schnecken wohl. Diese Laub-Kompost-Mischung wird dann in den Perioden über fünf Grad Celsius langsam in den Humus-Komplex des Bodens – also in den Dauerhumus – eingebaut. Bis zur Bearbeitung der Beete im Frühjahr ist diese Mulch-Kompost-Decke (fast) vollständig umgesetzt und der Boden locker und gut bearbeitbar. Noch mehr freut sich der Boden über eine lebende Begrünung, denn so wird er auch noch über die lebenden Wurzeln aufgeschlossen (→ siehe nächstes Kapitel, Gründüngung).

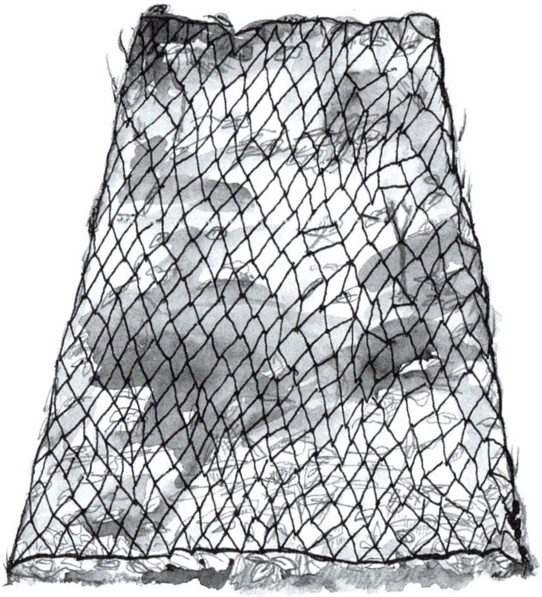

Das Beet überwintert unter einer dicken Laubmulchschicht, die mit einem Vogelschutznetz fixiert ist. Dauerhumus wird aufgebaut und lockere Gartenerde entsteht.

Auch Aussaaten können mit einer dünnen Schicht Heu gemulcht werden. Sie keimen in feuchtgehaltenen Böden rascher.

Auch eine dünne, im Herbst ausgebrachte Laubschicht ist besser als ein nackter Gartenboden.

Die Pflanzen sind vom Regen nass, der Boden unter der Mulchschicht trocken.

Gründüngungs-Pflanzen beschatten und beleben den Boden. Hier Gelbsenf Mitte April.

Gründüngung

Gründüngungen werden nicht wie Gemüse geerntet, sondern wieder in den Boden eingearbeitet. Während bei der Gemüseernte dem Beet Pflanzenmasse und damit Nährstoffe entnommen werden, führen Gründüngungs-Pflanzen dem Boden wieder Nährstoffe zu: Gemüse nährt uns Menschen. Die Gründüngungs-Pflanzen nähren den Boden, genauer gesagt, die Bodenlebewesen. Die Pflanzen durchwurzeln und beleben den Boden. Die ständig wachsenden Wurzeln lockern den Boden und machen ihn so für viele Bodenlebewesen attraktiver.

Je nach Pflanzenart und ihrem Wurzelwachstum können Gründüngungs-Pflanzen den Oberboden oder auch tiefere Bodenschichten lockern. Weitere Vorteile der Gründüngung sind: Die Pflanzen beschatten den Boden und schützen ihn vor dem Austrocknen, ebenso gegen Erosion durch Wind und Wasser. Das Prinzip ist einfach: Die einzelnen Gemüsekulturen haben unterschiedliche Aussaat- und Erntezeiten. Sobald ein Beet mindestens zehn Wochen leer steht – egal ob vor oder nach der Gemüsekultur – werden auf dem Beet Leguminosen, Getreide oder andere Pflanze wie Phacelia, Gelbsenf, Gemüsemalve oder Buchweizen oder eben ein bewährtes Mischungsverhältnis dicht ausgesät und einige Wochen vor der Gemüsekultur in den Boden eingearbeitet. Entscheidend für eine erfolgreiche Gründüngung ist die Wahl der richtigen Pflanze(n) und des richtigen Aussaatzeitpunktes. Diese richtet sich nach der Jahreszeit, dem Boden und den Witterungsverhältnissen und der Frage, wie lang die Gründüngung auf dem Beet wachsen kann oder soll.

Einige Grundregeln

- Winterharte (= nicht abfrierende Arten) nur auf Beete einsäen, die im nächsten Jahr nicht vor Anfang Mai bepflanzt werden sollen. Dies sind in den meisten Gärten sehr viele Beete: Tomaten, Paprika, Gurken, Kürbisse und Auberginen machen einen großen Anteil aus.
- Die Pflanzen dürfen nicht zu hoch werden und keine harten Stängel bilden, damit sie mit dem Rasenmäher gemäht werden können.
- Die Gründüngung lieber zu früh als zu spät einarbeiten.

- Gründüngungen, die nur über wenige Woche stehen, noch vor der Blüte einarbeiten, dann haben sie die höchste Düngewirkung.
- Leguminosen-Gründüngungs-Pflanzen nicht auf Beeten anbauen, auf denen Bohnen oder andere Leguminosen als Gemüse angebaut werden sollen.
- Ackersenf nicht auf Beeten anbauen, auf denen Kohlgewächse angepflanzt werden sollen.

Gründüngung zum Garten-Start oder zur Garten-Pause

Wer einen Gemüsegarten anlegt und sich dafür genügend Zeit nehmen kann, ist gut beraten, im ersten Jahr Gründüngungs-Pflanzen anzubauen. Auch wer ein Jahr Urlaub vom Garten macht, sollte diesen nutzen, um auf der ganzen Fläche eine Gründüngung anzubauen. Besonders gut eignen sich Pflanzen, die intensiv Stickstoff sammeln können wie Luzerne und Rotklee. Das einzige, was dann im Garten zu tun ist: Unterm Jahr sollten die Pflanzen zwei- bis dreimal geschnitten werden. Den Schnitt liegen lassen oder verkompostieren.

Gründüngungs-Saatgut

Saatgut von verschiedenen Gründüngungs-Pflanzen erhält man bei den meisten Anbietern von biologischem Saatgut auch in kleineren Mengen, wie sie im Hausgarten – im Gegensatz zu landwirtschaftlichen Flächen – benötigt werden. Viele Gründungspflanzen kann man auch einfach als Speiseware kaufen: Trockenerbsen, Linsen (nur ganze Samen, keine gespaltenen), Roggen oder Buchweizen können einfach im Bioladen gekauft werden. Meistens sind diese noch gut keimfähig.

Einarbeiten der Gründüngung

Hausgärtnerinnen und Hausgärtner arbeiten meist von Hand und haben keine Geräte, wie sie im Erwerbsgemüsebau zum Einarbeiten der Gründüngung verwendet werden (Fräsen, Grubber etc.). Daher kann das Einarbeiten der Gründüngung mühsam werden, wenn man sie nicht rechtzeitig einarbeitet. Bewährt hat sich: Mindestens drei Wochen vor der Gemüsesaat oder -pflanzung die Gründüngung mit einem Rasenmäher abmähen und das Schnittgut auf der Fläche liegen lassen. Im Frühling und im Herbst dauert die Verrottung länger – hier müssen 6 Wochen eingeplant

Phacelia bildet rasch einen dichten Teppich aus.

werden, bis das Beet bepflanzt werden kann. Grobstängelige Pflanzen wie Ackerbohnen, Lupinen oder Spinat können auch einfach aus dem Boden gezogen und liegengelassen werden. Haben die Pflanzen schon sehr viel Grünmasse gebildet, kann man sie auch kompostieren oder mit der Gartenschere kleinschneiden, das Beet händisch vorbereiten und die zerschnittenen Pflanzen dann als Mulchschicht auflegen. Besonders wertvoll sind Pflanzen, die den Boden intensiv durchwurzeln – das sind Winterroggen und Winterwicke (Zottige Wicke). Winterroggen kann – in den meisten Lagen – auch noch im Oktober gesät werden. Er hat eine starke unkrautunterdrückende Wirkung und lockert besonders schwere Böden gut auf. Allerdings ist etwas Aufwand nötig, um ihn im Frühjahr wieder zu entfernen. Am besten entfernt man die Pflanzen mit einer (Elektro-)Motorsense, mit der das „Herz" der Pflanze zerkleinert werden kann. Auch die Winterwicke (Zottige Wicke) unterdrückt das Unkraut sehr stark und fixieren zudem viel Stickstoff im Boden. Manche Samen keimen aber nicht gleich, sondern erst im kommenden Jahr zwischen dem Gemüse und müssen dann ausgejätet werden.

Ein Beet erst neu bepflanzen, wenn die Gründüngung vollständig abgebaut ist. Nach einigen Tagen mit einer Grabegabel oberflächlich einarbeiten, damit der Verrottungsprozess so rasch wie möglich in Gang kommt. Wichtig dafür sind eine gute Bodenfeuchtigkeit, hohe

Dort, wo im Sommer die Wege die Beete abtrennen, wächst Spinat. Auf den Beeten gedeiht die Ackerbohne.

Phacelia und Buchweizen sind wichtige Gründüngungs-Pflanzen.

Temperaturen und eine gute Durchlüftung des Bodens (keine Verdichtungen).

Gründüngung als Vorsaat

In vielen Regionen können Gründüngungen schon ab Februar oder März angebaut werden. Vor allem auf Beeten, die mit wärmeliebenden Pflanzen erst im Laufe des Mai bepflanzt werden können, ist die Aussaat von Gründüngungen besonders empfehlenswert.

Ackerbohne verträgt sogar leichte Fröste, wächst rasch, Anbau in Reihen von ca. 15 cm Abstand, in der Reihe 4–5 cm, einzelne Reihen oder Pflanzen können auch stehen gelassen werden, wenn später Gemüse gesetzt werden.

Erbsen sind raschwüchsig, kältetolerant und auch noch essbar: Erbsen-Keimlinge sind ideale Vorsaaten für viele Beete. Anbau wie Ackerbohne.

Spinat auf unkrautfreiem Boden breitwürfig aussäen, sonst in Reihen anbauen. Spinat hinterlässt eine sehr gute Bodenstruktur und reichert den Boden mit Saponinen an, die das Wachstum anderer Gemüse positiv beeinflussen.

Phacelia ist eine sehr gute Gründüngungspflanze, da sie mit keiner Gemüsekultur verwandt ist, hinterlässt eine sehr gute Bodenstruktur, entwickelt sich rasch, kann auch immer wieder in „Lücken" gesät werden, ist eine ausgezeichnete Bienenweide und zieht auch andere Nützlinge an. Aussaat in den meisten Regionen ab März – sobald der Boden mindestens 6 °C hat, bei starken Frösten stirbt Phacelia ab.

Gelbsenf (Weißer Senf) lohnt überall dort, wo keine Kohlgemüse angebaut werden sollen, wächst rasch, verträgt leichte Fröste, Saatgut nur oberflächlich einrechen.

Gründüngung im Sommer

Am sinnvollsten ist die Aussaat einer Gründüngung auf Beeten, die ab August oder spätestens September abgeerntet sind. Die Wachstumsbedingungen sind noch ideal und die Beete werden erst im Frühling wieder bebaut. Auf sandigen, leichten Böden eignen sich winterharte Arten: Winterwicke (Zottige Wicke), Winterroggen, Steinklee. Vor Starkzehrern, die erst ab Mitte Mai des Folgejahres gepflanzt werden: Das fertig gemischte „Landsberger Gemenge" (Zottige Wicke, Inkarnat-Klee, Raigräser). Auf eher lehmigen Böden nicht winterharte,

Die verdickten Knöllchen sind eine „Düngemittelfabrik". Hier ernten Bakterien den Stickstoff aus der Luft.

abfrierende Arten: Buchweizen, Phacelia, Bitterlupinen, Erd-Klee (friert in milden Wintern allerdings nicht ab). Erfrorene Gründüngungen bleiben über den Winter auf den Beeten als Mulchschicht liegen. Im Frühling so bald als möglich oberflächlich einarbeiten. Eine ideale Gründüngungspflanze auf sommertrockenen Böden ist Buchweizen, der auch mit wenig Feuchtigkeit keimen kann, rasch den Boden bedeckt und auch noch eine gute Bienenweide ist.

Leguminosen sammeln Stickstoff aus der Luft

Stickstoff fördert das Wachstum der Triebe und Blätter der Pflanzen und ist jener Stoff, der zur Bildung der lebensnotwendigen Eiweißverbindungen in der Pflanze gebraucht wird. Das natürliche Stickstoff-Reservoir ist die Luft, die zu 78 % aus Stickstoff besteht. Direkt nutzen können den Luftstickstoff nur Leguminosen, indem sie eine Symbiose mit den so genannten „Knöllchen-Bakterien" eingehen. Aktiv sind diese Bakterien nur, wenn der Boden ausreichend feucht ist. Schneidet man so ein Knöllchen mit einem scharfen Taschenmesser an, erkennt man eine leicht rötliche Färbung im Inneren. Der geerntete und in den Boden eingebrachte Stickstoff düngt nicht nur die Pflanzen selbst, sondern auch Pflanzen, die z. B. in Mischkultur mit ihr wachsen oder Pflanzen, die nach ihnen auf der gleichen Fläche angebaut werden. Leguminosen sind daher im Bio-Landbau besonders wichtig. Sei es als Gemüsefrucht oder als Gründüngung, die den Boden intensiv durchwurzelt und mit Grünmasse belebt.

Gemüse-Leguminosen Erbse, Buschbohne, Grüne Bohne (Stangenbohne), Feuerbohne, Ackerbohne, Linse, Kichererbse

Gründüngungs-Leguminosen Platterbse, Futtererbse, Ackerbohne, Winterwicke (Zottige Wicke), Sommerwicke (Saat-Wicke), Inkarnat-Klee, Erd-Klee, Süßlupinen

Wenn der Regen ausbleibt, sind die Pflanzen auf uns GärtnerInnen angewiesen.

Wasser

Unsere Nutzpflanzen benötigen Wasser, um gut wachsen und fruchten zu können. Insbesondere Gemüsepflanzen – die ja große rasch beerntbare Blatt- und Fruchtmassen bilden sollen, brauchen eine kontinuierliche Wasserversorgung. Sonst gehen die Pflanzen vorzeitig in Blüte oder bilden nur kleine oder bittere Früchte aus. An manchen Standorten ist keine zusätzliche Bewässerung der Gemüsekulturen notwendig, an anderen hingegen schon. Dies ist von der Bodenart abhängig (→ siehe Seite 187), von der Tiefgründigkeit des Bodens, von der Höhe des Grundwasserspiegels und von der Menge und Verteilung der Niederschläge. Die Erfahrungen zeigen, dass der Bewässerungsbedarf von Obst- und Gemüsekulturen in den letzten Jahrzehnten gestiegen ist.

Umgekehrt heißt das auch: Wer einen Garten als Selbstversorger-Garten nutzen will, gießt mit seinem Wasser die Nutzpflanzen – und nicht den Rasen.

Wenn Tomaten auf tiefgründigen, leicht durchwurzelbaren Böden wachsen und ihre Wurzeln bereits in zwei Metern Tiefe auf Grundwasser treffen, müssen sie nicht gegossen werden. Eine Mulchschicht aus Stroh kann die aufsteigende Feuchtigkeit zusätzlich im Boden und somit verfügbar für die Pflanzen halten. So baut der burgenländische Paradeis-Bauer Erich Stekovics sehr erfolgreich seine Tomaten in Feldkultur an. Tomaten, die nur zurückhaltend mit Wasser versorgt werden, schmecken zudem intensiver. Doch was im burgenländischem Seewinkel gilt, gilt nicht für einen Hanggarten mit sandigen Böden, bei dem die Wurzeln in 50 cm Tiefe am Gestein anstehen. Hier müssen in den meisten Jahren auch Tomatenpflanzen gegossen werden. Dies ist nur ein Beispiel, wie unterschiedlich der Bewässerungsbedarf von Gemüse ist.

Wenn Sie einen Garten neu anlegen, ist daher die Frage, wie Sie bewässern können sehr entscheidend. Wenn ein Haus neu gebaut wird, sollte jedenfalls eine Zisterne für die Bewässerung des Gartens vorgesehen werden, also das Regenwasser von Dachflächen gesammelt werden. Doch auch, wenn das Haus über einen Hausbrunnen verfügt, kann dies eine sinnvolle

Ergänzung sein. Gerade in Trockenregionen muss damit gerechnet werden, dass im späten Frühling oder im Sommer – dann, wenn man gerade am meisten Wasser braucht, ein Hausbrunnen trockenfällt.

Es gilt drei entscheidende Fragen zu beantworten:

- Welche Wassermengen benötigen Sie für Ihren Garten?
- Woher können Sie Ihr Gießwasser beziehen?
- Mit welcher Sammel-, Speicher- und Verteilerlösung können Sie eine ausreichende Wasserversorgung gewährleisten?

Ortswasser

Entnehmen Sie das Gießwasser aus dem Leitungsnetz, müssen Sie sich nur noch für ein Verteilersystem (Gießkanne, ober- oder unterirdische Bewässerung) entscheiden. Doch abgesehen von den Kosten: Gerade in Trockenregionen muss damit gerechnet werden, dass in besonders trockenen Jahren das Gießen mit Trinkwasser eingeschränkt oder ganz untersagt wird. Leider unterscheiden die meisten Gemeinden (noch) nicht, ob Sie mit dem Wasser Ihr Auto waschen, den Rasen sprengen oder Ihren Gemüsegarten gießen.

„Ernte" von Regenwasser

Wasser lässt sich in einfachen Regentonnen auffangen. Diese Menge ist aber nur ausreichend, um Topfpflanzen oder Aussaaten zusätzlich von Hand zu gießen. Für größere Gemüse-Anbauflächen muss man eine Zisterne anschaffen. Ein bewährter Schätzwert – für die Berechnung der nötigen Tankgröße vonnöten – ist, dass man pro Jahr und Quadratmeter Gartenfläche, die bewässert werden soll, 150 Liter Wasser benötigt.

Die richtige Dimensionierung hängt von vielen Faktoren ab:

- **Wie viel regnet es?** Die durchschnittliche Niederschlagsmenge meiner Region erfahren Sie über regionale Wetterdaten (für Österreich: http://ehyd.gv.at/ – unter Kennwerte und Bemessung sind die langjährigen, mittleren Jahresniederschläge für jeden Ort abrufbar).
- **Wie groß ist die verfügbare Dachfläche zur Regenwasser-Ernte?** Die Grundfläche des

Auch das Dachwasser von Folienhäusern sollte man in einfachen Regentonnen auffangen.

Hauses abschätzen oder präzise dem Bauplan entnehmen.
- **Welches Dach habe ich?** Bei Dächern aus gebrannten Ziegeln kann man 90 % des Regens auch tatsächlich ernten, bei Flachdächern mit Kiesaufschüttung ca. 60 %. Bei einem Gründach wird das Wasser zurückgehalten und es kann kein Regenwasser geerntet werden. Dafür bleibt das Wasser auf dem Dach und kühlt das Haus, wenn es verdunstet.
- **Wie groß ist die Fläche, die bewässert werden soll?** Abmessen oder dem Gartenplan entnehmen.
- **Wie viel muss ich voraussichtlich zusätzlich zum Regen bewässern?** Als Berechnungsgrundlage nimmt man den Bedarf bei Gemüse im Durchschnitt mit 3,5 mm/Tag = 3,5 Liter/m² im Sommer in unseren Breiten an (→ siehe unten). Das wäre die Menge Regenwasser, die Sie pro Quadratmeter bräuchten, wenn gar kein Regen fällt.

Beispiele:

- **Schätzung des Regenwasser-Bedarfs** Wenn Sie damit rechnen, dass Sie an 21 Tagen durchgehend bewässern müssen und Ihr Gemüsegarten 100 m² groß ist, benötigen Sie 7.300 Liter Regenwasser.
- **Schätzung der potentiellen Regenmenge** In der Region ist die durchschnittliche Nieder-

schlagssumme 800 mm/m² (= 800 Liter/m²) pro Jahr, davon fallen 60 % von April bis September (das ist der Österreichische Durchschnittswert): Das wären 480 l/m².

- **Größe der Dachfläche** Das Haus hat eine Grundfläche von 100 m² und ein Flachdach, das nicht begrünt ist. Somit können rund 60 % des Regens auch tatsächlich geerntet werden. Von der geschätzten Niederschlagssumme im Sommer-Halbjahr könnten dann theoretisch 28.800 Liter Regenwasser aufgefangen werden.

Bewässerungsschläuche im Gemüsebeet.

Dieser einfache Wassertank fasst 1.000 Liter und muss über den Sommer mehrmals nachgefüllt werden.

Anbieter von Sammelbehältern gehen von folgender Formel aus:

$$\frac{\text{(benötigtes Regenwasser + Regen-Ertrag)}}{2} \times \frac{\text{21 Tage (Sicherheits-reserve)}}{365} = \text{benötigtes Speicher-volumen}$$

Quelle: www.behaeltercenter.at

Hinweis für Trockenregionen

Ohne ausreichend hohen Niederschlag in Kombination mit einer entsprechend dimensionierten Zisterne, kann man in 90 % der Fälle mit Regenwasser alleine nicht gießen. Dann, wenn der Gemüsegarten am meisten Wasser braucht, regnet es auch am wenigsten. Dann ist es unumgänglich, gelegentlich mit anderem Wasser (Brunnen, allenfalls Ortswasserleitung) zu gießen. Bei einer Gartenbewässerung mit Regenwasser sollte daher ein Nachfüllsystem des Regenwassertanks vorgesehen werden. Zu bedenken ist auch, dass man sich für eine der beiden Varianten entscheiden oder zwei getrennte Wassersysteme installieren muss. Denn Hausbrunnen und Ortswasserleitung dürfen aus hygienischen Gründen nicht zusammengeschlossen werden.

Auch bei einer automatischen Bewässerung sollte man eine Wasserentnahme-Stelle vorsehen.

Regenwassertanks/Zisternen

Es gibt ein großes Angebot an Kunststoff- und Beton-Zisternen, die meistens zwischen 1.000 und 20.000 Litern dimensioniert sind. Vor allem für den größeren Bedarf werden hier auch anschließbare Bewässerungssysteme mitangeboten. Zisternen kosten je nach Dimensionierung und Bauart durchschnittlich zwischen 20 und 30 Cent pro Liter Fassungsvermögen (Bei kleineren Zisternen unter 3.000 Litern bis zu 50 Cent pro Liter). Dazu kommen dann noch die Kos-

6 IBC (Intermediate Bulk Container)-Tanks speichern Wasser und sind die Pergola-Säulen für das Schattendach des Sitzplatzes (CMA „Die LoBauerInnen").

Ein Feuchtigkeitssensor zeigt an, ob der Boden in der Tiefe – wo die Pflanzen wurzeln – noch ausreichend feucht ist oder nicht.

ten für Lieferung, Erdarbeiten, Anschlüsse und (wenn gewünscht) ein Bewässerungssystem mit Pumpe. Achten Sie bei der Anschaffung eines Regenwassertanks darauf, dass er mit den gängigen (und damit günstigen) Normanschlüssen verbunden werden kann.

Durchschnittswerte im Bio-Garten

Was ein Garten tatsächlich an Gießwasser braucht, ist jene Wassermenge, welche die Pflanzen und der Boden gemeinsam verdunsten – die sogenannte Evapotranspiration. Bei Gemüse rechnet man im Durchschnitt mit 3,5 mm/Tag = 3,5 Liter/m^2 im Sommer in unseren Breiten. Bei einem 100 m^2 großen Gemüsegarten sind dies im Sommer 350 Liter täglich. Das ist ein Richtwert, den man nur erreicht, wenn man sehr effizient mit Wasser umgeht, gezielt und richtig bewässert und alles tut, um die Feuchtigkeit gut im Boden zu halten. Auch hier geht es in erster Linie um den Humus-Aufbau im Boden (→ Seite 189). Humus und ein lockerer Boden können die Bodenfeuchtigkeit gut speichern. (→ siehe Mulch, Seite 209). Wird nicht gemulcht, verdunstet zusätzlich Feuchtigkeit. Bei einem sandigen Boden kommen noch Verluste dazu, weil das Wasser rasch in die Tiefe verloren geht. Bei einer schlechten Bewässerungstechnik (→ siehe Bewässerungsanlagen) entstehen zusätzliche Verluste und der Wasserbedarf ist höher.

Unterschiede zwischen einzelnen Gemüsekulturen

Der Wasserbedarf der Gemüse ist sehr unterschiedlich: Blattgemüse muss regelmäßig mit Wasser versorgt werden, braucht aber insgesamt bis zur Erntereife weniger Wasser als Fruchtgemüse, die eine längere Kulturdauer haben. Tomatenpflanzen brauchen weniger Wasser als die aus den feuchten Tropen stammende Gurke. Wurzelgemüse kommt mit weniger Wasser aus als Fruchtgemüse. Trockenbohnen brauchen weniger Wasser als Grüne Bohnen (Fisolen). Im Freiland gesäte Pflanzen bilden ein tieferes Wurzelsystem aus und können das Bodenwasser besser nutzen als gesetzte Pflanzen. Pflanzen, die nur zurückhaltend mit Nährstoffen versorgt werden, bilden ebenso ein stärkeres Wurzelsystem aus wie Pflanzen, die auf stark – oder zu stark – mit Nährstoffen versorgten Standorten wachsen.

Bewässerungsanlagen

Eine unterirdisch verlegte Bewässerungsanlage ist die effizienteste Form der Bewässerung. Eine oberirdische Bewässerung bringt Wasserverluste mit sich. Bei einer Tröpfchen-Bewässerung sind das rund 10 %, bei einer Sprinkler-Bewässerung gar 30–40 % Verlust. Damit an einem Punkt genug Wasser ankommt, wird ein anderer Punkt automatisch überwässert. Wer nicht auf optimale Bewässerung oder ein Steuerungssystem, das auf den aktuellen Pflanzenbedarf ausgerichtet

Mit unterirdisch verlegten Bewässerungsschläuchen kann man Wasser am effizientesten nutzen (Hydrip® System).

Obstbäume müssen – je nach Boden und Niederschlag – in den ersten 1–3 Jahren nach dem Pflanzen gegossen werden.

ist, achtet, kann leicht bis zur doppelten Wassermenge verbrauchen. Meistens wird mit einer automatischen Bewässerung mehr gegossen, vor allem, wenn sie mittels Computer automatisch gesteuert wird. Schalten Sie die Bewässerung ab, wenn es regnet. Wer keine unterirdische Bewässerung verlegen kann, legt die Bewässerungsschläuche unbedingt unter die Mulchschicht.

Unterirdische Bewässerung

Das System Hydrip® ist eine speziell für Trockengebiete entwickelte Bewässerungsmethode. Das System muss im Gemüsegarten ca. 30 cm tief verlegt werden, damit man beim Lockern und Umgraben die Schläuche nicht verletzt. Rund um die Schläuche - die im Abstand von je 40 cm eingegraben werden - wird in Böden, die Wasser nicht gut halten können, zusätzlich ein wasserspeicherndes Material (Lavagestein oder Bentonit) eingebracht. Das System kostet inklusive vollautomatischer Steuerung, Planung und Einbau für Gemüsebeete ca. 5 Euro/m², wer die Schläuche selbst verlegt, muss mit ca. 1 Euro/m² rechnen.

Wie viel Wasser brauchen Obstpflanzen?

Grundsätzlich gilt auch für Obst, dass die Frage, ob zusätzlich bewässert werden muss, von der Bodenart und der Niederschlagsmenge abhängt. Den höchsten Wasserbedarf beim Baumobst hat der Apfel, den niedrigsten haben Sauerkirsche/Weichsel, Aprikose/Marille und Pfirsich (→ siehe ausführlich Seite 376). Einige Obstarten kommen mit wenig Wasser aus und vertragen Trockenheit besonders gut: Feige (*Ficus* spec., frosthart bis -15 °C), Essbare Ölweide (*Elaeagnus* ssp.), Kirschpflaume (*Prunus cerasifera*), Weiße Maulbeere (*Morus alba*). Auch die Quitte verträgt Sommertrockenheit sehr gut und trägt in heißen Jahren sogar besonders gute Früchte.

Beim Pflanzen muss ein Obstbaum auf jeden Fall gut eingeschlemmt werden und in den ersten 1–3 Jahren muss – je nach Verteilung der Niederschläge – auch gegossen werden. Je nach Boden zwei- bis fünf Mal pro Jahr. Je älter und tiefer eingewurzelt ein Baum ist, desto besser kann er sich selbst mit Wasser versorgen. Gut eingewurzelte Halbstamm und Hochstamm-Bäume überstehen Trockenperioden gut. Im trocken-heißen

Jahr 2017 haben alte Aprikosenbäume in Schiltern üppig getragen, während an den jungen Bäumen aufgrund von Wassermangel nur walnussgroße Früchte reiften. Als Busch und Spindelbusch gezogene Obstbäume benötigen eine gute Wasserversorgung und müssen bei Trockenheit gegossen werden (→ siehe Seite 386). Auch hier gilt: Wasserspeichernde Materialien ins Pflanzloch einarbeiten verbessert das Wurzelwachstum massiv (Lava, Ziegelsplitt, Bentonit, oder besonders effektiv: Zertifizierte Pflanzenkohle)

Bewässerung von Aussaaten

Wird Gemüse direkt gesät, ist es besonders wichtig, dass die Beete gut feucht sind. Die Samen benötigen eine gleichmäßige Bodenfeuchtigkeit, um keimen zu können. Keinesfalls dürfen bereits gequollene Samen oder Keimlinge austrocknen. Es gibt verschiedene Möglichkeiten, um dies zu gewährleisten:

- **Säen, aber nicht beregnen oder gießen** Ist eine Regenperiode angekündigt, vorher noch aussäen. Auch wenn keine Regenperiode angekündigt ist, kann ausgesät werden, ohne zu bewässern. Die Samen liegen dann längere Zeit im Boden und keimen sobald der erste Regen kommt.
- **Vor der Aussaat durchdringend gießen** Die Samen in den dann feuchten Boden säen und die Saatrillen bzw. das ganze Beet mit einer dünnen Schicht Heu mulchen. Die Aussaaten müssen bei trockenem Wetter täglich kontrolliert und eventuell nochmals gegossen werden.
- **Ein Vlies auflegen** Nach der Aussaat ein Vlies auflegen, auch dieses hält die Feuchtigkeit zurück.

Feigen tragen nach 4–5 Jahren selbst bei extremer Trockenheit verlässlich.

Ein feiner Sprinkler befeuchtet den Boden, bevor ausgesät wird. Gemüsepflanzen nicht von oben gießen, das fördert Pilz-Krankheiten und verbraucht sehr viel Wasser.

Der frisch gesetzte Zuckerhut kann in der Hitze schlecht anwurzeln. Die ersten Tage zum Beispiel mit etwas Heu abdecken, rettet die Pflanzen – und die Salatversorgung im Spätherbst. Größere Flächen mit einem Vlies abdecken.

Anbau in Zeiten des Klimawandels

In den letzten Jahren sind einige Klima-Veränderungen zu beobachten, die auch auf den Selbstversorger-Garten einen Einfluss haben: Extreme Wetterphänomene haben zugenommen und Landwirtschaft und Gartenbau können von all diesen betroffen sein: Starke, kleinräumige Unwetter; Hagel; Spätfröste; Trockenheit; Hitze. Wer in den nächsten Supermarkt geht, wenn Hitze und Trockenheit die Gemüsepflanzen hinweggerafft haben, sieht dies vermutlich gelassen. Doch wer sich und andere – egal ob aus dem Hausgarten, einer Selbsternte-Parzelle oder einem CSA-Betrieb – mit Gemüse versorgen möchte, merkt rasch, wie sehr die Selbstversorgung von der Witterung – und vor allem von der Wasserversorgung abhängig ist. Fest steht auch, dass viele der alten und bewährten Kulturtechniken rasch angepasst und verändert werden müssen und neue Kulturtechniken gefragt sind wie nie. Die Vielfalt samenfester Sorten hat in den letzten Jahren auch aus diesem Grund an Bedeutung gewonnen. Nur samenfeste Sorten können sich relativ rasch auch veränderten Klimabedingungen anpassen – vorausgesetzt, sie werden an dem Ort, an dem sie angebaut werden, auch über viele Jahre vermehrt (→ siehe Seite 30)**.**

Auf einige Klimaveränderungen, die KlimaforscherInnen voraussagen und die wir im Garten in den letzten Jahren bereits bemerkt haben, können wir mehr oder weniger vorausschauend reagieren. Anderen, wie zum Beispiel Vermurungen oder Überschwemmungen, sind auch Selbstversorger-Gärten schutzlos ausgeliefert.

Prognostizierte Veränderungen

Die meisten Klimaforscher gehen davon aus, dass sich die durchschnittlichen Jahresniederschläge nicht verändern, allerdings die Verteilung der Niederschläge im Jahresverlauf: Die Winter werden zunehmend niederschlagsreicher und die Sommer zunehmend trockener. Auch die räumliche Verteilung von Niederschlägen war in den letzten Jahren sehr ungewöhnlich: Während es in einem Ort 100 mm Regen wolkenbruchartig in einer Nacht regnet, bleibt ein nur 5 Kilometer entfernter Ort staubtrocken. Für uns Gärtnerinnen und Gärtner bedeutet dies: Pflanzen brauchen bei höheren Temperaturen viel mehr Wasser, gleichzeitig regnet es in den Sommermonaten weniger. Mit anderen Worten: Das Ernten von Regenwasser – auf privaten, wie auch auf öffentlichen Flächen und Gebäuden – wird von Jahr zu Jahr wichtiger (→ siehe Seite 217).

Vielerorts bleiben im Frühjahr die Niederschläge aus und Frühjahrsaussaaten keimen einfach nicht, die Winterfeuchtigkeit ist schnell aus dem Boden verdunstet.

Die wichtigste Maßnahme, um sowohl Trockenheit wie auch Starkregen abfedern zu können, ist in der biologischen Landwirtschaft ein gezielter Humus-Aufbau (→ siehe Seite 189), eine Mulchschicht sowie Gründüngungen. Eine Mulchchicht federt Starkregen ab und hält die Bodenfeuchtigkeit verfügbar für die Pflanzen und trägt, wenn mit Grasschnitt oder Heu gemulcht wird, ebenfalls massiv zum Humus-Aufbau bei.

Temperatur und Pflanzenwachstum

Die Vegetation ist in vielen Jahren früher dran. Heiße Sommer sind im Garten eine besondere Herausforderung. So gab es im Dürrejahr 2015 ganze 17 Wüstentage – also Tage mit Temperaturen über 35 °C. Gerade das Selbstversorgergärtnern wird damit vor große Herausforderungen gestellt. In den letzten Jahren hat es häufig lange warme Herbstperioden gegeben, im Jahr 2015 haben wir das letzte Wurzelgemüse in Schiltern erst Mitte Dezember eingewintert.

Pflanzen brauchen eine gewisse Temperatur, um zu wachsen. Erst ab ca. 5–7,5 °C wachsen sie. Mit zunehmender Temperatur im Frühling steigt dann die Wachstumsrate der Pflanzen bis zu einer optimalen Temperatur von 28–29 °C. Steigen die Temperaturen weiter, stellen Pflanzen das Wachstum ein. Wenn die Temperaturen im Sommer steigen, ist das besonders wichtig, Frühjahr und Herbst gezielt zu nutzen (so früh wie möglich beginnen und im August/September nachsäen und nachpflanzen).

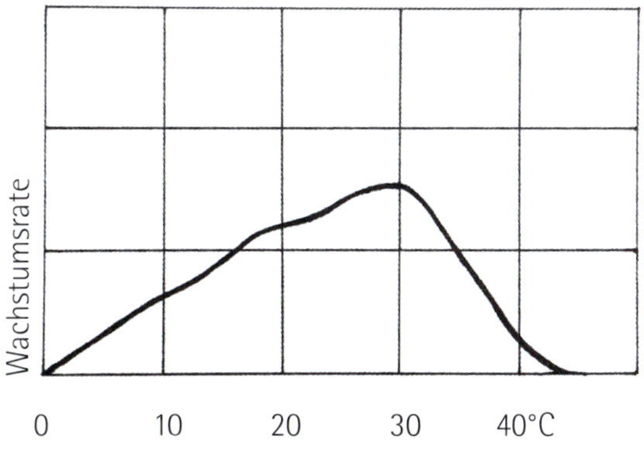

Pflanzen wachsen erst ab ca. 5–7,5 °C, bei 28–29 °C ist die Wachstumsrate am höchsten, darüber stellen sie das Wachstum ein.

Feuerbohnen lieben kühl-feuchtes Klima. Bei Temperaturen über 28 °C setzen sie keine Hülsen an.

Je höher das Glashaus, desto weniger staut sich die Hitze.

Auch Aussaaten können mit einer dünnen Mulchschicht geschützt werden und keimen dann gleichmäßiger.

Was tun bei Extremwetter-Ereignissen?

Änderung	Konsequenz fürs Gärtnern
mehr Sturzfluten, stärkere Bodenerosion	• gezielt den Humusgehalt der Böden aufbauen (→ siehe Seite 189) • mulchen (→ siehe Seite 209) • Bei Hangneigung: mulchen und eventuell terrassieren
Zunahme von extremen Wetterereignissen wie Hagel und Sturm	• geschützter Anbau im Folienhaus, Tomatendach • wenn Hagel angesagt ist: Kulturen mit Vlies schützen • nach einem Hagel: verletzte Blätter und Triebe sofort entfernen, niedergeschlagene Pflanzen und Triebe aufbinden, alle Pflanzen mit Wurmkompost-Tee oder Pflanzenjauchen stärken • Hecken pflanzen • nicht verzagen, weitergärtnern
weniger lange Schneedecke	• Im Frühling so bald als möglich kälteverträgliche Arten früher anbauen. (→ siehe Seite 225, 304) • Winterfeuchtigkeit mit MyPex-Folie in den Beeten halten (→ siehe Seite 238) • Frostsaat (→ siehe Seite 225) • Überwinterungsanbau z. B. in Minitunnels (→ siehe Seite 306) • Boden auch im Winter mulchen (→ siehe Seite 210)
ausbleibende Winterfröste und Frostgare	• überwinternde Gründüngungen setzen (→ siehe Seite 212) • überwinternde Aussaaten und Jungpflanzen (→ siehe Seite 301)
längere Vegetationsperiode, überwiegend durch früheren Beginn	• Im Frühling so bald als möglich kälteverträgliche Arten früher anbauen. (→ siehe Seite 225, 304) • viele Sommergemüse bis in den Oktober beernten • Im August und September nachsäen und nachpflanzen („Der Herbst ist das zweite Frühjahr").
mehr und intensivere Hitzewellen, intensivere Sonneneinstrahlung	• Regenwasser sammeln (→ siehe Seite 217) • Hecken pflanzen • mulchen (→ siehe Seite 209) • Gemüsebeete beschatten • Blattgemüse im Sommer im Schatten höherer Pflanzen anbauen • hitze- und trockenheitsverträgliche Arten anbauen • unterirdische Bewässerung (→ siehe Seite 220) • Gewächshäuser, Folientunnel und Kulturschutznetze besser zu hoch als zu niedrig errichten. • Wissensaustausch über gärtnerische Kulturtechniken und Kulturarten mit Gärtnerinnen und Gärtnern im extrem-kontinentalem Klima (z. B. Usbekistan)
Zunahme der niederschlagslosen Tage während der Vegetationsperiode	• mulchen (→ siehe Seite 209) • Alles verfügbare Regenwasser ernten. (→ siehe Seite 217)
Wärmeperioden im Frühjahr und Spätfröste	• Obst: Obstarten pflanzen, die spät blühen (Apfel, Quitte, Mispel, Edelkastanie/Maroni); Obstsorten setzen, die später blühen (Apfel z. B. ‚Spätblühender Taffetapfel, ‚Roter Bellefleur'); die Blüte durch Standortwahl hinauszögern (Nord- oder Nordwesthänge, Bäume nicht an Südseite des Hauses setzen) • Obstbäume vor angesagten Frostnächten einpacken (Vlies u. ä.) • Gemüse: wärmeliebende Arten nicht früher als gewohnt pflanzen
Einwanderung neuer Schädlinge (Pilze, Bakterien und Insekten)	• Artenvielfalt im Boden fördern; blütenreiche, nützlingsfreundliche Gärten • Humus-Gehalt der Böden erhöhen und das gesunde Bodenleben fördern
Ausdehnung der Anbauzonen nordwärts und in den Bergregionen aufwärts	• Höhere Lagen für den Anbau von Gemüse und Obst nutzen • Gezielt mediterrane Gemüse- und Obstarten ausprobieren • Wissensaustausch über gärtnerische Kulturtechniken und Kulturarten mit Gärtnerinnen und Gärtnern aus dem mediterranen Klima

Übersicht: Prognostizierte Veränderungen und gärtnerische Konsequenzen, Quelle: eigene Zusammenstellung

Können Beete im Frühjahr nicht gleich bearbeitet werden, hilft das Auflegen einer MyPex-Folie, um die Winterfeuchtigkeit im Boden zu halten.

Ausnutzen der Winterfeuchtigkeit

In Regionen, in denen damit zu rechnen ist, dass es im Frühling nicht oder erst spät regnet, ist das Ausnutzen der Winterfeuchtigkeit besonders wichtig. Sobald ein Beet im Frühling hergerichtet ist, muss es auch gleich bepflanzt werden. Folgende Methoden haben sich bewährt, um die Winterfeuchtigkeit im Boden zu halten und gut ausnutzen zu können:

- heikle Kulturarten wie Wurzelgemüse oder Petersilie besonders früh säen
- Frostsaat (→ siehe unten)
- Auflegen von MyPex-Folien auf die noch unbearbeiteten Beete
- auf schweren Böden: oberflächliches Lockern
- über den Winter eine Mulchschicht aufbringen (→ siehe Seite 210)

Frostsaat

Die Frostsaat ist eine bewährte Methode, um früh im Jahr ernten zu können. In Regionen, in denen es im Winter und Frühling wenig Niederschläge gibt, muss man die Bodenfeuchtigkeit des Winters gut ausnutzen. Genauso wichtig ist die Frostsaat auf Standorten mit schweren Böden, die im Frühjahr – wenn es viel geregnet hat – lange verschlemmt sind und erst spät bearbeitet und eingesät werden können.

Ist das Wetter im Dezember und Januar günstig, können die ersten Aussaaten ausgebracht werden. Dazu notwendig ist ein vorausschauendes Gärtnern im Herbst: Die Beete müssen schon vor dem Frost hergerichtet worden sein (Boden lockern, Kompost einarbeiten, Saatbeet herrichten und idealerweise eine Mulchschicht ausbringen). Für die Aussaat ist wichtig, dass der Boden nicht zu nass, aber auch nicht staubtrocken ist. Ideal ist, wenn er leicht gefroren ist, sodass sich Rillen ziehen lassen. Dann sät man an einem sonnigen und trockenen Tag. Folgende Gemüse und Kräuter können so ausgesät werden: Salate (Sorten siehe Wintersalate), Asia-Salate, Radieschen, Spinat, Frühkohlrabi, Frühkarotten, Pastinake, Schwarzwurzel, Zwiebel, Erbsen, Petersilie, Schnittlauch, Dill und Kerbel. Die Aussaaten wieder mit einer leichten Mulchschicht abdecken. Ein Vlies bringt eine zusätzliche Ernteverfrühung. Die größten Vorteile der Frostsaat: Die Pflanzen keimen, sobald die Temperaturen im Frühling steigen und wachsen dann mit den steigenden Temperaturen. Sie sind um ca. drei Wochen früher dran und viel frostfester als vorgezogene Pflanzen. Auch im Hochbeet kann man eine Frostsaat ausbringen.

Waldgärten

Ein großes Potential, das vorhandene Wasser besser auszunutzen haben Waldgärten. In Mitteleuropa stehen wir hier erst am Anfang, gute und praktikable Systeme zu finden. Der große Vorteil von Waldgärten ist, dass unter den Bäumen der Boden feucht bleibt und die Luftfeuchtigkeit höher ist – was für viele Gemüse ein Vorteil ist. Allerdings kann sie – bei einem zu dichten Baumbestand auch zu hoch sein und Pflanzenkrankheiten fördern. Ein zweiter Faktor ist Licht: In heißen Regionen mit intensiver Sonneneinstrahlung brauchen Blattgemüse im Sommer einen lichten Schatten. In der Praxis stößt man hier aber rasch an Grenzen, weil Gemüse grundsätzlich viel Licht braucht. Einzelne Gärtnerinnen und Gärtner – wie der Niederösterreicher Siegfried Tatschl (→ siehe auch Seite 407) – beschäftigen sich seit vielen Jahren mit dem Anbau von Wildobst und mehrjährigem Gemüse. Eine jahrzehntelange Tradition in der Anlage von praktikablen Waldgarten-Systemen gibt es in den ehemaligen Sowjetrepubliken. Während die Landwirtschaft zentralisiert war, konnten die Hausgärten zur Selbstversorgung genutzt werden. So entstanden intensive und dichte Anbaumethoden und ein großes Wissen zu richtigen Pflanzabständen, geeigneten Pflanzen und Baumformen. Wer in Regionen mit kalten Wintern und heißen Sommern zu Hause ist, kann hier zum Beispiel bei einer Reise nach Usbekistan viel lernen. Wer in Regionen mit milden Wintern zu Hause ist, kann von den langjährigen Praxis-Versuchen des Engländers Martin Crawford viel lernen.

Gemüseanbau in Dammkultur

Die wohl effizienteste Art das im Bodenwasser gut auszunutzen ist der Anbau auf Dämmen. Das Gemüse wächst auch bei längeren Trockenperioden wüchsiger als auf flachen Beeten. Viel Erfahrung im Anbau mit Gemüse auf Dämmen hat Rudolf Hoheneder, der auf 0,5 ha Gemüse nach dem Dammsystem von Julian Turiel anbaut (→ siehe Seite 150 und www.dammkultur.info). Diese Anbausysteme sind vor allem für CSA-Betriebe, die über einen Traktor verfügen, interessant. Im Hausgarten können die ca. 30 cm hohen Dämme auch händisch gezogen werden. Die Dämme müssen im Herbst, bevor der Boden friert, angelegt werden.

Erfahrungen von Arche Noah-GärtnerInnen

„Ich baue Paradeiser (Tomaten) im Weingarten an. Hier werden sie wenig betreut und müssen mit wenig Wasser auskommen. Ich hole mir immer Stroh oder leichten Pferdemist, mache eine dicke Mulchschicht von ca. 30–40 cm und setze die Pflanzen Mitte Mai ein. Dann bekommen sie einen Stock (Eisensteher mit 2 cm Durchmesser). Sie werden beim Pflanzen gut eingegossen und dann, wenn es heiß ist. Bis vor 6 Jahren habe ich sie nur beim Pflanzen gegossen – da waren die Niederschläge noch regelmäßiger. Nunmehr lässt sich das nicht mehr machen und vor allem in der beginnenden Einwurzelungs- und Wachstumsphase und in Hitzephasen ist gießen notwendig. Öfter als viermal pro Sommer musste ich die Pflanzen aber bislang nie gießen. Etwa dreimal geize ich die Pflanzen aus und binde sie hoch. Unkraut brauche ich aufgrund der Mulchdecke nicht entfernen und meine Erträge sind sehr sehr gut. Auch Kürbisse baue ich so an."

Sonja Wunderer, Straning im Weinviertel

„Unser Biohof liegt auf 1.450 Metern Seehöhe. Durch meine besondere Aussaat-Technik habe ich mit vielen Pflanzen Erfolg, die eigentlich auf unserer Höhe nicht mehr wachsen. Ich ziehe viele großsamige Pflanzen wie Zuckermais, Kürbisse oder Sojabohnen vor. 10 Tage, bevor ich denke, dass man sie hinauspflanzen könnte, ziehe ich die Pflanzen vor (Bei uns ist bis 20. Mai mit Spätfrösten zu rechnen). Bei allen Gemüsen, von denen ich selbst Saatgut geerntet habe, säe ich alle 3–4 Tage in eine Plastikbox, die bei konstanten 30 Grad ins Backrohr gebe, dann dauert die Keimung nur einige Tage. Allerdings muss man sobald sie gekeimt sind, dann schnell setzen. Wenn die Samen Wurzeln zeigen – also noch bevor sie Keimblätter ausgebildet haben – setze ich nur diejenigen, die gerade im richtigen Entwicklungsstadium sind direkt auf den Acker. So erhalten sie einen großen Wachstumsvorsprung, denn am Feld würde es bei uns 2–3 Wochen dauern, bis sie keimen. Die Pflanzen sind aber noch klein genug, um von Anfang an mit den rauen Temperaturen gut zurechtzukommen. Wenn man sie größer setzt, sind sie einfach zu verwöhnt, bekommen am Feld gelbe Blätter und wachsen nicht gut weiter. Diese Methode funktioniert sehr gut, zumal ja zum Beispiel nur 10 Kürbispflanzen genügend Ertrag für uns bringen."

Brigitte Vogl-Lukasser, Osttirol

In Dämmen hält sich das Bodenwasser besonders gut und die Pflanzen entwickeln ein großes Wurzelsystem.

Gute Gartengeräte halten lange.

Ausstattung und Lagerung

Der Selbstversorger-Garten

Egal, ob eine kleine oder große Fläche bewirtschaftet wird: Gutes Werkzeug und andere Ausstattungen sind immer notwendig. Gut heißt langlebig, robust und den Boden schonend. Nicht immer ist das teuerste Werkzeug auch das beste. Aber gutes Werkzeug ist meist kostspieliger als schlechtes. Vorlieben und die Bodenbeschaffenheit spielen bei der Auswahl der Geräte die größte Rolle. Welche Geräte angeschafft werden, ist auch eine Frage der Fläche, die bewirtschaftet wird. Eine Sämaschine zahlt sich erst ab einer Gemüse-Aussaatfläche von mindestens 40 Quadratmetern aus. In den letzten Jahren gibt es erfreulicherweise ein Revival guter und bodenschonender Gartengeräte und inländische Handelsfirmen, die bewährte Entwicklungen fürs biologische Gärtnern importieren.

Wer viel gärtnert, wird schnell an die Anschaffung eines kleinen Gewächshauses oder eines Folientunnels denken. Und wer gerne Tomaten im Garten anbaut, muss diesen in Regionen, in denen es mehr als 500 mm/Jahr regnet, ein Dach über dem Kopf bieten (→ siehe Seite 329).

Neben diesen Utensilien braucht ein Garten Rankgerüste – die Hauptfrage ist, ob sie für ein Jahr oder für viele Jahre genutzt werden sollen. Vielfach lassen sich auch Zäune oder Torbögen als Rankgerüst nutzen. Und im Alltag des Gärtnerns braucht es allerlei Utensilien, die man am besten rasch zur Hand hat: etwa dünne Schnüre zum Aufbinden, Stecken und Etiketten. Doch immer gilt: Bevor man sich kostspieliges Werkzeug und andere Utensilien zulegt, sollte man überlegen, was man tatsächlich braucht.

In die Selbstversorgung investieren

Für die Ausstattung eines Gartens kann man unendlich viel Geld ausgeben. Vor allem bei Hochbeeten und Gewächshäusern scheint es nach oben preislich kein Limit zu geben. Aber auch bei einer größeren Ausstattung an Geräten investiert man schnell einmal ein paar tausend Euro. Diese Investitionen zahlen sich nur dann aus, wenn man wirklich die Möglichkeit hat, einen großen Teil seiner Lebenszeit in die Selbstversorgung zu „investieren". Falls Sie da noch nicht sicher sind: Fangen Sie einmal mit einem kleinen Beet an und stellen Sie Ihr Geld lieber einer Biobäuerin oder einem Gemüsebauern in der Nähe zur Verfügung, die oder der Sie dann wirklich verlässlich mit frischem Obst und Gemüse versorgen kann (→ siehe Vorbereitung, Gemeinsam anbauen).

Farbig angesprühtes – und damit unverwechselbares – Werkzeug eines Gemeinschaftsgartens.

Bewährtes Werkzeug für das Hochbeet: Handschaufel, Mini-Sauzahn, Jätschlaufe und Kleinhaue.

Werkzeuge im Selbstversorger-Garten

Gutes Werkzeug ist leicht und gleichzeitig robust und – bei entsprechender Pflege – langlebig. Im Folgenden wird die Grundausstattung für verschieden große Gärten beschrieben, mit der man viele Jahre gut über die Runden kommt. Das Thema Werkzeug im Bio-Garten ist insofern ein wichtiges, als gutes Werkzeug meist nur direkt bei den Herstellern oder bei Händlern, die sich auf Internetversand spezialisiert haben, erhältlich ist (→ siehe Serviceteil, Bezugsadressen). Vieles, was in den meisten Gartencentern angeboten wird (zum Teil auch hochpreisiges Werkzeug), ist entweder für das biologische Gärtnern unpraktikabel oder kurzlebig oder völlig überflüssig. Welche Geräte man tatsächlich anschafft, ist nicht nur eine Frage der Größe des Gemüsegartens, sondern auch der Bodenbeschaffenheit, der eigenen Vorlieben und der gewählten Kulturtechniken: So kommt man auf einem extrem schweren Boden mit einer Grabegabel nicht weit. Wer viel und gerne mulcht, braucht einen Mulch-Rasenmäher und wer nur kleine Flächen bestellt, braucht kein eigenes Sägerät, sondern sät von Hand – und ist dann mit einem Rillenzieher gut beraten.

Werkzeuge für das Hochbeet

Grundsätzlich gilt: Kleine, kurzstielige Geräte eignen sich für den Einsatz im Hochbeet. Die wichtigsten Utensilien sind eine Kleinhaue, eine kleine Handschaufel, eine Jätschlaufe und ein Mini-Sauzahn: Mit der Kleinhaue setzt man Jungpflanzen, zieht Saatrillen oder verdichtet nach der Aussaat die Saatrille wieder und kann mit der Rückseite den Boden lockern. Der Mini-Sauzahn lockert bis in etwa 15 cm Tiefe, gleitet leicht durch das Erdreich und lässt sich sogar in gemulchten Töpfen einsetzen. Die Jätschlaufe lockert den Boden oberflächlich und jätet Unkraut aus, solange es noch klein ist. Vor allem im Frühling, solange die Beete nicht gemulcht sind, ist sie wichtig. Dann braucht es nur noch eine große Gartenschaufel zum Befüllen oder Leerschaufeln der Beete und fertig ist eine hochwertige Ausstattung für Hochbeet-GärtnerInnen.

Geräte zur Bodenbearbeitung

Biogabel – für leichte und mittlere Böden

Die Biogabel ist ein Gerät, das den Boden lockert und belüftet ohne ihn zu wenden. Ein besonderes Gartenwerkzeug, das in den letzten Jahren – aus Frankreich und England kommend – auch bei uns bereits in einigen Gärten Einzug gehalten hat, auch „Broadfork", Doppelfurchengabel, Doppelgrabegabel oder „Grelinette" genannt. Je nach Bauweise hat sie 15–25 cm lange Zinken, mit denen man in den Boden einsticht – ohne Wurzeln oder Bodentiere zu verletzen – und sie dann umkippt und den Boden dadurch etwas anhebt. Diesen Vorgang wiederholt man im Abstand von 10–15 cm. Die Biogabel ist sehr einfach zu handhaben, mit etwas Übung kann man so ein Gemüsebeet zügig und ohne große Anstrengung durcharbeiten. Auch Ungeübte

Bodenlockern statt Fitness-Studio.

Grabegabeln graben nicht, sondern lockern den Boden mit dem Körpergewicht.

Ein mit der Grabegabel gelockerter Boden.

können schnell damit umgehen. Für schwere, lehmige Böden ist sie weniger geeignet, da man die Böden mit ihr nicht ausreichend belüften kann. Das Gerät ist mit einer Investition von ca. 180 Euro nicht ganz billig, aber äußerst robust und langlebig. Einige Gärtner haben sich in Kooperation mit guten Schlossern auch Eigenbau-Biogabeln angefertigt. Wer kleinere Flächen (auf einem sandigen Boden) bearbeitet, kommt auch mit einer handelsüblichen Grabegabel aus.

Sauzahn – für leichte Böden

Der Sauzahn lockert den Boden, ohne die Bodenschichten des Mutterbodens umzudrehen, er erspart Zeit- und Arbeitsaufwand, dringt leicht und mit wenig Kraftaufwand in den Boden ein. In kürzester Zeit sind die Beete zur Neubestellung hergerichtet. Er kann aber auch zwischen den Reihen verwendet werden, wenn das Beet schon bepflanzt ist – mit einem Sauzahn kann man den Boden zwischen den Gemüsereihen gut lockern. Der Sauzahn durchlüftet den Boden und regt die Bodenbelebung sowie die Nährstoffmineralisierung an. Eine Bodenbearbeitung mit einem Sauzahn hat also ebenfalls düngende Wirkung. Auch kann Kompost oberflächlich eingebracht werden.

Fräsen – für schwere Böden

Mit Handfräsen oder motorbetriebenen Fräsen lockert man und schafft eine feine Bodenstruktur ohne den Boden zu wenden. Es gibt viele verschiedene Bodenfräsen. Fräsen ersetzen das Umgraben mit dem Spaten. Sie sparen Zeit und auch Kraft. Besonders wichtig sind sie auf schweren Böden in feuchten Sommern. Auch in trockenen Regionen/ trockenen Frühjahren kann das Fräsen wichtig sein, um den Boden zu lockern und somit die Feuchtigkeit (unterhalb des Horizontes, der gefräst wird) im Boden zu behalten. Doch gerade für Trockenregionen gilt: Sobald gefräst ist, müssen die Beete auch sofort bestellt oder eine Gründüngung eingesät werden, um die Feuchtigkeit aus dem Fräs-Horizont gut ausnutzen zu können. Fräsen werden idealerweise nur punktuell und gezielt eingesetzt – zum Beispiel, um die Beete im Frühjahr herzurichten. Werden Fräsen zu oft eingesetzt, zerstören sie die Bodenstruktur und schädigen das Bodenleben. Da man Fräsen nicht oft braucht, kann man sie auch gemeinsam anschaffen oder ausleihen.

Ein Sauzahn ist ein wichtiges Gerät zur Beetvorbereitung bei sandigen Böden.

Ab einer Beetgröße von 1.000 Quadratmetern zahlt sich die Anschaffung einer Motorfräse aus. Schwere Böden kommen ohne Fräse nicht aus.

Die Pendelhacke arbeitet Unkraut oder Gründüngung in den Boden ein.

Geräte zur Unkrautregulierung

Ob man Kräuter, die von selbst in den Beeten aufgehen, nun als Unkräuter, Beikräuter oder Ackerbegleitflora anspricht, ist für den Gärtner und die Gärtnerin genaugenommen von untergeordneter Bedeutung. Je erfahrener man ist, umso mehr weiß man, wo und wann man welche Kräuter stehen lassen kann – weil sie einen köstlichen Spinat (wie die Gartenmelde) oder Salat (wie der erste Löwenzahn im Frühjahr) ergeben.

Auf jeden Fall wichtig ist erstens, dass man Unkräuter nur bei trockenem, sonnigem Wetter – und idealerweise bei Hitze – entfernt, denn sonst wachsen die Pflanzen wieder an und dass man sie zweitens im Keimlings- oder maximal im Jugendstadium jätet. Das ist mit Ziehhacken (umgangssprachlich „Scher" genannt) möglich oder mit der im Bio-Garten sehr empfehlenswerten Pendelhacke. Wichtig ist, dass die Geräte scharfe Kanten haben, sie brechen auch die Bodenkruste auf und bewirken so, dass die Feuchtigkeit im Boden bleibt.

Pendelhacke

Ein Gerät, das in keinem Bio-Garten fehlen sollte, ist die Pendelhacke. Sie lockert zwischen den Gemüsereihen den Boden, jätet das Unkraut und arbeitet das Unkraut oberflächlich in den Boden ein, sodass es gleichzeitig – in einer Art Flächenkompostierung – als Nahrung für die Bodenorganismen aufbereitet wird. In der Reihe können nur schmälere Pendelhacken verwendet werden und nur bei Kulturen, die in einem Pflanzabstand von mindestens 20 cm gesetzt sind.

Die Hacke besteht aus einem leicht U-förmig gebogenen, zweiseitig geschärften Messer, das waagrecht zum Boden montiert ist, allerdings nicht fix, sondern in einem Pendelgelenk. So arbeitet die Pendelhacke sowohl bei stoßender wie auch bei ziehender Arbeitsrichtung. Mit Pendelhacken lassen sich Unkräuter effizient in den Boden einarbeiten, solange sie maximal 7–8 cm groß sind. Sie dringt dabei nur wenig in den Boden ein. Pendelhacken wurden für den Gemüse-Erwerbsanbau entwickelt und sind im Hausgarten ein

Die Pendelhacke ist eines der wichtigsten Geräte im Bio-Garten für alle Flächen, die regelmäßig gelockert werden müssen.

Mit einer Drahtbügelhacke kann man bis nahe an die Gemüsepflanze heranarbeiten, ohne sie zu verletzen.

Die Rad-Pendelhacke ist ein Handarbeitsgerät, mit dem sich auch größere Flächen gut bearbeiten lassen.

Sternräder arbeiten so ähnlich wie Pendelhacken, die Metallsterne brechen zusätzlich die Bodenkrusten.

wichtiges Werkzeug. Bei wissenschaftlichen Untersuchungen an der Technischen Hochschule Zürich zeigte sich, dass mit der Pendelhacke unter geringstem Kraftaufwand der Boden gelockert werden kann: Im weichen Boden konnte bei gleichem Energieverbrauch der Versuchsperson eine rund zweimal so große Bodenfläche bearbeitet werden wie bei Verwendung einer Schlaghacke (Gartenhaue). Auch im harten Boden bleibt die Pendelhacke überlegen. Schwierig ist der Einsatz der Pendelhacke bei sehr steinigen Böden oder in Kombination mit einer Mulchdecke. Diese muss für den Bearbeitungsgang entfernt werden, außer es liegt nur noch eine dünne Schicht auf, dann kann diese oberflächlich mit der Pendelhacke eingearbeitet werden. Pendelhacken gibt es in verschiedenen Breiten und in einer weiteren Version: als Radhacke.

Radhacke

Diese eignet sich für größere Anbauflächen von Gemüse. Sie sind sehr einfach zu handhaben. Im biologischen Erwerbs-Gemüsebau sind sie sehr verbreitet. Radhacken sind genaugenommen Geräteträger, auf die sich verschiedene Arbeitsgeräte montieren lassen: zum Beispiel Striegel, Schermesser, Häufelschar oder Krümler.

Handhaue oder „Scher"

Es gibt verschiedene Formen von Handhauen. Die zwei wichtigsten Eigenschaften sind, dass sie leicht und scharf sind. Ähnlich wie bei der Pendelhacke arbeitet die Haue Unkräuter oberflächlich in den Boden ein und lockert gleichzeitig den Boden. Dazu muss die Haue so geformt sein, dass sie mit möglichst wenig Widerstand durch den Boden gleitet. Das Blatt muss daher möglichst schmal sein und ist zum Stiel leicht schräg gestellt. Handhauen sind mit verschieden großen Blättern erhältlich. Umgangssprachlich werden sie in Ostösterreich auch als „Scher" bezeichnet, in Anlehnung an die Form der Bodenbearbeitung – der Boden wird oberflächlich „aufgeschert". Mit einer Drahtbügelhacke kann man den Boden bis direkt an die Kulturpflanzen lockern.

Sternrad

Beim Sternrad ist vor der Pendelhacke ein Kranz aus Metallsternen montiert, die sich drehen und den Boden aufbrechen. Die stoß- und schubartige Arbeitsweise ermöglicht auch eine Bekämpfung von etwas größeren Unkräutern.

Erfahrungen von Arche Noah-GärtnerInnen

„Die Vierzinkige Gartenkralle ist ein gutes Arbeitsgerät, wenn es darum geht, ein Beet für eine Saat oder eine Pflanzung vorzubereiten. Es lassen sich damit Erdklumpen zerkleinern, wenn das Gerät mit der Rückseite verwendet wird, „ausheindeln" von oberflächlich wurzelnden Grasinseln, Stoppelresten etc., herausholen von Queckenwurzeln. Mit ihrer Stiellänge von ca. 1,4 m ist die Reichweite im Beet recht gut und man kann die herausgelockerten Pflanzen mit einem eleganten Schwung zu sich „her fliegen" lassen. Für kleinere Flächen ersetzt die Gartenkralle auch einen Rechen.

Mein Lieblings-Arbeitsgerät ist die Radhacke, ein geniales Vielfachgerät mit dem ich – mit breitem Pendelhackenmesser ausgestattet – innerhalb kürzester Zeit auch großflächig, aufkeimende Beikräuter unterschneiden, effizient meine Gemüsereihen pflegen kann, mittels Häufelkörper Kartoffeln, Lauch, Stangensellerie, Mais anhäufeln oder mit dem Dreizinker oberflächlich den Boden lockern und belüften kann.

Ab einer Fläche von 500 m² Garten lohnt sich die Investition jedenfalls. Die allerbesten Erfahrungen habe ich schon im großflächigen Reihenanbau damit gemacht. Dank ihrer Wendigkeit bewährt sie sich auch im Schaugarten mit seinen eher kleinen Beeten von 70–100 m²."

Franco Baumeler, Gartenleiter Arche Noah, Schiltern

Vierzinkige Gartenkralle.

Vorbereitung der Saatbeete

Rechen

Einfache Rechen braucht man zum Herrichten (Einebnen) der Aussaatbeete, zum Zusammenrechen von Grasschnitt für eine Mulchdecke und sie eignen sich auch sehr gut, um Reihenaussaaten zu verdichten, damit die Samen gut Bodenanschluss haben. Dazu den Rechen beinahe senkrecht in die Hand nehmen und zwar so, dass die Zinken nicht den Boden lockern können, sondern nach oben zeigen und damit vorsichtig auf den Boden klopfen.

Minifräse „Tilther"

Der Tilther – ein Gerät aus den USA – wird durch einen Akkuschrauber angetrieben und bearbeitet lediglich die obersten 3–5 cm. Ein Gerät, das leise und – im Gegensatz zu einer normalen Motorfräse – ohne Abgase arbeitet. Mit dem Tilther kann ein feines Saatbeet hergerichtet werden, auch wenn der Boden darunter noch recht nass ist. Das Gerät eignet sich besonders für Selbstversorger, CSA-Betriebe oder Gemeinschafts-

Einfache Gartenrechen braucht man zum Beispiel zum Herrichten der Saatbeete.

Der Tilther bearbeitet nur die obersten 3–5 cm.

gärten, in denen satzweise Blattsalate und andere Gemüse ausgesät werden, um die kleinen Flächen rasch aufzubereiten.

Sägeräte

Allen, die viel Gemüse direkt anbauen – also nicht vorkultivieren –, sei eine Sämaschine empfohlen. Ab ca. 40 m^2 Saatfläche zahlt sich das aus. Mit einer Sämaschine kann man viel gleichmäßiger und rascher säen als von Hand. Besonders bewährt sie sich für Karotten, Petersilie, Rote Rüben, Getreide, Spinat, Bohnen, Erbsen und Radieschen. Eine Sämaschine, mit der viele gute Erfahrungen gemacht haben, ist die Handsämaschine der Firma Sembdner (Kosten: ca. 1.000 Euro). Laut

Ab einer Saatfläche von 40 m^2 zahlt sich die Anschaffung einer Sämaschine aus.

Rillenzieher sind praktische Arbeitsgeräte.

Hersteller kann man pro Tag bis zu einem Hektar mit dem Gerät bestellen. Das Gerät ist einreihig, hat eine einfache aber präzise Mechanik und kann für feinste Samen wie Mohn bis hin zu großen Sämereien wie Bohnen verwendet werden. Für die Aussaat sind gut vorbereitete Saatbeete nötig. Eine kostengünstigere Variante und nur für ein eingeschränktes Sortiment verwendbar (ideal für Babyleaf), ist die Kleinsämaschine, die es in einer 1-reihigen und einer 4-reihigen Ausführung gibt.

Bodenwalzen

Schmale Walzen (Arbeitsbreite 25–30 cm) sind auf leichten Böden hilfreich für Kulturen, die einen gut abgesetzten Boden benötigen, wenn sie direkt gesät werden: etwa Zwiebel und Feldsalat (Vogerlsalat). Nachdem die Beete mit einem Rechen gelockert wurden, drückt man die Erde mit der Walze wieder leicht an. Kleinere Flächen kann man mit der Rückseite des Rechens wieder verdichten.

Rillenzieher

Rillenzieher gibt es in verschiedenen Ausführungen. Am praktischsten sind jene, bei denen der Abstand der Rillen auf die Kultur eingestellt werden kann. Die meisten Rillenzieher sind aus Eisen oder einem Leichtmetall. In vielen Regionen, in denen vor allem Krautpflanzen oder Bohnen zur Selbstversorgung angebaut wurden, gibt es auch Rillenzieher aus Holz, die sich vielleicht bei einem Altwarenhändler noch finden oder als Vorlage zum Nachbauen in einem Museum (zum Beispiel im Museum für Gartenkultur in Illertissen) besichtigen lassen.

Ein einfaches, aber effizientes Gartengerät: die Sichel.

Weitere Arbeitsgeräte

Feldhaue

Feldhauen sind aus Eisen oder Kupfer erhältlich. Eine gute Feldhaue sollte leicht sein (unter 1 kg), einen Stiel haben, der gut in der Hand liegt und ca. 120 cm lang ist. Mit der Feldhaue wird der Boden oberflächlich gelockert, werden größere Pflanzen entfernt, können verschiedene Substrate gut gemischt werden, Saatrillen gezogen werden und vieles mehr.

Gartenspaten

Im Gemüsegarten sind Spaten wirklich wichtig bei Lehmböden. Diese kann man unserer Erfahrung nach mit einer Grabegabel oder einem Sauzahn nicht ausreichend lockern. Darüber hinaus braucht man einen guten Spaten zum Pflanzen von Sträuchern, Stauden und Bäumen oder zum Umsetzen des Komposthaufens. Ein guter Spaten zeichnet sich durch einen kräftigen Schmiedestahl aus, der aus einem Stück geschmiedet wird, dabei gleichzeitig leicht ist und eine scharfe Arbeitskante hat. Spaten gibt es in verschiedenen Ausführungen – schmalere Spaten, die weniger Krafteinsatz benötigen, sind im Handel oft als „Damenspaten" erhältlich.

Grabegabel

Auch eine Grabegabel ist ein wichtiges Werkzeug im Bio-Garten. Mit der Grabegabel kann man Wurzelgemüse vorsichtig und ohne es zu verletzen ernten sowie den Boden lockern (einen festeren Boden auch umgraben). Gute Dienste leistet sie auch, wenn man Wurzelunkräuter aus dem Boden entfernen muss. Zur Not kann man auch den Kompost umsetzen, wobei dies mit einer Mist- oder Kompostgabel einfacher geht.

Sichel

Besonders für kleine Gärten ist eine gute Sichel wertvoll. Man kann damit Gras schneiden oder kleine Wege rasch mähen oder auch Jauchepflanzen abschneiden. Die Arbeit mit einer Sichel erfordert etwas Übung und macht nur dann Freude, wenn die Klinge geschärft ist.

Sense

Eine einfache Sense ist ein wichtiges Arbeitsgerät im Hausgarten. Auf den ersten Blick mag dieses Arbeitsgerät im Gemüsegarten überflüssig erscheinen. Aber wer einmal größere Mengen an Brennnessel für Jauche ernten oder eine Gründüngung mähen will, wird dankbar sein für dieses Gerät. Das Mähen mit der Sense ist einfach – vorausgesetzt, sie ist scharf. Und Sensen eignen sich sehr gut zum Mähen von Wiesen. Die Nachbarinnen und Nachbarn werden Ihnen diese lautlose Art zu mähen danken. Zwischen dem Dengeln muss man wetzen, damit das Sensenblatt scharf bleibt, dazu braucht man einen Wetzstein. In Österreich gibt es mittlerweile Initiativen, die sich darum bemühen, das traditionelle Mähen mit der Sense und das Dengeln der Sense wieder vielen Menschen vertraut zu machen und entsprechende Kurse anzubieten (→ siehe www.sensenmaehen.at).

Handrasenmäher/Spindelmäher

Altbewährt und für alle, die einen „echten" Rasen haben, besonders zu empfehlen: Die Englischen Rasenbesitzer schwören auf den Spindelmäher. Diese Handmäher sind zudem geräuschlos. Für den Spindelmäher muss die Fläche richtig eben sein. Der Rasenschnitt kann liegen bleiben oder zusammengerecht und als Mulchschicht am Gemüsebeet aufgebracht werden. Einige Anbieter bieten auch Auffangvorrichtungen für den Grasschnitt an. Am besten mäht man wöchentlich oder spätestens alle zwei Wochen. Das Gras darf maximal 10 cm hoch sein.

Der Spindelmäher ist für Rasenflächen bis 100 m² ideal.

Gartenschere

Eine gute Gartenschere braucht man auch im Gemüsegarten. Bei einer guten Gartenschere ist der Schnitt absolut scharf und die Klingen können jederzeit nachgeschliffen oder ausgetauscht werden. Ebenso wichtig ist, dass alle Ersatzteile nachbestellbar sind. Gute Gartenscheren sind bei einiger Pflege beinahe unverwüstlich. Empfohlen sind Bypass-Scheren, bei denen die Klinge beim Schneiden an der Gegenklinge vorbeigleitet (und so das Schnittgut nicht quetscht). Sie sind ergonomisch und relativ leicht. Beachten Sie: LinkshänderInnen brauchen eigene Gartenscheren, auch diese sind im Fachhandel erhältlich.

Baumsäge

Gute Baumsägen braucht man zum Entfernen von Ästen ab ca. 1 cm Durchmesser. Besonders praktikabel sind klappbare Ausführungen, die man immer bei sich hat.

Hacke (Beil) und Hackstock

Eine Hacke braucht man immer wieder einmal. Sie sollte eine Stiellänge von 35–40 cm haben und 500–600 g schwer sein. Sie wird gebraucht zum Zerkleinern von Abfällen für den Kompost – es muss nicht immer gleich der Häcksler angeworfen werden. Idealerweise steht ein Hackstock gleich in der Nähe des Komposthaufens. Ein guter Hackstock hat einen Durchmesser von 30 cm und ist aus Hartholz. Oft müssen zu groß gewordene Bäume irgendwo in der Nachbarschaft weichen oder man fragt beim Bauhof der Gemeinde.

Schwerer Hammer

Zum Einschlagen von Pflöcken für Rankgerüste oder einen einfachen Zaun.

Gartenhippe

Eingefleischte Gärtner sagen: „Ein Gärtner ohne Messer ist wie ein Hund und Schwanz." Ein gutes Gärtnermesser ist ein leichtes, klappbares, sehr scharfes Messer mit schmaler, nur wenig gebogener Klinge. Ideal zur Veredelung, zum Säubern von Baumwunden, zum Blumenschneiden, Kräuterernten und für die Jause (Brotzeit) im Garten.

Thermometer

Wichtig für das Frühbeet ist ein Minimum-Maximum-Thermometer, das anzeigt, wie kalt die Nacht und wie heiß der Tag war. Die höchste und die niedrigste Temperatur eines Zeitraums ist daran ablesbar.

Bodenthermometer

Ein Werkzeug, auf das erfahrene GärtnerInnen vermutlich verzichten können, für Neo-GärtnerInnen ist ein Bodenthermometer hingegen ein wertvolles Werkzeug (das zudem sehr preisgünstig für ein paar Euro im Internetfachhandel erhältlich ist). Denn: Für das Wachstum der meisten Pflanzen ist die Temperatur im Boden entscheidend – und nicht die Lufttemperatur. Und diese wird oft nicht richtig eingeschätzt. Besonders wichtig ist die richtige Bodentemperatur für die zügige Keimung der Pflanzen und, um nicht verleitet zu werden, Pflanzen zu früh zu setzen.

Regenmesser

Ein Regenmesser ist ein einfaches und praktisches Gerät: Allzu leicht lässt man sich von der gefallenen Regenmenge täuschen. Ein Regenmesser schärft das Auge dafür, wie viel Regen tatsächlich gefallen ist und ob der Garten bewässert werden muss oder nicht. Trotzdem ist es wichtig zu kontrollieren, ob der Boden ausreichend feucht ist. Gerade nach längeren Trockenzeiten braucht es einen langanhaltenden Regen, damit das Wasser wirklich in tiefere Bodenschichten vordringt. Bei leichten Sommerregen ist der Boden oft nur oberflächlich – oder gar nur die Mulchschicht – feucht, aber die Pflanzenwurzeln stehen unter Umständen im Trockenen.

Gewächshausgießkanne

Eine Gewächshausgießkanne bzw. Gießkanne für die Jungpflanzenanzucht ist klein und leicht und hat ein langes Gießrohr. Dadurch kommt das Wasser nur in einem feinen Strahl und nicht zu schwungvoll aus der Kanne, was bei Aussaaten und kleinen Pflanzen wichtig ist. Eine Brause mit sehr feinen Löchern ist notwendig für das Angießen – eher ein Feuchthalten – der Aussaaten. Eine besonders einfache und günstige Gießkanne für Aussaaten und Jungpflanzen kann man einfach selbst herstellen: Im Saatguthandel sind kleine Brauseköpfe aus Plastik erhältlich („Flaschen-Bewässerungs-Hilfe" oder „Bottle-Top-Waterer"). Die Brauseköpfe einfach auf gebrauchte PET-Flaschen schrauben. Noch einfacher: Mit einer langen, dicken heißen Nadel Löcher in den Schraubdeckel der PET-Flasche stechen.

Ein Bodenthermometer ist äußerst hilfreich, um den idealen Aussaatzeitpunkt nicht zu verpassen.

Gewächshausgießkanne (vorne) und Gartengießkanne (hinten).

Auf Selbsterntеflächen werden Gießkannen meist zur Verfügung gestellt.

Normale Gießkanne mit Aufsatz

Eine gute Gießkanne ist leicht und robust. Idealerweise aus Kupfer oder auch aus einem festen Hartplastik.

Leiter

Wer Obstbäume als Halbstamm oder Hochstamm anbaut, braucht sie für die Ernte auf jeden Fall.

Kulturschutznetze

Gegen viele Schädlinge gibt es im Bio-Garten ein ideales Mittel: Die Kulturpflanzen werden je nach Schädling gleich nach der Aussaat bzw. dem Pflanzen oder spätestens ab einem bestimmten Zeitpunkt mit einem Kulturschutznetz abgedeckt. Diese Kulturschutznetze sind im biologischen Erwerbs-Gemüsebau seit vielen Jahren erprobt und bewährt. Sie hindern Insekten daran, die Pflanzen anzusaugen, zu beißen oder auf ihnen ihre Eier abzulegen. Es gibt sie in drei verschiedenen Maschenweiten. Ein Kulturschutznetz, mit dem sich viele Schädlinge vom Gemüse abhalten lassen, hat eine Maschenweite von 0,8 mm und ein Gewicht von 85 g/ m². Bei einem Kulturschutznetz mit diesen Eigenschaften sind sowohl eine gute Belüftung der Kultur als auch eine ausreichende Wasserdurchlässigkeit gewährleistet. Auch Vliesabdeckungen halten Schädlinge vom Gemüse ab, jedoch bringen sie auch eine Erwärmung mit sich. Vliese eignen sich daher im Frühling und im Herbst zum Schutz der Kulturen vor Frösten. Die Netze werden am Rand gut befestigt (durch Erdanker, Steine, Sandsäckchen etc.). Ein Nachteil ist, dass das Kulturschutznetz für Pflege- und auch Erntearbeiten abgenommen und danach wieder gut befestigt werden muss. Ein Kulturschutznetz darf nicht zu fest gespannt sein, damit sich die Pflanzen unter dem Netz gut entwickeln können. Für kleine Flächen im Hausgarten haben sich auch feinmaschige (Maschenweite 1 mm) und leichte (10 g/m²) Kulturschutznetze bewährt. Kulturschutznetze halten die Feuchtigkeit besser am Boden, was in trockenen Gebieten oder Perioden ein Vorteil sein kann, aber umgekehrt bei feuchter Witterung Krankheiten auch fördern kann. Bei Kohl kann das Kulturschutznetz etwa zur Mitte der Kulturdauer abgenommen werden, da die Schädlinge da bereits die Eiablage beendet haben. Bei bedecktem und kühlem Wetter im Spätsommer/Herbst das Netz in jedem Fall abnehmen, damit die Pflanzen abtrocknen können.

Mypex-Folie (Bändchengewebe)

Mypex-Folien sind UV-stabil, wasserdurchlässig und haben eine hohe Reißfestigkeit. Im Gemüsegarten

Das Kulturschutznetz Filbio hat sich zur Abwehr verschiedener Schädlinge – vor allem bei Kohlgewächsen, aber auch bei Zwiebeln – bewährt.

Ein Kulturschutznetz mit einfachen Stecken und darübergestülpten Plastikflaschen, damit das Netz nicht beschädigt wird.

Gartenvliese und Kulturschutznetze müssen beschwert werden. Wer nicht immer Erde schaufeln will, die zudem leicht anfriert, braucht Hilfsmittel: Hier ein ca. 50 cm langer, alter, mit Sand gefüllter Feuerwehrschlauch.

bewähren sie sich, wenn es gilt, die noch unbearbeiteten Beete im Frühling feucht zu halten oder auch zum Auflegen auf einer Fläche, um das Auflaufen von Unkräutern zu verhindern.

Kisten

Stabile und stapelbare Kisten kann man in einem Selbstversorger-Garten nicht genug haben: Für die Jungpflanzenanzucht, für die Ernte oder das Lagern von Obst und Gemüse oder sogar zum Lagern von Einmachgläsern. Für alle, die größere Mengen an Gemüse oder Obst ernten, sind die grünen Napf-Kisten besonders empfehlenswert. Sie sind in verschiedenen Größen erhältlich, stabil, lebensmittelecht und stapelbar.

Was im Garten sonst noch hilfreich ist

- reißfeste Papierschnüre
- Gartenvlies
- Stecketiketten und Bleistift
- Schere
- alte Regentonnen, Plastikeimer (für die Herstellung von Pflanzenjauchen)
- Federstahlstäbe
- Holzstäbe
- Schubkarre (Scheibtruhe)

Unter einer Mypex-Folie ist der Boden auch in Jahren mit einem trockenen Frühling feucht und belebt (Anfang Mai).

GärtnerInnen haben immer gute Taschenmesser bei sich. Man braucht sie nicht nur zum Ernten.

Mit Schnüren lassen sich Beete gut unterteilen.

Egal, ob aus Kunststoff oder Holz: Stapelbare Kisten sind in einem Selbstversorger-Garten immer im Einsatz.

Zum Kompost-Führen, für die Ernte, zum Einsammeln von Laub – ein bis zwei Schubkarren (Scheibtruhen) braucht jeder Garten.

Ausstattung für den geschützten Anbau

Mobile Frühbeete („Wanderkästen")

Wenn Sie ein gutes, langlebiges und sicheres Frühbeet wollen, gibt es wenige empfehlenswerte Ausführungen. Die in Baumärkten angebotenen Varianten sind es in der Regel nicht. Für den Überwinterungsanbau von Gemüse eignen sich besonders spezielle Frühbeetkästen, die leicht verstellt werden können. Im Handel sind diese kaum zu bekommen, derzeit müssen sie als Sonderanfertigungen bestellt werden. Geschickte HandwerkerInnen können sie auch selbst anfertigen. Ein bewährtes Maß ist eine Länge von zwei Metern und eine Breite von einem Meter. In den Ecken sind 50 cm lange Spieße befestigt (→ Skizze), mit denen der Wander-Kasten stabil und windsicher in der Erde befestigt werden kann. Wichtig sind auch seitliche Tragegriffe, mit denen sie leicht verstellt werden können. Bislang gibt es keine perfekte Lösung für eine automatische Belüftung der Frühbeete. Automatische Heber sind zu träge, zu wenig hoch und sturmanfällig. (Zum Anbau im Frühbeet → siehe Seite 304)

Hier wächst Winterportulak im Frühbeet, während draußen noch der Schnee liegt (Ausführung Götsch & Fälschle).

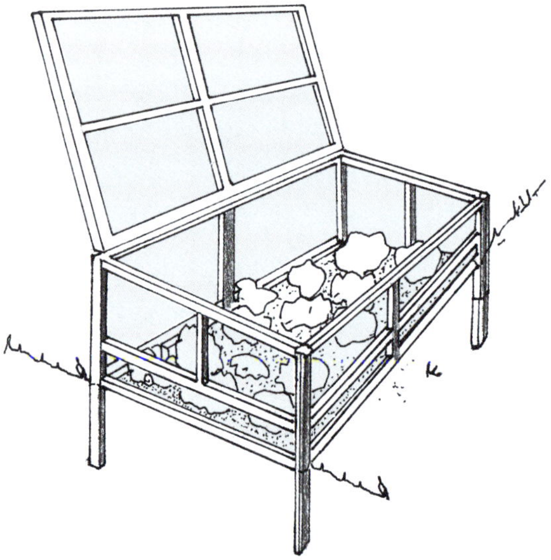

In jeder Ecke ist ein 50 cm langer „Spieß", mit dem die Kästen in der Erde befestigt werden.

Gewächshaus und Folientunnel

In Selbstversorger-Gärten sind Folientunnel besonders verbreitet – sie sind weitaus kostengünstiger als Glashäuser. Man unterscheidet zwischen fix installierten und temporären Ausstattungen. Beide verändern die Möglichkeiten des Anbaus von Gemüsen und Kräutern, insbesondere im Winter, enorm. Für den Wintergemüseanbau sind vor allem temporäre Ausstattungen wie Mini-Folientunnel, Rolltunnel und faltbare Lösungen von Bedeutung (→ siehe 306).Viele gehen davon aus, dass der geschützte Anbau in den nächsten Jahren aufgrund von Extremwetter-Ereignissen noch stärker an Bedeutung gewinnen wird.

Wer erst einmal ein Glashaus oder einen Folientunnel hat, kann sich fast nicht mehr vorstellen, wie man zuvor gegärtnert hat. Im geschützten Anbau verlängert sich die Erntesaison im Frühling um mindestens 6 Wochen. Anfang Mai ist das Haus bereits das erste Mal geräumt: Kohlrabi, Feldsalat (Vogerlsalat), Radieschen, Asia-Salate, Kresse und andere Blattgemüse sind bereits beerntet und die ersten hier in Vorkultur ausgesäten Jungpflanzen ins Freie verpflanzt. Einige Firmen, die Gewächshäuser für den Profibereich herstellen,

Dieses Gewächshaus aus Gartenklarglas ist langlebig und in verschiedenen Größen erhältlich.

Ein Glashaus ermöglicht Mitte März frische grüne Blattsalate.

Kleine Gewächshäuser sind dann besonders praktisch, wenn man sie auch zur Jungpflanzenanzucht nutzt.

bauen auch Sonderformen und Kleingewächshäuser für Selbstversorger-Gärten (→ siehe Serviceteil, Bezugsadressen). Es lohnt sich, sich in die entsprechende Fachliteratur zu vertiefen und Gewächshäuser bei SelbstversorgerInnen – am besten in der Region – zu besichtigen und nach entsprechenden Erfahrungen zu fragen, bevor man ein eigenes Gewächshaus oder einen Folientunnel anschafft. Je nach Region müssen die Gewächshäuser auch einer größeren oder kleineren Schneelast im Winter standhalten – auch dies ist bei der Anschaffung zu berücksichtigen. Gewächshäuser müssen zudem mit einem guten Belüftungs- und Beschattungssystem ausgestattet sein. Folientunnel müssen so gebaut sein, dass man die Seitenwände vollständig öffnen kann.

Einige zusätzliche Hinweise zur Auswahl

Heizung

Für den biologischen Selbstversorger-Garten empfehlen wir ausschließlich Systeme, die nicht beheizt werden (sogenannte Kalthäuser).

Fertiges System oder Eigenbau

Wer ein Gewächshaus selbst baut, braucht großes handwerkliches Geschick, wenn das Haus über viele Jahre halten soll. Einige Firmen bieten auch fertige Bausätze an und beraten bei der Errichtung. Oder bieten an, telefonisch erreichbar zu sein, wenn es Fragen bei der Montage gibt.

Standort

Wichtig ist, dass ein Gewächshaus besonnt ist. Zumindest auf der Süd- und der Ostseite darf es nicht beschattet sein. An der Nordseite kann auch ein Haus oder eine Baumgruppe stehen. Im Handel gibt es verschiedene Modelle für Gewächshäuser. Doch hier gibt es noch einiges zu tun und zu entwickeln. Die ganz billigen sind meistens nicht besonders schön und die ästhetisch ansprechenden Gewächshäuser sind für den kleinen Selbstversorger-Garten kaum erschwinglich.

Glas, Folie oder Doppelstegplatte

Alle Varianten haben Vor- und Nachteile. Die wichtigsten Auswahlkriterien im Überblick:

Glas Die ökologischste Variante. Gewächshäuser aus Glas sind langlebig und können über Jahrzehnte genutzt werden. Am geeignetsten ist Gartenklarglas (→ siehe Foto). Die Bezeichnung ist etwas irreführend, weil es zwar lichtdurchscheinend, aber nicht vollständig durchsichtig ist. Die Außenseite ist glatt, die Innenseite ist unregelmäßig strukturiert („genörpelt"), dadurch wird das einfallende Licht gestreut, was sich günstig auf das Pflanzenwachstum auswirkt, weil es Verbrennungen der Pflanzen verhindert. Übliche Dicken sind 3–5 mm. Gartenklarglas lässt ca. 90 % des Lichtes durch und ist relativ bruchsicher auch bei kleinerem Hagel. Das Glas hat aber auch Nachteile: Größeren Hagelkörnern halten die Scheiben nicht Stand und Glas hat kaum einen wärmedämmenden Effekt. Normales Fensterglas hat den Nachteil, dass es nur einen Teil des

UV-Lichtes durchlässt. Jungpflanzen, die hier heranwachsen, müssen erst an das freie Sonnelicht gewöhnt werden, sonst erleiden sie sofort Verbrennungen, wenn sie ins Freie gesetzt werden.

Folie Die Folie muss lichtecht sein, normale Baufolie zerbröselt bereits im Laufe des ersten Sommers. In den letzten Jahren wurden verschiedene neue Folienhaus-Typen entwickelt. Allen voran Ausführungen mit einer aufblasbaren Doppelfolie. Diese Bauweise bietet eine besonders gute Isolierung. Allerdings muss die Folie je nach Qualität alle 5–10 Jahre erneuert werden. Sie wird über die Jahre brüchig und vergilbt und lässt dann deutlich weniger Sonnenlicht durch.

Doppelstegplatten und Stegdreifachplatten Viele Klein-Gewächshäuser, die in Baumärkten angeboten werden, sind in dieser Bauweise aus Polycarbonat gefertigt. Die Platten haben ein Hohlkammer-System, das sehr gute Wärmedämmeigenschaften hat. Manche Anbieter gewähren eine Garantie für 10 Jahre. Ein großer Vorteil ist die Bruchfestigkeit bei Hagel (oder beim Ballspiel). Es gibt sehr große Qualitätsunterschiede – was die Langlebigkeit, die Dichtungen und vor allem die Beständigkeit der Lichtdurchlässigkeit bei der Verwendung im Freien anbelangt (die Lichtdurchlässigkeit nimmt über die Jahre ab, da das Material vergilbt).

Anzuchtgewächshäuser sollten nahe dem Haus sein und können an sonnigen Wintertagen auch als Wohnraum ...

Kleine Anzuchtgewächshäuser

Kleine Anzuchtgewächshäuser sind im Selbstversorger-Garten wichtig: Für die Vorkultur von Jungpflanzen, aber auch zum Trocknen von Saatgut, zum Nachreifen von Früchten oder zum Überwintern von Zitrusgewächsen. Häufig werden sie als Eigenbau-Konstruktionen errichtet. Sie sind mit 4–8 m² ausreichend groß, müssen südseitig ausgerichtet sein und sollten in unmittelbarer Nähe zum Wohnhaus stehen. Sie können auch einen befestigten Boden haben. Die kleinere Variante dazu ist ein Gewächshaus-Kasten. (→ Siehe Seite 296)

... und im Herbst zum Nachreifen und Trocknen der Ernte genutzt werden.

Rank- und Stützgerüste

Alle Pflanzen, die ranken, brauchen jedenfalls eine Rankmöglichkeit. Dazu zählen Stangenbohnen, Feuerbohnen und rankende Blattgemüse wie der Malabarspinat. Andere Pflanzen lassen sich gut in die Höhe leiten, wachsen so gesünder und sind übersichtlicher beerntbar (die Früchte liegen nicht am Boden auf, verschmutzen nicht und sind vor Schnecken sicher). Dazu zählen Tomaten, Gurken oder Kürbisse (→ siehe Tabelle Seite 244). Und schließlich dienen Rankgerüste auch dazu, dass der vorhandene Platz besser, nämlich auch in die Höhe, ausgenutzt werden kann. In den USA ist hier eine eigene Typologie des Gärtnerns entstanden, das so genannte „Vertical Gardening". Bei der Durchsicht der entsprechenden Literatur stößt man auf Altbekanntes und Altbewährtes.

Viele Materialien lassen sich als Rankgitter verwenden, vielerlei Gegenstände zu Rankgerüsten umfunktionieren.

Für welches Rankgerüst man sich entscheidet, hängt von den eigenen Vorlieben, den baulichen Möglichkeiten, der Verfügbarkeit der Materialien und auch von der Pflanze, die gestützt und in die Höhe geleitet werden soll, ab (→ siehe Tabelle Seite 244). Wer gerne schweißt, kann sich stabile und verstellbare Rankhilfen aus Eisenstäben bauen. Grundsätzlich gibt es vier Möglichkeiten:

Verstellbare, fix und fertige Rankgerüste Viele Gärtnerinnen und Gärtner haben über die Jahre ihre eigenen Ranksysteme entwickelt, die fix und fertig sind und sich als Ganzes verstellen lassen. Es eignen sich Scherengitter oder aus Eisen geschweißte Konstruktionen. Auch die kreisrunden Rankmöglichkeiten aus Maschendraht lassen sich leicht verstellen und über den Winter am Gartenrand aufbewahren.

Stäbe, Stangen, Pfosten, Latten Ob Bambusstange (Tonikstäbe), Haselnuss-Stecken, entastete Nadelbäume oder gekaufte Latten: Die Stäbe lassen sich im Herbst wieder leicht entfernen, über den Winter trocken lagern und im nächsten Jahr wiederverwenden.

Fixe, nicht verstellbare Rankgerüste Sie bleiben an Ort und Stelle stehen und dienen jedes Jahr einem anderen Gemüse als Rankhilfe, da es sonst zu Fruchtfolgekrankheiten kommt. (→ siehe Fruchtfolge)

Rank- /Stützsysteme, die jährlich neu errichtet werden Wenn es schnell gehen muss, lassen sich einfache – vor allem niedrige Stützsysteme – aus Latten und Stecken rasch zusammenschrauben.

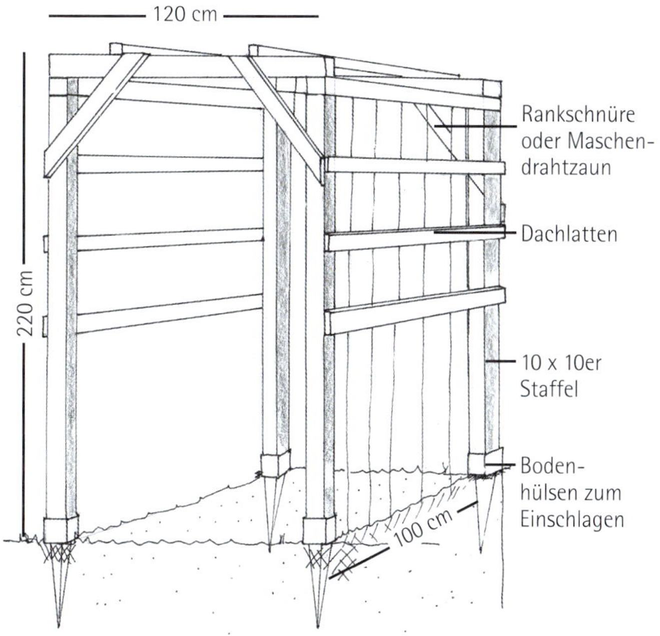

Dieses stabile Rankgerüst ist gleichzeitig ein Torbogen. Ein Jahr dient es als Rankgerüst für Stangenbohnen, im nächsten Jahr für Kürbisse.

Entastete Nadelbäume dienen als stabiles Rankgerüst für Feuerbohnen.

Der Torbogen ist idealerweise zwei Meter hoch, einen Meter „tief" und mindestens so breit, dass man mit einer Scheibtruhe gut durchfahren kann.

Scherengitter gibt es in verschiedenen Ausführungen. Sie lassen sich ohne großen Aufwand aufstellen und im Herbst platzsparend verstauen.

Kürbisse können gut an Baustahlgittern ...

... oder Zäunen in die Höhe geleitet werden.

Welches Ranksystem passt zu welcher Pflanze?

Pflanze		Rankhöhe in cm	bewährte Ranksysteme
Erbsen		bis 40	–
		bis 100	Reiser (Haselnuss, verschiedene Sträucher)
		über 100	Wildzaun, Maschendrahtzaun, Bohnenrankgitter, an Pflöcken doppelseitig gespannte Schnüre oder Bänder.
Bohnen	Stangenbohnen	bis 250	Bambusstangen freistehend oder tipiartig zusammengebunden, Bohnengitter
	Reiserbohnen	bis 180	Maispflanzen
	Feuerbohnen	250–300	Feste Rankgerüste, junge Nadelbäume
Gurken	Gewächshaus	bis 250	Schnüre
	Freiland		Baustahlgitter, eng gesteckte Bambusstangen, Holzpfosten und Bohnengitter
Scheibengurke	Freiland	bis 300	Scherengitter, Bohnenrankgitter
Kürbisse	Gewächshaus	bis 250	Schnüre
	Freiland	bis 250	Baustahlgitter, Hecken, Zäune, Rankgerüste (dann größere Früchte in Netzen sichern)
Malabarspinat		bis 300	Schnüre, dünne Stäbe
Paprika	Gewächshaus	bis 150	Schnüre, Paprika-Leitern
	Freiland	bis 120	Stäbe, einfache Stützsysteme
Tomaten	Gewächshaus/ Tomatendach	bis 250	Schnüre
	Freiland	bis 180	Eisensteher, Pflöcke, Spiralstäbe

Tabelle: Pflanzen und Ranksysteme, Quelle: eigene Zusammenstellung

Stützsysteme

Viele Pflanzen müssen zwar nicht in die Höhe geleitet werden, wachsen aber gesünder und sind einfacher zu pflegen und zu beernten, wenn sie gestützt werden. Manche Pflanzen wie die Andenbeere haben sehr brüchige Äste. Andere Pflanzen wie Kamille oder Mohn können sonst vom Regen niedergedrückt werden. Dann verschmutzen oder verschimmeln die Blüten oder Kapseln. Und dann gibt es Pflanzen, die so schwere Früchte ausbilden, dass sie gestützt werden müssen, damit die Äste nicht brechen. Dazu zählen Paprika-Sorten, die große Früchte ausbilden. Bei Sorten mit kleineren Früchten reicht im Freiland oft auch ein Stab, an dem die Haupttriebe festgebunden werden.

Alte robuste Supermarktregale umfunktioniert zum Kürbis-Rankgerüst. Oben mit Dachlatten verbunden, damit die Früchte frei hängen können (CMA Die LoBauerInnen, Wien).

Einfaches Stützsystem für Andenbeeren.

Erfahrungen von Arche Noah-GärtnerInnen

„Zur besseren Gartenausnutzung ziehe ich – wenn möglich – viele Pflanzen in die Höhe. Stützen, die auch im Winter draußen bleiben können und nicht übermäßig im Garten auffallen:

Torstahl

Durchmesser 8 mm, 10 mm ... je nach Verwendung. Gibt's im Baustoffhandel, kann auch dort gleich mit dem Bolzenschneider in die gewünschte Länge geschnitten werden, z. B. (ganzjährige) Tipi-Anordnung für Stangenbohnen.

Baustahlgitter

Nicht ganz billig, aber dafür unverwüstlich. Kann ebenfalls im Baustoffhandel zugeschnitten werden. Ideal für Kletterpflanzen: Gurken, Stangenbohnen, ...Etwa 30 cm über dem Boden liegend befestigt: Guter Schutz für die (durchwachsenden) Hülsen der Buschbohnen, die so nicht auf den feuchten Boden fallen."

Reinhard Fink, Hallein

Selbstgeschweißte Rankgerüste aus Eisen

„Unsere Rankhilfen aus Eisen sind 2,30 m hoch und haben unten ein Quadrat von 90 cm. Für stärker rankende Sorten könnte man die Rankhilfen auch höher machen. Die Höhe ist so gewählt, dass wir ohne Aufstiegshilfe ernten können. Bei uns war vor allem der starke Wind ein Grund, diese Klettergerüste zu entwickeln. Alles andere ist bei uns früher oder später immer umgefallen. Diese Gerüste haben aber auch den stärksten Sturm ausgehalten (sie schwingen im Wind flexibel mit)."

Ingolf Hofmann

Selbstversorger-Küchen müssen nicht sehr groß, aber geschickt eingerichtet sein.

Die Selbstversorger-Küche

Wer viel mit frisch geerntetem Gemüse kochen will, braucht auch eine entsprechend eingerichtete Küche. Die Basis-Ausstattung dafür ist nicht besonders aufwändig. Auch muss die Küche nicht besonders groß, aber geschickt eingerichtet sein. Eine Grundausstattung sind eine große Spüle (Abwasch), einige größere Töpfe und Gefäße, Abfülltrichter, eine Gemüsebürste, kleine und größere scharfe Messer, jede Menge Gläser und Flaschen, ein Dörrgerät, ein Gärtopf für Sauerkraut, ein Wecktopf und ein starker Mixer.

Wer Mitglied in einer Solidarischen Landwirtschaft ist oder eine Gemüsekiste geliefert bekommt, spart sich viel an Wasch- und Ernteaufwand. Manche CSA-Betriebe haben Einkoch-Einrichtungen direkt am Betrieb und kochen gemeinsam mit den Mitgliedern ein. Einkoch-Küchen können auch gemeinschaftlich angelegt und genutzt werden.

Wenn frisches Gemüse die Hauptrolle in der alltäglichen Küche spielen soll, braucht es eine entsprechende Küchenausstattung. Selbstversorger-Küchen sind nicht unbedingt größer als andere Küchen. Wichtig ist, dass sie geschickt eingerichtet sind. Vor allem braucht es genügend Arbeitsfläche. Viele verwenden auch den Esstisch zum Schneiden des Gemüses, Auslösen der Nüsse oder Verpacken der getrockneten Kräuter. In vielen Selbstversorger-Haushalten wird im Sommer und Herbst der Platz eng. Ständig gibt es etwas, das verarbeitet und eingekocht werden will. Gläser, die noch abkühlen müssen, bevor man sie in die Speisekammer räumen kann. Große Töpfe mit Tomatensoße, die über Nacht noch am Herd steht, weil man sie am nächsten Tag noch stärker eindicken will, größere Mengen Gemüse, die man schnell vor einem Starkregen geerntet hat, Früchte, die darauf warten, geschnitten und getrocknet zu werden. Und auch das Beschriften und Wegräumen der getrockneten Früchte und der eingekochten Vorräte braucht Zeit.

Besonders effizient kann man einkochen, wenn größere Mengen auf einmal reif werden. Bei manchen Arten ist das eine Frage der Sortenwahl (Tomate, Kornelkirsche), bei anderen braucht man dazu eine ausreichende Menge an Pflanzen, die dann gleichzeitig beerntet werden können. Es macht wenig Sinn, alle zwei Wochen Himbeermarmelade einzukochen. Viel geschickter ist es, (auch) Sorten zu setzen, die viel auf einmal tragen – und so fünf oder mehr Liter Marmelade auf einmal einzukochen. Die Sortenauswahl in einem Garten, aus dem man sich im Sommer mit frischem Gemüse versorgen will, ist eine andere, als die zum Einkochen (→ siehe Hinweise bei den einzelnen Kulturarten).

Spüle/Abwasch

Zwei Kriterien sind für eine Spüle bzw. Abwasch wichtig: dass sie zweigeteilt ist und dass sie ausreichend groß ist. In einer Küche, in der viel Obst und Gemüse verarbeitet und frisch zubereitet wird, gibt es häufig viel zu waschen und zu schälen.

Töpfe und Pfannen

Töpfe und Pfannen, die man zum Einkochen benötigt, sind größer als diejenigen, die man für die tägliche Küche verwendet. Es zahlt sich aus, in ein paar größere Töpfe zu investieren. Wer zum Beispiel Tomatensoße einkochen will, braucht Töpfe, die mindestens 5 Kilo Früchte auf einmal fassen (10-Liter-Töpfe, Durchmesser: 30 cm). Paprika, die zu Ajvar verarbeitet werden, werden vorher in Öl in großen Pfannen oder im Backrohr angebraten. Wer einen Selbstversorger-Haushalt führt, braucht für diese Töpfe, Pfannen und die weiteren Geräte auch etwas Lagerplatz. Dafür eignet sich eine trockene Speisekammer oder ein staubfrei verschließbarer Schrank in einer Scheune.

Flotte Lotte, Schöpflöffel und Co.

Eine Flotte Lotte ist ein Küchengerät, das in keinem Selbstversorger-Haushalt fehlen sollte. Das Gerät, das auch „Hand-Passiermühle" genannt wird, ist für die Herstellung von Apfelmus und anderen Fruchtmusen genauso nötig wie für Tomatensoße. Wichtig ist, dass die Flotte Lotte mit zwei Sieben ausgestattet ist (einem feineren und einem gröberen). Elektrische Passiermaschinen sind nur nötig, wenn größere Mengen für mehrere Haushalte hergestellt werden.

Für die Zubereitung von Soße und Marmelade braucht es dann noch: Schöpflöffel, Abfülltrichter und Kochlöffel. Hölzerne Kochlöffel nehmen zwar etwas Geschmack an, daher zum Beispiel für Marmelade immer denselben Kochlöffel verwenden, sie sind aber dennoch die besten.

Frisch geerntetes Gemüse muss vor der Zubereitung noch gewaschen werden.

Eine große, zweigeteilte Spüle/Abwasch erleichtert das Waschen des frisch geernteten Gemüses.

Große Töpfe sind zur Verarbeitung der Ernte wichtig.

Einmachgläser

Die Größe der Gläser, die man verwendet, richtet sich hauptsächlich nach zwei Gesichtspunkten. Sie sollten so ausgewählt werden, dass sie, sobald sie geöffnet sind, möglichst zügig verbraucht werden können. Es macht einen Unterschied, ob zwei Personen vom Kirschkompott essen oder vier oder sechs. Der zweite Gesichtspunkt ist der Inhalt, der eingefüllt werden soll: Während für Kompotte und Apfelmus eher größere Gläser notwendig sind (0,5–1 Liter), braucht man für Marmelade oder eingelegte Gurken kleinere Gläser (0,25–0,39 Liter), für Pesto bewähren sich noch kleinere Gläser (0,1–0,2 Liter). Die Gläser, die bei einem Arbeitsgang verwendet werden, sollten gleich groß sein. So lässt sich zügiger arbeiten und es muss nicht lange nach dem passenden Deckel gesucht werden. Gleich große Gläser lassen sich im Lagerraum auch besser stapeln als unterschiedlich große.

Frische Deckel

Während Einmachgläser unzählige Male wiederverwendet werden können, empfiehlt es sich, die Deckel jährlich zu wechseln. Denn im Gegensatz zu den Gläsern nehmen die Deckel Geschmack an. Wenn man Süßes und Saures einmacht, kann dann die Marmelade nach Essiggurken schmecken. Zudem sind nicht ganz dicht sitzende Deckel (die zum Beispiel beim Öffnen beschädigt wurden) eine Quelle für den Verderb. Es lohnt sich, hier nicht zu sparen und jährlich neue Deckel anzuschaffen.

Ausstattung zum Fermentieren von Gemüse

Das Fermentieren (milchsaure Einlegen) von Kraut und anderen Gemüsen (→ siehe Seite 151) braucht etwas Zeit, vor allem für das Waschen und Zubereiten des Gemüses. Doch durch das milchsaure Vergären entwickeln sich ganz besondere Aromen, und das Gemüse schmeckt so auch im Winter „frisch". Das ist es auch tatsächlich, da durch das Fermentieren viele Inhaltsstoffe – allen voran Vitamin C – erhalten bleiben. Auch ist das Gemüse bereits „vorgekocht" und kann, besonders wenn es in Gläsern bereits portionsweise abgefüllt ist, rasch wie ein frischer Salat zur Hand genommen werden. Neben dem Gebinde braucht es auch Krauthobel, V-Hobel oder eine Küchenmaschine, die das Gemüse kleinschneiden.

Gleich große Gläser erleichtern das Einlegen und Konservieren.

Gute Dampfentsafter halten ein Leben lang. Mindestens.

Dampfentsafter

Das Dampfentsaften ist eine einfache Methode der Saftgewinnung. Es braucht zwar ein eigenes Gerät, dieses ist aber extrem langlebig und nicht sehr teuer (im Gegensatz zur Ausstattung, die man zum Beispiel für Obstpressen benötigt). Dampfentsafter sind dreiteilige Geräte, die aus einem Wasserbehälter, einem Saftbehälter und dem Fruchtbehälter bestehen. Mit dem Dampfentsafter lassen sich Beeren und weichschaliges Obst (auch Aprikosen und Pfirsiche) oder vorgekochtes Obst, wie Quitten, zu Saft verarbeiten. Das Entsaften per Dampfentsafter hat einen entscheidenden Vorteil: Die Säfte werden kochend heiß abgefüllt und sind so auch gleich konserviert. Das Obst muss, bevor es dampfentsaftet wird, gewaschen werden. Kernobst wird grob zerteilt (Quitten in Wasser leicht vorkochen), Steinobst wird aufgeschnitten und entsteint, Beeren (Johannisbeeren, Holunder etc.) werden abgerebelt.

Elektrogeräte

Die Möglichkeiten, sich mit Elektrogeräten auszustatten, sind vielfältig.

Wer plant, größere Mengen an Marmeladen, Chutneys, Pestos oder Gemüsepasten einzukochen, kommt rasch in Versuchung, sich das ein oder andere Gerät anzuschaffen. Doch bevor man das tut, sollte man sich wirklich gut überlegen, ob es auch tatsächlich notwendig ist. Es lohnt sich nicht, mehrere hundert Euro für einen Cutter auszugeben, wenn man dann jährlich nur 30 Pesto-Gläser einkocht. Da macht es mehr Sinn, sein Geld über Genuss-Scheine (→ siehe Seite 181) oder einen Anteil an einer Regionalwert AG (→ siehe Seite 182) jemandem zur Verfügung zu stellen, der einen Betrieb aufbaut und größere Mengen biologisches Gemüse und Obst verarbeitet und konserviert.

Den bewährten Wecktopf gibt es als emaillierten Topf für Küchenherde oder in elektrischen Versionen.

Folgende Elektrogeräte sind im Selbstversorger-Haushalt eine notwendige Basis-Ausstattung:

- **Ein starker Stabmixer** (mindestens 700 Watt) für Pestos und Marmeladen. Schwächere Mixer laufen schnell heiß, wenn sie die zähen Blätter von Basilikum und anderen Kräutern zerschneiden. Stärkere Geräte sind im Verhältnis zur Menge, die man in einem Haushalt verarbeiten kann, unverhältnismäßig teuer. Standgeräte sind schwer zu reinigen.
- **Eine elektrische Kaffeemühle mit Schlagmahlwerk** zum Mahlen von getrockneten Kräutern und Gemüsen. Zum Herstellen von Kräutersalzen und Gemüse-Gewürzpulvern.
- **Ein Wecktopf** um Pestos, aber auch Kompotte, Fruchtsäfte, Rote-Rüben-Salat, Essig- oder Senfgurken und Paprika-Aufstriche haltbar zu machen. Der Weck-Einkochautomat hat ein Fassungsvermögen von fast 30 Litern, Modelle mit Zeit- und Temperaturregelung sind empfehlenswert.
- **Eine Küchenmaschine** ist dann sinnvoll, wenn größere Mengen an Salz-Gemüse-Suppenwürze, Rote-Rüben-Salat oder milchsauer vergorenem Gemüse eingemacht werden sollen. Sonst kommt man auch ohne Küchenmaschine aus.
- **Ein Dörrgerät** (→ siehe unten)

Dörrgeräte/Trocknungsschränke

Es gibt verschiedene Dörrgeräte auf dem Markt. Trocknen hat einen entscheidenden Vorteil gegenüber dem Einfrieren: Durch das Trocknen werden die meisten Inhaltsstoffe nicht nur erhalten, sondern Säuren, Mineralstoffe und Zucker sogar konzentriert. Aus diesem Grund gelten Dörrfrüchte auch als Kraftnahrung – wenngleich etwa die Hälfte der Vitamine verloren geht. Kleinere Mengen können theoretisch auch im Backrohr getrocknet werden, verbrauchen aber Unmengen an Energie, weswegen wir davon abraten.

Auch für das Dörren gilt: Zeitsparender ist es, möglichst viel vom selben Gemüse, Obst oder Kraut auf einmal trocknen zu können. So bleibt der Reinigungsaufwand der Gitter gering. Werden zum Beispiel Zwiebeln oder Lauch getrocknet, müssen die Gitter danach 100 % sauber gereinigt werden, ebenso wenn Früchte wie Zwetschgen oder Aprikosen/Marillen getrocknet wurden.

Bevor Früchte getrocknet werden können, müssen sie geschnitten werden. Das Wichtigste ist, dass alle Stücke, die getrocknet werden, gleich groß sind, damit sie gleichmäßig trocknen. Ungeschälte Äpfel brauchen länger zum Trocknen als geschälte. Die Apfelschalen können getrennt getrocknet und zu Früchtetee verarbeitet werden.

Empfehlenswerte Geräte sind:

- **Dörrex** Die ältere Version des Dörrex der Schweizer Firma Stöckli war aus beschichtetem Aluminium und Edelstahlgittern. Diese Bauweise aus Metall hatte den Vorteil, dass man sie zum Beispiel über Nacht auch auf einem Küchenherd aufstellen konnte und die Restwärme des Ofens zum Trocknen nutzen konnte. Die neuen Versionen haben leider ein Kunststoffgehäuse und Metallgitter, sind dafür aber mit einem Timer ausgestattet – und auch die Temperatur kann genauer geregelt werden. Für ein gleichmäßiges Trocknen muss das Trockengut zwischendurch umgeschichtet und die Siebe umgereiht werden.
- **Sedona und Excalibur** Die Geräte gibt es in verschiedenen Bauweisen und Größen. Vor allem bei Menschen, die gerne Rohkost essen, sind sie sehr beliebt. Diese Geräte trocknen durch einen horizontalen Luftstrom, dadurch erhalten alle Gitter gleichmäßig Luft und Wärme, und die Dörrgitter müssen nicht umgeschichtet werden. Für die Herstellung von Fruchtleder gibt es Teflon-Bögen, auf die man die Fruchtmasse aufstreichen kann. Die Temperatur lässt sich sehr exakt regeln, was vor allem für Rohkost (maximal 42 °C) wichtig ist.
- **Trocknungsschrank von Bucher** Der professionelle Trocknungsschrank der Schweizer Firma Bucher ist für einen 4-Personen-Haushalt vermutlich zu groß. Für CSA-Betriebe ist das Gerät – das speziell für Direktvermarkter entwickelt wurde – aber eine wirkliche Empfehlung. Das Gerät funktioniert wie ein Luftentfeuchter und trocknet daher besonders schonend, die Luft wird auf maximal 35 °C erwärmt. Farben und Inhaltsstoffe bleiben daher optimal erhalten. Das Gerät gibt es in verschiedenen Größen (die kleinste Größe kann 5–12 Kilo Früchte am Tag trocknen). Ein Wenden des Trockengutes ist nicht notwendig.
- **Solartrockner** Ein Trocknen von Gemüsen und Früchten im Solartrockner ist in unseren Breiten nur im Hochsommer möglich. Er eignet sich daher für ein Trocknen von Kräutern oder Pilzen, die im Sommer geerntet werden. Diese sind an sonnigen Tagen innerhalb von wenigen Stunden trocken. Da der Großteil der Früchte und des Obstes im Herbst erntereif ist, ist die Anschaffung oder der

Große, in dünne Scheiben geschnittene Fleischtomaten eignen sich zum Trocknen am besten.

Der professionelle Trocknungsschrank der Firma Bucher ist aus Edelstahl gefertigt und auch für CSA-Betriebe zu empfehlen.

Bau eines Solartrockners nur dann empfehlenswert, wenn zu dieser Jahreszeit viel getrocknet oder das Gerät im Herbst ergänzend mit Strom betrieben werden kann. Früchte benötigen 24–48 Stunden Trocknungszeit. Selbst wenn es noch einen heißen und sonnigen Tag im Herbst gibt, reicht das nicht aus, und die Früchte ziehen in der Nacht wieder Feuchtigkeit an. Im besten Fall leidet die Qualität, im schlechtesten Fall verschimmeln die Früchte, bevor sie trocknen. Bau-Anleitungen für Solartrockner finden sich im Internet.

Vorbereitung der Früchte

Äpfel Das Kernhaus ausstechen und den Apfel in 8–10 mm dicke Ringe schneiden – händisch oder mit einem Gemüsehobel (oder durch eine Apfelschälmaschine drehen, hier sind die Ringe dünner, das Kernhaus wird automatisch entfernt und die Äpfel trocknen rasch.) Saure Äpfel eignen sich nicht zum Trocknen, sie werden braun (z. B. ‚Boskoop').

Birnen Reife, aber noch harte Birnen waschen, abtrocknen und der Länge nach in 8–10 mm dicke Scheiben schneiden. Geschnittene Birnen möglichst rasch trocknen. Gute Sorten zum Trocknen sind ‚Conference' und ‚Williams'.

Zwetschgen Die Früchte müssen so reif wie möglich sein. Am besten eignen sich vollreife, vom Baum geschüttelte Früchte der Hauszwetschge. Die Früchte waschen, trocknen, entsteinen und halbieren (bei größeren Mengen ist der Zwetschgenentsteiner von INCA eine gute Hilfe.).

Aprikosen/Marillen und Pfirsiche Waschen, trocknen, halbieren und entsteinen. Mit der Schnittfläche nach oben trocknen.

Tomaten Nur vollreife Früchte trocknen, am besten eignen sich große Fleischtomaten, die in gleichmäßige, ca. 2 cm dicke Scheiben geschnitten werden können. Kleinere Tomaten werden halbiert und mit der Schnittfläche nach oben aufgelegt.

Wurzelgemüse Karotten, Rote Rüben, Pastinaken und Sellerie in maximal 4 x 4 mm lange Stücke schneiden und trocknen, bis sie knusprig sind.

Zwiebeln In maximal 2 mm dicke Scheiben schneiden und trocknen, bis sie knusprig sind. Die Gitter danach besonders sorgfältig reinigen, damit die nächsten Früchte, die getrocknet werden, nicht nach Zwiebeln schmecken.

Grüne Bohnen (Fisolen) Gerüstete und gewaschene Bohnen vor dem Trocknen kurz in Salzwasser aufkochen und kalt abspülen. Sorten mit flachen Hülsen sind zum Trocknen am besten geeignet.

Erfahrungen von Arche Noah-GärtnerInnen

Salz-Gemüse-Suppenwürze

„Ich mache jedes Jahr eine größere Menge Salz-Gemüse-Suppenwürze. Das Ernten und Putzen des Gemüses dauert ca. zwei Stunden. Dafür habe ich dann das ganze Jahr über eine gute Gemüse-Gewürzmischung, die ich als Basis für Suppen (dafür in Öl anschwitzen), für Tomatensoße oder als Würzpaste für Fleisch verwende. Karotten, Knollensellerie, Petersilie, Lauch und Tomaten in der Küchenmaschine (mit einem Hackmesser) kleinschneiden. Das zerkleinerte Gemüse 4:1 mit Salz mischen, über Nacht stehen lassen und am nächsten Tag in Gläser abfüllen. Ich verwende für unseren Haushalt am liebsten 390 ml-Gläser. Kleinere Gläser sind eine Spielerei. Die Haltbarkeit beträgt auf jeden Fall bei Speisekammer-Temperatur ein Jahr. Das heißt, man kann den Jahresvorrat gut auf einmal herstellen."

Annette Hofmann, Limbach, Burgenland

Die Salz-Gemüse-Suppenwürze ist eine gute Basis für die Alltagsküche.

Unsere Ausstattung zum Haltbarmachen

„Unsere Hilfsmittel, um unsere Ernte haltbar zu machen, sind: drei Gefriertruhen, das ist für uns das Wichtigste; ein Gärtopf für Sauerkraut; ein Eigenbau-Dörrofen (betrieben mit einem Heizlüfter) für Äpfel, Birnen, Zwetschgen und Tomaten; ein großes Regal in einem trockenen und möglichst warmen Raum und viele Tabletts, um Kräuter und Gewürze zu trocknen. Den Platzbedarf hierfür darf man nicht unterschätzen – er ist enorm. Die Kräuter würden ihr Aroma besser behalten, könnte man sie unzerkleinert aufbewahren. Das ist aus Platzgründen schlicht unmöglich. Ich zerkleinere sie daher so, dass ich sie in große Gläser füllen kann, und mahle sie erst später richtig fein. Außerdem braucht es einen möglichst kühlen Raum für Kartoffeln und Äpfel, Einmachgläser und Flaschen. Die benötige ich nur mehr für Gewürzgurken und Rote-Beete-Salat, für Marmelade und Obstsirup. Alles andere friere ich ein."

Traude Banek, Buxtehude

Gemüsechips und Gemüsepulver

„Ich bereite gerne Wurzel-Gemüsechips auf dem Trocknungsgerät Excalibur zu. Die gewaschenen und geschälten Wurzelgemüse mit einem Sparschäler hauchdünn schneiden. Mit ganz wenig Öl, Salz und Zitrone vermengen. So halten die Farben besser. Die Stücke dicht auf die Matten legen. Nach ca. 10 Stunden sind die Chips fertig. Die ausgekühlten Chips luftdicht aufbewahren. Bei dieser Form der Rohkost verdichtet sich der Geschmack der Gemüse, sie schmecken besonders intensiv und sind ca. zwei Monate lagerbar. Viel länger haltbar ist Gemüsepulver, das man aus verschiedenen Gemüsen herstellen kann. Dazu die Gemüse fein raspeln (mit einer Küchenreibe), die Raspel trocknen und in einer Kaffeemühle mit Schlagmahlwerk pulverisieren. Ich verwende es wie ein Gewürz zum Drüberstreuen über Kartoffeln oder über eine Suppe."

Gertrude Henzl, Wien (www.henzls.at)

Gemüse trocknen

„Ich bin seit über 30 Jahren Selbstversorgerin aus dem Garten. Überschüsse konserviere ich möglichst schonend. Vieles ernte ich auch im Winter frisch. Ich friere nichts ein. Zum Beispiel trockne ich Paprika und Paradeiser. Das ist einfach und schmeckt so gut!"

Gabriele Gauper, Gleisdorf, Steiermark

Lagerung von getrockneten Früchten und Kräutern

Getrocknetes muss kühl (unter 16 °C), trocken, lichtgeschützt und vor allem insektensicher gelagert werden. Daher eignen sich dicht verschließbare Kübel aus Plastik (nur, wenn vorher nicht Zwiebeln oder Lauch darin gelagert wurden), Chromstahl oder Glasbehälter, die wirklich dicht verschlossen werden können (alte Gläser mit geschliffenem Rand oder neuere mit Plastikdeckel). In Blechdosen können Trockenfrüchte nicht lange gelagert werden, da die Trockenfrüchte den Geschmack der Dose annehmen. Auch Polypropylen-Säcke sind für eine Langzeit-Lagerung ungeeignet. Gut getrocknete und gelagerte Trockenfrüchte können über zwei Jahre lang aufbewahrt werden. Kräuter sind nur dann so lange lagerbar, wenn die Blätter/Blüten ganz/möglichst unzerkleinert gelagert werden können. Dazu hat man meistens nicht genügend Platz. Zerkleinerte, getrocknete Kräuter sind bis zu einem Jahr lagerbar. Bei einer längeren Lagerung leidet die Qualität.

Bunte Gemüsechips aus Roten Rüben, Karotten und Sellerie sind eine feine Rohkost.

Getrocknete Pfirsiche, Aprikosen und Zwetschgen eignen sich sehr gut für Fleisch- und Gemüseeintöpfe. Oder für Müsli im Winter (über Nacht einweichen).

Eine einfache, auf der Terrasse improvisierte Gartenküche erleichtert das Einkochen.

Das Selbstversorger-Haus[2]

Zusätzlich zur Küchenausstattung braucht ein Haus, in dem man sich mit Gemüse, Obst und Kräutern möglichst über das ganze Jahr über versorgen kann, unterschiedliche Lagermöglichkeiten: für Eingekochtes, für getrocknete Kräuter, für Wintergemüse und Winterobst und zum Überwintern von mehrjährigen Pflanzen. Wichtig ist auch eine Möglichkeit, das geerntete Gemüse möglichst unkompliziert zu waschen.

Hier braucht es andere Wohnungsgrundrisse und Raumabfolgen, als sie derzeit üblich sind, und PlanerInnen, die etwas von Selbstversorgung und ihren einzelnen Aspekten verstehen. Und zwar unabhängig davon, ob es ein Einfamilienhaus oder ein genossenschaftlicher Wohnbau ist oder ein Haus, in dem eine größere Gemeinschaft lebt – wie in den alten Bauernhäusern.

Auswahlkriterien für den Hauskauf

Wer mit dem Ziel, SelbstversorgerIn zu werden, ein Haus kauft, hat einen ganz anderen Blick und andere Anforderungen an das Haus und seine Ausstattung als ein/e Nicht-SelbstversorgerIn. Gerade in den letzten 20 Jahren sind viele Einfamilienhäuser errichtet worden, die mit riesigen ausgebauten Kellern ausgestattet sind – vom Partyraum bis zum Spielzimmer, vom Bügelraum bis zum Kellerbüro. Im Selbstversorger-Haus sind diese völlig überflüssig. Auch braucht ein Selbstversorger-Haus nicht unbedingt eine Garage, aber jede Menge unterschiedliche Lagermöglichkeiten für die Ernte (→ siehe Seite 256), eine kleine Werkstatt und Lagermöglichkeiten bzw. Stauraum für Gartengeräte. Zur Gemüseeinwinterung ist ein bereits vorhandener, funktionierender Erdkeller ideal. In hellen, ungeheizten Räumen, können viele mehrjährige Kräuter überwintern (Pflanzen wie die Zitronenverbene, die ihr Laub fallen lassen, können auch in einem Erdkeller überwintern). Zur Anlieferung und zum Abtransport von Bau- und Gartenmaterial ist es praktisch, den Garten direkt von der Straße zu erreichen, ohne das Haus oder gar einen Wohnraum queren zu müssen. Auch die Küche sollte direkt vom Garten oder über einen Vorraum, aber nicht über Wohnräume, erreichbar sein. Ideal für ein Selbstversorger-Haus ist mindestens ein kühler, unbeheizter Raum, den man als Speisekammer und ein Raum, den man als Einkoch-Küche nutzen kann.

2 Dieses Kapitel beruht auf einer Recherche der Architektin und Expertin für nachhaltiges Bauen im gärtnerischen und landwirtschaftlichen Kontext Tina Wintersteiger.

Wer ein Haus sucht, mit dem Plan, dieses als Selbstversorger-Haus einzurichten, ist am besten beraten, ein Haus zu kaufen, das spätestens aus den 1930er Jahren stammt. Der Hauskeller diente bis in die 1930er Jahre als bauphysikalisch notwendige Übergangszone zwischen beheizten, trockenen Wohnräumen und dem dauerfeuchten Erdreich. Diese Funktion als Klimapuffer ließ sich wunderbar mit der Nutzung als Lebensmittellager kombinieren, ein für die Frischlagerung geeignetes Klima stellte sich „automatisch" ein. Spätestens ab den 1960er-Jahren dichteten neue Bauweisen die Kellergeschosse völlig gegen die Wasserdiffusion aus dem umgebenden Erdreich ab. Der Kühlschrank und die Tiefkühltruhe hielten Einzug in die Haushalte und man begann, Keller zu dämmen und beheizen, um im Untergeschoss zusätzliche Wohn- und Aufenthaltsräume einrichten zu können. Ein Kellerraum in einem nach 1950 errichteten, konventionell gebauten Wohngebäude ist zur Frischlagerung von Obst und Gemüse sehr wahrscheinlich ungeeignet, weil das Klima zu warm und trocken ist. Nachträgliche Umbaumaßnahmen, um einen Teil des Kellers in einen richtigen Erdkeller zu verwandeln, erweisen sich meist als aufwändig, kostspielig und nicht praktikabel. Diese Erfahrung bestätigt auch der Baumeister Karl Kraft aus Kirchberg am Wagram und meint: *„Optimal und am einfachsten bei einem Hausbau neu zu errichten ist ein separater Schuppen-Keller-Bau im Gartenbereich."*

Neubau eines Selbstversorger-Hauses

Die wichtigsten Kriterien sind oben bereits beschrieben – da sie sowohl für einen Hauskauf, als auch für den Neubau gelten. Wer ein Haus neu baut, hat den Vorteil, keine Kompromisse eingehen zu müssen, die die bestehende Bausubstanz vorgibt.

Folgende Ausstattung bzw. Planungskriterien sollten in eine Neuplanung einfließen:

- Die Küche hat einen möglichst direkten Zugang zum Garten.
- Die Küche ist direkt über einen Vorraum (und keinesfalls über einen Wohnraum) erreichbar.
- eine dunkle, kühle Speisekammer, die in der Nähe der Küche liegt (→ siehe Seite 260)
- Lagerräume für die Ernte (→ siehe Seite 256)
- eine Regenwasser-Zisterne (→ siehe Seite 218)

Einfache Garten-Spüle zum Waschen von frisch geerntetem Gemüse.

Die Küche muss möglichst direkt neben dem Eingang liegen oder einen eigenen Zugang zum Garten haben.

- am Weg vom Garten ins Haus: eine einfache Waschgelegenheit fürs geerntete Gemüse
- Der Garten ist über den Vorgarten oder extra von der Straße her zugänglich (sodass man Geräte nicht durchs Haus tragen muss).
- ein kleines Glashaus für die Anzucht von Jungpflanzen, zum Trocknen der Früchte etc.
- je nach Lage des Gartens: 1–2 Wasser-Entnahmestellen im Garten

Gartenküchen

Wer eine kleine Küche hat, kann sich mit recht einfachen Mitteln eine Gartenküche improvisieren, die zum Einkochen rasch auf- und wieder abgebaut ist. Ein einfacher Gartentisch mit etwas Platz herum reicht aus, um größere Mengen an Früchten vorzubereiten. Wer zum Beispiel Paprika und/oder Aubergine (Melanzani) zu Gemüsepasten („Ajvar") verarbeiten möchte – wobei diese in Olivenöl angebraten werden – tut das am besten unter freiem Himmel oder einer einfachen Überdachung. Eine Gasflasche und ein alter Aufsatz leisten hier gute Dienste.

Zudem kann man mit einer einfachen Waschgelegenheit im Garten das Gemüse von groben Erdresten befreien. Ein Gartenschlauch, eine einfache Spüle (Abwasch) und ein untergestellter Eimer sind ausreichend. Das Wasser kann man als Gießwasser verwenden. Statt dieser Garten-Spüle kann man Gemüse auch in einem Raum waschen und von Erdresten befreien. CSA-Betriebe übernehmen das Waschen, bevor das Gemüse an die Ernte-AnteilsnehmerInnen verteilt wird.

In CSA-Betrieben wird die Ernte bereits gewaschen, bevor diese an die Ernte-AnteilsnehmerInnen verteilt wird.

Spätestens, wenn im Herbst die Beete beerntet werden, stellt sich die Frage: Wohin mit dem Lagergemüse?

Obst und Gemüse konservieren ohne Kühltruhe

Für viele ist die Selbstversorgung ohne Tiefkühltruhe oder Tiefkühlschrank nicht vorstellbar. Doch wer wirklich viel Gemüse und Obst aus der eigenen Ernte haltbar machen will, stößt selbst mit einer geräumigen Tiefkühltruhe schnell an Grenzen. Viele Früchte und Gemüse können getrocknet oder eingekocht werden. Der Arbeitsaufwand dafür ist im Sommer und Herbst zwar beträchtlich, doch neben dem Nutzen, dass man so ganzjährig Fertig- oder Halbfertigprodukte aus dem eigenen Anbau zur Verfügung hat, haben diese Konservierungsmethoden den Vorteil, dass die Früchte ohne zusätzliche Energie gelagert werden können. Alles was dazu nötig ist, ist eine Speisekammer (→ siehe Seite 260).

Die eigene Ernte lagern

Die Frischlagerung von Gemüse und Obst ist in unseren Breiten neben dem Wintergemüseanbau (→ siehe Seite 301) und der Konservierung eine bewährte Technik, um auch im Winter Frisches aus der eigenen Ernte zur Verfügung zu haben.

Das hier zusammengetragene Wissen stammt aus Literatur zu Lagerung und Kellerbau (→ siehe weiterführende Literatur, Seite 465) sowie Erfahrungsberichten von GärtnerInnen, BaumeisterInnen und PlanerInnen aus dem Umfeld des Vereins Arche Noah.

Einige grundsätzliche Hinweise vorab

Die Pflanzenteile, die wir als Gemüse oder Obst essen – Blätter, Blüten, Sprossen, Früchte, Knollen und Wurzeln – sind auch nach der Ernte noch lebendig. Das bedeutet, dass bestimmte physiologische Prozesse stattfinden. Diese sind zum Teil von uns gewünscht – wenn es Nachreifeprozesse sind, die die Früchte erst genießbar machen (zum Beispiel manche Apfel- und Birnensorten oder Kiwi). Meistens geht es aber darum, Alterungsprozesse weitestgehend zu verlangsamen, damit die Ernte möglichst lange lager- und damit nutzbar ist. Stoppen lassen sie sich nämlich nicht. Je nach Pflanzenorgan beträgt die Frischlagerfähigkeit

Diese Herbst-Gemüse-Ration für ein bis zwei Wochen hat in keinem Kühlschrank Platz.

der Pflanzenteile zwischen wenigen Tagen (Blätter) und mehreren Monaten bzw. bis zur neuen Ernte (Wurzel). Bei einer Haltbarkeit im Frischlager von mindestens vier Wochen sprechen wir von Lagerobst und -gemüse. Die optimalen Lagerbedingungen variieren bei den verschiedenen Obst- und Gemüsearten. Stets sind es bestimmte Anforderungen an Licht, Raumtemperatur, relative Luftfeuchte und Zusammensetzung der Luft. Bei aller Unterschiedlichkeit, gibt es auch Gemeinsamkeiten, die alle Obst- und Gemüsearten benötigen:

- **Dunkelheit** Ausnahmslos alle Obst- und Gemüsearten werden in völliger Dunkelheit gelagert.
- **Kühle** Die idealen Lagertemperaturen für alle Obst- und Gemüsearten liegen zwischen wenigen Graden unter Null und maximal plus 15 °C. Es gibt aber große Unterschiede zwischen den einzelnen Kulturen und viele vertragen keine zu niedrigen Temperaturen oder gar Frost.
- Hohe Luftfeuchtigkeit Die meisten Obst- und Gemüsearten halten sich am besten bei sehr feuchten Bedingungen, also einer relativen Luftfeuchte von mindestens 60 und bis zu 98 %.
- **Frischluft** Obst und Gemüse atmet während der Lagerung Sauerstoff ein und Kohlendioxid aus. Zusätzlich sondern einige Früchte das (geruchlose) Reifegas Ethylen ab, das den Verderb von anderem Lagergut stark beschleunigt. Deshalb sollten bestimmte Gruppen von Obst und Gemüse getrennt gelagert und auf ausreichende Lüftung im Lager geachtet werden (→ siehe Tabelle unten).

Ethylen-Ausscheidung und Empfindlichkeit von verschiedenen Früchten und Gemüsen

Arten, die empfindlich auf Ethylen reagieren	Arten, die wenig empfindlich auf Ethylen reagieren	Arten, die viel Ethylen abgeben	Arten, die wenig Ethylen abgeben
Weißkraut	Zwiebel	Apfel	Quitte
Kohl/Wirsing	Karotte	Birne	Kartoffel
Apfel	Rote Rübe	Banane	Karotte
Birne	Knollensellerie	Aprikose (Marille)	Knollensellerie
Quitte	Kartoffel (mittel)		Rote Rübe
			Zwiebel

Quellen: www.containerhandbuch.de; www.lebensmittellexikon.de

Blatt- oder Fruchtgemüse, das man nicht gleich verarbeitet, deckt man mit feuchten Tüchern ab.

Sommergemüse und Obst kurzfristig richtig lagern

Grundsätzlich gilt gerade im Sommer: Gemüse und Obst möglichst frisch ernten. Wenn Sie AnteilsnehmerIn in einer Solidarischen Landwirtschaft sind und eine wöchentliche Gemüsekiste beziehen, müssen Sie das Gemüse aber gut lagern, damit Sie sich über die Woche gut aus der Lieferung versorgen können. Einiges hat vermutlich kurzfristig im Kühlschrank Platz – wobei ein Kühlschrank in einem Selbstversorger-Haushalt schnell aus allen Nähten platzt, wenn hier auch Obst und Gemüse kurzfristig gelagert werden. Sommerobst und Fruchtgemüse ist in der Praxis eines Selbstversorger-Hauses unter guten Bedingungen maximal 1–2 Wochen haltbar. Das Auflegen von feuchten Tüchern (und wieder befeuchten) verlängert die Haltbarkeit entscheidend. Frisch geerntete Blattsalate halten so bis zu 4 Tage – am längsten Sorten mit festen Blättern wie die Krachsalate. Blattgemüse mit festeren Blättern (wie manche Spinatgemüse oder Grünkohl) auch länger. Für die Sommerernte gilt: Ethylen-produzierende Sommerfrüchte (Tomaten, Aprikosen/Marillen, Feigen, Melonen) sollten nicht mit Ethylen-empfindlichem Sommergemüse (Blattsalate, Zucchini, Bohnen, Gurken, Brokkoli, Spargel) gelagert werden. Stellen Sie Sommerfrüchte nur dann kurzfristig in den Obst- oder Kartoffelkeller, wenn dieser leer ist. Kleine Mengen an Obst und kälteverträglichem Gemüse kann man natürlich auch im Kühlschrank lagern. Tomaten, Gurken und Melonen aber keinesfalls. Zucchini, Paprika und Aubergine (Melanzani) sind bei Temperaturen um 10 °C am längsten haltbar.

Manche Zwetschgen können durchaus 3–4 Wochen im Kühlen überdauern, ohne Schaden zu nehmen, ansonsten ist das Steinobst generell kein Lagerobst und es ist sinnvoller, in eine effiziente und rasche Verarbeitung zu investieren oder Steinobstfrüchte entsteint und halbiert gleich einzufrieren.

Beeren sind selbst im Kühlen nur sehr begrenzt vor dem Verderb geschützt und werden am besten so rasch wie möglich verzehrt, tiefgefroren oder verarbeitet. Nur Johannisbeeren lassen sich 1–2 Wochen im Kühlschrank aufbewahren.

Gemüse und Obst langfristig richtig lagern

Für die Praxis der Selbstversorgung lassen sich gute Lagererfolge erzielen, wenn man Obst und Gemüse in „Lagergruppen" zusammenfasst und mehrere baulich getrennte Orte im Wohnumfeld zur langfristigen Frischlagerung (1–24 Monate) von Obst und Gemüse vorsieht. Mindestens zwei verschiedene Keller oder Kellerabteile, denn Lagerobst (Äpfel, Birnen, Quitten) sollte nie gemeinsam mit Ethylen-empfindlichem Lagergemüse (Karotte, Pastinake, Chinakohl, Blumenkohl (Karfiol), Rosenkohl, Wirsing, Kraut, Grünkohl, Lauch, Kartoffel oder Kürbis) gelagert werden.

Im Idealfall plant man vier verschiedene Orte, in denen man das jeweils geeignete Raumklima für die verschiedenen Gruppen von Obst- und Gemüse herstellen kann: Kartoffelkeller, Obstkeller, Speisekammer und Zwiebellager.

Der Kartoffelkeller

Wurzelgemüse, Lagerkohl und Kartoffeln haben ähnliche Ansprüche an das Lagerklima: 0–5 °C, 90–98 % rel. Luftfeuchtigkeit, niedrige Luftwechselrate. Sie sind sehr gut lagerbar und ihre optimalen Lagerbedingungen lassen sich gut in Räumen und Behältern unter der Erde herstellen. Kartoffeln werden lose geschüttet oder in Säcken oder Kisten gelagert. Wurzelgemüse wird im Lager aufgeschüttet, in Kisten gelagert oder einzeln in ein festes Medium wie Sand gesteckt („eingeschlagen" → siehe Seite 265). Lagerkohle werden in Kisten gelagert oder aufgehängt (dann mit dem Strunk ernten und mit dem Kopf nach unten aufhängen). Kohlrabi kann eventuell auch mit Sand bedeckt werden.

Kartoffeln und einige Arten Wurzelgemüse und Lagerkohle sind Ethylen-empfindlich, scheiden aber selbst kaum dieses Reifegas ab. Daher kann im Kartoffelkeller zugunsten von Feuchtigkeit auf starken Luftwechsel verzichtet werden.

Der Obstkeller

Obstsorten, die erst im Herbst reifen (spätreife Winteräpfel und -birnen) oder in unserem Klima gar nicht vollständig ausreifen (mancherorts Quitten, Kiwi) sind unter kalten, feuchten Bedingungen (dunkel, 0–5 °C, 90–95 % rel. Luftfeuchtigkeit) bei einer hohen Luft-

Kartoffelkeller: dunkel, kalt, feucht / 0–5 °C, 90–98 % rel. Luftfeuchtigkeit / niedrige Luftwechselrate – für Wurzelgemüse, Lagerkohl und Kartoffeln.

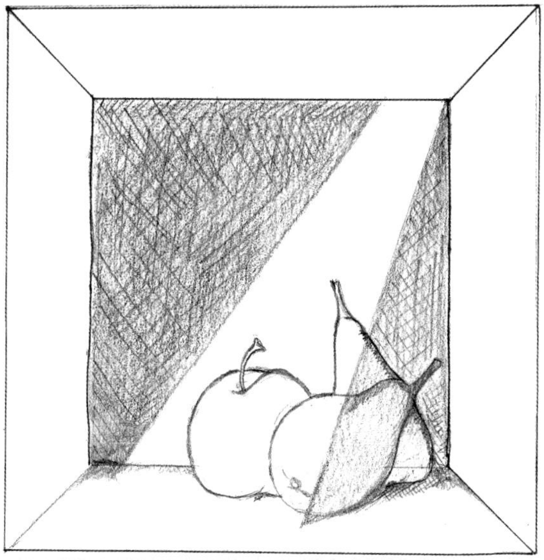

Obstkeller: dunkel, kalt, feucht / 0–5 °C, 90–95 % rel. Luftfeuchtigkeit / hohe Luftwechselrate – für Ethylen-produzierendes spätreifes oder im Lager nachreifendes Obst.

Speisekammer: dunkel, kühl, trocken / 10–15 °C, 60–70 % rel. Luftfeuchtigkeit / mittlere Luftwechselrate – für Kürbis, Süßkartoffeln, Nüsse, grüne Tomaten, Einmachgläser und Getrocknetes.

Zwiebellager: dunkel, kalt, trocken / 0–10 °C, 60–70 % rel. Luftfeuchtigkeit / mittlere Luftwechselrate – für Zwiebel und Knoblauch.

Mit vier unterschiedlichen Lagerorten kann man die eigene Ernte gut so lagern, dass man das ganze Jahr über ausreichend versorgt ist.

Eine einfache Lagerung von Kartoffeln: In Säcken auf einer Palette. So lassen sie sich (auch sortenrein) lagern und sie sind von unten gut belüftet.

Dieser „Obstkeller" ist ein ehemaliger Silo eines aufgelassenen Stalles.

wechselrate einige Monate lagerfähig. Sie sondern das Reifegas Ethylen ab und das Lager muss regelmäßig gut gelüftet werden.

Die optimale Temperatur, die man bei der Lagerung von Äpfeln anstrebt – und die keinesfalls dauerhaft unterschritten werden sollte –, liegt bei 2–3 °C. Birnen vertragen etwas tiefere Temperaturen (1 °C). Frostschäden treten ab -2 °C auf. Je höher die Temperatur, desto schneller laufen die Reifeprozesse ab und umso kürzer ist die mögliche Lagerzeit. Bei Temperaturen über 10 °C nimmt die Lagerfähigkeit rapide ab. Die Luftfeuchtigkeit sollte hoch sein. Aber Achtung – hohe Luftfeuchtigkeit und hohe Temperaturen sind eine fäulniserregende Kombination! Ein kühler, trockener Raum ist einem feuchten, warmen Keller vorzuziehen. Ebenso gilt: Auf ausreichende Lüftung achten (→ Seite 271).

Das Obst kann einlagig (platzsparend und übersichtlich in Regalen mit herausziehbaren Laden) oder in Kisten gelagert werden. Dann kann direkt in die Kisten geerntet werden. Wenn die Früchte vorsichtig behandelt werden, schadet es nicht, wenn sie übereinanderliegen. Viele Selbstversorger-GärtnerInnen haben gute Erfahrungen damit, das Obst auf Farnkraut oder Moos zu legen.

Die Speisekammer

Kürbis, Süßkartoffeln, grüne Tomaten sowie Getrocknetes und Einmachgläser werden wesentlich wärmer und trockener gelagert (dunkel, 10–15 °C, 60–70 % rel. Luftfeuchtigkeit, mittlere Luftwechselrate). Kürbisse werden in Kisten gestapelt oder in Netzen platzsparend unter der Decke aufgehängt (nie am Stiel aufhängen). Grüne Tomaten sollten Sie einlagig auflegen und Getrocknetes und Einmachgläser in stabilen (!) Regalen stapeln. Gut getrocknete Nüsse können platzsparend in prall gefüllten 10-Kilo-Kartoffelsäcken hängend gelagert werden. Idealerweise bei Temperaturen um die 10 °C und einer niedrigen Luftfeuchte (unter 65 %). Bei Zimmertemperatur gelagerte Walnüsse sollten nach vier Monaten (im Februar) nach und nach verbraucht sein, der Rest kann geknackt und tiefgefroren werden.

Hat ein Haus keine eigene Speisekammer: In vielen Häusern bieten isolierte Keller ähnliche Bedingungen.

Lagerung von Kürbissen Die Früchte an einem luftigen, trockenen Ort auflegen und nicht stapeln. Optimal sind Raumtemperaturen von 12–17 °C, Luftfeuchtigkeit 70–75 % (Minimum: 10 °C und 60 % Luftfeuchtigkeit). Kürbisse können auch in ungeheizten Räumen aufbewahrt werden. Je nach Sorte, Reifegrad und Lagermöglichkeit sind Kürbisse 2–7 Monate lagerfähig, manche Kürbissorten allerdings noch wesentlich länger (verschiedene Moschuskürbis-Sorten halten bis zu 1 Jahr, Feigenblattkürbisse sogar 2 Jahre. (→ siehe Tabelle Lagerfähigkeit, Seite 335)

Eine gute Speisekammer braucht viele stabile Regale.

Kürbisse können gut in ungeheizten Räumen gelagert werden.

Knoblauch in einer Scheune aufgehängt.

Das Zwiebellager

Knoblauch und Winterzwiebel werden an einem trockenen, aber kalten Ort gelagert (0–10 °C, 60–70 % rel. Luftfeuchtigkeit). Sie können Knoblauch und Zwiebel zu Zöpfen flechten und im Lager aufhängen oder in Kisten lagern.

Erfahrungen von Arche Noah-GärtnerInnen

Ein Haus mit Lagermöglichkeiten neu bauen

„Wir haben unseren Hof vor 15 Jahren neu gebaut. Der Hof liegt auf 1.450 m Höhe. Für die Lagerung unseres Gemüses, Obstes und zur Überwinterung von Pflanzen haben wir vier verschiedene Keller geplant. Wir hatten uns bereits intensiv mit dem Thema beschäftigt und wussten genau, was wir wollen.

In einem trockenen Lagerraum beim Heizraum lagern wir Zwiebel und Kürbisse. In einem dunklen, frostfreien Keller überwintern wir Balkonpflanzen und mehrjährige Kräuter wie Lorbeer und Zitronenverbene. Wir haben im Zuge des Neubaus auch zwei Erdkeller neu errichtet. Einen für Gemüse und einen für Obst. Sie liegen absonnig und am tiefsten und kältesten Punkt des Grundstücks, unterhalb des Stalls. Die Wände und die Decke sind betoniert, bei beiden Kellern geht ein „Erdfenster" zum Hang hin, durch das die Feuchtigkeit des Hanges in den Keller gelangen kann. Der Boden ist aus gestampftem Lehm und mit Lochziegeln ausgelegt, damit man ihn besser reinigen kann. Die Keller funktionieren im Großen und Ganzen sehr gut. Manchmal sind sie etwas zu feucht. Wir müssen immer wieder mal mit einem Lüfter arbeiten, um die Feuchtigkeit zu regulieren. Das hat aber auch den Vorteil, dass ich die Karotten nicht in Sand einschlagen muss, sie halten auch so sehr gut. Der Gemüsekeller hat eine Luftfeuchtigkeit von 95 %, im Winter 5 °C und im Sommer maximal 9 °C. Unsere Kartoffeln halten bis zum Sommer sehr gut. Da wir auf unserer Höhe keine Frühkartoffeln anbauen können, ist das Lager besonders wichtig. Paprika halten hier bis in den Dezember. Im Obstkeller lagert auch Wein. Auf unserer Höhe reifen Äpfel nicht mehr am Baum aus. Aber die Sorte ‚Topaz' können wir unreif ernten, sie sind im Lager ab Februar reif und halten dann bis Mai."

Brigitte Vogl-Lukasser, Osttirol

Verschiedene Lagertechniken und Orte kombinieren

„Wir haben in den letzten Jahren erste Erfahrungen mit der Selbstversorgung über den Winter gesammelt. Einiges hat sich gut bewährt: So haben wir Erfahrungen, unser Obst im alten Silo in der Tenne zu lagern. Der Silo ist zwei Meter tief und nach oben vier Meter hoch, oben ist er mit Brettern abgeschlossen. Das hat sich sehr bewährt. Den Silo-Geruch haben wir durch mehrfache Behandlung mit EM weggebracht. Wir haben einen halben Meter Lehmboden eingebracht und darüber eine Kiesschicht aufgebracht. Da wir im Januar bei uns oft längere Kälteperioden haben, müssen wir auf der Nordseite mit einer Holzverschalung und Stroh nachisolieren. Karotten, Rote Rübe und Kohlgemüse haben wir im November geerntet und im alten Stall gelagert. Nach unten haben wir mit Gummimatten isoliert und in Sand eingelagert. Allerdings eignet sich unser grober Sand nicht, das Gemüse trocknet aus. Die Karotten haben im Sägemehl fast besser gehalten. Am besten haben sie aber direkt im Feld unter einer Minitunnel-Konstruktion aus Weidenstecken und einem 60-g-Vlies gehalten."

Willi Ederle, Allgäu

In den meisten Häusern gibt es viele Möglichkeiten, um kleine Gemüsemengen kurzfristig gut zu lagern. Hier beim Abgang in den Keller.

Mit günstigen Hygrometern und Thermometern kann man verschiedene Räume auf ihre Eignung als Lagerräume testen.

Bestehende Lagermöglichkeiten prüfen und optimieren

Das Baujahr Ihres Wohnhauses ist eine erste grobe Orientierung bzgl. der Eignung eines bestehenden Kellers als Lebensmittellager. Erweitern Sie jedoch Ihren Blick auf Ihr gesamtes Wohnumfeld und ziehen Sie die Nutzung vorhandener Räume in all Ihren nicht oder kaum beheizten und nordseitig oder schattig gelegenen Wohn- und Nebengebäude als Lager in Erwägung. Auch Gartenhäuschen haben sich vielerorts als praktikabler Lagerort bewährt (idealerweise mit einem Frostwächter ausgestattet). Zahlreiche Erfahrungsberichte von experimentierfreudigen Menschen zeigen, dass sich nach geringen baulichen Adaptierungen Wintergärten, Terrassen (im Schattenbereich), Dachböden, Treppenhäuser, Gästezimmer, Kellerfensterschächte, Garagen, Schuppen, stillgelegte Brunnen und Silos, alte in Scheunen, Dachboden oder Kellern aufgestellte Kühlschränke, Gewächshäuser, Frühbeete, Hochbeete und anderes für einige Wochen oder Monate des Jahres als Frischlager eignen. Manche Menschen versetzen ihr Lagergut mehrmals pro Winter, je nach den Witterungsbedingungen. Das ist zwar mit etwas Aufwand und Kistenschleppen verbunden, aber allemal kostengünstiger, als einen neuen Erdkeller zu errichten.

Um die Eignung eines Raumes als Lager festzustellen, führen Sie Lager-Test-Experimente durch und beobachten Sie die raumklimatischen Verhältnisse im Jahresverlauf mithilfe einfacher und kostengünstiger Thermometer und Hygrometer (zur Messung der Luftfeuchtigkeit). Geringe Abweichungen von den optimalen Lagerbedingungen lassen sich mit einfachen Mitteln ausgleichen:

Zum Beispiel kann mein recht einfach ein helles Gästezimmer, das im Winter leer steht, abdunkeln und in eine kleine Speisekammer verwandeln oder einen verschließbaren Schrank als Mini-Speiselager aufstellen. Auch Scheunen oder Garagen können genutzt werden. Vielerorts stehen Silos leer, die zu sehr guten Lagermöglichkeiten umgewandelt werden können. Ist es hier zu zugig oder besteht Frostgefahr, können Sie

Im Klostergarten der Franziskanerinnen in Vöcklabruck wird Gemüse an verschiedenen Orten eingewintert: In Frühbeetkästen, einer Art Stadel und im Keller.

Lagerkraut lagert bis in den Winter im nicht heizbaren Stadel. Wenn es hier friert, wird es in den Keller umgelagert.

Wurzelgemüse lagert in den Frühbeetkästen. Diese werden im Frühling wieder mit Pferdemist und Erde gefüllt und zur Anzucht der Jungpflanzen und im Sommer zum Anbau von Gemüse genutzt.

das Lagergut oder den Bauteil, in dem sie ihre Wintervorräte eingelagert haben, zusätzlich mit Strohballen oder Decken dämmen. Kurze Perioden, in denen die Temperaturen zu tief sinken, kann man selbst mit einer – in einer Glaslaterne brennenden – Kerze überbrücken. Ist ein Keller zu trocken, lässt sich die erforderliche Feuchte durch Abdecken des Lagergutes mit einem (atmungsaktiven) Vlies, Aufhängen von nassen Tüchern, Aufstellen von Wasserschalen oder regelmäßiges „Gießen" des Bodens – sofern dieser nicht aus Holz oder Lehm ist – herstellen.

Hinweise für Lagerobst

- **Mehrere Orte nacheinander nutzen** Wenn Sie keinen idealen Lagerkeller haben, bewährt es sich bei Lagerobst, dieses zunächst draußen – zum Beispiel nordseitig unter einem Dachvorsprung oder auf einem Balkon – zu lagern. Auch ein Schuppen kann ein geeigneter Ort sein, solange es nicht friert. Besonders im November und Dezember sind die Temperaturen draußen für die Lagerung tauglicher im Vergleich zu einem zu warmen Keller. Bei leichten Frösten die Kisten abdecken und bevor es richtig kalt wird in einen Keller stellen.
- **Ein Kühlschrank im Keller ist super zum Lagern!** Die Luftfeuchte kann durch feuchte Tücher erhöht werden. Im kühlen Keller braucht das Gerät wenig Strom.
- **Isolierte Lagerkisten** Viele SelbstversorgerInnen haben damit in den letzten Jahren gute Erfahrungen gemacht: Das isolierende Material schützt vor Hitze und Frost. HeimwerkerInnen können Lagerkisten auch aus Holz tischlern und mit Stroh, Heu oder Schafwolle auskleiden (fertig angeboten werden sie bislang nicht). In diesen Kisten lassen sich Winteräpfel sehr gut lagern: Die Kisten werden am besten vor Niederschlägen und direkter Sonne geschützt aufgestellt: In einer Holzhütte, auf einem nordseitigen Balkon oder unter einem Vordach. Die Isolationsschicht schützt vor Frost bis -10 °C und vor Wärme. Fallen die Temperaturen über mehrere Tage unter -10 °C, müssen sie mit dicken Decken abgedeckt oder in einen Keller gebracht werden. Die Äpfel sind so bis März/April lagerbar.

Solange keine Frostgefahr besteht, lässt sich Obst auch gut regengeschützt im Freien lagern.

Heu als Isoliermaterial wurde zwischen Mantel und Obstkiste gestopft.

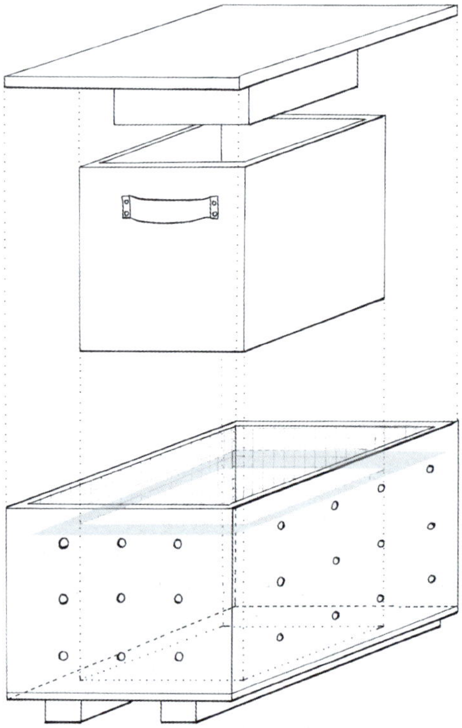

Die Lagerkiste besteht aus drei Teilen.

Bauanleitung von isolierten Obst-Lagerkisten

Die Lagerkiste besteht aus drei Teilen: dem Mantel, der Obstkiste und dem Deckel. Zwischen Mantel und Obstkiste wird das gewählte Isoliermaterial gestopft.

Am Boden des Mantels befinden sich 4 Holzklötze, auf denen die Obstkiste nach dem Verteilen des Isoliermaterials angeschraubt wird. In alle vier Seitenwände werden Löcher gebohrt, um einen gewissen Luftaustausch zu gewährleisten. Ausgekleidet wird der Mantel von innen mit Hasengitter (Sechseckgeflecht), damit sich keine Mäuse im Isoliermaterial einnisten können.

Materialliste:

Deckel

- OSB-Platte 12 mm
- 2 starke Scharniere
- Sperrholzplatte 8 mm
- Rechteckleisten 30 x 50 mm

Obstkiste

- Sperrholzplatte 8 mm
- Rechteckleisten 30 x 50 mm
- Hanfseil ca. 1 m

Mantel

- OSB-Platte 12 mm
- Rechteckleisten 30 x 50 mm
- Hasengitter
- 2 Holzstaffeln
- 4 Holzklötze 10 x 10 mm

Isoliermaterial

- Heu, geschnittenes Stroh, Schafwolle u. a.

„Die Rechteckleisten dienen der Verschraubung der jeweiligen Platten. Zur Fixierung des Hasengitters nimmt man am besten U-Haken (die allerdings schwer in die OSB-Platten einzuschlagen sind). Der Deckel hat auf der Unterseite einen Isolieraufsatz, der ebenso mit dem gewünschten Isoliermaterial (z. B. Heu) gefüllt wird. Es ist darauf zu achten, dass der Isolieraufsatz möglichst genau in die Apfelkiste passt. Die Apfelkiste kann bis zu 40 cm mit Obst befüllt werden. Die restlichen 10 cm sind für den Isolieraufsatz."

Jörg Hopfer-Karatzias

Karotten und …

… Rote Rüben kann man gut in Kisten zwischen Sägespänen und Kokosfasern lagern.

Hinweise für Lagergemüse

- **Platzbedarf von Lagergemüse** Der Platzbedarf zum Einlagern von Wintervorräten wird gerne überschätzt. Der tatsächliche Lagerraumbedarf hängt davon ab, ob Sie das Lagergut aufschütten, in Steigen stapeln oder sorgfältig in ein Sandbett stecken. In loser Schüttlagerung brauchen 25 kg Wurzelgemüse ein Lagervolumen von 0,05 m³ (1 m x 0,5 m x 0,1 m), in Gemüsesteigen (60 cm x 40 cm x 24 cm) braucht dieselbe Menge mehr als doppelt so viel Platz, nämlich 0,12 m³.
- **Lagerverluste** Je nach Gemüseart und Lagermöglichkeiten muss man beim Einlagern mit einem Gewichtsverlust zwischen 2 und 12 % rechnen.
- **Wurzelgemüse „einschlagen"** Wenn Sie einen Keller haben, der eigentlich zu trocken ist für die Lagerung von Wurzelgemüse, können Sie dieses direkt am Boden oder in Kisten mit Sand, Kies, Lehmerde oder einer Mischung daraus lagern. Dazu werden die Karotten in einzelnen Lagen dicht aneinandergelegt und wieder mit etwas Sand überhäuft („eingeschlagen"). Wichtig ist, dass Sie die Feuchtigkeit kontrollieren. Es kann sein, dass Sie hin und wieder befeuchten müssen. In Sandbeetkästen können Karotten, Pastinaken und anderes Wurzelgemüse „gesteckt" oder „eingeschlagen" sehr übersichtlich angeordnet werden. Wichtig ist, dass Sie den Sand im Sommer reinigen (→ siehe Seite 271) oder erneuern. Bei Arche Noah hat sich folgende Lagerung bewährt: Rote Rüben, Karotten und anderes Wurzelgemüse wird in Kisten in einem Gemisch von Sägespänen und eventuell Kokosfasern gelagert. Dieses kommt am Ende der Lagersaison auf den Kompost.

Einen bestehenden Hauskeller als Lagerraum nutzen

Einen Hauskeller kann man durch die Installation einer Raumlüftung stark aufwerten. Wenn Sie einen bestehenden Keller für die Lagerung von sowohl Obst als auch Gemüse verwenden wollen, bauen Sie zwei Abteile mit getrennter Lüftungsführung ein.

Werden Sie in direkter Wohnumgebung nicht fündig, können Sie auch die Nutzung eines Kellers in Ihrer Nachbarschaft in Betracht ziehen – vielleicht gemeinschaftlich mit Ihren Nachbarn. Wohnen Sie

In Sand verlegte alte Ziegel sind ein idealer Bodenbelag im Keller und können auch gut feucht gehalten werden, wenn man hier statt Flaschen Obst lagern will.

In einer Erdmiete können Wurzelgemüse gut gelagert werden, ohne aufwändige und teure Lagermöglichkeiten zu bauen.

Hier werden Äpfel in einem Schacht im Garten gelagert, der bei Frost zusätzlich abgedeckt wird.

in einer Region mit Weinbautradition, dann fragen Sie nach leerstehenden Weinkellern und lassen Sie diese von einem Baumeister oder Statiker begutachten. Vor allem, wenn sie länger nicht in Verwendung waren.

Lagermöglichkeiten neu schaffen

Erweisen sich Ihre vorhandenen Räumlichkeiten als nicht ausreichend oder zufriedenstellend, kommen verschieden aufwändige Möglichkeiten in Frage, um Gemüse und Obst auch im Winter aus dem Lager holen zu können: Kleinere Mengen Wurzelgemüse lassen sich in Gefäßen im Garten eingraben, Obst kann gut in einfach zu bauenden isolierten Kisten gelagert werden. Größere Mengen lassen sich in Erdmieten einlagern. Diese sind kostengünstig, müssen aber jährlich neu angelegt werden. Aufwändiger, aber über mehrere Jahrzehnte nutzbar, ist ein neu gebauter Erdkeller.

Gefäße vergraben

Sie können verschließbare Holz-, Metall- oder Tongefäße vergraben und mit Lagergut befüllen. Luftdichte Plastikgefäße eignen sich nicht. Zum Beispiel funktionieren aber alte Waschmaschinentrommeln gut, da diese auch einen guten Schutz vor Fraßschäden durch Nagetiere bieten – allerdings fassen sie nur kleinere Mengen. Die Gefäße dürfen keinesfalls luftdicht sein. Gefäße, die nicht verschließbar sind, müssen mit einem feinen Drahtgitter zusätzlich geschützt werden. Auch (eine Unterlage aus) Walnusslaub hilft, Mäuse abzuhalten.

Erdmieten

In der alten Gartenbau-Literatur sind sie immer beschrieben. In den letzten Jahrzehnten ging das praktische Wissen, wie man Erdmieten errichtet – und pflegt – an den meisten Orten verloren. Viele Gärtner-

Innen, die in den letzten Jahren versucht haben, ihre Gemüseernte so zu schützen, sind daran gescheitert: Die Mäuse haben das Gemüse gefressen, oder es ist in der Erdmiete verschimmelt oder erfroren. Alles wenig erfreulich, wenn Sie ein ganzes Jahr gegärtnert haben und ihre Ernte dann so endet. Erdmieten müssen jährlich neu errichtet werden. In den letzten Jahren gibt es aber auch Beispiele von Erdmieten, die gut funktionieren (→ siehe Erdmieten am Lebensfeld Jaksch, Seite 268).

Grundsätzlich gilt: Erdmieten sind etwas aufwändig zu errichten und müssen gewartet und gepflegt werden. Sie eignen sich vor allem zur Einlagerung von größeren Mengen. Es braucht – wie auch im Garten – etwas Erfahrung, wie die eigenen Möglichkeiten optimal genutzt werden können und welcher Platz sich wirklich eignet. Da eine Miete nicht – wie ein Keller – begehbar ist, können Sie Ihr Lagergut auch nicht überprüfen, ohne die Miete zu öffnen. Allerdings haben Sie – neben den niedrigen Kosten – einen weiteren großen Vorteil: Sie müssen in kleinerem Umfang nicht baubehördlich bewilligt werden und können meist auch außerhalb von als Bauland gewidmeten Flächen errichtet werden.

In einer Erdmiete wird das Lagergut (evtl. leicht vertieft) pyramidenförmig angehäuft oder in Kunststoff-Gitterkisten oder stabilen Holzkisten aufgestapelt und mit Stroh oder Heu und Erdreich frostsicher überdeckt. Richten Sie eine Erdmiete in Nord-Süd-Richtung aus, um die der Mittagssonne exponierte Fläche zu minimieren. Bei starkem Wind aus Ost oder West, richten Sie die Erdmiete in Ost-West-Richtung aus um die Windangriffsfläche zu minimieren. Erdmieten für Wurzelgemüse werden gewöhnlich ohne Belüftungskanäle ausgeführt, sondern ganz mit Erde ummantelt. Wenn Sie Wurzel- und Kohlgemüse sowie Kartoffeln gemeinsam in einer Miete einlagern, sollte diese belüftet sein.

In alten Waschmaschinentrommeln können kleine Mengen von Wurzelgemüse gelagert werden.

Das Kartoffellager ist in den Boden des Erdkellers eingelassen.

Die Lufttemperatur im Keller beträgt im Winter nie unter 4 °C und im Sommer nie über 10 °C. Die relative Luftfeuchte liegt zwischen 60 und 80 %.

Ein Hof lehrt Selbstversorgung: Das Lebensfeld Jaksch

Der Hof des Lebensfeldes Jaksch liegt im Rosenheimer Becken im Alpenvorland auf 560 m Seehöhe. Hubert Jaksch hat den Hof von seinen Eltern übernommen. Das Lebensfeld versorgt ca. 80 Haushalte über das ganze Jahr mit Obst, Gemüse, Getreide, Saaten und Hülsenfrüchten und versteht sich auch als Bildungsprojekt: So bietet das Lebensfeld Jahres-Seminare an, in denen Menschen unter der Praxis-Anleitung von Hubert Jaksch lernen, wie Gemüse gesät, gepflanzt, geerntet und gelagert wird und wie Humus gezielt im Garten aufgebaut werden kann. Der Betrieb baut ausschließlich samenfeste Gemüsesorten an und vermehrt spezielle Lagersorten, die nach Lagerfähigkeit selektiert werden.

Da das Lebensfeld Jaksch seine Ernte-AnteilsnehmerInnen über das ganze Jahr versorgt, spielt die Lagerhaltung eine besondere Rolle. Obst und Zwiebeln lagern getrennt im frostfreien Lager, Kürbis im beheizten Lager. Große Mengen von Wurzel- und Kohlgemüse werden auf ausgetüftelte und bewährte Weise zunächst in Erdmieten und dann chargenweise im Erdkeller gelagert.

Den ca. 30 Jahre alten Erdkeller (ein Kreuzgewölbe aus Vollziegel) hat Hubert Jakschs Vater selbst errichtet – in einem bewaldeten Nordhang, der direkt an das Gebäude anschließt. Die Gewölbe sind mit einer Lehmschicht abgedichtet, mit Kies und Erdreich überdeckt und im Fundamentbereich gut drainagiert. Im Sommer hat es maximal 15 °C im Erdkeller. Die beiden Kellerabteile sind mit je einer Zu- und Abluft mit Ventilator ausgestattet. Im Herbst wird in der Nacht gelüftet, um den Keller rascher abzukühlen. Im Erdkeller steht das Gemüse nur wenige Wochen – bis zur Verteilung an die CSA-Mitglieder.

Zur langfristigen Einwinterung von Wurzelgemüse und Kartoffeln werden jedes Jahr im Herbst die Erdmieten neu angelegt. Die 2–3 etwa 1,5 m hohen Mieten nehmen eine Fläche von 50–80 m² ein und werden immer am gleichen Ort – unter einem Walnussbaum am zentralen, schattigen Platz des Hofes – errichtet. Die zeitliche Abfolge der Einwinterung richtet sich genau nach der Witterung des jeweiligen Jahres: Vor dem ersten Frost zwischen Ende September und Ende November wird das Lagergemüse geerntet und unter freiem Himmel in Kunststoff-Gitterkisten aufgestapelt.

Bevor das Gemüse in der Erdmiete eingelagert werden kann, muss es abkühlen. Dazu stehen die bereits gefüllten Kisten nachts unbedeckt und untertags mit einem Vlies oder einer Decke – vor der Wiedererwärmung durch die Sonne geschützt – im Freien. Erst wenn der Nussbaum seine Blätter abwirft, werden die Erdmieten errichtet: Die erste Schicht ist eine Lage Walnussblätter, sie hält Nagetiere ab. Bis zu vier Kisten werden gestapelt und dicht an dicht aneinandergestellt. Der fertig errichtete Kistenturm wird mit 10 cm Stroh oder Heu überdeckt, das noch mit ca. 20 cm Erde beschwert wird. Das Stroh oder Heu wird möglichst vertikal angeordnet, damit das Wasser entlang der Halme ablaufen kann. Am Scheitel der Miete werden ganze Büschel Stroh oder Heu geknickt und nebeneinander zu einem „Dachfirst" aufgesetzt. Die Erdschicht dient hauptsächlich der Beschwerung. Kommt eine Schneedecke hinzu, wirkt diese zusätzlich isolierend. Bei langen Kahlfrösten (ohne Schneedecke) kann es zu leichten Frostschäden kommen. Dafür trocknet das Lagergut nie aus, Rote Rüben haben sogar schon während der Lagerung an Gewicht zugenommen. (www.lebensfeld-jaksch.de).

Im Erdkeller lagert das Gemüse nur nach der Auswinterung bis zur Verteilung.

Auslagerung des Gemüses aus der Miete.

Der Erdkeller – natürliche Klimatisierung

Ein natürlich klimatisierter Lagerraum ist gerade für die Selbstversorgung gut und sinnvoll. Das Prinzip: bis zu einer Tiefe von etwa einem halben Meter wirken sich tägliche Temperaturschwankungen auf das Erdreich aus. Doch Bereits in einem Meter Tiefe hat das Erdreich konstantere Temperaturen als die Luft an der Erdoberfläche. Diese natürliche Kühlung – und den Feuchtigkeitsaustausch mit dem umgebenden Erdreich – nutzt ein Erdkeller aus. Das ist möglich, indem der Keller aus den geeigneten Materialien an einer geeigneten Stelle errichtet wird. Für die Lagerung muss dann keine zusätzliche Heiz- oder Kühlenergie aufgebracht werden. Immer mehr BaumeisterInnen und ArchitektInnen sammeln Erfahrung, wie man mit modernen Mitteln Erdkeller errichten kann. Denn das Wissen dazu ist vielerorts verloren gegangen.

Wenn Sie einen Lagerraum schaffen, der an mindestens einer Seite erdberührt und im nicht frostsicheren Bereich zum Außenraum hin gedämmt ist, dann wird sich in diesem Raum eine relativ konstante Raumtemperatur von ca. 5 °C im Winter und 10–15 °C im Sommer einstellen. Ebenfalls wird die Feuchte des Erdreiches positiv auf das Raumklima im Lager einwirken und eine hohe relative Luftfeuchte von 70–90 % herstellen. Nach diesem Prinzip der „natürlichen Klimatisierung" funktioniert jeder Erd-, Bio- oder Naturkeller so wie der alte Hauskeller. Ein natürlich klimatisierter Lagerraum kann nicht auf Knopfdruck ein bestimmtes Raumklima herstellen. Auch ist es wichtig, Wetter, das Klima im Lagerraum und das Lagergut zu beobachten und zu kontrollieren.

Neubau eines Erdkellers

Zu einem bestehenden Wohngebäude wird ein Erdkeller in der Regel als freistehendes Gebäude im Gelände oder im Anschluss an eine bestehende Kelleraußenwand errichtet. Im Zuge eines Hausneubaus kann ein Erdkeller auch als thermisch abgetrennter Teil des in moderner Kellerbauweise gebauten Hauskellers errichtet werden. Dies ist eine etwas ungewöhnliche und anspruchsvolle Bauaufgabe, aber es ist durchaus möglich und spart Kosten, wenn Hauskeller und Erdkeller gemeinsam errichtet werden. Wenn Sie vom Wohngebäude aus direkt in den Erdkeller gelangen können, ist das natürlich (vor allem im Winter) sehr praktisch, um regelmäßig Lagergut abzuholen.

Bei der Standortwahl eines freistehenden Erdkellers sind zudem noch weitere Aspekte zu beachten:

- Ein Erdkeller muss im Alltag – und zwar zu jeder Jahreszeit und bei jedem Wetter – gut erreichbar sein: Eventuell wollen Sie mit Handgeräten wie einer Schubkarre (Scheibtruhe) oder Sackkarre (Sackrodel) das Lager befahren und unter einem Dachvorsprung zum Lager fahren können.
- Ein Erdkeller gewisser Größe ist in allen Bundesländern Österreichs baubehördlich genehmigungspflichtig. Sie müssen sich also mit der Bauordnung in Ihrem Bundesland und dem Flächenwidmungsplan Ihrer Gemeinde auseinandersetzen und um Baugenehmigung ansuchen.
- Bringen Sie die örtlichen Gegebenheiten in Bezug auf Grundwasserverhältnisse (im Jahresverlauf) und Bodenbeschaffenheit in Erfahrung. Das geplante Lagerraumniveau sollte deutlich über dem Jahreshöchstniveau des Grundwassers liegen. Ein Bauplatz mit hohem Grundwasserspiegel oder großer Überschwemmungsgefahr ist für einen Erdkeller nicht geeignet.
- Um Wärmeeinträge in den Keller durch Sonneneinstrahlung abzuwenden, suchen Sie einen möglichst schattigen Platz, an dem Sie den Zugang zum Keller nach Norden ausrichten können. Von einer Südhanglage ist eher abzuraten. Beachten Sie die Hauptwindrichtung bei Dämmung und Abdichtung des Gebäudes sowie bei der Lüftungsausrichtung.
- Auch die Zuluft sollte nordseitig, also schattig gelegen sein.
- Um die Baukosten möglichst gering zu halten, sollte der Bauplatz für Baumaschinen und Transportfahrzeuge in der Bauphase gut erreichbar sein.
- Stellen Sie Regale und Kisten aus hochwertigen Hölzern her und schützen Sie sie mit einer Unterlage aus Bitumenpappe vor aufsteigender Feuchte.

Dieser Erdkeller wurde im Garten neu errichtet.

Erfahrungen von Arche Noah-GärtnerInnen

„Vor vier Jahren haben wir einen freistehenden Erdkeller gebaut. Die Errichtung war viel aufwändiger als ich erwartet hatte. Jetzt bin ich aber sehr froh um den Keller: Die Äpfel halten bis in den Juni – bis die ersten Erdbeeren reif sind. Pastinaken halten bis in den Mai. Ein Bekannter, der in Pension und ein geschickter Handwerker ist, hat ihn für uns gebaut. Obwohl wir viel mitgeholfen haben, hat der Bau 18.000 Euro gekostet. Der Keller ist 3 x 6 m groß und hat einen Vorraum. Er ist innen aus Vollziegeln und mit einem Gewölbe gemauert, darüber liegt eine Baustahlmatte. Bis Anfang Juni hat er konstant 7 Grad, danach erwärmt er sich bis September auf bis zu 15 Grad. Dann ist wichtig, ihn wieder abzukühlen. Wir haben eine Gittertüre, die ich im Herbst nachts offenlasse, damit es wieder abkühlt."

Irmgard Scheidl, Ost-Steiermark, naturgarten-scheidl.at

Größe und Raumaufteilung

Wie bereits ausgeführt (→ siehe Lagergruppen, Seite 272) eignen sich Wurzelgemüse, einige Arten Kohlgemüse und Kartoffeln sowie Lagerobst für die langfristige kalt-feuchte Frischlagerung in einem Erdkeller. Aufgrund der Reifegas-Empfindlichkeiten von Lagerkohl und Kartoffeln sollten Sie unbedingt mindestens zwei baulich getrennte und getrennt belüftete Keller oder Räume innerhalb eines Kellers vorsehen! Ebenso ist es sehr zu empfehlen, den eigentlichen Lagerräumen einen Vorraum vorzuschalten, der als klimatischer Puffer zum Außenraum oder einem beheizten Innenraum dient.

Ein Lagerraum oder Lagerkellerabteil sollte mindestens 5 m² Grundfläche haben, damit Sie sich darin noch gut bewegen können. Der gesamte Wintervorrat an frischgelagertem Wurzelgemüse, Lagerkohlen, Kartoffeln und Obst eines 4-Personen-Haushalts findet auf insgesamt 15 m² Lagerfläche gut Platz.

Bauweisen und Materialien

Wände und Fundamente eines Erdkellers müssen die Dachlasten (evtl. mit Erdreichüberdeckung), Nutzlasten und Schneelasten ableiten sowie dem seitlichen Erddruck standhalten. Eine gewisse Komplexität ergibt sich im Grundbau immer durch den Anschluss des Bauwerks an den sehr heterogenen Werkstoff „gewachsener Boden". Bauweise und Materialität sollten immer in Abhängigkeit der lokalen Gegebenheiten (Bodenverhältnisse, verfügbare Baustoffe, Höhenlage, Klima etc.) gewählt werden.

Seit einigen Jahren kommen bei der Errichtung von Lagergebäuden neben den bewährten Baustoffen Naturstein, Ziegel und (Stahl-)Beton auch nachwachsende und wiederverwertbare Baustoffe wie Holz, Stroh und Lehm zum Einsatz.

So hat Familie Holzer im Lungau in Zusammenarbeit mit dem Architekten Jens Kalkhof seit dem Jahr 2000 mehrere ca. 5 m² große Lagerbauten in Holz-Massivbauweise sehr kostengünstig errichtet. Das Planungsbüro bauteiler in Wien konzipiert Erdkeller und Lagereinrichtungen in Holz-Lehm-Verbundbauweise, die teilweise im Selbstbau errichtet werden können.

Begrünte Dächer, ob sie nun mit dem umgebenden Gelände verschmelzen oder nicht, passen hervorragend zu Erdkellern, regulieren erwiesenermaßen die Wärmeeinwirkung durch Sonneneinstrahlung auf das Gebäude und kompensieren die Bodenversiegelung der Verbauung. Es empfiehlt sich eine Kombination aus Wärmedämmschutz und Begrünung des Erdkeller-Daches. Ein begrüntes Erdhügeldach kann die Wärmedämmung nicht vollständig ersetzen. Humus und Erdreich haben je nach Zusammensetzung und Feuchtegehalt die 10 bis 100-fache Wärmeleitfähigkeit wie handelsübliche Dämmstoffe. 10 cm Wärmedämmung wirken also wie 1 m trockene oder 10 m feuchte Erdüberdeckung, haben ein viel geringeres Gewicht und verringern die Dachlasten.

Kosten

Ein freistehender, dauerhaft nutzbarer Erdkeller kostet mit allen Erdarbeiten etwa 1.000 Euro pro Quadratmeter Nutzfläche. Einsparpotentiale bieten einfache, weniger dauerhafte Bauweisen, die Reduktion der Nutzfläche auf das absolute Minimum von 5 m², eine nur teilweise unterirdisch liegende Lösung (Minimierung der Erdarbeiten und des abzutransportierenden Aushubs) sowie selbst Hand anlegen und bei der Errichtung mithelfen.

Lüften – so viel wie nötig und so wenig wie möglich

In einem kalt-feuchten Erdkeller sollte ein regelmäßiger Luftwechsel stattfinden, um Reifegase ab- und Frischluft zuzuführen. Eine Konzentration von Reifegasen würde den Verderb des Lagerguts stark beschleunigen. Eine konstante Luftbewegung wirkt Fäulnis und Schimmelbildung entgegen, zu starke Luftbewegung führt zu Austrocknung des Lagerguts. Sie müssen hier einen guten Kompromiss finden!

In der Übergangszeit, wenn die Außenluft deutlich wärmer ist als die Lufttemperatur im Keller, darf die Lüftung nur nachts geöffnet werden. Wann immer es draußen kühler ist als in Ihrem Keller, lassen Sie die kühle Luft einströmen um Ihren Lagerraum und das Lagergut zu kühlen. Wenn Sie die Zuluft befeuchten erzielen Sie zusätzliche Kühlungseffekte durch die sogenannte Verdunstungskälte. Trotzdem ist es weder unbedingt notwendig noch realistisch einen Erdkeller bei gleichbleibend hoher Luftfeuchte auf 0 °C abzukühlen. Sollte nach langen starken Frösten die Temperaturen im Keller dennoch drohen, unter 0 °C zu fallen, reduzieren Sie die Lüftung auf ein Mindestmaß. Planen Sie Ihren Erdkeller auf jeden Fall mit Zu- und Abluftkanälen. Der Lüftungsquerschnitt sollte mindestens 20 cm² pro m² Bodenfläche betragen und die Lüftungsauslässe sollten stufenweise zu öffnen und zu verschließen sein. Für den notwendigen Luftwechsel ist eine von Luftdruckunterschieden angetriebene „Natürliche Lüftung" (warme Luft seigt auf), evtl. unterstützt durch den „Kamineffekt" eines besonders langen Abluftrohres bzw. durch den Saugeffekt eines Lüftungsaufsatzes, in der Regel ausrcichend um den gewünschten Luftwechsel zu erzielen. Wenn Sie die Lüftung darüber hinaus steuern wollen, setzen Sie einen elektrisch betriebenen Ventilator ein.

Pflege eines Erdkellers

Ein Erdkeller sollte einmal im Jahr vollständig geleert, ausgekehrt und eventuell gekalkt werden. Reinigen und waschen Sie auch Möblierung und Transportgerät und lassen Sie diese an der Sonne trocknen und lüften. Tauschen Sie die festen Lagermedien jährlich im Zuge der sommerlichen Kellerreinigung aus, um Krankheiten nicht in die nächste Lagersaison zu verschleppen. Oder breiten Sie den Sand im Hochsommer an trockenen heißen Tagen in der Sonne aus. Auch das UV-Licht der Sonne desinfiziert den Sand.

Grundregeln für Ernte und Lagerung

Für die erfolgreiche Lagerung gibt es einige Grundregeln:

- Die Gemüse- oder Obstsorte muss sich zum Einlagern eignen.
- Kranke oder faule Früchte oder Gemüse dürfen nicht eingelagert werden, sondern gehören gleich verbraucht.
- Nur schöne, gesunde und unverletzte Früchte und Gemüse einwintern.

Ein geräumiger und gut strukturierter Erdkeller.

- Die Ernte, die eingelagert werden soll, auf keinen Fall waschen.
- An einem trockenen Tag ernten, wenn der Morgentau abgetrocknet ist.
- Wenn Sie einen Erdkeller haben: Dieser ist erst dann ein guter Lagerort, wenn er bereits abgekühlt ist. Generell lagert man nichts im Herbst gleich in den Erdkeller, wenn dieser noch warm ist. Geerntetes Gemüse muss auch abkühlen, bevor man es in einer Erdmiete lagert. (→ siehe Hinweise bei Erdmiete, Seite 268).

Obst Möglichst zur Baumreife (weder davor noch danach) ernten. Test: Die Frucht nach oben heben, bis sich der Stiel durch das Heben (und nicht Ziehen) vom Ast löst; bei Winterapfel- und Birnensorten sind die Samen dann braun bis schwarz. Die Früchte vorsichtig pflücken und sanft in die Lagerkisten legen.

Kiwis Möglichst spät, vor dem ersten starken Frost ernten. Die Samen müssen schwarz sein.

Walnüsse Aufklauben, Schalenreste abbürsten und ideal bei ca. 25 °C trocknen (z. B. in einem Heizkeller oder im Wohnraum in aufgehängten Kartoffelsäcken, dann maximal 2 kg/Sack) oder auch bei tieferen Temperaturen, wenn der Ort gut durchlüftet ist (Dachboden, Schuppen, Garage). Dann nur einlagig auflegen und regelmäßig bewegen/wenden. Ausreichend trocken für die Langzeitlagerung sind sie, wenn sie die Hälfte ihres Gewichtes verloren haben. Test: das Trennhäutchen zwischen den Nusshälften knackt, wenn man es bricht.

Zwiebeln und Knoblauch In der Sonne gut trocknen lassen.

Kürbisse Noch am Beet bei feuchter Witterung Ziegel oder Steine unter die Früchte legen, nur Früchte mit Stiel einlagern, Schale darf sich mit Fingernagel nicht mehr einritzen lassen, Erdreste abwischen.

Wurzelgemüse Nur große Exemplare von Karotten, Pastinaken etc. einlagern. Kleinere sofort verbrauchen.

Lagerkohl Idealerweise samt Strunk aus der Erde ziehen und die Wurzeln grob von Erde befreien. Ohne Strunk nur einschichtig (zum Beispiel in Obstkisten) lagern.

Kartoffeln Ernte erst, wenn die Schale ausgehärtet ist (frühestens zwei Wochen nach Absterben des Krautes) und nur bei trockenem Wetter.

Literatur

- Lorenz-Ladener, Claudia (1990): Naturkeller. Staufen bei Freiburg: ökobuch Verlag.
- Böttcher, Horst (1996). Frischhaltung und Lagerung von Gemüse. Stuttgart: Verlag Eugen Ulmer.
- Dopisch/Fast/Gutenbrunner/Schlögl/Zefferer (2014): Historische und moderne Lagerungstechniken sowie Anbaumethoden im heizungsfreien Wintergemüseanbau und Untersuchungen der Anwendung im Burgenland, in der Steiermark und in Wien, Bachelorarbeit, BOKU Wien.
- Geyer, Martin und Praeger, Ulrike (2012): Lagerung gartenbaulicher Produkte. Darmstadt: Kuratorium für Technik und Bauwesen in der Landwirtschaft e. V.
- Bubel, Mike und Nancy (2015): Der eigene Naturkeller - wie Sie Obst und Gemüse richtig einlagern und lange frisch halten. Rottenburg a. N.: Kopp Verlag.

Dieser Erdkeller (Krameterhof, Lungau) sitzt im Hang und ist mit cirka 1 m Erdreich überschüttet. Die Abluft befindet sich am Scheitel des Gewölbes und wird über Dach geführt.

Nicht überall kann Gemüse ertragreich im Mutterboden wachsen.

Umsetzung

Gemüse anbauen

Beetformen

Am Anfang eines Gemüsegartens steht oft die Frage, wie Gartenland neu angelegt werden kann. Wer einen bereits seit vielen Jahren oder gar Jahrzehnten als biologischen Garten bewirtschafteten Boden „erbt", kann sich glücklich schätzen (→ siehe Hortisol, Seite 189)**. Viele, die neu zu gärtnern anfangen, müssen auf kargen Böden Gartenland schaffen. Dazu muss meist fruchtbare Erde herangebracht oder in den ersten Jahren mit etwas Aufwand geschaffen werden. Dieses Kapitel beschreibt die Anlage von Boden-, Rahmen-, Hügel- und Hochbeeten und zeigt, für welche Zwecke und Gärten sie sich jeweils eignen.**

Bodenbeet

Direkt im Mutterboden zu gärtnern ist überall möglich, wo der Boden nicht verdichtet ist und einen Humus-Horizont von mindestens 20–30 cm hat. Das ist in der Regel nur dort der Fall, wo entweder seit langem Gartenland besteht oder wo man eine Wiese oder einen Acker in Gartenland umwandeln kann.

Wiese in Gartenland umwandeln

Rasen- oder Wiesenflächen lassen sich auf verschiedene Art und Weise in Gartenland umwandeln. Wer eine größere Fläche umbrechen will, kann – vorausgesetzt, man kann gut zufahren – einen Bauern bitten, die Fläche mit dem Pflug zu bearbeiten. Idealerweise bricht man im September und eggt und sät noch eine abfrierende Gründüngung ein (→ siehe Seite 212).

Kleinere Flächen können auch mit **anderen Methoden** arbeits- und kräftesparend in Gartenland umgewandelt werden:

- **Die Heu-Kartoffel-Methode** In warmen Lagen ab März, in kühleren Regionen Anfang April – jedenfalls bevor das Gras wieder zu wachsen beginnt – Kartoffeln im richtigen Pflanzabstand (→ siehe Kartoffel, Seite 347) auflegen und 40 cm trockenes Heu aufschichten. Hat das Gras schon angetrieben, muss es noch einmal gemäht werden. Nach 4–5 Wochen treibt das Kartoffelkraut aus dem Heu aus. Auch wenn die Kartoffelernte im ersten Jahr nicht üppig ausfällt, ist der Boden nach der Ernte locker und gut bearbeitbar für das kommende Jahr. Nach der Kartoffelernte am besten noch eine nicht abfrierende Gründüngung anbauen (→ siehe Seite 212).

- **Abdecken mit schwarzer Folie** Auch diese Methode ist arbeits- und kräfteschonend. Hat das Gras schon durchgetrieben, wird noch einmal gemäht. Dann gibt es zwei Möglichkeiten, die sich bewährt haben:
- **Die Mist-Variante** Auf der Fläche Rinder- oder Pferdemist ausbringen. Es eignen sich auch siliertes Gras oder fermentierte Küchenabfälle (→ siehe Seite 196). Pro Quadratmeter sollte man 20 Liter aufbringen. Das sind recht große Mengen. Wer nicht so viel Mist oder Abfälle zur Hand hat, kann auch von Jahr zu Jahr jeweils kleinere Flächen anlegen. Darüber kommt eine schwarze – licht- und wasserundurchlässige – Folie oder Plane, die man an den Seiten idealerweise gut eingräbt oder mit Steinen befestigt, damit der Wind sie nicht wegbläst. Im Laufe des Jahres arbeiten nun die Würmer – die auf einer Wiesenfläche ohnehin schon da sind – den Mist in den Boden ein, gleichzeitig lockern sie den Boden. In trockenen Sommern muss gegossen werden, da sonst keine Umsetzung stattfindet – die Regenwürmer arbeiten den Mist nur ein, wenn es auch gut feucht ist. Diese Fläche ist so gut aufgedüngt für den Start im kommenden Gartenjahr. Im folgenden Frühjahr kann man dann die Folie entfernen. Es kann sein, dass sich unter der Folie auch Schnecken besonders wohlgefühlt haben, diese sollte man sorgfältig absammeln.
- **Die Heißrotte-Kompost-Variante** Über den Sommer legt man eine schwarze Plane oder Folie auf die gewünschte Fläche. Darunter verbrennen die Wiesenpflanzen und sterben ab. Im Herbst entfernt man die Plane, die abgestorbenen Pflanzenreste verbleiben auf der Fläche, auch muss der Boden nicht zusätzlich gelockert werden. Nun bringt man 7–10 cm rohen Kompost auf, der sich noch in der Heißrottephase befindet. So einen Kompost können Sie sich von einem Kompost-Werk liefern lassen. Kompost, der noch in der Heißrotte ist, enthält sicher keine Schneckeneier und auch Krankheitskeime sind abgetötet. Im Frühjahr wird sobald als möglich noch eine Schicht von 2–3 cm Anzuchterde aufgebracht und die ersten Pflanzen können gesetzt werden.

Die Heu-Kartoffel-Methode: Rasen oder Wiese kann mit 40 cm trockenem Heu abgedeckt werden. In dieses können gleich Kartoffeln oder Jungpflanzen gesetzt werden.

Heißrotte-Kompost-Variante: Unter der schwarzen Plane sind die Pflanzen abgestorben und nun Futter für Mikroorganismen, die man ansiedeln will, um einen fruchtbaren Boden aufzubauen.

Gemüsebeete anlegen

Sobald der nun offene Mutterboden abgetrocknet ist (das ist der Fall, wenn keine Erde mehr an den Schuhen kleben bleibt), können Sie direkt Gemüsebeete anlegen. Dazu braucht es Schnüre, ein Maßband und Stecken: Die Fläche, auf der der Gemüsegarten angelegt werden soll, wird dann in Wege und Beete unterteilt. Die Beete sind idealerweise 120 cm breit, sodass sie von beiden Seiten gut bearbeitet werden können. Randbeete – zum Beispiel am Zaun oder an einer Hausmauer – sind schmaler, maximal 60 cm breit. Die Wege sollten mindestens 20 cm, besser 40–50 cm breit sein, wenn sie mit einer Schubkarre (Schubkarre/Scheibtruhe) befahren werden sollen. In den Beeten muss nun der Boden noch mit einer Grabegabel (→ siehe Seite 235) gelockert werden. Anschließend wird mit einem Rechen oder einem Grubber das Beet so eben wie möglich gerecht. Wenn die Fläche leicht geneigt ist, können jeweils auf einer

Seite des Beetes schmale Bretter eingearbeitet werden, sodass kleine Terrassen entstehen. Gemüsebeete müssen eben sein, da sonst beim Angießen oder durch den Regen die fruchtbare Erde davongeschwemmt wird.

In diesem leicht geneigten Garten halten niedrige Bretter die Erde im Beet. Der Weg ist mit Rindenhäcksel bestreut.

Wenn Rasen neben den Beeten wächst, müssen die Kanten jährlich abgestochen werden.

Verschiedene Beetformen: Rahmenbeet (vorne), verschieden hohe Hochbeete und in Cortenstahl gefasstes Hügelbeet (rechts).

Hügelbeet

Hügelbeete eignen sich für alle Standorte, auf denen es zunächst nur eine dünne Humusauflage gibt und wo rasch fruchtbare Gartenerde geschaffen werden soll. Auch wenn die „Startvorteile" eines Hügelbeetes – die hohe Nährstoffversorgung und die Verrottungswärme – von Jahr zu Jahr nachlassen, bleibt der Gartenboden hier durch das Einarbeiten von großen Mengen an organischer Masse und damit den Aufbau von Dauerhumus fruchtbar. Für die Anlage eines Hügelbeetes sind große Mengen an Strauchschnitt, halbverrottetem Kompost und anderem organischen Material notwendig. Ideal ist die Anlage daher, wenn Strauchschnitt aus dem Garten anfällt. Wer die Anlage eines Hügelbeetes plant, muss rechtzeitig mit dem Ansammeln der benötigten Materialien beginnen. Umgekehrt kann, wenn zum Beispiel ein alter Garten wieder neu gepflegt und geschnitten wird, das anfallende Material gleich direkt im Garten als Gemüsebeet Verwendung finden und muss nicht extra entsorgt werden.

Die im Hügelbeet eingearbeiteten Materialen verrotten, dadurch entsteht Wärme, die einen Wachstumsvorsprung fürs Gemüse von bis zu zwei Wochen bewirkt. Hügelbeete bieten daher vor allem im Berggebiet und in kühleren Regionen große Vorteile. Der Wärmeeffekt ist im ersten Jahr am größten und hält bis zu drei Jahre an. Will man diesen Effekt auch weiterhin nutzen, muss das Hügelbeet nach 4–5 Jahren neu aufgeschichtet werden. Sonst hat man nun einfach ein normales Gartenbeet zur Verfügung.

Ein Hügelbeet soll idealerweise so angelegt sein, dass keine Sonnen- und Schattenseite entsteht, sondern beide Seiten gut in der Sonne liegen, es also eine Ost- und eine Westseite gibt. Das Beet ist daher Nord-Süd ausgerichtet.

Und so wird's gemacht

Ein Hügelbeet kann beliebig lang sein, die Breite sollte etwa 120 cm betragen, wenn es später als bodenebenes Beet genutzt werden soll. Wenn es nach mehreren Jahren wieder neu als Hügelbeet angelegt wird, kann es bis zu 180 cm breit sein.

Hügelbeete legt man idealerweise im Herbst an. Die Erde dafür auf der gesamten Fläche 20–25 cm tief ausheben und auf die Seite legen. Wer möchte, kann nun einen Rahmen aus 10–20 cm hohen Brettern errichten.

Das hält das Beet in Form und die Wege bleiben sauber, was vor allem in kleinen Gärten ein Vorteil ist. Bei Problemen mit Wühlmäusen nun ein Wühlmausgitter auflegen – die Mäuse fühlen sich nämlich im wärmenden Hügelbeet besonders wohl. Wenn vorhanden, kann man als unterste Schicht zerkleinertes Astwerk circa 10 cm hoch aufbringen. Dann Laub, halbverrotteten Kompost und – falls vorhanden – Grassoden und Grünschnitt einbringen. In dieser Aufschichtung kann das halbfertige Hügelbeet nun über den Winter offen liegen bleiben, und es können alle Küchenabfälle, die über den Winter anfallen, hier aufgebracht werden. Im Frühjahr kommt dann der nächste „Bau-Abschnitt": Nun bringt man kompostierten Mist auf (pro m^2 eine Schubkarre/Scheibtruhe). Wer keinen Mist zur Verfügung hat, kann zum Beispiel etwa 5 cm Schafwolle aufbringen oder 1 kg/m^2 Hornspäne einarbeiten oder einen anderen stickstoffbetonten organischen Dünger. Dann wird die Erde, die man im Herbst auf die Seite geschaufelt hat, mit 10–20 % reifem Kompost abgemischt und wieder zurückgeschaufelt. Anschließend wird das Beet mit einer dünnen Auflage an Grasschnitt oder Schafwolle gemulcht. Der gesamte Hügel sollte etwa 80 cm hoch sein.

Auch in einem bestehenden Gemüsegarten kann man einfache Hügelsysteme errichten, um Starkzehrer mit Nährstoffen zu versorgen oder durch die Verrottungswärme bessere Anbaubedingungen für wärmeliebende Gemüsearten wie Melonen zu schaffen.

Erfahrungen von Arche Noah-GärtnerInnen

„Die Idee war, mit einem Hügelbeet ein Mikroklima zu kreieren, welches den Wind abhält und gleichzeitig die Düngung bereitstellt. Das ist sehr gut gelungen mittels klassischem Hügelbeetaufbau, einer eingebauten Ladung Pferdemist, der Ausformung in U-Form und dem Aufbau einer zusätzlichen Windschutzwand aus Tomaten (nordseitig gepflanzt). Im Juni bedurfte es noch einer Vierfach-Vliesung für die ausgepflanzten Melonen, danach wurde es zum Glück heiß. In puncto Wasserspeicherung und Lockerheit der Erde war ich komplett begeistert, vom Ertrag auch."

Franco Baumeler, Schaugartenleiter Arche Noah

Auf Hügelbeeten wachsen auch Starkzehrer ertragreich.

Mit Tomaten nordseitig und mit Melonen südseitig bepflanztes Hügelbeet (→ siehe Erfahrung von Franco Baumeler).

Anlegen eines Hügelbeets

Die Erde spatentief ausheben, ...

... mit der Schaufel grobe Erdbrocken entfernen, ...

... mit Häckselgut und Laub auffüllen und etwas Gesteinsmehl aufstreuen; wenn vorhanden auch Grassoden zugeben.

Die im Winter anfallenden Küchen- und Gartenabfälle direkt hier einbringen.

Im Frühjahr mit kompostiertem Schafmist leicht bedecken.

Die Erde wieder zurückschaufeln.

Ein Rahmenbeet schafft mit wenig Aufwand auf kargem Mutterboden einen fruchtbaren Garten. Dieses Rahmenbeet ist bereits seit 12 Jahren in Verwendung.

Aufsätze von Europaletten sind die einfachste Variante eines Rahmenbeetes.

Rahmenbeete lassen sich auch auf kargem Boden aufstellen. Am langlebigsten sind sie, wenn sie aus Lärchenbrettern gefertigt werden.

Rahmenbeet/Erhöhtes Beet

Rahmenbeete schaffen mit sehr wenig Aufwand Flächen, auf denen gleich losgegärtnert werden kann. Für Gemüsegartenneulinge ist ein Rahmenbeet oft die einfachste Lösung. Die Beete werden einfach auf dem Mutterboden aufgestellt. Die Rahmen werden entweder fertig angeboten oder lassen sich mit ein paar Brettern und Pfosten selbst zusammenbauen. Die allereinfachste Variante sind fertige Aufsätze von Europaletten. Diese sind 60 cm breit und 80 cm lang. Im Handel werden fertige Sets angeboten, die meist 120 x 120 cm groß sind. Bereits im ersten Jahr kann das Rahmenbeet mit flachwurzelnden Gemüse-Kulturen bepflanzt werden. Wer eine größere Beetfläche braucht, baut sich ein Rahmenbeet am besten selbst. Entweder werden die Rahmen so gefertigt, dass die einzelnen Beete 12 cm breit sind. Oder man baut einen größeren Rahmen, der dann mit Trittsteinen oder schmalen Brettern ausgelegt wird, sodass eine Art Rahmengarten entsteht.

Ein Rahmenbeet ist idealerweise mindestens 20 cm hoch. Lärchenbretter sind am langlebigsten. Kürzere Bretter können in den Eckverbindungen aneinandergeschraubt werden. Bretter, die länger als 100 cm sind, werden besser an Eichenpfosten – die circa 50 cm tief in die Erde geschlagen werden – angeschraubt. Bei längeren Brettern muss jeden Meter ein Eichenpfosten in die Erde geschlagen und die Bretter daran befestigt werden. So kann die Erde, die von innen nach außen drückt, die Bretter nicht umdrücken. Ein solcherart gebautes Rahmenbeet ist sehr langlebig.

Füllung der Rahmenbeete

Wenn Rahmenbeete auf einem Stück Wiese oder Rasen aufgestellt werden, muss vorher kurz gemäht werden. Bei Brettern, die über 20 cm hoch sind, muss die Grasnarbe nicht extra entfernt werden. Bei niedrigeren Brettern ist dies von Vorteil, um einen tieferen durchwurzelbaren Raum zu schaffen. Damit die Anbaubedingungen für Gemüse wirklich ideal sind, muss meist

Niedriges Rahmenbeet, mit Salaten und Kohlgemüsen bepflanzt.

Am Rand kann noch ein einfacher Schneckenzaun angebracht werden.

Zwischen einzelnen Rahmen Trittwege freilassen oder einzelne Trittsteine auflegen, wenn das Rahmenbeet größer angelegt wird und man auch hineinsteigen muss.

Erde gekauft werden. Ideal ist Gartenerde aus einem Erdwerk, wo auch guter Kompost hergestellt wird (→ siehe Kompost, Seite 208), und das Erdmischungen für diese Zwecke anbietet. Wenn Sie an einer anderen Stelle im Garten einen guten Gartenboden haben, können Sie diesen – angereichert mit Kompost oder kompostiertem Mist – verwenden.

Damit das Gemüse nicht nur in den ersten beiden Jahren ertragreich wächst, muss auch in diesen neu angelegten Beeten eine gute Fruchtfolge eingehalten werden (→ siehe Seite 285).

Hochbeet

In den letzten Jahren ist ein wahrer Hochbeet-Boom ausgebrochen. Allerorts sieht man Hochbeete. Oftmals sogar in alten Bauerngärten, die an sich beste Voraussetzungen für das Gärtnern in der Erde – nämlich in über Jahre gewachsenem fruchtbarem Boden – bieten. Hochbeete haben einige Vorteile: Sie ermöglichen ein rückenschonendes Gärtnern und eine gute Nährstoffversorgung für das Gemüse. Wird das Hochbeet im Hügelbeetverfahren befüllt, können auch viel Strauchschnitt und andere „Gartenabfälle" – Laub, Grassoden und halbverrotteter Kompost – im Hochbeet eingearbeitet werden (→ siehe Füllung im Hügelbeetverfahren, Seite 282). Diese Beete haben über 3–4 Jahre einen eingebauten Nährstoff-Speicher und wirken als Fußbodenheizung: Die Gemüse-Erntesaison verlängert sich entscheidend. Hügelbeete sind vergleichbar mit einem bepflanzten Komposthaufen und eignen sich besonders für Starkzehrer (Kürbisse, Tomaten und Co.). Auch für kleine Gärten, die geschickt genutzt werden müssen, leisten Hochbeete gute Dienste, ebenso in Gärten, in denen sich viele Wühlmäuse tummeln, denn gut gemachte Hochbeete sind – wenn unten ein Mausgitter eingearbeitet wurde – wühlmaussicher. Ein weiterer Vorteil ist, dass für die Arbeit im Hochbeet wenig Werkzeug gebraucht wird. Ideal sind eine kleine Handschaufel und ein Mini-Sauzahn (→ siehe Werkzeuge für das Hochbeet Seite 229), um immer wieder einmal den Boden zu lockern.

Und nicht zuletzt: In Hanggärten können Hochbeete so aufgestellt werden, dass sie terrassenartig den Hang befestigen.

Wer sich für ein Hochbeet entscheidet, nehme eines, mit dem er über 20 Jahre und länger seine Freude hat:

zum Beispiel aus den massiven und formschön gearbeiteten Lärchenpfosten der Firma Kayserholz (www.kayserholz.at). Wer sich für eine günstige Alternative entscheidet, kann einfach in einer Großobstkiste losgärtnern, die wohl für 2–3 Jahre auch gut halten wird.

Am angenehmsten arbeitet es sich in Hüfthöhe, also auf 70–100 cm. Die Länge ist variabel und richtet sich nach dem Platz, der zur Verfügung steht. Die ideale Breite wird so gewählt, dass das Beet von rechts und links leicht zu bearbeiten ist: 2 x die Armlänge, also 140–160 cm. Und nur halb so breit, wenn es an einer Wand steht.

Am langlebigsten sind Hochbeete aus Lärchenholz. Das Holz sollte man nie streichen oder ölen. Es vergraut mit der Zeit, und genau diese graue Schicht schützt das Innere vor Verwitterung. Wird mit einem Lack gestrichen, hält sich die Feuchtigkeit zwischen Lack und Holz – und das Holz beginnt zu schimmeln.

Das Hochbeet sollte nicht mit einer Folie ausgelegt werden. Erstens sind die meisten Folien nicht lebensmittelecht. Zweitens schützen Folien das Holz genau dort nicht, wo als Erstes der Zahn der Zeit nagt – nämlich da, wo das Hochbeet auf der Erde steht. Zwischen Folie und Holz kann es auch zu Staunässe kommen und dann fault das Holz eher, als dass es vor Feuchtigkeit geschützt ist.

An den meisten Standorten kann ein Hochbeet direkt auf den Boden gestellt werden. Die Erde im Hochbeet hat Bodenkontakt. Somit können auch Regenwürmer und andere Mikroorganismen einwandern. Bevor der Rahmen errichtet wird, wird auf einem gesunden Mutterboden eine Grube von 20 cm ausgehoben. Auf Standorten, an denen es Mäuse gibt, sollte daher unter dem Hochbeet ein Mäusegitter am Boden aufgelegt werden.

Verschiedene Hochbeet-Bauweisen

Es gibt verschiedene Arten, um Hochbeete zu bauen. Für Hochbeete, die im Hügelbeet-Verfahren befüllt werden, eignen sich besonders Bauweisen, bei denen die einzelnen Bretter oder Balken auseinandergenommen werden können. Bewährt haben sich dafür Konstruktionen mit Profilpfosten aus Metall. Hier kann die alte, aufgebrauchte Erde leichter entnommen und das Beet wieder neu befüllt werden. Auch lassen sich einzelne schadhafte Bretter einfach erneuern.

Mit gut belüftbaren Frühbeet-Aufsätzen kann schon Anfang März bepflanzt werden. Im Bild ein Aufsatz der Firma Buttazoni.

Auch einfache Doppelstegplatten oder Vlies bringen eine Ernteverfrühung. Doppelstegplatten müssen so aufgelegt werden, dass die Pflanzen gut belüftet sind, und mit Steinen beschwert werden.

Viele Firmen bieten eigene Frühbeet-Aufsätze an. Mit einem passenden Frühbeet-Aufsatz kann bereits um drei Wochen früher gesät und geerntet werden, und auch im Herbst kann das Hochbeet länger genutzt werden.

Füllung der Hochbeete

Es gibt drei bewährte Befüllungsarten von Hochbeeten, die im Folgenden noch genauer erläutert werden. Erstens eine Füllung, die dauerhaft ist und nicht erneuert werden muss. Zweitens eine Füllung im Hügelbeet-Verfahren. Diese sackt über die Jahre zusammen und muss alle 4–5 Jahre erneuert werden. Drittens das Verfahren, das Isabell Bayer entwickelt hat (→ siehe Seite 282). Auch dieses bietet die Vorteile eines Hügelbeets und muss entsprechend erneuert werden.

Dauerhafte Füllung eines Hochbeets.

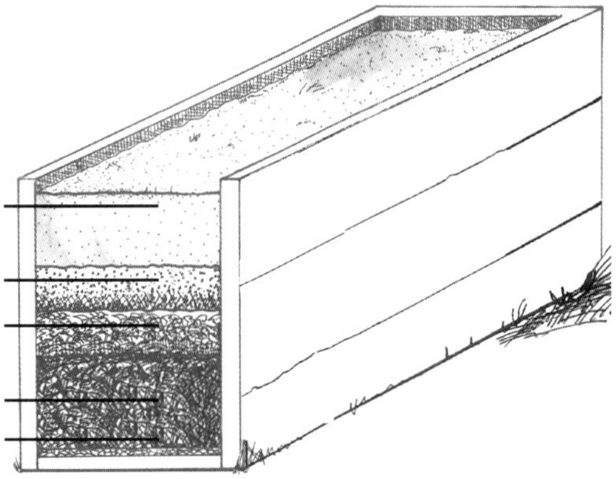

Hochbeet-Füllung im Hügelbeet-Verfahren.

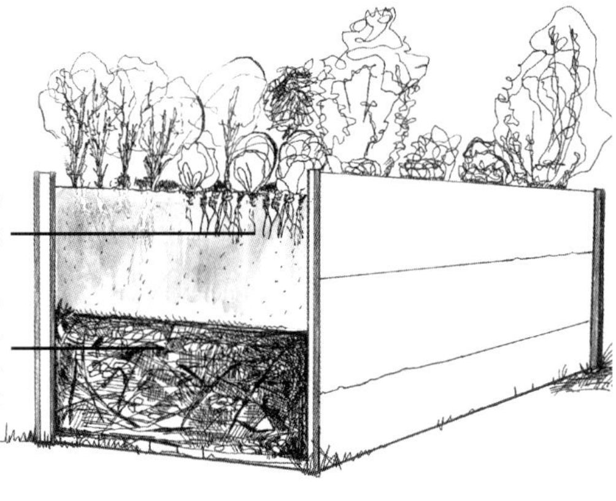

Hochbeet-Füllung im „Bella-Bayer"-Verfahren.

Dauerhafte Füllung (für eine Bepflanzung mit Gemüse) Soll das Substrat möglichst lange im Hochbeet bleiben – idealerweise so lange, wie auch das Hochbeet hält –, muss es gut ausgewählt und gemischt werden. Als unterste Schicht wird eine etwa 20 cm hohe Drainageschicht aus mineralischen Bestandteilen eingefüllt: Kies, Bauschutt (zum Beispiel zerkleinerte Dachziegel), Lava oder Bims. Für das Pflanzsubstrat verwendet man entweder fertig gemischte Trogerde – eine Erdmischung, die sich für die mehrjährige Nutzung eignet und nicht zusammensackt. Viele Erdwerke bieten passende Erdmischungen an, die dann für Starkzehrer noch aufgedüngt werden müssen. Oder man mischt sich die Befüllung selbst aus einem guten Mutterboden (darauf achten, dass keine Unkrautsamen drinnen sind, das heißt idealerweise aus größerer Tiefe entnehmen), und circa 20 % reifem Kompost. Da die Erde im Hochbeet schneller austrocknet als im Mutterboden, bewährt es sich, etwas Lava oder Bims in den Mutterboden einzuarbeiten – außer es handelt sich ohnehin um einen Lehmboden, der gut Wasser speichern kann.

Füllung im Hügelbeet-Verfahren (Für ein 80 cm hohes Hochbeet) Die unterste Schichte besteht aus circa 40 cm zerkleinerten Ästen, darauf kommen 10 cm Grasnarben und 15 cm Laub oder ein Laub-Strohgemisch und gemischte Gartenabfälle. Dann werden 10 cm Grobkompost und 30 cm Gartenerde aufgetragen, die mit 20 % reifem Feinkompost vermischt ist. Wer ein höheres Hochbeet errichten möchte, kann die Höhe der einzelnen Schichten anteilig vergrößern. Wer es niedriger haben will, schichtet nur 20 cm Äste auf. Hochbeete, die im Hügelbeet-Verfahren befüllt sind, verrotten die eingearbeiteten Materialien und geben dabei langsam Nährstoffe frei, sodass in den ersten drei Jahren keine weitere Düngung mehr notwendig ist und selbst Starkzehrer üppigst wachsen.

Füllung im „Bella-Bayer"-Verfahren Das Hochbeet bis zur Hälfte mit gehäckseltem Misch-Laubwerk befüllen. Das sind die Ausgangsstoffe vieler Kompostwerke, die man auch dort erhält. Die zweite Hälfte wird mit Erde aus dem Kompostwerk befüllt. Diese Füllung muss alle 3–4 Jahre erneuert werden, sie sackt jährlich um circa 30 % zusammen – was aber im Frühling auch Vorteile bietet, da mit einer einfachen Vliesabdeckung ein Wärmepolster geschaffen werden kann und kein eigener Frühbeetaufsatz notwendig ist (→ siehe Fotos).

Das Bella-Bayer-Verfahren

„Bella-Bayer"-Verfahren: Mit roh gehäckseltem Grün- und Strauchschnitt bis zur Hälfte auffüllen und ...

... mit Hochbeeterde füllen.

Da die Erde zusammensackt, kann mit einer einfachen Vliesabdeckung im Frühjahr Wuchsraum für Salat geschaffen werden.

Üppige Salaternte Anfang Mai. Wenn dieser Anfang bis Mitte Mai abgeerntet ist, wieder mit Erde auffüllen ...

... und dann wärmeliebende Pflanzen wie Zucchini, Paprika oder Aubergine (Melanzani) setzen.

Gut gezimmerte Hochbeete halten 20 Jahre und länger (im Bild Hochbeete der Firma Kayserholz).

Terrassen-Hochbeet

Auf einer Terrasse ist ein Hochbeet genau genommen ein Pflanztrog, der wie andere Gefäße einen Boden und ein Abflussloch hat. Damit das Hochbeet unten abtrocknen und nicht faulen kann, wird es auf Latten (zum Beispiel einfache Dachlatten) gestellt. Der zweite große Unterschied zu den Garten-Hochbeeten ist, dass Balkone, Terrassen oder Dachflächen eine begrenzte Traglast (meistens 450 kg/m²) haben und die Hochbeete daher kleiner sind.

Übersicht: Vor- und Nachteile der verschiedenen Beetformen

	Vorteile	Nachteile
Beete im Mutterboden	• Ohne großen Aufwand und Ausgaben kann losgegärtnert werden • Große Gemüsebeete möglich • Wenn der Boden gesund ist, ist ein guter Ertrag sicher • Müssen weniger gegossen werden als Hochbeete	• Auf verdichteten Böden nicht möglich • Auf kargen Böden wenig Ertrag • Bei Rückenproblemen anstrengend zu bewirtschaften • Bei schweren Böden (Lehmböden) nicht rasch möglich • Starkzehrer müssen mit Kompost versorgt werden • Nicht schnecken- und wühlmaussicher
Hügelbeete	• Karge Böden können rasch – und dauerhaft – in fruchtbares Gartenland umgewandelt werden • Große Mengen an halbverrottetem Kompost, Küchenabfälle und Schnittgut können gut eingearbeitet werden • Preiswerte Alternative zum Hochbeet • Sehr gut, um große Massen an Grünschnittabfällen einzuarbeiten • Sehr gut für Starkzehrer • Müssen weniger gegossen werden als Hochbeete • Flexibel in der Größe/Länge • Gemüse startet im Frühjahr schneller, da „Heizung" von unten • Besonders vorteilhaft in höheren und kühleren Regionen	• Brauchen viel Körperkraft, um sie aufzubauen • Wenn keine Grünschnittabfälle aus dem eigenen Garten da sind, müssen diese extra herangeschafft werden • Muss nach 4–5 Jahren wieder neu aufgebaut werden, um die Vorteile der guten Nährstoffversorgung wiederherzustellen • Rasen oder „Unkräuter" wachsen von der Seite ein • Nicht schnecken- und wühlmaussicher
Rahmenbeete	• Kostengünstige Alternative zum Hochbeet • Können auch auf verdichteten Böden rasch errichtet werden • Gemüse wächst wühlmaussicher • Müssen weniger gegossen werden als Hochbeete • Gute Erde kann gezielt angeschafft werden	• Bretter müssen angeschafft werden • Geringer, aber doch handwerklicher Aufwand
Hochbeete	• Können überall errichtet werden, wo Platz ist • Beschaffenheit des Unterbodens spielt keine Rolle, daher auch auf nach Baustellen verdichteten Böden möglich • Wenn frisch gefüllt, sofort gutes Wachstum • Hohe Erträge • Gesunder Boden, da neu eingebracht; keine bodenbürtigen Krankheiten; wühlmaussicher • Schnecken können besser im Zaum gehalten werden als bei den anderen Varianten • Sehr gute Nährstoffversorgung • Gemüse startet im Frühjahr schneller, da „Heizung" von unten	• Müssen alle 3–4 Jahre neu befüllt werden, um den Hügelbeet-Effekt zu nutzen • Brauchen viel Wasser (da dieses auch über die Bretter verdunstet) • Sehr kostenaufwändig • Aufwändige Errichtungsarbeiten • Füllmaterial muss vorhanden sein oder angeschafft werden • Haltbarkeit: Hochbeete müssen gut gewartet werden, einzelne Bretter müssen nach einigen Jahren ersetzt werden

Quelle: eigene Zusammenstellung.

Auch erfahrene GärtnerInnen planen jährlich neu, auf welchem Beet welches Gemüse wachsen soll.

Fruchtfolge

Eine gute Fruchtfolge ist die Grundlage für den Anbau von gesundem Gemüse und für den Aufbau der Bodenfruchtbarkeit. Fruchtfolge bedeutet, die Anbaufläche in – meist gleich große – Einheiten zu unterteilen und die Kulturarten jedes Jahr auf ein neues Beet zu „übersiedeln": Dort, wo in einem Jahr die eine Kulturart gewachsen ist, kommt im nächsten Jahr eine andere hin. So werden die Nährstoffe im Boden nicht einseitig ausgenutzt und der Boden nicht einseitig mit den Wurzelausscheidungen einer Pflanze angereichert. Und: Fruchtfolge ist vorbeugender Pflanzenschutz. Die Sporen vieler Pflanzenkrankheiten überwintern im Boden und könnten dieselbe Kulturart – oder ein Gemüse aus derselben Familie – gleich wieder befallen. Baut man diese auf einem für sie „frischen" Boden an, hat man den Pflanzenkrankheiten ein Schnippchen geschlagen. Eine Fruchtfolge kann so gestaltet sein, dass Gemüse aus derselben Gruppe alle drei, vier oder fünf Jahre – oder in noch größeren Abständen – wieder auf derselben Fläche angebaut werden. Besonders wichtig ist eine weite Fruchtfolge bei allen Gemüsen aus der Familie der Kreuzblütler und der Zwiebelgewächse.

Wer lieber in Mischkultur anbaut, kann auch engere Fruchtfolgen einhalten, doch auch hier kommt jedes Jahr eine Mischkultur-Gemeinschaft auf ein neues Beet.

Die Ausnahmen

Nicht in die Fruchtfolge integriert werden alle mehrjährigen Gemüse: Spargel, aber auch Meerkohl und Rhabarber brauchen ein eigenes Beet (→ siehe Mehrjährige Gemüse, Seite 363). alle Gemüsearten, die in einem Gewächshaus oder im Folientunnel angebaut werden: etwa Tomate, Aubergine, Paprika und wärmeliebende Bohnen. Im Gewächshaus kann meistens nicht so eine weite Fruchtfolge eingehalten werden, hier ist der Anbau von Gründüngungen oder Zwischensaaten aus anderen Familien (Spinat, Feldsalat, Asia-Salate) im Herbst oder notfalls auch im Frühjahr besonders wichtig (→ siehe Anbau im Gewächshaus, Seite 307).

Eine Fruchtfolge planen

Was am Anfang vielleicht schwer zu durchschauen sein mag und nach tagelanger Grübelei aussieht, fällt im Laufe der Jahre immer einfacher. Erfahrene GärtnerInnen machen die Planung oft schon „nebenbei". Diese Anleitung soll helfen, den Überblick im Gemüsepflanzen-Dickicht zu bewahren.

Zwei Vorgehensweisen der Planung haben sich besonders bewährt. Die erste: Den Plan der Beete in ein eigenes Gartenheft einzuzeichnen und dieses über viele Jahre hinweg zu verwenden. Die zweite: Den Plan zeichnen und die Beete „leer" lassen. Diese Zeichnung als Vorlage verwenden, die man jedes Jahr wieder neu kopieren kann. Die Erinnerung kann täuschen, hingegen zeigen Notizen eindeutig, in welchem Jahr welches Gemüse auf welchem Beet gewachsen ist.

Wunschliste – Was will ich ernten? Der erste Schritt ist die Überlegung, welche Gemüse alle angebaut werden sollen. Machen Sie eine „Wunschliste", das ist Ihre Planungsbasis, bis zum fertigen Plan kann es noch zu Veränderungen kommen, eventuell kann von einem Gemüse mehr, hingegen vom anderen weniger angebaut werden.

Was sind meine Leit-Kulturarten? Geplant wird nach den Gemüsen, die die längste Kulturdauer haben: Kohlgewächse, Zwiebelgewächse, Hülsenfrüchte, Doldenblütler, Gänsefußgewächse und Kürbisgewächse (→ siehe Tabelle). Doldenblütler und Zwiebelgewächse können auch auf einem Beet gemeinsam gepflanzt werden. In warmen Regionen, in denen Tomaten und Paprika im Freien angebaut werden können, bekommen auch sie ein eigenes Beet oder können mit anderen Starkzehrern – wie den Kohlgewächsen – zusammengefasst werden. Ebenso Gänsefußgewächse und Kürbisgewächse. Kulturarten mit einer kürzeren Kulturdauer – wie Salate oder rasch wachsende Kohlrabisorten (kein Lagerkohlrabi) – können auf den einzelnen Beeten dazugepflanzt werden.

Zu welcher Pflanzenfamilie gehören diese Gemüse? Stellen Sie Ihre Wunschgemüse nach Pflanzenfamilien zusammen (→ siehe Tabelle). Die einzelnen Gruppen sind nun die Basis für die Einteilung.

Pflanzenfamilie	Leit-Kulturarten
Kreuzblütler	Weißkraut, Rotkraut, Brokkoli, Blumenkohl, Lager-Kohlrabi
Gänsefußgewächse	Rote Rüben, Mangold
Zwiebelgewächse	Zwiebeln, Lauch, Knoblauch
Kürbisgewächse	Kürbis, Gurken
Hülsenfrüchte	Bohnen
Doldenblütler	Karotte, Pastinake, Petersilwurzel, Petersilie, Sellerie, Dill
Nachtschattengewächse	Paprika, Kartoffel, Andenbeere

Übersicht: Pflanzenfamilien und Leit-Kulturarten
Quelle: eigene Zusammenstellung

Sonderfall Kartoffel Grundsätzlich könnten Tomaten und Kartoffeln auf dasselbe Beet gepflanzt werden. Da beide aber sehr anfällig für Krautfäule sind, empfehlen wir, Tomaten nur im Glashaus oder unter Dach und nicht in der Nähe von Kartoffeln anzu bauen.

Beispiel einer sechsgliedrigen Fruchtfolge (für milde Lagen)

In milden Lagen kann vor allen Leit-Kulturen, die erst ab Mitte Mai ins Freie dürfen, meist noch eine Vorkultur angebaut werden, und wenn die Kultur bis spätestens Mitte September das Beet räumt auch noch eine Folgekultur.

Gemüse, das im Freien überwintern soll (→ siehe Wintergemüsebau, Seite 301) muss im Juli bis August angebaut werden können, das heißt, bis dahin muss das Beet geräumt sein. Ist das nicht der Fall, kann Gemüse, das über den Winter geerntet werden soll, nur angebaut werden, wenn man ab Herbst, spätestens ab November eine Überdachung anbieten kann (→ siehe Rolltunnel, Seite 307 oder Minitunnel, Seite 306).

- **Beet A – Doldenblütler** Aussaat von Karotten, Pastinaken, Petersilie so früh als möglich, danach eine abfrierende Gründüngung (z. B. Phacelia) oder Spinat und Feldsalat; in die Lücken Salat (→ siehe Seite 309).
- **Beet B – Kreuzblütler** Anbau des gewünschten Kohlgemüses; nach frühräumenden Kulturen (Blumenkohl) Zuckerhut oder andere Wintersalate, Gründüngung oder Asia-Salate; in die Lücken Salat (→ siehe Seite 309).
- **Beet C – Zwiebelgewächse** Zwiebeln, Lauch, Knoblauch; danach Wintersalate, Winterspinat oder Feldsalat (auch neben Überwinterungslauch)
- **Beet D – Bohnen** Anbau von Stangenbohnen oder Buschbohnen gemeinsam mit Roten Rüben und/oder Fenchel.
- **Beet E – Kürbisgewächse** Anbau von Kürbissen und/oder Gurken, dazu auch Erbsen; davor Anbau von Puffbohnen-Sprossen, Spinat, Radieschen oder Asia-Salaten, danach Wintersalate oder Gründüngung.

- **Beet F – Nachtschattengewächse** Anbau von Kartoffeln, Paprika und Auberginen, davor und danach wie im Beet D.

Erfahrungen von Arche Noah-GärtnerInnen

„Ich plane jedes Jahr, auf welchem Beet ich welches Gemüse anpflanze. Ich habe einen Plan der Beete, den ich jährlich neu ausdrucke. Die Zettel hebe ich auf. Bei der Planung schaue ich die Zettel der letzten 3 Jahre durch und überlege, wo ich was anbauen könnte, sodass ich keine Kulturart in einem Beet pflanze, in dem sie in den letzten 2–3 Jahren zuvor gewachsen ist. Wir haben jährlich zwei Beete mit Erbsen, zwei mit Wurzelgemüse, drei Kartoffelbeete, zwei Kohlbeete und ein Mischkulturbeet Mais-Bohnen-Kürbis. Da wir mit Kompost düngen, kann die Fruchtfolge auch ein bisschen enger sein, ohne dass Krankheiten auftreten. So hatte ich in all den Jahren noch nie Kohlhernie an den Kohlgewächsen."
Andrea Kölzer, Kassel

Fruchtfolge im Gewächshaus

In den meisten Gewächshäusern ist eine weite Fruchtfolge kaum möglich, da sie nicht so groß sind und für den Anbau von Tomaten, Gurken und Melonen genutzt werden. Wenn Tomaten Jahr für Jahr im selben Gewächshaus angebaut werden, ist eine gute Bodenpflege besonders wichtig: Der Boden sollte jedenfalls mit Heu gemulcht werden. Ideal wäre es, wenn man das Dach über den Winter öffnen könnte, damit der Boden den natürlichen Niederschlägen ausgesetzt ist und sich das Bodenleben entsprechend entwickeln kann. Da dies aber in den seltensten Fällen möglich ist, sollte im Herbst noch eine Gründüngung oder Wintersalate nach der Abernte der Tomaten angebaut werden. Das ist in den meisten Regionen machbar, wenn die Tomaten bis Mitte September abgeerntet sind. Tragen die Tomaten noch länger, geht sich eine Gründüngung oder die Anpflanzung von Wintersalaten nicht mehr aus. Dann sollte auch im Gewächshaus der Boden mit einer Laubschicht gemulcht und bei Plusgraden immer wieder etwas gegossen werden. Meist wird auf den Boden im Gewächshaus im Winter einfach vergessen, weil man um diese Jahreszeit nicht ins Gewächshaus kommt und die Wasserleitung im Winter abgedreht ist. Doch den Boden im Gewächshaus feucht und bedeckt zu halten, ist die wichtigste Maßnahme für einen gesunden Boden und gesunde Pflanzen. Wenn es im Winter schneit, kann man einfach Schnee ins Gewächshaus schaufeln, der dann langsam auftaut und den Boden durchfeuchtet. Auch im Gewächshaus sollte alle paar Jahre eine ganzjährige Gründüngung angebaut werden. In diesem Jahr kann man die Tomaten in Töpfen an der Hausmauer anbauen. Bevor Tomaten und andere Fruchtgemüse gepflanzt werden, kann – jedes Jahr – eine frühe Gründüngung angebaut werden. Dafür eignen sich Erbsen, Ackerbohnen oder Gelbsenf.

Frisch gesetzte Pflanzen werden auch im Gewächshaus gemulcht.

Im Winter Schnee ins Gewächshaus schaufeln, hält den Boden feucht.

Jungpflanzenanzucht ermöglicht eine umfassende Sortenauswahl – und es können laufend genau so viele Pflanzen nachgesät werden, wie man gerade braucht – auch wenn weit und breit gerade kein Jungpflanzenmarkt ist.

Jungpflanzenanzucht

Gerade für den Selbstversorger-Garten, aber auch für CSA-Gärtnereien ist die eigene Jungpflanzenanzucht wesentlich: So können Sorten, die sich bewährt haben, gezielt vorgezogen werden und der Aussaatzeitpunkt so gewählt, dass die Pflanzen gerade richtig groß sind, wenn die Beete neu bepflanzt werden können oder wieder ein Beet frei geworden ist. Denn gerade im Selbstversorger-Garten braucht man zu unterschiedlichen Zeitpunkten Jungpflanzen. Vor allem für Sommer- und Herbstpflanzungen ist es oft schwierig, an kräftige und gesunde Jungpflanzen zu kommen. Dann ist das Selber-Ziehen der Pflanzen die einzige Möglichkeit. Dieses bietet noch einen weiteren großen Vorteil: Man kann aus einer großen Sortenfülle der Bio-Saatgutfirmen auswählen, oder selbst vermehrte Sorten direkt wieder anbauen – und die Sorten so an den eigenen Standort und die eigenen Vorlieben anpassen.

Die Jungpflanzenanzucht braucht Zeit und eine kleine Ausstattung. Und: Jungpflanzen kann man nicht alleine lassen, sie brauchen täglich Pflege – vor allem Wasserversorgung. Wer das nicht gewährleisten kann, holt sich Jungpflanzen besser von einem der immer zahlreicheren Jungpflanzenmärkten, die samenfeste biologische Sorten anbieten, oder bei kleinen Bio-Gemüsebaubetrieben. Viele haben sich auf die Anzucht von Jungpflanzen spezialisiert – weil die Nachfrage von vielen Hausgärtnerinnen und Hausgärtnern nach guten Jungpflanzen in den letzten Jahren gestiegen ist.

Vor der Aussaat: Die Keimprobe

Eine Keimprobe kann unliebsame Überraschungen ersparen und bringt Klarheit, ob das Saatgut noch ausreichend keimfähig ist. Bei großen Samen (Bohnen, Erbsen, Kürbissen) 10 Samen, sonst besser 20 oder mehr Samen abzählen und auf ein feuchtes Küchenpapier legen. Dieses einrollen und in einen Plastikbeutel (in den man zuvor einige kleine Luftlöcher geschnitten hat) stecken. Wichtig ist, dass der Beutel nun warm (20–25 °C) liegt. Bei den meisten Gemüsearten zeigen sich, wenn die Samen keimfähig sind, die Keimlinge innerhalb weniger Tage. Samen, die nicht einmal quellen, sind sicher nicht mehr keimfähig. Ideal ist eine hohe Keimfähigkeit von über 80 % (im Erwerbsanbau sollte sie noch weit darüberliegen). Wenn die Keimfähigkeit zwischen 60–80 % liegt, ist dies für die Anbaubedingungen im Hausgarten auch noch ausreichend. Man muss dann einfach ein bisschen dichter säen. Saatgut, dessen Keimfähigkeit noch niedriger ist, sollte nicht mehr für den Anbau von Gemüse verwendet werden. Denn auch wenn einige Samen noch keimen, hat die Triebkraft so weit nachgelassen, dass die Pflanzen nur zögerlich wachsen und keine guten Erträge mehr liefern. Diese Sämereien kann man zum Beispiel unter Gründüngungssaatgut mischen.

Welche Gemüse werden vorgezogen?

Wie bei vielen Tätigkeiten im Garten gibt es auch hier keine absoluten Regeln und fließende Grenzen. Je nach eigenen Möglichkeit, Region, Jahreszeit, Sorte, Zeitaufwand und Anlass können manche Gemüse direkt gesät oder vorgezogen werden.

Pflanzen, die meist vorgezogen werden	
Wärmeliebende und frostempfindliche Pflanzen, die bei uns – in den meisten Regionen – einen Wachstumsvorsprung brauchen	Paprika, Tomate, Basilikum oder Aubergine, Gurken, Kürbisse
Pflanzen mit sehr feinen Samen	Salate, die meisten Kräuter
Pflanzen, die meist direkt im Garten gesät werden	
Spinat, Karotten und andere Wurzelgemüse, Erbsen, Bohnen, Petersilie	
Pflanzen, die direkt im Garten gesät oder vorgezogen werden können	
Gurken, Kürbisse, Mangold, Rote Rüben	

Tabelle: Vorkultur oder Direktsaat, Quelle: eigene Zusammenstellung

Die Vorkultur von Pflanzen kann aus einigen Gründen wichtig sein: Viele Pflanzen benötigen relativ hohe Keimtemperaturen, die wir ihnen in unseren Gärten gar nicht bieten können – oder erst zu einem viel späteren Zeitpunkt im Jahr. Vorgezogene Pflanzen haben einen Wachstumsvorsprung und können rascher geerntet werden. Einige Kulturarten, wie Aubergine oder Paprika, können bei uns ausschließlich vorgezogen werden. Bei einer Aussaat im Freiland wäre ihre Kulturdauer so lange, dass die ersten Fröste früher als die ersten reifen Früchte dran wären. Einige Gemüse, wie Rote Rüben, Mangold oder Fenchel, können vorgezogen oder direkt gesät werden. Beides hat Vor- und Nachteile. Vorgezogene Pflanzen sind in der Regel früher reif, auch können so manche Schädlinge den bereits größeren Pflanzen nicht mehr so leicht zu Leibe rücken: etwa Drahtwürmer bei bereits im Pressballen gut verwurzelten Salatpflanzen oder auch Schnecken bei größeren Gurken- oder Kürbispflanzen. Einige vorgezogene Pflanzen, wie Sellerie oder Fenchel, werden ein- bis zweimal pikiert (→ siehe Seite 294), was ihr Wurzelwachstum anregt – die Pflanzen sind daher größer und kräftiger, als wenn sie direkt gesät worden wären. Andererseits ist die Jungpflanzenanzucht eine zusätzliche Arbeit, benötigt einen hellen und warmen Platz (→ siehe Ausstattung für den geschützten Anbau, Seite 304), und die Pflanzen müssen einige Tage vor dem Auspflanzen abgehärtet werden: Circa eine Woche lang werden sie untertags ins Freie gestellt und in der Nacht mit einem Vlies abgedeckt oder wieder eingeräumt. Wer ein kleines Anzuchtgewächshaus zur Verfügung hat, öffnet dieses untertags und schließt es abends wieder. Das Aussetzen ist für die Pflanze ein kleiner Kulturschock. Abgehärtete Pflanzen können im Garten zügig weiterwachsen, denn sie konnten sich schon an die – im Freiland gänzlich anderen Bedingungen als im Glashaus oder am Fenster – herrschenden Gegebenheiten anpassen, an die intensive Sonneneinstrahlung und den Wind.

Anders, wenn sie im Freiland von der Keimung an heranwachsen. Diese Pflanzen konnten sich von klein auf an niedrige Nachttemperaturen, an den Wind und an intensive Sonneneinstrahlung gewöhnen. Und: Sie bilden ein anderes – tiefer gehendes – Wurzelsystem aus, können mit Trockenstress besser umgehen (→ siehe Anbau in Zeiten des Klimawandels, Seite 222) und brauchen weniger Wasser, wodurch sich der Gießaufwand verringert. So reichen die Wurzeln von direkt

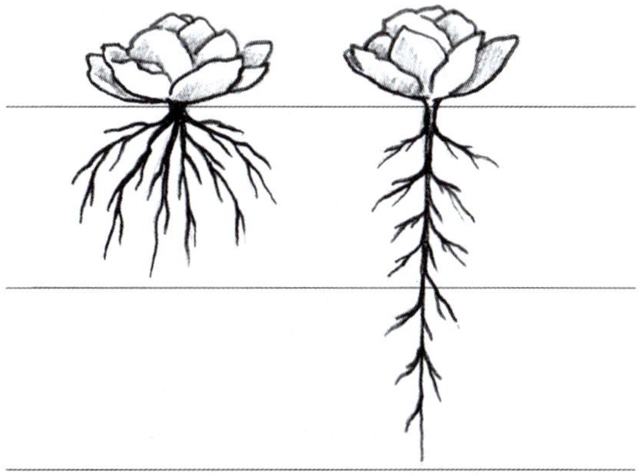

Gepflanzter Salat (links) bildet nicht so ein tiefes Wurzelsystem aus wie gesäter Salat (rechts).

gesätem Salat bis zu 60 cm in die Tiefe, jene von gesetztem nur ca. 30 cm. Aus diesem Grund stresst direkt gesäte Pflanzen Trockenheit nicht so schnell und sie sind schossfester. Die Direktsaat ist bei den meisten Kulturarten nur auf unkrautarmen Böden möglich. Ausschließlich Schnellstarter können, wenn sie bereits bei tieferen Temperaturen rasch wachsen, dem Unkraut davonwachsen. Die Vor- und Nachteile von Vorkultur und Direktsaat sind bei den einzelnen Kulturarten angegeben.

Übersicht Ausstattung

- ein so heller Platz wie möglich (am Fenster oder Mini-Glashaus; je nach Menge der Jungpflanzen)
- eine gute Bio-Jungpflanzenerde
- keimfähiges Saatgut (→ siehe Keimprobe, Seite 288)
- ein warmer Platz zum Keimen oder Heizmatten (→ siehe Tabelle Keimtemperatur, Seite 293)
- Aussaatschalen
- Sprühflasche oder Gießkanne mit feinem Aufsatz
- Aussaaterde (→ siehe selber mischen)
- Erdpresse oder kleine Töpfe, in die die Pflanzen pikiert werden, oder Quickpots. Für das Vereinzeln der kleinen Pflänzchen benötigt man kleine Töpfe, Pikierstäbe und Jungpflanzenerde. Auch Joghurtbecher (vorher unten ein Loch reinschneiden) oder selbstgepresste „Paper Pots" tun gute Dienste (müssen aber häufiger gegossen werden als Kunststoffgefäße).
- Etiketten
- ein Arbeitsplatz, der erdig werden kann
- Pikierstab

Gute Aussaaterden

Für die Aussaat verwendet man entweder gekaufte Aussaaterde oder stellt diese selbst her. Die verwendete Aussaaterde muss keimfrei sein, da in einem geschlossenen Anzuchtkasten sehr schnell Schimmel entsteht. Gekaufte Aussaaterde ist nur ganz gering aufgedüngt, und qualitativ hochwertige Aussaaterden enthalten wasserspeichernde Materialien wie Bims oder Tongranulat, damit die zarten Pflänzchen sich zügig mit Wasser versorgen können. Besonders wichtig ist das für alle Kräuter oder Blumen, die eine lange Keimdauer haben (oder für die Vermehrung von Stecklingen). Reine Gartenerde ist für die Anzucht nicht geeignet (selbst, wenn draußen jede Aussaat gelingt, wird sie in der Anzuchtkiste schnell steinhart).

Aussaatschalen leisten auch im kleineren Selbstversorger-Garten gute Dienste.

In Quickpots pikierte Salat-Jungpflanzen.

Diese Mangold-Jungpflanzen wurden in Erdpress-Töpfe direkt gesät.

Wer einen guten, zweijährigen Kompost hat, kann sich nach folgendem Rezept Anzuchterde selbst mischen. Die Mischung muss ausreichend feucht und locker sein: Feuchte Anzuchterde, kräftig in der Hand zusammengeballt, muss wieder gut auseinanderfallen, wenn man die Hand öffnet. Kompost und Sand bringen Struktur und Luft in die Mischung, der Kompost verbessert gleichzeitig die wichtige Wasserspeicherung. Wer sich selbst aus – mindestens zweijährigem Kompost – eine Aussaaterde siebt, muss diese im Backrohr bei 80 °C erhitzen, um Krankheitserreger und Unkrautsamen abzutöten.

Aussaaterde selber mischen:

- 10–30 % gute Gartenerde
- 05–10 % Sand
- 20–40 % reifer Gartenkompost
- 30–40 % gut zersetzter Grünschnittkompost oder Lauberde
- Pro Kübel 2 Hände Urgesteinsmehl

Keimtemperaturen

Jede Kulturpflanze hat eine optimale Keimtemperatur und eine Mindestkeimtemperatur. Bei der optimalen Keimtemperatur keimen die Samen schnell, und viele „Auflaufkrankheiten" (meist Pilze, die die kleinen Pflänzchen befallen und rasch hinwegraffen), haben keine Chance, denn die Pflanzen wachsen ihnen einfach davon. Unterhalb ihrer Mindestkeimtemperatur keimen Samen nicht. Es gibt einfache Hilfsmittel, um den Samen genügend Wärme für die Keimung bereitstellen zu können, z. B. das Aufstellen der Aussaatschalen über einer Wärmequelle wie einem Heizkörper oder einem Kachelofen (allerdings Vorsicht vor dem Austrocknen – am besten mit einer Sprühflasche immer wieder leicht befeuchten). Im Fachhandel erhältlich sind Heizmatten für die Jungpflanzenanzucht, die man genau regulieren kann. Für Pflanzen mit besonders hohen Keimtemperaturen, wie Melonen oder Aubergine, tun diese Matten gute Dienste (ebenso Heizmatten aus dem Zoofachhandel für Haustiere).

Kleine Anzuchtschalen auf beheizbarem Untersatz: Hier keimen auch wärmebedürftige Samen rasch.

Neben der Temperatur braucht ein Samen zunächst Feuchtigkeit, damit die Keimprozesse in Gang kommen. Ein keimendes Samenkorn darf niemals austrocknen, es darf aber auch nicht zu lange im Wasser liegen, sonst erstickt es. In zu feuchter Erde kann es außerdem verschimmeln – meist ist dies eine Kombination von zu viel Feuchtigkeit und zu niedrigen Temperaturen. Die optimale Keimtemperatur gilt jeweils nur bis zur Keimung, danach müssen die Pflanzen kühler gestellt werden.

Wenn die Nährstoffe im Substrat aufgebraucht sind, müssen die Pflanzen zügig ins Beet gesetzt werden. Ist das nicht möglich (zum Beispiel, weil es draußen noch zu kalt ist), müssen die Pflanzen in größere Töpfe umgepflanzt werden. Sonst werden sie „überständig" – sie zeigen Nährstoffmangelsymptome wie aufgehellte und vergilbte Blätter und neigen zum Schossen. Einige Pflanzen, wie Gurken oder Melonen, sind hier besonders empfindlich und erholen sich ein ganzes Pflanzenleben lang nicht mehr.

Licht- und Dunkelkeimer

Als Lichtkeimer werden Pflanzenarten bezeichnet, die nur unter dem Einfluss von Licht keimen können. Die Samen solcher Pflanzen dürfen bei der Aussaat nur ganz schwach mit Erde übersiebt werden (wie „angezuckert"). Dunkelkeimer sind Pflanzenarten, bei denen der Einfluss von Licht die Keimfähigkeit stark herabsetzt. Solche Samen müssen zum Keimen vollständig mit Erde abgedeckt werden. Und schließlich gibt es auch sogenannte „lichtindifferente Arten". Diesen Pflanzen – wie Salbei – ist es schlicht egal, ob sie im Licht liegen oder nicht. Wenn sie feucht werden und die Temperatur passt, keimen sie einfach los.

Lichtkeimer	Kamille, Kerbel, Blutampfer, Basilikum, Majoran, Kümmel, Bohnenkraut, Brennnessel, Lavendel, Liebstöckel, Oregano, Thymian, Weinraute, Wermut, Ysop, Zitronenmelisse, Dill, Baldrian, Portulak, Garten-Kresse, Garten-Kerbel

Tabelle: Lichtkeimer, Quelle: eigene Zusammenstellung

Samen beizen

Alle Samen keimen zügiger und gesund, wenn sie mit Wurmhumus. Dazu die Samen 24 Stunden vor der Aussaat mit Wurmhumus mischen und stehen lassen.

Dünger

Samen benötigen zum Keimen keinen Dünger. Die Nährstoffe, die sie brauchen, um den Keimprozess am Laufen zu halten, haben sie selbst gespeichert. Im Gegenteil: Keimlinge sind äußerst empfindlich gegen ein Substrat mit zu hohen Düngergaben, diese Salzkonzentration verätzt die feinen Würzelchen und bringt sie rasch zum Absterben oder verursacht Kümmerwuchs. Aussaaterde ist daher stets ungedüngt, Jungpflanzenerde hingegen schon leicht aufgedüngt.

Viele Pflanzen können auch im Gewächshaus oder im Frühbeet in Saatkisten ausgesät werden.

Dunkelkeimer werden zuerst ausgesät und dann fein mit Erde übersiebt.

Basilikum ist ein Lichtkeimer, die Samen werden nicht mit Erde übersiebt.

Wann wird vorgezogen?

Die Hauptsaison für die Jungpflanzenanzucht ist das zeitige Frühjahr. Doch Vorsicht: Viele HausgärtnerInnen sind mit der Aussaat viel zu früh dran. Sät man zum Beispiel Tomaten schon im Januar oder Februar aus, bekommen sie viel zu wenig Licht – im Verhältnis zur verfügbaren Wärme. Die Pflanzen wachsen dann lang und dünn, haben kein festes Gewebe und schwächeln, wenn sie ins Freiland kommen. Einige Anhaltspunkte:

- Tomaten werden 6–8 Wochen vor dem Auspflanzen ausgesät
- Chili: ideal 2. Februarwoche, spätestens Ende Februar

Diese kräftig entwickelte Auberginen-Jungpflanze (Mitte Mai) wurde Anfang März ausgesät.

- Paprika, Aubergine, Zwiebel: Februar
- Aubergine: März

Die Dauer der Jungpflanzenanzucht

Ein wichtiger Grundsatz der Jungpflanzenanzucht lautet, dass Jungpflanzen so kurz – wie eben bei den eigenen Bedingungen – als möglich herangezogen werden sollen. Je nachdem, bei welchen Temperaturen man sie kultiviert, brauchen sie kürzer oder länger, bis sie pflanzfertig sind. Reinhard Seitner von der Gartenbauschule Langenlois hat uns seine Erfahrungswerte für die Anzucht (im geheizten Gewächshaus) zur Verfügung gestellt (→ siehe Tabelle). Selbst im geheizten Gewächshaus sind diese Erfahrungswerte nicht absolut zu sehen und von der Witterung (Temperatur und Sonnenschein) abhängig. Wer kein beheizbares Gewächshaus zur Verfügung hat, rechnet 2–3 Wochen dazu.

Anzuchtdauer verschiedener Gemüsekulturen im geheizten Gewächshaus

3 Wochen	Gurken, Zucchini, Kürbis	20–25 °C
	Mizuna, Hanf, Bohnen, Erbsen	18 °C
4 Wochen	Salate	12–15 °C
	Wilde Rauke, Spargelerbse	15–18 °C
	Speisechrysantheme, Tabak	15–18 °C
	Bauern-Tabak, Hirschhornwegerich	15–18 °C
	Gemüsemalve, Borretsch, Rucola	15–18 °C
	Asia-Salate	15–18 °C
	Kohle, Kardone, Löffelkraut	15–18 °C
5 Wochen	Afrikanische Stachelgurke	20–25 °C
	Klauenklette, Okra, Scheibengurke	18–20 °C
	Rispen-Sauerampfer, Topinambur	18–20 °C
	Artischocke	18–20 °C
	Erdmandel, Guter Heinrich	18–20 °C
6 Wochen	Erdbeerspinat	20 °C
	Melone, Sondergurken, Tomaten	20–25 °C
	Knollenziest, Mangold, Fenchel	18–20 °C
7 Wochen	Baumtomate, Eiskraut, Erdkirsche	20–25 °C
	Pepino, Melothria (Mexikanische Minigurke)	20–25 °C
	Andenbeere, Sellerie, Lauch	20–25 °C
	Basilikum, Malabarspinat, Hiobstränen	18–20 °C
8 Wochen	Paprika, Pfefferoni, Litschi-Tomate	20–25 °C
	Schnittlauch, Schnittknoblauch	18–20 °C
	einjährige Kräuter	18–20 °C
	Aubergine (Melanzani)	25–30 °C
10 Wochen+	Spargel, Winterzwiebel	18–20 °C

Tabelle: Anzuchtdauer verschiedener Gemüsekulturen (von der Aussaat mit zur fertigen Jungpflanze), Quelle: Erfahrungswerte Reinhard Seitner, Gartenbauschule Langenlois

Gut entwickelte – und nicht überständige – Kohl-Jungpflanzen.

Der Pikierstab.

Diese Tomaten-Sämlinge machen sich schon Konkurrenz und sind reif zum Pikieren.

In jeden Topf wird ein Sämling pikiert und wächst hier zügig weiter.

Aussaat direkt in Töpfen

Folgende Kulturarten werden direkt in Töpfe gesät und nicht wie unten beschrieben vereinzelt (→ Das Pikieren), da ihre Wurzeln sehr empfindlich sind: Gurken und alle anderen Kürbisgewächse sowie Bohnen. Auch andere großsamige Gemüse (wie Artischocken oder Malabarspinat) können direkt einzeln in Töpfe gesät werden.

Das Pikieren

Alle Pflanzen, die zunächst in eine Aussaatschale gesät wurden, müssen spätestens, sobald sie nach den Keimblättern zwei echte Laubblätter entwickelt haben, pikiert werden. Bei den meisten Pflanzen ist das bereits 7–10 Tage nach dem Keimen, jedenfalls müssen sie pikiert werden, bevor sie sich gegenseitig Konkurrenz machen.

Schwächere Pflanzen werden nicht pikiert, sondern kommen auf den Kompost. So ist das Pikieren auch gleichzeitig eine Auslese auf starkwüchsige und kräftige Pflanzen.

Als Werkzeug braucht man einen Pikierstab (→ Foto), oder einen ausgedienten, etwas breiteren Kugelschreiber. Die kleinen Pflänzchen werden in Quickpots oder direkt in kleine Töpfe pikiert, die man bereits mit Jungpflanzenerde gefüllt hat. Wichtig ist hier die richtige Topfgröße. Die meisten in den Gartencentern angebotenen Anzuchtplatten sind viel zu klein. Dann entsteht das Problem, dass die Anzuchterde sehr nährstoffreich sein muss. Je größer die Töpfe, Quickpots oder Erdpresstöpfe, umso besser. Einige Anhaltspunkte:

- Salate, Kohlgewächse, Mangold, Bohnen: mindestens 4 x 4 cm
- Gurken, Kürbisse: mindestens 6 x 6 cm
- Tomate, Paprika: mindestens 8 x 8 cm

Und so wird's gemacht:

- Mit dem Pikierstab die Pflanzen einzeln oder büschelweise vorsichtig aus der Aussaatschale heben. Die kleinen Pflänzchen sind sehr verletzlich, daher vorsichtig und ohne Handschuhe arbeiten.

- Die zarten Jungpflanzen nicht an den ersten echten Laubblättern, sondern an den Keimblättern festhalten.
- Tomaten tief pikieren: So setzen, dass die Keimblätter knapp über der Erde sind.
- Anschließend wird Pflanze für Pflanze wie folgt behandelt: Die Wurzeln der Pflanzen um circa ein Drittel mit dem Fingernagel einkürzen. Dies regt das Wurzelwachstum an. Nur bei Fenchel, Artischocke und Kardone werden die Wurzeln nicht eingekürzt. Mit dem Pikierstab in die Pflanzerde ein Loch stupfen, dann das kleine Pflänzchen so im Pflanzloch versenken, dass die Wurzeln wieder nach unten schauen. Sie dürfen keinesfalls umgebogen sein, dies führt unmittelbar zu Wachstumsverzögerungen. Dann die Pflanzen gut andrücken und gießen.
- Pflanzen müssen zügig pikiert werden, keinesfalls dürfen sie aus der Erde genommen und dann an der Sonne liegen gelassen werden. Daher immer nur einige Pflanzen aus der Erde heben und diese gleich pikieren.
- Wie hoch oder tief die Pflanzen pikiert werden, hängt von der Kulturart ab: Salat, Fenchel und Knollensellerie dürfen keinesfalls zu tief pikiert werden, sie dürfen leicht umfallen. Alle Pflanzen, die am Stamm noch Wurzeln ausbilden können, werden tiefer gesetzt. Wichtig ist dies bei Paprika und Tomaten. Durch das Pikieren bekommen die Pflanzen mehr Standraum und können sich ober- und unterirdisch kräftiger entwickeln. Zusätzlich wird durch das Einkürzen der Würzelchen das Wurzelwachstum angeregt. Besonders wichtig ist das bei Sellerie.
- Kürbisgewächse werden nicht pikiert, sondern direkt in größere Töpfe gesät. Bei frischem, gut keimfähigem Saatgut 1 Korn pro Topf, bei etwas älterem Saatgut 2–3 Körner und nur das Pflänzchen, das am raschesten gekeimt hat, stehenlassen.
- Nach dem Pikieren die Pflanzen gut angießen und nicht in die pralle Sonne stellen, idealerweise 2–3 Tage schattieren.

De Sämlinge der Brunnenkresse sind groß genug zum Pikieren.

Die kleinen Pflänzchen büschelweise vorsichtig aus der Erde heben ...

... und so in Töpfe oder Quickpots pikieren, dass die Würzelchen nicht umgeknickt werden.

Mit dem Pikierstab wieder leicht andrücken.

Stämmige, gut abgehärtete Tomaten-Jungpflanzen.

Jungpflanzen können auch im Frühbeet abgehärtet werden (hier Anfang Mai).

Abhärten

Der Begriff des Abhärtens mag gärtnerische Neulinge im Zusammenhang mit Pflanzen verwundern. Es ist eine Art Survival-Training: Aus der Sicht der im milden Wohnraumklima aufgezogenen, sprich verhätschelten Pflanze ist dies notwendig, damit sie nicht entweder in ihren ersten Freilufttagen gleich ihr Ende findet oder – was für uns GärtnerInnen auch nicht viel besser ist – einen so großen Wachstums-Rückschlag an der frischen Luft erleidet, dass sie für den Rest ihres Pflanzenlebens nur vor sich hinkränkelt und keinen rechten Ertrag bilden will. Die Pflanze muss sich ein paar Tage lang an die Bedingungen im Freien gewöhnen können. Gekaufte Jungpflanzen sollten idealerweise bereits in der Gärtnerei abgehärtet worden sein. Am besten einfach beim Pflanzeneinkauf nachfragen. Pflanzen, die man am Fensterbrett oder an einem anderen Ort hinter Glas vorgezogen hat, dürfen zunächst nur an bewölkten Tagen ins Freie. Nach 3–5 Tagen haben sie sich an die hier stärkere Sonneneinstrahlung gewöhnt. Stellt man sie an einem sonnigen Tag direkt auf den Balkon, erleiden die Pflanzen einen Sonnenbrand, der ganze Blätter zum Absterben bringen kann.

Doch auch an die kühleren Nachttemperaturen und an die rauen Windverhältnisse müssen sich die Pflanzen erst gewöhnen. Vorgezogene Pflanzen werden daher 2–4 Tage zunächst nur untertags ins Freie gestellt, danach können sie – unter einem Vlies – auch schon über Nacht draußen bleiben (allerdings nur, wenn mit keinen Nachtfrösten mehr zu rechnen ist!). Abgehärtete Pflanzen haben einen kompakteren Wuchs, und ihre Blätter und Stängel haben ein intensiveres Grün. Hilfreich ist ein kleiner Gewächshauskasten, in dem bis zu 100 Jungpflanzen Platz finden. Auch Mini-Gewächshäuser aus dem Handel oder Frühbeetkästen können für diesen Zweck genutzt werden.

Ein Gewächshaus-Kasten

Ein praktisches Utensil zum Abhärten der Pflanzen: Kleine Kästen wie diese im Bild gibt es fertig zu kaufen, sie können aber auch selbst gefertigt werden. Ein Anzucht-Kasten steht – idealerweise – an einer südseitigen Wand in Hausnähe – denn die Jungpflanzen brauchen besonders viel gärtnerische Aufmerksamkeit (täglich gießen, lüften). Wichtig ist, dass er oben zu öffnen ist. Hier können die Pflanzen auch über Nacht bleiben und müssen nicht ins Haus getragen werden. Untertags werden die Türen geöffnet und über Nacht wieder verschlossen. Kleinere Kästen gibt es im Internet-Versandhandel. Größere (wie jener auf dem Foto) kann man bei geschickten Tischlern fertigen lassen. Bis zu drei Etagen Jungpflanzen können so übereinandergestellt werden. Sind noch einmal Nachtfröste angesagt, kann der Kasten mit alten Decken abgedeckt werden. Im Winter können hier Asia-Salate angebaut werden, im Sommer können die Türen ausgehängt werden – der Kasten bietet dann Platz für 3–4 Töpfe mit Tomaten und Basilikum.

Materialliste für den Selbstbau eines Gewächshaus-Kastens

Breite: 148 cm
Breite mit ausgeklappten Türen: 300 cm
Höhe Front: 157 cm
Höhe Rückseite: 180 cm
Tiefe: 56,5 cm
Seitenlänge Dachklappe: 62 cm

Stärke der Rahmenhölzer für Haus und Flügel: 4,5 cm
Stirnholz oben vorne: 7 x 4,5 cm
Stärke der Regalhölzer innen: 4,5 x 2 cm

Materialien:

- Holz für die Rahmen und Flügelkonstruktion nach den angegebenen Maßen.
- 6 seitliche Auflageleisten (über Bohrungen höhenverstellbar mit entsprechenden Auflagedübeln)
- 9 Abstellleisten, wobei die mittleren Leisten nicht mit Schrauben montiert, sondern frei aufgelegt, bzw. weggelassen werden können. Das ermöglicht den aufstrebenden Pflanzen entsprechende Wachstumsfreiheit.

- Lärchenholz (unbehandelt)
- 6 Messingscharniere mit 6 Bohrungen (aushängbar, damit die Flügel bei Bedarf entfernt werden können)
- 4 mittige Magnethalter und entsprechende Metallplättchen an den Flügeln
- 2 Messinghaken mit je 2 Bohrungen
- 8 Winkeleisen, 4 cm Breite, mit 8 Bohrungen
- Fensterglas für Vorder- und Seitenfronten
- Rückseite mit Plexiglasabdeckung

Der Gewächshaus-Kasten: ein praktisches Utensil zum Abhärten der Pflanzen.

Auspflanzen der Jungpflanzen

Im Garten (oder im Gewächshaus) werden Jungpflanzen idealerweise an einem schattigen Tag ausgesetzt. Dann verdunsten die Blätter automatisch weniger Wasser. Dort, wo es möglich ist, entfernt man unmittelbar vor dem Setzen einen Teil der Blätter oder kürzt die Blätter um ein Drittel ein (z. B. bei Salat), um die Verdunstungsfläche zu reduzieren. Dies ist besonders wichtig bei Pflanzen, die aus einer Saatschale oder einem Saatbeet mit nackten Wurzeln in die Erde kommen. Vor dem Setzen werden die Ballen der Jungpflanzen noch einmal gut angegossen oder am besten gleich in ein Wasserbad gestellt. Starkzehrer stellt man am besten in eine (noch junge) Pflanzenjauche ein. Nach dem Setzen müssen die Wurzeln gut eingeschlemmt, also üppig gegossen werden.

Aussaat in Erdpresstöpfe

Eine sehr gute Möglichkeit, selbst Jungpflanzen anzuziehen, ist die Verwendung von Erdpresstöpfen. Viele Gärtnereien haben dazu größere Maschinen. Für die Verwendung im Hausgarten eignen sich kleine Handpressen. Diese sind relativ günstig im Versandhandel erhältlich. Ein großer Vorteil von Erdpresstöpfen ist, dass man eine große Menge an Plastik spart – die Samen werden einfach in den Presstopf gesät und sobald dieser gut durchwurzelt ist, werden diese direkt ins Beet gepflanzt, wo die Pflanzen zügig weiterwachsen können. Die Aussaaten mit etwas Sand übersieben, das reduziert den Trauermückenbefall.

Mit Erdtopfpressen lassen sich viele Jungpflanzen unkompliziert vorziehen ...

... und wachsen zügig weiter. Auch den Schnecken sind sie jetzt schon zu groß.

Erfahrungen von Arche Noah-GärtnerInnen

„Im letzten Jahr habe ich mir erstmalig eine Erdtopfpresse zugelegt und Stangenbohnen vorgezogen. Das hat ausgezeichnet funktioniert! Wer wie ich in einer eher kalten Zone wohnt und oft mit Spätfrösten bis in den Juni hinein zu rechnen hat, kann durch die Vorzucht 2–4 Wochen Zeit gewinnen. Ist das Wetter schlecht, wartet man halt noch ein paar Tage. Als Erde habe ich auf einen Eimer gesiebten Kompost von mir etwa 2 Liter gelben Sand und 2 Handvoll Urgesteinsmehl genommen und vermischt. Gut anfeuchten, in die Presse füllen, mit der Hand fest hineindrücken und Würfel herauspressen. In das vorgestempelte Loch die Bohne legen und mit etwas Erde abdecken. Ich habe die Erdpresstöpfe ins Gewächshaus gegeben und bei gutem Wetter ins Freie gestellt, zum Abhärten. Stets feucht halten. Ich war überrascht, wie gut die Bohnen weitergewachsen sind, ohne zu stocken. Dadurch, dass die Bohnen in dem Würfel sind, verletzt man die Wurzeln beim Einsetzen nicht und die Bohne wächst sofort zügig weiter. Auch hat man das Problem von Fraß an den Keimen nicht.

Ich habe den Doppelblocker Nr. 861 mit den Maßen 5 x 5 cm pro Würfel, das erschien mir am einfachsten, nicht zu klein und passt in die Anzuchtkästen."

Annegret Hottner, Schwandorf, Oberpfalz

Kriterien für den Jungpflanzeneinkauf

Kaufen Sie im Frühjahr – und in höheren Lagen auch im Frühsommer – ausschließlich abgehärtete Jungpflanzen. Selbst der Salat, der nicht täglich in der Vorkultur den kühlen Morgentemperaturen ausgesetzt war, lässt bei Ihnen im Garten sonst alles hängen. Gute Gärtnereien härten ihre Jungpflanzen ab, indem sie die Seitenwände der Gewächshäuser schon relativ früh am Morgen öffnen. Die Pflanzen haben dann einen kompakteren Wuchs und sind etwas kleiner. Das wichtigste Kriterium für einen erfolgreichen Anbau im Garten ist, dass der Topfballen gut durchwurzelt, die Pflanze nicht getrieben sowie gut abgehärtet ist. Je nach Jahreszeit kann es sein, dass mehrjährige, nicht verholzende Pflanzen – wie Minzen, Agastachen oder die Indianernessel – noch nicht ausgetrieben beziehungsweise ihre Blätter schon wieder eingezogen haben. Dann ist einzig die gute Durchwurzelung des Substrates ein verlässlicher Hinweis auf ihre Vitalität.

Direktsaat von Kräutern im Garten oder im Topf

Viele Kräuter können unkompliziert direkt im Beet an ihren endgültigen Standort gesät werden. Dafür muss das Saatbeet gut vorbereitet werden: Alle anderen Pflanzen – seien es Reste der Kultur vom Vorjahr oder Unkräuter – werden zunächst entfernt und das Beet gut gelockert. Dann wird die Fläche mit einem Rechen geebnet und das Saatbeet feinkrümelig vorbereitet. Am einfachsten ist die Aussaat in Rillen – diese können direkt gegossen werden, und auch das Jäten und das Lockern des Bodens fallen leichter. Die Rillen gießt man mit einem feinen Brausestrahl aus der Gießkanne am besten vor der Aussaat an. Direkt gesäte Kräuter bieten

Aussaat in Reihen.

Aussaaten mit einem umgedrehten Rechen verdichten.

einige Vorteile: Saatgut ist günstiger als Jungpflanzen und kann bei den Saatgutfirmen per Post bestellt werden. Gesäte Pflanzen wurzeln besser ein und sind damit widerstandsfähiger gegen Trockenheit, und sie wachsen der Witterung entsprechend, sind weniger getrieben und kommen auch mit Kälte – viele auch mit Frost – gut zurecht; im Gegensatz zu den Indoor vorgezogenen Pflanzen, die erst an Wind und Sonnen-

Viele Kräuter werden als Saatbänder oder Saatscheiben angeboten.

Ein Gartenvlies hält die Aussaaten gleichmäßig feucht und warm.

einstrahlung des Freilands gewöhnt werden müssen. Viele kälteverträgliche Pflanzen können schon im Sommer (Kamille) oder Herbst (Petersilie) gesät werden und dann im Frühjahr zügig loswachsen.

Auch einige mehrjährige Kräuter können direkt gesät werden – oder säen sich bereitwillig selbst aus. Dazu zählen Salbei, Ysop, Lavendel und Schnittlauch.

Kräuter, die am besten direkt gesät werden	• Kamille • Kerbel • Garten-Kerbel • Petersilie • Dill • Portulak • Garten-Kresse • Rucola • Koriander • Drachenkopf • Ringelblume • (Einjähriges) Bohnenkraut • Borretsch • Brotklee

Quelle: eigene Zusammenstellung

Grünkohl ist eines der winterfestesten Gemüse.

Sprossenkohl kann auch im Winter direkt vom Beet geerntet werden.

Wintergemüsebau in Selbstversorger-Gärten

In den letzten Jahren haben sich viele – allen voran der österreichische Gartenbauwissenschafter Wolfgang Palme – mit dem Anbau und der Ernte von Gemüse im Winter beschäftigt. Gerade für Menschen, die mit dem Gemüsebau und der Selbstversorgung neu beginnen, haben Wintergemüse ein großes Potential: Sie wachsen im Herbst meist gesund und man kommt ohne Lager und mit einer einfachen und kostengünstigen Ausstattung schon sehr weit.

Viele Blattgemüse sind viel frostfester als gemeinhin angenommen. Sie wachsen zwar im Winter nicht mehr, halten – wenn sie vor Schnee und Niederschlägen geschützt sind – aber erstaunlich tiefen Temperaturen stand und können fortlaufend geerntet werden. Andere werden noch sehr spät – Mitte Oktober – gepflanzt, dann als kleine Jungpflanzen mit einem Minitunnel übertunnelt und können dann bereits die ersten wärmeren Tage im ausgehenden Winter nutzen, um gleich wieder weiter zu wachsen und sind dann je nach Region und Witterung zwischen Februar und April beerntbar. Zudem sind die Winter in den letzten Wintern milder geworden und häufig gab es schon im Februar Wärmephasen, die dann bereits gepflanztes Gemüse zügig in Wachstum und eine frühe Ernte umsetzen konnte. Spannend ist auch, dass Wintergemüse im ungeheizten Gewächshaus angebaut werden kann. Daher sind Asia-Salate und Co. in den letzten Jahren auch für viele Biobetriebe, die direktvermarkten, interessant geworden.

Auch viele Wurzelgemüse sind sehr frostfest (→ siehe auch Wurzelgemüse, Seite 340). Manche brauchen etwas Schutz – wie die meisten Karottensorten – andere vertragen selbst das Durchfrieren gut.

Einige grundsätzliche Anmerkungen

Der Anbau und die Ernte von Gemüse im Spätherbst und Winter ist in Mitteleuropa – mit wenigen Ausnahmen – keine „traditionelle" Anbauform. Viele Techniken haben sich in den letzten 10 Jahren entwickelt. Das Spannende daran ist, dass es sich dabei um sogenannte Low-Input-Techniken handelt, die mit wenig Energie-Einsatz und einer minimalen Ausstattung wunderbares Gemüse mitten im Winter auf den Tisch bringen.

Grundregel beim Wintergemüsebau: Erst ernten, wenn die Blätter nicht mehr gefroren sind.

Als Wintergemüse eignen sich Arten, deren Blätter gefrieren können und trotzdem keinen Schaden nehmen – allen voran sind das Asia-Salate. Bei anderen Arten gibt es große Sortenunterschiede. Gemüse, das im Spätsommer und Herbst – bis in den September hinein – gesät wird, kann sich den sinkenden Temperaturen anpassen – die Pflanzen können einige Substanzen als „Frostschutzmittel" ins Blatt einlagern. Wichtig für eine gute Entwicklung ist die Größe – das Entwicklungsstadium der Pflanzen: Pflanzen, die man noch im November und Dezember ernten will, müssen früh angebaut werden, damit sie die noch warmen und langen Tage im September und Oktober in Wachstum umsetzen können. Dann hören sie zu wachsen auf, können aber frisch geerntet werden. Eine zweite Technik ist – und die ist in vielen Selbstversorger-Gärten seit langem praktiziert – dass man im Gewächshaus spät noch aussät, die Pflanzen klein überwintern und im Frühjahr gleich die ersten Sonnenstrahlen nutzen können und ab Februar/März oder April erntereif sind. Kleine Pflanzen können tiefere Temperaturen besser überstehen als größere. Im Jungpflanzenstadium sind Gemüse frostfester als später.

Wichtig ist auch, dass die Pflanzen nur zurückhaltend gedüngt wurden. Je stärker sie mit Nährstoffen versorgt sind, umso weicher und weniger widerstandsfähig gegen Frost werden die Blätter. Daher darf im Sommer auf die Beete keinesfalls ein stickstoffbetonter Dünger – wie etwa Hornspäne – ausgebracht werden. Gefrorene Pflanzen dürfen nicht berührt – und auch nicht geerntet werden. Man wartet, bis sie wieder aufgetaut sind: Wachsen die Pflanzen zum Beispiel in einem Frühbeetkasten ist dies an sonnigen Tagen meist schon in den Vormittagsstunden wieder der Fall. Unter einem Minitunnel oder einem Frühbeet können die Temperaturen tagsüber rasch wieder auf über 10 °C, häufig sogar 15–20 °C steigen. Wird das Gemüse auf Dämmen angebaut, ist der Boden auf der der Sonne zugewandten Seite des Dammes rasch wieder gar. Hier können auch früher Radieschen oder andere Gemüse ausgesät werden.

Empfehlungen für den Selbstversorger-Garten

Im Selbstversorger-Garten gibt es verschiedene einfache Methoden, um Blatt- und Wurzelgemüse auch im Winter zu ernten. Zunächst bedeutet der Anbau von Wintergemüse ein Umdenken. Für die meisten Gärtnerinnen und Gärtner ist der zwischen 0 und 2 °C warme Herbst die Zeit der Ernte. Hingegen können wir es im Frühling gar nicht erwarten, endlich mit den ersten Aussaaten zu beginnen. Wintergemüsebau bedeutet genau das Gegenteil: Wer im Herbst gesät hat, kann im Frühling – und mit einer minimalen (!) Ausstattung – auch über den Winter ernten. Wichtig für einen erfolgreichen Anbau von Wintergemüse ist der Anbau der geeigneten Gemüsearten und -sorten und das rechtzeitige Aussäen oder Pflanzen.

Viele Wurzelgemüse können lange vom Beet aus geerntet werden (→ Tipp von Gabriele Gauper). In Regionen, in denen mit frühen Wintereinbrüchen zu rechnen ist und dann rasch der Boden gefriert und Schnee liegt, ist das nicht so einfach möglich. Viele Arten leiden zwar keinen Schaden, können aber, wenn der Boden gefroren ist, nicht geerntet werden. Hier muss das Gemüse eingelagert werden.

Erfahrungen von Arche Noah-GärtnerInnen

„Ich lasse alles Wurzelgemüse – Pastinaken, Karotten, Petersilwurzel, Rettich und Lauch – über den Winter im Beet und ernte auch über den Winter vom Beet. Die Beete mit Wurzelgemüse decke ich so spät wie möglich – meist ab Dezember – mit einer Schicht Apfellaub und darüber einer dicken Schicht Nusslaub ab. Das Nusslaub hält auch die Wühlmäuse ab. Das braucht etwas Fingerspitzengefühl: Wenn es im Winter regnet, muss man das Laub wieder wegrechen, und wenn es wieder kalt wird, neu aufbringen, sonst fault das Gemüse. Wenn der Boden im Spätwinter/Frühling wieder auftaut, kommt das Nusslaub ganz weg und zu den Heidelbeeren.

Gabriele Gauper, Gleisdorf, Steiermark

Der Asia-Salat ‚Grün-im-Schnee' ist der einzige Asia-Salat, dem Feuchtigkeit und Schneefall nichts anhaben können.

Anbau im Freiland

Einige Gemüse können direkt auf den Gartenbeeten angebaut und über den Winter geerntet werden. Der Klassiker sind Winterlauch und Sprossenkohl, aber auch Kraus-, Grün- und Palmkohl eignen sich dafür (→ siehe Tabelle und Seite 318) und können häufig bis in den Februar geerntet werden. Viele Asia-Salate (wie Tatsoi und Mizuna) können im September gesät oder gepflanzt werden und können dann jedenfalls bis

Wintergemüse für den Anbau im Freiland

Kulturart	Aussaat	Pflanzung	Ernte	Anmerkungen
Asia-Salate	September	September bis Mitte Oktober	Oktober bis November	bei trocken-kühler Witterung auch bis Ende Dezember
Blattzichorie ‚Grumolo verde'	Juli	--	Februar bis März	Ausdünnen auf 20 cm, verpflanzen möglich.
Pak Choi	Mitte August bis Anfang/Mitte September	--	November bis Februar	schosst ab März, besser mit mobilen Kästen ab Oktober/November abdecken. (→ siehe Seite 240)
‚Grün-im-Schnee'	September	bis Mitte Oktober	November bis Februar	muss nicht vor Wintereinbruch geerntet werden.
Lactuca-Winter-Salate	Anfang bis Mitte September	Anfang Oktober	April	Sorten: ‚Neusiedler Ideal', ‚Winterkönig', ‚Winterdauer', steirische Lokalsorten
Mangold-Babyleaf	Anfang bis Mitte September	--	November bis März	Frostfest bis -10 °C
Sprossenkohl	Mitte bis Ende April	Mai bis Mitte Juni	November bis Mitte Februar	große Sortenunterschiede in der Frostfestigkeit. Gute Frosthärte: ‚Hilds Ideal', ‚Groninger', ‚Roodnerf'
Grünkohl	Mai bis Juni	Juni-Mitte Aug.	bis März	frostfest bis -15 °C (→ siehe Seite 321)
Palmkohl	Mai bis Juni	Juni bis Juli	November bis Dezember	Muss vor den ersten starken Frösten abgeerntet sein, verträgt nur Temperaturen bis -5 °C
Winterkresse (Barbarakresse)	August	--	Oktober bis Februar	
Mangold	Keine eigene Herbst-Aussaat nötig			Sorten mit weißem Stiel sind am frostfestesten (bis -10 °C). Entweder gezielt für die Weinernte anbauen oder die Pflanzen vom Sommer weg nutzen.
Zuckerwurzel	Februar bis März	April	November bis Februar	(→ siehe Seite 344)

Tabelle: Anbau von Wintergemüse im Freiland. Auswahl nach Palme 2016

November, in milden Jahren auch bis in den Dezember hinein geerntet werden (über den Winter nur im Gewächshaus, siehe Seite 313). Die Blattcatalogna-Sorten werden im Juli gesät, im August gepflanzt und können dann in milden Regionen bis Ende des Jahres direkt vom Beet geerntet werden. Alle Kulturen können im Frühling durch das Auflegen eines Vlieses auch verfrüht werden.

Anbau von Wintersalaten im Freiland

Diese Form des Anbaus von Butterkopfsalaten hat in den warmen Teilen der Steiermark eine lange Tradition. In dieser Region sind eigene Sorten entstanden, die auch in anderen Weinbauregionen erfolgreich angebaut werden können. Wintersalate brauchen einen guten Gartenboden (auf schweren Tonböden und leichten Sandböden kommen die Pflanzen nicht durch). Entscheidend ist der richtigen Sä- und Pflanzzeitpunkt. Aussaat Anfang bis Mitte September, Auspflanzen ins Freiland – in flache, ca. 5–6 cm tiefe Furchen – Anfang Oktober. Oder: Direktsaat Mitte September direkt ins Freiland. Die Pflanzen überwintern unter dem Schnee oder im schneelosen Winter unter etwas Reisig. Im Frühling den Boden lockern. Die Pflanzen sind dann Ende April erntereif (→ Sorten siehe Tabelle).

Anbau in Frühbeetkästen/Wanderkästen

Frühbeete sind dann besonders für den Anbau von Wintergemüse geeignet, wenn sie verstellbar sind. Die Firma Götsch & Fälschle hat in Kooperation mit Wolfgang Palme eigene Wanderkästen (→ siehe Fotos) entwickelt. Diese Wanderkästen sind mit 50 cm langen Erdspießen ausgestattet, und können zu zweit leicht verstellt und über bereits gepflanzte Gemüse gestellt werden. Natürlich können sie auch am selben Platz stehen bleiben. Eine Variante ist dann bereits im Februar/März die ersten Aussaaten zu machen, diese anschließend ab April und Mai zum Abhärten der Jungpflanzen zu nutzen und schließlich ab Ende Mai, Anfang Juni mit Gurken oder Melonen zu bepflanzen. Nach einer Gartensaison werden sie dann verstellt, um eine gute Fruchtfolge einhalten zu können.

Asia-Salate in Vorkultur Anfang Oktober. Die Pflanzen werden nun pikiert und ins Gewächshaus gesetzt.

Die Wanderkästen sind 2 x 1 m lang und kosten rund 400 Euro. Eine Investition, die sich bald bezahlt macht, wenn man auch über den Winter frisches Gemüse ernten will.

Ein kurzer Schneefall macht dem Asia-Salat noch nichts. Wer sicher über den Winter ernten will, muss im Gewächshaus oder Frühbeetkasten anbauen.

Einfach zu kultivierende Wintergemüse im geschützten Anbau

Kulturart	Aussaat	Pflanzung	Ernte	Anmerkungen
Asia-Salate - Variante 1	September/Oktober	Oktober	Dezember bis März	Direktsaat in Reihen oder setzen von Jungpflanzen, dann 25 x 25 cm
Asia-Salatc - Variante 2	November	--	Februar bis März	
Lactuca-Babyleaf-Salate	September	--	November bis März	Aussaat in Reihen von 10–15 cm Abstand, in der Reihe 2–3 cm, Lichtkeimer!
Lactuca-Kopf-Salate	September	Mitte bis Ende August	Februar/März	(→ siehe ausführlich Seite 309)
Lactuca-Kopf-Salate	Anfang August	Mitte bis Ende August	November bis Januar	Geeignet sind neben den wintertauglichen Kopfsalatsorten auch Pflücksalate und Eissalate.
Blattpetersilie	Mitte August bis Mitte September	--	November bis März	Frisches Saatgut verwenden; kann in milden Winter auch im Freiland gut geerntet werden.
Blattzichorie	Mitte August bis Mitte September	--	November bis März	mit anderen, milden Salaten mischen
Brunnenkresse	August bis Ende September	--	November bis Februar	feucht halten
Bund-Karotten	Juli bis August	--	November bis März	Frühsorten (→ siehe Seite 342)
Mangold (ganze Pflanzen)	Mai	Juni	November bis März	Die im Frühling im Beet gesetzten Pflanzen ab Oktober/November mit mobilem Kasten schützen.
Mangold- Babyleaf	Mitte August bis Mitte September	--	November bis März	
Spinat - Variante 1	Mitte August bis Mitte September	--	November bis März	Direktsaat im Kasten
Spinat - Variante 2	Mitte September	Anfang November	Februar bis März	Auspflanzen der Jungpflanzen im Kasten
Spinat - Variante 3	Anfang September	--	Oktober bis März	Aussaat im Freien und ab Oktober mit mobilem Kasten abdecken, nicht zu tief schneiden
Spinat - Variante 4	Mitte Oktober	--	Februar bis März	Auf 5–10 cm vereinzeln
Schnittzwiebel/Jungzwiebel	August	--	November bis März	Schnitt wie Schnittlauch
Schnittzwiebeln	Mitte Januar	--	Februar bis März	kleine Trockenzwiebeln dicht an dicht stecken

Tabelle: Anbau von Wintergemüse im geschützten Anbau, Auswahl nach: Palme 2016

Asia-Salate Anfang November im Frühbeet. Die Pflanzen können ab nun über den ganzen Winter geerntet werden.

Bunte Asia-Salate (breitwürfig gesät) Anfang März ernte-reif im Gewächshaus.

Temporäre Minitunnel „System Hawaruhof"

Vorher...

... nachher: Im November werden die Minitunnels über die Gemüse errichtet.

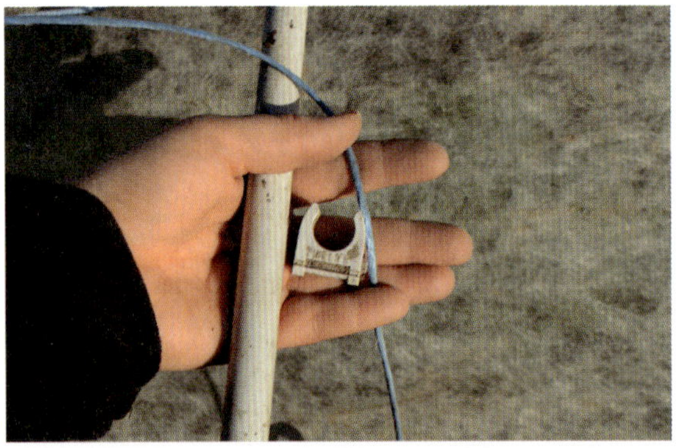

Zum Errichten der Minitunnels braucht es Federstahlstäbe, Elektrorohre, Clips und eine starke Schnur.

Die Schnüre werden befestigt. So kann das Vlies auf der Seite zum Ernten hochgeschoben werden (System Hawaruhof).

Das Errichten der Minitunnels ist etwas aufwändig, aber kostengünstig.

Im Oktober gepflanzt, jetzt im März treiben Kohlrabi und Salate richtig los – obwohl es draußen noch kalt ist.

Anbau im temporären Minitunnel

Minitunnels sind die kostengünstigste Variante, um Gemüse auch im Winter zu ernten oder eben im Frühling besonders früh dran zu sein. Das System der kostengünstigen Minitunnels, das wir hier beschreiben hat Rudolf Hoheneder vom Hawaruhof in Kirchberg am Wagram entwickelt.

Das Gemüse wird im Oktober gepflanzt und dann spätestens bevor mit den ersten strengeren Frösten und stärkeren Niederschlägen zu rechnen ist – jedenfalls im Laufe des Novembers – übertunnelt. Für den Bau dieser Tunnels braucht man – außer dem entsprechend langem Vlies – Federstahlstäbe, Elektrorohre und entsprechende Clipse und starke Schnüre (→ siehe Fotos). Die Federstahlstäbe sind je nach Beetbreite zwischen 3-4 Meter lang. Nach der Ernte des Gemüses im Januar bis März werden die Tunnels wieder abgebaut. Für den Anbau unter einem Minitunnel eignen sich Kohlrabi,

Endivien, Zuckerhut und manche Kopfsalate. Bislang gibt es gute Erfahrungen mit den Sorten ‚Unikum', ‚Lattughino', ‚Winterhäuptel', ‚Merveille des quatres saisons', ‚Neusiedler gelber Winter'). Die Pflanzen werden Mitte September in Vorkultur gesät (nicht im Gewächshaus, sondern auf einem halbschattigen Platz im Freien) und dann Mitte Oktober gepflanzt. Eine einfache Möglichkeit ist, diese Sorten im Frühling als Salate anzubauen und ein oder zwei Pflanzen Samen tragen zu lassen. Im August/September werden rund um diese Samenträger viele Jungpflanzen aufgehen, die dann gleich verpflanzt werden können. Feldsalat kann direkt gesät werden. Je nach Witterung – spätestens aber bis Ende November – wird der Minitunnel über der Fläche errichtet. Je nach Witterungsverlauf im ausgehenden Winter bzw. beginnenden Frühjahr sind die Pflanzen dann zwischen März und Mitte April beerntbar.

Das System eignet sich sowohl für Hausgärten wie auch für CSA-Betriebe und Betriebe, die in kleinem Umfang direktvermarkten. Zu bedenken, ist, dass Minitunnels zwar sehr kostengünstig sind, sie aber jährlich neu aufgebaut werden müssen. Die Errichtung der Minitunnels ist zwar nicht zeitintensiv, meist finden sich im kühlen Herbst aber weniger helfende Hände, als in der Garten-Euphorie des Frühlings.

Faltbare Minitunnels

Im Selbstversorger-Garten besonders praktisch sind zusammenfaltbare Minitunnels „Easy Tunnels" der Firma Haxnicks. Sie werden in 3 und 4 Metern Länge angeboten und sind in der größeren Ausführung 45 cm hoch und 60 cm breit. Sie bewähren sich zum Beispiel für Feldsalat, Spinat oder Petersilie, um rasch ein paar Reihen abzudecken, wenn (im Frühling) frühe oder (im Herbst) späte Fröste oder Schnee angesagt sind und man die Kulturen die nächsten Tage beernten möchte. Dafür sind sie praktischer und leichter zu handhaben (und wieder zu verräumen) als ein ganzes Beet abzudecken. Sie bewähren sich auch, wenn zum Beispiel kälteempfindliche Fruchtgemüse schon gepflanzt sind und nochmals vor Spätfrösten geschützt werden müssen.

Anbau im Gewächshaus

Wer ein Gewächshaus oder einen Folientunnel hat, hat grundsätzlich gute Voraussetzungen für den Anbau von Wintergemüse. Jedoch unter folgender Bedingung: Wenn das Haus – oder die entsprechende Fläche – bis Ende September/Anfang Oktober bepflanzt werden kann. Das ist in den meisten Gärten nicht der Fall. Denn hier ist häufig alles bis auf den letzten Quadratzentimeter bepflanzt und Tomaten, Paprika und Gurken tragen reichlich und können bis in den Oktober hinein geerntet werden. Wenn sie dann abgeerntet sind, ist es allerdings für den Anbau von Wintergemüse im Gewächshaus zu spät. Es lohnt sich, jedenfalls 1–2 Quadratmeter ab Anfang September freizuräumen, damit man hier Asia-Salate und anderes Wintergemüse anbauen kann.

Anbau im Rolltunnel

Aus diesem Grund hat man im Erwerbsgemüsebau verschiebbare Rolltunnels entwickelt. Die Idee ist grundsätzlich einfach und stammt vom US-Amerikanischen Bio-Gärtner Eliot Coleman. Der Rolltunnel kann auf verschiedene Positionen geschoben werden. Solange die Tomaten geerntet werden, bleibt das Gewächshaus hier stehen. Wenn die Pflanzen abgeerntet sind, wird es weitergezogen/weitergerollt und steht dann über den Wintersalaten. Für den Hausgarten sind (noch)

Die faltbaren „Easy-Tunnels" der englischen Firma Haxnicks verlängern die Erntesaison.

keine praktikablen Systeme erhältlich, weswegen wir SelbstversorgerInnen raten, sich ein oder zwei Stück mobiler Wanderkästen anzuschaffen. Für CSA-Betriebe macht die Anschaffung von verschiebbaren Rolltunnels allerdings durchaus Sinn. Einige Gewächshausfirmen bieten diese in verschiedenen Größen an.

Ein bisschen Aufwand ist nötig, dann kann man – je nach Temperatur – zwischen Dezember und März frischen Chicorée ernten.

Einige Gemüsearten lassen sich im Winter leicht antreiben. So lassen sich Schnittlauch und Schnittknoblauch einfach am Fensterbrett treiben. Dazu sticht man einzelne Stöcke Mitte September im Beet aus, befreit sie grob von der Erde, schneidet sie zurück und stellt sie trocken (zum Beispiel unter einem Vordach) auf. Die aufwendige Methode: Ab Mitte November entfernt man die vergilbten Blätter und legt die Ballen für 12 Stunden in ein ca. 35 °C warmes Wasserbad – so wird die Ruhephase gebrochen. Danach die Ballen pflanzen und bei Zimmertemperatur ans Fensterbrett stellen. Diese Pflanzen können um Weihnachten geerntet werden. Einfacher geht das, wenn man den Frost die Ruhephase erledigen lässt: Dann sticht man die Pflanzen erst im Oktober aus, schneidet zurück und putzt die Pflanzen aus und stellt sie – am besten auf eine Holzkiste an einen exponierten Platz. Wenn die Ballen dann nach einem Frost gut durchgefroren sind, topft man sie und stellt sie ans Fensterbrett.

Aufwändiger ist die Kultur des Chicorées. Dafür müssen die Chicorée-Pflanzen ab Mitte April bis Mitte Mai gesät und 3–4 Wochen später gepflanzt werden. Dann erntet man Anfang Oktober bis Anfang November die Wurzeln („Pfeifen), die man in einen Kübel mit etwas Erde setzt, nachdem man die Blätter bis auf 2–3 Zentimeter zurückgeschnitten hat. Einen zweiten Kübel stülpt man darüber und treibt sie bei ca. 18 °C innerhalb von 3–4 Wochen oder langsamer im kühlen Keller. Diese Methode ist aufwändig, da die Pflanzen quasi zweimal in Kultur genommen werden müssen. Wer einen ausreichend großen Garten zur Verfügung hat, wird sich aber im Winter über die besonders delikaten Salate freuen.

Empfehlungen für Gemüsearten und -sorten

Die im Gemüse- und Obstkapitel beschriebenen Kulturarten und Sorten empfehlen wir ausdrücklich für den Anbau in Selbstversorger-Gärten, weil sie ertragssicher sind und sie sich auf unterschiedlichen Standorten bewährt haben. Auch hinsichtlich anderer wichtiger Eigenschaften sind sie für die Selbstversorgung besonders gut geeignet. Weitere Informationen zu geeigneten Verarbeitungszwecken, Höhenlagen, Lagerfähigkeit etc. finden sich bei den jeweiligen Kulturarten und Sortenempfehlungen.

Schossfest und köstlich: Der Krachsalat ‚Maravilla de Verano'.

Salat-Schwemme im Juni.

Salate

Während es im Mai und Juni in vielen Gärten zu einer Salatschwemme kommt, geht im Hochsommer der Salat oft aus. Daher müssen Salate alle 2–3 Wochen gesät werden. Auch eine gute Arten- und Sortenwahl ist beim Salat besonders wichtig: Die klassischen Lactuca-Salate der Art Lactuca sativa sind Butterkopfsalat, Krachsalat, Bindesalat und Pflücksalat. Die leicht bitteren Endivien und Zichorien (*Cichorium endivia* und *Cichorium intybus*) sind die klassischen Herbstsalate, ebenso wie die Asia-Salate, die besonders frostfest sind (→ siehe Wintergemüsebau, Seite 303) und im Gewächshaus den ganzen Winter über geerntet werden können. Ebenso der Feldsalat (Vogerlsalat), der aber auch im Freien angebaut und stets geerntet werden kann, wenn kein Schnee liegt. Zuckerhut und Chinakohl sind gut lagerfähig und liefern grünen Salat im Winter.

Dieses Kapitel teilt die Salate nach der Jahreszeit, in der sie geerntet werden können, ein und zeigt, wie eine ganzjährige Versorgung mit frischen Blattsalaten möglich ist – auch wenn im Winter die Portionen kleiner ausfallen als im Sommer.

Grundsätzlich zum Anbau von Salaten

Wann welche Salatpflanzen ausgesät und geerntet werden können, hängt davon ab, in welcher Region man zu Hause ist, ob man ein – ungeheiztes – Gewächshaus zur Verfügung hat oder nicht und welchen Aufwand man betrieben kann und will. So können im Weinbaugebiet Lactuca-Wintersalate direkt auf ein freies Beet gesät werden, die dann meist ab Ende April geerntet werden können. In kühleren Regionen muss man für die Winterversorgung mit Salat andere Arten anbauen, zum Beispiel die kälteverträglichen und lagerfähigen Arten Zuckerhut und Endivie.

Salate als Lückenfüller

Salate eignen sich sehr gut als „Lückenfüller" zwischen Gemüse, das anfangs nur langsam wächst, dann aber größer wird: Zwischen Tomaten und Gurkenpflanzen können im Mai genauso Salate gesetzt werden wie zwischen Zucchini, Kürbissen, Kohlgewächsen oder Artischocken. Auch dort, wo sich ein Bestand nur lückig entwickelt hat oder auf ein Beet, das im Sommer schon abgeerntet ist. In einem 100 Quadratmeter großen Gemüsegarten kann man so durch geschickte Zwischenpflanzung zwischen 100 bis 200 Stück Kopfsalat ernten. Voraussetzung dafür ist, dass man die Jungpflanzen zur Hand hat, wenn man sie gerade braucht. Das lässt sich meistens nur bewerkstelligen, wenn man sie alle 2–3 Wochen selbst aussät und pikiert oder einen CSA-Betrieb in der Nähe hat, der laufend Folgesaaten macht und Jungpflanzen abgibt. Zu den klassischen Anbauzeiten (April und Mai für die Lactuca-Salate und Juli bis Mitte August für Zuckerhut & Endivien) bekommt man Jungpflanzen auf vielen Bauernmärkten und Gärtnereien.

Kopf-Salate eignen sich sehr gut als Lückenfüller. Hier zwischen dem anfangs langsam wachsenden Rotkraut.

Baby-Leaf-Salate können auch im Balkonkistchen ausgesät werden.

Endivien-Salate werden in einem Abstand von 30–40 cm gesetzt.

Baby-Leaf-Salate am Fensterbrett

Der Anbau von Salaten indoor ist nicht jedermanns Sache. Vielen ist es schlicht zu viel Aufwand und sie freuen sich lieber auf die Zeiten, wenn der frische Salat aus dem garten wieder erntereif ist. Doch grundsätzlich können sie, unabhängig davon wo Sie zu Hause sind, das ganze Jahr hindurch am Fensterbrett Baby-Leaf-Salate säen und ernten – auch wenn diese Form der Winterernte klein ausfällt. Von Frühling bis in den Herbst zahlt sich dies nicht aus. Hier wächst ohnehin genug Salat im Garten. Ab Oktober bis März/April kann dies durchaus eine Bereicherung sein. Dazu braucht es nichts weiter als ein helles Fenster, ein Balkonkistchen oder Aussaatschalen und eine wasserdichte Unterlage. Baby-Leaf-Salate werden in der Reihe dicht gesät, zwischen den Reihen einen Abstand von 2–3 cm lassen. Sie werden geschnitten, wenn sie maximal 10 Zentimeter hoch sind. Im Balkonkistchen treiben sie dann noch einmal nach, in flachen Aussaatschalen kann man sie einmal beernten. Viele Saatgutfirmen bieten dafür eigene Saatgutmischungen an. In Reinkultur eignen sich alle Lactuca-Salatarten, Schnittzichorie und Endivie. Ebenso alle Asia-Salate, Erbsen, Schnittmangold, Spinat, Rucola und Schnittsellerie.

Wie viel Platz brauchen Salate?

Der Pflanzabstand bei den Lactuca-Kopf-Salaten ist 25–30 cm. In einem Beet von 120 cm Breite können 4 Reihen gepflanzt werden. Endivien brauchen mehr Platz – in einem 120 cm breiten Beet werden 3 Reihen gepflanzt. Der kräftige Herbst- und Wintersalat Zuckerhut wird auf 40 x 40 cm gepflanzt.

Salaternte im Frühling

Auf die ersten Salate im Frühling freuen wir Gartenmenschen uns besonders – selbst wenn wir den Winter Feldsalat oder Asia-Salate im Gewächshaus ernten konnten. Butterkopfsalate können im Frühbeet, oder geschützt im Hochbeet je nach Region und Witterung ab Februar/März/April gepflanzt werden und sind dann im Mai erntereif. Werden sie in ein Mistbeet gepflanzt, bereits im April. Ebenso im April erntereif sind Wintersalate, die im Freiland überwintert haben (→ siehe Seite 303). Asia-Salate können im Freiland meist ab März gesät werden und sind dann als Baby-Leaf nach 8–9 Wochen beerntbar. Auch junge Spinatblätter ergeben einen feinen Salat.

Im Spätfrühling/Frühsommer (Mai und Juni) ist dann in den meisten Gärten Salat-Hochsaison. Diese Salate zwischen Ende April, und Anfang Mai gesetzt. Auch wenn man zu diesem Zeitpunkt grundsätzlich alle Kopfsalat-Sorten setzen kann, einige Sortenempfehlung von besonders schmackhaften Sorten, die, wenn man sie später anbaut rasch in Blüte gehen.

Sortenempfehlungen für Ernte im Mai/Juni: Bindesalat ‚Forellenschluss' und ‚Valmaine'; Pflücksalat ‚Venezianer'; Kopfsalat ‚Maikönig' und ‚Attraktion'.

Salaternte im Sommer

Nach der Salatschwemme im Juni folgt oft ein Salatloch im Sommer. Die Frühjahrsalate sind abgeerntet und die klassischen Herbstsalate wie Endivien noch nicht erntereif. Relativ rasch kann man mit einer Misticanza-Saat diese Lücke schließen. Diese Anbauform wird vor allem in Italien praktiziert – viele Saatgutfirmen bieten Saatgutmischungen an, die sich dafür eignen: Die Sortengemische (Bunte Salate, Zichorien, Rucola) werden – ideal auf ein halbschattiges Beet – in Reihen von 25-30 cm Abstand gesät und können ein- bis zweimal geschnitten werden. Im Hochsommer

Junge Spinatblätter ergeben auch einen feinen Salat.

Frischer Butterkopfsalat.

Eine einfache Methode, um im Herbst Salat-Jungpflanzen zu haben: Einen Kopf in Blüte gehen und die Samen ausfallen lassen.

Misticanza-Mischungen können Salatlücken im Sommer rasch schließen.

Die Wilde Rauke liefert auch im Hochsommer aromatische Blätter – vorausgesetzt, sie wird regelmäßig geschnitten.

bereits nach zwei Wochen, im Frühling und Herbst nach bis zu sechs Wochen. Wer laufend – alle 14 Tage Salat – aussät, kann immer wieder frischen Salat auspflanzen. Dafür ist wichtig zu wissen, welche Sorte sich für die Aussaat zu welcher Jahreszeit eignet. Saatgutkataloge eben genaue Auskunft über die Eignung der einzelnen Sorten. Zwischen Mai und Juli dürfen nur schosstolerante Sorten ausgesät werden.

Sortenempfehlungen für die Kopfsalat-Sommerernte: ‚Grazer Krauthäuptel', Merveille des quatres saisons'.

Endivie und Zichorien-Salate werden spätestens Mitte August gepflanzt.

Salaternte im Herbst

Für die Ernte im Herbst (September/Oktober) eignen sich sowohl Lactuca-Salate wie auch Endivien und Zichorien und Asia-Salate.

Lactuca-Salate: Diese werden im Sommer gesät und zwischen Mitte Juli und Mitte August gepflanzt: Da Salat bei hohen Bodentemperaturen (über 22 °C) nicht keimt, muss er im Sommer an einer schattigen Stelle im Garten oder in schattig aufgestellten Saatschalen ausgesät werden. Ein alter Gärtner-Trick ist die Saatrillen mit eiskaltem Wasser (vor der Aussaat) kräftig zu wässern. Auch müssen Salat-Pflanzen für die Herbsternte in heißen Sommer nur hinter (oder unter) beschattenden Kulturen angebaut werden (zum Beispiel Mais, Stangenbohnen oder Yacon, Beerensträucher).

Endivien und Zichorien-Salate: Für die Ernte im Spätherbst sät man Endivien Mitte bis Ende Juli entweder einzeln in Erdpresstöpfe oder in Aussaatschalen. Gepflanzt wird zwischen spätestens Mitte August. Als besonders hitzeresistent ist die Frisée-Endivie ‚Grüne Große Krause' bekannt. Frisée-Endivien sind empfindlicher gegen feuchte-kalte Herbstwitterung als die grobblättrigeren Escariol-Endivien. Endivien sind weniger frostfest als Zichorien. Schnittendivien sind frostfester als kopfbildende Endivien (diese bis mindestens -5 °C).

Wenn man auch bei tagsüber anhaltenden Minustemperaturen ernten will, muss man die Herbstsalate mit einem Vlies schützen …

Der schmackhafte Radicchio wird Anfang bis Mitte Juli gesät, in kühleren Regionen auch schon Ende Juni. Viele Radicchio-Sorten sind bis -7 °C frostfest. Manche Sorten müssen vor den ersten Frösten geerntet sein, andere können noch lange im Beet bleiben (→ Empfehlungen Seite 313 und Angaben in den Saatgutkatalogen). Ab spätestens November – in niederschlagsreichen Regionen auch schon früher – muss

… dann kann man darunter noch weiter ernten.

ihnen ein Dach über dem Kopf geboten werden, sonst faulen die Pflanzen. Das kann ein mobiler Wanderkasten (→ siehe Seite 240) sein. Oder man pflanzt sie im September gleich in ein Frühbeet, das man dann im Herbst schließen kann.

Auf CSA-Betrieben bewähren sich für die Salaternte im Herbst Rolltunnels (→ siehe Seite 307) oder Folienhäuser. Auf Selbsternteparzellen, die Ende Oktober geräumt werden müssen kann man die letzten Herbst-Salate bis Mitte August pflanzen.

Kalt und luftig können Endivien und Zuckerhut lange gelagert werden (zum Beispiel im Holzschuppen, auf einem nordseitigen Balkon in Holzkisten). Dazu mitsamt Wurzelstock auflegen/in die Kisten packen. Auch eine Lagerung – wie in der alten Gartenbauliteratur empfohlen – im Frühbeetkasten ist möglich. Im Selbstversorger-Garten des 21. Jahrhunderts sind diese aber vermutlich mit den frostfesten Asia-Salaten bepflanzt. So gelagerte Köpfe halten bis in den Januar, im günstigen Fall bis Anfang Februar. Beim Auslagern angewelkte Blätter wegputzen.

Einige empfehlenswerte Sorten für die Herbsternte:

- **Lactuca-Salate:** ‚Maravilla de Verano', ‚Grazer Krauthäuptel', ‚Merveille des quatres saisons', ‚Saladin'
- **Frisée-Endivie**: ‚Grüne Große Krause', ‚Wallone', ‚Myrna'
- **Escariol-Endivie**: ‚Bubikopf'
- **Besonders frostunempfindlich**: Zuckerhut (bis -10 °C), ‚Bubikopf', ‚Grüne Große Krause'
- **Radicchio**: ‚Leonardo', ‚Palla Rossa 3', ‚Variegato di Castelfranco'

Ende Oktober: Gemischte Asia-Salate und selbst aufgegangene Vogelmiere.

Leichte Fröste machen dem Feldsalat nichts aus.

Radicchio ist sehr frostfest und kann in milden Wintern lange direkt vom Beet geerntet werden.

Salaternte im Winter

Wer auch im Winter mit Blattsalaten versorgt sein will, wählt eine Mischung aus Lagerung und Anbau im ungeheizten Gewächshaus. Die klassischen Blattsalate, die im Spätherbst geerntet und dann eingelagert werden, sind Zuckerhut und Chinakohl. Für den Anbau von Asia-Salaten (→ siehe Wintergemüsebau, Seite 304f.).

Zuckerhut Der zarte, schmackhafte und ertragreiche Zuckerhut ist bis -10 °C frostfest und hält anders als die Endivien auch im Freiland lange am Beet bleiben. Er empfiehlt sich aufgrund seiner Robustheit auch für alpine Lagen. Zuckerhut wird Anfang Juli in Saatschalen gesät, pikiert und Ende Juli bis Mitte August gepflanzt. Ab November erntet man direkt vom Beet, dann sind die Köpfe bis zu zwei Kilo schwer. Nur bei Wetterlagen – wenn die Fröste unter -10 °C fallen oder bei wechselnden Wetterlagen (wiederholtes auftauen und einfrieren) die Pflanzen vom Beet holen und im Erdkeller oder Schuppen einlagern. Das äußere Blatt trocknet ein und schützt die inneren, die knackig frisch bleiben.

Chinakohl Die Kultur des Chinakohls ist seit über 50 Jahren in Europa bekannt. Chinakohl braucht wie Zuckerhut viel Platz. Für die Winterernte wird Ende Juli / Anfang August direkt im Beet gesät (Reihenabstand

Chinakohl Mitte September. Bis Ende Oktober/Anfang November können die Pflanzen im Freien bleiben.

Zuckerhut wird Ende Oktober/Anfang November mit etwas Erde an den Wurzeln ausgestochen und hält im feuchten Erdkeller einige Wochen.

Zuckerhut Anfang Oktober – noch nicht erntereif.

50–60 cm, 3 cm tief säen). Das Beet zuvor nochmals mit etwas reifem Kompost versorgen. Nach der Keimung in der Reihe auf 10–15 cm vereinzeln. In Gebieten oder Jahren mit einem starken Erdflohdruck sofort nach der Aussaat ein Insektenschutznetz (Maschenweite 9,5 mm) auflegen. Chinakohl kann entweder mit einem mobilen Kasten übertunnelt werden (sie vertragen leichte Fröste). Sicherer ist es, die festen Köpfe zu ernten (das Umblatt bleibt dann auf dem Beet) oder mitsamt Wurzeln auszustechen und wie bei Zuckerhut beschrieben einzulagern. Optimale Lagertemperatur ist zwischen +1 und -3 °C.

Winterkresse (*Barbarea vulgaris*), Kreuzblütler

Die pikante Winterkresse ist extrem frosthart und kann den Winter über im Freien geerntet werden. Sie ist über den Winter einfacher anzubauen als die Brunnenkresse. Aussaat im August am besten auf halbschattigen Plätzchen, mit einem Reihenabstand von 20 cm. Geerntet wird blattweise ab Oktober. Man kann die Blätter klein hacken und aufs Butterbrot streuen oder auch einige Blätter unter ein Spinatgericht mischen. Wenn man im Herbst ein mobiles Beet überstülpt, werden die Blätter größer und bleiben zarter und milder.

Brunnenkresse (*Nasturtium officinale*), Kreuzblütler

Während die bei uns heimischen – und ebenso essbaren – Wildformen der Brunnenkresse nur im fließenden Gewässer vorkommen, können die Kulturformen auch im Beet angebaut werden – müssen aber (auch im Winter) gut feucht gehalten werden. Auch wenn sie sich auf Dauer nicht im normalen Gartenboden hält – da sie in der Trockenheit und Hitze des Sommers abstirbt – kann sie im Gartenbeet einfach angebaut werden: Man sät oder pflanzt sie (ganz einfach aus bewurzelten Teilstücken) im August/bis Ende September (15 x 15 cm). Die Beete müssen gut mit Nährstoffen versorgt sein und gut gewässert werden. Die Brunnenkresse wächst sogar bei Kälte und im Kurztag, und fühlt sich im Winter richtig wohl. Wer ein Schwimmbiotop hat, pflanzt Brunnenkresse am Ufer. Sonst pflanzt man im Beet und stülpt im Oktober/November am besten einen mobilen Kasten über die Pflanzen. Meist erntet man ab Oktober 5–10 cm lange Triebstücke.

Spinaternte Anfang Mai.

Spinatpflanzen

Echter Spinat, Guter Heinrich, Malabarspinat, die Blätter der Süßkartoffel oder des Spargelsalats: Gerade für beginnende Selbstversorger ist die große Gruppe der Spinatgemüse eine Empfehlung. Spinatgemüse sind Blattgemüse, die gedünstet oder leicht angebraten genossen werden. Sie sind rasch erntereif und können vielseitig zubereitet werden. Sie gehören unterschiedlichen botanischen Familien an, werden zu unterschiedlichen Zeiten gesät, unterscheiden sich in ihren Temperaturansprüchen und bringen unterschiedliche Geschmacksnuancen auf die Teller. Allesamt zählen sie zu den am einfachsten zu kultivierenden Gemüsen. Die meisten sind einjährig. Doch es gibt auch mehrjährige wie den Guten Heinrich, der über 3 bis 5 Jahre mehrmals pro Jahr geerntet werden kann.

Echter Spinat (*Spinacea oleracea*), Fuchsschwanzgewächse

Spinat bringt bei kühl-feuchter Witterung im Frühling und Herbst rasch große Blattmassen. Bei zunehmender Tageslänger und heißen Temperaturen schossen die Pflanzen rasch. Um das Spinat-Sommerloch zu schließen (aber auch aus anderen Gründen) empfiehlt es sich, auch andere Spinat-Pflanzen anzubauen. Spinat kann auch in der Sonne oder im Halbschatten angebaut werden. Frühjahrsaussaaten sind 6-8 Wochen nach der Aussaat erntereif. Spinat eignet sich auch sehr gut als Vorkultur für viele andere Gemüse und kann auch als Gründüngung angebaut werden (die zum Teil geerntet, zum Teil in den Boden eingearbeitet wird). Aussaat in Reihen (20–35 cm Reihenabstand) in den feuchten Boden auf Beeten, die mit mittleren Kompostgaben versorgt sind.

Aussaat für Frühjahrsernte Ende Februar bis Mitte April (empfehlenswerte Sorten ‚Matador', ‚Verdil', ‚Viktoria', ‚Monopa'

Aussaat für Sommerernte April (Sorten ‚Gamma', ‚Butterfly')

Aussaat für Herbsternte Ende August bis Mitte September (Sorten ‚Winterriesen Stamm Verdil', ‚Nobel', ‚Prickly Winter Spinach')

Aussaat für Ernte als Wintergemüse Sorten wie bei Herbsternte. Der Echte Spinat wächst sogar im Winter und kann drei- bis viermal geerntet werden (nicht zu tief schneiden). In Summe können so über den Winter bis zu 3 kg/m² geerntet werden. (→ siehe Tabelle, Seite 305)

Mangold (*Beta vulgaris*), Fuchsschwanzgewächse

Mangold ist ähnlich einfach zu kultivieren wie Rote Rüben. Im Selbstversorger-Garten ist er ein Muss. Auch in höheren Lagen gedeiht Mangold problemlos, am frostfestesten sind die älteren Schweizer Sorten mit weißen Stielen und dunkelgrünen Blättern. Mangold gedeiht unkompliziert, nur zu früh angebaut darf er nicht werden, dann schossen die Pflanzen. Einmal gut eingewachsen, können Stiel-Mangoldsorten über Monate geerntet werden. Blattmangold (= Schnittmangold) wird Mitte April bis Mitte Juli direkt gesät und kann mehrmals geerntet werden (ab 8 Wochen nach der Aussaat bis zum nächsten Frühjahr). Nach dem Schnitt mit Pflanzenjauche nachdüngen. Blattmangold braucht eine kontinuierlichere Wasser-Versorgung als Stielmangold. Nicht zu tief schneiden – für die Frühjahrsernte mindestens 10 cm hoch in den Winter gehen lassen. Stielmangold wird wie Rote Rübe angebaut. Pflanzabstand 30 mal 30 bis 40 cm. Vom Stielmangold können auch die Blätter genutzt werden. Wer Platz im Gewächshaus hat, kann die Stiel-Mangoldpflanzen auch im Herbst stark zurückschneiden, ausgraben und ins Gewächshaus setzen.

Der schöne Mangold ist ein Blatt- und Stielgemüse.

Mangold kann für den Überwinterungsanbau im Glashaus oder im Freien angebaut werden. (→ siehe Tabellen, Seite 303 und Seite 305).

Einige empfehlenswerte Sorten:

- **Schnittmangold**: ‚Verde da taglio', ‚Lukullus'
- **Sorten für die Überwinterung**: ‚Genfer' (= ‚Berac'), ‚Lukullus', ‚A Forcer de Vatter',
- **Sorten für die Einmalernte**: ‚Jessica', ‚Compacta Verde'
- **Stiel-Mangold**: ‚Feurio', ‚Five Colours', ‚Roter Vulkan'
- **Baby-Leaf**: ‚Roter Vulkan'

Guter Heinrich (*Chenopodium bonus-henricus*), Fuchsschwanzgewächse

(→ siehe Mehrjährige Gemüse, Seite 364)

Gartenmelde (*Atriplex hortensis*), Fuchsschwanzgewächse

Die Gartenmelde ist eine alte europäische Spinatpflanze, die feine Spinat-Gerichte ergibt. Da sie gleich verarbeitet werden muss, eignet sich nur für den Anbau im Hausgarten (wobei eine Selektion auf Haltbarkeit der Blätter bei einigen Sorten erfolgsversprechend scheint). Aussaat ab Februar/März bis August in Reihen (25–30 cm Reihenabstand) oder breitwürfig. Auch eine Frostsaat ist möglich. Ideal als Folgesaat, erste Ernte nach 3–5 Wochen. Die Gartenmelde gedeiht auch gut in höheren Lagen. Geerntet wird, wenn die Pflanzen 20–30 cm hoch sind durch totalen Rückschnitt oder bei größeren Pflanzen einzelne Blätter abzupfen. Wenn die Pflanzen in Blüte gehen, verlieren die Blätter ihren feinen Geschmack. Besonders attraktiv im Garten sind die roten Sorten, die sich auch zum Färben von Speisen eignen. Die grünen und gelben Sorten haben fleischigere und ertragreichere Blätter.

Empfehlenswerte Sorten: ‚Berndorfer Grüne Melde', ‚Gelbe Gartenmelde'

Blatt-Amarant/Gemüse-Amarant (*Amaranthus* spp.), Fuchsschwanzgewächse

Blatt-Amarante gehören verschiedenen botanischen Arten an und sind vor allem in Südostasien, aber auch in Westafrika wichtige Kulturpflanzen. Sie können frühestens ab Mitte Mai gesät werden und sind nach 3–4 Wochen erstmals beerntbar. Die Pflanzen gedeihen erst ab Temperaturen von 20–25 °C richtig gut und sind sehr frostempfindlich. Die geschälten Triebe der in Blüte gegangen Pflanzen können wie Spargel genutzt werden.

Empfehlenswerte Sorten: A. lividus ‚Roter Meier'

Malabarspinat (*Basella alba*), Basellgewächse

Er schmeckt nach Mais und sieht wunderschön aus: der Malabarspinat, auch indischer Spinat genannt. Vorkultur ab Anfang April, Auspflanzen Ende Mai. Die Pflanzen brauchen ein Rankgitter. Die dickfleischigen Blätter sind ab Juli bis zum Frost laufend beerntbar. Eine regelmäßige Beerntung fördert die Verzweigung und den Blattansatz.

Neuseeländerspinat (*Tetragonia tetragonioides*), Eiskrautgewächse

Die einjährige Pflanze wächst auf gut mit Nährstoffen versorgten Beeten und im Sommer besonders gut. Sie verzweigen sich reichlich und wachsen niederliegend oder mit bis zu einem Meter langen Sprossen. Die dreieckigen Blätter können ab Juli laufend geerntet werden, dann alle 1–3 Wochen geerntet, damit neue Triebe mit zarten Blättern nachwachsen Aussaat in Vorkultur ab Ende März / Anfang April oder Direktsaat ab Ende April. Die Samen haben eine lange Keimdauer, Aussaaten warm stellen (bei 24–28 °C) und gut feucht halten. Auch die Jungpflanzen wachsen langsam – gut hacken und von Unkräutern freihalten. Die Pflanze gedeiht bei hoher Luftfeuchtigkeit (im Gewächshaus bzw. unter einem Foliendach) und in Regionen mit hoher Luftfeuchtigkeit besonders gut. Ernte bis zum ersten Frost oder mit einem Vlies geschützt bis weit in den Oktober hinein.

Brennnessel (*Urtica dioica*), Brennnesselgewächse

(→ siehe Mehrjährige Gemüse, Seite 363)

Frühjahrsernte aus Selbstaussaat.

Kohlgemüse sind die Hauptgemüse von Herbst und Winter.

Kohlgemüse

Kohlgemüse sind die klassischen Herbst- und Wintergemüse. Neben dem Weißkraut, das verarbeitet zu Sauerkraut ab dem Mittelalter über Jahrhunderte die wichtigste Vitamin-C-Quelle der winterlichen Selbstversorgung war, gibt es eine Fülle an Gemüsen aus der Gattung Brassica, die ähnlich zu kultivieren sind: Rotkraut, Wirsing, Brokkoli und Blumenkohl. Erst im Mittelalter löste das Weißkraut die bis dahin wichtige Kraut-, Herbst oder Wasserrübe genannte Brassica rapa **ab, die bis dahin als Rübenkraut eingesäuert wurde. Diese Rübe ist auch im Selbstversorger-Garten interessant: Sie kann als Folgekultur auf Beete angebaut werden, die bis Mitte Juli räumen und ist ebenso wie die Steckrübe sehr gut lagerfähig. Grünkohl und Sprossenkohl bleiben im Winter im Beet und werden direkt geerntet.**

Kopfkohle: Weißkraut, Rotkraut, Wirsing (*Brassica oleracea*), Kreuzblütler

Kopfkohle unterscheiden sich im Anbau und in ihren Ansprüchen kaum. Alle sind Starkzehrer, die mit hohen Kompostgaben versorgt werden müssen, sonst wachsen sie nur kümmerlich und bilden keine Köpfe. Wird mit Mist gedüngt, stehen sie in erster Tracht. Der Boden muss vor dem Setzen tief gelockert werden. Alle Kopfkohle haben einen sehr hohen Wasserbedarf – vor allem nach Einsetzen der Kopfbildung. Nach dem Pflanzen und bis zum Bestandsschluss regelmäßig hacken. Gemeinsam ist den Kohlgewächsen auch, dass sie bei vielen Schädlingen sehr beliebt sind und einem hohen Krankheitsdruck ausgesetzt sind. Daher: Anbau bis Mitte September unter Kulturschutznetzen, keinesfalls mit frischem Mist düngen, Fruchtfolgen von 3-4 Jahren einhalten, gesundes Saatgut verwenden und mit Verlusten rechnen: immer ein paar mehr Jungpflanzen anziehen als benötigt. Eine Vorbeugung gegen die in Hausgärten verbreitete Kohlhernie ist auch das Aufkalken mit Algenkalk oder kalkhaltigen Steinmehlen (jedenfalls, wenn der PH-Wert unter 6,5 liegt). Diese gemeinsam mit dem Kompost vor dem Setzen der Jungpflanzen aufbringen.

Fast alle Kohlgemüse sind Hitzeflüchtlinge und gedeihen in den Mittelgebirgslagen der Bergregionen – auch auf windexponierten Lagen – besonders gut. Um sich mit Lagerkraut oder Einschneidekraut zu versorgen, ist der Anbau auf einem Acker notwendig,

Wirsingernte Anfang November.

Samenfeste Brokkolisorten bilden eine Hauptrose und einige Wochen später zahlreiche kleinere Nebenrosen.

die Hausgärten sind meist zu klein, auch kann man auf der Fläche zwei andere Kulturen hintereinander ernten, weil Lage- und Einschneidekraut eine so lange Kulturdauer hat. Wer gerne Sauerkraut isst, aber keinen Acker hat, kann sich im Herbst direkt bei Bio-Gemüsebau-Betrieben die benötigte Anzahl an Köpfen holen. Und braucht dann nur einen Krauthobel, Wannen, in denen man das gehobelte Kraut stampfen kann und ein Krautfass. Viele CSA-Betriebe schneiden gemeinsam mit den Ernte-AnteilsnehmerInnen im Herbst Kraut ein und portionieren es dann gemeinsam mit der winterlichen Verteilung der Ernte-Anteile. Manche Bio-Betriebe veranstalten Kraut-Feste, bei denen sie Krauthobel zur Verfügung stellen und sich jeder sein mitgebrachtes Fass füllen lassen kann. Kraut kann auch glas- und damit schon portionsweise eingesäuert werden (→ siehe auch Seite 151).

Anbau: Frühsorten können in milden Lagen ab Ende Januar vorkultiviert werden, sonst aber der Forsythienblüte. Lagersorten werden meist Ende März / Anfang April gesät. Die Kulturdauer entscheidet sich enorm: Frühkraut ist nach 10 Wochen, Lagersorten nach bis zu 20 Wochen erntereif. Winterwirsing wird Mitte Mai gesät und Ende Juli / Anfang Juli gepflanzt.

Der stark gekrauste Wirsing wird meist nicht eingesäuert, sondern direkt vom Beet verarbeitet. Winterwirsing ist extrem frostfest und übersteht Fröste bis -15 °C und darunter. Problematisch ist nur ein starker Wechsel von Frösten und frühlingshaften Plus-Graden. (→ siehe Lagerung, Seite 257)

Pflanzabstände/Richtwerte: Frühkraut 45 cm, späte Sorten 45–60 cm, Einschneidekraut bis 70 cm.

Einige empfehlenswerte Sorten:

- **Frühkraut** ‚Topas', ‚Marner Allfrüh'
- **Lagerkraut** ‚Bergkabis', ‚Dottenfelder Dauer', ‚Türkis', ‚Dowinda'
- **Einschneidesorten** ‚Wiener Breindl', ‚Holsteiner Platter', ‚Seibersdorfer'
- **Lager- und Einschneidesorten** ‚Vinschger', ‚Walser Kraut', ‚Premstättner Schnitt', ‚Kärntner Steirisches Gebirgskraut'
- **Für den Hausgarten (Pflanzabstand 40 x 40 cm)** ‚Bergkabis'
- **Rotkraut** ‚Amarant', ‚Granaat', ‚Marner Lagerrot'
- **Sommerwirsing (Butterkohl)** ‚Goldberg'
- **Winterwirsing** ‚Wiener Winter', ‚Winterfürst 2', ‚Vertus 3'

Brokkoli und Blumenkohl/Karfiol (*Brassica oleracea*), Kreuzblütler

Während Brokkoli auch für Neu-GärtnerInnen relativ einfach zu kultivieren ist, gilt Blumenkohlals Meisterstück gekonnten Gärtnerns. Brokkoli hat noch einen entscheidenden Vorteil: Die samenfesten Sorten können öfters geerntet werden. Eine Eigenheit des Brokkoli ist es, dass die samenfesten Sorten zu einem großen Teil aus den – äußerst schmackhaften – Strünken bestehen und die Rosen viel kleiner ausgebildet sind als bei den - im Handel zu 100 % - verbreiteten Hybridsorten.

Für den Selbstversorger-Garten besonders interessant ist Lagerkohlrabi.

Kohlrabi bildet nur schöne Knollen, wenn er nicht zu tief gesetzt wird.

Anbau: Grundsätzlich wie die Kopfkohle. Brokkoli wird ab Mitte März in Vorkultur ausgesät, eine Direktsaat ist ab Mitte April bis Ende Juni möglich. Gepflanzt wird von Ende März bis Ende Juli. Das erste Mal kann nach 7–10 Wochen geerntet werden. Brokkoli ist erntereif, wenn die Knospen deutlich geschwollen, aber noch geschlossen sind. Karfiol sät man am besten in Erd-Press-Töpfe oder Multitopflatten im Gewächshaus oder an einem warmen Ort. Nach 4 Wochen können die Jungpflanzen gesetzt werden, der Blumenkohl ist dann meist im Hochsommer erntereif. Für einen gestaffelten Anbau sät man Mitte-Ende März, Anfang Mai und Anfang Juni. Meist sind alle Pflanzen aus einem Satz gleichzeitig erntereif. Kann man nicht alle Pflanzen auf einmal ernten: Die Rose mit abgeknickten Blättern bedecken, aber innerhalb der nächsten Tage ernten. Die Pflanzen gehen sonst innerhalb von einer Woche in Blüte. Einen längeren Erntezeitraum hat die altbewährte Sorte ‚Neckarperle'.

Einige empfehlenswerte Sorten:
- **Brokkoli**: ‚Coastal', ‚Calabrese', ‚Calinaro'
- **Blumenkohl**: ‚Neckarperle', ‚Osysseus' (früh), ‚Tabiro' (spät)

Kohlrabi (*Brassica oleracea*), Kreuzblütler

Kohlrabi zählt zu den leicht kultivierbaren „Einsteigerpflanzen". Die uns heute geläufigen Kohlrabis unterscheiden sich von den Strunk- oder Lagerkohlrabis, die vor allem für die Selbstversorgung im Winter interessant sind, da sie bis in den März hinein gelagert werden können. Sorten mit kurzer Kulturdauer können auch gepflanzt zur besseren Raumausnutzung zu anfangs langsam wachsenden Kulturen gesetzt werden (Zucchini, Artischocke). Er ist zudem ein guter Mischkulturpartner zu Salat und Rote Rübe.

Anbau: Ansprüche grundsätzlich wie → Kopfkohle, aber Mittelzehrer. Nährstoffmangel führt zu holzigen Knollen. Vorkultur für Pflanzung im ungeheizten Gewächshaus ab Anfang Februar. Unter Vlies kann in vielen Regionen ab Anfang März gepflanzt werden. Lagerkohlrabi wird Anfang Juli gesät und bis Anfang August gepflanzt. Pflanzabstände Früh- und Sommersorten: ca. 25 cm, Lagerkohlrabi: ca. 45 cm.

Einige empfehlenswerte Sorten:
- **Frühkohlrabi**: ‚Noriko', ‚Lanro', ‚Blaro', ‚Trero'
- **Lagerkohlrabi**: ‚Superschmelz', ‚Blauer Speck'

Grünkohl (*Brassica oleracea*), Kreuzblütler

Grünkohl ist ein nicht kopfbildender Blattkohl, der an einem hochwüchsigen Stängel mehr oder weniger stark gekrauste Blätter bildet. Außerdem zählt Grünkohl zu den Gemüsen mit dem höchsten Vitamin-C-Gehalt. Es gibt Sorten, die sich nur für die Ernte im Herbst eignen. Im Selbstversorger-Garten besonders interessant sind spätreife Sorten, die bis -15 °C frostfest sind, den Winter über im Beet bleiben und dann blattweise direkt geerntet werden. Nur wiederholtes Auftauen und großer Wechsel zwischen Kälte und frühlingshaften Temperaturen oder lang anhaltende Kahlfröste bei Wintertrockenheit behagen ihm gar nicht. Niedrige Sorten können auch unterm Schnee geerntet werden. Geschädigte Pflanzen kann man durch einen radikalen Rückschnitt zu einem Wiederaustrieb im zeitigen Frühjahr anregen.

Hat der Grünkohl im Garten überwintert, sind auch die Knospen und Blüten ein feines Gemüse. Sollten die Pflanzen – durch wiederholtes Frieren und Tauen – Schaden erleiden, radikal zurückschneiden. Die Pflanzen treiben im zeitigen Frühjahr noch einmal von der Basis her aus.

Anbau: Grundsätzliche Anforderungen wie Kopfkohle. Für die Winterernte wird ab Mai ausgesät. Am besten in Erd-Press-Töpfen, die man im Gewächshaus aufstellt oder durch eine Aussaat im Frühbeetkasten. Die Pflanzen werden in nährstoffreiche Pflanzerde in Töpfe mit 10 cm Durchmesser pikiert und dann bis spätestens Anfang August ins Beet gepflanzt. Er braucht genügend Platz, niedrige Sorten 50 cm Pflanzabstand, höhere bis zu 75 cm. Die Pflanzen bis Mitte September mit einem Kulturschutznetz schützen und schon während des Sommers die unteren Blätter beernten.

Einige empfehlenswerte Sorten:

- **Niedrige Sorten (bis 40 cm):** ‚Vaters Curle Blue', ‚Niedriger Grüner Krauser'
- **Mittelhohe Sorten (bis 100 cm):** ‚Halbhoher Grüner Krauser', ‚Westlandse Winter'
- **Hohe Sorten (bis 180cm):** ‚Ostfriesische Palme'

Von Grünkohl bricht man einzelne Blätter ab und geerntet wird von unten nach oben.

Sprossenkohl/Rosenkohl (*Brassica oleracea*), Kreuzblütler

Rosenkohl ist wie Grünkohl im winterlichen Selbstversorger-Garten wichtig, da er weder gelagert noch eingemacht werden muss, sondern direkt vom Beet geerntet werden kann. Anbau-Anprüche grundsätzlich wie die Kohlarten. Die Pflanzen haben eine sehr lange Kulturdauer (ca. 200 Tage!): Aussaat Mitte April bis Ende April (wie bei → Grünkohl beschrieben), Auspflanzen bis Anfang Juni, Pflanzabstand: 60 cm. Mischkultur mit Salaten möglich.

Einige empfehlenswerte Sorten:

- **Ernte bis Wintereinbruch:** ‚Noisette'
- **Winterhart:** ‚Hilds Ideal', ‚Zavitka', ‚Groninger'

Kohlrübe/Steckrübe/Wruke (*Brassica napus*), Kreuzblütler

Neben dem Kraut sollten auch Rüben in keinem Selbstversorger-Garten fehlen. Die wichtigsten Rüben im Winter sind die Kohlrüben und die Herbstrübe. Beide sind gut lagerfähig und ein sehr feines Wintergemüse: Für Eintöpfe, Schmorgerichte, aber auch kurz angebraten und gedünstet. Beide sind fast in Vergessenheit

Rosenkohl Ende September. Die Röschen wachsen noch weiter.

Die Kohlrübe ist ein wunderbares Herbst- und Wintergemüse.

geraten, hat man sie aber erst einmal für die winterliche Küche entdeckt, möchte man sie nicht mehr missen.

Anbau-Ansprüche: Kohlrüben sind anspruchsloser als Kopfkohle, wachsen aber wie diese auf lehmigen, gut mit Nährstoffen versorgten Böden besonders gut. Für einen Anbau als Nachfrucht zwischen 10. und 20. Juli säen. In warmen Regionen erreichen auch Anfang Augst gesäte Rüben noch ein Gewicht von bis zu einem Kilo. Die Pflanzen in einem Abstand von 30–40 cm setzen, wenn sie 2–3 voll entwickelte Laubblätter haben. Kohlrüben vertragen kurze Fröste bis -6 °C und können daher je nach Witterungsverlauf und Region bis Oktober oder gar bis Mitte Dezember im Beet bleiben. Wenn sie angehäufelt werden auch länger. Im Erdkeller (→ siehe Kartoffelkeller, Seite 258) sind sie bis zu 6 Monate lagerbar.

Empfehlenswerte Sorte: ‚Wilhelmsburger'

Herbstrübe/Wasserrübe (*Brassica rapa* ssp. *rapa*), Kreuzblütler

Herbstrüben wachsen im Berggebiet besonders gut. Hier wachsen sie langsamer und bilden ein zarteres Fleisch. Herbstrüben können wie Sauerkraut eingesäuert werden. Eine besondere Form der Herbstrübe ist das ‚Teltower Rübchen'. Bei einer Aussaat im März/April bilden die Rüben – die dann Mairüben heißen – ab Anfang Juni zarte, flachrunde oder kugelige Knollen, die mit Radieschen vergleichbar, aber größer sind und mild schmecken. Im Selbstversorger-Garten besonders wichtig sind allerdings die Herbstrüben, die Mitte Juli bis Mitte August breitwürfig direkt aufs Beet gesät werden. Auf 10 ausdünnen und zweimal hacken. Wenn Erdflöhe auftreten, unter einem Kulturschutznetz anbauen. Die Rüben sind können dann zwischen Ende September und November erntereif (unter einer Schneedecke auch bis Anfang März). Im Erdkeller (→ siehe Kartoffelkeller, Seite 258) sind sie bis zu 4 Monate lagerbar. Auch Rübensprosse der Herbstrüben können im Winter im Keller geerntet werden. Dazu die idealerweise flachen Rüben nach der Ernte im Erdkeller nebeneinander auf den Boden legen. In der Dunkelheit des feuchten Erdkellers treiben die Rüben erneut Blätter aus. Die gebleichten, bitter-herben Triebe können von Mitte November bis Mitte Januar geerntet werden (zwei- bis dreimal, wenn geschnitten wird, einmal,

Herbstrüben können frisch oder gedünstet gegessen werden.

Pak Choi ist bereits nach 2 Monaten erntereif.

Alle Kohle brauchen gut mit Nährstoffen versorgte Beete.

wenn das ganze Herz kegelförmig herausgestochen wird). In Südtirol hat die Produktion von „Ruabkeimen" vor allem in den Dörfern der Hanglagen um Bozen Tradition.

Pak Choi (*Brassica rapa* ssp. *pekinensis*), Kreuzblütler

Pak Choi ist ein aus China stammendes Blattstielgemüse, das in den letzten Jahren auch bei uns sehr bekannt geworden ist. Am einfachsten ist der Anbau von Pak Choi als Herbst-/Frühwintergemüse, dann treten keine Erdflöhe – die Kohlgemüse im Frühling und Sommer arg in Mitleidenschaft ziehen können – mehr auf. Die Pflanzen werden Ende August / Anfang September angebaut – am besten direkt in Reihen (Abstand 20–25 cm) säen. Nach 7–8 Wochen ist Pak Choi erntereif. Ab November erntet man ganze Köpfe. Ab Oktober/November kann man auch mit mobilen Kästen abdecken, wenn man bei Frostgefahr weiterernten will auch nur mit einem Vlies. Bis spätestens Ende Februar muss die Ernte abgeschlossen sein, dann gehen die Pflanzen in Blüte. Die grünstieligen Sorten wie ‚Green Fortune' und ‚Hanakan' sind geschmacklich den weißstieligen Sorten überlegen.

Zwiebelgewächse

Zwiebeln sind in den meisten Haushalten, in denen viel gekocht wird, eine Zutat, die fast täglich benötigt wird. Wer im Hausgarten nur etwas Platz für Zwiebelgewächse hat, pflanzt am besten die feine Familienzwiebel. Falls Sie keine gute Lagermöglichkeit haben (→ siehe Seite 261)**: Küchenzwiebeln lassen sich im Herbst auch gut säckeweise beim Bio-Bauern kaufen. CSA-Betriebe, die bis zu 50 Wochen liefern, versorgen ihre Mitglieder auch über den Winter mit Zwiebeln.**

Küchenzwiebel (*Allium cepa*), Lauchgewächse

Küchenzwiebeln können als Steckzwiebeln direkt ins Beet gesteckt werden oder in Vorkultur gesät werden. Die Vorkultur ist zwar etwas aufwändig, dafür hat man ein größeres Sortenspektrum zur Verfügung und die Anzucht ist günstiger, als Steckzwiebeln zu kaufen. Eine Direktsaat ist nur auf unkrautarmen Böden bis Ende April möglich. In höheren Lagen kann man Ende April meist noch nicht ins Beet, dann sind Steckzwiebeln die einzige Kulturmöglichkeit Eine Aussaat mit einem Handsägerät erleichtert später die Hackarbeiten und das Unkrautjäten, das bei Zwiebeln in den ersten 10 Wochen besonders wichtig ist, da sie anfangs nur langsamem wachsen. Steckzwiebeln haben gegenüber gesäten Zwiebeln einen Wachstumsvorsprung von ca. 4 Wochen.

Vorkultur: in Multitopf-Platten mit 4 x 4 cm großen Töpfchen jeweils 3–5 Samen säen. Pflanzabstand in der Reihe etwa 10–15 cm, Reihenabstand ca. 25 cm.

Anbau: Die Beete mit ca. 5 Liter Kompost/m² versorgen. Zwiebel-Jungpflanzen so setzen, dass nur die Wurzeln in der Erde sind. Steckzwiebeln so stupfen, dass die Spitze leicht aus der Erde ragt. Zwiebeln müssen so zeitig wie möglich gesät werden, zu spät gesäte Zwiebeln bleiben klein. In trockenen Jahren bis zur vollen Ausbildung der Zwiebel bewässern (am besten morgens): Zwiebeln werden geerntet, wenn mindestens die Hälfte der Schlotten geknickt, aber noch grün ist. Die Sorten unterscheiden sich in der Lagerfähigkeit.

Einige empfehlenswerte Sorten

- **Weiße Sommerzwiebeln:** ‚Schneeweiße Unterstinkenbrunner', ‚Nevada'
- **Sehr gut lagerfähig**: ‚Wiener Bronzekugel', ‚Kärntner Gelbe', ‚Braunschweiger', ‚Stuttgarter Riesen', ‚Sturon', ‚Gelbe Wädenswiler', ‚Rote Laaer', ‚Rote Wädenswiler'
- **Bund- und Lauchzwiebeln**: ‚Bianca de Pompei'
- **Gemüsezwiebel**: ‚Ailsa Craig', ‚De Lescure', ‚Walla Walla Sweet Onion'

Schalotte/Familienzwiebel (*Allium cepa* var. *ascolonicum*), Lauchgewächse

Schalotten sind in vielen Selbstversorger-Gärten das erste Gemüse, das gesetzt wird (Ende Februar bis Ende März): Man kann sie auch bereits im Herbst (Oktober/November) Stecken, dann mit einer Laubschicht abdecken. Ungeschützt vertragen sie Fröste bis -8 °C, Pflanzabstand in der Reihe 12–15 cm, zwischen den Reihen 25–30 cm. Schalotten sind Schwachzehrer und einfacher zu kultivieren als Küchenzwiebeln und bringen weniger Ertrag als diese. Unerreicht ist ihr feiner Geschmack. Da sie früher reif sind als Küchenzwiebeln, lohnt es sich beide anzubauen. Schalotten gedeihen auch in höheren Lagen sehr gut – auch dort, wo Küchenzwiebeln nicht mehr reifen. Ente: Die jungen Blätter lassen sich wie Schnittlauch verwenden. Sobald das Laub welk ist – meist im Juli, in höheren Lagen später – wird geerntet: Die kleineren gibt man als Pflanzgut für das nächste Jahr auf die Seite, die größeren kommen ins Zwiebellager oder gleich in die Küche.

Eine empfehlenswerte, gut lagerfähige Sorte: ‚Red Sun'

Hier trocknen geerntete Küchenzwiebeln am Beet ab.

Die bunte Vielfalt samenfester Gemüsesorten ist ein Belebungsmittel.

Fruchtgemüse

Fruchtgemüse zählen zu den Lieblingspflanzen vieler Menschen. Im Selbstversorger-Garten sind die Früchte auch wichtig für die Versorgung mit Gemüse im Winter und für die schnelle Alltags-Küche. Viele lassen sich sehr gut zu Fertig- und Halbfertiggerichten einkochen und wunderbar in Einweckgläsern – also ohne zusätzliche Energie – lagern. Tomaten spielen hier in den meisten Gärten die Hauptrolle, doch auch Paprika und Aubergine können den Selbstversorger-Garten erweitern. In vielen Regionen gelangen frühreife und freilandtaugliche Sorten gut zur Abreife. Und Kürbisse zählen zu den am einfachsten zu kultivierenden Pflanzen, geeignete Sorten sind zudem gut über den Winter lagerfähig.

Tomate/Paradeiser (*Lycopersicon esculentum*), Nachtschattengewächse

Tomaten sind aus den meisten Selbstversorger-Gärten nicht wegzudenken.

Wer die Jungpflanzen selber zieht: Tomate nicht zu früh aussäen: Ende März, Anfang April ist ausreichend (6–8 Wochen vor den letzten Frösten; → siehe Jungpflanzenanzucht, Seite 292). Erst nach den letzten Frösten pflanzen. Sind noch einmal Fröste angesagt – und die Pflanzen schon gesetzt – müssen die Pflanzen über Nacht abgedeckt werden (Karton-Hüte, Vlies oder Eimer). Tomaten sind echte Starkzehrer: Die Beete mit maximal 12 Liter/m^2 gut kompostiertem Mist oder Kompost versorgen. Tomaten reagieren auf zu viel Stickstoff-Dünger mit einem mastigen Wuchs, eingedrehten Blättern, Blütenendfäule und weniger geschmacksintensiven Früchten: Denn ein Übermaß an Stickstoff im Boden fixiert andere Nährstoffe, allen voran Kalium, das für eine gute Fruchtbildung wesentlich ist. Egal, für welche Anbaumethode (außer für den Topf) Sie sich entscheiden: Für alle gilt: Beim Einpflanzen gut eingießen, dann nur noch selten und dann ergiebig (→ siehe Tipp Sonja Wunderer, Seite 226). Tomaten sind Tiefwurzler, die wenn sie ständig nur mit kleinen Mengen bewässert werden, aber nur flache Wurzeln ausbilden und dann den ganzen Sommer aufs Gießen angewiesen sind. Ab Mitte/Ende August nicht mehr gießen.

Unter den zahlreichen Möglichkeiten, Tomaten anzubauen, empfehlen wir drei besonders, damit die Pflanzen gesund und ertragreich wachsen: Den Anbau unter Dach oder im Folienhaus, wobei die Pflanzen an Schnüren hochgeleitet und ausgegeizt werden und zweitens – und nur in den warmen Region der Südalpen und nur im niederschlagsarmen pannonischen Raum – den Anbau im Freiland: Hier werden die Pflanzen nicht ausgegeizt, sondern der Boden mit Stroh gemulcht und die Pflanzen müssen in einem großen Pflanzabstand gesetzt werden (mindestens 1 m^2/Pflanze). Und drittens den Anbau in Töpfen, die unter einem Dachvorsprung aufgestellt werden können. Bei den endlos wachsenden Stabtomaten muss der Topf mindestens 25 Liter groß sein.

Da in den letzten 15 Jahren ein neuer Erreger der Kraut- und Braunfäule aus den USA nach Europa eingeschleppt wurde, ist die bis dahin allerorts übliche Freiland-Kultur (bei der die Pflanzen im Freiland an Stäben aufgebunden und ausgegeizt wurden) zurzeit nicht zu empfehlen. Wenn die Pflanzen von oben gegen Regen geschützt sind, bleiben sie viel länger gesund und bringen mehr Ertrag. Meistens bleibt die Pflanze bis in den Juli hinein gesund. Wenn es dann heiß und feucht ist, können sie ohne schützendes Dach innerhalb von zwei Wochen zusammenbrechen.

Kriterien für ein Tomatendach

Für den Erwerbsgemüsebau und Beerenbau gibt es fertige Systeme zu kaufen. In den letzten Jahren sind unzählige Varianten von Selbst-Bau-Tomatendächern und -häusern entstanden. Wer ein eigenes Tomatendach baut, sollte folgende Kriterien berücksichtigen:

- Die Konstruktion sollte stabil und gleichzeitig mit wenig Aufwand verstellbar sein – Konstruktionen oder Holz und Glas sind das in der Regel nicht. Am besten eignet sich Bambus oder Metall.
- Die Konstruktion sollte ausreichend hoch sein (mindestens 2,5 m, besser 3 m).
- Das Dach muss ein leichtes Gefälle haben oder bogenartig gespannt sein, damit das Wasser abfließen kann.
- Das Dach kann entweder über ein Beet oder über zwei Beete reichen – dann muss es eine Breite von 2,6 Meter haben.

Mehlige Sorten eignen sich sehr gut zum Trocknen.

Fleischtomaten sind spätreif und können gut eingekocht werden.

Buschtomaten werden nicht ausgegeizt und eignen sich zum Anbau in Gefäßen.

- Wir empfehlen daher zwei Bauweisen, die sich bewährt haben: Erstens eine Eigenbau-Version aus Bambus und zweitens das Regendach der Schweizer Firma Brühwiler und Balterswil, das für den Erwerbsgemüsebau entwickelt wurde (www.regendach.ch).

Alle Zutaten des Bambus-Tomatendachs kann man im eigenen Garten ernten – außer die Gewächshausfolie.

Bambusstangen aus der eigenen Ernte.

Ein professionelles und robustes Tomatendach, das leicht verstellt werden kann (www.regendach.ch).

Tomatendach aus Bambus nach Bella Bayer

Das Tomatenhaus kann entweder aus Bambus- oder Weidenstangen errichtet werden. Wichtig ist, dass der Bambus verarbeitet wird, solange er noch grün und damit biegsam ist. Es eignen sich einjährige Stangen. Außer der Gewächshausfolie und dem Bindedraht können alle Zutaten im eigenen Garten wachsen und sind nach Gebrauch auch wieder kompostierbar. Dieses Dach wird idealerweise einreihig bepflanzt und bietet somit Platz für ca. 8 Pflanzen.

Die Materialien für ein 3 Meter langes Dach:

- 17 grüne/frische Bambus- oder Weidenstangen à 3 Meter
- Bindedraht
- Grüne Gewächshausfolie 2 x 3 Meter

Bauanleitung für ein Tomatendach

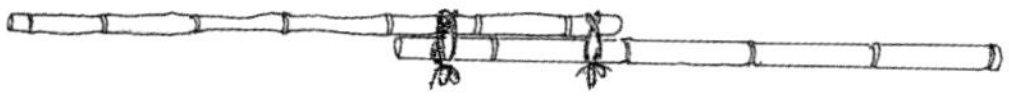

1) Je 2 grüne Bambusstangen à 3 Meter so mit Bindedraht fixieren, dass sie einen Meter überlappen. Davon 6 Stück herstellen.

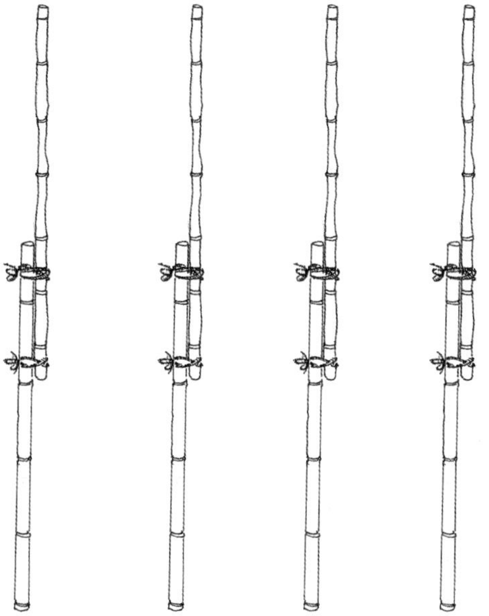

2) Davon 4 Stück herstellen.

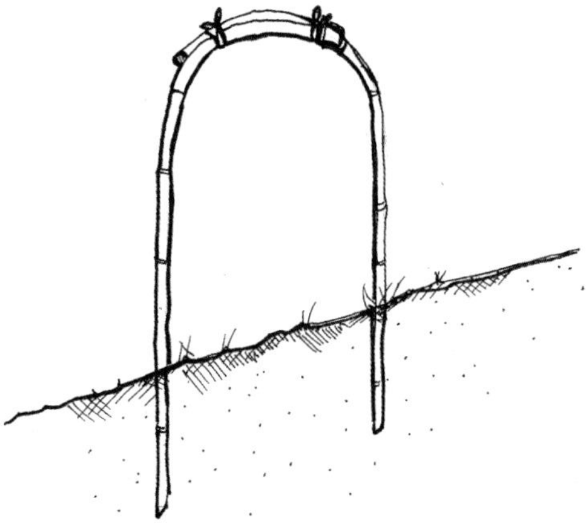

3) Die einzelnen Bögen im Abstand von einem Meter in die Erde stecken, sodass ein Ende jeweils einen Meter tief in der Erde verankert ist.

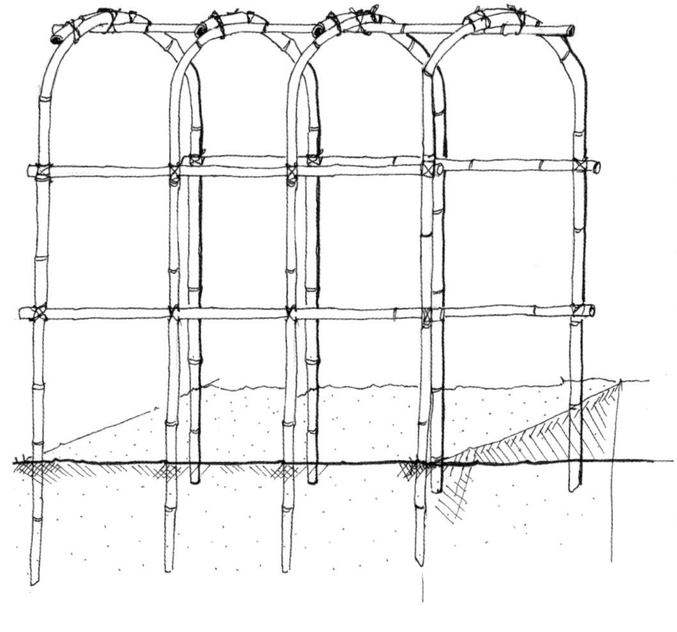

4) 5 Bambusstangen der Länge nach (horizontal) fixieren.

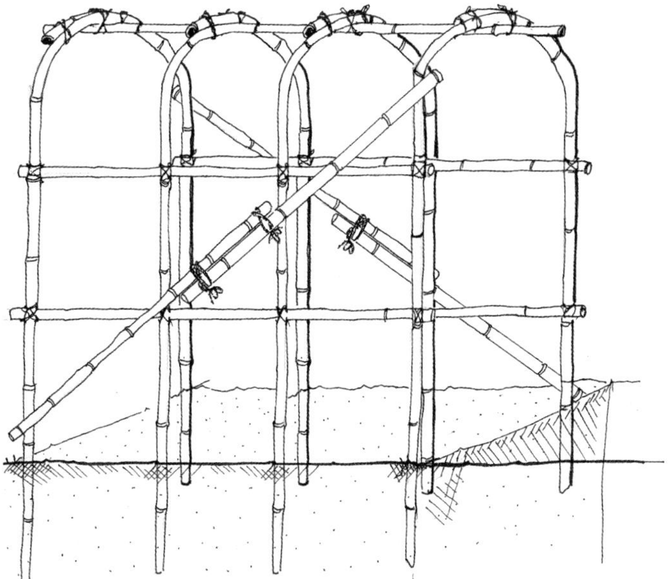

5) Die zwei restlichen langen Stangen diagonal als Windstütze befestigen und die Folie überziehen und an den oberen beiden Querstangen befestigen.

Tomaten an mindestens 2 mm starken Schnüren in die Höhe leiten ...

... und die Seitentriebe ausgeizen.

Anbau im Gewächshaus oder unterm Tomatendach

Pflanzabstände im Gewächshaus: 75 x 40 bis 75 x 60 cm. Die Pflanzen lassen sich im Gewächshaus oder unterm Tomatendach leicht an Schnüren in die Höhe leiten. Die Seitentriebe werden ausgegeizt, solange sie maximal 10 cm lang sind. Das sind jene Triebe, die zwischen einem Blatt und dem Haupttrieb wachsen.

Fruchtfolge im Gewächshaus

Auch hier sollte – wie im Freiland meist ohnehin üblich – nach zwei bis drei Jahren eine Anbaupause eingelegt werden. Wenn das nicht möglich ist: Wichtig ist, den Boden möglichst belebt zu halten (→ Fruchtfolge im Gewächshaus), bei Plusgraden im Winter den Boden leicht bewässern oder Schnee ins Gewächshaus schaufeln und eine frühe Gründüngung anbauen (z. B. Ackerbohne, Erbsen, Raps). Spätestens, wenn nach einigen Jahren die Pflanzen dann tatsächlich nicht mehr ertragreich und gesund wachsen, ist eine Anbaupause – oder das Verstellen des Tomatendaches – unbedingt notwendig.

Herausforderungen bei besonderen Witterungsverhältnissen

Ab einer Temperatur von ca. +32 °C verkleben die Pollen der Tomatenblütchen und es kommt zu keinem Fruchtansatz. In den letzten heißen Jahren war dies besonders bei Pflanzen unter Glas oder Folie und bei großfruchtigen Sorten ein Problem. Die Pflanzen setzen in Hitzeperioden keine Früchte an, später angesetzte Früchte können manchmal nicht mehr an der Pflanze ausreifen. Bei warmen Herbstwetterlagen können Tomaten im Freiland bis Mitte Oktober und im Gewächshaus sogar bis Anfang Dezember geerntet werden. In verregneten Sommern können Tomaten kaum ihren sortentypischen Geschmack ausbilden und werden nicht so süß.

Von Jahr zu Jahr gibt es im Freiland auch mehr Probleme mit Sonnenbrand an Tomaten: Auf den Früchten bilden sich an der sonnenausgesetzten Seite graubraune, scharf abgegrenzte Flecken (die etwas an Krautfäule erinnern). Der beste Schutz davor ist, wenn die Früchte geschützt unter Laub wachsen können.

Einige empfehlenswerte Sorten

Im Selbstversorger-Garten ist das wichtigste Kriterium für die Sortenauswahl der unterschiedliche Reifezeitpunkt. Optimal ist, einige Pflanzen frühreifer Sorten zu setzen und eine größere Anzahl von Sorten, die sich auch für die Verarbeitung (Das Einkochen und Trocknen) eignen. So kommt man mit der eigenen Tomatenernte gut übers Jahr.

- **Frühreife Sorten:** die meisten Cocktailtomaten, Salattomate ‚Matina' und Fleischtomate ‚Marmande'
- **Zum Einkochen:** ‚Rio Grande', ‚San Marzano', ‚Roma', ‚Liguria'
- **Lange lagerfähig**: Fleischtomaten
- **Zum Trocknen:** Mehlige Sorten wie ‚De Berao', ‚San-Marzano-Typen', ebenfalls viele Fleischtomaten wie ‚Rosa', ‚Russkaja Duscha' oder Ochsenherz-Typen.
- **Fürs Hochbeet und für kleine Töpfe:** Buschtomaten
- **Relativ widerstandsfähig gegen Krautfäule**: ‚Primabella', Wildtomaten

Coktailtomaten sind früh – meist ab Mitte Juli – erntereif.

Die letzten noch unreifen Fleischtomaten reifen einlagig in Kisten nach.

Erfahrungen von Arche Noah-GärtnerInnen

„Besonders gut zum Trocknen eignen sich die mehligen Sorten, wie die klassischen San-Marzano-Typen. Aus meinem Sortenfundus eignen sich zudem die Buschtomate ‚Perzevidnij polosatij' (Paprikaförmige gestreifte) und ‚Jantarnij Kubok' (Bernsteinpokal) sowie die Fleischtomaten ‚Russkaja Duscha' (Russische Seele), ‚Dina' und alle Sorten der ‚Japonsij Trüffel'."

Irina Zacharias (www.irinas-tomaten.de)

Paprika/Chili (*Capsicum* spp.), Nachtschattengewächse

Wer gerne Paprika isst, braucht ein Gewächshaus. Das gilt für die allermeisten Lagen. Jedenfalls dann, wenn so viel geerntet werden soll, dass man auch für den Winter Früchte einkochen kann. Im Gewächshaus ist die Vegetationsperiode lang genug, sodass auch wirklich viele Früchte reifen. Hier können auch die großen, dickfleischigen Sorten angebaut werden.

In Weinbaulagen sowie in höheren Lagen im begünstigten Kleinklima können einige Paprika-Sorten auch im Freiland ertragreich angebaut werden.

Etwa 8–10 Wochen nach der Aussaat können die Pflanzen gesetzt werden – sofern die Temperaturen das bereits zulassen: Im Freiland ist das Mitte Mai bis Mitte Juni (4–5 Pflanzen/m^2), im Gewächshaus Mitte bis Ende April (2–3 Pflanzen/m^2). Paprika sind Starkzehrer und brauchen 8–12 Liter Kompost pro m^2. Besonders zügig entwickeln sich die Pflanzen, wenn man in den ersten 2-4 Wochen ein Vlies über sie spannt. Dazu braucht man Federstahlbögen oder Elektroleitungsrohre oder Haselnussstecken und ein Vlies. Dieses schiebt man nur in die Höhe, um zu gießen, sonst bleibt es Tag und Nacht über den Pflanzen. (→ siehe Aussaat, Seite 296)

Sorten mit großen Früchten benötigen jedenfalls ein Stützsystem, im Gewächshaus können sie auch an Schnüren in die Höhe geleitet werden. Kleinfruchtige Sorten kommen auch mit einem Stab aus. Paprika sind Starkzehrer und brauchen mehr Nährstoffe als Chilis. Vor allem in der Zeit des Fruchtansatzes bis zur

Der Spitzpaprika ‚Korosko' reift in warmen Lagen im Freiland und eignet sich sehr gut zum Einlegen oder für Paprika-Paste.

Paradeisfrüchtige Paprika reifen auch im Freiland gut.

Paprika brauchen im Gewächshaus einfache Stützsysteme. Ertragreiche Sorten in warmen Lagen auch im Freiland.

Fruchtreife gut bewässern; ideal ist eine Luftfeuchtigkeit von 75–80 %, daher gedeihen sie im Gewächshaus besonders gut. Die meisten Früchte reifen im September und Oktober und müssen dann innerhalb von ein paar Tagen verarbeitet werden.

Einige empfehlenswerte Paprikasorten

- **Fürs Gewächshaus**: Alle Blockpaprika
- **Fürs Freiland**: Wachspaprika ‚Roter Augsburger', ‚Öchsenhorn', ‚Ferenc Tender', ‚Sommergold', ‚Pusztagold', ‚Ardei Lung', ‚Korosko'
- **Für Paprikapulver** (Dünnwandige, aromatische Sorten): ‚Türkischer Gewürzpaprika', ‚Taeyang mild'

Einige empfehlenswerte Chili & Pfefferoni

- **Pfefferoni zum Einlegen**: ‚Milder Spiral', ‚Croccanti rossi', ‚Sigaretta'
- **Für Kimchi**: ‚Taeyang mild'
- **Chili**: Je nach Schärfe-Vorlieben
- **Für Chili-Pulver**: ‚Positano', ‚Kusburnu'

Aubergine/Melanzani (*Solanum melongena*), Nachtschattengewächse

Auberginen (Melanzani) sind noch wärmebedürftiger als Paprika. Die meisten Sorten können in Mitteleuropa nur im warmen Weinbauklima im Freien angebaut werden, da sie auch in der Nacht relativ hohe Temperaturen benötigen. Auf wärmespeichernden Terrassen und Balkonen gedeihen sie in vielen Lagen besser als im Garten – vorausgesetzt, das Gefäß ist ausreichend groß und die Pflanzen sind gut gedüngt. Wer ein Gewächshaus hat, kann auch die typisch italienischen Sorten anbauen. Doch im Gewächshaus muss man sorgfältig auf Spinnmilbenbefalll kontrollieren (Lift befeuchten und rechtzeitig Raubmilden ausbringen). Eine gute Möglichkeit ist auch, die Pflanzen unter einem engmaschigen Kulturschutznetz anzubauen. Hier sind die Luftfeuchtigkeit (was einen besseren Fruchtansatz fördert) und die Nachttemperatur höher.

Aubergine früh – ideal Ende Februar/Anfang März – aussäen. Die Pflanzen eine Woche vor dem Auspflanzen – im Freiland frühestens Mitte Mai – abhärten. Die großfruchtigen Sorten der Aubergine sind Starkzehrer und müssen gestützt werden. Kleinfruchtige Sorten kommen ohne Stütze aus. Im Gewächshaus müssen

'Italian Bicolour', und 'Daniela'.

Die Früchte sind erntereif, wenn sie glänzen.

Recht unbekannt, doch unkompliziert anzubauen: Tomatillos.

alle Sorten – aufgrund des höheren Fruchtansatzes – mit Pflöcken gestützt oder an Schnüren aufgeleitet werden. Bei den großfruchtigen Sorten ist es sinnvoll, den Fruchtansatz auf zwei Früchte pro Ast zu beschränken, bei diesen Sorten im Freiland die ersten Früchte auszwicken, um zunächst das vegetative Wachstum zu fördern. Im Gewächshaus für eine gute Bestäubung die blühenden Pflanzen immer wieder rütteln.

Reifen die Früchte vor den ersten Herbstfrösten nicht ab, können sie zum Nachreifen bis zur Genussreife auch an einem warmen Ort aufgelegt werden. Die Früchte sind reif, wenn sie ihren typischen Glanz bekommen. Reife Früchte innerhalb von 2 Wochen verarbeiten.

Einige empfehlenswerte Auberginen-Sorten

- **Fürs Gewächshaus:** 'Kono', 'Violetta lunga 3' (Synonym: 'Lange Violette') und 'Italian Bicolour', 'Luiza'.
- **Fürs Freiland:** 'Benarys Blaukönigin', 'Kecskemetilda', 'Za Hara'

Tomatillo (*Physalis ixocarpa*), Nachtschattengewächse

Tomatillos gelten noch als Insider-Gemüse, sind aber gerade im Selbstversorger-Garten äußert empfehlenswert: Sie wachsen unkompliziert und tragen oft viele Früchte. Man kann sie zu den gleichen Gerichten wie Aubergine verarbeiten. Da sie bei weitem nicht so wärmebedürftig wie Melanzani sind, können sie in den allermeisten Gärten angebaut werden: Die Jungpflanzen erst nach den letzten Frösten auspflanzen. Sie benötigen einen sonnigen Standort. Die Pflanzen sehr tief setzen, der Stamm bildet bei Erdkontakt zusätzlich Wurzeln aus. Sie werden sehr groß und verzweigen sich reichlich: Pflanzabstände 100 x 40 cm oder 80 x 80 cm. Die Pflanzen können je nach Sorte 60–130 cm hoch werden. Da Tomatillos strenge Fremdbefruchter sind, mindestens 2 Pflanzen setzen. Die Pflanzen müssen nicht ausgegeizt werden. Tomatillos werden am besten als Mittelzehrer behandelt (5–7 Liter/m² Gartenkompost). Sie kommen auch mit wenig Wasser aus, allerdings setzen regelmäßig gegossene Pflanzen mehr Früchte an. Die ersten Früchte reifen meist im Juli, weitere bis zum ersten Frost. Sie sind erntereif, wenn sie ihre volle Größe erreicht haben; die großfruchtigen

Sorten sprengen bei der Reife meist den Lampion. Unreife Früchte sind roh ungenießbar. Reife Früchte sind roh essbar, aber nicht jedermanns Geschmack. Sie können im grünreifen Zustand bereits gepflückt werden, sobald sie den Lampion ausfüllen. Die vor den letzten Frösten geernteten Früchte luftig und bei kühlen Raumtemperaturen (→ siehe Speisekammer, Seite 260) jedenfalls bis Weihnachten einzelne Früchte auch viel länger lagerbar.

Einige empfehlenswerte Sorten

- **Frühreif:** ‚Tom Verde'
- **Ertragreich:** ‚Schmoll', ‚Große Erich Stekovics'

Kürbis (*Cucurbita pepo, C. moschata* und *C. maxima*), Kürbisgewächse

Kürbisse sind einfach zu kultivieren, wenn man ihnen nährstoffreiche Standorte bieten kann: Hügelbeete oder gut mit Kompost (mindestens 12 Liter/m^2) versorgte Beete. Dann wachsen sie unkompliziert und ertragreich. Kürbisse lassen sich auch gut in die Höhe leiten (→ siehe Ranksysteme, Seite 242). Viele Sorten sind sogar in einem kühlen Wohnraum über viele Monate gut lagerbar sind. Daher können Lagersorten auch angebaut werden, wenn man keine eigenen Lagerräume zur Verfügung hat. Das entscheidende Auswahlkriterium ist die Länge der Vegetationsperiode. In höheren Lagen reifen zumeist nur frühreife Sorten aus. Kürbisse können vorkultiviert oder direkt gesät werden. Mitte bis Ende April einzeln in größere Töpfe (mindesten 7 cm Durchmesser) aussäen. In höheren Lagen und für Sorten mit langer Kulturdauer empfiehlt sie sich jedenfalls. Aber Vorsicht: Die vorgezogenen Pflanzen dürfen keinesfalls „überständig" sein, das heißt maximal 2–3 Blätter haben. Ist ein Auspflanzen noch nicht möglich, nochmals in größere Töpfe pflanzen. Wichtig: Kürbisse vor Nachtfrösten schützen, bei kühler Witterung mit Vlies schützen und anfangs jäten.

Dachziegel oder flache Steine unter die reifenden Früchte legen.

Zucchini- und Kürbisblüten kann man essen. Vorwiegend die männlichen – dünnstieligen – Blüten ernten, aber nie alle: einzelne sind für die Befruchtung nötig!

Die Sorte ‚Hokkaido' reift rasch und bildet viele schmackhafte Früchte.

Der Raum zwischen den Kürbissen kann anfangs mit Salat, Kohlrabi oder Spinat bepflanzt werden. Mindestens zwei Pflanzen pro Art setzen, damit die gegenseitige Bestäubung und damit die Fruchtbildung gewährleistet ist. Ein Gießen ist nur in sommertrockenen Lagen und Sandböden notwendig. Sobald die Früchte die Erntegröße erreicht haben, nicht mehr gießen. Wann der Kürbis erntereif ist, hängt von der Sorte ab und davon, ob die Früchte gleich verwendet oder gelagert werden sollen. Die verbreitetsten Arten sind: *Cucurbita pepo*, *Cucurbita moschata* und *Cucurbita maxima*.

Sommerkürbisse werden jung geerntet (wie Zucchini) und eignen sich nicht für die Lagerung.

Lagerkürbisse müssen voll ausgereift sein (lassen sich dann nicht mehr mit dem Fingernagel einritzen und der Stängel ist hart und trocken). Jedenfalls spätestens vor den ersten Nachtfrösten ernten. Erdkrümel, die an den Früchten haften, abwaschen, gut abtrocknen lassen (mit der Auflagefläche nach oben) und trocken einlagern (→ siehe Seite 260).

Einige empfehlenswerte Sorten

Bei den Lagerkürbissen ist die Größe der Früchte ein wichtiges Kriterium für die Selbstversorgung. Viele gute Lagerkürbisse bilden sehr große Früchte aus und sind daher für CSA-Betriebe interessant. Zu diesen Sorten zählen ‚Muscade de Provence' und ‚Langer von Neapel'. Ein weiteres Auswahlkriterium ist der Platzbedarf der einzelnen Pflanzen. Es gibt starkwachsende und schwachwachsende Sorten. So kommt der Sommerkürbisse ‚Patisson' und ‚Sweet Dumpling' mit 1,5 m²/Pflanze aus, andere Kürbisse benötigen mehr Platz – oder bilden viel mehr Früchte aus, wenn man ihnen diesen Platz bieten kann: So benötigen ‚Hokkadio'-Kürbisse bis zu 3 m²/Pflanze, Moschus-Kürbisse bis zu 4 m²/Pflanze und Feigenblatt-Kürbisse können bis zu 10 m²/Pflanze nutzen.

Kulturdauer und Lagerfähigkeit einiger Kürbissorten

Sortengruppe	Empfohlene Sorte	Kulturdauer in Tagen	Lagerfähigkeit bis zu
Frischnutzung	‚Patisson'	70–95	-
	‚Rondini'	60–90	-
Lagerung	‚Table Ace'	80–90	6–8 Monate
	‚Ebony Ecorn'	90–95	6–8 Monate
	‚Red Kuri'	90	4–5 Monate
	‚Solor'	85	8–9 Monate
	‚Hokkaido Orange'	90	8–9 Monate
	‚Hokkaido Grün'	90	6–7 Monate
	‚Blue Hubbard'	90–100	12 Monate
	‚Blue Ballet'	90–100	9–10 Monate
	‚Sizilianischer' (kleiner Moschuskürbis)	100–110	12 Monate
	‚Butternut'	bis 125	12 Monate
	‚Muscade de Provence'	bis 150	12 Monate
	‚Langer von Neapel'	bis 150	12 Monate
	Wachskürbis (Wachsgurke)	85–130 (je nach Sorte)	12 Monate und länger

Quelle: eigene Zusammenstellung

Erfahrungen von Arche Noah-GärtnerInnen

„Ich kann einfach den Hokkaido-Kürbis (‚Red Kuri') empfehlen für den Anbau auf einem alten Kompost. Ich hab dafür eine alte Kompostfläche von 5 x 5 m zur Verfügung. Die Kürbispflanzen wachsen dann in eine Wiese hinein, die ich erst nach der Ernte wieder mähe. Dort ernte ich im Spätherbst 20–50 Kürbisse aus 2–3 Jungpflanzen. Die Kürbisse halten über den Winter bis in den März hinein ohne gröbere Schimmelverluste."
Lis Knogler, Wördern, Niederösterreich

Zucchini (*Cucurbita pepo*), Kürbisgewächse

Die Zucchini ist eine anspruchslose Kulturpflanze. Ungünstig sind nur schwere Böden, die zu Staunässe neigen und sich nicht gut erwärmen. Zucchini sind Starkzehrer, daher das Beet ausreichend mit Kompost versorgen (ca. 10 Liter/m^2). Im Gegensatz zu Kürbissen können Zucchini nicht auf Komposthäufen gepflanzt werden – da die Früchte direkt auf dem Kompost aufliegen und dann faulen würden. Wenn die Zucchini-Pflanzen gesund bleiben, kann man sie ab fünf Wochen nach dem Pflanzen bis zu den ersten Frösten beernten. Häufig werden sie aber nach ca. 3 Monaten – meist im Laufe des August – stark von Mehltau befallen. Buschige Sorten können bis Mitte Juni nachgesät werden. Diese Pflanzen können dann bis zum ersten Frost geerntet werden. Bei kurztriebigen Sorten die mehltaubefallenen Blätter entfernen, mit die Pflanzen mit (Wurm-)Komposttee stärken, die jüngeren Triebe können weiter geerntet werden.

Zucchini können – in nicht Schnecken gefährdeten Lagen – ab Mitte Mai direkt im Beet gesät werden. Pflanzabstände: buschige Sorten 100 x 100 cm, kurztriebige Sorten mindestens 200 x 100 cm. Für einen kontinuierlichen Fruchtansatz brauchen Zucchini eine regelmäßige Wasserversorgung. Wassermangel führt zu verformten Früchten; im Extremfall werden die Früchte bitter. Möglichst in den Morgenstunden bewässern. Den größten Wasserbedarf haben die

Für einen guten Fruchtansatz mindestens zwei Pflanzen setzen – die Zucchini ist wie alle Kürbisgewächse ein Fremdbestäuber.

Die meisten Sorten schmecken bis zu einer Größe von maximal 20 cm gut. Die gerippte Sorte ‚Costates Romanesco' ist eine Ausnahme.

Pflanzen von Mitte Juli bis Ende August. Die Pflanzen tragen umso reichlicher, je öfter sie geerntet werden. Die kleinen Früchte (maximal 20 cm) sind viel delikater als die größeren. Deformierte Früchte sind meist unzureichend bestäubt.

Einige empfehlenswerte Zucchinisorten

- **Buschig wachsend/für kleine Flächen:** ‚Zuboda', ‚Gold Rush', ‚Black Beauty'
- **Kurztriebige Sorten**: ‚Costates Romanesco'

Gurke (*Cucumis sativus*), Kürbisgewächse

Gurken sind das Sommer-Fruchtgemüse schlechthin. Doch auch für den Winter lassen sie sich gut und einfach konservieren: Als Salzgurken, Sauergurken oder Senfgurken.

Gurken sind sehr wärmebedürftig – sie brauchen einen humosen, lockeren Boden, der sich rasch erwärmt. Meist werden Gurken als Jungpflanzen gesetzt, doch wachsen direkt gesäte Pflanzen meist robuster – und holen die gesetzten Pflanzen manchmal sogar noch ein. Gurken können direkt gesät werden, sobald die Bodentemperatur mindestens 13 °C ist. Sollen Jungpflanzen gesetzt werden, müssen diese abgehärtet sein und dürfen nicht mehr wie drei Laubblätter haben.

Gurken sind sehr wärmebedürftig und lieben eine feuchte Wärme. Sie wachsen erst ab einer Temperatur von 12 °C. Frühestens Mitte Mai setzen. Sinken die Temperaturen nochmals unter 5 °C, die Pflanzen über Nacht mit Töpfen abdecken. Pflanzabstände im Glashaus bzw. aufgeleitete Kultur: zwischen den Reihen 130–170 cm, in der Reihe 45–55 cm. Grundsätzlich können alle Gurken aufgeleitet werden. Bei Schlangengurken ist dies üblich, doch auch Feld- und Essiggurken lassen sich so kultivieren.

Pflanzabstände im Garten (Feldgurken): 100 x 40 cm; auf einer üblichen Beetbreite von 120 cm, eine Reihe pflanzen.

Gurken sind Starkzehrer. Der beste Dünger für Gurken ist strohiger, halb verrotteter Stallmist (ideal Pferdemist). Der Vorteil dabei ist, dass das Laub rasch abtrocknet und die Pflanzen länger gesund bleiben. Gurken alle zwei Wochen mit einem Pflanzenstärkungsmittel stärken: Wurmkomposttee, Ackerschachtelhalmtee oder Biplantol. Bei Befall mit Echtem oder Falschen Mehltau sofort mit puren Mostessig

Gurken müssen häufig noch im Mai vor Frösten geschützt werden. Kübel oder Blumentöpfe leisten hier gute Dienste.

Nicht immer genormt, aber immer geschmackvoll – samenfeste Gurken.

Schlangengurken wachsen am besten im Gewächshaus und werden an Schnüren aufgeleitet.

Chayote können gut am Fuß von Obstbäumen oder Sträuchern gesetzt werden.

Chayote reifen im Oktober – gemeinsam mit den letzten Andenbeeren.

bei trockenem Wetter spritzen und für einen Wachstumsschub mit Brennnessel-Jauche (1:5 verdünnt) gießen.

Einige empfehlenswerte Sorten

Wer ein Gewächshaus hat, baut Schlangengurken dort an, im Freiland gedeihen Feld- und Essiggurken unkomplizierter.

- **Schlangengurken/Gewächshaus**: ‚Qualitas', ‚Arola'
- **Fürs Freiland**: ‚Marketmore 76', ‚Delfs 2', ‚Tanja', ‚Gergana'
- **Mehltautolerant**: ‚Russische Gurke' (Sikkim-Gurke)
- **Einlegegurke**: ‚Vorgebirgstraube'

Es gibt zahlreiche unbekannte Gurkenverwandte, die meisten wachsen viel robuster als die „echten" Gurken: etwa die Russische Gurke, die extrem widerstandsfähig gegen Mehltau-Pilze ist, bis in den Oktober hinein geerntet werden kann und ausgereift 6–8 Wochen lagerbar ist. Einige Gurkenverwandte werden ganz anders verwendet als die echten Gurken: Im Selbstversorger-Garten interessant ist die Scheibengurke (*Cyclanthera pedata*), die im Freiland sehr gesund und unkompliziert wächst und über 4 m hoch wird. Die jungen Früchte werden roh, die älteren gekocht (am besten gefüllt) gegessen. In warmen Lagen mit einem warmen Spätherbst ertragreich ist Chayote (*Sechium edule*). Sie ist ähnlich wärmebedürftig wie Melonen, schmeckt leicht nach Kohlrabi und wird gekocht gegessen. Man kann die Pflanzen auch gut in kleinere Bäume wachsen lassen. In kühleren Regionen wächst sie nur im Gewächshaus.

Sehr ertragreich und gut lagerbar ist die Zackengurke Kiwano (*Cucumis metuliferus*). Sie gedeiht in warmen Lagen im Freiland, sonst im Gewächshaus, wächst unkompliziert und ertragreich. Die Früchte werden im Herbst unreif (grün) geerntet, sie verfärben sich während der Lagerung auf gelb-orange und haben dann ein Bananen-Orangen-Aroma.

Zuckermelone, Honigmelone (*Cucumis melo*) und Wassermelone (*Citrullus lanatus*), Kürbisgewächse

Melonen sind die Meisterstücke des Gemüsegärtnerns. Es ist schon einige gärtnerische Erfahrung notwendig, damit der Anbau gut und ertragreich gelingt. Wassermelonen gedeihen hierbei unkomplizierter als Honigmelonen. Da sie aber sehr wärmebedürftig sind, gedeihen sie nur im Gewächshaus, im Mistbeet oder einem Hügelbeet (→ siehe Tipp). Genaue Anbauanleitung → siehe Handbuch Bio-Gemüse.

Tipps von Arche Noah-GärtnerInnen

„Wir haben ein Hügelbeet für Melonen angelegt – mit der Idee eine Mikroklima zu kreieren welches den Wind abhält und gleichzeitig die Düngung bereitstellt. Das ist sehr gut gelungen mittels klassischem Hügelbeetaufbau, einer eingebauten Ladung Pferdemist, der Ausformung in U-Form und mittels Aufbaus einer zusätzlichen Windschutzwand aus Tomaten nordseitig gepflanzt. Im Juni bedurfte es noch einer Vierfach-Vliesung der ausgepflanzten Melonen, danach wurde es zum Glück heiß. In Punkto Wasserspeicherung, lockerer Erde war ich komplett begeistert, auch vom Ertrag. Wassermelonen haben für mich den großen Vorteil nicht anfällig auf falschen Mehltau zu sein."

Franco Baumeler, Arche Noah

Einige empfehlenswerte Sorten

- **Honigmelonen:** ‚Petit gris des Rennes', ‚Hale's Best Jumbo', ‚Charentais'
- **Wassermelonen:** ‚Sugar Baby'

Honigmelonen wachsen ertragreich am Hügelbeet.

Hier die Sorte ‚Golden Tankard'.

Wassermelonen sind einfacher als Honigmelonen zu kultivieren.

Wurzelgemüse ist das Gemüse des Winters.

Wurzelgemüse

Neben Kartoffeln, Kürbissen und Kraut ist die große Gruppe der Wurzelgemüse das wichtigste Selbstversorger-Gemüse im Winter. Der ertragreiche Anbau von Wurzelgemüse erfordert etwas Übung, und vor allem zu Beginn der Kultur auch Handarbeit. Dann aber lohnen sie mit einer guten Ernte. Vor allem in kühleren, niederschlagsreichen Jahren, wo die beliebten, aber wärmebedürftigen Kulturen wie Paprika und Tomaten auslassen. Kurz gefasst: schlechte Paprika-Jahre sind meistens gute Karotten-Jahre.

Karotte, Möhre, Gelbe Rübe (*Daucus carota* subsp. *sativus*), Doldenblütler

Frühkarotten, Sommerkarotten, Lagerkarotten. Wer Karotten liebt, wird von allem etwas anbauen. In zahlreichen Hausgärten gelten sie als Problemkinder und wollen nicht so recht gedeihen. Meist liegt dies daran, dass der Gartenboden für Karotten zu stark gedüngt ist oder keine ausreichende Fruchtfolge eingehalten wurde. Dabei sind Karotten aus einem Selbstversorger-Garten nicht wegzudenken. In neu angelegten Gärten und als Feldkultur gedeihen sie oft problemloser, und vor allem von den langen Lagerkarotten kann man große Mengen ernten.

Karotten gedeihen auf sandig-lehmigen, tiefgründigen, lockeren und steinfreien Böden besonders gut. Ungünstig sind Böden, die zur Verschlämmung neigen. Auf Standorten mit sehr schweren Böden bewährt sich der Anbau auf Dammkulturen. Karotten sind Mittelzehrer (Kompostgaben 5–7 Liter/m^2). Keinesfalls frischen Mist geben, dieser zieht Schädlinge wie die Karottenfliege magisch an.

Früh- und Sommerkarotten für erste Ernten so früh wie möglich aussäen (sobald der Boden abgetrocknet ist oder wenn möglich als Frostsaat (→ siehe Tipp). Aussaat in Reihen, Reihenabstand je nach Sorte zwischen 30 cm (Frühkarotten) und 45 cm (Spätkarotten). Saattiefe 1–2,5 cm. Lagerkarotten werden, abhängig von ihrer Reifedauer, Mitte Mai bis Anfang Juli gesät. Da Karotten oft sehr lange brauchen, bis sie keimen, kann das Saatgut mit Radieschen oder Gartenmelde gemischt werden, die rasch sichtbar werden und die Saatreihen markieren. Durch das Ernten der Radieschen lichtet man dann automatisch die Karotten aus. Karotten brauchen, um sich gut entwickeln zu können, einen ausreichenden Standraum. Dazu müssen sie erstens ausgedünnt werden (von Hand sät man eigentlich immer zu dicht), zweitens ist so bald wie möglich und bis zum Bestandschluss ein sorgfältiges Unkrautjäten zwischen den Reihen – mit einer Haue

Juni: die ersten frischen Karotten sind reif.

Lagerkarotten werden nach der Ernte nicht gewaschen.

Weiße und gelbe Karotten bilden meist hohe Erträge und eignen sich sehr gut für winterliche Schmorgerichte.

oder Pendelhacke – notwendig. In der Reihe kann dies bei einem hohen Unkrautdruck recht zeitintensiv sein. Da Karotten besonders empfindlich auf Verdichtungen reagieren, den Boden nach Starkregen gut lockern oder mulchen.

Lagerkarotten erst ernten, wenn sich die Blattspitzen gelb oder rot verfärben (meist ist das Ende Oktober – bis in den November hinein der Fall). Überreife Karotten bilden feine Haarwurzeln aus und/oder neigen zum Aufplatzen. Auch hier gibt es Ausnahmen: Die Sorte ‚Purple Dragon' verliert mit der Zeit ihr Laub und ruht lange im Boden, ohne weiterzuwachsen. Man kann (spät gesäte) Karotten auch am Feld lassen und sie mit einem dicken, zweilagigen Vlies abdecken und – solange kein Schnee liegt – direkt aus dem Garten ernten oder mit einem Vlies übertunneln (→ siehe Hinweis Willi Ederle)

Erfahrungen von Arche Noah-GärtnerInnen

„Wir haben die im Juni gesäten Möhren vor Einbruch des Winters mit 60 g Vlies und Weidenstecken als Tunnelkonstruktion abgedeckt. Im März als es warm war und diese Möhren alle antreiben wollten, habe ich sie geerntet und in den Keller gebracht. Von dort haben wir sie bis Ende Mai gegessen."

Willi Ederle, Allgäu (→ siehe Porträt, Seite 91)

Diese im Juni gesäten Möhren haben im Vliestunnel überwintert.

Einige empfehlenswerte Sorten

Die Auswahl der Karottensorten richtet sich hauptsächlich nach dem Aussaat- und Erntezeitpunkt. Im Selbstversorger-Garten sind auch die weißen und gelben Karotten als Wintergemüse interessant. Sie schmecken nicht so süß wie die orangen Sorten, bilden aber mehr Ertrag und einige Sorten wie die gelbe ‚Lobbericher' können auch ohne Vliesabdeckung im Feld überwintern. Viele Lagerkarotten können aber auch unter einer doppelten- bis dreifachen Vliesabdeckung lange über den Winter im Feld bleiben.

- **Früh- und Treibkarotten (60–90 Tage):** ‚Pariser Markt', ‚Rondo', ‚Duwicker'
- **Für schwere Böden:** ‚Duwicker', ‚Ochsenherz'
- **Frühe Sommerkarotten (110–120 Tage):** ‚St.Valery',
- **Späte Sommerkarotten (120–140 Tage):** Nantaise-Typen, ‚Rodelika'
- **Lagerkarotten (140–190 Tage):** ‚Rothild', ‚Rolanka', ‚Lange Stumpfe', ‚Berlikumer'
- **Gelbe Karotten:** ‚Lobbericher', ‚Jaune du Doubs', ‚Gelber Goliath'
- **Weiße Karotten:** ‚Küttiger Ruebli'
- **Violette Karotten:** ‚Syrische Violette', ‚Griff'

Pastinakenernte Ende Oktober.

Pastinaken sind frostfest und können auch im Beet bleiben. Dann können sie aber nur geerntet werden, wenn der Boden gerade nicht gefroren ist.

Pastinake (*Pastinaca sativa*), Doldenblütler

Pastinaken werden ähnlich wie Karotten angebaut, wachsen relativ unkompliziert und bringen sehr hohe Erträge. Die Wurzeln sind ein ausgezeichnetes Herbst- und Wintergemüse, sie sind 2–6 Monate lagerbar und schmecken gekocht cremig und mild: ein wahres „Muss" im Selbstversorger-Garten. Außerdem sind sie frostfest und können im Beet überwintern, was für alle, die kein (gutes) Lager haben, ein weiterer großer Vorteil ist.

Pastinaken können, sobald der Boden offen ist und bis in den Juni gesät werden. Da das Saatgut der meisten Sorten nur ein Jahr keimfähig ist, stets frisches Saatgut verwenden. Pastinaken verlangen, um lange Wurzeln ausbilden zu können, tiefgründige, gut gelockerte Böden.

Reihenabstand: 30–50 cm. In der Reihe so fein wie möglich säen. Pastinaken haben eine lange Kulturdauer (160–200 Tage). Für die Ernte als Frischgemüse so bald wie möglich aussäen, um die Winterbodenfeuchtigkeit gut ausnutzen zu können (März/April). Diese Aussaaten sind ab September erntereif. Für die Einlagerung ist eine Aussaat Anfang Juni ideal, dann müssen die Aussaaten bis zur Keimung gut feucht gehalten werden. Diese im Juni gesäten Pastinaken können entweder im Spätherbst geerntet und eingelagert werden (→ siehe Seite 265) oder über den Winter im Beet bleiben und laufend – wenn der Boden offen ist – geerntet werden. Pastinaken zählen zu den Mittelzehrern. Bei Gartenböden mit einem hohen Humusgehalt und bei passender Hülsenfrüchtler als Vorkultur nur geringe Mengen an Kompost einarbeiten, sonst 5–7 Liter/m². Sobald als möglich auf 5–10 cm ausdünnen und sobald die Pflanzen 1–2 Laubblätter zeigen, Unkraut jäten.

Einige empfehlenswerte Sorten

- **Lange Wurzeln**: ‚Aromata', ‚Hollow Crown' bildet lange Wurzeln.
- **Halblange Typen (für schwere Böden)**: ‚Halblange Weiße', ‚White King' und ‚White Gem'

Wurzelpetersilie (*Petroselinum crispum*), Doldenblütler

Aussaat mit Reihenabstand 30 cm (sonst → siehe Karotte).

Haferwurzel (*Tragopogon porrifolius*), Korbblütler

Die Haferwurzel bringt zwar viel weniger Ertrag als andere Wurzelgemüse, sie wächst aber unkompliziert und ist auch für Anfänger leicht zu kultivieren.

Die länglichen Samen werden ausgesät, sobald der Boden bearbeitbar ist (Februar/März/April), und keimen sehr rasch, meist nach 8–10 Tagen. Aussaaten nach Ende April bringen nur dünne Wurzeln. Haferwurzeln können in der Reihe etwas enger stehen als Schwarzwurzeln (6–8 cm) und brauchen mehr Wasser als diese (sonst → siehe Schwarzwurzel). Die Wurzeln können einfach angebraten oder zu feinen Suppen verarbeitet werden. Sie werden 15–30 cm lang und 2–4 cm dick. Sie sind frostfest und können über Winter im Boden belassen und laufend geerntet werden.

Schwarzwurzel (*Scorzonera hispanica*), Korbblütler

In Selbstversorger-Gärten ist die Schwarzwurzel recht häufig zu finden. Sie wächst unkompliziert und wie Haferwurzel und Pastinake kann sie – auch ohne Vlies – über den Winter im Beet bleiben.

Schwarzwurzeln gedeihen besonders gut auf tiefgründigen, humosen, gut gelockerten und gut gedüngten Böden, die leicht abtrocknen; hier bilden sie bis zu 35 cm lange und kräftige Wurzeln. Sehr empfehlenswert ist der Anbau auf Dämmen. Schwarzwurzeln verlangen eine frühe Aussaat und sind spät zu ernten: Aussaat Ende März/Anfang April und Ernte nicht vor Oktober. Reihenabstand 30–40 cm, 2–3 cm tief säen, gut angießen.

Schwarzwurzeln zählen zu den Mittelzehrern. Im Jugendstadium gießen, in trockenen Sommern für eine gute Wurzelausbildung auch von Juli bis Anfang September. Sobald die Pflanzen die ersten Herzblätter zeigen, ausdünnen: die schwächeren entfernen und von den stärkeren Pflanzen so viel stehen lassen, dass sich ein Pflanzenabstand von 6–10 cm ergibt. Regelmäßig den Boden lockern und vor allem im Jugendstadium regelmäßig von Unkraut freihalten.

Der komplizierteste Akt beim Anbau von Schwarzwurzeln ist die Ernte. Es ist gar nicht so einfach, die manchmal recht langen Wurzeln ganz aus dem Boden zu bekommen. Vorsichtig mit einer Grabegabel aus der Erde heben. Die Haupterntezeit ist Oktober/November. Schwarzwurzeln lassen sich im Keller (eingeschlagen in Sand oder in einer Kokosfaser-Sägespäne-Mischung) lagern. Damit sie im Beet jederzeit über den Winter geerntet werden können, mit Stroh oder Laub

Ein feinschmeckendes „Anfängergemüse": die Haferwurzel.

Die Ernte von Schwarzwurzeln ist etwas mühsam.

abdecken. Schwarzwurzeln sind so lange zart und brauchbar, solange beim Zerbrechen noch Milchsaft herausfließt, auch wenn sie schon hoch ausgetrieben haben. Aus den Wurzeln lassen sich auch feine Suppen oder Pürees zubereiten.

Zuckerwurzel (*Sium sisarum*), Doldenblütler

Die Zuckerwurzel ist eine ausdauernde, sehr frostfeste Pflanze. Die Wurzeln schmecken angenehm süßlich, sind sehr bekömmlich und ihr Anbau gelingt im Garten sehr einfach, daher sollte sie in keinem Selbstversorger-Garten fehlen, auch wenn sie keine hohen Erträge bringt. Neues Saatgut sät man direkt im November/Dezember oder zieht zeitig im Frühling Jungpflanzen vor. Die Zuckerwurz gedeiht gut auf feuchten, nahrhaften Böden und kann auch dort angebaut werden, wo aufgrund zu hoher Bodenfeuchtigkeit kein anderes Wurzelgemüse mehr gedeiht. Ungeeignet sind trockene Lagen ohne Bewässerungsmöglichkeit. Zuckerwurzel kann entweder direkt gesät oder vorkultiviert werden. Am einfachsten verpflanzt man die von selbst aufgegangenen Pflanzen oder vermehrt die Pflanzen über die kleinen Sprosstriebe, die an der Pflanze wachsen. Dazu werden im Frühjahr die kleinen Sprosstriebe mit etwas Wurzeln daran mit einem scharfen Messer abgetrennt und eingesetzt. Pflanzabstände 35 x 20 cm. Ab den ersten Frösten die Wurzeln ernten, mit einer Wurzelbürste unter fließendem Wasser abbürsten und in Öl bissfest garen.

Einfach zu kultivieren, etwas aufwändig zu reinigen und ein ganz besonderer Geschmack: die Zuckerwurzel.

Sellerie lässt sich zu vielen feinen Gerichten verarbeiten.

Knollensellerie (*Apium graveolens*), Doldenblütler

Knollensellerie verlangt etwas gärtnerische Erfahrung und in den meisten Sommern Bewässerungsmöglichkeiten. Optimal sind windoffene Lagen und ein humoser Boden, der gut mit Kompost versorgt ist. Sellerie ist ein Starkzehrer (8–12 Liter Kompost/m^2). Sellerie sät man Ende Februar/Anfang März in saatschalen aus. Pikieren, wenn die Pflanzen zwei echte Blätter haben. Ab Ende April die Pflanze abhärten, wenn die Spätfrostgefahr vorbei ist, auspflanzen, in einem 120 cm breiten Beet werden drei Reihen gesetzt. Abstand in der Reihe 50–70 cm. Wichtig: ausreichend hoch pflanzen. Wenn die Pflanzen zu tief gesetzt werden, bilden sie viele Seitenwurzeln. Als Mischkulturpartner eignet sich Porree. Dann das Beet so vorbereiten, dass man Hügelreihen anlegt. Den Sellerie auf die Hügeln pflanzen und den Lauch in die Täler. Durch Gießen und Regen werden die Hügel langsam abgetragen. So steht der Sellerie frei und der Porree wird aufgehäufelt" Gegen Ende des Sommers kann man noch händisch zum Porree hin anhäufeln. Knollensellerie für die Einlagerung wird ab Oktober geerntet.

Einige empfehlenswerte Sorten

- ‚Wiener Riesen', ‚Bergers Weiße Kugel', ‚Ibis', ‚Monarch'

Rote Rübe/Rote Bete/Rohne (*Beta vulgaris*), Gänsefußgewächse

Rote Rüben sind sowohl eine gute Einstiegskultur fürs Gärtnern wie auch fürs Einlagern: Sie wachsen so gut wie immer gesund und ertragreich und kaum ein Gemüse ist so gut lagerfähig wie Rote Rüben. Auch die jungen Blätter der Roten Rüben lassen sich als Salat ernten. Rote Rüben sind Mittelzehrer. Keinesfalls überdüngen, dies fördert verschiedene Krankheiten. Rote Rüben werden zwischen April bis Mitte Juli in Reihen gesät: Reihenabstand 25–30 cm (für den Frischverzehr auch enger), Abstand in der Reihe: 2–3 cm, Saattiefe: 2–3 cm. Rote Rüben, die eingelagert werden sollen, sät man am besten erst Ende Mai bis Mitte Juni. Man kann sie vorziehen oder direkt säen – wobei sich eine Vorkultur nur bewährt, wenn man besonders früh ernten will. Die Pflanzen werden zweimal ausgedünnt – Das erste Mal nach dem Keimen. Das zweite Mal nach 8–10 Wochen. Diese Pflanzen können schon als „Baby-Beet" gegessen werden. Die Samen keimen ab einer Bodentemperatur von 7–9 °C. Frühe Aussaaten (bis Mitte Mai) mit einem Vlies abdecken. Nur auf Sandböden ist in trockenen Jahren eine Bewässerung notwendig oder wenn es während der Keimung und in den ersten Wochen lange nicht regnet. Für die Einlagerung werden sie im November geerntet. Sie sind erntereif, wenn die Blätter leicht fleckig werden und sich braun verfärben. Die Blätter vorsichtig abdrehen oder abschneiden.

Anbau als Babyleaf: In Reinsaat oder gemischt mit anderen Salaten dicht säen (2 cm Abstand) und die Blätter ernten, wenn sie bis zu 8 cm hoch sind.

Einige empfehlenswerte Sorten

- **Für Sommer- und Herbsternte**: ‚Forono', ‚Tondo di Chioggia'
- **Für die Lagerung**: ‚Rote Kugel 2', ‚Karmazyn'
- **Zum Einschneiden**: alle zylindrischen Formen eignen sich besonders
- **Als Baby-Leaf**: ‚Bulls Blood'
- **Zum Einlegen gemeinsam mit anderen Gemüsen und den Frischverzehr**: ‚Blankoma' (weiß), ‚Goldgelbe'
- **Für trockene Lagen**: ‚Bernstein'

Die Rote Rübe ist die ideale Einsteigerkultur für Neo-GärtnerInnen.

Runde Formen eignen sich besonders für schwere Böden.

Lange Formen sind in der Küche besonders einfach zu verarbeiten.

Einzelne Selbsternte-Anbieter stellen auch Kartoffel-Parzellen zur Verfügung.

Ein kleiner Kartoffelacker hat in vielen Hausgärten Platz.

Kartoffel/Erdapfel (*Solanum tuberosum*), Nachtschattengewächse

Wer sich mit Kartoffeln möglichst vollständig selbstversorgen möchte, braucht entweder einen großen Hausgarten oder – noch besser – einen kleinen Acker. Bei einem angenommenen durchschnittlichen Jahresbedarf von 60 kg pro Kopf ergibt das bei einem Vier-Personen-Haushalt 240 kg. Um dies auch zu ernten, ist der Anbau verschiedener Sorten empfehlenswert, die Verwendung gesunden Pflanzguts unabdingbar sowie eine Pflege der Kulturen jeweils zum richtigen Zeitpunkt notwendig. Die Knollenfrucht reift rasch, gleichzeitig ist sie leider sehr krankheitsanfällig. Wer gesundes Pflanzgut hat und Zeit, dieses zu pflegen, für den sind Kartoffeln eine ideale Einstiegskultur in die Selbstversorgung. Doch entgegen ihrem Ruf, sind Kartoffeln pflegeintensiver als so manches Gemüse. Auch ein Lager ist Voraussetzung für eine Ganzjahresversorgung. Bei besten Kulturbedingungen trägt eine Kartoffelstaude im biologischen Anbau bis zu 10 Knollen – viel weniger als im konventionellen Anbau. Entscheidend für einen guten Ertrag ist zudem, dass an derselben Stelle mindestens drei Jahre zuvor keine Kartoffeln angebaut wurden. Kartoffeln bereiten aber den Boden gut für Gemüse auf, die in den Jahren nach ihnen auf dem Beet gepflanzt werden. Bei einigen Sorten gelingt der Nachbau – ohne dass der Ertrag der Pflanzen zurückgeht. Kartoffeln stets in der luftigsten Ecke des Gartens anbauen, Staulagen sind gar nicht geeignet.

Wer weniger Zeit hat, sich um die Kulturen zu kümmern, aber Lust zu experimentieren hat, baut Süßkartoffeln (*Ipomoea batatas*) an. Sie wachsen gesund und ertragreich und liefern im Sommer auch eine Spinaternte (→ siehe Seite 352)**.**

Gesundes Pflanzgut

Wichtig ist das Verwenden von gesundem Saatgut. Ideal sind Knollen mittlerer Größe. Die Mindest-Anforderung ist, dass die Knollen keine weichen Stellen zeigen und optisch gesund sind. Bei einigen Sorten haben wir gute Erfahrung im Nachbau (→ siehe Sortenempfehlungen, Seite 350). Kann man diese Sorten nicht selbst vermehren, Pflanzgut nur von kontrollierten Vermehrungsbeständen beziehen.

Anbau

Kartoffeln können nur in windoffenen und vollsonnigen Lagen angebaut werden, auf leichten bis mittelschweren, tiefgründigen Böden gedeihen sie besonders gut. Jedenfalls brauchen sie eine lockere Erde und eine ausgeglichene Wasserversorgung. Kartoffeln werden in Furchen oder als Dammkultur angebaut.

Wir empfehlen, die Knollen vorzukeimen. So erhält die Pflanze einen Wachstumsvorsprung und hat auch einen Wachstumsvorsprung gegenüber ihrer Hauptkrankheit, der Krautfäule. Dazu die Knollen 3–4 Wochen vor dem Setzen aus dem Lager holen, in

Kartoffeln werden nur leicht vorgetrieben.

Dazu vor dem Setzen aus dem Lager holen, in flache Kisten dicht nebeneinander legen und bei 8–10 °C hell aufstellen.

Anfang Juli: Die Kartoffel-Pflanzen haben kräftig durchgetrieben.

flache Kisten dicht nebeneinanderlegen und bei 8–10 °C aufstellen. Alternativ gibt man den Knollen 2–3 Tage vor dem Pflanzen einen Wärmeschub bei mindestens 13 °C. Die Knollen hell, allerdings nicht in der direkten Sonne aufstellen. Im besten Fall bilden die Knollen aus allen Augen robuste, gefärbte, etwa 0,2–0,4 Zentimeter lange „Keime". Vor dem Setzen die Knollen zum Abhärten tagsüber ins Freie stellen.

Der optimale Zeitpunkt zum Auspflanzen ist, wenn die Bodentemperatur mindestens 8 °C erreicht hat. Wer unsicher ist: dies kann man mit einem einfachen → Bodenthermometer leicht ermitteln. In milden Regionen und in sandigen Böden, die sich rasch erwärmen, können Kartoffeln unter Vlies bereits ab Mitte März / Anfang April gesetzt werden. Man kann den Boden auch durch Auflegen einer MyPex-Folie (→ siehe Seite 238) vorwärmen. Dies lohnt sich allerdings meist nur für frühe Sorten, die als erste „Heurige" auf den Teller kommen und in sommertrockenen Regionen, in denen man die Winterfeuchtigkeit des Bodens gut ausnutzen muss. Denn bei starker Trockenheit und fehlender Bewässerungsmöglichkeit wachsen die Pflanzen nicht mehr weiter und bilden auch keine Knollen. In allen anderen Regionen wartet man bis Ende April, besser Anfang Mai.

Pflanzabstände: In der Reihe 30–35 cm, zwischen den Reihen 50 cm (im Garten) und 70 cm (am Acker).

- **Anbau auf Dämmen** Auf den gelockerten flachen Boden die Kartoffel auflegen und gleich den Damm zuziehen. Die Knollen liegen dann (nur) so tief, dass die obere Seite mit dem Bodenniveau abschließt. Nur bei sehr trockenen Bedingungen oder auf Sandböden kann doppelt so tief gelegt werden, um den Wasseranschluss zu gewährleisten.

Eine erste Unkrautregulierung – mit einer Pendelhacke oder einem Rechen – erfolgt bei trockenem und heißem Wetter, idealerweise solange das Unkraut noch klein ist. Die Dämme werden dabei fast wieder flach gerecht. Sind die Kartoffeln dann

Frühkartoffeln werden im Sommer geerntet und gleich verspeist.

Im Berggebiet gedeihen Kartoffeln besonders gut.

20 cm hoch, werden sie mit einer Haue (Ziehhacke) 10 cm hoch gehäufelt. An den mit Erde zugeworfenen Sprossen bilden sich zusätzliche Wurzeln und Tochterknollen. Etwa 3–4 Wochen später wird ein zweites Mal gehäufelt. Frei liegende Knollen mit Erde bedecken. Richtig häufeln heißt: Die Erde seitlich von unten an den Pflanzen hochziehen (nicht senkrecht auf die Pflanzen schütten).

- **Anbau in vorbereitete Furchen** Hier werden die Knollen in die Furche gelegt und ebenfalls nur flach mit Erde bedeckt. Als zusätzlicher Dünger können die Knollen in etwas – gut bewässerte Schafwolle – gelegt werden. Wenn die Pflanzen 20 cm hoch sind, werden die Furchen mit einer Haue zugezogen. Das entspricht dem ersten mal Häufeln beim Damm-Anbau. Nach weiteren 3–4 Wochen wird wie oben beschrieben gehäufelt.

Temperaturansprüche

Kartoffeln sind zwar sehr frostempfindlich, können aber in den Südalpen auch bis 1900 m Seehöhe angebaut werden. Im Berggebiet werden sie zwar in den meisten Lagen erst spät gesetzt, wachsen hier aber besonders gut, da viele Schädlinge hier nicht vorkommen und die Lagen meistens gut durchlüftet und sonnig sind. Warme Regionen mit hoher Luftfeuchtigkeit sind für den Anbau von Kartoffeln riskant, dieses Klima fördert viele Krankheiten. Hier fühlen sie sich nur auf ausgewählten Standorten mit guter Durchlüftung wohl.

Düngung & Wasserbedarf

Für einen guten Ertrag brauchen Kartoffeln gut mit Mist oder Kompost versorgte Böden, vertragen allerdings keine frisch gemisteten Böden.

Verglichen mit anderen Gemüsen benötigen die Pflanzen nicht viel Wasser. Trotzdem: Reichen die Niederschläge nicht aus, müssen auch Kartoffeln bewässert werden. Sobald das Kraut beginnt, stark in die Höhe zu wachsen, sollte der Boden gut feucht sein, da die Pflanzen sonst rasch Knollen bilden und danach das weitere Wachstum einstellen. Wichtig: So bewässern, dass das Laub trocken bleibt. Bei anhaltender Trockenheit in den Sommermonaten bleiben die Knollen klein. Am höchsten ist der Wasserbedarf in den ersten 3 Wochen nach der Blüte.

Kompost oder Mist bringt man jedenfalls im Vorjahr aus. Als Faustregel gilt: Zur Pflanzzeit der Knollen sollen keine organischen Reste der Gründüngung oder Kompostgabe mehr sichtbar sein. Daher muss der Boden eventuell einige Wochen vor der Pflanzung noch einmal leicht bearbeitet werden, um die Verrottung anzuregen. Im Hausgarten werden am besten im Vorjahr (bis spätestens Mitte September, besser Ende August) abfrierende Gründüngungen angebaut, diese können nach den ersten leichten Frösten gut in den Boden eingearbeitet werden (zum Beispiel Senf, Sommerwicke, Phacelia).

Pflege

Kartoffeln reagieren empfindlich auf Unkräuter. Besonders im Jugendstadium, aber auch später. Bei einem starken Unkrautdruck sind die Pflanzen nicht gut genug durchlüftet und anfälliger gegen Krautfäule und Alternaria. Meist kann das Unkraut-Hacken aber mit dem Häufeln in einem Arbeitsgang kombiniert werden (→ Anbau).

Fruchtfolge

Kartoffeln verbessern den Boden und sind eine gute Vorkultur für alle Gemüse, daher eignen sie sich sehr gut als erste Kultur in einem neu angelegten Garten. Anbaupausen von mindestens 4 Jahren einhalten.

Pflanzengesundheit

Hauptproblem beim Kartoffelanbau ist in allen Regionen ist die **Kraut- und Knollenfäule** *(Phytophtora infestans).* Schadbild: Das Kraut wird etwa ab Mitte Juni zunächst braun, auf der Blattunterseite bildet sich ein silberweißer Pilzrasen, die Pflanzen sterben frühzeitig ab. Die Hauptinfektionszeit ist aber zumeist im Juli, wenn warme und feuchte Bedingungen herrschen. Während der Lagerung kann sich die Krankheit auf den Knollen weiter ausbreiten. Vorbeugung: Luftig und nicht zu dicht pflanzen, windige Standorte wählen, gute und regelmäßige Unkrautregulierung. Nicht nach oder direkt neben Tomaten anbauen. Stärken der Pflanzen mit Brennnessel-Jauche und Schachtelhalmbrühe. Bei Befall das Kraut entfernen und entsorgen (verbrennen, Bio-Müll), die Knollen können geerntet werden. Als Pflanzkartoffel können sie nur verwendet werden, wenn das Kraut früh genug geschnitten oder „gezogen" wurde, sonst geht der Pilz mit ins Lager und ins nächste Anbaujahr. Frühere Sorten sind weniger gefährdet als spätere. Daneben treten verschiedene **Virosen** auf, die bewirken, dass eine befallene Sorte von Jahr zu Jahr weniger Ertrag

Ringförmige oder fleckige Aufhellungen sind Hinweise auf einen Virus-Befall. Die Knollen sind essbar, aber nicht als Pflanzgut verwendbar.

Die Larven des Kartoffelkäfers abklauben ist zeitaufwändig.

Sie können aber großen Schaden anrichten, wenn sie nicht rechtzeitig abgesammelt werden (am besten bereits zur Löwenzahnblüte die Pflanzen das erste Mal kontrollieren).

bringt. Virosen werden von Blattläusen übertragen. Das Schadbild ist sehr unterschiedlich ausgeprägt. Ein geringer Befall ist für geübte Augen an fleckenförmigen Aufhellungen erkennbar (→ Foto). Bei einem stärkeren Befall sind die Blätter vergilbt, oder eingerollt und/oder verkrüppelt und die Knollen bleiben klein. Vorbeugung: Auswahl von so genannten feldresistenten Sorten. Diese können mit einem Befall umgehen und bauen trotz Befall nicht im Ertrag ab. Diese Sorten sind selten. Bei der Vermehrung von Kartoffeln wird das Kraut gezogen, um zu verhindern, dass Virosen von den Blättern über den Pflanzensaft in die Knollen wandern.

In manchen Jahren verursachen die Larven der **Kartoffelkäfer** *(Leptinotarsa decemlineata)* große Fraßschäden. Der Käfer schlüpft aus seinem Winterquartier meist zur Zeit der Löwenzahnblüte. Er legt an der Blattunterseite orange, aufrecht stehende Ei-Gelege. Nach einigen Tagen schlüpfen die roten, an der Seite schwarz gepunkteten Larven, die bei starkem Befall Pflanzen kahl fressen können. Vorbeugung: Die Pflanzen gleich nach der Löwenzahnblüte kontrollieren und die erste Generation der Käfer absammeln, verringert den Befall entscheidend – und am besten in ein Glas mit Petroleum geben, hier sind sie sofort tot. Auch danach die Käfer, Ei-Gelege und Larven regelmäßig absammeln. Präparate mit *Bacillus thuringiensis* sind auch im biologischen Anbau zugelassen. Doch sollte ein Einsatz dieser Präparate die Ausnahme und nicht die Regel sein.

Weitere Ausführliche Informationen zu Krankheiten und Schädlingen → siehe Merkblatt Biokartoffeln.

Ernte

Kartoffeln haben eine kurze Kulturdauer – bereits nach 3–4 Monaten sind sie erntereif. Frühe Sorten – je nach Witterung und Anbauzeitpunkt – zwischen Mitte Juni und Anfang Juli. Sie können dann aber ohne Weiteres noch im Boden bleiben. Lagerkartoffel dürfen keinesfalls zu früh geerntet werden: Nach der Blüte bildet die Pflanze die Knollen richtig aus. Um die Schale aushärten zu lassen, erntet man am besten mindestens 2 Wochen nach dem Absterben des Krauts. Das ist meist ab Mitte September der Fall. Nur bei trockenem Wetter ernten. Optimale Lagerung bei exakt 3–4 °C.

Einige empfehlenswerte Sorten

Viele ältere Sorten haben geringere Erträge als moderne Sorten. Dies ist nicht notwendigerweise eine Sorteneigenschaft, sondern häufig darauf zurückzuführen, dass die Pflanzen über die Jahre „abbauen", vor allem wird der Virusbefall von Jahr zu Jahr stärker und schwächt die Pflanzen in ihrer Wuchskraft.

Man unterscheidet die Sorten nach ihrem Reifezeitpunkt: Frühe Sorten wachsen schneller, bringen weniger – aber oft einen sicheren – Ertrag, da sie schon geerntet werden können, bevor der Krautfäulepilz zuschlägt. Sie können allerdings nur in einem idealen Lager lange gelagert werden. Späte Sorten sind krankheitsanfälliger, bringen mehr Ertrag und sind dafür lange Zeit lagerbar. Die Fleischkonsistenz reicht von stark mehlig bis festkochend. Weiters unterscheiden sie sich in ihrer Kulturdauer, ob die Knollen eng an der Staude liegen oder weit streuen, in ihrer Lagerfähigkeit, aber auch in der Wuchshöhe und Blühfreudigkeit.

Die Schalenfarbe kann gelb, braun, rosa, rot, blau, violett sein, das Fleisch weiß, cremefarben bis intensivgelb, rot, bläulichviolett, auch in der Kochzeit unterscheiden sich die Sorten (sie sind dann gar, wenn sie sich gut schälen lassen).

- **Frühreife Sorten**: ‚Agata' (H) ‚Annabelle' (H), ‚Pinki'
- **Hohe Toleranz gegen Krautfäule**: ‚Bionta' (H), ‚Goldsegen'
- **Resistenz gegen Krautfäule**: ‚Sapro Mira' (H/ Ungarn)
- **Vielseitig verwendbar**: ‚Nicola' (H), I
- **Sehr gute Lagereigenschaften**: ‚Ditta' (H), ‚Agria', ‚Mehlige Mühlviertler'
- **Nicht so hohe Ansprüche an den Boden**: ‚Laura' (H)
- **Besonders empfindlich auf Trockenheit**: ‚Ciclamen'; Agata' (H)
- **Geschmacklich besonders empfehlenswert**: ‚Barbara', ‚Rote Emma', ‚Tannenzapfen', ‚Goldsegen, ‚Weiße Lötschenthaler'

(H = Handelssorte)

Tipps von Arche Noah-GärtnerInnen

„Wir haben dabei Sorten, die uns einen regelmäßig hohen Ertrag bringen wie ‚Sapro Mira', ‚Goldsegen', ‚Mehlige Mühlviertler' und ‚Weiße Lötschentaler'. Und dann haben auch immer noch Sorten, die den Salat bunter machen oder durch ihren besonderen Geschmack bestechen. Insgesamt kommen wir so auf 15–20 Sorten. Für uns bewährt sich das in den letzten Jahren immer mehr, da durch den Anstieg der Wetterextreme doch immer Sorten dabei sind, die mit dem jeweiligen Jahr gut zurechtkommen. Wir düngen mit Schafwolle und mulchen nach dem Häufeln ab. Die gesündesten, kräftigsten Pflanzen werden für den Nachbau mit einem Stecken markiert. Bei diesen Pflanzen ziehen wir Anfang August das Kraut, um die Vermehrung von Viren in den Knollen zu minimieren und so dem Abbau der Sorte entgegenzuwirken. Im biologischen Anbau wird das Kraut abgehäckselt, wir schneiden es an einem sonnigen Vormittag bodennah ab. So kann die Schnittstelle schnell abtrocknen und schließen."

Mara Müller und Michael Suanjak, Waldviertel

„Ich pflanze das Sortiment ‚die Widerstandsfähigen' vom Biogartenversand-Hof Jeebel und hatte bisher keine Probleme mit Krautfäule. Die geernteten zwei Kartoffelkörbe voll mit Kartoffeln reichen uns bis Juni (5 Sorten → 10 Knollen Saatgut)."

Uta Hill, Hausgärtnerin, Bayrisch Schwaben

„Wir haben unser Land im Moor. Bei uns kommen Kartoffelsorten aus Schottland und England am besten. Wir bauen Kartoffeln seit etwa 20 Jahren, manche unserer Sorten haben wir auch tatsächlich schon so lange. Nach wenigen Jahren stellte sich heraus, dass alte Sorten aus Großbritannien mit unseren Bedingungen am besten zurechtkommen. So auch meine absolute Lieblingssorte ‚Patersons Victoria' von 1863. Jedes Jahr pflanze ich die Sorte ‚Solist' so früh ich es schaffe (im März) und decke sie mit einem dicken Vlies ab. Wir bauen Kartoffeln nicht nach dem Gesichtspunkt Ertrag an, sondern ausschließlich nach unserem Geschmack und unseren Wünschen. Trotzdem haben wir in dieser Zeit nie Speisekartoffeln zukaufen müssen."

Traude Banek, Buxtehude, Norddeutschland

Süßkartoffeln wachsen unkompliziert und werden Ende Oktober – vor den ersten Frösten – geerntet.

Süßkartoffel (*Ipomoea batatas*)

Im Selbstversorger-Garten sind Süßkartoffeln (*Ipomoea batatas*) eine interessante Kultur: Sie brauchen sonnige, nährstoffreich und lockere Böden. Hier wachsen sie unkompliziert und ertragreich. Das Windengewächs wird wie Kartoffeln vegetativ vermehrt, gesetzt werden bewurzelte Stecklinge. Allerdings sind nicht alle Sorten für den Anbau in unseren Breiten gleichermaßen geeignet. Manche bilden viel Blattwerk – das zwar als sehr gutes Spinatgemüse auch nutzbar ist – aber keine Knollen. Einige Versuche sind in den nächsten Jahren wohl noch notwendig, bis man mit einem verlässlichen Ertrag rechnen kann. Trotzdem eine kurze Anbau-Anleitung: Süßkartoffeln sind sehr frostempfindlich und können ab Ende Mai ausgepflanzt werden. Die Knollen werden ca. 6 Wochen vor dem Auspflanzen in Wasser gestellt. Dazu eignen sich am besten ½ Liter-Einmachgläser. Die Augen beginnen nun auszutreiben. Man bricht die Stecklinge samt Wurzeln ab und pflanzt

Im Sommer können die wüchsigen Blätter drei- bis viermal als Spinat geerntet werden.

Süßkartoffeln werden vor den ersten Frösten geerntet.

sie in Vorkultur in kleine Töpfe. Wichtig ist, dass diese ausreichend groß sind (mindestens 7, besser 10 cm). Die Wurzeln dürfen keinesfalls beginnen, im Topf im Kreis zu wachsen, denn davon erholen sie sich ein Pflanzenleben lang nicht mehr und bilden dann keine verdickten, beerntbaren Wurzeln mehr. Bei Arche Noah haben wir mit dieser Anbaumethode bislang die besten Erfahrungen gemacht: Erde zu einem ca. 20 cm hohen flachen Hügel aufhäufeln, der einen Durchmesser von ca. einem Meter hat. Hier werden 5 Jungpflanzen gesetzt. Süßkartoffeln sind extrem wüchsig. Das Laub kann über den Sommer drei- bis viermal als Spinat geerntet werden. Die Knollen werden vor den ersten Frösten mit einer Grabegabel geerntet – zuvor das Laub entfernen. Die geernteten Süßkartoffeln müssen anfangs warm lagern: Man lässt sie bei ca. 25 °C in einem warmen Raum nachreifen. Danach sind sie bei einer Lagertemperatur von ca. 12 °C (→ siehe Speisekammer) mehrere Monate haltbar.

Tipps von Arche Noah-GärtnerInnen

„Die Triebe der Süßkartoffeln lassen sich leicht bewurzeln. Ich nehme im August grüne Stecklinge und stelle sie in der Küche in ein Wasserglas. Hier bewurzeln sie sehr leicht. Die Triebe pflanze ich in Töpfe und überwintere sie im Haus in einem kühlen, ungeheizten Raum."

Tristan Toé, www.biosain.at

Literatur

- Bio-Austria, Bioland Beratung, KÖN, vTI & FiBL (2010). Merkblatt Biokartoffeln. Qualität mit jedem Anbauschritt. Linz/Mainz: Bio-Austria/Bioland Verlags GmbH.
- Lengauer, Doris (2016). Süßkartoffel. Exotin mit Potential. In: Biogemüsefibel 2017. Infos aus Praxis, Beratung und Forschung rund um den Biogemüse- und Kartoffelanbau. Wien: Ländliches Forstinstitut Österreich. (kostenloser Download unter: www.agrar.steiermark.at)

Die Süßkartoffel-Sorte ‚Beauregard'.

Frisch geerntet: 1–2 Portionen Hülsenfrüchte sollten pro Woche auf den Tisch kommen.

Hülsenfrüchte

Hülsenfrüchte sind gerade im Selbstversorger-Garten wichtige Kulturarten: Bohnen jeder Art und Erbsen sind mengenmäßig am stärksten vertreten, liefern viel Ertrag, können frisch gegessen oder eingesäuert oder eingefroren konserviert werden. Während der Anbau für die Grünnützung relativ einfach ist, ist der Anbau von Körnerleguminosen im Hausgarten schwierig: Linsen, Trockenbohnen, Trockenerbsen und Kichererbsen brauchen viel Platz, um auch einigermaßen einen Ertrag zu haben. In den historischen Formen der Selbstversorgung haben sie in Mitteleuropa – und nicht nur hier – eine wichtige Rolle gespielt und wurden als Ackerkultur angebaut. Körnerleguminosen haben einen entscheidenden Vorteil: Die Samen lassen sich einfach durch Trocknen konservieren. Dazu ist die Energie der Sonne ausreichend und es braucht keine Tiefkühltruhe.

Für alle Hülsenfrüchtler gilt: Eine Fruchtfolge ist der Kern des Erfolges. Keinesfalls auf derselben Fläche zweimal hintereinander Hülsenfrüchte anbauen, sondern mindestens vier Jahre warten.

Das Eiweiß aus dem Garten

Der Jahresbedarf an getrockneten Hülsenfrüchten liegt bei 9–10 kg pro Erwachsenem und rund 7,5 kg für Kinder. Diese Mengen kann man im Selbstversorger-Garten nicht so einfach anbauen. Am ertragreichsten sind Feuerbohnen. Kleinere Mengen an Trockenbohnen und Trockenerbsen lassen sich auch in einem Garten ernten. Für die Ernte größerer Mengen an Trockenerbsen und Trockenbohnen benötigt man einen Acker, ebenso für Linsen und Sojabohnen. Kichererbsen können nur in wärmeren Regionen angebaut werden. In den warmen Regionen Ostösterreichs – dem Weinviertel und dem Burgenland – war es bis vor kurzem üblich, Trockenbohnen auf Äckern für die Selbstversorgung anzubauen. Einige dieser Sorten sind erhalten geblieben und über den Verein Arche Noah zu beziehen (→ siehe Tipp von Annette Hofmann, Seite 357).

In Südtirol war der feldmäßige Anbau von Trockenerbsen (Palerbsen) üblich. Auch diese Landsorten werden von Hausgärtnerinnen und einigen Bauern noch angebaut und vermehrt.

Feuerbohnen sind ertragreich.

Buschbohnen sind relativ rasch erntereif, die Beete können in den meisten Regionen für eine Folgekultur genutzt werden.

Hülsenfrüchte in der Fruchtfolge

Nicht nur auf dem Teller, auch im Gemüsegarten sind Hülsenfrüchtler wichtig: Sie sind die einzigen Gemüsepflanzen, die den – in der Luft reichlich vorhandenen – Stickstoff ernten können. Dieser ist mengenmäßig das bedeutendste Nährelement für die Pflanzen. Hülsenfrüchtler können sich einen Großteil des Stickstoffs, den sie für ihr Wachstum benötigen, so selbst aneignen. Diese Fähigkeit macht sie zum guten Mischkulturpartner für Starkzehrer im Gemüsegarten: zum Beispiel von Mais oder Kartoffeln. Aus diesem Grund sind sie auch in der Gründüngung wichtig. Für die Gründüngung gibt es eine Fülle von (nicht essbaren) Hülsenfrüchtler, die in Reinkultur oder in Mischung mit anderen Gründüngungspflanzen angebaut werden können: Wicken, Platterbsen und Erdklee.

Doch Vorsicht: Ein Beet darf erst wieder nach vier Jahren mit Hülsenfrüchten bebaut werden. Da haben bereits viele Gärtnerinnen und Gärtner große Fehlernten erlebt: Die Pflanzen hinterlassen im Boden nicht nur Stickstoff, sondern auch bodenbürtige Krankheiten, die erst wieder von den „guten" Mikroorganismen abgebaut werden müssen. Daher darf im Garten maximal ein Viertel der Fläche mit Hülsenfrüchten bebaut sein.

Grüne Bohne/Gartenbohne (*Phaseolus vulgaris* und *Phaseolus coccineus*): Stangenbohne, Buschbohne und Feuerbohne

Empfehlenswert ist, sowohl Buschbohnen als auch Stangenbohnen anzubauen. Buschbohnen bringen einen raschen Ertrag für den Sommer, Stangenbohnen reifen später, bringen aber höhere Erträge. Der Anbau der Stangenbohnen ist aufwändiger, da zunächst die Rankgerüste aufgestellt werden müssen. Von beiden gibt es sowohl Sorten für die Nutzung des Korns als Trockenfrucht für den Winter, und Sorten, die als Fisolen im Sommer genutzt werden können. Diese bleiben besonders lange fadenlos – und können ebenso samt der Hülse für den Winter getrocknet – oder eingerext oder eingefroren werden.

In höheren Lagen gedeihen Feuerbohnen besser als Stangenbohnen, sie gedeihen auch im kühleren Klima.

Vor allem Lokalsorten sind den regionalen Besonderheiten angepasst – im Burgenland sind dies etwa geringe Niederschläge oder im Berggebiet kurze Vegetationsperioden. Gelbhülsige Sorten sind im Allgemeinen empfindlicher als grünhülsige, sie verlangen warme, sonnige Lagen und leiden besonders unter schlechtem Wetter. Für die Mischkultur mit Mais eignen sich (nur) Reiserbohnen. Diese werden als Trockenbohnen geerntet.

Anbau: Gartenbohnen sind sehr frost- und kälteempfindlich und dürfen erst nach den letzten Spätfrösten – in den meisten Gebieten sind dies die Eisheiligen Mitte Mai – im Freiland gelegt werden. Die Samen keimen zwar ab 8 °C Bodentemperatur, aber je höher die Temperaturen sind, desto schneller und gleichmäßiger laufen die Samen auf. Daher bei Frost besser ein, zwei Wochen zuwarten. Die letzten Aussaaten der Buschbohne sind in den meisten Regionen bis 10. Juli, in sehr wärmebegünstigten Lagen bis 20. Juli möglich. Buschbohnen sind sehr einfach zu kultivieren. Pflanzabstände

‚Black Turtle', eine ertragreiche Trockenbohne für den Hausgarten.

Die ‚Neckarkönigin' ist eine robuste und ertragreiche grüne Stangenbohne.

für Buschbohnen: in der Reihe 10–15 cm, Reihenabstand 40–50 cm. Stangenbohnen: bei Anbau in Reihen/Spalierkultur: Reihenabstand 120–150 cm und in der Reihe 20 cm.

Regelmäßig beernten, damit die Pflanzen weitere Hülsen ansetzen. Grüne Hülsen/Fisolen lassen sich bei ca. 5 °C und 90 % Luftfeuchtigkeit für maximal 10 Tage lagern. Blanchiert können sie gut eingefroren werden. Wer sie nicht tieffrieren will, baut Sorten mit flachen Hülsen an und trocknet die Bohnen (→ siehe Seite 251).

Feuerbohnen haben eine längere Reifezeit als Stangenbohnen. Die Samen sind reif, wenn die Hülsen eingetrocknet sind: ab ca. Mitte September bis Mitte Oktober. Feuerbohnen können sehr hohe Erträge liefern (bis zu 3,5 kg/m^2). Die Bohnen gut trocknen, dann erst in luftdurchlässige Säcke füllen und kühl lagern. Die Bohnen sind bis zu 2 Jahre lagerfähig.

Buschbohnen und Fenchel sind eine Mischkultur, die den Platz gut ausnutzt.

Besonders empfehlenswerte Bohnen-Sorten

Sortengruppe	Sorte	Besonderheit
Buschbohne	‚Maja', ‚Juli'	frühreif, auch raue Lagen
	‚Maxi'	sehr ertragreich
	‚Saxa'	robust, auch für raue Lagen
	‚Etsdorfer'	Doppelnutzung als Fisole und geschmackvolle Trockenbohne
Stangenbohne	‚Blauhilde', ‚Neckarperle'	ertragreich
	‚Posthörnchen'	für wärmebegünstigte Lagen, hier ertragreich als Fisole und Trockenbohne
	‚Steirische Grüne'	ertragreich
	‚Trebona'	frühreif
Trockenbohne	‚Black Turtle', ‚Red Kidney'	ertragreich und geschmackvoll
	‚Sarga Balkan Bordo'	frühreif

Quelle: eigene Zusammenstellung

Als Stangen für die Stangenbohnen eignen sich sehr gut Bambusstecken. Manche Gärtnerinnen ernten sie aus dem eigenen Garten.

Gut gereinigte Linsen der Sorte ‚Steinfelder Tellerlinse' aus dem eigenen Anbau.

Tipps von Arche Noah-GärtnerInnen

„Ich habe eine Trockenbohnensorte, von der ich begeistert bin. Es ist die ‚Sarga Balkan Bordo', eine ungarische Herkunft, die ich aus dem Sortenarchiv der Arche Noah habe. Diese einfache Reiserbohne wird 60 cm hoch, und ich ziehe sie mit einer sehr einfachen Stützkonstruktion am Acker. Die Stütze deswegen, damit die Bohnen luftig abtrocknen können und nicht im Dreck liegen. Das Schöne an der Bohne: Sie reift unheimlich rasch und sehr gleichzeitig ab. Im vorigen Jahr hat es von der Aussaat bis zur Ernte 11 Wochen gedauert. Die Kerne sind klein und grau-braun, haben eine relativ kurze Kochzeit und sind köstlich. Das mit dem Ertrag ist wie immer eine schwierige Frage. Das hängt auch davon ab, ob zur richtigen Zeit mal ein Regen war. Die Bohne lässt sich übrigens wunderbar leicht ausdreschen. Die reifen Hülsen springen fast von selbst auf. Solche Bohnen sind in unserer Ortschaft früher feldmäßig angebaut worden. Unsere Nachbarn hatten extra dafür eine Bohnendreschmaschine."

Annette Hofmann, Burgenland

Linse (*Lens culinaris*)

Linsen sind eine typische Ackerkultur. Um – für die tägliche Ernährung relevante – Mengen zu ernten, braucht es größere Flächen, die meisten Hausgärten sind schlicht zu klein. So hatten zum Beispiel auf der Schwäbischen Alb viele bäuerliche Betriebe einen Acker für die Selbstversorgung bebaut, dieser war im Durchschnitt 2000 m2 groß. Grundsätzlich kann man rechnen, dass man pro Quadratmeter eine Mahlzeit ernten kann. Wer einen Acker hat und in einer Region zu Hause ist, in der die Linse gut ausreift, kann – mit etwas Arbeitsaufwand bei Ernten und Drusch – auch selbst Linsen anbauen. Der Acker muss allerdings ausreichend groß sein, da Anbaupausen von 4 Jahren – in denen auch keine andere Körnerleguminose auf der Fläche angebaut werden kann –, eingehalten werden müssen. Linsen gedeihen auf sandigen oder steinigen Böden besonders gut. Auf schweren Böden wachsen sie nur in trockenen Jahren. In regenreichen Jahren, in denen die Böden nicht gut abtrocknen können, sind auf schweren Böden die Knöllchenbakterien nicht aktiv, weil die Böden nicht auseichend belüftet sind – die Pflanzen kümmern, vergilben und sterben ab. Die Erträge der Linse schwanken sehr stark, in einem guten Jahr sind Erntemengen von bis zu einer Tonne pro Hektar möglich. Durchschnittlich erntet die Öko-Erzeugergemeinschaft „Alb Leisa" 600–700 kg pro Hektar – in Mischkultur mit einem Getreide als

Die Hülsen sind druschreif, wenn die Linsen so hart und trocken sind, dass sie beim Daraufbeißen zersplittern.

In Mischkultur mit einem Getreide als Stützfrucht gedeihen Linsen besonders gut.

Stützfrucht. Auf kleineren Gartenflächen und in Reinkultur kann der Ertrag bis zu doppelt so hoch sein. Kleinsamige Sorten sind ertragreicher als großsamige und auch geschmacklich besser (da der Geschmack in der Schale sitzt).

Anbau: Die Linse ist anfangs sehr konkurrenzschwach, daher müssen die Flächen gut unkrautfrei sein. Im Weinbauklima kann ab Ende März angebaut werden, sonst bis spätestens Anfang Mai. Linsen sind nicht sehr frostempfindlich und vertragen bis -9 °C (solange sie noch klein sind, größere Pflanzen sind frostempfindlicher). Ausgesät wird in einem Reihenabstand von maximal 20 cm und einem Abstand in der Reihe von 8–10 cm. Bis zu einer Höhe von 15 cm stehen die Pflanzen stabil – wenn sie viel Sonne bekommen und auf einem mäßig nährstoffversorgten Boden wachsen. Danach stützen sie sich – wenn sie so dicht wie angegeben angebaut wurden – gegenseitig, ihre Ranken verhaken sich ineinander und bilden einen „Teppich", der vom Regen nicht so leicht niedergedrückt wird. Einige Stecken im Bestand erhöhen die Standfestigkeit.

Ernte: Die Pflanzen werden geerntet, wenn sich die unteren Hülsen braun verfärben. In einem regenreichen Jahr kann es dann durchaus noch der Fall sein, dass die Pflanzen wieder frische Blüten angesetzt haben. Das ist je nach Jahr Ende Juli oder Anfang August der Fall. Hat man Ende Mai angebaut, kann sich der richtige Erntezeitpunkt bis Anfang September verlagern. Für die Ernte werden die Pflanzen entweder aus der Erde gezogen oder mit der Sichel geschnitten. Das Aus-der-Erde-Ziehen ist einfacher, aber mit zwei Nachteilen verbunden: Ein Teil der Knöllchenbakterien – und damit des Stickstoffes, den sie fixiert haben – bleibt nicht im Boden; und beim Dreschen können die Linsen mit Erde verunreinigt werden. Die Pflanzen werden dann zu Büscheln (Durchmesser ca. 10 cm) zusammengefasst und getrocknet: Dazu hängt man die Pflanzen unter Dach oder einem – regensicheren – Dachvorsprung auf. Bleiben die Hülsen gleichmäßig trocken, springen sie nicht auf. Die Hülsen sind druschreif, wenn die Linsen so hart und trocken sind, dass sie beim Daraufbeißen zersplittern. Der Pionier der Wiederkultivierung von Linsen, Woldemar Mammel empfiehlt, die Pflanzen-Büschel dann in einem größeren Fass auszudreschen, indem man sie gegen die Wand des Fasses ausklopft (das Büschel immer wieder drehen, bis keine Linsen mehr herausspritzen). Am Boden des Fasses sammeln sich nicht nur die Linsen, sondern auch feine Blätter. Diese kann man dann portionsweise – zum Beispiel auf einem Serviertablett – reinigen, indem man die Blätter vorsichtig wegbläst. Die gereinigten Linsen anschließend im Raum bei maximal 40 °C nachtrocknen.

Tipps von Arche Noah-GärtnerInnen

„Wir sind klimatisch im Weinviertel zu Hause und haben vor allem sehr karge, trockene (sandige) Flächen in Südlage. Es sind ehemalige Weingärten. Das heißt, es ist sehr warm, sehr karg und es gibt wenig Wasser. Über zwei Jahre haben wir Erfahrungen mit dem Anbau der ‚Steinfelder Tellerlinse' gesammelt. Angebaut haben wir sie in Mischkultur mit Leindotter. Den Aussaatzeitpunkt haben wir sehr früh im Jahr, im März, gewählt, um die Frühjahrsfeuchtigkeit gut zu nutzen. Aussaatmenge: 90 kg Linsen und ca. 2 kg Leindotter pro Hektar. Das erste Jahr war sehr trocken, die Linsen sind nicht sehr hoch geworden (20–25 cm), aber gut über die Trockenheit gekommen, und wir konnten eine schöne Ernte einfahren. Linsen und Leindotter können gemeinsam gedroschen werden (in unserem Fall mit einem kleinen Mähdrescher). Die Samen können aufgrund der sehr unterschiedlichen Korngröße im Reinigungsprozess gut voneinander getrennt werden. Das zweite Jahr war deutlich feuchter, die Linsen wuchsen viel üppiger, haben sich aber stärker hingelegt. Wir haben dann relativ früh gedroschen, die letzten Hülsen waren noch nicht fertig ausgereift. Zügiges Rücktrocknen ist wichtig. Die Ernte Betrug 0,05 kg pro m². Von 1300 m² Fläche konnten wir so ca. 60 kg fertig gereinigte Speiseware ernten."
Franziska Lerch, Weinviertel

Literatur

- Thomas Stephan, Woldemar Mammel (2013). Alb-Leisa. Linsen von der Schwäbischen Alb. Bilder. Geschichten. Rezepte. Lauterach: Eigenverlag

Sojabohnen kommen mit Trockenheit im Sommer zurecht, wenn sie einmal gut eingewurzelt sind.

Sojabohne (*Glycine max*)

Im Hausgarten lohnt es sich kaum, Soja für die Selbstversorgung anzubauen. Wer aber einen kleinen Acker – sowie die Möglichkeit hat, die Hülsen im Herbst nachreifen zu lassen –, dem sei der Anbau von Sojabohnen als eiweißreiche Trockenfrucht für den Winter sehr wohl empfohlen. Mengenmäßig ist die Sojabohne die wichtigste Öl- und Eiweißpflanze der Welt. Die Samen haben einen Ölgehalt von 13–25 % und einen Eiweißgehalt von 30–50 %. Sojabohnen haben gekocht einen feinen Geschmack, der manche an Trüffel erinnert. In Ostasien und den USA werden die unreifen Samen wie bei Erbsen oder Bohnen als Gemüse zubereitet. Sojabohnen gedeihen auch noch in größeren Höhen, sie können in den Nordalpen bis 1000 Höhenmeter, in den Südalpen auch noch höher angebaut werden.

Sojabohnen, die sich für den Anbau im Garten eignen, sind bei den meisten biologischen Saatgutinitiativen bislang nicht erhältlich. Einige Arche Noah-Mitglieder bieten kleine Mengen verschiedener Sorten an. Sojabohnen sind tageslängenempfindlich, es gibt allerdings Sorten, die für Langtags- und Kurztagsgebiete geeignet sind. Gelbsamige Sojabohnen sind ertragreicher als die anderen Formen.

Anbau: Soja wird in Mitteleuropa Ende April/ Anfang Mai gesät. Spätere Aussaaten kommen erst spät zur Reife und bilden dann weniger Ertrag, da man mit

Verlusten durch die ersten Fröste rechnen muss oder die Samen im feuchten Herbst nicht mehr gut ausreifen können. Dann müssen die noch unreifen Samen ausgemacht werden und eignen sich nur (gekocht) für den Frischverzehr.

Circa 10 Tage nach dem Auflaufen zu dicht stehende Pflanzen entfernen oder vereinzeln (am besten, wenn der Boden feucht ist).

Die Sojabohne bildet eine tiefgehende Pfahlwurzel, die bis zu 2 m in den Boden eindringt und zahlreiche Nebenwurzeln ausbildet. Pflanzabstände: in der Reihe 5–8 cm, zwischen den Reihen: 25–35 cm. (Oder deutlich mehr, je nach Verzweigungsfähigkeit der Sorte). Das Setzen von vorkultivierten Jungpflanzen ist möglich. Kulturmaßnahmen (Bodenlockerung, Düngung, Bewässerung) wie bei der Gartenbohne (→ siehe Seite 355). Wichtig ist ein regelmäßiges Unkrautjäten in den ersten Wochen, da Sojabohnenbestände erst spät schließen. Pro Quadratmeter kann man mit einem Ertrag von 250–400 g rechnen. Frühe Sorten reifen – je nach Lage – im August/September oder später im Oktober. Sojabohnenhülsen reifen an der Pflanze, erst die reifen Samen werden aus den Hülsen gelöst. Sind die Hülsen noch nicht ganz trocken, zieht man die ganzen Pflanzen aus der Erde, legt sie auf Tüchern auf und lässt sie nachtrocknen. Die Hülsen sind scharf und kantig und händisch schwer auszulösen. Kleine Mengen werden im Sack ausgedroschen. Für größere Mengen ist eine Saatgutreinigungsmaschine zu empfehlen.

Tipps von Arche Noah-GärtnerInnen

„Die Sorte ‚Edamame' ist meine einzige Sojabohne, die ich jedes Jahr zum „grün essen" anbaue. Die unreifen Bohnen koche ich in den Hülsen, die dabei aufspringen, so ganz leicht auszulösen sind und sehr gut schmecken. Als Wintervorrat friere ich sie portionsweise für Salate, Eintöpfe, Gemüsepfannen usw. ein."
Irmgard Scheidl, St. Margarethen/Raab, www.naturgarten-scheidl.at

Höhere Erbsen brauchen ein Rankgerüst oder Reiser.

Erbse (*Pisum sativum*)

Erbsen sind Frühstarter im Garten, je nach Region und Kulturart können sie bereits im März, spätestens im April gesät werden und liefern im Mai und Juni erste Ernten. In wintermilden Regionen können spezielle Sorten bereits im Herbst angebaut werden, ähnlich wie Wintersalate überwintern sie im Beet und können dann früher als die Frühlingsaussaaten losstarten. Besonders interessant sind Erbsen auch als ganzjährig einfach zu kultivierendes Schnittgrün-Gemüse. Eine Nutzung, die besonders im Winter attraktiv ist, selbst wenn man nur kleine Anbauflächen zur Verfügung hat. Wer größere Anbauflächen zur Verfügung hat, kann Erbsen auch als Trockenerbsen (Palerbsen) für die Wintersuppe anbauen. Palerbsen vertragen leichte Fröste und werden möglichst früh, bei Bodentemperaturen um 2–5 °C, gelegt (März). Palerbsen haben glattschalige gelbe oder grüne Samen. Sie werden geerntet, wenn die Hülsen braun und trocken sind: Dann die ganzen Pflanzen aus dem Boden ziehen, an einem warmen und trockenen Ort nachreifen lassen und ausdreschen.

Niedrige Sorten eignen sich eher für den großflächigen Anbau – sie tragen weniger als die hohen Sorten, die daher auch auf kleineren Flächen einen guten Ertrag bringen, aber auf ein Rankgerüst angewiesen sind. Die niedrigen Sorten sind früher reif als die höheren und auch rascher abgeerntet.

Markerbsen und Zuckererbsen werden ab Bodentemperaturen von 5–8 °C (ab Anfang April) gelegt. Auch für Erbsen gilt: je wärmer der Boden, umso rascher keimen sie. Alle Erbsensorten jedoch so früh wie möglich aussäen. Ab Mitte Mai wird die Blütenbildung angeregt. Wenn die Pflanzen bis dahin stark gewachsen sind, setzen sie mehr Blüten und Hülsen an. Aussaat in Reihen direkt ins Beet (ca. 3 cm tief, Abstand 4–6 cm) mit einem Reihenabstand je nach Wuchshöhe von 30–50 cm. (→ siehe Rankgerüste, Seite 244) Alle höheren Sorten werden wie Stangenbohnen in die Höhe geleitet. Sobald die Erbsen aufgegangen sind, hacken und nach 14 Tagen leicht häufeln.

Markerbsen sind die Tiefkühl- und Konservenerbsen. Sie können nur in der Grünreife genutzt werden. Wenn die Erbsen in die Samenreife übergehen, sind sie nicht mehr genießbar.

Die dritte Gruppe sind die Zuckererbsen. Sie sind in den Gärten die beliebtesten Erbsen – und auf den Märkten am schwierigsten zu finden. Sie können mit der ganzen Hülse gegessen werden, da sie auf der Innenseite der Hülse keine Pergamentschicht ausbilden. Vor allem in der Schweiz gibt es Lokalsorten von Zuckererbsen, die Wintererbsen/Winterkefen. Aussaat Mitte Oktober, entweder in Reihen mit einem Reihenabstand von 60 cm (2 Reihen pro Beet). Oder alle 60 cm tellerförmig 8–10 Samen legen. Die Pflanzen überwintern im Jugendstadium (vergleichbar dem Wintergetreide). Sie vertragen mehrere Wochen zwischen 0 und -15 °C problemlos. Im Frühjahr in jeden Kreis ca. 250 cm hohe Stangen stecken. Schwere, nasse Böden sind für Wintererbsen ungeeignet. Die Hülsen der Wintererbsen können ab Mitte Mai bis Ende Juli geerntet werden und liefern eine ergiebige und langanhaltende Ernte.

Erbsen-Typen und ihre Nutzungen

Sortengruppe	Ernte und Nutzungsmöglichkeit	Konservierung
Palerbsen	reife Schoten und Drusch der Trockenerbsen	für großflächigeren Anbau (Gemüseacker); Die samenreifen Erbsen werden geerntet, wenn die Schoten braun sind, und sind als Trockenerbsen gut lagerbar.
Markerbse	die frischen, grünen Erbsenkörner	Die grünen Erbsen werden für den Winter eingefroren.
Zuckererbse	die ganzen frischen Hülsen	Zuckererbsen können im Ganzen eingefroren werden, schmecken aber frisch am besten.

Puffbohne, Ackerbohne, Pferdebohne, Saubohne, Dicke Bohne (*Vicia faba* L.)

Uralt und trotzdem – zumindest in Mitteleuropa – vielerorts unbekannt. Eigentlich kommt kein Selbstversorger-Garten ohne sie aus. Schließlich ist die Puffbohne ein echter Allrounder. Sowohl als Gründüngungspflanze als auch als Sprossengemüse auf der winterlichen

Niedrige Sorten (bis ca. 40 cm) benötigen kein Rankgerüst.

Auf Beeten, auf denen man im Mai wärmeliebende Pflanzen wie Kürbisse oder Zucchini anbauen will, sind Puffbohnen eine sehr gute Vorkultur.

Puffbohnen sobald als möglich anbauen (in vielen Regionen schon im Februar).

Im Jahresverlauf ist die Puffbohne das früheste Eiweißgemüse aus dem Garten.

Fensterbank ist sie kultivierbar. Besonders wichtig jedoch ist die Ernte der grünreifen Hülsen. Puffbohnen sind nur gekocht genießbar. Im Jahresverlauf ist die Puffbohne die früheste Eiweißquelle aus dem Garten. Es gibt Sorten, die nur 50 cm hoch werden und ohne Stütze auskommen (zum Beispiel ‚Gloster Bounty'). Höhere Sorten werden zwischen 100 und 150 cm hoch und benötigen – wenn sie nur reihenweise angebaut werden – eine Stütze. Die ‚Großbohne vom Lötschental' schmeckt gekocht nach Kastanien. Für höhere Lagen die alpinen, kältetoleranten Sorten auswählen.

Am besten gedeiht die Puffbohne auf mittleren und sogar schweren, kalkreichen Böden. Sie verträgt tiefe Temperaturen (bis -5 °C, einige alpine Sorten auch bis -8 °C). Puffbohnen sollten bereits Mitte Februar/Anfang März, sobald der Boden offen ist, gesät werden. Die Pflanzen wachsen bei frühen Aussaaten zügiger, setzen auch mehr Hülsen an und entwickeln sich letztlich gesünder. Pflanzabstände: in der Reihe 15–20 cm, Reihenabstand 50–60 cm. Puffbohnen benötigen in der Blütezeit besonders viel Wasser. Bei Trockenheit werfen sie Blüten und junge Hülsen ab. Die Samen sind für den Frischverzehr reif, wenn sie ihre volle Größe erreicht haben, aber noch weich sind. Dies ist ca. 100 Tage nach der Aussaat, also ab Mitte Juni der Fall. Die entkernten Samen frisch verzehren/verarbeiten. In der Hülse sind frische Puffbohnen im Kühlschrank einige Tage haltbar. Puffbohnen lassen sich auch zu Aufstrichen verarbeiten. Dazu die Samen kochen, enthäuten, mit etwas Olivenöl, Salz und Zitronenöl vermischen.

Die Brennnessel ist eine Allround-Pflanze: Spinatgemüse und Pflanzenstärkungsmittel.

Mehrjährige Gemüse (Permakultur-Gemüse)

Die allermeisten Gemüse werden Jahr für Jahr neu angebaut. Einige wenige werden einmal gepflanzt und können dann – wenn sie an einem Platz gepflanzt werden, an dem sie sich wohlfühlen – über viele Jahre hindurch geerntet werden. Diese Permakultur-Gemüse sind relativ anspruchslos, auch in unseren Breiten winterhart und pflegeleicht. Mehrjährige Gemüse zählen im Frühling zu den ersten Gemüsen, die geerntet werden können: Das Spinatgemüse Guter Heinrich und Brennnessel gehören in diese Gruppe, die variantenreiche Salatpflanze Ampfer, die Zwiebelgewächse Winterzwiebel und Etagenzwiebel und andere Zwiebelverwandte, der feine Spargel und die Kohlarten Ewiger Kohl und Meerkohl. Frisch aromatisches Blattgrün liefert der Gewürzfenchel. Auch die Obstpflanze Rhabarber zählt zu dieser Gruppe, die mehrjährige, nicht verholzende Pflanze wächst entweder im Gemüsebeet oder in einem eigenen Beet im Garten.

Ein Pflanzplatz für die Mehrjährigen

Alle mehrjährigen Gemüse werden am besten am Rand eines Gemüsegartens oder an einem Platz im Garten, wo sie sich in Ruhe entfalten können, gepflanzt. Während Spargel und die Kohlarten etwas Platz brauchen, finden der Gute Heinrich oder Brennnesseln auch in schmalen Randstreifen im Halbschatten eines Schuppens oder Weges genug Platz zum Wurzeln, vorausgesetzt die Erde ist hier nährstoffreich und . Spargelbeete kann man wie kleine Inseln im Garten oder entlang eines Zauns anlegen. Meerkohl gedeiht gut im Staudenbeet, zum Beispiel als Pflanzpartner für andere sonnenliebende Stauden mit silbergrauen Blättern – wie die Polster-Silberraute (*Artemisia schmidtiana*) oder den Flachblatt-Mannstreu (*Eryngium planum*).

Mehrjährige Spinatgemüse

Für viele mag es absurd klingen, Brennnesseln extra anzupflanzen. Doch in neu angelegten Gärten kommen Brennnesseln meist nicht von selbst vor. Die **mehrjährige Brennnessel** (*Urtica dioica*) ist ein feines Spinatgemüse und kann, wenn sie regelmäßig zurück-

Rhabarber pflanzt man am besten am Rand eines Gemüsegartens.

Der Gute Heinrich gedeiht am besten auf nährstoffreichen Plätzen.

Die Triebe schmecken zarter, wenn sie gebleicht werden.

geschnitten – sprich geerntet – wird, das ganze Jahr hindurch geerntet werden. Wenn sie nicht regelmäßig zurückgeschnitten wird, geht sie in Blüte. Zum Ernten und Waschen zieht man besser Handschuhe an. Einzelne größere Blätter lassen sich zu feinen Brennnessel-Chips (am besten in einem Butter-Öl-Gemisch) kross herausbraten. Fürs Spinat-Gemüse zuerst eine kleine Zwiebel in Öl anschwitzen, dann die Brennnesseln dazugeben und mit Wasser aufgießen. Die Blätter fallen stark zusammen, behalten aber mehr Biss als der „echte" Spinat. Salz, Pfeffer, Muskat – und fertig ist ein guter Spinat, der sich sowohl als Beilage wie auch zum Unterheben unter Pasta eignet, als Pizza-Belag oder püriert als Suppe. Doch zurück in den Garten: Besonders ertragreich wachsen Brennnesseln in der Nähe eines Komposthaufens. Wer einige Pflanzen in Blüte gehen lässt: Besonders reich am Spurenelement Eisen sind die Samen, die sich gut trocknen lassen und zum Drüberstreuen aufs winterliche Butterbrot eignen. Darüber hinaus ist die Brennnessel eine der wichtigsten (→ siehe Jauchepflanzen, Seite 195).

Ebenso am liebsten auf nährstoffreichen, halbschattigen Standorten gedeiht der **Gute Heinrich** (*Chenopodium bonus-henricus*). Guter Heinrich zählt zu jenen Blattgemüsen, den der Spinat im Laufe des Mittelalters verdrängt hat. Er ist eine alte Dorfpflanze, ein so genannter Kulturfolger des Menschen, der halbwild entlang von Wegen wächst – vorausgesetzt, diese sind nicht komplett zugepflastert oder mit Unkrautvertilgungsmitteln behandelt. Die jungen Blätter des Guten Heinrichs sind auf der Unterseite mehlig bestäubt und ergeben ein geschmackvolles, leicht herb schmeckendes Spinatgemüse. Beachtlich ist sein hoher Vitamin-C-Gehalt, der mit jenem von Paprika oder Blatt-Petersilie vergleichbar ist. Werden die Pflanzen beetweise kultiviert, in einem Reihenabstand von 40–60 cm und in der Reihe mit einem Abstand von 20–35 cm anbauen. Im zweiten Jahr nach der Aussaat/Auspflanzung bringt der Gute Heinrich höhere Erträge als im ersten. In Gebieten mit hoher Luftfeuchtigkeit wie in den Alpen werden die Pflanzen bis 70 cm hoch, in Trockengebieten maximal 40 cm. Nicht nur die Blätter sind essbar: Die Triebe, die meist bereits im April geerntet werden, lassen sich wie Spargel zubereiten. Um sie zu bleichen, müssen die Pflanzen etwas angehäufelt werden, doch die Triebe schmecken auch ungebleicht sehr gut; sie sind etwa fingerdick und ca. 10 cm lang. Im Frühsommer/Sommer können die jungen unreifen Blütenstände wie Blumenkohl zubereitet werden. Am ertragreichsten ist aber die Blatternte.

Mehrjährige Salatgemüse

Zum ersten frischen Blattgrün aus dem Garten zählen **verschiedene Ampfer-Arten** (*Rumex* spp.). Ampfer hat geringe Temperaturansprüche und gedeiht auch in kühleren Regionen und im Berggebiet sehr gut. Ampfer ist im Vergleich zu Gartenspinat weniger ertragreich, doch – da alle Ampfer-Arten mehrjährig sind – besonders einfach zu kultivieren. Die Pflanzen treiben im Frühling rasch los und können meist bereits ab Anfang April geerntet werden. Einige Arten können bis in den Herbst hinein geerntet werden. Frische Ampferblätter sind ein besonders bei Kindern – im Gegensatz zu vielen anderen Blattgemüsen, die von Kindern oft – zumal in gekochter Form – verschmäht werden. Da Ampfer-Arten unterschiedlich wüchsig sind, sind auch die Pflanzabstände unterschiedlich. Die kleinwüchsigen Arten Schild-Ampfer, Blut-Ampfer, Garten-Sauerampfer und der Zwerg-Sauerampfer werden auf 25 x 15–30 cm gesetzt, alle anderen Arten in einem Reihenabstand von 30–40 cm ausgesät oder gepflanzt. Der Gemüse-Ampfer breitet sich im Beet stark aus, hier sind große Reihenabstände besonders wichtig.

Ampfer lässt sich sehr gut treiben. Dazu die Pflanzen im Herbst ausgraben und in ein Mistbeet oder Frühbeet setzen. Die Nährstoffansprüche von Ampfer sind unterschiedlich. Schild-Ampfer (*Rumex scutatus*) braucht im Gartenboden keine eigene Düngung. Der Rispen-Sauerampfer (*Rumex thyrsiflorus*) hat den höchsten Nährstoffbedarf (vergleichbar mit Spinat). Bei den Arten, die mehrmals geerntet werden können, fördert eine Gabe verdünnter Pflanzenjauche und ein Lockern der Beete den Neuaustrieb. Wer auch später im Jahr frische Blätter ernten will, muss die Pflanzen drei- bis viermal im Jahr zurückschneiden/beernten. Durch ein Ausbrechen der Blütentriebe wird der Blatt-Ertrag gefördert (nur beim Schild-Ampfer zahlt sich dies nicht aus). Die Pflanzen alle 4 Jahre teilen und versetzen.

Der Römische Schildampfer kann das ganze Jahr über geerntet werden.

Der Rispen-Sauerampfer bringt reiche Ernte, wenn er gut gedüngt wird.

Der Schild-Ampfer schmeckt fein säuerlich, hat kleine pfeilförmige Blätter und kann von April bis November geerntet werden. Die Blätter sind auch nach der Blüte saftig und säuerlich und können als Salatbeigabe oder für eine Cremesuppe genutzt werden. Beim Kochen wird der Geschmack milder. Der Gemüse-Ampfer oder Ewige Spinat (*Rumex patientia*) ist die ertragreichste Ampfer-Art und bildet große Blätter, die nicht säuerlich schmecken und nur im Frühjahr geerntet werden können. Bei mildem Klima ist auch im Winter eine Ernte möglich. Gemüse-Ampfer wird bis zu 1,5 m hoch und blüht von Juli bis August. Die jungen Blätter eignen sich roh für Salate, etwas älter auch als Spinatgemüse. Der Garten-Sauerampfer (*Rumex rugosus*) ist die Kulturform des Sauerampfers, er schmeckt säuerlich, wird bis zu einem Meter hoch, blüht von Mai bis Juni und bevorzugt nährstoffreiche Böden.

Gebleichte oder ungebleichte Triebe

Spargel (*Asparagus officinalis*) ist unkompliziert anzubauen, wenn er als Grünspargel kultiviert wird. Er braucht zwei Dinge: ein warmes, sonniges Plätzchen und zu Beginn etwas Geduld – die Pflanzen können ab dem dritten Jahr nach dem Pflanzen und dann bis zu 15 Jahre lang geerntet werden. Pro Pflanze und Jahr kann man ca. ½ kg Spargel ernten, bei Pflanzen im 5. bis 7. Standjahr auch mehr. Die Pflanzen sind ertragreich, wenn sie jährlich gut mit Kompost versorgt werden: Spargel ist ein Starkzehrer. Da die Wurzeln über die Jahre tief in die Erde wachsen (3–5 m), sind Lagen mit einem hohen Grundwasserstand für den Spargelanbau nicht geeignet. Spargel wird ab Mitte April gesetzt. Vor dem Setzen das Beet gut lockern und reichlich mit Kompost oder angerottetem Mist versorgen (pro Laufmeter ca. 5 Liter). Werden mehrere Reihen gepflanzt, Reihenabstand von mindestens 150 cm. Setzen von Grünspargel: Einen Graben von 10 cm Tiefe und 30 cm Breite ausheben. Der Graben verläuft am besten von Norden nach Süden (damit die sonnenhungrigen Pflänzchen von allen Seiten gut Licht bekommen). Die Pflanzen flach mit einem Abstand von 25–30 cm hineinsetzen. Die Wurzeln dabei locker ausbreiten, ca. 15 cm hoch mit Erde bedecken. Gut wässern. Spätfrostlagen für den Anbau meiden oder bei Gefahr von Spätfrösten die Stöcke ca. 10 cm anhäufeln und mit einem Vlies schützen. Um die Vermehrung des Spargelhähnchens zu vermeiden, das Kraut nach dem Vergilben (Oktober) entsorgen oder verbrennen.

Eine Vermehrung über Samen ist bei älteren Sorten möglich und empfehlenswert. In Schalen aussäen (Saattiefe 2–3 cm, Keimdauer 4–6 Wochen). Wenn sie 5–7 cm groß sind, pikieren und Ende April/Anfang Mai auspflanzen (Reihenabstand 30 cm, in der Reihe 10 cm). Im kommenden Frühjahr roden und auf den endgültigen Standort verpflanzen. Die Samen können auch direkt gesät werden und im nächsten Jahr – nach etwas Einkürzen der Wurzeln – an den endgültigen Standort gesetzt werden.

Rhabarber (*Rheum rhabarbarum*) hat in vielen Hausgärten bereits seit Jahren sein festes Plätzchen. Die Pflanzen wachsen meist auf einem Beet am Rand des Gartens, die Blattstiele werden im Frühjahr geerntet. Rhabarber benötigt einen nährstoffreichen Standort mit hoher Luftfeuchtigkeit. Bei der Bodenart ist Rhabarber nicht so wählerisch. Im Gewächshaus kann Rhabarber auch als Treibgemüse angebaut werden, im Freiland kann er mit einer Folie verfrüht werden. Die Pflanzen benötigen viel Platz: mindestens 1 m^2, starkwüchsige Sorten bis zu 4 m^2. Die einzelnen Sorten sind unterschiedlich frostfest. Eine bewährte und auch geschmacklich gute Sorte ist die Sorte ‚Holsteiner Blut'. Die Stängel werden nicht abgeschnitten, sondern vom Stock gelöst (einfach ausgebrochen). Als schnellwüchsige und große Blatt- und Triebmassen erzeugende Kulturart ist Rhabarber ein Starkzehrer. Er braucht

Aus Rhabarber lassen sich nicht nur Obstkuchen, sondern auch erfrischende Säfte bereiten.

reichlich Nährstoffe, im Frühling oder Sommer daher mit reifem Kompost versorgen. Vollsonnige Plätzchen mit wenig Luftfeuchtigkeit mag Rhabarber nicht, in trockenen Regionen gedeiht er besser im Halbschatten. In vielen Gärten können die ersten Stängel im April geerntet werden, wenn sie mit einer Folie verfrüht werden bereits Ende März.

Pro Woche können dann 3–4 Stängel geerntet werden. Rhabarber enthält Oxalsäure. Der Gehalt steigt im Laufe des Sommers an, sodass es sich eingebürgert hat, nach Johanni (24. Juni) keinen Rhabarber mehr zu ernten. So kann die Pflanze auch wieder Kräfte sammeln für das nächste Jahr. Im August ziehen die Pflanzen ein und überwintern mit unterirdischen Knospen. Rhabarber lässt sich auch zu feinen erfrischend-säuerlichen Sirupen verarbeiten.

Erfahrungen von Arche Noah-GärtnerInnen

Rhabarber-Ertrag

„Im Gemüsebeet stehen am Weg zum kleineren Beet Rhabarberstöcke, die sicherlich 20 kg Ertrag bringen. Ich verwende Rhabarber für Kuchen, Kompott und Marmelade bzw. tausche ihn ein."

Uta Hill, Hausgärtnerin, Bayrisch-Schwaben

Meerkohlpflanzen lassen sich im Frühjahr unter großen Blumentöpfen bleichen.

Meerkohl (*Crambe maritima*) ist eines der ersten Frühlingsgemüse aus dem Garten. Ähnlich wie bei Spargel werden die gebleichten zarten Triebe gegessen. Im April die Wurzelstecklinge oder Jungpflanzen mit 50 x 50 cm Abstand auspflanzen.

Über Wurzelstecklinge vermehrte Pflanzen können ab dem 2. Jahr und danach 8–10 Jahre lang geerntet werden. Meerkohl ist nur weitschichtig mit den *Brassica*-Kohlen verwandt und hat große graugrüne gewellte Blätter. Gegessen werden die gebleichten Triebe und Blattstängel, wenn sie rund 15–30 cm lang sind (an der Basis abschneiden). Die Triebe sofort verwenden – sie lassen sich nicht lagern. Gebleicht wird Meerkohl am besten mit Hilfe großer tönerne Bleichglocken (Sea cale pots) oder mit dunklen Eimern, die im Frühling vor dem Austrieb über die Pflanzen gestülpt werden. Nach 3–4 Wochen kann das erste Mal geerntet werden, nach der gleichen Zeit ein weiteres Mal. Dann die Pflanzen im Licht weiterwachsen lassen. So genutzt liefert Meerkohl ein delikates Frühgemüse, das ähnlich wie Spargel zubereitet wird. An den Küsten-Standorten der Wildpflanzen werden die Triebe durch den Flugsand, der über den Winter angeweht wird, gebleicht.

Mehrjährige Gewürzgemüse

Ein besonders feines Blattgrün liefert der **Gewürzfenchel** (*Foeniculum vulgare*). Die Pflanzen werden 3–4 Jahre alt. Da sie eine tiefe Pfahlwurzel ausbilden, lassen sie sich nicht leicht verpflanzen. Der Gewürzfenchel treibt im Frühling bald los, die feinen Triebe knabbert man am besten frisch oder streut sie fein gehackt über bereits angerichtete Gemüse-Cremesuppen oder Eintöpfe. Die blühenden Pflanzen ziehen viele Insekten – darunter viele Nützlinge – an. Die Samen können geerntet werden, sobald sie braun sind. Dann trocknen und als verdauungsförderndes aromatisches Gewürz knabbern oder als Tee aufgießen.

Die **Winterzwiebel** (*Allium fistulosum*) ist auch unter diesen Namen bekannt: Winterzwiebel, Lauchzwiebel, Bundzwiebel und Stängelzwiebel. Sie wird in zwei Nutzungsformen kultiviert: In Europa verbreitet ist die Nutzung von ausdauernden, Horste bildenden Pflanzen, die im Hausgarten über viele Jahre am selben Ort bleiben. In China und Japan werden die Pflanzen einjährig kultiviert; genutzt werden die ganz jungen Pflanzen (Blattnutzung), später die kleinen „Zwiebeln" und die möglichst langen, weißen, oft gebleichten Schäfte. Für die mehrjährige Nutzung im Pflanzabstand von 30 x 30 cm setzen. Die Winterzwiebel wird wie Schnittlauch geerntet und treibt nach dem Schnitt wieder kräftig durch. Verwandte und ähnlich zu kultivierende – allerdings weniger ertragreiche Zwiebelarten – sind die schön-skurrile Etagenzwiebel (*Allium x proliferum*) und der niedrig wachsende Eschlauch, dessen Schlotten ebenso hauptsächlich im Frühling gegessen werden.

Die Winterzwiebel wird wie Schnittlauch geerntet.

Der Gewürzfenchel wird 3–4 Jahre alt.

Die Blätter von Salaten müssen gut wassergesättigt sein, wenn sie geerntet werden.

Gemüse richtig ernten

Wer im eigenen Garten Gemüse anbauen und ernten kann, hat kurze Transportwege, und meist wird genau das Gemüse geerntet, das direkt im Kochtopf – oder in der Salatschüssel – landet. Doch wenn der Garten nicht direkt am Haus ist – wie etwa in einer Kleingartenanlage oder bei einer Selbsternteparzelle –, ist der sorgfältige Umgang mit dem Gemüse und die Frage, wie es richtig gelagert werden kann, sehr entscheidend, um sich zum Beispiel über eine Woche mit dem frisch geernteten Gemüse versorgen zu können. Der erste Schritt ist immer zu erkennen, wann welches Gemüse reif ist, und zu wissen, wie lang man eine Kulturart im Beet stehen lassen kann, bevor sie an Qualität verliert.

Der richtige Erntezeitpunkt (im Tagesverlauf) für frisches Gemüse

Die meisten Gemüse – mit Ausnahme der Lagergemüse – werden am besten in der Früh geerntet. Hier sind erstens die Temperaturen noch niedriger, und die Pflanzen konnten in der Kühle und Finsternis der Nacht Wasser aufnehmen und sind somit gut wassergesättigt. Dies gilt umso mehr, je heißer die Tage werden. Im Frühling kann durchaus später geerntet werden, ebenso an kühleren oder regnerischen Sommertagen. Salate und andere Blattgemüse müssen am Tag/am Abend vor der Ernte noch einmal gut bewässert werden.

Der richtige Erntezeitpunkt (im Jahresverlauf) für Lagergemüse

Lagerkarotten und anderes Winterwurzelgemüse werden im Spätherbst ausgegraben. Hier kann man sich durchaus etwas in Geduld üben, anders als Kartoffeln oder gar Kürbisse sind Wurzelgemüse nicht so heikel, die ersten Frühfröste können ihnen nichts anhaben. Es ist sogar gut, wenn man sie erst später erntet (im November), da die Wurzeln dann schon gut abgekühlt ins Winterlager (→ siehe Seite 265) kommen.

Das wichtigste Kriterium für alle Lagergemüse – Zwiebeln, Knoblauch, Kartoffeln, Winterkürbisse – ist, dass der Boden und damit auch das Gemüse gut trocken sind, bevor man erntet. Lagergemüse muss bei der Ernte besonders schonend behandelt werden. Diese Lagergemüse dürfen vor dem Einlagern keinesfalls gewaschen werden, sie kommen mit der anhaftenden (aber gut abgetrockneten) Erde ins Lager.

Wichtig ist fürs Einlagern eine gute Größensortierung: Nur große Karotten können gut eingelagert werden. Kleinere werden auf die Seite gegeben und eher zügig verbraucht. Da bei ihnen das Verhältnis zwischen Volumen und Oberfläche nicht so günstig ist wie bei den größeren, verschrumpeln sie im Lager rasch. Das zweite Auswahlkriterium ist die Unversehrtheit: Nur gesunde und unbeschädigte Karotten kommen ins Winterquartier.

Erntefenster bei Gemüse

Woran erkenne ich, ob ein Gemüse reif ist? Dies ist für wirklich geschmackvolles Gemüse entscheidend. Die meisten Gemüse, die unreif geerntet werden, schmecken nicht nur nicht so, wie sie schmecken könnten, sondern sind auch nicht gut haltbar. Überreife Früchte hingegen werden häufig bitter (wie Salat) oder fädig (wie Bohnen) oder verlieren an Geschmack. So haben überreife Tomaten kein ausgewogenes Frucht-Säure-Verhältnis und schmecken langweilig. Überreife Früchte platzen außerdem leicht auf und können nicht mehr gut transportiert werden.

Wie ernten?

Bei allen Gemüsen ist es entscheidend, dass mit dem Erntegut vorsichtig hantiert wird. Das mag aufs Erste selbstverständlich scheinen. Als ich im Sommer den Koch eines Klosters bei der Salaternte im Klostergarten beobachtete, wurde mir wieder klar, dass das offenbar nicht für alle der Fall ist: Er schnitt die Salatköpfe ab und schichtete sie im Beet zu einem großen Haufen auf. Nicht nur, dass so die unteren Köpfe von den oberen beschwert und gedrückt wurden, auf den unteren Köpfen landete auch die Erde der oberen. Auf diese Art vervielfacht sich die Arbeit, da man dann den Salat viel länger waschen muss, als wenn man ihn sorgfältig noch am Beet von erdigen Blättern befreit hätte. Daher: Gemüse möglichst am Beet von erdigen Blättern befreien (diese können zum Beispiel auch an die Hühner verfüttert werden) und sofort in bereitgestellte Kisten verkehrt hineinlegen. Und zwar einlagig.

Je zügiger und vorsichtiger Gemüse geerntet und in Kisten oder Körbe gelegt wird, umso besser. Jede Verletzung der Frucht (zum Beispiel bei Kürbissen durch

Ende März: Die Karotten aus dem Lager werden erst vor dem Verarbeiten gewaschen.

Die Stangenbohnen-Sorte ‚Blauhilde' wird auch nicht fädig, wenn die Samen schon sehr groß sind.

Tomaten nur einlagig in saubere Kisten legen (hier im Oktober zur Nachreife geerntet).

Vor allem Blattgemüse muss zügig geerntet und gleich in den Schatten und ins Kühle gebracht werden.

Fingernägel) oder Quetschungen des Fruchtgemüses (wenn die Früchte in Kisten geworfen werden) verringert die Haltbarkeit und verursacht faulige Stellen, die dann in der Küche ausgeschnitten werden müssen.

Die Kisten, in die man das Gemüse erntet, stehen am besten auf einem schattigen Plätzchen neben dem Beet. Nach der Ernte kommt das geerntete Gemüse sofort aus der Sonne, am besten ins Haus oder in eine Scheune, oder zumindest in den Schatten. An heißen Tagen kann man es zusätzlich mit feuchten Tüchern kühlen.

Was sonst noch wichtig ist:

- Körbe, Kisten oder Kübel, in die geerntet wird, müssen sauber und trocken sein.
- Alle Kisten sollen nicht überladen werden.
- Tomaten nur einlagig, maximal zweilagig in Kisten legen (nur kleinfruchtige Cocktailtomaten sind weniger heikel).
- Früchte und Kräuter nur mit scharfen Messern oder Gartenscheren schneiden. So kann man nicht nur schneller ernten, sondern verletzt die Pflanze nicht (besonders wichtig bei Tomaten, Brokkoli, Bohnen, Gurken, Aubergine oder Zucchini) und diese kann zügig weiterwachsen. Auch Fenchel kann, wenn er nicht zu tief geschnitten wird, noch einmal austreiben und bildet viele kleinere, aber feine Knollen für eine zweite Ernte.

Was ist nach der Ernte zu tun?

Wie bereits oben beschrieben, müssen Gemüse nach der Ernte zügig in den Schatten kommen, um herunterkühlen zu können. Da die geschnittenen Früchte und Blätter nicht mehr mit Wasser durch die Pflanze versorgt werden, muss jeder Wasserverlust vermieden werden. Bei Salaten und anderem Blattgemüse ist dies besonders wichtig. Blattgemüse kann, wenn es nicht gleich verarbeitet wird, am besten in feuchte Tücher eingeschlagen werden. Nur Basilikum soll trocken bleiben, da die Blätter sonst rasch braun werden.

Nicht alle Gemüse dürfen zu weit heruntergekühlt werden: So gehören Tomaten, Melonen, Aubergine, Paprika, Zucchini und Gurken nicht in den Kühlschrank, sie sollten nicht unter 10 °C gelagert werden.

Bei Radieschen, Karotten, Roten Rüben und anderem Wurzelgemüse entfernt man die grünen Blätter, damit diese das in den Wurzeln und Knollen gespeicherte Wasser nicht weiter verdunsten können und ihre Frische einbüßen.

Kurzfristige Lagerung

Für die Lagerung sind die richtigen Bedingungen entscheidend. Dabei geht es in erster Linie um Temperatur und Luftfeuchtigkeit: Eine möglichst hohe Luftfeuchtigkeit ist entscheidend für eine gute Haltbarkeit. Blattgemüse kann man einfach mit etwas Wasser besprenkeln oder kurz in Wasser eintauchen, schleudern und dann in einem geschlossenen Behälter im Kühlschrank aufbewahren. Hingegen sind beispielsweise Beeren besonders empfindlich auf hohe Luftfeuchtigkeit. Sie müssen unbedingt trocken eingelagert werden und dürfen erst unmittelbar vor der Verarbeitung gewaschen werden.

Langfristige Lagerung (über den Winter)

(→ siehe Die eigene Ernte lagern, Seite 256)

Tomaten sollten nicht unter 10 °C gelagert werden, ebenso Gurken, Zucchini, Melonen und Auberginen.

Der Apfel ist in unseren Breiten die Grundlage der Selbstversorgung mit Obst.

Obst anbauen

Wird ein Garten wirklich als Obst-Selbstversorger-Garten angelegt, braucht es gute Planung und gute Pflanzen. Die historische Gartenliteratur aus den 1930er Jahren meint zu möglichen Erträgen: „Die Schrebergärtner Wiens zeigen, dass man mit 300 bis 400 Quadratmeter Gartengrund 600 bis 1000 kg Obst ernten kann"[2]. Auch wenn man etwa 20 % abzieht – die man bei biologischem Anbau durchschnittlich weniger ernten kann –, ist diese Menge doch beträchtlich.

Mit einer geschickten Zusammenstellung verschiedener Arten gibt es ab April bis weit in den Spätherbst hinein frisches Obst aus dem Garten: Im April beginnend mit der Rhabarberernte, über Maibeere im Mai, die ersten Erdbeeren oder Kirschen im Juni, dann folgen schon Himbeeren, die ersten Johannisbeeren, ab Juli Aprikosen/Marillen und frühe Pfirsiche, ab Ende Juli sind die ersten Frühsorten der Äpfel reif, ebenso die ersten Birnen und Pflaumen. Im Herbst gibt es dann in guten Jahren jede Menge Äpfel zu ernten. Wer ausreichend Lagermöglichkeiten hat, kann sie bis Juni lagern, bis April halten einige lagerfähige Birnensorten. So kann ein Garten zum reich tragenden Obstgarten werden. Anfangs braucht es gute Planung, Arbeit und etwas Geduld. Doch wer seinen Garten erstmals in einen fruchtreichen Garten verwandelt hat, kann sich daran lange erfreuen und wird reichlich Obst für seinen Speiseplan zur Verfügung haben. Im eigenen Garten lässt sich nicht nur eine Fülle an Apfel- und Birnensorten ziehen, die man im Supermarkt niemals bekommen würde, auch viele andere Obstsorten – die auf den Märkten gar nicht oder nur sehr hochpreisig zu erhalten sind – lassen sich dann einfach ernten.

Das in diesem Buch vorgestellte Obstspektrum lässt sich noch mit vielen weiteren Arten erweitern. Dazu bieten sich Wildobstarten an, von denen es auch einige züchterisch bearbeitete Sorten gibt. Allen, die sich dafür interessieren, sei das Buch des Permakultur-Obst-Experten Siegfried Tatschl empfohlen („555 Obstsorten für den Permakulturgarten und -balkon").

2 Hubert Pirquet, Baumschule Hirschstetten (1937)

Planung eines Obstgehölz-Gartens

Gegenüber (den meisten) Gemüsen hat Obst den großen Vorteil, dass es nur einmal gepflanzt werden muss. Dementsprechend wichtig ist die richtige Planung – die Auswahl des passenden Standortes für die jeweilige Obstart und die Vorbereitung der Pflanzfläche.

Wer einen Garten zur Selbstversorgung nutzen will, ist gut beraten, möglichst viele und möglichst unterschiedliche Obstarten zu pflanzen. In kleinen Gärten kann das durchaus eine Herausforderung sein. Wen einmal die Obstlust gepackt hat, der stößt dann rasch an die Grenzen des Gartens, denn die Vielfalt an Obst- und Wildobstarten ist beinahe unüberblickbar. Noch ganz zu schweigen von der Sortenvielfalt, die einige Kulturarten zu bieten haben. Für jeden Standort gibt es Sorten und Arten, die mehr oder weniger gut passen. Das hängt nicht nur vom regionalen Klima, sondern auch von der Bodenbeschaffenheit, der Größe des Gartens oder davon ab, ob der Garten in der Ebene liegt oder sich über einen Hang erstreckt; in trockenen Regionen entscheidet oft auch die Möglichkeit, die Pflanzen zu bewässern. Mit geschickter Planung lassen sich meist auf allen Flächen geschütztere Plätze finden, an denen Bäume zum Beispiel noch als Spalierbaum gut gedeihen können.

Bevor man einen neuen Obstgarten anlegt, zahlt es sich aus, die Wachstumsbedingungen der einzelnen Arten genau zu studieren und zu überprüfen, was unter den Bedingungen des eigenen Gartens wirklich auch gut wachsen kann. Wer bereits Obstgärtnerinnen und -gärtner in der Nähe hat, fragt sie am besten nach ihren Erfahrungen. Nichts ist so wertvoll wie Empfehlungen, die unmittelbar aus dem Ort oder der näheren Umgebung stammen. Bei Äpfeln, Birnen, Aprikosen/Marillen und Zwetschgen gibt es auch die Möglichkeit, schwach wachsende Bäume zu setzen. Sie tragen bereits nach zwei bis drei Jahren.

Für Gärten in Höhenlagen empfiehlt es sich besonders, Obstbäume an geschützte Stellen zu pflanzen, sie als Spalier zu ziehen und frühreifende Sorten zu wählen. Hier sind Erfahrungen aus der Region besonders wertvoll. Vielerorts gibt es ja gut organisierte Obstbauvereine, die zu Rate gezogen werden können.

Vor allem für Kinder ist ein artenreicher Obstgarten ein wunderbarer Naschgarten.

Frische Kirschen: der Inbegriff des Frühsommers.

Erdbeeren bedürfen etwas Pflege und ausreichender Düngung, dann sind sie aber ertragreich.

Johannisbeeren tragen auch in Höhenlagen verlässlich.

Viele Obstarten werden am besten frisch gegessen. Hier Stachelbeeren.

Obst für den eigenen Standort auswählen

Bevor die Planung des Obstgartens beginnen kann, sind mehrere Fragen zu klären:

- Welchen Standort habe ich und welche Obstarten gedeihen an meinem Standort? (→ siehe unten und Seite 380ff.)
- Welche Obstarten möchte ich nutzen? (→ siehe Seite 396ff.)
- Wie sind meine Lagermöglichkeiten für Obst? (→ siehe Seite 260)
- Bei einem gemieteten Garten/Selbsterntefeld: Wie viele Jahre kann ich den Garten nutzen? (→ siehe Seite 388)
- Welche Anbaumöglichkeiten habe ich in meinem Garten und welche muss ich neu errichten? (→ siehe Seite 384)
- Mit welchen Baumformen kann ich meinen verfügbaren Platz ausnutzen? (→ siehe Seite 385)
- Wie viele Bäume bzw. Sträucher brauche ich, um meinen Bedarf zu decken? (→ siehe Seite 382)

Welche Obstarten gedeihen in meinem Garten?

Alle Obstarten stellen spezielle Ansprüche an ihren Standort, um optimal zu gedeihen. Vor der Planung eines Obstgartens sollte man sich daher vergegenwärtigen, wie die Beschaffenheit des eigenen Bodens und wie das Klima ist. Speziell auf Hanggrundstücken gibt es meist Bereiche, die trockener sind, und andere, die feuchter sind. Genauso kann es Stellen am Grundstück geben, die zugig sind, und damit kälter, und Stellen die windgeschützt sind. Eine grobe Skizze des Grundstückes, in dem die unterschiedlichen Standortbedingungen eingezeichnet sind, hilft, die verschiedenen Obstarten an die richtigen Stellen zu pflanzen.

Wasser

Der Wassergehalt im Boden ist ein weiterer wichtiger Faktor für das Pflanzenwachstum. Er hängt von Bodenart, Niederschlagsmenge und vom Grundwasserstand ab. Alle Pflanzen lieben eine gleichmäßige Wasserversorgung. Die Toleranz der Obstgehölze gegenüber einem Zuviel oder Zuwenig an Wasser ist jedoch unterschiedlich. Kirsche, Aprikose, Birne und Mandel leiden unter einem Zuviel an Wasser, vertragen Trockenheit aber gut. Hingegen gedeihen Apfel und Zwetschge auf feuchteren Böden sehr gut. Beerensträucher und Kiwis sind im Allgemeinen anspruchsvoll und lieben gleichmäßige Bodenfeuchte. In kalkreichen Regionen sollte zum Gießen nur Regenwasser verwendet werden.

trocken		mittel		feucht
Weintrauben				
Felsenbirne				Pflaumen (optimal)
	Kirsche		Beerenobst	
	Aprikose		Apfel	
	Pfirsich	Birnen		
		Pflaumen (möglich)		

Tabelle: Überblick über die optimale Bodenfeuchte für die einzelnen Obstarten

Klima

Viele Obstgehölze können von sehr warmen Lagen bis auf über 1.000 Meter Seehöhe kultiviert werden. Die Anpassung an das unterschiedliche Klima erfolgt vor allem über die Sortenvielfalt. Beim Apfel etwa existieren Sorten, die nur im Weinbauklima ausreifen. Auf der anderen Seite werden andere Sorten in rauen Lagen geschmacklich weit besser.

Verfügbarkeit von frischen Früchten im Jahresverlauf

	Mai	Juni	Juli	Aug.	Sep.	Okt.	Nov.	Dez.	Jan.	Feb.	Mär.	Apr.
Apfel												
Walnuss												
Süßkirsche												
Kamtschatka Heckenkirsche /Maibeere ®												
Erdbeere												
Sauerkirsche (Weichsel)												
Monatserdbeere												
Himbeere												
Johannisbeere												
Feige												
Stachelbeere												
Maulbeere												
Marille												
Kulturheidelbeere												
Brombeere												
Jostabeere												
Birne												
Pfirsich, Nektarine												
Pflaume												
Apfelbeere												
Kornelkirsche												
Weintraube												
Quitte												
Edelkastanie (Maroni)												
Mispel												

Tabelle: Übersicht über die Verfügbarkeit von frischen Früchten im Jahresverlauf in warmen Klimata, Quelle: eigene Zusammenstellung

Das Klima ist zudem kleinräumig sehr variabel. An einem Wandspalier gedeihen selbst auf über 1.000 Meter Seehöhe noch feinste Winterbirnen, die im Freistand nicht ausreifen würden. Ein Innenhof in rauen Lagen ist meist ausreichend, um die empfindlichen Blüten eines Aprikosenbaumes gegen Spätfröste zu schützen. In kühlen und kalten Gegenden muss daher viel Augenmerk darauf gelegt werden, wo die geschütztesten Plätze am Grundstück sind.

Niederschlag

Viel Niederschlag oder eine hohe Luftfeuchtigkeit durch Nebel fördert Pilzkrankheiten besonders. Beim Kernobst tritt hier Schorf sehr stark auf, bei Steinobst Monilia und andere Krankheiten. Die einzelnen Obstsorten sind unterschiedlich anfällig für diese Krankheiten, durch geschickte Sortenwahl können daher Probleme auf ein erträgliches Maß verringert werden.

Licht und Schatten

Abgesehen von Beerensträuchern, Kornelkirsche, Mispel und Haselnuss, die auch im Halbschatten gedeihen, sind Obstgehölze lichthungrig und die Fruchtqualität sinkt mit einem Mangel an Sonne rapide.

Wärme

Jede Obstart und Obstsorte braucht zum Ausreifen eine bestimmte Gesamtmenge an Wärme. Wichtig

Die meisten Quitten sind selbstfruchtbar. Sie sind kaum spätfrostgefährdet und bringen hohe Erträge.

Für viele sind blühende Obstbäume der Inbegriff des neuen Erwachens der Natur im Frühling (hier Birnenblüte).

ist weniger, wie heiß es an den heißesten Tagen wird, sondern die aufsummierte Zahl der Wärme pro Tag. Generell brauchen Obstarten und -sorten, die spät im Jahr reifen, eine höhere Wärmesumme, früh reifende Sorten kommen mit weniger Wärme aus. Eine Ausnahme bilden besonders wärmebedürftige Arten wie Aprikose oder Pfirsich.

In warmen Lagen kann Hitze für Pflanzen zum Problem werden. In heißen Lagen „zerkochen" Sommeräpfel beinahe am Baum und werden rasch mehlig. Johannisbeeren und Stachelbeeren gedeihen in solchen Lagen besser im Halbschatten anderer Gehölze.

Wintertemperaturen

Wintertemperaturen von -20 °C und darunter werden von den meisten Obstarten problemlos vertragen. Empfindlich gegen Winterkälte sind Aprikose, Mandel, Pfirsich, Feige, Quitte, Edelkastanie, Feige und Weinreben. Außerhalb des Weinbaugebiets erfrieren diese Pflanzen, ohne Winterschutz, regelmäßig im Winter. Winterfröste unter -20 °C verursachen bei Kirschen Schäden an Stamm und Trieben. Daher sind dem Anbau von Kirschen in Höhenlagen Grenzen gesetzt. Sauerkirschen sind etwas frosthärter.

Problematischer sind starke Temperaturschwankungen im Spätwinter, wenn etwa tagsüber die Sonne die Stämme aufheizt und es nachts wieder zu starkem Frost kommt. Dadurch entstehen Spannungen im Holz, die zum Aufreißen der Rinde führen. Diese Risse sind Eintrittspforten für Schaderreger, die Gummifluss, Wucherungen und das Absterben der Bäume nach sich ziehen können.

Mit einem **Kalkanstrich** (→ siehe Foto Seite 404) im Herbst kann der Stamm vor diesen Frostrissen geschützt werden. Die helle Farbe reflektiert die Sonne und verhindert so eine zu starke Erwärmung. Auch das Abdecken des Stammes mit Jute hilft gegen Frostrisse. Auf keinen Fall sollten geschlossene Plastikröhren oder gar Plastiksäcke verwendet werden. Sie bilden ein Treibhausklima, das zu einer verringerten Frostfestigkeit führt.

Kalkanstriche schützen den Stamm auch im Sommer, diesmal vor zu starker Erhitzung und den damit verbundenen Rindenschäden. Ein Problem, das durch den Temperaturanstieg vor allem bei jungen Bäumen zunimmt. Ältere Bäume, die schon eine schuppige Rinde gebildet haben, sind vor derartigen Schäden ausreichend geschützt.

Varianten von Kalkanstrich

Ein selbstgemachter Baumanstrich kann aus einem Gewichtsanteil Löschkalk und einem Gewichtsanteil Tonmehl hergestellt werden. Kalk und Ton werden mit Wasser zu einem sämigen Brei angerührt. Die Beigabe von Tapetenkleister, Topfen oder Kuhfladen oder ein Voranstrich mit Silikatgrund zur besseren Haltbarkeit ist empfehlenswert. Dieser Anstrich ist günstig, aber leicht abwaschbar (muss jährlich oder halbjährlich neu aufgebracht werden). Die beste Haltbarkeit am Stamm bieten fertige Produkte.

Generell können Weißanstriche nur bei trockenem und frostfreiem Wetter aufgebracht werden. Schilfrohrmatten hingegen können auch in der kritischen Zeit (Januar bis März) montiert werden.

Spätfröste

Spätfröste treten im Frühjahr auf, wenn es spät im Frühling noch einmal, meist in der Nacht, friert.

Berühmt für sehr späte Frostnächte ist die Zeit um die drei Eisheiligen Mitte Mai, aber auch schon früher (in manchen Jahren auch später) können sie Probleme bereiten. Gefährdet sind besonders Tal- und Muldenlagen, da die kalte Luft immer zum tiefsten Punkt absinkt. Dort bilden sich Kaltluftseen, in denen Frost auftritt, während auf den Hängen darüber die Temperatur höher ist. In Mulden sollten früh blühende Arten wie Aprikose, Pfirsich und Zwetschge, aber auch das Beerenobst und Nussbäume daher auf die Hänge gepflanzt werden. Geht das nicht, sollten zumindest Hochstämme verwendet werden. Bei diesen Bäumen beginnt die Krone erst in etwa 160 cm Höhe – ein Teil der Krone ragt dann vielleicht schon aus dem Kaltluftsee heraus.

Spätfröste schädigen meist nicht die Bäume, zerstören aber die Blüte. Vor allem bei Aprikosenbäumen bringt das regelmäßig Ertragsausfälle. Hier hilft auch eine Pflanzung an einer Südwand nicht, ganz im Gegenteil. Durch die Wärmeabstrahlung blüht der Baum noch früher, zu einer Zeit, in der Nachtfröste auf der Tagesordnung stehen. In kühleren Lagen sollten die Aprikosen daher lieber an die Ost- oder sogar an die Nordwand gepflanzt werden. Dort treiben sie später aus und fruchten zuverlässig bei ausreichender Qualität. Wo die wärmsten Stellen am Grundstück sind, lässt sich bei Spätfrösten ganz gut beobachten. Dort, wo kein Reif am Morgen zu sehen ist, ist der beste Platz für die Frühblüher.

Das Kleinklima verbessern

Während das Großklima einer Region nicht beeinflussbar ist, kann das Kleinklima auf dem eigenen Grundstück mit vielerlei Maßnahmen verändert werden. Eine dichte Hecke auf der Nordostseite windexponierter Grundstücke bremst den Wind, der einen stark abkühlenden Effekt hat. Die Wärmespeicherwirkung von ungedämmten Südwänden kann genutzt werden, um wärmeliebende Winterbirnen, Weintrauben oder Kiwi an Spalieren zu pflanzen. Dachtraufen können hier zudem einen Schutz vor übermäßigem Niederschlag bieten. Umgekehrt müssen Bauwerke und Hecken an Stellen gemieden werden, an denen die Kaltluft abzieht, sie könnten den Garten sonst in ein Frostloch verwandeln. Auch Steine und Wasser haben einen regulierenden Effekt und können die Temperatur kleinräumig regulieren.

Standortansprüche der Obstarten

Die Tabelle (→ siehe Seite 380-382) gibt einen Überblick über die Ansprüche an den Boden und das Klima der wichtigsten Obstarten. Zu beachten ist, dass vor allem beim Baumobst auch die einzelnen Sorten spezielle Standortansprüche haben können. Das führt dazu, dass einzelne Sorten auch auf „schlechteren" Standorten noch gedeihen.

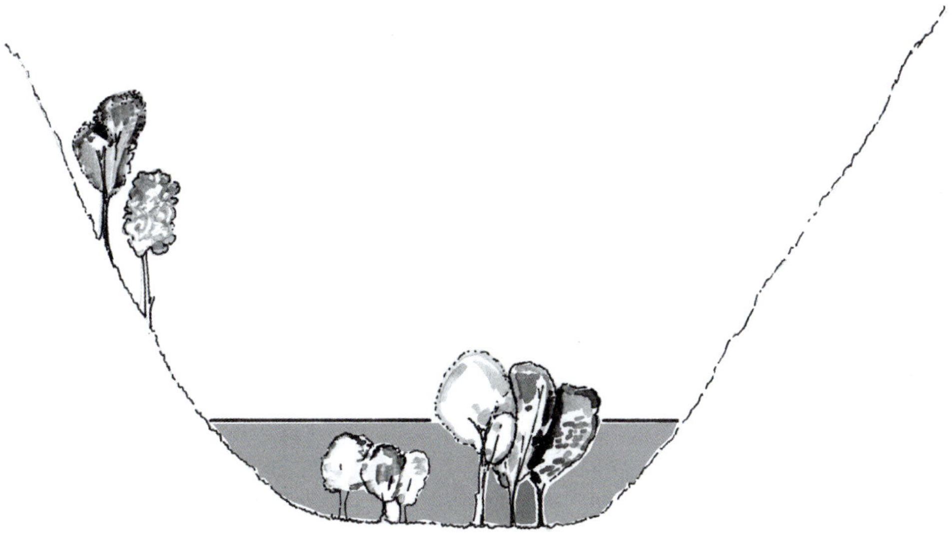

Kaltluftseen bilden sich in Beckenlage und können noch spät im Frühjahr zu Frost führen.

Ansprüche der wichtigsten Obstarten auf einen Blick

Name	Wärme	Niederschlag	Boden	Frosthärte
Apfel	grundsätzlich geringe Wärmeansprüche; je nach Sorte in wärmeren, kühlgemäßigten oder auch rauen Regionen	ideal zirka 800 mm Niederschlag; für trockene Regionen nur wenige Sorten geeignet (außer, die Pflanzen werden bewässert); in feuchteren Regionen auf passende Sorten und guten Wasserabzug achten	feuchte aber nicht nasse, gute, durchlässige Böden	Frosthärte sehr gut, gering anfällig gegen Spätfröste
Apfelbeere (Aronia)	stellt nur geringe Ansprüche an Standort und Klima	gedeiht besonders gut an Standorten mit hoher Luftfeuchtigkeit	feuchte Böden, in trockenen Regionen mulchen und gießen	sehr gut, bis -23 °C
Aprikose (Marille)	Weinbauklima, in kühleren Lagen nur an geschützten Stellen, auf Südhängen bis 1200 m	bevorzugt Regionen mit geringen Niederschlägen	braucht lockere, leicht trockene und nährstoffarme Böden; verträgt nasse oder sehr lehmreiche Böden nicht	mäßig frosthart, sehr spätfrostempfindlich
Berberitze (Sauerdorn)	anspruchslos, wilde Berberitzen wachsen auf Waldlichtungen und Waldrändern	Bevorzugt trockene bis mäßig feuchte Standorte	kalkliebend, sonst sehr anspruchslos, Pioniergehölz	sehr gut
Birne	Wintersorten wärmebedürftig (Weinbauklima), Sommer- und Herbstsorten mit Apfel vergleichbar	grundsätzlich wie Apfel, kommt aber auch mit geringeren Niederschlägen gut zurecht	je edler die Sorte umso anspruchsvoller, liebt tiefgründige Böden, verträgt leichte Trockenheit, meidet Nässe	Winterfrosthärte sehr gut, etwas anfälliger gegen Spätfröste als Apfel
Brombeere	mittlere Wärmeansprüche (Brombeeren wachsen zwar überall, aber die Früchte reifen nicht überall aus)	ertragreicher bei gleichmäßigen Niederschlägen	bevorzugt Böden mit gutem Wasserhaltevermögen, sonst mulchen	raue Standorte mit Dauerfrost vermeiden, manche Sorten geringe Frosthärte, Winterschutz mit Reisig ist vorteilhaft.
Edelkastanie (Maroni)	Weinbauklima und im gemäßigten Klima auf Südhängen	benötigt in trockenen Regionen Bewässerung	schwach saure Böden (mit Sortenausnahmen)	windige Lagen meiden, mäßig frosthart
Erdbeere	geringe Wärmeansprüche, fruchtet in Höhenlagen später	ertragreicher bei gleichmäßigen Niederschlägen	nährstoffreiche, lehmige bis humose Böden, mäßig kalkverträglich	grundsätzlich geringes Frostrisiko (außer Kahlfröste), etwas spätfrostempfindlich
Kupfer-Felsenbirne	geringe Wärmeansprüche		trockene, nicht zu kalkige Böden	gut frosthart
Goji-Beere	geringe Wärmeansprüche		sehr anspruchslos und anpassungsfähig	
Himbeere	geringe Wärmeansprüche	braucht gleichmäßige Feuchte, mit Kompost oder Laub mulchen	humusreiche, lockere Böden, geringe Kalkverträglichkeit	sehr hohe Frosthärte
Haselnuss	für guten Fruchtansatz ausreichende Wärme notwendig		erträgt keine stauende Nässe, sonst geringe Ansprüche an den Boden	spätfrostgefährdet, aber hohe Winterfrosthärte
(Kultur-) Heidelbeere	unterschiedlich je nach Sorte		braucht sauren Boden, ist der im Garten nicht vorhanden, kann auch ohne Torf ein „Moorbeet" angelegt werden	die meisten üblichen Sorten sind bis -25 °C frosthart, Blüte in den ersten Jahren spätfrostgefährdet
Kornelkirsche	Kultursorten wie ‚Colico' reifen nur im Weinbauklima aus, als Wildobst auch im gemäßigten Klima	wächst auch im Halbschatten	liebt humose, kalkhaltige und nicht zu trockene Böden	gute Winterfrosthärte, empfindlich gegen Spätfröste

Name	Wärme	Niederschlag	Boden	Frosthärte
Kirsche	geringe Wärmeansprüche, doch mäßig frosthart	niederschlagsarme, luftige und sonnige Lagen (Südhänge) verringern Aufplatzen der Früchte	erträgt Trockenheit sehr gut, stauende Nässe hingegen gar nicht, kalkverträglich	je nach Sorte mäßige bis mittlere Anfälligkeit für Spätfröste; Winterfrosthärte bis -20 °C (darunter Frostschäden am Holz)
Kiwi	sehr wärmebedürftig	in Trockenlagen Bewässerung	kalkarme, nährstoffreiche und feuchte Böden	geringe Winterfrosthärte (ab -12 °C treten Schäden auf), spätfrostgefährdet
Kleinfrüchtige Kiwi	wärmebedürftig, an geschützten Plätzen bis 800 m	wächst auch im Halbschatten	anspruchsloser als echte Kiwi und kalkverträglicher	frosthart und weniger spätfrostgefährdet
Maulbeere, schwarz	benötigt Weinbauklima		nährstoffreiche, feuchte Böden	geringe Frosthärte
Maulbeere, weiß	anpassungsfähiger als schwarze Maulbeere, bevorzugt aber warme Lagen		bevorzugt kalkhaltige, nicht zu schwere Böden	mäßige Frosthärte
Mandel	nur für Weinbauklima	verträgt hohe Niederschlagsmengen (über 600 mm) schlecht, hier als Spalierbaum	gedeiht auch auf trockenen Böden	mäßig frosthart, sehr spätfrostempfindlich
Mispel (Asperl)	gemäßigtes Klima, in raueren Lagen an sonnenexponierten Stellen (Südwand)	trocken bis mäßig feucht	bevorzugt tiefgründige oder durchlässige Böden mit hohem Kalkgehalt	sehr frosthart, spätblühend und daher nicht blütenfrostgefährdet
Pfirsich, Nektarine	Weinbauklima, Weingartenpfirsich auch in kühleren Lagen aber kurzlebig	geringe Niederschlagsmenge von Vorteil	liebt offene und feuchte Böden (Baum im Gemüsegarten), in Wiese nur, wenn genügend feucht und nicht verdichtet, gering kalkverträglich	mäßig frosthart, spätfrostanfällig (Ausnahme: Weingartenpfirsich)
Kultur-Preiselbeere		braucht gute Wasserversorgung, verträgt auch Halbschatten	wächst nur auf sauren und feuchten Böden (pH-Wert 5–6,5)	extreme Frost- und Spätfrostlagen vermeiden
Schwarzer Holunder	auch noch in raueren Lagen	braucht gute Wasserversorgung, da Flachwurzler	wächst überall, gedeiht auf humosen, nährstoffreichen und tiefgründigen Böden besonders gut	sehr frostfest
Schisandra, Chinesisches Spaltkörbchen	gedeiht auch gut im Halbschatten			winterhart, sehr spätfrostempfindlich im Laub
Stachelbeere	→ siehe Johannisbeere			
Speierling	bevorzugt Weinbauklima, gedeiht auch in mittleren Lagen (Laubwälder)		gedeiht auf kalkigen und kargen Standorten besonders gut	
Quitte	wärmebedürftig: Weinbauklima und geschützte Lagen		geringe Bodenansprüche, verträgt keine hohen Kalkgehalte	mäßige bis mittlere Frosthärte, vor allem Wurzeln sind empfindlich – Winterschutz bei Kahlfrösten
Rote und Schwarze Johannisbeere	bis in raue Lagen	braucht in trockenen Regionen gute Wasserversorgung	humusreiche, leicht bis stark saure Böden	hohe Frosthärte
Walnuss	Weinbauklima und manche Sorten auch in Höhenlagen bis 800 m		geringe Ansprüche an den Boden, Ausnahme: staunasse und tonige Böden meiden	geringe bis mäßige Frosthärte, Sorten unterschiedlich spätfrostgefährdet

Name	Wärme	Niederschlag	Boden	Frosthärte
Sauerkirsche (Weichsel)	weniger wärmebedürftig als Kirsche		geringe Ansprüche an den Boden	
Japanische Weinbeere	Weinbauklima und mittlere Lagen	verträgt Trockenheit, gedeiht aber auch in niederschlagsreicheren Regionen	sehr geringe Ansprüche an den Boden, Ausnahme: nasse und verdichtete Böden sind nicht geeignet, kalkempfindlich	mäßige bis geringe Frosthärte
Weintraube	Weinbauklima, in mittleren Lagen frühreifende Sorten und an geschützten Plätzen	verträgt Trockenheit	geringe Ansprüche, Nässe und Verdichtungen meiden, kalkempfindlich	Blüten und frische Triebe mäßig frosthart, daher spätfrostgefährdet
Zwetschge, Mirabelle, Ringlotte, Kriecherl ...	Wärmebedürfnis gering, außer bei spätreifenden Sorten	bevorzugen ziehende Nässe, vertragen Trockenheit, gedeiht auch in niederschlagsreicheren Regionen	verträgt sogar stauende Nässe noch einigermaßen	frosthart, etwas blütenfrostanfällig

Quelle: eigene Zusammenstellung

Wie viele Bäume bzw. Sträucher brauche ich, um meinen Bedarf zu decken?

Die Frage, wie viel Obst man für die Selbstversorgung tatsächlich braucht, lässt sich letztlich nur individuell entscheiden. Eine Möglichkeit ist, sich bei der Planung an den Empfehlungen der Ernährungswissenschaft zu orientieren (→ siehe Seite 41). Eine andere, einfach mal einige Obstbäume und -sträucher zu pflanzen und dann, wenn möglich, nach ein paar Jahren noch zu ergänzen oder Anteile an einer Solidarischen Landwirtschaft (→ siehe Seite 136), die auch Obst produziert, zu erwerben oder zum Beispiel das Lagerobst oder Apfelsaft von Bäuerinnen und Bauern aus der Region zu beziehen. Der Verbrauch von Obst ist natürlich sehr individuell. Nachfolgend eine Auflistung eines durchschnittlichen Verbrauchs einer vierköpfigen Familie, die überschüssiges Obst verarbeitet und eine gute Lagermöglichkeit für Obst besitzt. Zu beachten ist, dass in guten Obstjahren immer ein gewisser Vorrat für das Folgejahr angelegt werden muss, da häufig, zumindest beim Baumobst, nach einem guten Obstjahr ein Jahr mit schwachen Erträgen zu erwarten ist. Zudem kann schlechtes Blühwetter vor allem beim Steinobst eine Ernte ausfallen lassen.

Wie viele Obstbäume braucht ein Selbstversorger-Garten?

Wer einen Selbstversorger-Obstgarten plant, kann von den Richtwerten der ausgewachsenen Bäume ausgehen. In der folgenden Tabelle sind die zu erwartenden Erträge für große Baumformen angeführt.

Winterbirnen gedeihen nur im Weinbauklima. Sommersorten auch in höheren Lagen.

Übersicht über die Mengen an Obst, die von Obstbäumen durchschnittlich zu erwarten sind

	Potenzieller Ertrag von Obstbäumen					Bedarf			
	Durchschnittlicher Ertrag in kg / Baum	davon sind verwertbar (Rest: wurmig, faul, beschädigt...) in kg / Baum	Von den verwertbaren Früchten werden gepflückt als Tafelobst in kg / Baum	Rest geht in die Presse bzw. wird eingekocht in kg / Baum	Daraus werden Saft (Apfel & Birne) bzw. Marmelade u. Kompott (Steinobst), in Liter	Angenommener Verbrauch Frischobst in kg pro Kopf u. Jahr	Angenommener Verbrauch Saft bzw. Marmelade u. Kompott, Dörrobst in kg pro Kopf u. Jahr	Errechneter Bedarf an Ertrag pro Person in kg	Anzahl an Bäume für 4-köpfige Haushalt
Apfel	150	105	26	79	47	40	50	176,00	4,7
Birne, Tafel-	60	42	11	32	19	20	20	74,40	4,0
Kirsche	100	25	13	13	10	2	4	14,60	0,6
Zwetschge	60	42	11	32	25	2	5	17,30	1,2
Sauerkirsche	25	18	2	16	13	1	4	12,74	2,0
Aprikose	70	49	25	25	20	3	4	15,24	0,9
Pfirsich	25	18	8,75	8,75	7	3	4	15,24	2,4

Die Angaben sind Richtwerte für ausgewachsene Bäume und große Baumformen. Quelle: Handbuch Bio-Obst.

Übersicht über durchschnittlich benötigte Pflanzenzahlen für die Selbstversorgung eines Vierpersonenhaushalts

Obstart	Anzahl Bäume / Fläche	Bemerkung
Apfel	6–10	davon ein Sommerapfel und ein Herbstapfel, Pressobst für zwei Jahre, Alternanz beachten
Birne	2–4	Bäume müssen gleichzeitig blühen, es sei denn, andere Birnbäume sind nicht weiter als 200 m entfernt, Alternanz beachten
Quitte	1–2	für Verarbeitung
Aprikose	1–2	je nach Standort!
Pfirsich	2–3	unterschiedliche Reifezeiten
Zwetschge, Pflaume, Ringlotte, ...	3–4	vielseitig verwertbar
Kirsche	1	auf Befruchtung achten, Kirschen im Nachbarsgarten oder selbstfruchtbare Sorten
Sauerkirsche	1–2	vielseitig verwertbar
Walnuss	1	
Tafeltraube	1–3	Frischobst, Verarbeitung
Erdbeeren	8 m²	
Johannisbeere	5–6	
Himbeeren	10–15 Laufmeter	
Brombeeren	2–3	
Wildobst	so viel wie möglich	Überall, wo Platz vorhanden ist, als Hecke, Windschutz ...

Alle Angaben zur Anzahl der Bäume beziehen sich auf große Bäume (→ siehe Baumformen, Seite 385) im Vollertragsstadium (ab dem 20. Standjahr). Quelle: verändert nach: Roland Gaber (2000). Obst im Hausgarten.

Wird ein Obstgarten neu angelegt, kann man zwar bald Beerenobst ernten, das Baumobst braucht aber Jahre, bis es in den Ertrag kommt. Daher empfiehlt es sich, stark- und schwachwüchsige Obstbäume anzubauen. Zum Beispiel im System der „Bleiber-und-Weicher" (→ siehe Tipp unten).

Tipps von Arche Noah-GärtnerInnen

Rascher und langanhaltender Ertrag im Obstgarten

„Wer einen Obstgarten neu anlegt und einerseits rasch ernten will, andererseits lange ertragsfähige Obstbäume haben will, dem empfehle ich das System der ‚Bleiber-und-Weicher': Dabei werden Hochstämme im Abstand von 8–10 Metern gepflanzt, die sogenannten Bleiber. Sie sollen in der ferneren Zukunft den Ertrag liefern. Zwischen den Hochstämmen werden – in der Reihe – die ‚Weicher' gepflanzt. Das sind Bäume auf schwachwüchsigen Unterlagen (Apfel M9, besser M29), die rasch zu tragen beginnen, aber nicht so alt werden. Wenn die Hochstämme nach rund 20 Jahren in den Ertrag kommen, werden sie breiter und benötigen mehr Raum, dann werden die Weicher nach und nach gerodet."

Johannes Maurer, Gärtnermeister und Experte für alte Obstsorten

Hochstamm („Bleiber") und einige Meter daneben ein Baum auf einer schwachwüchsigen Unterlage („Weicher").

Welche Anbaumöglichkeiten habe ich in meinem Garten und welche muss ich neu herstellen?

Auch wenn Sie glauben, Ihr Garten ist schon voll, ein Plätzchen findet sich immer. Vor allem die Wände sind oft noch frei und bieten sich für Rankpflanzen oder für Spalierbäume an. Auch der Zaun lässt sich für Brombeeren oder Wein nutzen, und eine Feige passt vielleicht im Topf auf die Terrasse.

Manche Arten brauchen Unterstützungsgerüste, es empfiehlt sich dabei, bereits bestehende Strukturen zu nutzen. Ein bereits vorhandener Zaun und etwas Draht reichen, und Sie können Himbeeren unkompliziert anbinden. Ein alter, absterbender Baum kann noch über Jahre als Rankunterlage für Kiwi oder eine robuste Weinsorte genutzt werden, ohne dass Sie aufwendig ein Stützgerüst bauen müssen. Ernten werden Sie dort genauso.

Unterstützungsgerüste eignen sich aber auch sehr gut, um den Garten zu gestalten und „Gartenzimmer" zu erschaffen – dadurch wird der Garten gefühlt größer. Ein frei stehendes Birnenspalier kann zum Beispiel den Nutz- vom Spielgarten abtrennen, der Durchgang kann von Kiwi umrankt werden. Selbst Laubengänge lassen sich mit Obstbäumen bepflanzen.

Für ältere oder in ihrer Beweglichkeit eingeschränkte Menschen kann Beerenobst auch auf Hochbeeten gepflanzt werden, Heidelbeeren bieten sich dafür besonders an, da sie meist nicht in der normalen Gartenerde gedeihen.

Selbst Laubengänge lassen sich mit einem Gerüst aus Obstbäumen formieren.

Mit welchen Baumformen kann ich meinen verfügbaren Platz ausnutzen?

Gerade kleine Gärten können durch eine geschickte Kombination von starkwüchsigen und schwachwüchsigen Bäumen gut ausgenutzt werden. Auch der Hoch- und Halbstamm hat im kleinen Garten seine Berechtigung, da der Platz darunter gut ausgenutzt werden kann (sei es für schattenverträgliche Pflanzen oder für einen Sitzplatz). Diese Baumformen reichen mit ihren Kronen über den Zaun oder über einen Sitzplatz oder eine Laube. Hochstämme können mit ihren Kronen gut den Raum in der Höhe ausnutzen, der von Busch- oder Spindelbäumen gar nicht ausgefüllt werden könnte. (→ siehe Seite 386)

Auf Sämling veredelt: starkwüchsig, Kronendurchmesser 6–10 m, je nach Art und Sorte, Ertrag setzt bei Kernobst nach etwa 7–10 Jahren ein, bei Steinobst etwas früher, ca. 100 Jahre Lebenszeit, sehr robust, kann sich gut mit Nährstoffen und Wasser auch in schlechteren Böden versorgen. Für trockene Böden ohne Wasserversorgung die einzige sinnvolle Baumart. Eine Ausnahme bildet der Pfirsich, der schon nach 3–4 Jahren trägt, aber nur rund 30 Jahre alt wird.

Typenunterlage: Wuchskraft je nach Unterlage verschieden, Kronendurchmesser 1–6 m, Höhe 2–5 m, Ertrag setzt nach 2–5 Jahren ein, ca. 30–50 Jahre Lebenszeit, je kleiner die Baumform, umso anspruchsvoller ist der Baum, brauchen generell eine bessere Nährstoff- und Wasserversorgung als Sämlinge.

Die Einteilung von Obstbäumen im Verkauf erfolgt primär nach der Höhe des Astansatzes. Aus den verschiedenen Bezeichnungen kann aber auch auf die Wuchskraft geschlossen werden. In guten Baumschulen steht die verwendete Unterlage auf dem Etikett und das Personal informiert darüber, was das für die Wuchskraft bedeutet.

Folgende Bezeichnungen werden im Baumverkauf verwendet:

Hochstamm: Der Kronenansatz liegt bei über 160 cm. Es ist die traditionelle Form für Streuobstwiesen in der Landwirtschaft. Die Sorten werden in der Regel auf Sämling veredelt. Der Vorteil ist, dass die Wiese unter dem Baum gut genutzt und maschinell gepflegt werden kann. Für die Saftproduktion ist es die übliche Baumform. Nachteile sind die schlechte Pflückbarkeit und dass die Bäume erst mit 7–10 Jahren die ersten Früchte tragen. Pflanzabstand 8–12 m.

Halbstamm: Der Kronenansatz liegt zwischen 120 und 160 cm. Ein Halbstamm kann auf einen Sämling veredelt sein, dann ist er genauso starkwüchsig wie ein Hochstamm. Lediglich das Pflücken ist etwas einfacher. Halbstämme sind aber besonders sinnvoll, wenn sie auf speziellen, mittelstark wachsenden Typenunterlagen veredelt sind. Bei diesen Bäumen bleibt die Krone etwas kleiner und der Ertrag setzt früher ein. Die Lebensdauer ist trotzdem mit rund 50 Jahren hoch. Grasunterwuchs ist bei Halbstämmen möglich, die Unternutzung allerdings kaum, auch das Mähen ist erschwert. Pflanzabstand 4–8 m.

Der Platz unter Hochstamm-Bäumen lässt sich vielseitig nutzen.

Buschbaum (heute manchmal auch als Viertelstamm bezeichnet): Der Kronenansatz liegt bei 50–70 cm. Die mittelgroßen Bäume zeichnen sich durch frühen Ertragsbeginn (2–4 Jahre) und mittlere Lebensdauer aus (30–50 Jahre). Sie werden auf mittelschwach wachsenden Unterlagen veredelt. Wegen ihrer schwachen Wurzeln brauchen sie meist zeitlebens einen Pflock als Stütze und eine gute Wasser- und Nährstoffversorgung. Grasunterwuchs ist nur bedingt möglich (bei entsprechendem Wasserangebot). Buschbäume haben nicht drei Leitäste, sondern spiralig angeordnete Fruchtäste, die direkt vom Stamm abgehen. Für niedrige Spaliere geeignet. Pflanzabstand 3–4 m.

Spindel oder Spindelbusch: Der Kronenansatz liegt bei 50–70 cm. Die auf schwach wachsenden Unterlagen veredelten, kleinen Bäume bestechen durch sehr frühen Ertragsbeginn (oft schon im zweiten Jahr). Sie brauchen zeitlebens einen Pflock als Unterstützung, guten, offenen Boden und jährlichen Schnitt. Spindelbäume werden durch Schnitt in der Breite auf das gewünschte Maß begrenzt. Alle Äste, die nach vor oder nach hinten wachsen, werden entfernt oder eingekürzt. Dadurch sind Spindelbäume ideal als Abgrenzung zwischen Gärten oder Gartenteilen geeignet. Ein Spalier ist hilfreich zum Flachbinden von Ästen. Pflanzabstand 2–3 m (1 m bei intensiver Kulturführung).

Säulenbäume: Bei Säulenbäumen wächst nur der Stamm immer weiter, es bilden sich lediglich kurze Seitenverzweigungen. Dadurch sind sehr enge Pflanzabstände von 50 cm möglich. Die Bäume werden 2–3 m hoch. Der Säulenwuchs ist nur bei speziell gezüchteten Sorten möglich, alte Sorten können nicht so gezogen

Spindelbäume können zum Einfassen eines Grundstücks oder Unterteilen des Gartens gepflanzt werden.

Säulenbäume tragen die Früchte direkt am Stamm. Sie können daher im Abstand von 50 cm gepflanzt werden.

werden. Bei Apfelsäulenobst ist kaum Schnitt notwendig, alle anderen Obstarten müssen ein- bis zweimal im Jahr geschnitten werden, damit der Wuchs erhalten bleibt. Aufgrund des sehr eingeschränkten Sortenspektrums dort empfehlenswert, wo Spindelbäume schon zu groß werden. Interessant sind Säulenbäume vor allem für Topfkulturen auf Balkonen oder Terrassen.

Will man den Baum als Spalier ziehen, stehen verschiedene Möglichkeiten bei der Baumwahl zur Verfügung:

Das Spalier steht an der Hauswand und soll mehrere Meter bis zum Dach reichen: Hier wird ein Baum benötigt, der auf Sämling oder einer starkwachsenden Typenunterlage veredelt ist. Kaufen Sie dafür einjährige Veredelungen, das sind Bäumchen, die noch keine Seitenäste haben. Diese Bäumchen können Sie nach dem Pflanzen in der Höhe abschneiden, dort, wo die erste Etage des Spaliers sein soll. Im folgenden Sommer wird sich ein Trieb bilden, der weiter nach oben wächst, und Seitentriebe, die Sie waagrecht binden können.

Das Spalier dient zur Abgrenzung und der einfachen Beerntung und soll nur rund 2 m hoch werden: Hier können Sie Buschbäume oder Spindelbüsche kaufen. Achten Sie beim Kauf darauf, dass sie zwei Seitenäste in Höhe der gewünschten ersten Etage haben.

Der Schnitt von Obstbäumen

Fast alle Obstarten tragen nur dann gut, wenn sie regelmäßig geschnitten werden. Dazu ist etwas Erfahrung nötig. Erkundigen Sie sich, wer in Ihrer Nähe Obstbaumschnittkurse anbietet. Der Verein Arche Noah bietet jährlich Schnittkurse für den Hausgarten an, ebenso lokale Obstbauvereine. Wenn Sie keine Zeit und Möglichkeit haben, die Bäume selbst zu schneiden, können Sie sich bei den Obstbauvereinen nach erfahrenen GärtnerInnen erkundigen, die dies anbieten. Auch alte vergreiste Bäume können durch einen gekonnten Verjüngungsschnitt wieder verjüngt, ertragreich und gut beerntbar werden. Ausführliche Anleitungen zum Schnitt der einzelnen Obstarten finden Sie im → siehe „Handbuch Bio-Obst".

Spalier-Obstbäume benötigen einen eigenen Schnitt *(→ siehe entsprechende Literatur).*

Niedrige Spalierbäume können den Garten in einzelne „Räume" unterteilen.

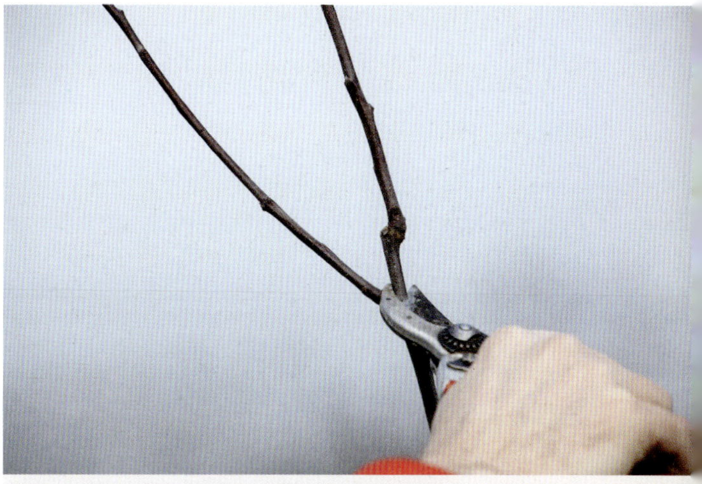

Obst bleibt nur dann ertragreich und gut beerntbar, wenn die Bäume jährlich und gekonnt geschnitten werden.

Durch gekonnte Verjüngungsschnitte lassen sich meist auch vergreiste Bäume wieder in den Ertrag bringen.

Empfohlene Pflanzabstände nach Baumform

Obstart	Baumform	Pflanzabstand (m)
Apfel	Hochstamm, Halbstamm auf Sämling	8–12
	Halbstamm auf Typenunterlage	6–8
	Busch	3–4
	Spindelbusch	1–3
Aprikose	Hochstamm, Halbstamm auf Sämling	8–10
	Busch	3–4
Birne	Hochstamm, Halbstamm auf Sämling	8–10
	Halbstamm auf Typenunterlage	4–7
	Busch	3–4
	Spindelbusch	2–3
Brombeere	aufrechte Sorten	1
	rankende Sorten	3
Himbeere		0,5
Kirsche und Sauerkirsche (Weichsel)	Hochstamm, Halbstamm auf Sämling	8–10
	Halbstamm auf Typenunterlage	6–8
	Busch	3–4
Rote Johannisbeere, Stachelbeere		1,5–2
Schwarze Johannisbeere		2–2,5
Zwetschge, Pflaume	Hochstamm, Halbstamm auf Sämling	6–8
	Busch	3–4

Tabelle: Empfohlene Pflanzabstände nach Baumform, Quelle: verändert nach Roland Gaber (2002). Obst im Hausgarten

Ein gemieteter Garten/Selbsterntefeld: Wie viele Jahre kann ich den Garten nutzen?

Als grobe Faustregel gilt: Je größer ein Gehölz wird, umso länger braucht es, bis es in Ertrag kommt. Für Gärten, die nicht langfristig gemietet sind, empfiehlt es sich daher, vor allem kleinere Gehölze zu pflanzen, die bald geerntet werden können. Die klassischen Beerenobstarten – Erdbeere, Johannisbeere, Himbeere und Brombeere, aber auch Kamtschatka Heckenkirsche, Japanische Weinbeere und Aronia – tragen alle schon im Pflanzjahr einige Früchte und im Folgejahr bereits sehr gut. Diese Arten können Sie auch jederzeit, selbst nach zehn und mehr Jahren, wieder ausgraben und in einen neuen Garten übersiedeln. Ebenfalls lassen sie sich einfach und ohne großen Aufwand vermehren. Bei den Kletterpflanzen beginnt Wein im zweiten Jahr zu tragen, Kiwi brauchen 4–5 Jahre. Auch bereits im Pflanzjahr tragen manchmal Quitte und Mispel.

Beim Baumobst trägt Apfel auf schwachwüchsigen Unterlagen (meist als Spindel oder Buschbaum im Verkauf) sehr früh, zum Teil bereits im zweiten Jahr. Je nach Unterlage und Sorte kann es jedoch auch 4–5 Jahre dauern. Kirschen, vor allem auf kleinen Baumformen, und Pfirsiche tragen meist auch bereits im zweiten Jahr. Birnen und Aprikosen brauchen teilweise etwas länger, Pflaumen meist noch länger. Möchten Sie trotz unsicherer Zukunft einen Hochstamm als potentiellen Schattenbaum setzen, empfiehlt sich die Kirsche, die auch aus starkwachsenden Unterlagen oft nach 3–4 Jahren trägt.

Obstbäume können Sie relativ problemlos noch 3–4 Jahre nach dem Pflanzen wieder umsetzen – dazu die Krone kräftig zurückschneiden.

Um sich mit dem eigenen Garten das ganze Jahr über mit Obst versorgen zu können, sind folgende Grundsätze wichtig:

- möglichst viele verschiedene Baum- und Beerenobstarten pflanzen
- werden mehrere Pflanzen einer Obstart gesetzt: verschiedene Sorten mit unterschiedlicher Reifezeit pflanzen
- anfallendes Überschussobst für den Winter konservieren
- eine Lagermöglichkeit für lagerfähiges Obst schaffen
- in guten Obstjahren Vorräte einkochen oder trocknen, da im darauffolgenden Jahr oft ein geringerer Ertrag zu erwarten ist

Werden diese Grundsätze befolgt, ist die Selbstversorgung mit Obst vergleichsweise einfach. Die Obstsaison beginnt in warmen Lagen Mitte Mai mit den ersten Früchten von Kamtschatka Hecken- und Süßkirsche. Hier sind noch keine großen Erträge zu erwarten, aber nach der langen Zeit des Winters schmecken sie frisch vom Strauch oder Baum besonders fein. Im Juni und weiter im Juli, August und September setzt die Haupternte von Beerenobst und Steinobst ein, auch frühe Sorten von Apfel und Birnen sind pflückreif. In dieser Zeit reift im Selbstversorger-Garten eine Vielzahl an Früchten, meist weit mehr, als frisch gegessen werden kann. Dieser Überschuss muss jetzt zu Marmelade, Kompott oder Mus verarbeitet, getrocknet oder tiefgefroren werden, damit auch im Winter Obst aus dem Garten verfügbar ist. Der Oktober ist die Haupterntezeit von Äpfeln und Birnen, die für den Winter eingelagert werden können. Bis Weihnachten stehen noch nachreifende Quitten, Kiwis und Mispeln zur Verfügung. In kühlen Lagen gehen die Birnen bereits im November wieder zur Neige, in warmen Regionen lassen sich entsprechende Sorten bis März lagern. Danach reduziert sich das Frischangebot auf Äpfel und Nüsse, diese sind dafür in guten Kellern bis in den Sommer hinein lagerbar, wenn längst wieder frisches Obst auf die Ernte wartet.

Einen Überblick über die Verfügbarkeit von frischen Früchten der wichtigsten Obstarten im Jahresverlauf gibt die Tabelle (→ siehe Seite 377). Die Zeitangaben beziehen sich auf warmes Klima (Weinbauklima und vergleichbar), in kühlen bis rauen Klimata verschieben sich die Reifezeiten nach hinten bzw. endet die Erntezeit im Herbst früher. Frostempfindliche Arten fallen in kühlen Lagen weg.

Viele verschiedene Arten und Sorten zu pflanzen, ist die Grundlage für eine Selbstversorgung mit Obst aus dem Garten.

Obstgehölze pflanzen

Der richtige Zeitpunkt Die weniger frostempfindlichen Arten wie Apfel, Birne, Zwetschge und das meiste Beerenobst werden idealerweise im Herbst gepflanzt: von Mitte Oktober bis Mitte November. Alle frostempfindlichen Arten wie Pfirsich, Aprikose, Quitte und in rauen Lagen auch Kirschen sowie Wein, Feige und Kiwi werden erst im Frühling gepflanzt – von März bis Mitte/Ende April.

Werkzeug Für die Pflanzung brauchen Sie: einen Spaten (bei harten, steinigen Böden einen Krampen),

1) Das Loch wird ausgehoben, die Erde um das Loch deponiert.

2) Besteht Wühlmausgefahr, ein Wühlmausgitter in die Grube stellen. Das Gitter muss aus unverzinktem Draht gefertigt sein, da es langsam verrosten muss. Erhältlich sind auch eigene Wühlmauskörbe (www.wühlmauskorb.de). Dann den Stützpflock einschlagen (entgegen der Hauptwindrichtung, das ist meist Süd-Ost). Wieder so viel Erde auffüllen, dass die Pflanzhöhe stimmt (so tief setzen, dass die Wurzel gerade unter der Erde ist; die Veredelungsstelle muss jedenfalls oberhalb der Erde sein)

3) Bei Containerpflanzen den Wurzelfilz etwas auflockern, im Kreis gewachsene Wurzeln losreißen. Bei wurzelnackten Bäumen beschädigte Wurzeln abschneiden.

4) Den Baum ins Loch stellen und die Erde wieder hineinschaufeln. Die unterste Schicht kommt zuunterst wieder hinein und die oberste oben. Erdbrocken zerbröseln, wurzelnackte Bäume etwas rütteln, damit die Erde zwischen die Wurzelhohlräume rieselt. Die Erde mit einem sanften Druck andrücken (nicht festtreten!). Bei sehr fester, toniger Erde zur Hälfte mit Sand mischen.

5) Das Wühlmausgitter über den Pflanzballen bis zum Stamm zusammenklappen, vom Stamm einige Zentimeter Abstand halten. Das Gitter mit Erde abdecken.

einen Baumpflock, eine Schere, ein Wühlmausgitter und, wenn der Baum freisteht oder Tiere im Garten freilaufen, ein Baumschutzgitter so wie bei Obstbäumen einen Kokosstrick.

Vorbereitung Wurzelnackte Pflanzen, deren Wurzeln während des Transportes abgetrocknet sind, sollten vor dem Pflanzen einige Stunden eingeschlämmt werden. Containerpflanzen (Topfpflanzen) für einige Stunden in ein Wasserbad stellen, damit der Erdballen sich wieder mit Wasser vollsaugt.

Das Pflanzloch sollte mindestens doppelt so groß wie der Umfang der Wurzeln oder des Topfes sein; bei tonigen Böden braucht es einen Durchmesser von einem Meter und das Loch muss einen halben Meter tief sein. In diesem Bereich die Grasnarbe abstechen und zur Seite legen.

6) Mit den abgestochenen Grassoden einen kleinen Wall rund um das Pflanzloch bilden.

7) Ist der Baum zugänglich für Rehe, Hasen, Hühner, Enten oder Schafe – mit einem Gitter schützen. Danach mit einem Kokosstrick am Pflock festbinden (den Strick um den Stamm legen und verdrehen, um Scheuerstellen zu vermeiden).

8) Den Baumpflock abschneiden, falls er in die Krone ragt.

9) Mit 20–30 Liter Wasser angießen.

10) Und den Pflanzschnitt nicht vergessen.

Mit Streuobstbäumen lassen sich viele Flächen rund um Gebäude schön gestalten und sinnvoll nutzen.

Werden die Bäume exakt in Reihe gepflanzt, erleichtert das die maschinelle Pflege der Wiese.

Die Streuobstwiese

Streuobstwiesen sind für alle interessant, die das Obst zu Apfelsaft oder Most verarbeiten (lassen) können. Wichtig ist eine maschinelle Ausstattung zum Mähen der Wiese. Streuobstbäume beginnen nach 7–10 Jahren zu tragen, und es dauert mindestens 15 Jahre, bis sie einen nennenswerten Ertrag liefern. Doch: Danach sind sie über Jahrzehnte beerntbar und beständig. Da man eine einmal gepflanzte Streuobstwiese über Jahrzehnte nicht mehr verändern kann, sollte die Anlage einer neuen Wiese im Vorfeld genau geplant werden.

Anlage einer Streuobstwiese

Checkliste für die Anlage einer Streuobstwiese

- Anzahl der Bäume
- Pflanzabstände
- Anordnung der Bäume
- Obstart
- Sortenwahl (Reifezeit, Pflück- und Genussreife, Robustheit etc.)
- Unterlagen
- Zufahrt und Begrenzung
- Unternutzung

Anordnung der Bäume und Pflanzabstände

Grundsätzlich sollte ein Pflanzabstand von 8 Metern nicht unterschritten werden, da nur so ein Mindestmaß an Durchlüftung und Sonneneinfall auf untere Kronenbereiche gewährleistet ist. Wenn die Wiese darunter für Viehfutter benötigt wird, sollten die Abstände allerdings erhöht werden, damit genügend Licht zum Boden kommt. Dabei kann der Abstand in der Reihe geringer ausfallen, als der Abstand zwischen den Reihen, da mit den Maschinen nur zwischen den Reihen gefahren wird.

Bewährte Pflanzabstände für Streuobstwiesen

Obstart	Abstand zwischen den Reihen	Abstand in den Reihen
Apfel	12–15 m	9–12 m
Birne	12–15 m	10–12 m
Kirsche	12–15 m	10–12 m
Zwetschge	10–13 m	8–10 m
Aprikose	10–13 m	8–10 m
Walnuss	16–18 m	12–14 m

Quelle: Biologischer Obstbau auf Hochstämmen, FIBL

Die Anordnung der Bäume erfolgt, damit die Fläche gut gepflegt werden kann, in parallelen Reihen. Die Reihen sollen nach Möglichkeit Richtung Süd-Nord ausgerichtet sein, um die gegenseitige Beschattung der Bäume zu minimieren. Aus dem gleichen Grund sollte jede zweite Reihe auf Lücke gesetzt werden, also zwischen zwei Bäume der Vorreihe.

Auch bei der Anordnung der Arten sollte auf die Himmelsrichtungen Bedacht genommen werden, vorausgesetzt, das Grundstück ist eben und hat einheitliche Bodenbedingungen. Ist das nicht der Fall, werden

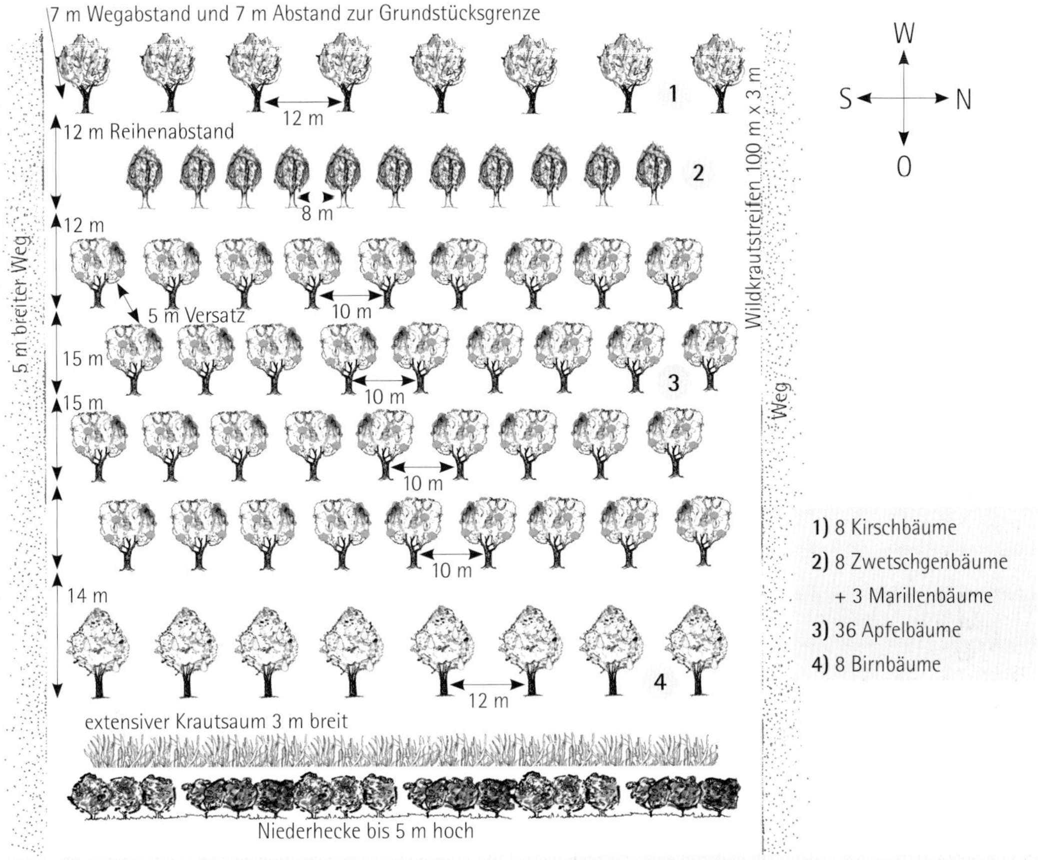

Planungsbeispiel für eine Streuobstwiese bestehend aus 8 Kirschbäumen an der Westseite, 3 Aprikosen-, 8 Zwetschgen-, 36 Apfelbäumen (versetzt gepflanzt) und 8 Birnbäumen, die trotz hohem Wuchs wenig Schatten auf die übrigen Bäume werfen, wenn sie auf der Ostseite gepflanzt werden.

die einzelnen Arten nach ihren Bodenansprüchen verteilt. Auf ebenen Flächen werden Kirsch- und Aprikosenbäume an die Westseite gepflanzt, da sie besonders empfindlich auf Feuchtigkeit reagieren. An der Westseite leiden sie nicht unter dem Schattenwurf der anderen Bäume und werden vom Wind, der meist aus Nordwest kommt, besser belüftet. Daran anschließend werden Zwetschgenbäume angeordnet, die schmale, lockere Kronen haben und auch bei dichterer Pflanzung genügend Durchlüftung im Inneren des Bestands erlauben. Birnbäume hingegen, die besonders hoch werden, pflanzt man an die Ostseite, wo sie die letzte Reihe bilden. Die Apfelbäume werden dazwischen angeordnet. Zu Waldflächen sollte ein Mindestabstand von 15 Metern eingehalten werden, da die Bäume sonst häufig schlecht gedeihen und einseitig aus dem Schatten Richtung Licht wachsen. Der Mindestabstand zu Nachbarflächen ist meist in Kulturflächenschutzgesetzen festgelegt. Erkundigen Sie sich dazu bei den entsprechenden Behörden. Entlang von Wegen und Straßen ist zu beachten, dass die Bäume nicht zu nahestehen, damit hier fahrende größere Maschinen den Stamm und die Krone nicht beschädigen.

Die größte Schwierigkeit beim Mähen einer Fläche ist, wenn einzelne Bäume aus der Reihe ragen. Daher sollte darauf geachtet werden, dass die Bäume tatsächlich exakt in Reihe stehen. Dazu wird eine Schnur gespannt, entlang derer die Pflanzlöcher für die Bäume markiert werden. Einfach geht das, indem der gewünschte Abstand mit Farbe an der Schnur markiert wird, die Schnur braucht dann immer nur Reihe für Reihe weitergespannt werden. Sind verschiedene Pflanzabstände notwendig, können diese mit verschiedenen Farben markiert werden. Die Positionen der einzelnen Pflanzstellen kann anhand der Schnur mit Kalk markiert werden, dann muss die Schnur beim Pflanzen nicht belassen werden.

Soll die Fläche beweidet werden, müssen die Bäume gut geschützt werden.

Gänse fressen das Gras sehr gründlich ab, ohne den Obstbäumen Probleme zu bereiten.

Hühner finden in den Wiesen unter den Obstbäumen viel zu fressen und vertilgen auch Obst-Schädlinge.

Tiere im Obstgarten

Wenn Sie daran denken, auch einmal Tiere im Obstgarten zu halten, sollten Sie bei der Planung bereits darauf Rücksicht nehmen. Hühner, Gänse und Hasen können auch unter kleinwüchsigeren Obstbäumen gehalten werden. Schafe nur unter Hochstamm-Bäumen. Je nachdem, welche Tierart die Fläche beweiden soll, müssen die Bäume mit unterschiedlichen Mitteln gut vor Verbiss geschützt werden. Wer eine große Streuobstwiese hat, aber keine Möglichkeit selbst Tiere zu halten, kann auch Nachbarn, die zum Beispiel Schafe halten, die Fläche als Weide anbieten.

Gänse

Aus Sicht der Wiesenpflege sind Gänse optimal. Sie fressen das Gras ab, ohne – wie Hühner – die Grasnarbe zu zerstören. Sie scharren auch nicht und sind damit kein Problem für Wurzeln, allerdings sollte der Stamm mit einem feinmaschigen Gitter geschützt werden. Zudem sind sie wehrhafter und weniger den räuberischen Mardern und Greifvögeln ausgesetzt. Gänse brauchen allerdings unbedingt eine Badestelle im Garten.

Hühner

Hühner fühlen sich unter dem Schutz der Obstbäume wohl, scharren, picken und zupfen sehr viel und halten den Großteil des Grases kurz. Es muss dann nur etwas nachgemäht werden. Gleichzeitig fressen Hühner jede Menge Schädlinge, die sich von den Bäumen abseilen – allen voran die Raupen des Nachtfalters Apfelwicklers, die im Apfel als Wurm auftreten und im Boden als Larve überwintern. Doch Vorsicht: Vor allem bei jungen Bäumen muss darauf geachtet werden, dass die Hühner nicht den Wurzelbereich freischarren. Entweder man lässt die Hühner nicht zu frisch gepflanzten Bäumen oder man legt um den Stamm alte Gitter oder ein feinmaschiges Drahtgitter auf (→ siehe Tipp).

Ideal ist es, die Fläche in zwei bis drei Teile zu unterteilen und die Hühner abwechselnd in den einzelnen Segmenten zu halten. Entweder Sie legen sich einen mobilen Stall zu (→ siehe Hühner im Garten, Seite 445) oder Sie errichten einen fixen Stall so zentral im Garten, dass Sie mittels fixer oder mobiler Zäune die Tiere zu unterschiedlichen Flächen leiten.

Dort, wo Hühner frei laufen, müssen frisch gesetzte Bäume geschützt werden.

Tipps von Arche Noah-GärtnerInnen

„Wenn ich auf meinen Hühnerauslaufflächen neue Obstbäume setze, scharren die Hühner mit Vorliebe in der frisch umgegrabenen Erde beim Baum – und scharren die Wurzeln frei. Um das zu verhindern, lege ich ein feinmaschiges, dünnes Drahtgitter – ein Hasengitter, wie es meist genannt wird – unter den Baum. Ich nehme ein Stück mit 1 x 1 Meter, das ich bis zur Mitte aufschneide, damit ich es um den Stamm legen kann. Im ersten Jahr beschwere ich das Gitter mit ein paar kleinen Steinen, dann ist es eingewachsen und ich kann einfach darübermähen."

Dietmar Schmidt

Schafe können unter Hochstamm-Obstbäumen sehr gut gehalten werden, wenn die Stämme ausreichend geschützt sind.

Hasen

Auf kleineren Flächen können Hasen gehalten werden, Kaninchen sind weniger geeignet, da sie Höhlen bauen und den Boden unterminieren. Bei Hasen müssen alle Stämme jedenfalls mit einem feinmaschigen Gitter geschützt werden. Vor allem im Winter nagen sie die Rinde sonst gerne an.

Schafe

Schafe können unter Hochbaum-Obststämmen sehr gut gehalten werden. Sie brauchen pro Schaf eine Weidefläche von zumindest 1.000 bis 1.500 m². Schafe sollen nur in Herden von zumindest drei Tieren gehalten werden. Die Fläche muss groß genug sein, um auf einem Teil der Fläche Heu für den Winter ernten zu können. Wichtig ist bei Schafen auch ein ausreichend hoher Stammschutz, da die Schafe sonst die Triebe abknabbern.

Dieser kleine Kirschbaum ist gut vor den Schafen geschützt, die sich sonst gerne an den Blättern und Trieben laben.

Empfehlungen für Obstarten und -sorten

Apfel (*Malus domestica*)

Der Apfel ist die Grundlage jeder Selbstversorgung mit Obst in unseren Breitengraden. Keine andere Obstart gedeiht in den meisten Böden und Klimata so unproblematisch und lässt sich derart gut unter natürlichen Bedingungen lagern, dass tatsächlich eine Versorgung mit frischen Früchten über das ganze Jahr möglich ist.

Am besten wachsen Apfelbäume im gemäßigten bis kühlen Klima und auf ausreichend feuchten Böden. Aufgrund der Sortenfülle (alleine in Österreich sind über 1.000 Sorten bekannt), gibt es für fast jede Lage passende Sorten. Einige Sorten gedeihen auch in Trockenregionen gut (→ siehe Apfel, Sortenempfehlungen). Wichtig ist, dass mindestens zwei Bäume gepflanzt werden. Ein Apfelbaum kann sich nicht selbst befruchten und braucht eine zweite Sorte als Befruchtungspartner. Eine geeignete Befruchtersorte sollte maximal 200–300 Meter entfernt stehen (vielleicht wächst ja auch im nachbarlichen Garten ein Apfelbaum). Fehlt der Befruchtungspartner, blühen die Bäume zwar, setzen aber keine Früchte an. Bei Platzmangel können auch auf einem Baum zwei Sorten aufveredelt werden. Auf Sämlingsunterlagen (Hochstamm) fruchten Apfelbäume nach 7–10 Jahren, auf schwächerwüchsigen je nach Unterlage nach 1–5 Jahren. Viele ältere Sorten zeigen eine ausgeprägte Alternanz, das bedeutet, sie tragen nur jedes zweite Jahr. Neuere Sorten tragen meist jährlich. Gepflanzt werden Apfelbäume entweder wurzelnackt zwischen Mitte Oktober und April oder ganzjährig als Topfpflanze. Die Pflanzabstände liegen je nach Baumform und verwendeter Unterlage zwischen 1–10 Metern. Die Sortenauswahl ist sowohl von der Klimaregion wie vom möglichen Platzangebot abhängig. Manche Sorten reagieren empfindlich auf Sommertrockenheit, andere auf feuchte Böden, die Winterhärte der Sorten ist unterschiedlich, und manche Sorten eignen sich speziell für kleine Baumformen, andere für Halb- und Hochstämme. In vielen Regionen gibt es lokale Obstbauvereine, die bei der Sortenauswahl behilflich sein können. Ein gutes Beratungsinstrument, um für den eigenen Standort die passende Sorte zu finden – die auch den eigenen Geschmacksvorlieben

Der Weiße Klarapfel ist für viele der erste frische Apfel im Jahr.

entspricht – ist die Webseite www.meineobstsorte.at. Eine umfangreiche Recherche und Sortenempfehlungen sind auch unter der Webseite www.wunschapfel.de möglich. Der Verein Fructus informiert auf seiner Webseite über die Obstsorten der Schweiz (www.fructus.ch).

Sortenauswahl für die Selbstversorgung

Um eine vierköpfige Gemeinschaft mit Äpfeln über das Jahr zu versorgen, benötigt man etwa (ausgehend von Hochstämmen):

- 1 Sommer-Apfelbaum: Ideal ist ein Baum, auf dem zwei Sorten aufveredelt sind: mit einer Sorte, die Anfang August reift, und einer Sorte, die Mitte August reift; der Überschuss kann zu Kompott verarbeitet werden
- 1 Frühherbst-Apfelbaum: Reife im September
- 1 Spätherbst-Apfelbaum: Von diesem Baum kann die benötigte Menge für den Frischkonsum bis Weihnachten eingelagert werden, der Rest wird verpresst
- 2 Lagersorten: Reifezeiten von Januar bis Juli
- 1–3 Spätherbstsorten für die Verpressung zu Saft

Die Sommersorte kann durch eine weitere Press-Sorte ersetzt werden, da im August auch anderes Obst zur Verfügung steht.

Wie viele Früchte ein Apfelbaum im Jahr trägt, ist von zahlreichen Faktoren abhängig. Nach 20 Jahren können durchaus 50–70 kg von einem Hochstamm erwartet werden, wobei die Bäume oft im darauffolgenden Jahr nicht oder nur wenig tragen. Statistisch schwankt der jährliche durchschnittliche Ertrag zwischen 30 und 50 kg. Bei der Verarbeitung muss daher in guten Jahren immer ein Vorrat für ein Jahr angelegt werden. Ausgewachsene Bäume von ertragreichen Sorten können in guten Jahren auch mehrere hundert Kilo tragen. Wenn eine Mosterei in der Nähe ist, können Überschüsse verkauft werden. Aus einem Kilo Apfel lassen sich ca. 0,5 Liter Saft pressen.

Bei Spindelbäumen wird von einem Maximalertrag von 20 kg ausgegangen. Diese Werte werden im Hausgarten aber bei weitem nicht erreicht. Vielmehr wird der Ertrag bei 7–8 kg liegen, wobei auch hier sortenbedingt die Bäume oft nur alle zwei Jahre tragen.

Die Sortenvielfalt beim Apfel ist sehr groß. Es lohnt sich, sich durchzukosten, wenn man noch nicht sicher ist, welche Sorte man pflanzen will.

Einige empfehlenswerte Apfelsorten für besondere Lagen und Anlässe

Für sommertrockene Lagen: ‚Chrysofsker' (= ‚Roter Jungfernapfel'), ‚Große Kasseler Renette', ‚Gelber Bellefleur', ‚Grüner Fürstenapfel'

Für Weinbaulagen: ‚Julia', (Sommerapfel) ‚Vista Bella' (Sommerapfel), ‚Sommerrgent', ‚Piros', ‚Müschens Rosenapfel', ‚Elstar', ‚Gelber Edelapfel' (Küchenapfel), ‚Danziger Kantapfel' (idealer Saftapfel), ‚Roter Herbstkalvill' (Saft- und Wirtschaftsapfel'), ‚Roter von Simonffi', ‚Graue Herbstrenette'

Für Hochlagen: ‚Klarapfel', ‚Pfirsichroter Sommerapfel', ‚Jakob Fischer', Gravensteiner' (bei ausreichend feuchten Böden und genügend Platz), ‚Geflammter Kardinal, Antonowka', ‚Danziger Kantapfel', ‚Steirischer Maschanzker', ‚Haslinger', ‚Oberösterreichischer Brünnerling', ‚Grüner Fürstenapfel', ‚Rodauner Rosenapfel', ‚Galloway Pepping'

Für (kleinere) Hausgärten: ‚Klarapfel', ‚Mantet', ‚Aldingers George Cave', ‚Discovery' (Guter Pollenspender), ‚James Grieve' (über längeren Zeitraum beerntbar), ‚Remo' (gerbstoffreicher Pressapfel), ‚Parkers Pepping', ‚Mantet', ‚Sommerregent', ‚Reglindis', ‚Elstar', ‚Geheimrat Dr. Oldenburg', ‚Jakob Lebel', ‚Prinz Albrecht von Preußen' (nicht für Weinbauklima), ‚Grahams Jubiläumsapfel', ‚Reanda', ‚Rote Sternrenette', ‚Lavanttaler Bananenapfel', ‚Chrysofsker', ‚Topaz', ‚Batullenapfel', ‚Roter von Simonffi', ‚Adersleber Kalvill'; ‚Ribston Pepping', ‚Rodauner Goldapfel', ‚Ilzer Rosenapfel', ‚Große Kasseler Renette', ‚Parkers Pepping', ‚Tiroler Spitzlederer', ‚Steirischer Maschanzka', ‚Idared', ‚Grüner Fürstenapfel'

Für Streuobstwiesen: ‚Pfirsichroter Sommerapfel', ‚Gelber Edelapfel', ‚Jakob Fischer', ‚Jakob Lebel', ‚Ilzer Rosenapfel' (Tafel- und Wirtschaftsapfel), ‚Grüner Fürstenapfel', ‚Großer Bohnapfel', ‚Oberösterreichischer Brünnerling', ‚Schöner aus Wiltshire', ‚Siebenkant', ‚Rodauner Goldapfel', ‚Harberts Renette', ‚Batullenapfel', ‚Wintergoldparmäne', ‚Roter Herbstkalvill', ‚Danziger Kantapfel', ‚Antonowka', ‚Geflammter Kardinal'

Besonders gute Küchenäpfel: ‚Gelber Edelapfel', ‚Jakob Lebel', ‚Galloway Pepping', ‚Ilzer Rosenapfel', ‚Schmidberger Renette'

„Kinderäpfel" (rot, süß, eher klein): ‚Berner Rosen', ‚Himbeerapfel von Holovous', ‚Rote Sternrenette', ‚Chrysofsker', ‚Worcester Parmäne', ‚Zigeunerin'

Birne (*Pyrus communis*)

Birnen lassen sich nicht nur zu feinen Kompotten, Musen und Mehlspeisen und gemischt mit Äpfeln zu feinen Säften verarbeiten. Sommersorten brauchen weniger Wärme als Wintersorten. Wer im Weinbauklima wohnt und einen guten Lagerkeller hat, kann Winterbirnen bis in den März hinein lagern und sich mit frischen Birnen versorgen. In kühleren Lagen (450–750 m Seehöhe) können Wintersorten als Wandspalier gezogen werden. Wintersorten nur im Weinbauklima oder in kühleren Regionen als Wandspalier. Sommer- und Herbstbirnen können als Wandspalier auch in

Erntereife Pastorenbirne.

Winterbirnen gedeihen nur im Weinbauklima.

rauen Gebirgslagen bis etwa 1.000 Meter gepflanzt werden (in den Südalpen auch höher). Einzelne Sorten, wie die ‚Pastorenbirne', gedeihen auch noch in kühleren Lagen, dort können die Früchte jedenfalls als Kochbirnen (unreife, noch harte Birnen, die als Ganzes mit oder ohne Schale gekocht werden; → Sortenempfehlungen) geerntet werden und erweitern so die Selbstversorgung im Winter. Birnen brauchen tiefgründige, nicht zu feuchte Böden. Birnbäume gedeihen – im Gegensatz zu Apfelbäumen – gut auf trockeneren Böden, umgekehrt reagieren sie empfindlich auf zu viel Nässe. In unmittelbarer Nähe des Hauses sind sie aber eher zu meiden, da sie magisch Wespen anziehen. Wie der Apfel ist die Birne winterhart und ebenso selbstunfruchtbar. Ist kein zweiter Birnbaum im Nachbargarten, müssen daher mindestens zwei Birnbäume gepflanzt werden, die gleichzeitig blühen und gute Bestäuber sind.

Lagerung: Birnen am besten einzeln lagern. Winterbirnen nach der Ernte nicht gleich in den Keller stellen, sondern besser luftig unter ein Flugdach oder einen Schuppen. Bei Frostgefahr mit Decken abdecken und erst in den Keller geben, wenn die Temperaturen um den Gefrierpunkt fallen. Bei Birnenhochstämmen wird mit einem durchschnittlichen Ertrag von 30–50 kg gerechnet, wobei sich auch bei Birnen oft gute mit schwachen Jahren abwechseln.

Für eine Familie ideal:

- 1 Sommerbirnbaum (ideal: 2 oder sogar 3 verschiedenen Sommerbirnensorten aufveredeln, deren Reife zeitlich gestaffelt ist)
- 1 Herbstbirnbaum: Reife eher im Oktober, da die schon ein wenig lagerfähig sind.
- 1–2 Winterbirnen (in warmen Lagen oder als Spalier an der ungedämmten Hauswand, südseitig oder westseitig).

Einige empfehlenswerte Birnensorten für besondere Lagen und Anlässe

(Genaue Sortenporträts → Handbuch Bio-Obst)

Für geschützte Standorte in Hochlagen (Spalier): ‚Esperens Herrenbirne', ‚Gräfin von Paris', ‚Josephie von Mecheln', ‚Madame Verte', ‚Nordhäuser Forellenbirne'

Für (kleinere) Hausgärten: Ideal für kleine Baumformen: Unterlage Pyrodwarf und Quitte BA 29; Sorten: ‚Grüne Sommermagdalene', ‚Bunte Julibirne', ‚Clapps Liebling', ‚Madame Favre', ‚Frühe von Trevoux', ‚Gute Graue', ‚Doppelte Philippsbirne', ‚Gute Luise von Avranches', ‚Köstliche aus Charneux', ‚Clairgeaus Butterbirne', ‚Bocs Flaschenbirne', ‚Alexander Lucas', ‚Kieffers Sämling', ‚Pastorenbirne', ‚Madame Verte', ‚Josephine von Mecheln'

Für Streuobstwiesen: ‚Nagowitz' (guter Pollenspender), ‚Grüne Sommermagdalene', ‚Clapps Liebling' (guter Pollenspender), ‚Madame Favre' (besonders für Schorflagen), ‚Frühe von Trevoux', ‚Gute Graue', ‚Doppelte Philippsbirne', ‚Gute Luise von Avranches', ‚Gellerts Butterbirne', ‚Bocs Flaschenbirne', ‚Alexander Lucas', ‚Großer Katzenkopf', ‚Kiefers Sämling', ‚Pastorenbirne'

Zum Dörren: ‚Bocs Flaschenbirne', ‚Clairgeaus Butterbirne', , Clapps Liebling', ‚Herzogin Elsa', ‚Gellerts Butterbirne', ‚Gute Graue', ‚Gute Luise von Avranches', ‚Hofratsbirne', ‚Dr. Jules Guyot', ‚Köstliche von Charneux', ‚Pastorenbirne', ‚Neue Poteau'.

Kochbirnen: vollreife (und daher noch harte) Früchte der Sorten ‚Olivier de Serres', ‚Esperens Bergamotte', ‚Pastorenbirne', ‚Großer Katzenkopf'

Quitte (*Cydonia oblonga*)

Die meisten Quittensorten wachsen nur im Weinbaugebiet und in geringfügig kühleren Regionen gut. Doch es gibt auch Ausnahmen wie die ‚Riesenquitte von Leskovac' und die aus Ungarn stammende Sorte ‚Bereczki', die in den typischen Obstbauregion gut gedeihen. In diesen Regionen sollten Quitten in keinem Selbstversorger-Garten fehlen: Sie tragen relativ verlässlich und sind gesunde und robuste Pflanzen, die gegen die meisten Krankheiten und Schädlinge recht widerstandsfähig sind. Da sie spät blühen, ist ihre (wunderschöne) Blüte kaum spätfrostgefährdet, und sie können als Strauch oder Baum, freistehend oder am Spalier gepflanzt werden. In höheren Lagen bewährt sich ein Veredeln auf Ebereschen-Unterlagen. Zudem lassen sich Quitten zu sehr gut lagerfähigen Produkten verarbeiten (Quittenkäse, Quittenmus, Quittensaft). Nur auf Feuerbrand sind sie leider anfällig: regelmäßig auf Befall kontrollieren und verdächtige Triebe großzügig ins gesunde Holz zurückschneiden. Die jungen Bäume sind frostempfindlich: Quitten daher nur im Frühjahr pflanzen. Quitten sind grundsätzlich wärmeliebend und frostempfindlicher als Äpfel und Birnen und sollten an einen sonnigen und etwas geschützten Standort gepflanzt werden. An den Boden stellen Quitten kaum Ansprüche, auch vorübergehende Trockenheit vertragen sie gut. Die Baumscheibe in den ersten drei Jahren gut freihalten, sonst sind die Bäume äußerst pflegeleicht und brauchen wenig Schnitt (nur die jungen Bäume brauchen einen Erziehungsschnitt, bei älteren Bäumen nur das stark verästelte Fruchtholz ausdünnen; nicht vor Ende Februar schneiden). Man unterscheidet die stärker aromatischen Apfelquitten und Birnenquitten. Wer die Früchte zu Gelee verarbeiten will: Nur Birnenquitten gelieren. Auch die Volksmedizin kennt Quitten, sie gelten als entzündungshemmend. Quitten sind dann reif, wenn sich die Stiele leicht abpflücken lassen, das ist je nach Sorte und Standort zwischen September und Oktober. Die meisten Sorten müssen 1–2 Wochen nachreifen, bevor sie verarbeitet werden können. Überreif sollten sie nicht sein. Die einzelnen Sorten lassen sich unterschiedlich lange lagern. Die meisten Quittensorten sind roh nicht essbar. Es gibt jedoch einige Ausnahmen, neuere Sorten, die auch als Rohkost gegessen werden können.

Man unterscheidet Apfel- und Birnenquitten. Apfelquitten gelieren nicht.

Empfehlenswerte Quittensorten

- **Für nicht ideale Quittenlagen:** Apfelquitten, ‚Riesenquitte von Leskovac', ‚Konstantinopler Apfelquitte'
- **Birnenquitten:** ‚Bereczki', ‚Champion', ‚Ronda', ‚Vranja'
- **Rohkost-Quitten**: ‚Cydopom', ‚Ingenheimer Riesenquitte AN'

Tipps von Arche Noah-GärtnerInnen

Quitten verarbeiten

„Quitten zu schneiden ist eine ziemliche Plackerei, da das Fruchtfleisch so hart ist. Viel einfacher ist es, wenn man die Quitten folgendermaßen behandelt: Die Früchte mit einem Tuch abreiben und waschen. Dann für 15 Minuten bei 150 °C ins Backrohr geben. Wenn sie abgekühlt sind, sind sie weich und lassen sich so auch leichter verarbeiten. Die so behandelten Früchte sind kühl bis zu 2 Wochen lagerbar und können wie Äpfel gegessen werden."

Andrea Heistinger

Aprikose/Marille (*Prunus armeniaca*)

Für die Selbstversorgung sind 1–2 Aprikosenbäume ausreichend. Die Bäume tragen reich und haben ein kleines Erntefenster. Bei 2 Bäumen eine frühe und eine spätere Sorte wählen. Im Hausgarten sind die alten Aprikosensorten empfehlenswert: Im Gegensatz zu den neuen Sorten müssen diese nicht im Juni ausgedünnt werden; sie sind den neueren Sorten geschmacklich nach wie vor überlegen und sind, wenn sie reif aussehen, auch tatsächlich reif (das ist bei vielen neueren Sorten nicht der Fall, die noch 2–3 Wochen nachreifen müssen). Die Aprikose gedeiht nicht nur im Weinbauklima, sie verträgt in der kurzen Winterruhe auch tiefe Temperaturen. Entscheidend für eine gute Ernte ist, dass die Blüten nicht Spätfrösten zum Opfer fallen und dass die Bäume trockenstehen. In der Wachau werden die Aprikosen nur auf Nordwest-Hängen gepflanzt und niemals am Südhang, wo die Aprikosen einige Tage früher aufblühen und dadurch spätfrostgefährdeter sind. Jenseits des Weinbauklimas müssen Aprikosen in einem geschützten Innenhof oder an einem ost- oder westseitigen Wandspalier gepflanzt werden (ebenfalls nicht südseitig). Da sie Niederschlagsmengen über 800 mm pro Jahr schlecht vertragen, gedeihen sie in diesen Regionen an vor Regen geschützten Standorten besser. Auch Standorte, die erst ab April von der Sonne beschienen werden, sind gut geeignet (hier kann man Gebäudeschatten gut nutzen, die sich ja im Jahresverlauf ändern). Da die jungen Bäume frostempfindlich sind, Aprikosen nur im Frühjahr pflanzen. Für schwere Böden und kühlere Gebiete Zwetschgen als Unterlagen wählen. Die ideale Erziehungsform ist die Hohlkrone, da diese nach Tau oder Regen rasch abtrocknet. Besteht Frostgefahr zur Blüte, können kleinere Bäume mit einem Vlies abgedeckt werden. Die meisten Sorten sind selbstfruchtbar. Das „Schlagtreffen" der Aprikose führt in den letzten Jahren verstärkt zum Absterben junger Bäume – meist gerade dann, wenn sie zu tragen beginnen. Vorbeugung: Nur an idealen Standorten pflanzen. Wenn eine Aprikose aber einmal 10 Jahre geschafft hat, wird sie leicht auch 100 Jahre alt. Ein ausgewachsener Baum deckt den Bedarf für eine Familie. Für die Bereitung von Aprikosenmarmelade unmittelbar nach der Ernte (idealerweise am selben Tag) verarbeiten. Neben der Verarbeitung zu Marmelade bietet sich auch das Dampfentsaften an. Sehr fein aromatisch ist Aprikosenessig. Die Steine der meisten Aprikosensorten sind süß und können wie Mandeln gegessen werden. Bittere Kerne dürfen keinesfalls verzehrt werden.

Am verlässlichsten tragen Aprikosen in sommertrockenen Regionen.

Die Wachauer Zistel ist ein spitz zulaufender Korb, in den die Früchte schonend geerntet werden können.

Aprikosen können gut als Spalierbäume gezogen werden.

Empfehlenswerte Aprikosensorten

- **Einkochsorten:** ‚Ungarische Beste', ‚Gelbe Wachauer Marille', ‚Kecskemeter Rosenmarille'
- **Zum Trocknen:** ‚Hunzamarille', ‚Marille aus Ladakh'
- **Für höhere Lagen als Spalierbaum:** ‚Ananasmarille', ‚Tiroler Spätblüher'

Zwetschge, Pflaume, Mirabelle & Co. (*Prunus domestica*)

Zwetschgen sollten in keinem Selbstversorger-Garten fehlen. Sie lassen sich sehr gut verarbeiten und konservieren. Das Reifefenster von **Zwetschgen, Pflaumen, Mirabellen**, Kriecherl, Ringlotte und wie sie alle heißen reicht von August bis September und überschneidet sich mit den Sommersorten von Apfel und Birne.

Die Verwandtschaft der Zwetschgen und Pflaume umfasst eine Vielzahl verschiedener Formen. Nur die spätreifenden Sorten haben hohe Wärmeansprüche. Wegen ihrer frühen Blüten sollten Spätfrostlagen gemieden werden. Zwetschgen gedeihen an Standorten mit ziehender Nässe (in der Nähe von Bachufern) besonders gut. Nur wenn die Früchte am Baum ausreifen, entwickeln sie ihr volles Aroma: Am aromatischsten sind Zwetschgen, wenn sie von selbst vom Baum fallen oder leicht mit langen Stangen herunterschüttelt werden können. Diese Form der Ernte ist auch besonders zeitsparend. Zwetschgen sollten immer unmittelbar vor dem Verarbeiten geerntet werden. Werden die Früchte aufgeklaubt, müssen die Bäume nicht viel geschnitten werden. Nur wenn die Früchte gepflückt werden, müssen die Bäume regelmäßig geschnitten werden. Zum Verarbeiten eignen sich besonders die als „Hauszwetschken" bekannten Sorten, da sie einen intensiven Geschmack haben und wenig Wasser enthalten. Leider sind diese auch besonders anfällig auf das Scharka-Virus (die Früchte sind deformiert und ungenießbar, die noch grünreifen Früchte fallen ab). Empfehlenswert sind Scharka-tolerante Sorten, deren Früchte kaum oder keine Symptome ausbilden. Beim Pflanzenkauf darauf achten: Einige Sorten sind selbstfruchtbar, andere brauchen eine Bestäubersorte. Zwetschgen werden als Hochstämme oder Halbstämme gezogen. Seit einigen Jahren werden auch Buschbäume auf schwachwüchsigen Unterlagen angeboten. Diese sind für den Erwerbsobstbau gezüchtet, haben hohe Ansprüche an Dünger- und Wasserversorgung und sind daher für den Hausgarten nur bei entsprechend aufwändiger Pflege zu empfehlen. Hingegen sind Kriecherln – die auch als kleinere Sträucher gezogen werden können – sehr pflegeleicht, da sie Wurzelausläufer bilden. Allerdings nur an Stellen im Garten pflanzen, wo diese nicht stören. Über die Ausläufer können Kriecherl sehr leicht vermehrt werden. Kriecherl und Spänlinge sind säurebetonte, aromatische Früchte, die zu guten Fruchtaufstrichen verarbeitet werden können (im Gegensatz zu Kirschpflaumen). Auch aus Ringlotten lässt sich ein guter Fruchtaufstrich zubereiten (mit Zucker sparsam umgehen). In Aprikosengegenden ist die Ringlottenmarmelade die „Ersatzmarmelade", wenn die Aprikosenblüte den Spätfrösten zum Opfer gefallen ist. Ein Ringlottenbaum sollte auch nicht fehlen, vor allem dort, wo Marille nicht mehr gedeiht, es aber auch noch nicht zu kalt ist. In kühleren Lagen wird die Ringlotte durch das Kriecherl ersetzt, in rauen Lagen ist der Spänling sehr zu empfehlen. Der Spänling ist eine der frosthärtesten Arten, hat längliche, gelbe Früchte, die auf beiden Seiten zugespitzt sind. Er kann sowohl frisch gegessen, als auch zu Marmelade und Schnaps verarbeitet werden.

Die Verwandtschaft der Zwetschgen und Pflaumen umfasst eine Vielzahl verschiedener Formen.

Mit einer Dörre können große Mengen Zwetschgen leicht haltbar gemacht werden. Dazu eignen sich am besten Hauszwetschgen.

Empfehlenswerte Zwetschgensorten:

Scharka-tolerant: ‚The Czar', ‚Wangenheims Frühzwetschge', ‚Hanita' ©, ‚Cacaks Schöne' ©, ‚Katinka' ©, ‚Valjevka' ©, , ‚Mirabelle von Nancy', ‚Pillnitzer Mirabelle'

Zum Trocknen: ‚Hauszwetschge', ‚Italienische Zwetschge'

Für höhere Lagen: ‚Spänling' (‚Spilling'), ‚Kriecherl', ‚Wangenheims Frühzwetschge'

Pfirsich und Nektarine (*Prunus persica*)

Pfirsiche und Nektarinen gedeihen im Weinbauklima als freistehende Bäume. Sonst brauchen sie einen geschützten Standort (Innenhöfe, zwischen Gebäuden, ost- oder westseitiges Wandspalier) und jedenfalls einen lockeren, durchlässigen Boden. Grundsätzlich sind sie außerhalb des Weinbauklimas einfacher zu kultivieren als Aprikosen. Wichtig: Großzügig Baumscheiben anlegen und wegen der Frostempfindlichkeit der jungen Bäume nur im Frühjahr pflanzen. Für Hausgärten besonders interessant sind die wurzelechten Weingartenpfirsiche, die direkt aus den Kernen der Früchte gezogen werden können. Weingartenpfirsiche sind weißfleischig und robuster als andere Sorten – da sie meist weniger anfällig für die Kräuselkrankheit sind. Pfirsichbäume werden nicht sehr alt – nach 15–20 Jahren vergreist ein Pfirsichbaum. Daher rechtzeitig für Nachwuchs sorgen. Junge Bäume tragen bereits nach 2–3 Jahren. Weingartenpfirsiche wachsen auch in kühleren Regionen – an vor Spätfrösten geschützten Plätzen. Wenngleich sie hier nicht so alt werden, tragen sie verlässlich. Einfach einige Kerne – gleich nach dem Verspeisen der Frucht – direkt am gewünschten Platz in die Erde drücken. Einige (meist einer von drei) werden austreiben. Pfirsiche sind selbstfruchtbar und können daher auch als Einzelbaum gepflanzt werden. Die Bäume müssen jedes Jahr im Frühling stark geschnitten werden. Der richtige Zeitpunkt ist, wenn die Blüten schon leicht aus der Knospe schauen. Wenn möglich, beziehen Sie Pflanzen aus einer lokalen Baumschule, die die Bodenverhältnisse der Region gut kennt. Fragen Sie jedenfalls nach, auf welche Unterlage der Baum veredelt wurde. Auf trockenen und kalkreichen Standorten Mandeln als Unterlage verwenden, auf schweren Böden Zwetschgen. Nektarinen (Nacktpfirsiche) zählen auch zur Art *Prunus persica*.

Pfirsiche lieben offenen Boden und gedeihen daher im Weingarten gut.

Die Kerne der Weingartenpfirsiche unmittelbar nach dem Verspeisen der Frucht wieder in den Boden (oder in einen Topf) stecken.

Weingartenpfirsiche wachsen meist robust.

Empfehlenswerte Pfirsichsorten: Weingartenpfirsiche, ‚Poysdorfer Weingartenpfirsich', ‚Früher Roter Ingelheimer', ‚Amsden', ‚Jayhaven', ‚Pfälzer Glückskugel', ‚Kernechter vom Vorgebirge' (= ‚Roter Ellerstädter')

Empfehlenswerte Nektarinensorten: ‚Stark Red Gold', ‚Nektarose'

Süßkirsche (*Prunus avium*) und Sauerkirsche/Weichsel (*Prunus cerasus*)

Die Ernte eines ausgewachsenen Kirschbaums reicht für bis zu 20 Personen – im Vollertrag tragen Kirschen zwischen 70 und 150 kg. Daher sind Kirschbäume ideale Bäume für ein Tree-Sharing. Anders als Kernobst trägt Steinobst jedes Jahr. Allerdings fällt die Ernte in Jahren mit ungünstigem Blühwetter ganz oder zum Teil aus. Es sollte daher immer ein Vorrat an eingelegten Kirschen angelegt sein. Interessant ist es, hier eine frühe Sorte zu wählen, die bereits Ende Mai oder Anfang Juni reift. Zu dieser Zeit steht noch kaum anderes Obst zur Verfügung, während sich spätere Sorten mit Erdbeere, Himbeere und Johannisbeere überschneiden.

Vor allem Sauerkirschen sind im Selbstversorger-Garten wichtig: Sie lassen sich zu guten Marmeladen, Säften und Kompotten verarbeiten. Kirschen gedeihen in warmen bis kühlen Lagen und bevorzugen leichte, durchlässige und trocken-warme Böden. Sie gedeihen auch noch auf flachgründigen Böden. Kalte und nasse Böden vertragen sie nicht, hier sind sie meist nur kurzlebig. Sauerkirschen gedeihen auch auf kargen Böden und sind frosthärter. Ein guter Indikator, ob Kirschen in raueren Lagen noch gedeihen, ist, ob in der Region Wildkirschen wachsen. Aufgrund der frühen Blüte sind sie leider anfällig auf Spätfröste. Auf Sämlingsunterlagen können Kirschbäume sehr groß werden (und sind dann schwer zu beernten), können aber auch gut als Buschbaum gezogen werden. Buschbäume brauchen einen nährstoffreichen, gut mit Wasser versorgten Boden. Die meisten Süßkirschen sind selbstunfruchtbar und benötigen daher einen Bestäubungspartner in maximal 300 Meter Nähe. Bisweilen wird eine mangelhafte Befruchtung mit einem Frostschaden verwechselt. Solitär stehenden Kirschen kann es schlicht am Befruchtungspartner fehlen, und daher tragen sie nicht. Sauerkirschen sind meist selbstfruchtbar und können auch einzeln gepflanzt werden. In kalten Lagen sollten die Stämme im Herbst gekalkt werden, damit der Stamm nicht zu schnell auftaut und keine Frostrisse entstehen. In Regionen mit vielen Niederschlägen sind Kirschen sehr anfällig auf Monilia und Blattkrankheiten, und die Früchte platzen zur Reife auf. Durch geeignete Sortenwahl kann dem entgegengewirkt werden, oder die Bäume werden als Spalier unter einem Dach gepflanzt. Frühreife Sorten (1. bis 2. Kirschwoche) werden von der Kirschfruchtfliege nicht befallen. Wobei: Grundsätzlich sind spätreifende Sorten aromatischer als frühreifende Sorten. Nur ein vollständiges Einnetzen der Bäume garantiert bei späteren Sorten die „Wurmfreiheit". Gelbtafeln reduzieren den Befall. Zunehmend Probleme bereitet die aus Südostasien eingewanderte Kirschessigfliege. Der Einsatz von Nützlingen wird erprobt, ist aber noch nicht praxisreif. Vorbeugung: Fallen aus PET-Flaschen mit 10 kleinen Fangöffnungen (Durchmesser 2–3 mm) mit einer Lockflüssigkeit füllen (1:1 Mischung aus Rotwein und Rotweinessig) und in den Baum an eine schattige Stelle hängen. Misteln aus den Bäumen entfernen. Befallene Früchte nicht auf den Kompost, sondern (in einem Plastikkübel mit dicht schließendem Deckel) vergären.

Kirschen schmecken am besten frisch. Auch für die Verarbeitung unmittelbar vorher pflücken.

Im Handel sehen alle Kirschen gleich aus. Die Vielfalt ist aber weitaus größer.

Die Reifezeit der Kirschsorte wird in „Kirschwochen" angegeben. An einem warmen Standort in einem warmen Jahr reift die erste Sorte ‚Früheste der Mark' bereits

Vor allem in kalten Lagen die Stämme im Herbst kalken oder in der kritischen Zeit (Januar bis März) den Stamm mit Schilfrohrmatten einhüllen.

Mitte Mai. Die Reifezeit der einzelnen Sorten wird in 8 Kirschwochen eingeteilt.

Einige empfehlenswerte Sorten

- **Süßkirschensorten:** ‚Burlat', ‚Frühe Rote Meckenheimer', ‚Marzer Kirsche', ‚St. Veiter Pelzkirsche', ‚Hedelfinder Riesenkirsche', ‚Kordia', ‚Regina'
- **Sauerkirschensorten:** ‚Kochs Verbesserte Ostheimer Weichsel', ‚Köröser Weichsel', ‚Gerema'
- **Für Höhenlagen**: ‚Dönissens Gelbe Knorpelkirsche', ‚Kochs Verbesserte Ostheimer Weichsel', ‚Schattenmorelle'
- **Für die Saftbereitung**: ‚Schattenmorelle', ‚Große Prinzessinkirsche', ‚Köröser Weichsel', ‚Valeska', ‚Große Schwarze Knorpelkirsche'

Gemeinschaftliche Nutzung von Kirschen

In vielen Regionen werden Kirschbäume, die in der freien Landschaft stehen, gar nicht mehr geerntet. Ein besonderes Beispiel, wie man den gemeinschaftlichen Nutzen von Bäumen mit der individuellen Nutzung vereinbaren kann, wird in der Gemeinde Feuersbrunn in Niederösterreich praktiziert: Hier gibt es eine fast einen Kilometer lange Kirschbaumallee, die den Ort mit der Kellergasse verbindet. 60 große und meist reichtragende Kirschbäume wachsen auf Gemeindegrund entlang der Straße. Die Ernte jedes einzelnen Baumes wird jährlich unter den Mitgliedern der Gemeinde versteigert.

Die Bäume gehören der Gemeinde. Die Ernte jedes Baumes wird jährlich unter den BewohnerInnen der Gemeinde versteigert.

Ortsvorsteher Franz Schober wandert kurz vor der Reife der Kirschen mit den interessierten Kirschen-SelbsternterInnen von Baum zu Baum, um die Angebote für die einzelnen Bäume entgegenzunehmen. Wer bietet, sieht, was er bekommt, und das ist meist, besonders im Verhältnis zu der zugeschlagenen „Saisonpacht", wahrlich üppig. Mit einer Plakette am jeweiligen Baum wird der neue oder schon traditionelle „Kirschbaumsaisonnier" dokumentiert.

Erfahrungen von Arche Noah-GärtnerInnen

„In unserer Lage würde ich mindestens die Süßkirsche als Liebhaberei bezeichnen, da wir jedoch nicht davon leben müssen, komme ich mit einer Ernte alle 3 Jahre klar. Sauerkirschen gibt's in der Gegend reichlich. Die sind meistens ein Erfolg, aber Monilia ist ein Problem bei uns."

Uta Hill, Hausgärtnerin, Bayrisch Schwaben

Mispel/Asperl (*Mespilus germanica*)

Mispeln sind eine ideale Frucht für den Selbstversorger-Garten: Die Früchte sind im Winter reif, die Bäume werden nicht sehr groß und die Pflanzen blühen spät (Ende Mai, Anfang Juni), sind daher wenig spätfrostgefährdet und tragen verlässlich. Die Pflanzen sind robust und pflegeleicht und benötigen fast keinen Schnitt (nur zu dicht stehende Äste entfernen). Der Ertrag setzt bereits 2–3 Jahre nach dem Pflanzen ein. Allerdings sind Mispeln recht wärmebedürftig: Im Weinbauklima wachsen sie besonders gut, auch im Obstbauklima können sie gepflanzt werden, vorzugsweise an Hanglagen, jedenfalls an einem geschützten Standort. Sie brauchen durchlässige Böden. In Regionen, in denen tiefe Fröste vorkommen können, nur an geschützten Standorten pflanzen. Ab Temperaturen von unter -18 °C treten Frostschäden auf. Die Pflanzen können viele Jahrzehnte alt werden. Die Bäume sind weitgehend selbstfruchtbar und können daher auch einzeln gesetzt werden. Pflanzabstand 3–4 Meter. Meist sind die Pflanzen veredelt. Mispeln sind reichtragende Gehölze. Ausgewachsene Bäume können bis zu 30 kg Früchte tragen. Nur in heißen Lagen, oder wenn der Herbst sehr warm ist, reifen die Früchte direkt am Strauch aus. Meist hängen die Früchte auch im Spätherbst und nach dem Blattfall noch fest am Baum. Dann werden sie erst durch die Einwirkung des Frostes weich und teigig – die Früchte bekommen dann eine rost- bis schokoladebraune Farbe, schmecken süß und aromatisch. Mispeln können unreif vor den ersten Frösten geerntet werden und reifen am Lager nach (meist innerhalb von 2–3 Wochen). Luftig und kühl – am besten auf einer dünnen Lage Stroh – lagern. Besser noch, man belässt sie am Baum, bis sie durch Frosteinwirkung (im Laufe des Novembers oder Dezembers) weich geworden sind und dann leicht vom Strauch geschüttelt werden können. Reife Mispeln isst man entweder roh (obwohl sie nicht „schön" aussehen, lieben die meisten Kinder Mispeln) oder man verarbeitet sie zu Mus oder Fruchtaufstrichen. Zubereitung Mus: Die Früchte waschen, etwa die Hälfte der Menge Wasser oder Apfelsaft zugeben und aufkochen. Durch die Flotte Lotte passieren, mit Honig oder Zucker süßen. Die Früchte haben eine verdauungsregulierende Wirkung und eine heilende Kraft bei chronischen Darmleiden.

Ideal für den Selbstversorger-Garten: frisches Obst im Winter.

Wenn sie so aussehen, schmecken Mispeln am besten.

Mispeln wachsen als großer Strauch, selten auch als kleiner Baum.

'Jolico' ist die verbreitetste Kornelkirschen-Sorte.

Kornelkirsche/Dirndl (*Cornus mas*)

Kornelkirschen sollten in keinem Selbstversorger-Garten fehlen. Sie wachsen fast überall unkompliziert – eine Ausnahme sind nur Regionen mit extremer Sommertrockenheit. Ihre Früchte können zu Fruchtaufstrichen, Kompott und Säften verarbeitet werden. Auch frisch schmecken die feinsäuerlichen Früchte sehr gut. Sie haben einen sehr hohen Vitamin-C-Gehalt. Kornelkirschen blühen besonders früh und sind daher auch als Bienenweide interessant. Kultursorten wie 'Jolico' reifen nur im Weinbauklima im freien Garten aus (in höheren Lagen müssen sie geschützt stehen), Wildobst auch im gemäßigten Klima. Ältere Pflanzen liefern bis zu 20 kg Ertrag (sehr alte Pflanzen an geeigneten Standorten auch noch wesentlich mehr). Sie können auch als Hecke gezogen werden, als Laubengang oder anderes Formgehölz. Die Wildformen sind selbstfruchtbar, die Kulturformen bringen wesentlich mehr Ertrag, wenn sie von einer anderen Sorte bestäubt werden. Die Früchte reifen nach und nach und fallen vom Baum. Da das Aufklauben mühsam ist, empfiehlt es sich, Tücher und Netze unter den Sträuchern aufzulegen. Nur Früchte, die von selbst oder durch leichtes Schütteln abfallen, haben ihr volles Aroma erreicht. Die verbreitetste Sorte ist 'Jolico', die in der zweiten Septemberhälfte reift. Die aus Bulgarien stammende Sorte 'Kazanlak' hat den Vorteil, dass die Früchte relativ gleichzeitig reifen und so auf einmal verarbeitet werden können.

✻ Tipps von Arche Noah-GärtnerInnen

Pflegeleichte Wildobstgehölze

*„Es gibt zahlreiche Wildobstgehölze, die pflegeleicht sind und problemlos wachsen. Für den Beginn empfehle ich folgende sieben Arten, die übers Jahr reif werden: Die Maibeere (*Lonicera kamtschatica*) stammt aus Ostsibirien und ist bis -45 °C frostfest. Der circa 1 Meter hohe und 1 Meter breite Strauch wächst am besten in voller Sonne auf humosen Böden, will jährlich mit etwas Kompost versorgt werden und reift bereits im Mai. Da sie fremdbestäubt ist, mindestens zwei Sorten setzen. Ebenso frostfest ist die Nanking Kirsche (*Prunus tomentosa*), die sich auch als Hecke ziehen lässt. Die kleinen, kugeligen Früchte sitzen dicht an dicht direkt am Stamm und können frisch gegessen oder zu Marmelade, Gelee oder Saft verarbeitet werden. Die strauchförmigen Pflanzen werden bis zu 2 Meter hoch, nach innen gehende Triebe entfernen. Die Pflanze trägt reichlich und ist bei feuchtem Wetter anfällig auf Monilia. Die Sorte 'Orient' ist selbstfruchtbar, sonst zwei Sorten setzen. Die saftigen Beeren der Felsenbirne (*Amelanchier *spec.) reifen Ende Juni bis Anfang Juli und schmecken aromatisch süß. Die schönen Pflanzen wachsen sehr unkompliziert, sind frostfest, werden 4–6 Meter hoch und 3–4 Meter breit. Die Früchte lassen sich auch gut trocknen. Felsenbirnen können als Einzelpflanzen (die Pflanzen sind selbstfruchtbar) oder auch als Hecke gesetzt werden. Die sehr frostfesten Mini-Kiwis (Actinidia arguta) lassen sich gut an Geländern, Drähten oder einer Pergola entlang ziehen. Sie brauchen einen feuchten Boden. Nach der Pflanzung ist der Aufbau eines Grundgerüstes wichtig. Nur einige verholzende Leittriebe stehen lassen. Aus diesen wachsen die fruchttragenden Seitentriebe, diese erst nach dem fünften Auge einkürzen. Die männliche Pflanze, die 'nur' für die Bestäubung wichtig*

Die Blüte der Kornelkirschen ist eine der ersten Bienenweiden im Jahr.

Ölweiden tragen Unmengen köstlicher kleiner Beeren.

ist, kann kleiner gehalten werden. Die stachelbeergroßen Früchte sind glattschalig und müssen nicht geschält werden. Sie reifen von Ende September bis Ende Oktober. Die Früchte sind bis Weihnachten lagerbar, wenn sie in einem kühlen Keller (getrennt von Äpfeln) als ganze Trauben aufgehängt werden. Besonders für trockene Regionen empfehlenswert sind Ölweiden (Elagnus umbellata und multiflora). Der Strauch wird bis zu 3 Meter hoch und 2 Meter breit und ist bis zu -40 °C frostfest."

Siegfried Tatschl (Permakultur-Experte)

Die Früchte der Felsenbirne können frisch gegessen oder verarbeitet werden.

Walnussbäume brauchen Platz, liefern aber viele Nährstoffe für den Winter.

Walnuss (*Juglans regia*)

Walnussbäume wachsen im Weinbaugebiet und im Obstbaugebiet. Sie sind sehr spätfrostgefährdet, daher gedeihen sie in höheren Lagen nur an geschützten Standorten. Nur wenn genügend Platz ist, kann ein Walnussbaum im Selbstversorger-Garten angepflanzt werden. Ein durchschnittlicher Nussbaum hat einen Platzbedarf von 100 m². Die kleinste Nussbaumsorte ist die Sorte ‚Weinsberg 1', die allerdings nur im Weinbauklima gedeiht. Sie hat einen Platzbedarf von 50–70 m². Grundsätzlich sind Nussbäume anspruchslose Pflanzen, sie möchten jedoch keinen nassen Fuß und können nicht auf Standorten mit hohem Grundwasserstand gepflanzt werden. Nussbäume werden zwischen 50 und 70 Jahre alt. In der Winterruhe ertragen sie Frost bis -30 °C. In kühleren Obstlagen erfrieren die Austriebe alle paar Jahre. Die Bäume treiben zwar wieder aus, tragen in diesem Jahr aber keine Früchte. Nussbäume brauchen Vollsonne und werfen aufgrund ihrer Größe einen großen Schatten. Ein Nussbaum ist der ideale Baum für

Beim Auflesen der herabgefallenen Nüsse ist der Obstblitz eine große Hilfe.

Nüsse müssen trocken und luftig nachgetrocknet werden.

einen Sitzplatz, da er auch Mücken fernhält. Nussbäume nicht in die Nähe von Gemüsebeeten pflanzen. Der Beginn der Reifezeit ist sortenabhängig und erstreckt sich über 14–20 Tage. Die grüne Schale öffnet sich so weit, dass die Nuss in der holzigen Schale von alleine zu Boden fällt. Ein ausgewachsener Walnussbaum lässt in einem guten Jahr rund 80 kg reife Nüsse fallen, das sind ca. 3.500–4.000 Stück. Die baumreifen Nüsse müssen für die Langzeitlagerung in der harten Schale getrocknet werden. Bei der Trocknung verlieren sie rund 50 % ihres Gewichts. Das Trocknen von vielen Kilos an Nüssen benötigt einigen Platz, ist aber absolut unumgänglich. Um die Erntezeit zu verkürzen und nicht ständig Nüsse auflesen zu müssen, empfiehlt es sich, die reifen Nüsse aus den schon geöffneten grünen Schalen vom Baum zu schütteln und gleich aufzuklauben. Beim Auflesen der herabgefallenen Nüsse ist der Obstblitz eine große Hilfe. (→ siehe Foto links) (→ siehe Lagerung, Seite 272)

Einige empfehlenswerte Sorten

- **Für kleinere Gärten:** ‚Weinsberg 1'
- **Für große Gärten**: ‚Geisenheim 139', ‚Geisenheim 120'
- **Für Spätfrostlagen (bis 700 Meter):** ‚Geisenheim 26'

Haselnuss (*Corylus avellana* und *C. maxima*)

Haselnusssträucher wachsen unkompliziert, stellen nur geringe Ansprüche an den Boden und sind gut frostfest. Die einzelnen Sorten sind allerdings unterschiedlich widerstandsfähig gegen Spätfröste. Nur gegenüber stauender Nässe und Bodentrockenheit sind sie empfindlich. Und: Haselnusssträucher benötigen etwas Platz. Für Kleingärten sind sie daher nicht besonders geeignet. Jedoch können Kleingartenanlagen gut mit Haselnusssträuchern eingerahmt werden. Einige Baumschulen bieten säulenförmig gezogene Bäumchen an, die weniger Platz brauchen – aber auch weniger Ertrag liefern. Das Wichtigste: Haselnüsse sind reif, wenn sie abfallen. Dann müssen sie sofort aufgeklaubt werden. Sonst sind Eichhörnchen und andere Tiere schneller, die sich gerne Wintervorräte anlegen. Haselnüsse brauchen wenig Pflegeaufwand und bringen 1–3 kg Ertrag pro Strauch, veredelte Sorten deutlich mehr. Anders als

Nussbäume gedeihen sie noch außerhalb des Obstbaugebietes – wobei sie im Obstbaugebiet höhere Erträge bringen. Botanisch werden die Gemeine Haselnuss (*Corylus avellana*) und die große Hasel (Lamberts-Hasel *Corylus maxima*) unterschieden. Veredelte Sorten bilden keine Wurzelausläufer und schlagen nicht in die Wildform um.

Die Ernte der Haselnüsse erstreckt sich über circa 4 Wochen.

Haselnüsse müssen, wenn sie abfallen, täglich geerntet werden, sonst sind Eichhörnchen und andere Tiere schneller.

Lambertsnüsse fallen mit den Hüllblättern vom Strauch.

Haselnüsse mit einem Pflanzabstand von 4–5 Metern im Herbst pflanzen. Sie sind Flachwurzler; für Unterkulturen (Gemüse oder Stauden) sind sie nicht geeignet.

Ernte: Die Sträucher tragen nach 3–5 Jahren das erste Mal. Die Ernte beginnt im September und erstreckt sich über circa 4 Wochen. Die Nüsse aus dem Rest der Hüllblätter befreien und flach auflegen (in einem warmen Raum oder untertags an der Sonne oder unter einem Flachdach). Gut getrocknete Haselnüsse sind kühl bis Januar/Februar lagerbar (→ siehe Seite 260)

Einige empfehlenswerte Sorten

- ‚Klosterneuburger Selektion', ‚Merville de Bolwiller' (‚Weißmanns Zellernuss'), ‚Rote Zeller' (‚rotblättrige Zellernuss'), ‚Pauetet'

Haselnuss-Sträucher sind im Selbstversorger-Garten auch für die Ernte von Stöcken wichtig.

Diese Zaunlatten sind 2-jährige Haselnuss-Stecken aus der eigenen Ernte.

Erfahrungen von Arche Noah-GärtnerInnen

Haselnussstecken ernten

„Ich habe in meinem Garten circa 20 Haselnusssträucher. Alle zwei Jahre beernte ich die Äste, die dann so dick sind, dass ich sie gut gebrauchen kann. Ich verwende die Stecken für Rankgerüste und einfache Zäune, die ich leicht selber fertigen kann. Früher war die Haselnuss in unserer Region für Körbe genauso wichtig wie die Weide. Man hat sie überall verarbeitet, wo man gerades, biegsames Material benötigte, zum Beispiel für Heubögen."

Irmgard Scheidl, St. Margareten an der Raab

Haselnüsse rechtzeitig aufklauben

„Ein Nachbar bittet um Haselnüsse. Ich sage ihm, das ist gerade noch rechtzeitig, heute Nacht werden die letzten abfallen, das sind mindestens noch 2 kg. Komm morgen Vormittag aufs Land und sammle sie dir ein, wir lassen sie alle für dich liegen.' Zwei Wochen (!) später erscheint er mit einem großen Korb auf dem Land und will Haselnüsse einsammeln. Das Gras unter der Haselnuss ist in dieser Zeit kräftig gewachsen, Rabenkrähen, Eichhörnchen, Ratten und Mäuse waren satt und zufrieden – unnötig zu sagen, dass er keine einzige Haselnuss gefunden hat."

Traude Banek, Buxtehude

Holunder/Holler (*Sambucus nigra*)

Holunder ist eine der wichtigsten Obstarten im Selbstversorger-Garten. Im Mai/Juni lassen sich die Blüten entweder trocknen und zu feinschmeckenden (fiebersenkenden und krampflösenden) Tees verarbeiten oder als Holundersirup ansetzen. Wichtig: Vor dem Pflanzen genau überlegen, wo man ihn setzen will. Die Pflanzen lassen sich nicht leicht entfernen und treiben auch aus kleinen Wurzelstücken wieder nach. Holunder wächst grundsätzlich überall, gedeiht aber auf humosen, nährstoffreichen und tiefgründigen Böden besonders. Er wächst als Gehölzrandpflanze gut, auch im Hühnerauslauf bewährt er sich – hier wird er gut gedüngt, und die Hühner sitzen gerne auf seinen Ästen. Wenn er zu hoch wird, kann er leicht wieder eingekürzt werden. Der Schwarze Holunder gedeiht auch noch in Gebirgslagen. Meist hier sogar besser als im trockenen Weinbaugebiet. Die Pflanzen bilden nur flache Wurzeln aus und lassen in trockenen Sommern alle Blätter fallen.

Pflanzung: Junge Holunderpflanzen wachsen selbst außerhalb der Pflanzzeit sogar mit nackten Wurzeln recht problemlos an, wenn ihnen ein feuchtes und gut gedüngtes Plätzchen geboten wird. Nach dem Pflanzen zurückschneiden. Einfach ist auch die Vermehrung über Steckhölzer: Dazu an einem frostfreien Tag im Winter oder frühem Frühjahr einen einjährigen Trieb etwa bleistiftlang abschneiden und bis zu etwa drei Viertel direkt an Ort und Stelle oder in ein Beet mit lockerer, nährstoffreicher Erde stecken. Im Lauf des Frühjahrs treibt die Pflanze neu aus. Ein Entspitzen fördert die Ausbildung weiterer Triebe.

Holler fruchtet am zweijährigen Holz. In kleinen Gärten die abgetragenen Triebe im Herbst nach der Ernte stark zurückschneiden.

Ernte: Sobald sich alle Früchte blauschwarz verfärbt haben, schneidet man die gesamte Fruchtdolde ab und entfernt einzelne verdorbene oder noch grüne Beeren. Da die Beeren sehr stark färben, empfiehlt es sich, Handschuhe zu tragen. Für die Weiterverarbeitung (Dampfentsaften, Gelee etc.) die Beeren abrebeln.

Dampfentsaftet ergeben die reifen Holunderbeeren (gemischt mit Zwetschgen oder Äpfeln) feine Säfte.

Viele Beerensträucher fruchten rasch und sind bei Kindern sehr beliebt.

Planung eines Beerenobst-Gartens

Vor allem, wer Kinder hat, weiß einen Beerenobstgarten sehr zu schätzen. Da das meiste Beerenobst relativ rasch zu fruchten beginnt, kann man auch erst mit der Anlage eines Beerengartens beginnen, nachdem man Kinder bekommen hat. (Fast) alle Beeren sind roh essbar, viele Kinder naschen sie am liebsten gleich direkt von der Pflanze. Auch eingekocht zählen Beerenfrüchte zu den Lieblingen von Kindern: etwa die für viele unschlagbare Erdbeermarmelade oder die Himbeermarmelade. Manche Beerenarten haben auch noch einen anderen Nutzen und weitere Verwendungsmöglichkeiten: Kiwi und Weintraube beschatten Pergolen oder Terrassen. Die Blätter von Himbeeren und Brombeeren liefern einen guten Kräutertee, der vor allem in Mischungen beliebt ist.

Durchschnittlicher Platzbedarf von Beerenpflanzen

Beerenart	Platzbedarf in m^2
Erdbeeren	0,16
Himbeeren	1
Johannisbeeren	2
Jostabeeren	4
Stachelbeeren	1,5
Brombeeren	4
Heidelbeeren	2,5
Preiselbeeren	0,25
Kiwai	2,5
Goji	1
Kamtschatka Heckenkirsche (Maibeere)	1,5
Apfelbeere	2

Quelle: eigene Zusammenstellung

Brombeeren reifen von Juli bis September.

Mit einer Tröpfchenbewässerung lässt sich am leichtesten eine gleichmäßige Wasserversorgung sicherstellen, die besonders bei Beerenobst wichtig ist.

Brombeeren lassen sich im Juni/Juli leicht über Grünstecklinge vermehren.

Standort

Vollsonnige, luftige, vor starken Winden und Spätfrösten geschützte Standorte sind für die Anlage eines Naschgartens bestens geeignet. Johannisbeeren und Stachelbeeren können auch halbschattig gepflanzt werden. Ungeeignet für die Anlage eines Naschgartens sind Standorte, die in den letzten Jahren für den Beerenobstanbau genutzt wurden.

Bodenqualität

Die meisten Beerenarten bevorzugen einen lockeren, humosen, leicht sauren Boden. Wird der Garten auf einer ehemaligen Rasenfläche angelegt, ist die Anlage einer Gründüngung über 1–2 Jahre zur Verbesserung der Bodenqualität und zur Lockerung des Bodens zu empfehlen. Gründüngungen werden nicht geerntet, sondern in den Boden eingearbeitet. Dadurch werden dem Boden Nährstoffe zugeführt und vor allem organische Substanz, die den Bodenlebewesen als Nahrung dient. Diese Bodenorganismen, vom Regenwurm bis zu (sehr nützlichen) Pilzen und Bakterien, vermehren sich dadurch und bauen durch ihre Tätigkeiten ein lockeres Bodengefüge auf, in dem Pflanzen gut wurzeln können. Als Gründüngungspflanzen sind z. B. geeignet: Platt- und Futtererbse, Sommerwicke, Buchweizen, Ackerbohne, Gelbsenf, Inkarnatklee und Phacelia.

Bewässerung

Beerenobst liebt und braucht eine gleichmäßige Wasserversorgung. Ideal ist es daher, unter den Sträuchern eine Tröpfchenbewässerung zu legen. Aus den kleinen Löchern der Schläuche tritt das Wasser langsam aus und kann versickern, dadurch ist dieses System sehr wassersparend. Die Bewässerungsschläuche sollten allerdings entweder im Kreis um die einzelnen Sträucher gelegt werden oder beidseitig der Pflanzen (bei Himbeeren), um eine ausreichende Wasserzufuhr zu gewährleisten. Im Normalfall reicht es, wenn die Bewässerung im Sommer alle zwei Wochen eingeschaltet wird, dann sollte sie aber mehrere Stunden laufen. Dadurch wird der Boden nicht nur oberflächig befeuchtet, sondern tiefgründig. Das führt dazu, dass die Wurzeln auf der Suche nach dem Wasser in die Tiefe wachsen und die Pflanzen das Bodenwasser besser nutzen können. Je nach System kann die notwendige

Beregnungsdauer variieren. Testen Sie neue Systeme aus, indem Sie beim ersten Mal Gießen regelmäßig kontrollieren, wie tief der Boden schon feucht ist. Wenn das Wasser 20–30 cm tief eingedrungen ist, können Sie wieder abschalten. Notieren Sie sich die Dauer und gießen Sie beim nächsten Mal wieder genauso lang.

Erntezeit im Beerenobst-Garten

Art	Erntebeginn	Ende der Erntezeit
Kamtschatka Heckenkirsche (Maibeere)	Juni	Anfang Juli
Erdbeere (Ananaserdbeere)	Mitte Juni	Ende Juli
Erdbeere, zweimaltragend	Mitte Juni	September
Monatserdbeere	Juni	Oktober
Himbeere, einmaltragend	Mitte Juni	Ende Juli
Himbeere, zweimaltragend	Anfang August	Oktober
Johannisbeere	Mitte Juni	Ende August
Stachelbeere	Mitte Juni	Ende August
Brombeere	Anfang Juli	Ende September
Kornelkirsche	Mitte August	Ende September
Weiße Maulbeere	Mitte Juli	Ende September
Apfelbeere	Anfang August	Ende August
Goji-Beere	August	Oktober
Heidelbeere	Mitte Juli	Ende August
Kiwai/Mini-Kiwi	Ende August	Oktober
Kiwi	September	Oktober (genussreife ab November)

Quelle: eigene Zusammenstellung

Maibeeren sind nach dem Rhabarber das erste Obst im Garten.

Erdbeeren (*Fragaria* spec.)

Im Selbstversorger-Garten bewährt es sich, reichtragende Gartenerdbeeren (zum Frischverzehr und zum Einkochen) und Monatserdbeeren, die über den ganzen Sommer bis zu den Frösten tragen, zu pflanzen. Für eine gute Versorgung eines 4-Personen-Haushaltes (ca. 18–24 kg) setzt man 48 Pflanzen und benötigt 8 Quadratmeter. Besonders die reichtragenden, flachwurzelnden Gartenerdbeeren brauchen Licht und Wärme, daher ist ein Schutz vor Austrocknung wichtig. Erdbeeren werden Ende Juli bis Mitte August gepflanzt. So kann man bereits im kommenden Jahr einen guten Ertrag erwarten. Den Boden vorbereiten und gut lockern und alle Unkräuter sorgfältig entfernen. Am besten in weiten Abständen pflanzen: zwei Reihen in einem 120 cm breiten Beet, Abstand in der Reihe 20–30 cm. Die Pflanzen nicht zu tief setzen – so, dass das Herz der Pflanze nicht verschüttet ist und die Wurzeln nicht aus der Erde herausragen. Nach dem Pflanzen die Beete mit reifem Kompost abdecken (5–7 Liter pro m^2). Über den Winter kann man auch mit Nadelstreu abdecken. Auf schweren Böden besser auf Dämmen anbauen. Erdbeeren lassen sich sehr einfach selbst vermehren. Dies ist zu empfehlen, da, um die Pflanzen gesund und ertragreich zu erhalten, das Beet alle 2–4 Jahre neu angelegt werden muss. Dabei werden nicht die alten

Für den Selbstversorger-Garten sind die einmaltragenden Sorten (zum Einkochen) und Sorten, die über einen längeren Zeitraum frisch geerntet werden können, am wichtigsten.

Erdbeeren bilden an langen Ausläufern junge Pflanzen, die für die Vermehrung genutzt werden.

Monatserdbeeren können fast täglich bis zu den ersten Frösten geerntet werden.

Mit Monatserdbeeren lassen sich Beete gut abgrenzen.

Pflanzen neu gepflanzt, sondern die von ihnen selbst gebildeten Jungpflanzen – die Kindeln, die die Pflanzen an den oberirdischen Ausläufern bilden – abgenommen und gesetzt. Die Ausläufer abnehmen und topfen oder in ein kaltes Frühbeet pflanzen, wo sie rasch bewurzeln. Rankenlose Monatserdbeeren eignen sich gut als Beeteinfassung.

Pflege: Gartenerdbeeren müssen sorgfältig gepflegt werden. Nach der Ernte die Blätter mit einer Schere oder einem hochgestellten Rasenmäher entfernen (und kompostieren), dabei die Herzblätter schonen und mit reifem (!) Kompost bedecken.

Im Selbstversorger-Garten kann auch die Anlage einer Erdbeerwiese interessant sein (→ Sortenempfehlungen). Die Erdbeerwiese wird im April oder Mai ausgepflanzt (3–4 Pflanzen pro m² auf einem unkrautfreien) und zwischen 3 und 6 Jahre geerntet. Pro Quadratmeter können bis zu 2,5 kg geerntet werden. Also weniger als bei einem „normalen" Erdbeerbeet, dafür sind auch die Pflegearbeiten extensiver: Die Kindeln werden nicht entfernt, und die bei Gartenerdbeeren notwendigen Pflegearbeiten sind nicht notwendig. Wichtig ist nur, dass im Jahr der Pflanzung das Beet wirklich unkrautfrei gehalten wird.

Eine Mulchschicht aus Stroh oder Heu hält auch die Beeren sauber.

- **Empfehlenswerte (einmaltragende) Gartenerdbeer-Sorten:** ‚Senga Sengana', ‚Fraroma', ‚Wädenswil 6', ‚Polka', ‚Jubilae', ‚Weidling', ‚Mieze Schindler'
- **Empfehlenswerte (zweimaltragende) Sorten**: ‚Mara des Bois', ‚Ostara', ‚Rapella'
- **Empfehlenswerte Monatserdbeeren**: ‚Rügen', ‚Weiße Baron Solemacher'
- **Empfehlenswerte Moschuserdbeeren**: ‚Profumata di Tortona', ‚Capron Royal'
- **Sorten für eine Erdbeerwiese**: ‚Spadeka', ‚Florika', ‚Pink Panda'
- **Erdbeeren in Höhenlagen**: Da Erdbeeren sehr frosthart sind, können sie auch noch in Höhenlagen bis 1.600 Meter angebaut werden. Pro 100 Höhenmeter rechnet man mit einer um 3–7 Tage später einsetzenden Ernte.

Bei Erdkontakt bilden die Kindeln selbst Wurzeln …

… und können einfach getopft oder gepflanzt werden.

Die Himbeer-Ruten in ein Drahtgerüst einzufädeln, bringt Übersichtlichkeit.

Himbeeren (*Rubus idaeus*)

Frisch gesetzte Himbeeren tragen im Jahr nach der Pflanzung, ab dem zweiten Jahr stehen sie im Vollertrag. Im Selbstversorger-Garten ist es empfehlenswert, eine Sommersorte für die Sommerernte und eine Herbsthimbeere für die Herbsternte zu setzen. Sommerhimbeeren werden auch als einmaltragende Sorten bezeichnet und fruchten an den vorjährigen Ruten. Diese sind verholzt und daher braun. Herbsthimbeeren (= theoretisch zweimaltragende Sorten) tragen je nach Sorte ab Juni bis September bis zu den ersten Frösten. Himbeeren sind auch für kleine Gärten geeignet, wenn sie durch ein passendes Stützsystem gut in Schach gehalten werden. Von einer 10 Meter langen Hecke kann man leicht 10 Kilo Früchte ernten. Pflanzung: Vor dem Pflanzen den Boden gut lockern und mit kompostiertem Mist oder Kompost versorgen. Im guten Gartenboden reicht eine Bearbeitungstiefe von 15 cm. Im jungen oder verdichteten Gartenboden muss tiefer gelockert werden. Himbeeren können das ganze Jahr über gesetzt werden. Man setzt die Pflanzen in einer Reihe in einem Abstand von 50 cm. Ein guter Reihenabstand sind 2,5 Meter. Man benötigt daher weniger als eine Pflanze/m^2. Die Pflanzen können über 10 Jahr auf demselben Standort bleiben. Himbeeren haben ein flaches Wurzelsystem und müssen dicht gemulcht werden, um üppig und ertragreich zu wachsen. Zum Beispiel mit Bändchengewebe (MyPex-Folie) und Hackschnitzeln oder den Siebresten aus dem Kompost.

Pflege Sommerhimbeeren: abgetragene Ruten gleich nach der Ernte möglichst nahe am Boden abschneiden, Jungruten (die im nächsten Jahr tragen werden) auf 15 Stück pro m^2 reduzieren.

Pflege Herbsthimbeeren: Herbsthimbeeren tragen bereits an den diesjährigen Ruten. Diese Ruten könnten theoretisch im kommenden Frühsommer nochmals geerntet werden. Um den Bestand gesund zu halten (Rutenkrankheit), hat es sich jedoch bewährt, die Ruten nach der Ernte bodennah abzuschneiden und auf die zweite Ernte zu verzichten.

Bewährte Stützgerüste/Ranksysteme

Sommerhimbeeren „Staberziehung". Bei diesem System werden „Jungruten" und „Tragruten" getrennt und abwechselnd aufgebunden. Der Bestand ist übersichtlich, und beim Ernten stören die Jungruten nicht. Dazu benötigt man ein Beet bzw. einen Randstreifen von 40–60 cm Breite und pro 5–8 m Länge zwei feste Pfosten, die man am Ende des Beetes fest in die Erde schlägt. An diesen werden entweder rechts und links dünne Holzlatten oder Draht befestigt. Alle 50 cm werden dünnere Stäbe (z. B. Bambusstäbe) am Draht befestigt. An diesen werden abwechselnd jeweils die einjährigen und die zweijährigen = tragenden Ruten zusammengefasst. Die Jungruten können bei Bedarf locker an die Stäbe gebunden werden, nach dem Laubfall werden sie dann festgebunden.

Herbsthimbeeren: Dazu kann man entweder ein einfaches Drahtgitter (z. B. einen Wildzaun) in 70 cm Höhe waagrecht auf Holzpfählen montieren. Die Himbeerruten wachsen durch das Gitter hindurch. Das Gerüst sollte nicht breiter als 40 cm sein, da ansonsten der Bestand zu dicht und die Bearbeitung (Abschneiden der Ruten, Jäten) schwierig wird. Die Ruten lassen sich auch wie Sommerhimbeeren an einem Drahtspalier befestigen. An mageren Standorten können Herbsthimbeeren auch ohne jedes Gerüst gezogen werden.

Einige empfehlenswerte Sorten

- **Sommerhimbeeren:** ‚Winklers Sämling', ‚Zefa 2', ‚Malling Promise', ‚Willamette',
- **Herbsthimbeeren**: ‚Autumn Bliss', ‚Romy', ‚Fallgold'

Brombeeren (*Rubus* sectio *Rubus*)

Im Jahr nach der Pflanzung kann man von frisch gesetzten Pflanzen erste Früchte ernten, ab dem zweiten Jahr stehen sie im Vollertrag. Brombeerpflanzen können sehr reichtragend sein – vorausgesetzt es regnet ausreichend: Eine Pflanze kann 5–12 Kilo Ertrag bringen. Wer nach der Ernte nicht am ganzen Körper zerkratzt sein möchte, setzt entweder rankenlose Sorten oder zieht sie an einem Rankgerüst in die Höhe.

Pflanzung: Brombeeren setzt man in einem sehr weiten Pflanzabstand von 3–4 Metern und, wenn mehrere Reihen gesetzt werden sollen, mit einem Reihenabstand von 2,5–3 Metern. Mit etwas reifem Kompost versorgen. Die Erziehung am Gerüst ist von der Sorte abhängig: Brombeeren, die ranken und lange Ruten bilden (‚Theodor Reimers', ‚Jumbo', ‚Thornfree') leitet man am besten auf zwei Spanndrähten (in ca. 50 und ca. 100 cm Höhe). Sorten, die eher aufrecht wachsen, werden fächerförmig erzogen (‚Navaho', ‚Loch Ness', ‚Scotty Loch Tay', ‚Black Satin'). Dazu 3–5 Tragruten pro Pflanze fächerartig an den Spanndrähten befestigen, die idealerweise in 80, 120 und 180 cm Höhe gespannt sind. Starkwachsende Sorten wie ‚Theodor Reimers' nicht im Kleingarten pflanzen.

Pflege: Zwischen Mitte März und Mitte April mit etwas reifem Kompost versorgen, die abgeernteten Triebe und überzählige Jungruten im Herbst bodeneben abschneiden. Triebe mit rötlichbraunen-ovalen

Himbeeren brauchen eine gute Wasserversorgung. Auch Mulchen (zum Beispiel mit einer Mypex-Folie und mit Hackschnitzel) kann den Boden gut feucht halten.

Die Seitentriebe der einjährigen Brombeer-Ruten laufend auf 2–4 Knospen einkürzen oder ganz entfernen. So bleibt der Bestand locker und gesund.

Flecken sofort möglichst bodennah abschneiden (Pilzkrankheit Himbeerrutenkrankheit). Im Sommer – vor der Ernte – die Seitentriebe der Tragruten auf 2 Augen einkürzen. Viele ältere Sorten bewurzeln leicht, wenn die Triebe den Boden berühren (z. B. ‚Theodor Reimers'), die meisten modernen Sorten sind leichter in Schach zu halten. Für die Selbstversorgung ist eine Sortenwahl nach Reifezeitpunkt empfehlenswert: Manche Sorten reifen ab Anfang Juli (z. B. ‚Loch Ness', ‚Scotty Loch Tay'), andere tragen bis in den Oktober (‚Navaho').

- **Empfehlenswerte Brombeersorten:** ‚Thornfree' (nur im Weinbauklima), ‚Navaho'
- **Empfehlenswerte Brombeersorten für Kleingärten:** ‚Scotty Loch Tay', ‚Navaho', ‚Black Satin', ‚Jumbo', ‚Geschlitztblättrige Brombeere'

Johannisbeeren und Stachelbeeren (*Ribes* spec.)

Im Selbstversorger-Garten ist es empfehlenswert, sowohl schwarze wie auch rote und weiße Johannisbeere anzubauen. Vor allem schwarze Johannisbeeren lassen sich sehr gut zu Saft und Fruchtaufstrichen verarbeiten. Weiße und rosafarbene eignen sich besonders für den Frischverzehr. Stachelbeeren bringen – sofern sie gesund bleiben und nicht vom Mehltau befallen werden – echte Massenerträge, und werden am besten frisch gegessen. Die Sträucher gedeihen auf einem guten Gartenboden und auch im Halbschatten (in sommertrockenen Regionen nur hier). Die Pflanzen bringen im zweiten Jahr nach dem Setzen die erste Ernte und sind ab dem 5. Jahr im Vollertrag. Pflanzung: Den Boden vor dem Pflanzen mit etwas Kompost versorgen und im Abstand von 1,5 x 2 Metern setzen. Stachelbeeren sind spätfrostgefährdet, Johannisbeeren sind frostfest und gedeihen bis auf 1400 Meter Höhe. Pflege: Im Frühjahr jäten und anschließend mit Stroh oder Sägespänen mulchen, alle 2–3 Jahre mit Kompost versorgen, in Regionen, in denen es wenig regnet, bewässern, bis die Früchte ihre volle Größe erreicht haben. Schnitt Rote Johannisbeeren: Nach 2–3 Jahren haben Rote Johannisbeeren ihre volle Größe erreicht und haben dann 8–12 starke Bodentriebe. Ab diesem Zeitpunkt jährlich (nach der Ernte) die 2–3 ältesten Triebe bodennah entfernen. Schnitt Schwarze Johannisbeeren: Aus den 7–9 stärksten Trieben aufbauen und jährlich die

Weiße Johannisbeeren bringen weniger Ertrag als die Roten.

Schwarze Johannisbeeren zu verarbeiten, ist etwas zeitaufwändig. Die Marmelade ist geschmacklich unerreicht.

2–3 ältesten entfernen, auf möglichst bodennahe Triebe ableiten. Schnitt Stachelbeeren: Etwa 6 Gerüstäste stehen lassen, jährlich 1–2 entfernen, Triebe, die sich zu Boden neigen, einkürzen und im Spätwinter die Triebspitze um 5 cm einkürzen (hier überwintert gerne der Pilz Amerikanischer Stachelbeermehltau). Ernte: Johannisbeeren und Stachelbeeren reifen ab Anfang

Am besten schmecken Johannisbeeren frisch vom Strauch …

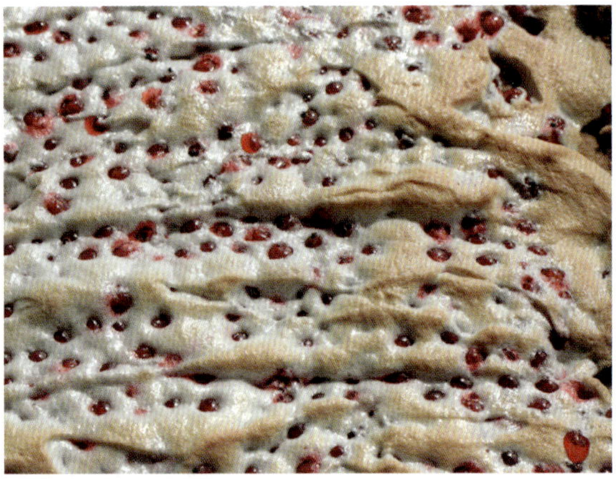

… zum Beispiel als Belag für einen schnellen Blechkuchen.

Juni (Weinbauklima) bis Juli. Die reifen Früchte können relativ lange am Strauch hängen, je später sie gepflückt werden, umso aromatischer werden sie.

Einige empfehlenswerte Sorten

- **Schwarze Johannisbeeren:** ‚Hedda', ‚Silvergieters Schwarze', ‚Daniels September', ‚Ometa'
- **Rote Johannisbeeren**: ‚Jonkheer van Tets', ‚Rote Holländische', ‚Red Lake', ‚Heinemanns Rote Spätlese'
- **Weiße Johannisbeeren**: ‚Weiße Versailler', ‚Weiße aus Jüterbog'
- **Josta**: ‚Jonova', ‚Josta'
- **Stachelbeeren**: ‚Rokula', ‚Invicta', ‚Hinnomaki', ‚Mucurines'

Obst richtig ernten und lagern

Erdbeeren, Johannisbeeren, Äpfel, Birne, Nüsse: Jede Obstart hat eigene Ernte- und Lagereigenschaften. Es ist nicht möglich, allgemein gültige Kriterien über alle Obstarten hinweg zu definieren. Grundsätzlich gilt: Alle Obstarten, die im Frühsommer und Hochsommer reifen, eignen sich maximal für die kurzfristige Lagerung (→ siehe Sommergemüse und Obst kurzfristig richtig lagern, Seite 258). Richtiges Lagerobst reift im Herbst und braucht gute Lagerbedingungen (→ siehe Gemüse und Obst langfristig richtig lagern, Seite 259). Sowie allgemeine Hinweise im Kapitel Die eigene Ernte lagern, Seite 256.

Bei fast allen Obstarten gibt es auch große Unterschiede in der Lagerfähigkeit der einzelnen Sorten. → Siehe die Sortenempfehlungen bei den einzelnen Artenporträts.

Literatur

- Siegfried Tatschl (2015). 555 Obstsorten für den Permakulturgarten und -balkon. Innsbruck: Löwenzahn Verlag.

Im Selbstversorger-Garten sind Hecken als Windbremse und Sonnenfalle wichtig. Die Früchte der Wildrose lassen sich mitten im Winter zu feinen Fruchtaufstrichen verarbeiten.

Ausreichend Basilikum für die Frischernte und ein paar Gläser Pesto bringt eine Pflanze des Griechischen Strauchbasilikums.

Kräuter anbauen

Die Selbstversorgung mit Tee- und Gewürzkräutern gelingt auch auf kleinen Flächen und auch mit wenig Zeitaufwand. So lange wie möglich sollte man Tee- und Gewürzkräuter frisch aus dem Garten beernten und immer nur so viel trocknen, bis die frischen Kräuter wieder geerntet werden können. Wesentlich für einen Erfolg ist, dass Kräuter entsprechend ihren Lebensbereichen angebaut werden – sei es im Topf oder im Garten. Denn die Ansprüche der Kräuter an Dünger, Wasserversorgung und den Boden sind sehr unterschiedlich. Einige Kräuter gedeihen am besten im Gemüsebeet, andere im Kräuterbeet, eine dritte Gruppe im Mediterranen Kräuterbeet und eine vierte große Gruppe wird als Kübelpflanzen angebaut. Diese brauchen auch frostfreie Überwinterungsplätze. Einige wenige gedeihen am besten im Halbschatten oder am Wasserrand.

Kräuter und ihre Lebensbereiche im Garten

Allzu oft werden die beliebten Kräuter – zum Leid der Kräuter – in ein „Kräuterbeet" oder einen „Kräutertopf" zusammengepflanzt. Was in der Ordnung des Gewürzregals Sinn sinnvoll ist – weil die Kräuter so in Reichweite des Herdes stehen –, macht im Garten wenig Sinn: Petersilie hat ganz andere Wuchsansprüche als Salbei. Schnittlauch ist zwar ebenso intensiv grün wie Basilikum und braucht wie dieses viel Wasser und Nährstoffe, wächst aber bei ganz anderen Temperaturen gut.

Wir haben die einzelnen Kräuter und ihre Ansprüche an Boden, Dünger und Bewässerung jeweils in Gruppen zusammengefasst (→ ausführlich siehe dazu unser Buch „Kräuter richtig anbauen"). Aus dieser Zusammenstellung ergeben sich konkrete Anbauorte im Garten, die wir als Lebensbereiche bezeichnen. Alle Kräuter können auch sehr gut in Töpfen, im Hochbeet oder anderen Gefäßen angebaut werden. Auch für den Anbau im Topf gilt, dass wir den Kräutern die richtigen Wachstumsbedingungen bieten müssen: Das sonnenhungrige

Basilikum aus dem Lebensbereich Beet braucht einen vollsonnigen Standort am Balkon. Die Gehölzrandpflanze Kerbel wächst an einem halbschattigen Standort und die Wasserrandpflanze Brunnenkresse muss auch im Topf richtig nass kultiviert werden.

Den meisten Pflanzen sieht man es schon an ihren Blättern und ihrem Wuchsverhalten an, welche Ansprüche sie haben und wo sie am liebsten wachsen: Alle Kräuter mit kleinen, harten Blättern – wie Thymian oder Bohnenkraut – brauchen nährstoffarme, steinige Standorte. Alle Kräuter mit großen, intensiv grünen Blättern sind nährstoffhungrig und können große Blattmaßen bilden, wenn sie richtig gut gedüngt sind und eine gute Wasserversorgung haben. Weißlaubige und silbrige Kräuter gedeihen nur in der prallen Sonne und auf kargen Standorten und wachsen hier üppig.

Viele Mediterrane Kräuter gedeihen auch in Steinmauern gut, wenn sie als kleines Pflänzchen gepflanzt werden.

Mischkultur von Kräutern und Gemüse

Aus der Angabe dieses Lebensbereichs lässt sich ableiten, für welchen Standort oder welche Standorte eine Pflanze gut geeignet ist. Die meisten dieser Standorte müssen im Garten gezielt hergestellt werden. Besonders bei mehrjährigen Kräutern ist es wichtig, sie an einen Standort zu pflanzen, an dem sie sich gut entwickeln können. Schließlich sind Pflanzen ja uns Gärtnerinnen und Gärtnern „ausgeliefert" und können nicht einfach davonlaufen, wenn es ihnen zu heiß, zu kalt zu schattig oder zu sonnig ist. Dann wachsen sie meist kümmerlich, werden krankheits- und schädlingsanfällig und haben kein langes Leben – so kommen mediterrane Kräuter wie Salbei oder Rosmarin auf zu fetten Gartenböden einfach nicht über den Winter, selbst wenn dieser mild ist.

Viele Kräuter können nicht nur in einem Lebensbereich gut wachsen, oder sie entwickeln sich einfach unterschiedlich, je nachdem, ob sie mit mehr oder weniger Nährstoffen, mit mehr oder weniger Wasser oder mit mehr oder weniger Sonnenlicht versorgt sind. Doch gibt diese Einleitung eine Richtlinie vor, anhand derer man sich rasch einen Überblick verschaffen kann, was Kräuter im Garten brauchen, um gut und ertragreich zu gedeihen, und mag vielleicht auch gleich auf einen Blick erklären, warum das eine oder andere Küchenkraut bislang im Garten nicht so richtig gut gewachsen oder konsequent jeden Winter eingegangen ist.

Weißbehaarte Kräuter gedeihen am besten im kargen Gestein.

Alle Kräuter kann man auch im Topf anbauen. Hier die fruchtige Orangen-Minze, eine der besten Teepflanzen.

Petersilie wächst gut im Gemüsegarten. Vorausgesetzt, dass jährlich der Standort gewechselt wird.

Schnittlauch wird am besten alle 2-3 Jahre auf einem neuen Beet angebaut.

Lebensbereich Gemüsebeet

Kräuter, die im Lebensbereich Gemüsebeet gerne wachsen, brauchen zu ihrer vollen Entwicklung einen offenen oder gemulchten Boden um sich herum und haben es gar nicht gerne, wenn ihnen andere Pflanzen zu stark zu Leibe rücken. Viele werden direkt gesät, dazu müssen die Beete gut vorbereitet werden: Unkräuter werden entfernt und mit einem Rechen oder einer Fräse wird ein Saatbeet bereitet. Konkurrenz und Pflanzabstand spielen eine große Rolle. Der Boden ist ein guter Gartenboden, Beete werden regelmäßig mit Dünger – am besten mit reifem Kompost – versorgt. Die Pflanzen, die hier wachsen, sind entweder Mittel- oder Starkzehrer.

Viele einjährige Kräuter lassen sich gut in Mischkultur mit unterschiedlichen Gemüsen anbauen. Hingegen gelingen Mischkulturen von Gemüse und mehrjährigen Kräutern in der gärtnerischen Praxis kaum.

Fruchtfolge auch bei Kräutern

Eine gute Fruchtfolge ist entscheidend, damit Kräuter im Garten gut gedeihen. Schnittlauch und Petersilie gedeihen in vielen Gärten schlecht. Fast immer einfach aus dem Grund, dass sie stets am selben – meist am küchennächsten – Plätzchen angebaut werden und der Boden hier schon „müde" ist. Werden sie in ein frisches Beet gepflanzt, wachsen sie meist wieder gesund.

Pflege/Kulturmaßnahmen: jährliche Düngung, Fruchtfolge oder/und gezielte Mischkultur, regelmäßige Bewässerung, im Herbst: Abräumen der Beete, umstechen oder Boden lockern, mulchen mit Grasschnitt, regelmäßig Gesteinsmehl einbringen, Gründüngung anbauen.

Gemüsebeet-Kräuter: Rucola, Petersilie, Basilikum, Dill, Einjähriges Bohnenkraut, Gewürz-Fenchel, Schnittlauch, Schnittknoblauch, Koriander, Kümmel, Liebstöckl, Indianernessel, Portulak, Mönchsbart, Garten-Kresse, Perilla, Minze, Einjähriger Majoran, Zitronenverbene (Weinbauklima), Zitronenmelisse, Tropische Salbeis (Weinbauklima), Ringelblume.

Den Lebensbereich Beet kennzeichnet der – von uns Gärtnerinnen und Gärtnern – offengehaltene und gut gedüngte Boden. So hat der Lebensbereich Beet kein natürliches Vorbild hat – in der Natur gibt es keine dauerhaft offene Erdoberfläche und keinen eingezäunten Garten.

Zitronenverbene bildet auf gut gedüngten Beeten viele Blätter.

Dill ist auf den Märkten kaum zu bekommen. Auch daher lohnt sich der Anbau jedenfalls.

Viele nährstoffhungrige Kräuter wachsen am liebsten im Gemüsebeet und in Nachbarschaft zu Gemüse. Hier Rucola bei Paprika.

Besonders alle Gemüsebeet-Kräuter eignen sich als gute Mischkulturpartner zu Gemüse. Hier gibt es einige sehr bekannte und bewährte Mischkulturen (Basilikum und Tomate; Petersilie und Tomate; Bohnenkraut und Bohnen; Dill und Gurke, Karotte, Kohl Rote Rübe, Salat, Bohne, Erbse; Schnittknoblauch und Erdbeere). Ebenso gibt es einige bekannte ungünstige Kombinationen (Petersilie und Salat; Dill und Tomate).

Lebensbereich Kräuterbeet

Im Kräuterbeet können die Kräuter gemeinsam mit einjährigen Blumen oder mehrjährigen Gräsern und Stauden angebaut werden. Immer sind es baumfreie Flächen in voller Sonne. Die klassischen Kräuterbeete im Bauerngarten sind die Randbeete, wo viele Gewürz- und Teekräuter gemeinsam mit den „typischen" Bauerngartenstauden wachsen. Ist das Beet von einem Zaun umgrenzt, ist es wichtig, diesen so zu gestalten, dass die Latten ausreichend Sonne durchlassen.

Bei der Anlage von Kräuterbeeten ist es von großer Bedeutung, sich die Gestaltung gut zu überlegen – oder sich von Fachleuten beraten zu lassen –, bevor man pflanzt. Schließlich sollen sich die Pflanzen hier gleich über viele Jahre gut entwickeln können. Und auch wenn man die einzelnen Pflanzen alle paar Jahre aus dem Boden nimmt und teilt, bleiben meistens daneben andere Pflanzen im Boden, sodass man die Fläche nie gänzlich neugestalten kann. Oder anders gesagt: auch nicht muss. Wenn die Pflanzen im richtigen Abstand zueinander gepflanzt werden, können sich über die Jahre unglaublich eindrucksvolle Kräuterbeete entwickeln.

Kräuter fürs Kräuterbeet

Die wichtigsten Kräuter im Kräuterbeet: Agastache, Eberraute, Estragon, Ysop, Strauch-Basilikum, Salbei, Engelwurz, Eibisch, Schottischer Liebstöckl, Malve, verschiedene Minzen, Austernpflanze, Süßdolde, Oregano, Bibernelle, Frauenmantel, Weiße Melisse, Kreta-Melis-

Basilikum braucht viele Nährstoffe und viel Wärme.

Vielerorts wächst er daher am besten im Topf …

… und am liebsten vor Regen geschützt.

Die Weiße Melisse gedeiht auch auf sommertrockenen Standorten.

Die Indianernessel kann auch im Staudenbeet angebaut werden. Hier die Sorte ‚Mohawk' mit Phlox und Artemisia.

Thymian, Majoran und Bohnenkraut wachsen gut in Kräuterbeeten oder im Mediterranen Beet.

se, Mönchspfeffer (Weinbaugebiet), Ingwer-Thymian, Winterheckenzwiebel, Knoblauch, Schnitt-Knoblauch, Meerrettich, Zitronenmelisse, Meerfenchel.

Pflege/Kultur: jährliche – zurückhaltende – Düngung mit reifem Kompost oder einem organischen Dünger, mulchen mit Grasschnitt oder gröberem, organischem Material oder dünnen Gesteinsschicht, Bewässerung, Einbringen von Gesteinsmehl und Kalk, alle paar Jahre: mehrjährige Pflanzen ausgraben und teilen, im Herbst oder Frühling: Rückschnitt der Kräuter und Blütenstauden.

Lebensbereich Mediterranes Kräuterbeet

Im Mediterranen Kräuterbeet muss der Boden vor der Pflanzung gezielt aufbereitet werden. Einfacher ist es meistens, ein Rahmenbeet zu errichten, in das man auf etwa 30 cm Höhe das richtige Substrat einbringt. Mediterrane Kräuter wachsen nur im wasserdurchlässigen, kargen Boden so richtig gut und langlebig. Diese Standortbedingungen muss man in unseren Breiten gezielt herstellen. Ein Rosmarin, der in zu fetter Erde wächst, geht über den Winter auch schon bei leichten Frösten fast sicher kaputt, ebenso all die anderen typischen mediterranen Kräuter. Fast alle mediterranen Kräuter brauchen einen kalkreichen Boden. Wenn die Bodenverhältnisse stimmen und die Pflanzen jährlich geschnitten werden, können diese Kräuter viele Jahre und Jahrzehnte alt werden.

Die wichtigsten Kräuter im Mediterranen Kräuterbeet: Fast alle Kräuter dieser Gruppe sind mehrjährige Halbsträucher, einige wenige – wie der Griechische Bergtee – verholzen nicht: Rosmarin, Thymian, Oregano, Griechischer Bergtee, Mehrjähriges Bohnenkraut, Currykraut, Mehrjähriger Majoran, Lavendel.

Pflege/Kulturmaßnahmen: Mit Spurenelementen, vor allem Silikate düngen. Daher jährlich zirka eine Hand voll Magnesiumkalk (zermahlener Kalkstein) pro Pflanze und vier bis fünf Handschaufeln Quarzsand mit etwas reifen Kompost (oder einem organischen Dünger) und Steinmehl vermengen und in den Boden einarbeiten, aufgelaufene Unkräuter entfernen.

Mediterrane Kräuter-Rahmenbeete

Viel leichter zu errichten sind Mediterrane Kräuterhügel oder kleine, 20–40 cm hohe Pflanzen.

Mediterrane Kräuter wachsen gesund und üppig auf kargen Standorten.

Das Kalken mit Magnesiumkalk (oder Algenkalk) ist wichtig, damit sich mediterrane Pflanzen wohlfühlen.

Steinmehl führt dem Boden Spurenelemente zu.

Mit schmalen Brettern lassen sich einfache Kräuter-Rahmenbeete errichten.

Zitronenmelisse gedeiht gut im Halbschatten ...

... ebenso die Brennnessel.

Die Kübel sollten leicht zu transportieren sein, damit die Kräuter vor den ersten Frösten rasch in Sicherheit gebracht werden können.

Lebensbereich Gehölzrand

Durch das Wachsen der Gehölze ändern sich die Lichtverhältnisse im Jahresverlauf, die Luftfeuchtigkeit ist höher als außerhalb des Gehölzbereichs. Hier gedeihen alle Kräuter gut, die nicht in der vollen Sonne wachsen wollen und mit dem Wurzeldruck der Sträucher und Bäume gut zurechtkommen. Die Arten sind entweder Stauden und/oder versamen sich leicht und können sich so jährlich neue Plätzchen suchen, an denen es ihnen am besten behagt. Die Lichtbedingungen sind je nachdem, ob der Gehölzrand nach Süden oder Norden exponiert ist, sehr unterschiedlich. Auch im Schatten eines Hauses oder Stadels können diese Kräuter angebaut werden.

Die wichtigsten Kräuter des Lebensbereichs Gehölzrand: Bärlauch, Knoblauchsrauke, Brennnessel, Kerbel, Zitronenmelisse, Frauenmantel, Japanische Petersilie, Waldmeister, Süßholz, Hopfen, Tellerkraut, Süßdolde, Bibernelle, Bergminze, Blut-Ampfer.

Lebensbereich Kübel

Die wichtigsten Kübel-Kräuter

Mehrjährige Basilikums, Balsamstrauch, Zitronengras, Lorbeer, Zitronenverbene, Ingwer, Koriander, frostempfindliche Rosmarinsorten, Tropische Salbeis, Stevia, Zimmerknoblauch.

Die meisten Kübelpflanzen gedeihen im Sommer üppig und müssen dann im Herbst zurückgeschnitten – oder ziehen selber ein – und frostfrei überwintert werden. Wer keine geeigneten Überwinterungsplätze hat, verzichtet besser auf Kübelpflanzen. Mit „Kübel" ist schlicht ein gut transportables Pflanzgefäß. Die meisten Kübelpflanzen gehören in die Winterhärtezonen 9 und 10 (→ Winterhärtezonen). Das bedeutet, dass bei Temperaturen unter zirka -1 °C (Zone) und zirka +1 °C nicht nur die oberirdischen Teile der Pflanze, sondern die ganze Pflanze abstirbt. Die Pflanzen müssen also rechtzeitig an einen frostgeschützten Platz gebracht oder an Ort und Stelle frostsicher verpackt werden. Je nach Größe der Pflanzen und verfügbarer Überwinterungsmöglichkeit. Einige Pflanzen, die im Weinbauklima den Winter auch im Freien überdauern können, sind in allen anderen Regionen darauf angewiesen, dass sie in Kübeln kultiviert werden.

Pflege: jährlich düngen, spätestens alle zwei Jahre mit frischer Erde versorgen.

Übersicht der Kräuter-Kulturanleitungen

Kraut	Lebens-bereiche	Lebens-form	Verwen-dung	Aussaat/Vermehrung VK = Vorkultur DS = Direktsaat	Ernte	Bemerkungen
Agastache	G, F, S	Staude	A, T, I	ab Februar (VK)	ab Blüte	Winterhärte sortenspezifisch
Austern-pflanze	F, K, S	Staude	FB	ab Januar (VK), Aussaat in Töpfen im Freien, Samen keimen ungleichmäßig und am besten bei Temperaturen um 5 °C	ab ca. Juni laufend bis zum Frost	im Topf anbauen (Schneckenlieblingspflanze)
Bärlauch	GR	Staude	FB, I	ganzjährig (VK) oder über Brutzwiebeln (DS)	März/April	
Basilikum	G, K	einjährig und Staude	FB, T, I	Mai bis Juni	ab ca. 8 Wochen nach der Aussaat bis zum Frost	für fortlaufende Ernte Triebspitzen beernten
Blatt-Petersilie	G	zwei-jährig	FB, I	März bis Juni und September bis Oktober (→ für Winterernte Juli bis August, siehe auch Wintergemüsebau, Seite 305)	ab ca. 8 Wochen nach der Aussaat alle zwei Wochen beerntbar	frisches Saatgut verwenden, jedes Jahr auf neues Beet säen
Blatt-Koriander	G, F	einjährig	FB	Februar/März oder August/September	nach 4-6 Wochen	zur Ernte am besten samt Wurzeln aus dem Boden ziehen
Bohnen-kraut, einjährig	G	einjährig	A, T, I	Mitte März (VK) oder April bis Juni (DS), Lichtkeimer	Ernte zum Trocknen kurz vor der Blüte	gut am Fuße von Stangenbohnen
Bohnen-kraut, mehrjährig	MK, S	Staude	A, T, I	wie einjähriges Bohnenkraut und Vermehrung über Absenker	vom Austrieb bis zum Spätherbst	sehr gute Kräuterhecken-Pflanze
Brennnes-sel	G, GR	Staude	T, FB, I	März oder Absenker oder über Stolonen im Frühjahr, sobald die Pflanzen ausgetrieben haben	vor der Blüte	für Tee zügig trocknen
Brunnen-kresse	WR	Staude	FB	vegetativ über Stecklinge	September bis Mai	sehr feucht oder am Wasserrand kultivieren
Currykraut	MK, S	Halb-strauch,	A, I	vegetativ über Stecklinge (Frühling) oder Absenker	ab Austrieb	im Frühling pflanzen, in rauen Lagen Winterschutz
Dill	G, F	einjährig	FB, A, T, I	März bis Juni (DS)	ab ca. 6 Wochen nach der Aussaat	braucht beschatteten Fuß, gut zu Gurken oder Zuckermais
Eberraute	F, S	Halb-strauch	A	Vermehrung über krautige Stecklinge oder Absenker	ab Mai ganzjährig frische Triebspitzen	sehr gute Kräuterhecken-Pflanze
Estragon	G, F	Staude	A, I	Vermehrung über Grundsteckling, Teilung der Wurzelstöcke oder Absenker	ab Mai laufend, immer wieder basale Triebe ernten	Pflanzen nicht langlebig, alle 2–3 Jahre teilen
Garten-Kresse	G, F	einjährig	FB	März bis September (DS)	nach 2–3 Wochen	zweimal beerntbar
Sommer-Portulak	G	einjährig	FB	April bis August (VK, DS)	nach 4–5 Wochen	zwei- bis dreimal beerntbar
Gewürz-Fenchel	G, F	zweijäh-rig, Staude	A, T, I	März bis Mitte Juli (VK, DS)	ab dem Austrieb laufend beerntbar	guter Pflanzpartner im Staudenbeet

Lebensbereiche
G = Gemüsebeet
F = Kräuterbeet, Freifläche
MK = Mediterranes Kräuterbeet
GR = Gehölzrand
WR = Wasserrand
K = Kübel
S = Steinanlage, Kiesgarten, Steinmauer

Verwendung
A = Aromapflanze
FB = Frischblatt-Kraut
I = Insektenpflanze
T = Teepflanze

Kraut	Lebensbereiche	Lebensform	Verwendung	Aussaat/Vermehrung VK = Vorkultur DS = Direktsaat	Ernte	Bemerkungen
Griechischer Bergtee	MK, S	Staude	T, I	ab Februar (VK)	Vollblüte	sehr frostfest
Indianernessel, Monarde	G, F	Staude	T, I	Februar bis April (VK) oder über Stockteilung	Vollblüte	spätestens nach 3 Jahren Stockteilung und verpflanzen
Jiaogulan	K	Staude	T, FB	Vermehrung über Rhizome	ganzjährig	Überwinterung bei 15–20 °C
Kamille	F, S	einjährig	T, I	März oder September, Lichtkeimer	Einzelblüten, wenn Blütenböden nach oben gewölbt	Blüte sofort und schonend trocknen
Garten-Kerbel	G, F, GR	einjährig	FB, I	Februar/März oder August/September (DS)	Nach 8–10 Wochen	stets fortlaufend äußeren Blätter ernten
Knoblauchsrauke	F, GR	zweijährig	FB	ganzjährig (DS)	Blattaustrieb bis zur Blüte	häufig Selbstaussaat
Kümmel	F, GR	einjährig, zweijährig	FB, A, I	März bis Mitte Juni oder September (DS)	6–9 Wochen nach der Aussaat	Ernte der Samen im Folgejahr
Lavendel	MK, K	Halbstrauch	A, T, I	März (VK)	Blüten kurz vor dem Aufblühen	Pflanzen unbedingt zurückschneiden bis Mitte September oder ab Forsythienblüte
Liebstöckl	G	Staude	I	März/April oder August	laufend, zum Trocknen vor dem Aufstängeln	bis zu dreimal beerntbar, wenn rechtzeitig geschnitten
Löffelkraut	WR, B	zweijährig	FB	März/April oder August	Ernte nach 8–10 Wochen	im Beet auf schattigen, feuchten Stellen
Majoran, einjährig	F	einjährig, zweijährig	A, I	März bis Mai (VK), DS in warmen Lagen ab Mai	Schnitt in der Knospe	sehr trockenheitsverträglich
Meerfenchel	MK, K	Staude	FB	März/April (VK) oder Teilung im Frühjahr oder Herbst	vor der Blüte	auf steinigen, durchlässigen Böden anbauen, Winterschutz unter -12 °C
Minze	G, F, (WR)	Staude	A, T, I	Vermehrung der Sorte vegetativ über Rhizome oder Kopfstecklinge	Zwischen Knospenansatz und Blühbeginn	Sorten räumlich gut getrennt voneinander anbauen
Mönchsbart	G	einjährig	FB	ab April (VK), Mitte Mai bis Juli und September (DS)	nach ca. 60 Tagen, solange sie sich noch leicht abbrechen lassen	nährstoffreiche und feuchte Erde, Vermehrung in warmen Lagen und warmem Herbst über Samen
Oregano	F, S	Staude, Halbstrauch	A, T, I	ab Februar/März (VK), Mai (DS)	Vollblüte	extrem trockenheitsverträglich
Perilla	G, K	einjährig	FB, A, T, I	ab April (VK), Mai (DS)	ab Juli bis zu den ersten Frösten	Kultur ähnlich wie Basilikum
Ringelblume	G	einjährig	T, I	April bis Juni (DS)	vollaufgeblühte Blütenköpfe	entzieht benachbartem Gemüse viele Nährstoffe, daher nur einzelne Pflanzen in den Gemüsebeeten oder separat anbauen

Lebensbereiche
G = Gemüsebeet
F = Kräuterbeet, Freifläche
MK = Mediterranes Kräuterbeet
GR = Gehölzrand
WR = Wasserrand
K = Kübel
S = Steinanlage, Kiesgarten, Steinmauer

Verwendung
A = Aromapflanze
FB = Frischblatt-Kraut
I = Insektenpflanze
T = Teepflanze

Kraut	Lebens-bereiche	Lebens-form	Verwen-dung	Aussaat/Vermehrung VK = Vorkultur DS = Direktsaat	Ernte	Bemerkungen
Rosmarin	MK, K	Halb-strauch	A, T, I	Vermehrung über halbverholzte Triebstecklinge im Sommer oder Absenker im Frühjahr	laufend bis zum Spätherbst	große Sortenunterschiede in der Winterhärte, alle Sorten nur bei gut durchlässigem Boden winterhart
Rucola	G	einjährig	FB	Mai bis September (DS)	erste Ernte 4–6 Wochen nach der Aussaat	Wilde Rauke *Diplotaxis teunifolie* winterhart, sät sich gern im Garten aus
Salbei, heimischer	MK	Halb-strauch	A, I	ab Februar (VK), oder über Absenker oder Stecklinge	für Ernte größerer Mengen kurz vor der Blüte schneiden	jährlich im August oder im Frühjahr stark zurückschneiden
Salbei, tropischer	G, K	Staude	T, I	von Frühjahr bis Juni, Vermehrung über Stecklinge (VK, bei ca. 18 °C)	Blätter laufend ab Neuaustrieb, größere Mengen in der Vollblüte	im Weinbauklima winterhart, als Kübelpflanze nach Rückschnitt im dunklen Raum bis 5 °C überwintern
Schnitt-Knoblauch	G, F	Staude	FB, I	ab Februar (VK), März bis Juni (DS), Stockteilung nach Austrieb		für Winterernte Stöcke ausgraben, durchfrieren lassen, in Töpfe setzen und indoor antreiben
Schnitt-lauch	G, F	Staude	FB	ab Februar (VK), März bis Juni (DS), Stockteilung nach Austrieb (→ siehe auch Wintergemüsebau, Seite 308)	laufend ab Neuaustrieb, Pflanzen mindestens einmal im Jahr ganz zurückschneiden	siehe Schnitt-Knoblauch
Schnitt-Sellerie	G, F, WR	zweijährig	FB, I	ab Februar bis April (VK), Pikieren (→ siehe Jungpflanzenanzucht, Seite 294)	laufend, auch im Winter	
Stevia	K	Staude	FB	ab April, Lichtkeimer, vegetativ über Stecklinge oder Absenker (Sommer)	ab ca. Juni Triebspitzen, Vollernte vor dem ersten Frost	optimale Keimtemperatur 22–25 °C, hell bei 15–22 °C überwintern oder nach Rückschnitt im dunklen, kühlen, aber frostfreien Raum.
Thymian	MK, S	Halb-strauch	A, T, I	Vermehrung über Stecklinge im Frühsommer oder Absenker im Frühjahr	ab Neuaustrieb bis September (Vollernte)	Pflanzen unbedingt zurückschneiden bis Mitte September oder ab Forsythienblüte
Ysop	MK	Staude	A, I	ab Mitte März (VK) ab Mitte Juni (DS), vegetativ über Risslinge oder im Frühling über Stockteilung	frisch von Juni bis Oktober, zum Trocknen kurz vor der Blüte	Sehr gute Kräuterhecken-Pflanze, mindestens einmal pro Jahr stark zurückschneiden
Zitronen-gras	K	Staude	FB, A, T	Vermehrung über Bulben, warme Anzucht	Ernte der ganzen Pflanze im Herbst (*C. flexuosus*), Herausbrechen der Seitenbulben (*C. citratus*)	ganzjährig als Zimmerpflanze oder hell bei mindestens 8 °C überwintern
Zitronen-melisse	G, GR	Staude	FB, A, T, I	ab März (VK), ab Mitte Mai (DS), Lichtkeimer, vegetativ über Stockteilung oder Stecklinge	starker Rückschnitt vor der Blüte	gedeiht auf sommertrockenen Böden, besser im Halbschatten
Zitronen-verbene	F, K	Strauch	A, T, I	Vermehrung über Kopfstecklinge zwischen Februar und Juni (warm, bei ca. 18 °C)	drei- bis viermal im Jahr stark zurückschneiden	im Weinbauklima Überwinterung im Freien unter Sägespänen möglich, sonst im dunklen, kühlen Keller nach Vollernte überwintern

Tabelle: Lebensbereiche, Verwendung, Vermehrung und Ernte der wichtigsten Tee- und Gewürzkräuter, Quelle: eigene Zusammenstellung

Anis-Ysop und Drachenkopf werden als ganze Pflanze in der Vollblüte geerntet.

Minzen sind erntereif bei Blühbeginn.

Ernte und Aufbewahrung von Kräutern

Auch bei Kräutern gibt es – ähnlich wie bei Obst oder Gemüse – optimale Erntezeitpunkte. Bei Kräutern, die man gleich frisch verwendet, ist es nicht so entscheidend, darauf zu achten, man erntet das, was man gerade braucht. Doch bei allen Kräutern, die man zum Trocknen als Gewürz oder Tee erntet, lohnt es sich, den Zeitpunkt zu wählen, bei dem das Kraut am meisten Inhaltsstoffe eingelagert hat. Je nach Kraut sind dies unterschiedliche Zeitpunkte. Von manchen Kräutern lassen sich sowohl Blätter als auch Knospen und Blüten ernten – wie bei Schnittlauch oder Bärlauch, oder Blätter und Samen – wie beim Gewürz-Fenchel. Die untenstehende Tabelle gibt einige Beispiele für den optimalen Entwicklungsstand des jeweiligen Krautes an, wenn man größere Mengen für die Trocknung oder die Verarbeitung ernten will.

Entwicklungsphase	Kraut
Blätter	Bärlauch, Blatt-Petersilie, Kerbel, Blatt-Koriander, Zitronenmelisse,
Blühbeginn	Majoran, Minze, Ysop, Thymian, Bergbohnenkraut, Brennnessel
Vollblüte	Anis-Ysop, Basilikum, Drachenkopf, Indianernessel, Kamille, Oregano, Ringelblume, Frauenmantel, Malven, Stockrose
Grünreife der Samen	Brotklee
Samenreife (Fruchtreife)	Anis, Kümmel, Fenchel, Koriander, Schwarzkümmel, Dill
Wurzeln – Ernte Herbst (ab Mitte Oktober), spätestens bis vor Neuaustrieb im frühen Frühjahr	Baldrian, Eibisch, Liebstöckel, Süßholz, Engelwurz

Tabelle: Optimale Erntezeitpunkte bei Kräutern, Quelle: eigene Zusammenstellung

Kräuter richtig trocknen

Damit Kräuter auch richtig gut schmecken, ist es wichtig, dass sie schonend getrocknet und richtig aufbewahrt werden. Schonend trocknen bedeutet, dass die Kräuter im Dunkeln, so zügig wie möglich und bei einer Temperatur von maximal 40 °C, Blüten bei maximal 30–35 °C trocknen können. Bei höheren Temperaturen verflüchtigen sich ätherischen Öle. Und: Keinesfalls dürfen die Blätter in einen Fermentationsprozess

Bergbohnen-Kraut und Minze werden bei Blühbeginn geerntet.

übergehen. Sie müssen längstens drei bis vier Tagen nach der Ernte gut trocken sein. Man schneidet die Kräuter in so lange Stücke wie möglich, denn durch jeden Schnitt schneidet man auch Zellen an, ätherische Öle verdampfen und Abbauprozesse der Zellen werden in Gang gesetzt. Die Blätter rebelt man am besten erst nach dem Trocknen ab. Nur bei Kräutern wie Minze, deren Stängel viel langsamer als die Blätter trocknen, kann man auch schon vorher vorsichtig die Blätter abzupfen. Auch nach dem Trocknen rebelt oder zupft man die Blätter vorsichtig ab. Die Blätter sollen so ganz wie möglich bleiben, damit die Geschmacks- und Wirkstoffe im Blatt eingeschlossen bleiben.

Im Herbst müssen die meisten Kräuter auf Dörrgeräten getrocknet werden.

Bewährte Methoden der Trocknung

Auf dem Dachboden oder im Schuppen – nur bei langanhaltend trockenem Sommerwetter: Hier können die Kräuter in flachen Pappschachteln, aufgelegt auf Tüchern oder frei hängend „natürlich" getrocknet werden. Dachböden dürfen dafür nicht isoliert und müssen staubfrei sein. Am idealsten sind Holzrahmen, die mit einem Drahtgewebe oder einer Fliegengaze (aus Baumwolle) bespannt sind.

Dörrgeräte: Eine gute Möglichkeit, größere Mengen zu trocknen, sind Dörrgeräte mit stapelbaren Trockensieben. Das Gerät darf nicht auf über 40 °C eingestellt sein (Am besten bei der ersten Inbetriebnahme mit einem Thermometer kontrollieren). Die Kräuter trocknen dann zügig, wenn die Siebe alle paar Stunden umgeschichtet werden.

Trocknungsschränke mit Luftentfeuchter: Die schonendste Möglichkeit, Kräuter zu trocknen, ist mit Geräten, die die Luft und damit das Erntegut entfeuchten (→ siehe Seite 249)

Solartrockner: Diese eignen sich nur dann für das zügige Trocknen von Kräutern, wenn sie als Kombinationsgeräte konstruiert sind und an Schattentagen mit Strom bedient werden können.

Zitronenverbene trocknet auch im Herbst rasch ohne künstliche Trocknung, einfach luftig aufhängen.

Kräuter richtig aufbewahren

Kräuter bewahrt man am besten geschützt vor Sonnenlicht (und künstlichem Licht) sowie luftdicht auf. Optimal geeignet sind verschließbare Gläser, die man dann in einen dunklen Schrank stellt. Auch Dosen, in denen man die Kräuter in Papiersäcken aufbewahrt, sind gut geeignet. Wenn Kräuter schonend getrocknet wurden, möglichst als ganzes Blatt oder als ganze Blüte und dunkel gelagert werden können, bleiben die Inhaltsstoffe bis zu maximal zwei Jahren erhalten. Ältere Kräuter kann man noch für ein Kräuterbad oder zum Räuchern verwenden. Sonst auf den Kompost.

Bergbohnen-Kraut und Thymian trocknen auf Backpapier.

Literatur

- Andrea Heistinger, Arche Noah (2016). Kräuter richtig anbauen. Das Praxisbuch für Biogarten, Topf und Balkon. Innsbruck: Löwenzahn Verlag.

Schon ein paar Quadratmeter sind ausreichend, um sich mit frischen Kräutern aus dem Garten zu versorgen.

Bienen sorgen im Garten für ausreichende Bestäubung.

Bienen halten

Von Ingolf Hofmann

Eigener Honig, Pollen, Bienenwachs und Propolis: In den letzten Jahren haben sich viele neu auf den Weg der Bienenhaltung gemacht – sogar in der Stadt. Wie bei jeder anderen Form von Tierhaltung, braucht es auch für die Bienenhaltung eine vorhergehende Prüfung, ob man über die richtigen Ressourcen dafür verfügt und – falls ja – eine gründliche Vorbereitung. Grundsätzliches Know-how ist wichtig, und einiges Geld kostet die Gründung einer Imkerei auch. Zwischen April und September ist ausreichend Zeit für die Betreuung unbedingt nötig. Dieses Kapitel beschreibt, worauf geachtet werden muss und was man VOR der Anschaffung von Bienen abklären sollte, um den Wunsch nach „eigenem" Honig auch gut in die Tat umsetzen zu können.

Honig, Propolis und Bienenwachs

Mit einem Honigertrag von 25 kg pro Volk und Jahr dürfen AnfängerInnen durchaus rechnen, vorausgesetzt: das Bienenvolk schwärmt nicht, es hat eine junge Königin, das Wetter spielt mit und bei der Bewirtschaftung unterlaufen keine groben Fehler. Unter idealen Wetter- und Nahrungsbedingungen (→ siehe Ein guter Standort, Seite 436) sind auch Honigerträge von 50 kg und mehr möglich. Dies gilt vor allem dann, wenn man mit den Bienenvölkern gezielt wandert: an ein blühendes Feld mit Sonnenblumen oder in Gebiete mit „Waldtracht". Dort holen sich die Bienen sogenannten „Honigtau" von Blatt- und Schildläusen. Ergiebige Standplätze zur Gewinnung dieses Waldhonigs gelten unter Imkern als Geheimtipps.

Durch das Einschmelzen alter Waben lässt sich Bienenwachs zurückgewinnen. Immer mehr Imker sammeln und lassen sich neue Mittelwände aus ihrem Wachs herstellen. Unter dem Stichwort „Mittelwände aus eigenem Wachs" (Internet) finden sich zahlreiche Anbieter, die diese Arbeit im Lohn erledigen. Damit kommt kein belastetes Wachs unbekannter Herkunft in die eigenen Bienenstöcke. Hier geht es vor allem um Pestizide aus der Landwirtschaft und Rückstände aus fettlöslichen Varroa-Behandlungsmitteln. Neuerdings ist auch Wachs im Umlauf, das mit Paraffin gestreckt wurde.

Recht leicht lässt sich auch Propolis gewinnen. Propolis ist ein Kittharz, mit dem die Bienen ihre Behausung abdichten und das antibiotische Eigenschaften besitzt. Für die Ernte von Propolis legt man eine spezielle Gitterfolie oben auf die Waben. Die raue Oberfläche wird von den Bienen als störend empfunden und mit Propolis verkleistert. Die Folie wird später entnommen und eingefroren. Dabei wird das Propolis hart wie Glas und lässt sich von der Folie lösen. Die kaffeebraunen Brösel ergeben – angesetzt mit medizinischem Alkohol – eine hochwirksame antibiotische Tinktur.

Die Gewinnung von Pollen ist schwieriger und nur zeitweise möglich, wenn die Bienen zum Beispiel im Frühling ein Überangebot an Pollen haben. Dazu wird am Flugloch stundenweise ein spezieller Kamm angebracht. Dieser streift den Bienen bei der Heimkehr in den Stock den Pollen an den Hinterfüßen ab und der Pollen fällt in eine Sammelrinne. Pollen verdirbt schnell. Er muss umgehend gereinigt, getrocknet und eingefroren werden. Er wird angeboten als Nahrungsergänzungsmittel zur Autoimmunisierung. Einige Imker bieten Honig an, dem Pollen zugesetzt ist. Hingegen ist die Produktion von Bienengift oder Gelee Royal schwierig und Spezialisten vorbehalten.

Die Bienenhaltung braucht Platz und eine Grundausstattung.

Mit einem Honigertrag von 25 kg pro Jahr und Volk dürfen AnfängerInnen rechnen, wenn die Bedingungen passen.

Imkerei braucht Zeit

Von März bis August benötigen die Bienenvölker wöchentlich einmal eine Durchsicht. Dabei geht es um die Größe des Brutnestes. Zu klären ist, ob das Volk Platz braucht und eine Königin vorhanden ist. Wie viel Pollen und Honig ist da? Wer neu in die Imkerei einsteigt, kalkuliert dafür pro Volk eine Viertelstunde ein, plus Zeitbedarf für das Hin- und Wegräumen der Gerätschaften. Ein Urlaub über zwei Wochen ist – bei entsprechender Vorbereitung – kein Problem: Dafür bekommen die Bienen vorsorglich Raum und neue Rähmchen mit Mittelwänden. So kann das Volk in der Abwesenheit weiterwachsen. Denn: Bei Raumnot erwacht der Schwarmtrieb. Die Bienen stellen ihre Arbeit ein. Das Volk teilt sich, wobei sich der Großteil mit der alten Königin absetzt. Damit kann auch kein Honig geerntet werden.

KollegInnen helfen

Der Kauf eines einfachen Imkerbuches sollte die erste Investition sein. Wichtig sind Hinweise für den Kauf von Geräten und Ratschläge für die ersten Arbeitsschritte an den Bienenvölkern. Kontakte zu Bienenhaltern im Ort sparen häufig viel Geld bei späteren Anschaffungen von Geräten und Bienenvölkern. Gut geführte

Imkervereine werden Anfängern Paten vermitteln, die Neulinge im ersten Jahr begleiten. Flächendeckend werden Anfängerkurse angeboten. Termine wissen die Imkervereine bzw. lassen sich über das Internet ermitteln.

Von März bis August müssen die Bienenvölker wöchentlich durchgesehen werden.

Regionale Imkervereine vermitteln Paten, die Neulinge im ersten Jahr begleiten.

Ein guter Standort

Ideal als Standort für Bienenstöcke ist ein Südhang mit Windschutz nach Norden. Wo im ausgehenden Winter der Schnee zuerst taut, fühlen sich auch Bienen wohl. Ungünstig wäre ein Platz im kalten Talgrund oder unmittelbar an einem Gewässer. Diese Standorte begünstigen Krankheiten im Volk. Wichtig ist für die notwendigen Imker-Arbeiten auch, dass man mit einem Fahrzeug, wenigstens mit einer Schubkarre, zufahren kann.

Bienenvölker entwickeln sich am besten, wenn sie in einem Flugradius von zwei Kilometern vielfältige Nahrung finden: Sobald eine Pflanzenart abblüht, bietet eine andere neuen Pollen und Nektar – Imker sprechen von „Tracht-Fließband". So kann sich ein Bienenvolk kontinuierlich entwickeln und hat immer ausreichend Nahrung. In Gebieten mit Monokulturen auf ausgeräumten Ackerfluren sind Bienen dagegen einem Wechsel von Überangebot und Hunger ausgesetzt. Hier ist Bienenhaltung nur noch zeitweise möglich (zum Beispiel gezielt zur Raps- oder Sonnenblumenblüte). Viele Imker halten außerdem Abstand wegen des Pestizideinsatzes auf den Feldern. Gefürchtet sind insbesondere „systemische Mittel": Einmal von der Wurzel aufgenommen, wird die gesamte Pflanze über Monate für Insekten kontaktgiftig. Im Maispollen sind diese Mittel vielfach nachgewiesen worden. Die konventionelle Landwirtschaft bestreitet dennoch, dass diese Mittel eine schädigende Wirkung auf Bienen haben. Im Maisanbau sind diese synthetischen Nikotinpräparate derzeit (Stand 2017) verboten, in Obstkulturen sind sie jedoch weiter im Einsatz. Die chemische Industrie klagt auf Wiederzulassung.

Schwieriges Umfeld

In den letzten Jahren starben bei vielen Imkern wiederholt die Hälfte aller Bienenvölker im Herbst oder wurden so schwach, dass sie den Winter nicht überlebten. Meist gleicht sich das Schadbild: Die Bienenkästen sind leer, die Bienen sind weg, das Winterfutter ist noch da. In den USA gab es dieses flächenhafte Bienensterben schon länger und wird als Colony Collapse Disorder bezeichnet (CCD). Nach wie vor sind die Hintergründe für das massenhafte Sterben von Bienenvölkern nicht völlig geklärt. Am wahrscheinlichsten gilt, dass ein Zusammenwirken von Mangelernährung und Virenbefall im Zusammenhang mit der Varroamilbe schuld ist, an dem auch die Agro-Chemie beteiligt ist. Hoffnungen ruhen auch auf der Selektion Milben-toleranter Bienen.

Eine eindeutige wissenschaftliche Erklärung für das Bienensterben gibt es bislang nicht. Die meisten ForscherInnen gehen davon aus, dass es ein Zusammenwirken verschiedener Ursachen ist, das den Bienen zu schaffen macht: Das Zusammenspiel von Pestiziden, Varroamilbe und Viren, die Bienen befallen können. Pikanterweise berichten Imker in Großstädten von gesunden Bienenvölkern. Pestizideinsatz gibt es dort höchstens punktuell, aber nicht flächenhaft. Nahrung finden Stadtbienen vor allem auf Brachflächen, Parks, Friedhöfen, in Kleingartenanlagen und entlang von Flussläufen. In den Mais-, Raps- und Obstanbaugebieten ist es hingegen in den letzten Jahren noch schwieriger geworden, Bienen zu halten. Hier sind die Völker krankheitsanfällig und die Imkerinnen und Imker haben in den letzten Jahren viele Völker verloren. Einige Imker sind aus diesen Regionen abgewandert, andere haben aufgegeben. Wer in solchen Regionen zu Hause ist, sollte sich überlegen, mit den Bienen während des Sommers zu wandern: Bienen geht es am besten in offenen Landschaften mit blütenreichen Wiesen und Buschbestand, in Höhen über 500 Meter. Hier findet in den meisten Regionen überhaupt kein Ackerbau mehr statt.

Anders ist die Situation in Regionen südlich des Alpenhauptkammes, hier kann auch durchaus noch in höheren Lagen – konventioneller – Ackerbau zu finden sein.

Für den Transport werden die Fluglöcher noch in der Dunkelheit geschlossen, damit die Flugbienen alle zu Hause sind. In der Kühle der Nacht oder am frühen Morgen ist die beste Zeit des Transportes. Am neuen Platz werden die Bienenkästen wieder aufgestellt und die Fluglöcher geöffnet. Innerhalb von Stunden fliegen sich die Bienen auf den neuen Standort ein und sammeln. Die Bienen können entweder an diesem Standort über den Winter stehen bleiben oder am Ende der Flugsaison (spätestens Ende September) zurückgeholt werden. Wichtig ist, dass nach der Honigernte die Varroamilbe bekämpft und das Winterfutter gegeben wird.

Die unmittelbare Nähe zum konventionellen Obstanbau ist für Bienen problematisch. Imker, die ihre

Etwa 10 Rähmchen haben in einer Bienenbeute Platz.

Bienenvölker zur Bestäubung während der Blüte direkt an die Kulturen stellen, verlangen inzwischen 60 Euro pro Volk und Blüte, Tendenz steigend. Schäden durch Pflanzenschutzmittel lassen sich durch Absprache und Rücksichtnahme mindern: Keine Spritzungen in die offene Blüte, notfalls Pflanzenschutzmaßnahmen in der Nacht, wenn Bienen nicht fliegen. Hilfreich ist immer, wenn der Imker vorher informiert wird: Er lädt seine Völker auf und bringt sie weg.

Benötigte Ausstattung

Die meisten Bienenbeuten sind heute aus Fichte. „Komplettbeuten" (Diagnoseboden, drei Zargen, Deckel und Wetterschutz aus Blech) werden ab 110 Euro angeboten. Zu achten ist auf astfreies Holz und darauf, dass das Holz langsam gewachsen ist. Wer seine Kisten selbst bauen möchte: Kein Hartholz verwenden. Es ist zu schwer und hat schlechte Wärmeeigenschaften.

Beim Diagnoseboden handelt es sich um einen Untersatz unter dem Brutraum mit einem Netz. Durch dieses fällt aller „Müll" aus dem Volk auf eine Lade. Bei der Kontrolle bekommt der Imker Informationen über den Befall von Varroamilben, die Stärke des Volkes und wo sich das Brutnest in der Beute befindet. Dafür muss er das Volk nicht öffnen.

Rähmchen gibt es fertig (pro Stück etwa 1 Euro) oder als Bausatz, dazu 20 Mittelwände pro Volk (etwa 25 Euro). Dazu kommt diverses Kleinmaterial (Wabendraht, Fluglochkeil, Abstandhalter zwischen den Rähmchen usw.): etwa 12 Euro.

Die passende Rähmchengröße: Normalmaß oder Zander

Die Entscheidung über die Rähmchengröße steht vor allen anderen Anschaffungen: Gemeint ist die Flächengröße eines Bienenrähmchens, von dem etwa zehn in einer Bienenbeute Platz haben. Neulingen wird empfohlen, ein möglich verbreitetes Rähmchenmaß zu wählen, zum Beispiel „Normalmaß" oder „Zander". Da viele Imker mit diesen Formaten arbeiten, hat der Handel entsprechende Mittelwände, Bienenbehausungen und Rähmchen immer auf Lager. Auch die spätere Kooperation mit Imkerkollegen beim Kauf von Bienenvölkern ist damit leichter. Bienenbeuten in diesen Formaten werden in großer Stückzahl hergestellt und sind damit billiger. Das gilt auch für den Kauf einer Honigschleuder, deren Trommel-Durchmesser zum Wabenmaß passen muss.

Zunehmend Verwendung finden sogenannte „Halbzargen". Hier werden halbhohe Rähmchen verwendet, in flachen Bruträumen. Vorteil: Die Bruträume sind halb so schwer. Nachteil: Die Bienenstöcke müssen öfter kontrolliert werden, um den Raumbedarf anzupassen.

Bienen-Tränke

Eine eigene Tränke brauchen Bienen dann, wenn in der näheren Umgebung keinerlei Wasser ist. Es reicht eine Regentonne oder ein wassergefüllter Eimer. Wichtig ist, dass die Bienen darin nicht ertrinken können: Ein schwimmendes Brett, Korken, Stroh oder Moos werden gerne angenommen. Bienen bevorzugen abgestandenes, warmes Wasser. Über fermentierte Pflanzenteile bekommen sie Zugang zu lebenswichtigen Mineralien. Im Hochsommer kühlen Bienenvölker ihren Stock mit Hilfe von Kondenswasser. Sonst würde der Wabenbau schmelzen.

Bienen brauchen eine Tränke, wenn in der näheren Umgebung keinerlei Wasser ist.

Empfehlung: Magazin-Beuten

Die Magazin-Imkerei ist heute weltweit üblich: Hier hängen die mit Bienen besetzten Waben wie in einer Hänge-Registratur. Die einzelnen Kisten (Zargen) lassen sich stapeln, und der Imker arbeitet von oben (Oberbehandler). Wer gebrauchte Bienenkisten (Beuten) kauft, sollte diese gründlich reinigen und desinfizieren. Gefürchtet ist die Amerikanische Faulbrut. Diese hochansteckende und meldepflichtige Brutkrankheit bei Bienen kann Stöcke einer ganzen Region vernichten. Erreger bleiben auch nach Jahren in den verlassenen Kästen ansteckend. Sicherheitshalber sollte der Neubeginn einer Imkerei immer mit neuen Rähmchen und Mittelwänden (Wachsplatten) erfolgen. Damit ist das Einschleppen von Krankheiten ausgeschlossen.

Leidenschaftlich diskutiert wird in der Imkerei die Bienenhaltung mit sogenanntem „Wildbau". Hier wird den Bienen – ohne Vorgabe von Rähmchen oder Mittelwänden – der natürliche Wabenbau ermöglicht. Das hat aber große Nachteile: Der Imker kann keine einzelnen Waben herausnehmen. Die Entnahme und das Schleudern von Honig ist kaum möglich, die unverzichtbare Behandlung gegen Bienenschädlinge (Varroamilbe) schwer, die Kontrolle unmöglich. Völker ohne gewissenhafte Pflege sind damit eine ständige Infektionsquelle für die Imker der Umgebung.

Weiteres Handwerkszeug

gerät, Abkehrbesen) und Schutzausrüstung (Handschuhe, Imkerjacke): Die Kosten dafür sind maximal 120 Euro. Wer hier gute Qualität kauft, hat später mehr Freude bei der Arbeit an den Bienenstöcken. Für die Honigernte (Entdeckeln und Schleudern der Waben) ist mit rund 600 Euro zu rechnen. Grundsätzlich ist der Kauf einer eigenen Honigschleuder teurer als die Kooperation mit einem Imkerkollegen. Schließlich wird die Schleuder nur an wenigen Tagen im Jahr gebraucht. Viele Imkervereine verleihen Honigschleudern. Wer eine eigene Schleuder kaufen will, muss mit Kosten ab 400 Euro rechnen. Für diesen Preis gibt es eine Edelstahl-Schleuder für vier Waben mit Handkurbel.

Stockmeißel, Rauchgerät, Abkehrbesen und Schutzausrüstung: die Grundausstattung der Imkerei.

Ein eingefangener Bienenschwarm kann der Anfang der eigenen Imkerei sein.

Ein eigener Schleuderraum ist nicht notwendig. Sobald Honig über den Eigenbedarf hinaus verkauft wird, unterliegt der Imker den Vorschriften der Lebensmittelhygiene.

Die ersten Bienenvölker anschaffen

Für den Anfang sind 3–5 Bienenvölker genug. Ihr Kauf sollte bereits im Winter beim Bienenzüchter oder einem Verein vereinbart werden. Im April und Mai gibt es „Ableger" mit 4–6 bienenbesetzten Waben (Kosten: bis 120 Euro). Sie werden vor Ort aus den Ablegerkästen in die eigenen Bienenkästen umgehoben. Der restliche Raum in den Kästen wird mit Mittelwänden aufgefüllt. Bei einem „Ableger" handelt es sich um ein kleines Bienenvolk mit Brut und Königin. In wenigen Wochen wird daraus ein Wirtschaftsvolk, das im gleichen Jahr Honig bringt. Achtung: Die Rähmchen des Ablegers müssen exakt in die eigenen Beuten passen.

Billiger ist der Beginn mit Bienenschwärmen (Mai bis Ende Juni). Am besten vorher die Telefonnummer bei möglichst vielen Imkern der Umgebung hinterlegen: Bei Anruf ausrücken und einfangen. Allerdings: Das Einfangen eines Bienenschwarmes sollte sich der Anfänger zunächst von einem erfahrenen Imker bzw. einer erfahrenen Imkerin zeigen lassen: Tausende Bienen folgen der Königin und sammeln sich in Form einer Traube auf einem nahen Baum. Mit einem Ruck wird der Schwarm in eine spezielle Kiste „eingeschlagen". Wenn sich die Königin in der Kiste befindet, sammeln sich alle Bienen darin. Ist die Königin nicht dabei, fliegen alle Bienen auf den Baum zurück. Diese Kiste stellt man für einige Stunden in einen kalten Keller oder lässt sie in einer kühlen Nacht im Freien stehen. Erst danach werden sie in den Bienenbeuten einquartiert.

Bienen Nahrung bieten

Wer die Nahrungssituation für Bienen verbessern will, pflanzt heimische Gehölze: Weiden, Haselnuss, Weißdorn und Hartriegel werden intensiv beflogen. Gute Bienenweiden sind auch Hecken- und Rambler-Rosen. Das gilt auch für Kräuter wie Rosmarin, Thymian oder Lavendel. Bienen lieben Beerensträucher (Himbeeren, Brombeeren, Weinbeeren). Als bienenfördernde Zwischenbegrünung im Garten bieten sich Buchweizen, Sonnenblumen, Mohn oder Phacelia an. Letztere gibt lila Pollen und gilt als „Königin" unter den Trachtpflanzen.

Eine bunte Wiese – die erst in der Samenreife gemäht wird – ist immer eine gute Hilfe für Bienen. Der Schnitt sollte danach abgeräumt werden und die Wiese wieder aufwachsen dürfen. Das hält den Boden mager und fördert den Artenreichtum.

Ein Imker-Jahr im Überblick

März	Die Saison startet Mitte März: Bei einer ersten Kontrolle stellt sich heraus, welche Bienenvölker den Winter überstanden haben und wie stark sie fliegen. Für die Bienen gibt es den ersten Pollen von Weiden und Wiesenblühern.
April	Im April gibt es für die Imkerei ein Startsignal: die Kirschblüte. Sie steht am Beginn der Frühjahrstracht. Die Völker brauchen Platz für ein rasantes Wachstum. Jetzt den Bienen zusätzlichen Raum geben. Andernfalls geraten Bienen in Schwarmstimmung und teilen sich. Ein Teil fliegt weg. Die Bienen produzieren jetzt Drohnen. Wöchentliche Kontrolle ist nötig.
Mai	Ab Ende Mai kann mit dem ersten Honigertrag gerechnet werden. Dies ist abhängig von der geographischen Lage, dem Nahrungsangebot und der Witterung.
Juni	Die Bienenvölker erreichen ihre maximale Größe: Die Königin legt bis zu 2.500 Eier pro Tag. Die Bienenstöcke sind auf Türme von 5–6 Brut- und Honigräume angewachsen. Jetzt ist ein guter Zeitpunkt zur Vermehrung von Bienenvölkern (Ableger, Kehrschwärme usw.)
Juli	Die Völker schließen mit der Saison ab. Sie wachsen nicht mehr weiter. Der Bautrieb erlischt. Dies ist der arbeitsintensivste Monat der Imkerei: schrittweises „Abräumen" von Brut- und Honigräumen und finale Honigernte. Unmittelbar danach erfolgt die Behandlung gegen die Varroamilbe.
August	Verabreichen des Winterfutters: Eine Zuckerlösung wird von den Bienen zu einer Art Honig umgearbeitet und in den Waben deponiert.
September/ Oktober	Die Winterbienen werden geboren. Sie arbeiten nichts mehr und leben rund sechs Monate. Der Imker kontrolliert die Stöcke regelmäßig. Bei Bedarf wird ein weiteres Mal gegen die Varroamilbe behandelt.
November/ Dezember	Die Bienen pflegen keine Brut mehr. Jetzt ist der Zeitpunkt für die „Restentmilbung". Dabei wird noch einmal versucht, Varroamilben zu töten.
Januar/ Februar	Die Beuten werden repariert und Rähmchen vorbereitet. Gelegentlich die Fluglöcher kontrollieren. Die Bienen pflegen bereits ein kleines Brutnest.

Wie ich selbst zum Imker wurde

Als Kind war ich schwer beeindruckt von meinem verhüllten Nachbarn, der mit blanken Händen in den Bienenstöcken kramte – tut doch schon ein Stich weh. Irgendwann zeigte er mir eine Königin. Ich war enttäuscht, denn sie hatte keine Krone auf. Ich half mit und bekam ein Glas Honig. Da durfte keiner mitessen. Das ist über 50 Jahre her. Wären keine Bienen da, es wäre mir zu still. Sicher spielt mein Beutetrieb mit: Nicht auszuhalten, wenn im Frühling nicht Tausende von sammelnden Bienen unterwegs wären, und für mich gäbe es keinen Honig – und auf den Bäumen hingen zu wenig Früchte. Von meinen Bienen kann ich nur etwas bekommen, wenn es ihnen selbst gut geht. Daran arbeite ich seit Jahrzehnten jede Saison neu. Kein Jahr war bisher gleich. Einige Male musste ich Eimer nachkaufen, um den massenhaften Honig zu lagern. Ebenso oft erinnere ich mich an Dürreperioden mit angriffslustigen Bienen: Sie litten Hunger, ich musste Zuckerwasser füttern, und der Honigertrag war minimal. Am Beginn meiner Imkerlaufbahn wurde mir vom Bienenzuchtverein ein erfahrener Kollege als Pate zugeteilt. Ein einwöchiger Anfängerkurs war eine erste Grundlage. Vorbilder waren größere Imkerbetriebe, von denen ich rationelles und kostengünstiges Arbeiten übernommen habe. Wertvoll waren Besuch und Abschluss eines Facharbeiterkurses an der Steirischen Imkerschule in Graz. Unter dem Strich habe ich aber das meiste aus eigenen Fehlern gelernt.

Literatur

- Ingolf Hofmann (2017). Imkern leicht gemacht. Innsbruck: Löwenzahn Verlag.

Für die Beete ist Buchweizen eine ausgezeichnete Gründüngung, für die Bienen im Hochsommer/Frühherbst eine gute Weide.

Hühnerschar mit oder ohne Hahn?

Hühner halten

Eigentlich ist ein Selbstversorger-Haushalt ohne Hühner gar nicht zu denken. Wo viel gekocht wird, fallen immer wieder ausgeputzte Blätter von Salaten, ausgeschnittene Stellen von Tomaten oder Äpfel oder Speisereste an. Hühner wandeln die Reste aus der Küche in frische Eier um und hinterlassen einen stickstoffreichen Mist, der für die Kompostierung und Düngung des Gartens sehr willkommen ist. Eier von freilaufenden Hühnern, die Biofutter und viel frisches Grün picken können, schmecken einfach unvergleichlich. Egal, ob es das Frühstücksei ist oder ein Kuchen.

Wer einen eigenen Garten hat, kann sich relativ einfach auch an die Hühnerhaltung wagen, wenn man auch täglich zu Hause ist und eine „Urlaubsvertretung" organisieren kann, die sich dann um die Hühner kümmert. Wenn Sie das nicht können: Vielleicht gibt es eine Solidarische Landwirtschaft in der Nähe, die auch Hühner halten kann? Und wenn entweder der Gemüsegarten oder der Hühnerauslauf eingezäunt ist: Mit 5–8 Hühnern kann ein 4-Personen-Haushalt locker den eigenen Bedarf an Eiern decken und im Frühling Freundinnen und Freunde mitversorgen. Mit Ausnahme des beginnenden Winters, wo die Hühner viel weniger Eier legen, und man Eier zukaufen muss. Es sei denn, man hat welche eingelagert oder man isst im Winter einfach weniger und freut sich auf die Eier aus dem Frühling: Die Eier schmecken am besten, wenn die Hühner viel Grünes aufnehmen können, die Dotter sind auch intensiver gefärbt.

Grundlegendes zur Hühnerhaltung

Bevor Sie Hühner anschaffen, überlegen Sie sorgfältig, ob Sie die Tiere artgerecht und gesund halten können. Das wichtigste Kriterium ist die Größe des Auslaufs. Der Stall kann auch kleiner sein, hier halten sich die Tiere nur in der Nacht auf. Im Gegensatz zum Obst- und Gemüsegarten eignet sich eine Hühnerhaltung für ein Wochenendhaus nicht. Sie müssen täglich nach den Hühnern schauen können und sie mit frischem Wasser versorgen (wenn es Minusgrade hat, kann das auch zweimal täglich notwendig sein). Auch ein kurzer Blick, ob alle Tiere da und gesund sind, ist täglich notwendig.

Anschaffungskosten

Wenn Sie neu mit der Hühnerhaltung beginnen, benötigen Sie einen Stall und eine Grundausrüstung (Tränke, Futterstelle). Natürlich können Sie einen Stall auch selbst bauen. Kleine mobile Ställe gibt es ab wenigen hundert Euros, die automatische Hühnerklappe kostet etwa 150 Euro, dazu kommen eventuell noch Kosten für den Zaun. Ein Tier kostet zwischen 25–40 Euro. Je nachdem, für welche Variante Sie sich entscheiden und wie viele Tiere Sie anschaffen, rechnen Sie insgesamt mit 500–1.000 Euro. Vielleicht gibt es aber auch einen Schuppen, der sich eignet? Oder eine Gartenhütte, die adaptiert werden kann? Wenn Sie dann die Tiere selbst brüten lassen – und so selbst für Nachwuchs sorgen – müssen Sie dann nur noch regelmäßig Futter und Raubmilben kaufen. Haben Sie das Geld gerade zur Verfügung, aber entscheiden sich dagegen, eigene Hühner zu halten, können Sie dieses ja zum Beispiel einem CSA-Betrieb oder einem Bio-Betrieb für die Anschaffung eines mobilen Hühnerstalls zur Verfügung zu stellen. Auch so sind Sie dann – gemeinsam mit anderen – mit eigenen Eiern versorgt.

Nachbarschaft und Rechtliches

Erkundigen Sie sich bei den Nachbarn, ob sie irgendwelche Einwände haben – insbesondere, wenn Sie auch einen Hahn halten wollen. Die baurechtlichen Vorschriften sind sehr verschieden, da sie Ländersache sind. Eine sehr kleine Hühnerhaltung wird in der Regel von den Baubehörden toleriert, insbesondere wenn nur kleine Umbauten notwendig sind, wenn sich kein Nachbar gestört fühlt. Es gibt aber auch Nachbarn, die sich im Laufe der Jahre so an das morgendliche Krähen des Hahnes gewöhnen, dass es ihnen abgeht, wenn der Hahn nicht mehr da ist. Auch wenn Sie nur ein paar Hühner halten, gilt das Tierschutzgesetz: Man kann 4 Hühner genauso nicht artgerecht halten wie 400 Hühner. Immer gilt: „Wer ein Tier hält, muss es seinen Bedürfnissen entsprechend pflegen, ernähren und verhaltensgerecht unterbringen."

Gemeinsam Hühner halten

Hühner in Gemeinschaftsgärten sind nur dann möglich, wenn einer oder eine der GemeinschaftsgärtnerInnen sich persönlich um die Tiere kümmert. Dabei geht es nicht darum, dass immer dieselbe Person den Tieren das tägliche Wasser bringt, aber jemand muss den Überblick haben und sich wirklich den Tieren widmen, wissen ob alle da und gesund sind, ob sie gerade gegen Milben behandelt werden müssen und ob die automatische Klappe, die in Gemeinschaftsgärten jedenfalls empfehlenswert ist (→ siehe Seite 446), auch funktioniert.

Eier von freilaufenden Hühnern schmecken unvergleichlich gut.

Auf Gemüse-CSA-Betrieben fallen viele frische Gemüsereste an.

Die Hühner bekommen das „Unkraut" aus dem Garten und verwandeln es in köstliche frische Eier.

Solange die Schnecken noch klein sind, kann man sie den Hühnern verfüttern.

Hühner im Auslauf täglich mit etwas frischem Grünzeug versorgen.

Wenn Sie Mitglied in einer CSA-Gemeinschaft sind, lohnt sich die Anschaffung eines mobilen Hühnerstalls – sofern der Betrieb über ausreichend Fläche verfügt und hier jemand die Versorgung der Tiere übernehmen kann. Mittlerweile gibt es einige empfehlenswerte fertige Lösungen von voll ausgestatteten, artgerechten mobilen Hühnerställen – die jeweils auf der Fläche aufgestellt werden können, die von den Hühnern gerade beweidet werden kann (zum Beispiel www.huehnermobil.de).

Freilaufend oder eingezäunt?

Hühner brauchen einen Auslauf. Wer einen Gemüsegarten hat, muss entweder den Auslauf einzäunen oder den Gemüsegarten. Hühner haben im Gemüsegarten nichts verloren. Außer dieser ist im Herbst abgeerntet, dann können Hühner im Garten gute Dienste leisten beim Abgrasen der Schneckeneier. Im Frühjahr, sobald die ersten Beete für die Aussaaten hergerichtet werden, ist dann aber die Hühner-im-Gemüsegartensaison wieder vorbei. Im ersten Jahr unserer Hühnerhaltung habe ich die Hühner zunächst noch länger im Garten freilaufen lassen. Der Garten ist groß, über 2.500 Quadratmeter, die Hühner finden an allen Ecken und Enden etwas zum Picken. Doch jedes Mal, wenn ich ein Beet für eine Aussaat vorbereitete, scharten sich die Hühner um mich. Schnell hatten sie gelernt, dass dort, wo ich gerade die Erde gelockert hatte, feine Regenwürmer zu finden sind. So war ich im wahrsten Sinne hin- und hergerissen zwischen Hühnern und Würmern. Gleichzeitig wollte ich den Hühnern die guten – und nahrhaften – Happen nicht vorenthalten. Letztlich entschied ich mich für die Würmer und vor allem für meine Aussaaten, denn auch meine Spinat- und Feldsalat-Samen hätten die Hühner sofort gepickt und so wäre die Aussaat umsonst gewesen. Was ich mir aber angewöhnt habe, ist den Hühnern die Engerlinge, die beim Sieben des Kompostes auftauchen, ins Gehege zu werfen und auch die eine oder andere Raupe oder – noch kleine – Nacktschnecke, auf die ich bei der Gartenarbeit stoße. Gemeinsam mit verschiedenen ausgejäteten Unkräutern, die ich ihnen direkt verfüttere: Vogelmiere und Gräser und was sonst noch anfällt. Mein Weg in den Garten führt am Hühnerstall vorbei, die Hühner kommen stets herbeigeflattert, wenn sie mich sehen, weil sie wissen, dass sie allermeistens etwas abbekommen.

Größe und Ausstattung des Auslaufs

Pro Huhn sollte der Auslauf mindestens 10 m^2 groß sein. Bei 8 Hühnern ist das schon relativ viel. Wichtig

Im Hühnerauslauf wachsen idealerweise Sträucher, unter denen sich die Hühner verstecken können.

Dieser Hühnerstall hat zwei Eingänge und ist so im Garten positioniert, dass die Hühner jedes Jahr eine andere Auslauffläche nutzen können.

Kleiner mobiler Hühnerstall im Obstgarten.

ist auch, dass der Zaun, der ihn umgibt mindestens zwei Meter hoch ist – so hoch können Hühner leicht fliegen. Das tun sie auch, wenn sie wissen, dass sich hinter dem Zaun der Gemüsegarten befindet. Ideal ist, wenn ein Teil des Auslaufs überdacht ist. Hier bleibt der Boden staubig und die Hühner können sich so richtig einstauben. Das Sandbad ist ihre Art der Körperhygiene. Im Auslauf sollten idealerwiese auch Sträucher oder niedrige Bäume wachsen, unter denen sich die Hühner tagsüber verstecken können. Wenn diese frisch gesetzt werden, muss der Wurzelbereich geschützt werden, in dem alte, stabile Gitter (zum Beispiel vom Alteisenhändler) aufgelegt werden.

In einem fixen Hühnerauslauf müssen die Tiere täglich mit etwas frischem Grün gefüttert werden. Wenn gerade kein Unkraut wächst, das verfüttert werden kann, muss frisches kurzes Gras geschnitten werden. Oder es gibt genügend Abfälle, die beim Salat-Putzen anfallen.

Wechselnder Auslauf

Ideal ist, wenn die Hühner nicht jedes Jahr auf der gleichen Fläche weiden oder sogar mehrmals im Jahr eine neue Fläche beweiden können. In kleineren Gärten ist das meistens nicht so einfach möglich. Da hier die Zäune entsprechend hoch sein müssen, kann man sie nicht so einfach verstellen. Man kann aber fixe Zäune so errichten, dass sie den Garten in zwei Bereiche teilen, die dann jährlich abwechselnd als Auslauf dienen. Der Stall muss dann so im Garten positioniert sein, dass die Hühner einmal in den einen, einmal in den anderen geleitet werden können.

Mobiler Stall

Fahrbare Ställe haben viele Vorteile: die Hühner bekommen immer wieder eine frische Weidefläche, so bleibt sowohl die Grasnarbe geschont und auch der Gesundheit der Tiere tut es gut. Bei einer mobilen Weide ist ein Zaun von etwa 110 cm meistens ausreichend, da die Tiere auf der Weide genügend Futter finden.

Hühner legen ihre Eier gerne ins Nest. Hier im Halbdunkel haben sie ihre Ruhe.

Füchse, Marder, Hühnergeier

Hühner haben zahlreiche Fressfeinde. Das ist nicht weiter verwunderlich. Schließlich sind sie viel größer und ergiebiger als alle anderen Vögel ringsum und dann sind sie auch immer an ein und dem selben Fleck zu finden. Eine automatische Verschlussklappe schafft schon einmal ein gutes Stück Sicherheit für die Hühner.

Benötigte Ausstattung

Die Ausstattung im Hühnerstall ist eigentlich recht einfach. Ein paar Legenester, Sitzstangen, ein Sandbad, eine Tränke und eine Futterstelle.

Sitzstangen Hühner artgerecht zu halten bedeutet auch, dass sie so die Nacht erhöht auf Sitzstangen verbringen können. Sitzstangen müssen 4–6 cm breit und oben abgerundet sein, und pro Tier etwas 25 cm lang und sind mindesten 20 cm von der Wand entfernt. Herausnehmbar montieren, damit man sie reinigen kann.

Tränke Am praktikabelsten im Stall sind hängende Tränken. Im Freien kann es auch ein offenes Gefäß mit einer guten Standfläche sein.

Futterstelle Es gibt zahlreiche Futterbehälter Immer ist wichtig, dass sie so gebaut sind, dass die Tiere nicht hineinsteigen können. Dann braucht es noch kleinere Behälter für das Zusatzfutter (zermahlene Muscheln) und Grünzeug im Winter.

Legenester Pro 3–5 Tiere muss benötigt man einen eigenen Nestraum. Bei kleinen Herden besser eher ein Nest für drei Tiere anzubieten. Je nach Rasse muss das Nest unterschiedlich groß sein. Die Nester legt man mit Heu, Stroh oder Hobelspänen aus, die man alle 2–3 Monate erneuert.

Einstreu Am Boden zu scharren und zu picken ist das natürliche Verhalten von Hühnern. Daher braucht ein Stall eine Einstreu. Diese wird regelmäßig aufgefrischt und zwei- bis dreimal im Jahr komplett erneuert, um möglichst keine Krankheiten aufkommen zu lassen. Es eignen sich Strohhäcksel, Dinkelspelzen und Hobelspäne.

Sandbad Das Sandband ist wichtig, damit sich die Tiere reinigen können. Es steht entweder unter Dach im Freien oder in einer Ecke des Stalls und muss mindestens 40 x 40 cm groß sein. Bei Ställen, die auf Füßen stehen, kann es auch unterm Stall sein.

Lichtquelle Wenn man in den Herbst- und Wintermonaten eine kleine Lichtquelle im Hühnerstall anbringt und die Tageslänge damit auf 14 Stunden verlängert, legen die Hennen auch in der dunkleren Zeit des Jahres ihre Eier weiter. Vorausgesetzt, sie erhalten ihr gewohntes gutes Futter und ausreichend Wasser. Eine Glühbirne mit 15 Watt würde für einen Stall für 5–10 Hühner genügen und hätte sogar den Vorteil, dass sie den Stall etwas wärmt und vor Frost schützt.

Automatische Klappe

Eine der hilfreichsten Ausstattungen für die Hühnerhaltung ist die automatisch gesteuerte Verschlussklappe des Hühnerstalls zum Auslauf hin. Sie öffnet und schließt sich durch einen tageslichtgesteuerten Sensor. Praktischer geht es nicht. So muss man nicht jeden Abend zu Hause sein, um die Klappe zu schließen. Eine geniale Erfindung für alle, die in der Früh Kinder versorgen und/oder zur Arbeit fahren müssen. Das kostengünstige System öffnet bei Tageslicht und schließt bei Dämmerung. Die Hühner haben täglich ihre Freiheit – den Auslauf – und die HühnerhalterInnen die Freiheit, sich die Zeit unabhängig von den Hühnern einzuteilen. Die Hühnerstallklappe funktioniert je nach Bauart mit Stromanschluss oder Batterie.

Was wichtig ist, ist, dass die Hühner rechtzeitig in den Stall gehen, bevor die Klappe schließt. Als wir unsere ersten vier Hühner kauften, standen diese am ersten Abend verdutzt – und zu spät – vor verschlossenem Tor. Die etwa 20 Wochen alten Junghühner waren in einem Stall in Bodenhaltung bei einem Züchter in der Nähe aufgewachsen und hatten bis dahin keinen Auslauf gekannt und damit auch keinen Rhythmus des Raus- und Reingehens. Am nächsten Tag (es war Mitte

Vor der Dämmerung kommen die Hühner in den Stall. Hinter ihnen schließt die Klappe automatisch.

Hühner lieben Käsereste.

Hühner brauchen täglich frisches Wasser.

Oktober und die Tage schon kurz), kamen wir nur (!) ca. eine Stunde, nachdem die Klappe sich geschlossen hatte, zu unseren Hühnern. Und schon fehlte eines. Unglaublich, zwei Tage waren die Hühner da und schon hatte der Fuchs eines verspeist. Am dritten Tag bekamen wir dann unseren Hahn. Seither läuft alles problemlos: Für den ca. einen Jahr alten Hahn, der auf einem Bauernhof aufgewachsen war, war es eine Selbstverständlichkeit, frühmorgens aus dem Stall zu hüpfen und vor der Dämmerung wieder zurück in den Stall zu gehen. Im Handumdrehen hatte er das auch unseren Hühnern beigebracht.

Wasser und Futter

Hühner müssen täglich mit frischem Wasser versorgt werden. Bestes Hühnerfutter bekommt man bei jedem Biohof, der das eigene Getreide direkt vermarktet und dafür reinigen lässt. Der Ausschuss vom Brotgetreide – egal ob von Weizen oder Dinkel – ist ein ausgezeichnetes Hühnerfutter. Wer so eine Quelle nicht zur Verfügung hat, kauft das Bio-Hühnerfutter säckeweise im Landhandel. Zusätzlich zu diesem Grundfutter kann man den Hühnern vieles verfüttern, was in der Küche anfällt: Kartoffelschalen und Milch, die sauer geworden ist, ein Glas Marmelade, das nicht mehr gut ist genauso wie hartes Brot – das man einweicht, bevor man es den Hühnern verfüttert. Hühner sind sehr gute Resteverwerter und oft stellen sich auch richtige Austauschbeziehungen zu den Nachbarn oder anderen Freunden ein. Meine Mutter sammelt stets ihr altes Brot für unsere Hühner, Andrea Kölzer (→ siehe Gartenporträt, Seite 89) berichtet, dass sie jeden Freitag auf den Markt einkaufen geht und die Käsefrau vom Markt ihr alle Käserinden für die Hühner mitgibt. Lebendiges Eiweiß finden Hühner am besten selbst im Garten – wo sie ständig nach kleinen Insekten, Schnecken, Raupen und Würmern picken. Auch frisches Gras oder Luzerne enthält Eiweiß. Neben Küchenresten brauchen Hühner regelmäßig frisches Grünfutter. Wenn der Auslauf groß genug und mit Gras bewachsen ist, werden sie im Frühling hier genug frisches Gras finden.

Wichtig ist zu wissen, dass sich Hühner keine Reserven anfressen können. Sie legen nur Eier, wenn sie stets mit gutem und ausreichendem Futter versorgt werden.

Trockene Eierschalen sind ein wichtiges Futter für die Tiere.

Küken brauchen eigenes Futter.

Für die Zeit im Winter, wo Schnee liegt und die Hühner gar kein frisches Grün finden, trocknet man am besten Brennnesseln. Diese kann man dann als ganze Buschen in den Hühnerstall hängen, die Hühner lieben die getrockneten Brennnesselblätter. Eine ältere Bäuerin in Südtirol, die ich für meine Diplomarbeit oft besucht habe, hat für den Winter immer sehr viel Brennnessel getrocknet und diese fein zerbröselt und in der Polenta, die sie den Hühnern im Winter täglich frisch gekocht hat, mitverfüttert. Frische Brennnessel fressen Hühner hingegen nicht so gerne. Im Hühnerauslauf bleiben also meist genügend Brennnesseln stehen, die man ernten und für den Winter trocknen kann.

Eierschalen verfüttern oder nicht?

Eierschalen sind eine wichtige Calcium-Quelle für Hühner. Das Calcium ist wichtig für die Bildung der neuen Eierschale. In neuerer Literatur zum Thema Kleinst-Hühnerhaltung findet man die Angabe, dass man keine Eierschalen verfüttern solle, da dies die Hühner dazu verführen könne, die eigenen Eier anzupicken. Diese Angabe hat mich sehr verwundert. Meine Großmutter, die stets Hühner gehalten hat, hat sie ebenso wieder an die Hühner verfüttert, wie die vielen erfahrenen Hühnerhalterinnen und -halter, die ich in unserem freundschaftlichen und nachbarlichen Netzwerk kenne. Wichtig ist allerdings: Die Eierschalen idealerweise mit Wasser ausspülen und jedenfalls trocknen, bevor man sie verfüttert – zum Beispiel in der Nähe des Küchenherdes oder im Sommer in der Sonne. Nur getrocknet dürfen sie an die Hühner verfüttert werden. Hühner fressen Eierschalen am liebsten, wenn sie nur grob mit der Hand zerkleinert sind (man muss sie nicht pulverisieren). Eine meiner älteren Nachbarinnen, die seit über 50 Jahren Hühner hält, meinte, dass es schon mal vorkommen könne, dass ein Huhn entdecke, dass die eigenen Eier gut schmeckten. Dann gäbe es nur eines: Das Huhn komme so schnell als möglich als Suppenhuhn in den Kochtopf, bevor sich die anderen Hühner diese Unsitte abgeschaut hätten.

Futter für die Küken

Küken brauchen in den ersten Wochen ein feines Futter, Getreidekörner sind noch zu grob für sie. Entweder man versorgt sie mit Maisgries oder mit Hirse. Vitalisierend dazu sind frische faschierte Brennnesseln.

Erfahrungen von HühnerhalterInnen

„Ich verlasse mich bei der Kükenzucht lieber auf den ‚Kükenstarter'. Dieses Futter beinhaltet alles, dass die Küken gesund und lebensfroh bleiben. Das ist besonders wichtig, wenn ich die Hähne aus der eigener Zucht essen möchte. Wenn die kleinen Küken zum Starten optimal ernährt werden, können sie gut wachsen und setzen somit auch mehr Fleisch an. Eierschalen kommen bei mir auf den Kompost, dann sind die Eihäute auch verrottet und dann picken sie die Hühner später auf. Ich bevorzuge Austernschalenkalk aus dem Lagerhaus. Diesen biete ich meinen Hühnern in einem eigenen Futterautomaten an, den ich von Zeit zu Zeit auffülle."

Maria Hagmann, hält seit 50 Jahren Hühner.

Die Auswahl der Rasse

Im Selbstversorger-Haushalt sind die wichtigsten Eigenschaften der Hühner: das Glucken, also die Fähigkeit, den eigenen Nachwuchs groß zu ziehen, ihre Freundlichkeit und ihre Robustheit. Die Freundlichkeit der Tiere darf nicht unterschätzt werden. Vor allem, wenn Sie Kinder haben, die ja gerne die Eier aus den Nestern holen. Die Menschen in unserer Umgebung, die schon lange Hühner halten, sind sich einig, dass die Hühnerhaltung am einfachsten gelingt, wenn man keine einzelne Rasse hält, sondern eine bunte Mischung verschiedener Rassen. Sie kaufen am Kleintiermarkt immer wieder einzelne Tiere zu oder tauschen gute Hähne untereinander aus. Ein „guter Hahn" bedeutet, dass er gut auf seine Hühner schaut (ihnen die Körner vorlegt und ihnen ein Nest zeigt) und sie beschützt, dazu stets einen Blick gegen den Himmel wirft, um Räuber aus der Luft rechtzeitig zu erkennen. Dazu soll er freundlich und nicht aggressiv sein, also uns Menschen nicht als Eindringlinge in „seine" Herde betrachten. Ideal ist es, wenn Sie die Tiere direkt vom Hühnerhalter, bei dem Sie Ihre neue Herde kaufen, abholen können. So sehen Sie auch, wie hier mit den Tieren umgegangen wird und wie sich die Tiere untereinander verhalten.

Kinder holen gerne die frischen Eier.

Die kleinen Küken können im Sommer im Freien sein. Allerdings muss das Nest vor Regen geschützt sein (Hier ein Kaninchenstall mit einer Regenplane).

Die eigene Nachzucht – das Glucken

Viele Hühner haben über die letzten Jahrzehnte das Glucken verlernt. Genau genommen haben sie es nicht verlernt, sondern wir Menschen haben die Hennen gezielt als Hochleistungslegemaschinen gezüchtet. Für viele Hühnerzüchter und Bauernverbände war das Glucken über Jahrzehnte verpönt. Denn eine Henne, die gluckt, legt für einige Monate keine Eier, sondern ist damit beschäftigt, ihre Küken zu beschützen und zu versorgen. In der industriellen Landwirtschaft werden ausschließlich Hybridhühner gehalten. Diese eignen sich nicht zur Weiterzucht.

Viele Hühnerrassen, die von SelbstversorgerInnen gehalten haben, können aber auch gut glucken. Eine gute Gluckhenne verteidigt ihre Küken vor den anderen Hühnern und auch vor uns Menschen. Zeigt ihnen, wie man Futter findet, wie man Wasser trinkt, dass man morgens aus dem Stall geht und abends wieder dorthin zurückkehrt, wo man Würmer findet und was man sonst noch alles für ein gutes Hühnerleben braucht. Wenn Sie Ihre eigene Hühner-Nachzucht wollen, besorgen Sie sich Ihre Hühner aus einer Herde, wo die Hühner glucken dürfen und die selbst in einer natürlichen Brut zur Welt gekommen sind.

Ob eine Henne brüten möchte, erkennt man daran, dass sie nicht mehr aus dem mit den eigenen Federn ausgepolsterten Nest steigen mag und ein Gezeter macht, wenn man sie rausheben möchte. Sie müssen dieser Henne trotzdem ein eigenes Nest machen, in dem sie in aller Ruhe 21 Tage lang brüten kann. Im Legenest wäre sie zu gestört, weil die anderen Hühner nicht akzeptieren, dass dieses Nest belegt ist und ihr Ei dazulegen möchten. Nur, wenn die Henne wirklich in aller Ruhe 21 Tage lang auf den Eiern sitzen kann, hat das Brüten auch Erfolg. Nehmen Sie eine niedrige Holzsteige (ein Pappkarton geht genauso), bereiten Sie ein stabiles Nest und legen bei einer normal großen Henne bis zu 13 Stück neue Eier in das Nest (so schlüpfen die Küken alle am gleichen Tag). Abends/nachts setzen sie die brutwillige Henne in dieses neue Nest. Während der Brutzeit wird die Henne einmal am Tag aus dem Nest steigen, trinken, fressen und abkoten. Wenn es sehr heiß ist, bieten Sie ihr immer wieder mal etwas

Wasser – in einem kleinen Becher – an. Nach den 21 Tagen, wenn die Küken geschlüpft sind, gilt: Bitte nicht stören, besser noch einen halben Tag zuwarten, dann steigt die Henne mitsamt den „Wusalan" aus dem Nest. Dann erst das verlassene Nest räumen, die Reste der Eierschalen oder nicht ausgebrütete und schon kalte Eier wegnehmen und wieder ein flaches Nest für die Henne und die Küken bereiten. In den ersten Tagen nach dem Schlüpfen braucht die Henne mit ihren Küken ein eigenes Abteil im Stall. Nach einer Woche können Sie ein improvisiertes Gehege auf einem Stück Wiese errichten und stellen einen verschließbaren Stall hinein (zum Beispiel einen Meerschweinchenstall). Dieser muss regensicher abgedeckt sein. Wenn Sie nur eine Gluckhenne haben, sollten Sie diese jedenfalls wieder zu den anderen in den Auslauf geben – der Hahn wird auch die Küken verteidigen. Sie müssen den Küken eigenes Futter anbieten.

Bruteier aufbewahren

Ein befruchtetes Ei muss nicht sofort ausgebrütet werden. Die Entwicklung des Embryos im Ei beginnt erst, wenn das Brüten beginnt. Über mindestens 7 Tage bleibt ein befruchtetes Ei brutfähig, vorausgesetzt, es wird richtig gelagert: Bei idealerweise 12–14 °C und bei einer Luftfeuchtigkeit von 65–75 % (Eier, die einmal im Kühlschrank gelandet sind, können nicht mehr ausgebrütet werden). Die Eier werden in einem Eierkarton mit der Spitze nach unten gelagert. Wenn sie länger (maximal 14 Tage) gelagert werden: waagrecht lagern und jeden Tag etwas drehen. Bruteier aufzubewahren, kann aus folgenden Gründen wichtig sein:

- Wenn man möchte, dass alle Küken gleichzeitig schlüpfen, hebt man über einige Tage die gewünschten Eier auf und legt sie der Bruthenne gleichzeitig unter.
- Wenn man auch Eier von anderen Hühnern in der Herde ausbrüten will (zum Beispiel, um mehr Grünlegerinnen in der Herde zu haben).
- Wenn man von anderen HühnerhalterInnen Eier bekommt und so eine bestimmte neue Rasse in die eigene Herde holen kann.

Mit oder ohne Hahn?

Wenn es nur darum geht, eigene Eier zu haben, ist es nicht unbedingt notwendig, auch einen Hahn zu halten. Eine Nachbarin, die lange Jahre selber Hühner hatte, meinte, ein Hahn sei ein „überflüssiger Esser, der zu nichts nütze sei". Wer keine eigene Nachzucht haben möchte, für den oder die mag das stimmen. Wem es aber wichtig ist, dass die Hühner auch glucken und die eigene Nachzucht aufziehen will – oder/und Masthähnchen haben will, braucht einen Hahn. Einen Hahn bei der Hühnerherde zu haben, hat auch noch weitere Vorteile: Der Hahn passt auf die Hühner auf und warnt vor Feinden – wie etwa dem Hühnerbussard.

Um Inzucht vorzubeugen, ist es jedenfalls wichtig, dass der Hahn aus einer anderen Herde kommt als die Hennen.

Wenn man einen Hahn bei der Herde hat, ist die Befruchtung der Hennen gar kein Problem (ein Hahn für bis zu 20 Hennen).

Krankheiten, Parasiten, Giftpflanzen

Wenn Ihre Hühner genug Auslauf haben, sie täglich mit frischem Wasser versorgt werden und mit ausreichend Grünfutter, werden Ihre Hühner gesund sein. Mit einem Parasiten muss man aber immer rechnen. Die ansonsten häufigsten Erscheinungen sind:

Vogelmilbe/Blutmilbe

Die größte Plage für die Hühner ist die Vogelmilbe. Dem kann durch Kalken oder Silikatpulver (→ siehe Kieselgur-Tipp Seite 451) des Hühnerstalls vorgebeugt werden und mit Nützlingen, nämlich Raubmilben – die man auch vorbeugend einsetzten kann. So hält sich ein erträgliches Gleichgewicht. Raubmilben können in erster Linie bei höheren Temperaturen gut eingesetzt werden, es gibt auch Raubmilben, die bei kühleren Temperaturen im Winter aktiv sind. Es gibt auch im Bio-Landbau zugelassene Insektensprays, die auf Basis eines Chrysanthemen-Extraktes arbeiten und laut Hersteller sehr wirksam sind („Bio-Phalanx") und in Kombination mit Nützlingen eingesetzt werden kann.

Kalkbeinchen

Kalkbeinchen verursacht eine Milbenart, die den Hühnern unter die Schuppen an den Beinen geht. Dadurch wuchert der Hornanteil und das sieht nicht nur nicht schön aus, sondern ist für die Tiere auch unangenehm. Im Extremfall bluten die Beine. Dagegen bewährt sich: Einmal im Jahr (im Spätherbst vor der Mauser, also

Hühner sollten sich anfassen ...

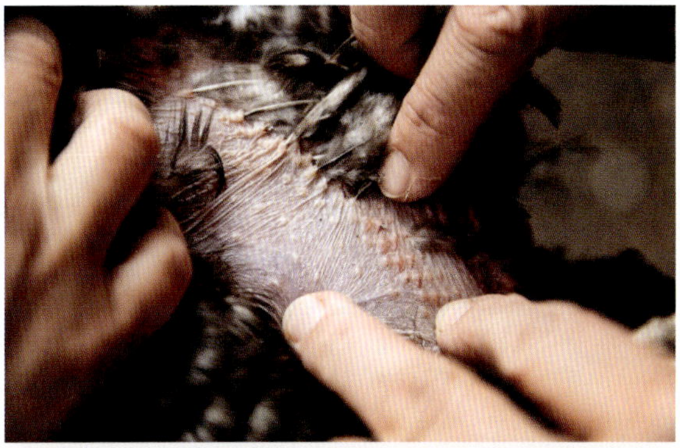

... und untersuchen lassen. Zum Beispiel müssen sie regelmäßig auf Milben-Befall kontrolliert werden.

Ein Huhn mit Kalkbeinchen. Hier hilft keine präventive Behandlung mehr. Die Beine 2–3 Tage hintereinander in ein Glas mit Speiseöl eintauchen. Bei Bedarf nach zwei Wochen wiederholen.

dem Federwechsel) eine Wanne mit Speiseöl, wo die Hennen durchschreiten müssen, vor dem Schlupfloch aufstellen. Hier müssen sie reinsteigen und können nicht drüberfliegen. Bei dieser Ölbehandlung der Beinchen ersticken die Milben, die sich unter den Schuppen befinden. Schließlich schreiten die Hennen ja mindestens zweimal täglich durch. Die Ölwanne stehen lassen, bis sie fast leer ist.

Erfahrungen von Hühnerhalter-Innen

„Gegen die Vogelmilbe haben wir zwei Mittel: erstens EM und zweitens Silikatpulver. Effektive Mikroorganismen sprühen wir verdünnt auf die Sitzstangen, ins Nest und die Einstreu. Die Vermehrung der Milben wird durch die Milchsäurebakterien und die Pilzsporen gestoppt oder zumindest reduziert. Im Sommer, wenn die Parasiten am lästigsten sind, wirkt das Besprühen des Stalles kühlend, was die Entwicklung der Vogelmilbe bremst und den Hühnern, die eher „Schattensucher" sind, gut tut. Silikatpulver (Kieselgur) sprühen wir in die Ritzen und alle offenporigen Oberflächen im Stall. Das Mittel ist rein mineralisch und enthält keine unzulässigen Wirkstoffe."
Martin Tragler, Bio-Hühnerhalter, Schlierbach

Giftige Pflanzen im Garten

Neben dem Huhn, das dem Fuchs zum Opfer gefallen war, hatten wir im ersten Jahr unserer Hühnerhaltung auch noch zwei weitere Verluste zu beklagen: Eines Tages – es war ein heißer Tag Ende September – lag ein Huhn reglos, aber noch lebendig im Stall. Der Kamm war kalt und hing schlapp herunter. Ich hatte keine Ahnung, was mit dem Tier los war, außer, dass offensichtlich war, dass es am Verenden war. Wir mussten es notschlachten. Ich tat, was ich bei solchen Fragen immer tat: ich rief Rosa an. Rosa ist eine 80-jährige Bäuerin, die ihr Leben lang Hühner gehalten hat und uns über 10 Jahre lang mit Eiern beliefert hat. Rosa meinte, das Huhn habe „der Schlag" getroffen und das könne immer wieder mal vorkommen, auch bei jungen Hühnern, gerade an heißen Tagen. Doch diesmal hatte Rosa nicht recht. Ich bemerkte, dass im Auslauf Früchte des Pfaffenkapperl-Strauchs lagen. Das Huhn war eines der neugierigsten gewesen, das alles fraß, was es fand. Im Gegensatz zu den anderen, die nur das bereits gewohnte Futter verspeisten. Als zwei Monate später – der Pfaffenkapperl-Strauch hatte wieder einmal viele Früchte fallen gelassen – wieder ein Huhn mit ähnlichen Symptomen im Auslauf lag, las ich nach. Dass die Pfaffenkapperl-Früchte für den Menschen extrem giftig waren, wusste ich. Aber offenbar waren sie auch für die Hühner giftig. Wir fällten die beiden Sträucher, sammelten alle Früchte sorgfältig vom Boden auf. Seither hatten wir keine Verluste mehr zu beklagen.

Eier lagern

Eier halten sich sehr lang. Durch die poröse Schale vertrocknen sie eher als sie verderben. Eier lagert man (mit der Spitze nach oben) luftig, dunkel und kühl, die Luftfeuchtigkeit soll nicht zu hoch sein. Es muss nicht der Kühlschrank sein, eine Speisekammer ist auch gut geeignet. Eier nehmen Gerüche an, sie dürfen daher nicht in einem stickigen Keller gelagert werden.

Eierüberschüsse konservieren

Mit den eigenen Eiern ist es so wie mit dem Gemüse: Es gibt mal mehr und mal weniger. Sobald im Frühjahr das erste Grün neu austreibt, beginnt die erste Eierschwemme. Wenn jedes von fünf Hühnern täglich ein Ei legt, hat man schon zu tun, alle Eier zu verarbeiten, zu verschenken oder einzutauschen. So viele Eier kann man unmöglich essen, aber Menschen aus der Nachbarschaft oder Freundinnen und Freunde in der Stadt freuen sich sicher über die frischen und guten Eier. Die Eier vom Spätsommer und Herbst kann man gut für den Winter konservieren. Aus Südtirol kenne ich die Lagerung im Roggen, der in großen Getreidekisten gelagert wurde. Vermutlich, weil es hier gut kühl war und sie vor Tieren geschützt waren. Die gängigste Methode, um größere Mengen zu konservieren, war – vor Aufkommen des Kühlschranks –, die abgebürsteten, aber nicht gewaschenen Eier in mit Wasserglas gefüllte Steingutgefäße oder kleine Fässer zu schichten. Wasserglas ist wasserlösliches Alkalisilicat, das gemischt mit Wasser gelartig wird. In Wasserglas eingelegte Eier dichtet das enstehende Siliciumoxid ab. Luft, Wasser oder Mikroorganismen können nicht eindringen und die Eier sind im kühlen Keller gelagert mindestens drei Monate haltbar. Diese Eier eignen sich zum Kochen oder Backen. Aber wer seine Hühner auch im Winter gut versorgt, bekommt auch von einer kleinen Hühnerschar über die Woche genügend Eier für ein Sonntagsei.

Dieses Huhn hat ein verletztes Bein und muss geschlachtet werden. Ein Abschied nach drei Jahren.

Hühner schlachten

Auch wenn Sie nicht vorhaben, Ihre Tiere zu essen und sie nicht brüten lassen: Bevor Sie Hühner anschaffen, überlegen Sie, wo Sie das Notschlachten lernen können oder wer sie schlachten kann, wenn sie verletzt sind und notgeschlachtet werden müssen. Lassen Sie nur jemand, der „Übung" hat und innerlich ruhig ist, das Tier schlachten. Maria Hagmann beschreibt es so: *„Ohne Hektik und mit innerer Ruhe, mit einem extra geschärften Messer gehe ich ans Werk. So habe ich es von meiner Oma gelernt. Die eigenen jungen Hähne werden kurz vor Weihnachten geschlachtet. Manchmal erhalten sie auch Weihnachtsamnestie und kommen erst im Januar dran. Da muss es dann sein, denn sonst bringen sie zu viel Unruhe in die Schar."*

Literatur

- Beate und Leopold Peitz, Wilhelm Bauer (2012). Hühner in meinem Garten. Alles über Haltung und Ställe. Stuttgart: Ulmer Verlag.

Hühner zu halten, bereichert das GärtnerInnenleben.

Immer wieder den Boden vorbereiten, immer wieder ernten: Ein Gartenjahr bingt Struktur ins Leben.

Serviceteil

Gartenkalender

Nichts ist so sicher, wie dass die Jahreszeiten wiederkehren, die Tätigkeiten im jahreszeitlichen Rhythmus wiederkehren – das Aussäen, das Jäten, das Aufbinden, das Immer-wieder-Ernten und das Immer-Wieder-Nachsäen, das Verarbeiten der Ernte und das Einlagern, das Einwintern des Gartens. Und dennoch: Nichts ist im Garten so wichtig wie das Improvisieren. Gute Gärtner sind die, die immer weiterlernen. Denn: Kein Jahr gleicht dem anderen. Im einen Winter bleiben die Niederschläge aus, im nächsten bleibt der Schnee bis in den April liegen. Während ein Sommer heiß und trocken ist – und die Tomaten gesund bleiben, während die Karotten leiden –, müssen im nächsten Sommer mit feucht-heißer Witterung die Tomaten besonders gut beobachtet und gepflegt werden. Während dann die Karotten, wenn sie einmal ausgedünnt sind, einfach fröhlich und ertragreich vor sich hin wachsen. Dasselbe gilt fürs Obst: Es gibt ausgesprochene Obstjahre. In diesen brauchen die Bäume meist mehr Aufmerksamkeit, müssen gestützt werden und man weiß gar nicht mehr, wie man all das Obst lagern und verarbeiten soll, während man im nächsten Jahr gar keine Aprikosen am Baum hat und froh ist, dass noch genügend Gläser Marmelade im Lager stehen.

Neben dem jährlichen Witterungsverlauf ist auch die Lage des Gartens und vor allem die Region ausschlaggebend, welche Pflanzen überhaupt angebaut werden können und vor allem wann. Alleine, wann man überhaupt zu gärtnern beginnen kann, kann um mehr als zwei Monate differieren. Ein Beispiel: In Südtirol gilt der 18. März („die heilige Gertrud") als Start der Gartensaison, an dem man mit den Arbeiten – und ersten Aussaaten im Garten beginnen kann. Das trifft für viele Lagen zu. Doch in den ganz warmen Tallagen muss man vielleicht gar nicht starten, weil man vielleicht den ganzen Winter durchernten konnte – vorausgesetzt, man hat im Herbst rechtzeitig gesät. Und auch falls nicht: Erbsen, Ackerbohne, Mohn und Spinat konnten hier vermutlich bereits ab Mitte Februar gesät werden. Hingegen ist in einem Garten in den Höhenlagen Mitte März noch gar nicht ans Gärtnern zu denken. Im Hochsommer schaut die Gartenwelt wieder anders aus: Während sich in den Hochlagen das Gemüse vermutlich prächtig entwickelt, sind viele Gemüsearten in den heißen Tallagen nun hart auf die Probe gestellt und neue Aussaaten können in der Sommerhitze nur mit Tricks zum Keimen gebracht werden.

Mondkalender

Gerade für viele, die neu zu gärtnern anfangen, scheint ein Mondkalender verführerisch: Einfach aufschlagen und der Kalender sagt, was zu tun ist. So einfach ist das aber leider nicht. Der Mond hat – genauso wie die Sonne – einen Einfluss auf die Pflanzen. Und gute GärtnerInnen schauen auch auf den Mond und auf das „richtige Zeichen". Doch neben dem Mond hat vieles andere einen Einfluss, wann der Zeitpunkt für die Aussaat oder für das Jäten des Unkrautes ist. Wenn Rote Rüben nicht ausgedünnt werden, können sie keine schönen Rüben bilden – selbst wenn sie genau zum richtigen Zeichen gesät wurden. Wenn es gerade geregnet hat, kann das Lagergemüse nicht geerntet werden – auch wenn das Zeichen gerade richtig wäre. Auch hier gilt: Erfahrung macht die Meisterin und den Meister. Es gilt zu beobachten (und zu lernen) und sich nicht krampfhaft an die Angaben eines Kalenders zu halten.

Juni: Zwischen Anfang und Mitte Juni blüht der Holunder – eine Zeigerpflanze im phänologischen Kalender.

Erst wenn die Forsythien blühen, darf der Lavendel zurückgeschnitten werden.

Phänologischer Kalender

Der phänologische Kalender teilt das Jahr nicht in 12 Monate, sondern in 10 „Jahreszeiten" ein. Die Bezeichnung leitet sich vom altgriechischen *phaino* „ich erscheine" ab: Den Übergang von einer phänologischen Jahreszeit in die nächste markieren jeweils bestimmte Entwicklungserscheinungen – etwa Blühbeginn oder Blattfall – bestimmter Pflanzen, die als Nutzpflanzen in den Gärten oder als Wildpflanzen wachsen. Stets handelt es sich um in dieser Region alteingesessene Pflanzen, die weit verbreitet und allgemein bekannt sind. Der phänologische Kalender ist daher nicht ubiquitär gültig – in Mitteleuropa gibt es andere Zeigerpflanzen als in anderen Regionen. So richten sich die phänologischen Jahreszeiten nicht nach einem fixen Kalenderdatum, sondern danach, wann diese bestimmten Zeigerpflanzen blühen oder ihre Blätter bzw. Nadeln fallenlassen. Beispielsweise markiert die Blüte der Forsythie den Beginn des Vorfrühlings. Nun können etwa die mediterranen Kräuter wie Lavendel geschnitten werden. Oder die Blüte des Schwarzen Holunders zeigt den Beginn des Frühsommers an. Es ist nicht mehr mit Spätfrösten zu rechnen und selbst die allervorsichtigsten GärtnerInnen können nun wärmeliebende Pflanzen wie Tomaten und Kürbisse auspflanzen. Entsprechend der Höhenlage und dem Witterungsverlauf des Jahres kann dann der richtige Zeitpunkt für den Rückschnitt oder das Auspflanzen eben später oder – in den letzten Jahren meist – früher kommen. Diese Zeigerpflanzen spielen auch in der Forschung zum Klimawandel eine große Rolle und es ist erwiesenermaßen so, dass sich zum Beispiel die Blüte der Forsythie um Wochen nach vorne verschoben hat.

Soweit so gut. In der Praxis ist der phänologische Kalender für Garten-AnfängerInnen nur dann eine Hilfe, wenn diese Zeigerpflanzen in der Nähe des Gartens wachsen und man vor allem bei wichtigen Terminen – wie eben dem Auspflanzen auf diese Pflanzen schaut. Die folgende Tabelle fasst einige wichtige Tätigkeiten im Garten und die entsprechende phänologische Jahreszeit zusammen.

Wann was tun? Einige phänologische Hinweise

Phänologische Jahreszeit	Zeigerpflanze für Beginn der Jahreszeit	Tätigkeiten im Garten
Vorfrühling meist Ende Februar/Anfang März (große Schwankungen, manchmal schon Anfang Januar)	• erste Blüte der Haselnuss, des Schneeglöckchens und der Salweide • Austrieb des Bergahorns (in den Alpen)	• Freiland-Aussaat von Erbsen, Ackerbohnen, Spinat, Asia-Salaten • erste (frostverträgliche) Gründüngungen anbauen
Erstfrühling meist ab Mitte März	• Forsythien und Buschwindröschen blühen	• Rückschnitt von Lavendel und anderen mediterranen Kräutern • Garten: erstes Wurzelgemüse aussäen, erste Salate pflanzen • Indoor: Jungpflanzenanzucht
Vollfrühling meist ab Ende April	• Flieder und Apfel blühen • Stieleichen treiben Blätter • Wintergetreide beginnt zu schossen	• Beete lockern • Wurzelgemüse aussäen
Frühsommer meist ab Ende Mai / Anfang Juni	• Holunder beginnt zu blühen	• Aussaat von Rosenkohl und Federkohl
Hochsommer meist ab Mitte bis Ende Juni	• Linde beginnt zu blühen	• Erste Nachsaaten im Garten (Zucchini, Rote Rübe) • Vorkultur von Herbstgemüsen (Zuckerhut, Fenchel, Herbstsalate)
Spätsommer meist ab 2. Drittel August	• Eberesche beginnt zu blühen	
Frühherbst meist ab Ende August	• Holunderbeeren werden reif • Haselnüsse und Kornelkirschen werden reif	• Die letzten Gründüngungen und Wintergemüse werden ausgesät
Vollherbst Meist ab Mitte/Ende September	• Rosskastanien werden reif	• Quitten ernten • Großteil der Weintrauben ist erntereif • Aussaat von Winterkefen und Winterspinat
Spätherbst meist ab Mitte Oktober	• Rosskastanie, Eberesche und die meisten Laubgehöze verlieren ihre Blätter	• Beete abräumen • Gemüse einwintern
Winter meist ab Anfang/Mitte November	• Stieleiche lässt Blätter fallen • Lärche lässt ihre Nadeln fallen	

Tabelle: Einige Beispiele für Tätigkeiten im Garten zur passenden phänologischen Jahreszeit

Die Bodentemperatur – ein zuverlässiger „Gartenkalender“

Ein wenig ist es Geschmackssache, aber für viele, die neu zu gärtnern beginnen, ist es anfangs praktischer, mit einem einfachen Bodenthermometer zu arbeiten. Der kostet ein paar Euro und ist rasch und überall zur Hand. Ein Beispiel: bereits ab einer Bodentemperatur von 2–5 °C können Palerbsen gelegt werden, Zuckererbsen ab einer Bodentemperatur von 5–8 °C. Da kann in der einen Region im Februar der richtige Zeitpunkt für die Erbsen-Aussaat sein – die früh ausgesät einfach besser gedeihen und höhere Erträge liefern. In einer anderen Region kann es sein, dass sie erst Anfang April ausgesät werden können. Tomaten und Basilikum wachsen erst so richtig gut, wenn die Bodentemperaturen nicht mehr unter 16 °C fallen. Es lohnt sich, hier genau hinzusehen und zu experimentieren und zum Beispiel 2 oder 3 Thermometer anzuschaffen und die Temperatur im Gewächshaus, an einer exponierten und an einer geschützten Stelle im Garten zu messen. Wenn man den eigenen Garten nach ein paar Jahren dann gut kennengelernt hat, wird man die Thermometer nicht mehr brauchen – dann kann man sie ja weiterschenken.

Ganzjährig ernten: Manchen Gemüsearten kann auch Schnee nichts anhaben.

Januar: Holunderblüten sind ein wohlschmeckender Tee für den Winter und gut bei Erkältungen.

Februar: Mit der Vorkultur von Paprika und Chili fängt man im Februar an.

Das Gartenjahr nach Monaten

Gerade für Neo-GärtnerInnen sind Anhaltspunkte bzw. Fixpunkte im Jahresablauf wichtig. Dazu dient der folgende Gartenkalender. Genauso als Inspiration, was vielleicht noch gesät oder woran gedacht werden kann.

Januar

Gemüse Saatgut kontrollieren, eventuell Keimproben machen, neues Saatgut bestellen. Lagervorräte kontrollieren, Luftfeuchtigkeit im Lager kontrollieren.

Obst Äpfel und Birnen, die im Lager nicht mehr lange halten verarbeiten oder konservieren. Veredelungsreiser schneiden und lagern. Bei hoher Schneelage: Bäume auf Hasenverbiss kontrollieren.

Garten Rosenkohl und Federkohl ernten; Winterlauch, Pastinake, Wurzelpetersilie, Topinambur und Haferwurzel ernten, wenn der Boden nicht gefroren ist.

Glashaus Wenn es schneit, Schnee ins Glashaus auf die leeren Beete schaufeln.

Haus Nicht vergessen, die vielen Lagervorräte auch zu essen. Vor allem Kräuter vergisst man gerne – und bald kommen ja schon wieder die frischen!

Februar

Gemüse Vorkultur: erste Aussaaten von Chili (2. Februarwoche) und Paprika (3. Februarwoche) und Küchenzwiebel. Letzten Winterlauch, Pastinake, Wurzelpetersilie, Topinambur und Haferwurzel ernten, wenn der Boden nicht gefroren ist, ebenso im Minitunnel.

Obst Bei frostfreier, trockener Witterung Kernobst-Bäume, Wein und Kiwi schneiden. Eingetrocknete Triebspitzen von Himbeeren entfernen. Bei Obstbäumen Minilia-Fruchtmumien entfernen und entsorgen. Äpfel und Birnen, die im Lager nicht mehr lange halten verarbeiten oder konservieren.

Garten In warmen Lagen können die ersten Beete vorbereitet und Erbsen, Spinat und Asia-Salate gesät werden. Nistkästen säubern. Auf Wühlmäuse kontrollieren und gegebenenfalls Fallen aufstellen.

Glashaus Ackerbohnen und Erbsen als Gründüngung anbauen, erste Radieschen und erste Asia-Salate aussäen.

März

Gemüse Auspflanzen der ersten Salate und Kohlrabi im Glashaus oder unter Vlies, stecken der Familienzwiebeln. Vorkultur: Salate, Kohlgewächse, ab Mitte März Tomaten.

Obst Erziehungsschnitt bei Steinobst, Ausjäten von Baumscheiben, Beerenobst ausjäten, düngen und Mulch ergänzen. Auspflanzen von Steinobstpflanzen und anderen frostempfindlichen Obstarten, die nicht im Herbst ausgepflanzt werden können. Verpflanzen von Wurzelausläufern von Himbeeren und Brombeeren. Bei Kräutern und Beeren: Absenker und Ableger in die Erde legen. Steckhölzer von Kräuter und Beeren stecken, sobald der Boden offen ist. Leimringe gegen Blattläuse an Obstbäumen anbringen.

Garten Ackerbohnen und Erbsen als Gründüngung anbauen auf den Beeten, die mit Zucchini, Tomaten und Co. bepflanzt werden.

Glashaus Gartenkresse, Barbarakresse säen.

März: Ackerbohnen wachsen als Vorkultur auf den Beeten der wärmeliebenden Pflanzen. Hier wurden sie Ende März gesät.

April

Gemüse Stecken der Steckzwiebel (nach den letzten schweren Frösten), Vorkultur: Salate, Artischocke und Winterlauch aussäen, ab Ende April: Zucchini und Kürbis. Im Frühbeet und manchen Lagen im Garten: erste Ernte von Radieschen und Asia-Salaten. Im Minitunnel: Im Herbst gepflanzte Salate und Kohlrabi ernten.

Obst Rhabarber ernten, nach der Ernte düngen. Bei alten Bäumen, wenn nötig Verjüngungsschnitt. Pfirsiche: Bei Blüte schneiden. Erdbeeren: vertrocknetes Laub entfernen, Boden lockern und etwas Kompost aufbringen.

Garten Brennnessel- und Beinwelljauche aussetzen.

Glashaus Salate ernten, eventuell ab Ende April schon Tomaten setzen.

Mai

Gemüse Vorkultur: ab 2. Maiwoche Gurken aussäen, im Frühbeet ersten Kopfsalat und Kohlrabi ernten, im Freiland Spargel.

April: Diese Salate sind schon groß genug zum Pikieren.

Mai: Im Laufe des Mai ist in vielen Lagen der erste Spargel da.

Obst Maibeeren sind reif, Erdbeeren: Mit frischen Stroh mulchen. Beerenobst bei Trockenheit gießen. Mehltautriebe bei Stachelbeere und Apfel ausschneiden

Garten Beete vorbereiten, gründlich jäten, lockern Gründüngung einarbeiten, Kompost und etwas Steinmehl einarbeiten. Gras für Mulch schneiden und zum trocknen liegen lassen. Holunderblüten ernten.

Glashaus Tomaten, Paprika und Gurken pflanzen und mulchen.

Lager Lagerräume reinigen. Sand aus dem Keller bringen und an der Sonne „sterilisieren".

Juni

Gemüse Vorkultur: Kohlrüben und Herbstsalate, Tomaten aufleiten und ausgeizen und eventuell nachdüngen.

Obst Erdbeeren und erste Kirschen reifen, danach Himbeeren und Johannisbeeren. Bei Obstbäumen Wasserreiser reißen. Ausdünnen von überzähligen Früchten, an Spalieren die einjährigen Triebe erstmals entfernen. Erdbeeren nach der Ernte zurückschneiden und mit etwas Kompost versorgen. Fruchttriebe von Kiwi 3–5 Blätter hinter der letzten Frucht einkürzen. Leimringe gegen Blattläuse entfernen.

Garten regelmäßig Boden lockern und Unkräuter entfernen oder mulchen. Ab Löwenzahnblüte die Kartoffeln auf den Kartoffelkäfer kontrollieren.

Glashaus Kontrolle auf Spinnmilben und Weiße Fliege, bei Befall Nützlinge bestellen (Raubmilbe und Schlupfwespen *Encarsia formosa* bestellen).

Juni: Zwischen den gesetzten Paprika-Pflanzen sind jede Menge Kürbisse aus dem Kompost aufgegangen. Die großen werden ausgejätet, die kleinen können noch verpflanzt werden. Welche Sorte? Das ist eine Überraschung.

Juli

Gemüse Bis Mitte Juli: Nachsaaten/Direktsaat von Gurken, Stangen- und im Berggebiet Buschbohnen, Fenchel und Herbstrüben. Auspflanzen der Herbstsalate, erste Tomaten reifen. Ernte von Knoblauch und Familienzwiebel, eventuell auch bereits der Küchenzwiebel.

Obst Schwarze Johannisbeeren und Stachelbeeren reifen, Aprikosenernte, frühe Pfirsiche und erste Sommeräpfel reifen. Johannisbeeren und Stachelbeeren nach der Ernte schneiden. Bei einmaltragenden

Juli: Zu groß gewordene „Unkräuter" werden ausgerupft.

Himbeeren die abgeernteten Ruten entfernen. Früchte mit Monilia-Befall entfernen.

Garten Regelmäßig Boden lockern und Unkräuter entfernen oder Mulchschicht erneuern. Frisch gesetzte Bäume und Sträucher regelmäßig gießen.

Glashaus Kontrolle auf Spinnmilben und Weiße Fliege, bei Befall Nützlinge bestellen (Raubmilbe und Schlupfwespen *Encarsia formosa* bestellen).

August

Gemüse Vollernte im Garten, die ersten leeren Beete mit Gründüngung bestellen, im Gewächshaus – oder wenn im Oktober ein Minitunnel über das Beet errichtet werden kann: Feldsalat und Winterportulak aussäen. Ernte der Küchenzwiebel.

Obst Ernte der Sommeräpfel, Himbeeren, Brombeeren; Schnitt von Aprikose und Pfirsich. Bis Mitte August: Ableger von Erdbeeren verpflanzen. Seitentriebe der Brombeeren einkürzen.

Garten Beete lockern, abgeerntete Beete mulchen oder nachpflanzen. Frisch gesetzte Bäume und Sträucher, aber auch das Gemüse regelmäßig gießen.

Glashaus Plätze, die schon frei geworden sind, für Aussaaten von Herbstgemüse nutzen.

September

Gemüse Vollernte im Garten. Tomaten einkochen, bis Mitte September Aussaat von Wintersalate und Winterbegrünungen, vergilbtes Laub des Spargels zurückschneiden.

August: In der Hochsommerhitze braucht auch das Gemüse viel Wasser. So gießt man richtig: den Boden und nicht die Pflanze gießen.

Obst Regelmäßig Walnüsse aufsammeln, Zwetschgen ernten und trocknen oder konservieren. Beginn der Haselnussernte.

Garten Die Wiese zwei Wochen vor dem Schütteln der Obstbäume mähen.

Glashaus Abgeerntete Tomatenpflanzen entfernen und Gründüngung oder Wintersalate aussäen.

Erdkeller In der Nacht die Türen öffnen, damit die Temperaturen wieder sinken.

Oktober

Gemüse Paprika und Aubergine einkochen, Chinakohl ernten.

Obst Winteräpfel, -birnen und Quitten reifen, Herbsthimbeeren reifen. Ernte bzw. Aufklauben von Kastanien (Maroni), bei trockenem Wetter (und Temperaturen um 10 °C) Weißanstrich gegen Frostrisse aufbringen. Lagersorten von Apfel, Birne und Kiwi vor den ersten Frösten pflücken. Ab Mitte Oktober: wurzelnackte Gehölze pflanzen.

September: Tomaten einkochen hat Hochsaison.

Oktober: Ernte der Puntarelle, einer Verwandten des Chinakohls.

Garten Wurmkompost in den Keller oder Heizraum stellen oder einpacken.

Glashaus Abgeerntete Pflanzen entfernen und Boden mit Gras und/oder Laub mulchen.

November

Gemüse Beete räumen, Rüben und Großteil des Wurzelgemüses einwintern, Sauerkraut einschneiden. Beete, auf denen kein Wintergemüse und keine Gründüngung wächst, mit einer Laubdecke abdecken, Minitunnel über frostfeste Blattgemüse errichten, Garten winterfest machen (Wasser abdrehen). Mehrjährige, nicht frostfeste Kräuter wie Zitronenverbene ausgraben und in den Keller stellen oder mit Sägespänen überschütten.

Obst Winterobst in Kisten unterm Dach aufstellen, damit es auskühlt.

Garten Wenn möglich alles Falllaub mit Mulchmesser des Rasenmähers zerkleinern und auf der Fläche liegenlassen.

November: Im Laufe des Novembers werden die Beete „geräumt" und das letzte Gemüse geerntet.

November: Eine Grabegabel leistet dabei gute Dienste.

Dezember

Gemüse Wintergemüse im Gewächshaus bzw. im Minitunnel ernten, die letzten Topfpflanzen (Kräuter und Zitrusbäume) einräumen.

Obst Geerntete Früchte einlagern. Nach den ersten Frösten: Mispeln und Hagebutten ernten. Veredelungsreiser von Steinobst schneiden und lagern. Bäume auf Wildschäden kontrollieren.

Garten Werkzeug warten und ölen.

Glashaus An sonnigen Tagen die Wintergemüse eventuell gießen.

Dezember: Mispeln sind ein feines Winterobst.

Über die Herausgeber

Arche Noah

Arche Noah ist ein gemeinnütziger Verein, der sich seit über 25 Jahren für den Erhalt und die Entwicklung von Gemüse- und Getreidesorten, Kräutern und Obst einsetzt. Der Verein hat über 14.000 Mitglieder, Förderer und aktive Gärtnerinnen und Gärtner, die diese Sorten anbauen und vermehren, und sieht seine Arbeit auch als Antwort auf die restriktive Saatgutpolitik, den Verlust vieler Kulturpflanzensorten und den Einsatz von Hybridsorten und Gentechnik in der Landwirtschaft. Der Verein betreibt einen Schaugarten in Schiltern bei Langenlois, der jährlich von Mitte April bis Mitte Oktober geöffnet ist und einige hundert Gemüse, Getreide, Kräuter, Blumen und Obstpflanzen zeigt. Darüber hinaus bietet der Verein ein umfangreiches Bildungsprogramm an und ist im Bereich der Saatgutpolitik aktiv. www.arche-noah.at

Andrea Heistinger

Freiberufliche Agrarwissenschaftlerin, Gärtnerin, Beraterin und mehrfach ausgezeichnete Autorin, arbeitet zu Geschichte & Gegenwart von Essen, sozialen Fragen der Landwirtschaft, Gärten und Kulturpflanzen, Auftragsarbeiten und Beratungen für private sowie öffentliche Auftraggeber. Zahlreiche Fachartikel und Veröffentlichungen bei Löwenzahn: „Die Saat der Bäuerinnen. Saatkunst und Kulturpflanzen in Südtirol" (2001), „Handbuch Samengärtnerei. Sorten erhalten. Vielfalt vermehren. Gemüse genießen" (2004), „Handbuch Bio-Gemüse" (2010), „Das große Biogarten-Buch" (2013), gemeinsam mit Alfred Grand „Biodünger selber machen" (2014), „Handbuch Bio-Obst. Sortenvielfalt erhalten. Ertragreich ernten. Natürlich genießen" (2016), „Kräuter richtig anbauen. Das Praxisbuch für Biogarten, Topf und Balkon" (2016).
www.andrea-heistinger.at

Weiters haben am Buch mitgewirkt

Ingolf Hofmann

Seit über 40 Jahren beschäftigen ihn Bienen und Imkerei. Er bietet Imker-Kurse im Rahmen des LFI Burgenland an. Annette und Ingolf Hofmann sind seit vielen Jahren Sorten-Erhalter beim Verein Arche Noah. Sie zogen vor über 15 Jahren aus Bayern nach Limbach im Südburgenland. Unter anderem bauen sie Gemüse an, das sie zu verschiedenen Produkten verarbeiten. Außer Bienen leben auf ihrem Hof eine Ziegenherde, Hühner und die Hofhündin Frieda.

Tina Wintersteiger

Architektin und Mitgründerin von bauteiler – Nachhaltiges Bauen im gärtnerischen und landwirtschaftlichen Kontext (www.bauteiler.at) mit den Arbeitsschwerpunkten Dachgarten, Erdkeller, Lehmbau, Komposttoilette und Selbstbau. Gärtnerin in einem Gemeinschaftsprojekt in Wien und Mitglied in einer Foodcoop. Diplomarbeit zu stadtnaher Landwirtschaft und Stoffkreisläufen in Nahrungsmittel-Versorgungs- und Entsorgungssystemen.

Rosemarie Zehetgruber

Ernährungswissenschaftlerin, die sich seit vielen Jahren mit der Frage beschäftigt, wie Gemüse einen höheren Stellenwert in der täglichen Ernährung bekommen kann. Berät mit ihrer Firma gutessen consulting Schulen, Gemeinden und Betriebe bei der Umsetzung einer nachhaltigen und gesunden Ernährung. Aufgewachsen auf einem Bauernhof im Mostviertel, beschäftigt sie sich seit vielen Jahren mit dem Einkochen, Verarbeiten und Vorrat halten. Leidenschaftliche Köchin, Mutter zweier Kinder und Mitglied in einer Solidarischen Landwirtschaft (CSA).
www.gutessen.at

Bezugsadressen

Biologische Dünger, Erden und Pflanzenstärkungsmittel

Österreich

- Vermigrand Regenwurmhumus, A-3462 Absdorf: www.vermigrand.com
- Biofert: Ing. Bernhard Wilfinger GmbH & Co KG, A-8283 Bad Blumau: www.biofert.at
- Biofurtner (Herstellung und Handel von Biodüngern und Pflanzenstärkungsmittel), A-3031 Rekawinkel: www.biofurtner.com
- Biohelp, Kapleigasse 16, A-1110 Wien: www.biohelp.at
- Naturrein (Biodünger & Erden): www.naturrein-bio.at

Deutschland

- Pflanzen-Kölle Gartencenter (Regenwurmkompost): www.pflanzen-koelle.de
- Mack bioagrar (Herstellung und Handel von Biodüngern, biologische Pflanzenpflege), D-70736 Fellbach: www.mack.bio-agrar.de
- Biplantol (Homöopathie für Pflanzen), D-78467 Konstanz: www.biplantol.de
- Abtei Fulda (Humofix): www.abtei-fulda.de
- Neudorff (Biologische Dünger und Pflanzenstärkungsmittel), D-31860 Emmerthal: www.neudorff.de
- Oscorna (Biologische Dünger und Pflanzenstärkungsmittel), D-89032 Ulm: www.oscorna.de
- Ökohum (Kultursubstrate und Blumenerden), D-88518 Herbertingen: www.ökohum.info

Gesteine und Gesteinsmehle

Österreich

- Basaltwerk Pauliberg GmbH & Co KG: www.pauliberg.com

Deutschland

- Bentonit: www.naturbentonit.de

Biologisches Saatgut (Online-Bestellung und Versand)

Österreich

- Arche Noah – Gesellschaft für die Erhaltung der Kulturpflanzenvielfalt & ihre Entwicklung: www.arche-noah.at
- ReinSaat: www.reinsaat.co.at

Deutschland

- Bingenheimer Saatgut AG: www.bingenheimersaatgut.de
- Culinaris: www.culinaris-saatgut.de
- Dreschflegel GbR: www.dreschflegel-saatgut.de
- VEN (Verein zur Erhaltung der Nutzpflanzenvielfalt e.V.): www.nutzpflanzenvielfalt.de
- VERN (Verein zur Erhaltung und Rekultivierung der Nutzpflanzen in Brandenburg e.V.): www.vern.de
- Bio-Saatgut Ulla Grall: www.bio-saatgut.de
- Staudengärtnerei Gaissmayer: www.gaissmayer.de

Schweiz

- Pro Specie Rara: www.prospecierara.ch
- Sativa: www.sativa-rheinau.ch
- Samengärtnerei Zollinger: www.zollinger-samen.ch
- Biosem: www.biosem.ch

Gewächshäuser

- Gewächshäuser und mehr Ferdinand Schleinitz: www.top-gewaechshaus.de
- Glashausbau Franz Hermann: www.gewaechshaus.at
- Princess Gewächshäuser: www.glashausbau.com
- Firma Beckmann: www.beckmann-kg.de

Zubehör für Gärtner und Landwirte (Vlies, Mulchfolien, Kulturschutznetze, Minitunnel)

- Firma Hartmann-Brockhaus: www.hartmann-brockhaus.de
- Hermann Mayer KG: meyer-shop.com

Ausstattung, Werkzeug und Zubehör speziell für biologisches Gärtnern

- Biohof Jeebel: www.biogartenversand.de
- Ward Gartenbedarf: www.gartenbedarf-versand.de

- Manufactum: www.manufactum.com
- Firma Beckmann www.beckmann-kg.de
- Keller Biogarten und Gesundheit: www.biokeller.de
- Elektro-Schneckenzaun: www.elektro-schneckenzaun.de

Überdachung für Tomaten

- Firma Brühwiler, Balterswil: www.regendach.ch

Werkzeug

- PKS, Gartengeräte aus Kupfer: www.kupferspuren.at
- Firma Hörtenhuemer GmbH: www.hoertenhuemer.at
- Firma Glaser: www.glaser-swissmade.com
- Baumaux (Frankreich): www.graines-baumaux.fr

Nützlinge und biologischer Pflanzenschutz

- Firma Biohelp: www.garten-bienen.at
- Firma Neudorff: www.neudorff.de
- Firma Andermatt Biocontrol: www.biocontrol.ch

Ausstattung für die Hühnerhaltung

- Mobiler Hennenstall: www.huehnermobil.de
- Raubmilben: → siehe Nützlinge

Dörr- und Trockengeräte

- M. Bucher AG (Trocknungsschrank): www.bucher-trockner.ch
- Keimling Naturkost: www.keimling.de
- Puravita Naturwaren: www.puravita.de

Erdkeller

- Jens Kalkhof (Bau & Beratung): www.permatecture.at
- Bauteiler (Beratung): www.bauteiler.at

Anbieter von Selbsternte-Gärten

Deutschland

- www.gartenpiraten.net
- www.meine-ernte.de
- www.ackerhelden.de

Österreich

- www.selbsternte.at
- www.natuerlichwild.at
- www.morgentaugaerten.at

Beratung zur Anlage von Selbstversorgergärten

- Natur im Garten: www.naturimgarten.at
- Holzer Permakultur: www.krameterhof.at
- Siegfried Tatschl Obstpflanzen/Raritäten/Essbare Landschaft: www.sigi-tatschl.at
- Doris Kampas: www.bio-garten.at
- Biogartenverband Schweiz: www.bioterra.ch

Weiterführende Literatur

- Coleman, Eliot (2014): Handbuch Wintergärtnerei. Frisches Biogemüse rund ums Jahr, Innsbruck.
- Fortier, Jean-Martin (2017): Bio-Gemüse erfolgreich direktvermarkten. Der Praxisleitfaden für die Vielfalts-Gärtnerei auf kleiner Fläche, Innsbruck.
- Götz, Karin; Hundbiss, Wolfgang (2007): Vom Samenkorn zum Setzling. Alte Gartengeräte zum Säen und Pflanzen, Waltrop und Leipzig.
- Heistinger, Andrea; Arche Noah; Pro Specie Rara (2003): Handbuch Samengärtnerei. Sorten erhalten. Vielfalt vermehren. Gemüse genießen, Innsbruck.
- Heistinger, Andrea; Arche Noah (2010): Handbuch Bio-Gemüse. Sortenvielfalt für den eigenen Garten, Innsbruck.
- Heistinger, Andrea; Arche Noah (2012): Handbuch Bio-Balkongarten. Gemüse, Obst und Kräuter auf kleiner Fläche ernten, Innsbruck.
- Heistinger, Andrea; Arche Noah (2013): Das große Biogarten-Buch, Innsbruck.
- Heistinger, Andrea; Grand, Alfred (2014): Biodünger selber machen. Regenwurmhumus. Gründüngung. Kompost, Innsbruck.
- Heistinger, Andrea; Bernd Kajtna; Johannes Maurer; Arche Noah (2016): Handbuch Bio-Obst. Sortenvielfalt erhalten. Ertragreich ernten. Natürlich genießen, Innsbruck.
- Heistinger, Andrea; Arche Noah (2016): Kräuter richtig anbauen. Das Praxisbuch für Biogarten, Topf und Balkon, Innsbruck.
- Hofmann, Ingolf (2017): Imkern leicht gemacht! Das ganze Wissen über die natürliche Bienenhaltung, Innsbruck.
- Palme, Wolfgang (2016): Frisches Gemüse im Winter ernten. Die besten Sorten und einfachsten Methoden für Garten und Balkon, Innsbruck.
- Peitz, Beate und Leopold; Bauer, Wilhelm (2012): Hühner in meinem Garten, Stuttgart.
- Schnitzer, Arthur (2017): Schnecken. Über 100 Tipps für den Biogarten, Innsbruck.
- Tatschl, Siegfried (2015): 555 Obstsorten für den Permakulturgarten und -balkon, Innsbruck.
- Wurth, Magdalena und Herbert (2015): Pilze selbst anbauen. Das Praxisbuch für Biogarten, Balkon, Küche und Keller, Innsbruck.
- Zacharias, Irina und Reisenberger, Tom (2017): Tomaten. Meine Leidenschaft, Potsdam.
- Zehetgruber, Rosemarie (2016): Praxishandbuch natürlich konservieren. Vorrat aus Gemüse, Obst und Kräutern das ganze Jahr genießen, Innsbruck.

Register

L

M